I can!

더존 Smart A를 이용한

FAT

회계실무 1급

삼일피더블유씨솔루션 저

2 0 2 6

AT 수험서분야 베스트셀러 1위
비대면(온라인) 완벽대비!

SAMIL | 삼일회계법인
삼일인포마인

AT 비대면(온라인) 시험이 뭘까?

● **국가공인 민간자격 최초로 AT자격시험이 비대면 온라인시험 방식으로 시행됩니다.**

● **AT 비대면(온라인) 시험 진행절차**

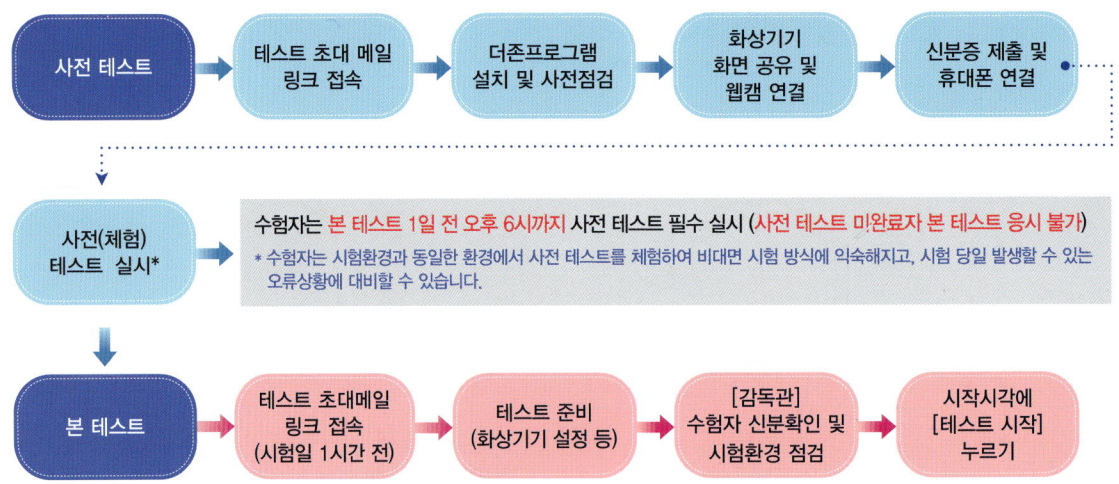

사전 테스트 → 테스트 초대 메일 링크 접속 → 더존프로그램 설치 및 사전점검 → 화상기기 화면 공유 및 웹캠 연결 → 신분증 제출 및 휴대폰 연결

사전(체험) 테스트 실시* → 수험자는 **본 테스트 1일 전 오후 6시까지** 사전 테스트 필수 실시 (사전 테스트 미완료자 본 테스트 응시 불가)
* 수험자는 시험환경과 동일한 환경에서 사전 테스트를 체험하여 비대면 시험 방식에 익숙해지고, 시험 당일 발생할 수 있는 오류상황에 대비할 수 있습니다.

본 테스트 → 테스트 초대메일 링크 접속 (시험일 1시간 전) → 테스트 준비 (화상기기 설정 등) → [감독관] 수험자 신분확인 및 시험환경 점검 → 시작시각에 [테스트 시작] 누르기

● **AT 비대면 시험 환경 수험자 권장사양**

▶ **시험장소**

응시 가능	정숙이 유지되는 1인1실의 독립공간(자택, 개인사무실 또는 회의실 등)
응시 불가	2인 이상이 동시 이용하는 공간 불가(카페, PC방, 도서관, 학원, 학교 등) ※ 단, 학원·학교 교실에서 1인만 응시하는 경우 응시 가능

▶ **PC**(권장사양보다 낮아도 응시가 불가능한 것은 아니지만 응시가 원활하지 않을 수 있으며, 이 경우 발생하는 문제는 수험자의 귀책사유에 해당함)

운영체제	Window 10(64bit) [Mac PC & 태블릿 PC는 응시 불가]
CPU	Quad Core (4Core 이상) / [윈도우 작업관리자(Ctrl + Shift + Esc) – 성능에서 확인 가능]
RAM	8GB
브라우저	Chrome(최신버전 업데이트)
PC 기타장비	마이크 기능이 있는 웹캠, 모니터(15인치 이상 권장), 휴대폰 거치대

▶ **Mobile**(안드로이드폰, 아이폰 모두 가능)

운영체제	Android	iOS
브라우저	Chrome(최신버전 업데이트)	Safari

▶ Internet Network 속도

PC	UP & DOWN 50Mbps
Mobile	

– UP/DOWN의 속도 확인은 speedtest.net에서 확인 가능합니다.
– wifi를 이용하는 경우 wifi signal이 차있는 상태를 📶 확인합니다.

● AT 비대면 시험 응시환경 준비

▶ 웹캠(카메라) 설정 방법

– 웹캠을 사용하는 시험의 경우 주위 밝기를 조절하여 응시자 얼굴의 인식이 가능하도록 조정합니다.
– 웹캠은 응시자의 얼굴 전체가 나와야 하며, 얼굴의 일부분이 가려지지 않도록 조정합니다.

▶ 스마트폰 예시 화면

– 스마트폰은 응시자 왼쪽 또는 오른쪽에 1m거리, 높이는 약 0.8m정도로 설치합니다. (아래 그림 참조)
– 스마트폰은 가로로 거치하며, 그림과 같이 응시자의 얼굴(측면)과 손, PC 화면, 책상 위가 모두 보여져야 합니다.

<table>
<tr>
<td>응시자는 화면 공유 시,
모니터 전체 화면을
공유해야 합니다.
스마트폰 카메라는 응시자의
왼쪽 또는 오른쪽에 거치하며
시험 환경이 보여져야 합니다.</td>
<td>
시험 응시 환경 예시
1M</td>
<td>
감독관에게 보여지는 휴대폰 화면 예시</td>
<td>
감독관에게 보여지는 웹캠 예시</td>
</tr>
</table>

● AT 비대면 시험 부정행위 기준

– 다음은 시험 기준 안내 사항으로 시험 전 반드시 숙지해야 합니다.
– 시험 종료 후 녹화 영상 판독 시에도 해당 사항이 발견될 경우 부정행위로 처리될 수 있습니다.

시험 응시 주변환경 (부정행위 간주 항목)	– 시험 응시 현장에 응시자 본인 외 금지(2인 이상 응시 금지 – 공공장소, 카페, PC방 등) – 모자 및 마스크 착용 금지 – 이어폰, 헤드셋, 스마트워치, 디지털카메라, 전자사전, 통신(블루투스) 기능 있는 전자기기 소지 및 착용 금지 – TV스크린, 듀얼모니터, 공학용 또는 윈도우 계산기, 태블릿PC 사용 금지 – 시험 감독관으로부터 확인받은 A4백지 1장, 필기구 1개, 사칙연산용 계산기만 허용 – 책상 위에 허용된 물품 외 다른 물품 비치 금지(테스트 접속 전 깨끗이 정리 필수) – 휴대폰 카메라는 수험자의 양손, 얼굴 측면, 책상 위, 모니터가 보이도록 각도 설정 필수
시험 중 부정행위	– 시험 중 자리 이탈 및 화장실 이용 불가 / 음료, 간식, 껌 등의 음식물 섭취 불가 – 타 사이트 접속 및 외부 프로그램 사용 금지(인터넷 검색, 엑셀, 카카오톡, 줌, 공학용 계산기 등) – 의심행동 금지(손을 화면 밖으로 이탈, 시선을 모니터와 필기종이 외에 다른 곳을 보는 움직임 등) – 휴대폰 통화, 타인과 대화 또는 주변 대화 소리가 들리는 경우 – 응시화면(모니터, 웹캠, 스마트폰)이 모두 끊길 경우 – 감독관의 메시지와 지시에 응하지 않을 경우 – 컨닝행위(손바닥 필기, 참고자료, 컨닝페이퍼, 듀얼모니터 사용 등 모든 부정한 행위) – 문제 및 답안지를 복사/캡처/녹화/촬영하여 문제 및 답안을 유출하는 행위

※ 부정행위자에 대하여는 당해 시험일 이후 2년간 AT 자격검정 응시자격을 정지합니다.

머리말

AT(Accounting Technician)는 우리나라 최고의 회계·세무 전문가 단체인 한국공인회계사회에서 주관하는 국가공인 '회계·세무 실무자격'으로 기업에서 사용하는 회계·세무 실무프로그램의 회계 및 세무 처리 능력을 인증하는 회계·세무 실무자격이다.

투명한 회계정보를 생성하기 위한 회계실무 능력과 그 회계실무를 바탕으로 한 세무실무 능력을 충분히 발휘할 수 있는 실무자를 양성하는 것을 목표로 하며 나아가 기업의 인재 제공에 도움을 줄 수 있도록 설계된 실무중심 자격증이다.

특히 2022년 8월부터는 AT자격시험이 전면 비대면 시험으로 전환됨에 따라 이러한 AT자격시험의 출제경향을 철저히 분석하고 한국공인회계사회의 의도를 충실히 반영하여 기업 실무에 적합한 회계·세무 실무 교재를 집필하였다.

본 교재의 특징은

첫 째, AT 자격시험의 정신인 실무중심 수험서!

수험목적의 교재이기는 하지만 AT 자격시험의 정신인 실무중심의 회계교육에 걸맞게 실무적인 회계처리에 대해서도 설명하고 있다.

둘 째, 전면 비대면 시험을 준비하는 수험생들의 빠른 합격을 위한 수험서!

중요한 내용에 대해서는 이해하기 쉽도록 보충설명을 하였으며, 비대면 시험의 완벽한 대비를 위해 한국공인회계사회의 출제방향에 최적화된 문제 및 풀이로 철저한 시험대비가 가능하다.

- 수년간의 기출문제를 분석한 유형별 연습문제 풀이로 빠른 합격
- 전면 비대면 시험 출제방향 완벽히 분석하여 완벽 대비 가능

셋 째, 실제 시험과 기업 실무에 일치하는 컬러 증빙으로 제작!

각종 증빙 및 세무신고자료 등을 실제 시험문제와 기업 실무와 동일하게 모든 증빙을 컬러로 제작하여 효과적인 학습을 할 수 있도록 배려하였다.

넷 째, 국가직무능력표준(NCS, National Competency Standards) 교재로 취업경쟁력 상승!

NCS를 정확히 반영한 목차와 본문 내용(필요 지식, 수행과제, 수행과제 풀이, 수행Tip)으로 산업현장에서 필요한 직무능력을 갖추어 취업성공까지 이룰 수 있도록 하였다.

다섯째, 교재 장별 완성 백데이터를 순차적으로 제공하여 원하는 수행내용부터 실습가능!

수험생과 교수자의 편의를 위해 원하는 곳부터 실습이 가능하도록 자료를 제공하였다.

본 교재를 출간하게 해주신 삼일피더블유씨솔루션 오연관 대표이사님과 기타 관계자분들께 감사드리며, 아무쪼록 AT 자격시험을 준비하는 분들에게 일조를 하여 이론과 실무를 겸비한 회계실무 전문가로 성장하는데 동행하는 친구가 될 수 있다면 그 이상 기쁨은 없을 것이다. 꾸준히 노력하여 보다 충실한 교재로 거듭날 것을 약속하며 독자들의 충고와 질책을 바라는 바이다.

시험일정 및 시험안내

1. 시험일정

구분	제88회	제89회	제90회	제91회	제92회	제93회	제94회	제95회
원서접수	2.11.~2.19.	4.2.~4.9.	5.28.~6.4.	7.2.~7.9.	8.6.~8.13.	10.1.~10.8.	11.5.~11.12.	12.3.~12.10.
사전테스트	2.25.~2.27.	4.15.~4.17.	6.10.~6.12.	7.15.~7.17.	8.19.~8.21.	10.14.~10.16.	11.18.~11.20.	12.16.~12.18.
시험일자	2.28(토)	4.18(토)	6.13(토)	7.18(토)	8.22(토)	10.17(토)	11.21(토)	12.19(토)
합격자발표	3.6(금)	4.24(금)	6.19(금)	7.24(금)	8.28(금)	10.23(금)	11.27(금)	12.25(금)
시험등급	FAT 1,2급 TAT 1,2급	FAT 1,2급 TAT 1,2급	FAT 1,2급 TAT 1,2급	FAT 1,2급 TAT 1,2급	FAT 1,2급 TAT 1,2급	FAT 1,2급 TAT 1,2급	FAT 1,2급 TAT 1,2급	FAT 1,2급 TAT 1,2급

구분		신분확인 및 환경점검	시험시간
1교시	FAT 2급	09:00~10:00	10:00~11:00
	TAT 2급	09:00~10:00	10:00~11:30
2교시	FAT 1급	13:00~14:00	14:00~15:00
	TAT 1급	13:00~14:00	14:00~15:30

※ 시험방식: 모든 회차 모두 비대면 시험

■ 비대면 시험 수험자 필수확인사항

① 시험전일(오후 6시)까지 사전테스트 필수이수(미이수시 응시불가)

② 시험시간 20분 전까지 온라인고사실 필수입실(미입실시 응시불가)

③ 시험전 더존교육프로그램(최신버전)과 등급별 수험데이터파일 필수
   설치(미설치시 추가시간부여 불가)

④ 권장사양보다 낮은 PC로 응시 중 발생하는 문제는 수험자 귀책사유

2. 시험안내

▷ 검정기준

재무회계의 기본과정을 이해하고 전자세금계산서 관리 및 부가가치세 신고를 수행할 수 있으며, 상기업에서 발생하는 회계정보관리 능력을 평가

▷ 검정방법

• 실무이론시험과 실무수행시험 동시진행
• 실무수행프로그램(회계·세무 S/W프로그램): 더존 SmartA(iPLUS) 실무교육 프로그램

▷ 합격결정기준

• 이론시험 30점 + 실기시험 70점 = 100점
• 100점을 만점으로 하여, 시험과목 합계 70점 이상이면 합격

▷ 응시자격

• 응시자격: 제한없음
• 응시료: 39,000원(등급 당)

> ☑ 자격의 형태
  ・국가공인 자격
  ・국가평생교육진흥원 학점은행제 자격학점 인정 자격
    - FAT1급 4학점, TAT 2급 10학점, TAT1급 16학점
    - 표준교육과정 해당 전공: 전문학사 '경영', 학사 '경영학, 회계학, 세무학'

> ☑ 출제범위 및 시험시간

등급	검정방법	시험과목		시험시간
FAT 1급	실무이론 (30%)	회계원리	회계의 기초, 계정과목별 회계처리, 매출원가 계산, 재무상태표, 손익계산서 작성, 결산	60분
		부가가치세	부가가치세의 기초개념	
	실무수행 (70%)	기초정보관리	시스템 회계기초정보등록, 전기이월정보 관리	
		회계정보관리	・상기업의 회계정보(증빙포함)의 발생, 입력, 수정, 조회, 결산 및 재무제표작성 ・지출증빙의 적격증빙관리	
		회계정보분석	・부가가치세관련자료 입력 및 부가가치세신고서 작성 ・부가가치세 신고 조회 및 분석 ・재무회계정보의 조회 및 분석 ・경리일보 및 어음정보 조회	

> ☑ 세부평가범위(현행 세법 및 일반기업회계기준을 적용)

구분	과목	배점	평가범위	세부 출제범위	
				주요항목	세부항목
실무 이론	재무회계	30점	재무회계의 기초	재무회계 의 기초	・회계의 기본개념 ・회계의 기록 및 내부통제 ・재무상태표와 계정과목별회계처리 ・손익계산서와 계정과목별회계처리 ・결산 ・매출원가 계산
	부가가치세		부가가치세	부가가치세 의 기초	・부가가치세의 기본개념 ・과세거래 ・영세율과 면세 ・과세표준과 세액
실무 수행	기초정보 관리		기초정보 관리의 이해	기초정보 등록	・사업자등록증에 의한 회사등록 수정 ・환경설정 수정 ・사업자등록증에 의한 거래처등록 ・계정과목추가 및 적요등록 수정
				전기분재 무제표	・전기분재무제표(재무상태표, 손익계산서)의 입력수정 ・거래처별초기이월(일반채권, 채무, 어음관리) 등록 및 수정

	회계정보
	관리
			거래자료
			입력
				적격증빙
				의 이해
					・3만원초과 거래 자료입력
					・3만원초과 거래자료에 대한 영수증수취명세서 작성
					・증빙에 의한 전표입력
					  → 간이영수증, 신용카드영수증, 현금영수증, 보험료
					     영수증, 자동차세영수증, 전기요금영수증 등

시험일정 및 시험안내

구분	과목	배점	평가범위	세부 출제범위	
				주요항목	세부항목
실무 수행	회계정보 관리	70점	거래자료 입력	어음관리	• 약속어음 수취거래 • 약속어음의 만기결제, 할인, 배서양도 • 약속어음 발행거래 • 발행어음의 만기결제
				통장거래정리	• 통장사본에 의한 거래입력 및 통장잔액확인 등
				신용카드 매입거래	• 신용카드 매입자료에 의한 거래입력
				유형자산 관련	• 유/무형자산의 구입 • 신규매입자산의 고정자산등록 • 유/무형자산의 매각
				기타 일반거래	• 단기매매증권구입 및 매각 • 대손의 발생과 설정 • 출장비 정산, 급여 및 퇴직금지급, 임차료지급, 운반비지급, 계약금지급, 계약금입금, 가지급금, 가수금, 예수금, 사회보험지급, 자본금거래
			부가가치세	전자세금 계산서의 발행	• 과세매출자료 입력 • 과세매출자료의 전자세금계산서발행
				매입매출 거래 입력	• 매출거래 및 매입거래에 의한 부가가치세신고서 작성 • 매출거래: 과세매출, 면세매출, 카드매출 • 매입거래: 과세매입, 면세매입, 카드매입, 불공매입 • 부가가치세신고서조회, 입력자료조회 • 부가가치세신고서에 의한 회계처리
			결산	수동결산	• 손익의 예상과 이연 • 유가증권 및 외화평가 • 가계정 및 유동성대체등 기타 결산정리사항
				자동결산	• 결산자료입력에 의한 자동결산 → 상품매출원가, 감가상각비, 대손상각비, 퇴직금추계액 등
	회계정보 분석		자료조회	부가가치세 조회	• 부가가치세신고서, 매입매출장, 세금계산서합계표, 계산서합계표 등
				자금정보 조회	• 경리일보, 일일자금명세, 받을어음현황, 지급어음현황
				재무제표 조회	• 재무상태표, 손익계산서, 합계잔액시산표

▶ 합격률

(단위 : %)

시험년도	회차	FAT		TAT		합계
		2급	1급	2급	1급	
2025년	87회	45.52	60.09	56.90	31.15	54.53
	86회	60.00	53.39	44.67	20.83	49.36
	85회	70.59	59.53	47.66	44.74	55.57
	84회	65.82	65.85	38.51	38.03	54.23
	83회	56.54	57.28	45.62	23.44	50.65
	82회	64.24	64.49	37.13	28.57	53.25
	81회	73.87	74.22	53.49	49.06	64.64
	80회	63.73	54.49	49.13	44.79	52.76
	79회	78.01	64.22	42.40	23.65	55.52
2024년	78회	62.01	70.15	51.01	22.22	58.73
	77회	-	49.55	42.86	-	46.60
	76회	70.99	70.18	45.14	26.14	57.88
	75회	65.76	58.02	46.04	34.27	52.85
	74회	-	60.37	42.42	-	53.79
	73회	63.51	68.92	44.47	20.24	56.35
	72회	-	56.57	34.59	-	47.40
	71회	78.05	77.18	63.72	30.86	69.32
	70회	-	70.08	46.32	-	60.95
	69회	61.20	61.00	50.33	30.45	54.94
2023년	68회	70.93	61.28	56.13	29.84	58.28
	67회	-	55.72	52.66	-	54.51
	66회	69.39	71.81	67.60	46.75	68.14
	65회	66.86	60.77	48.15	30.09	54.98
	64회	-	54.03	22.78	-	40.83
	63회	68.38	61.24	22.93	31.76	48.95
	62회	-	54.23	21.39	-	41.27
	61회	74.16	65.95	39.69	35.86	55.74
	60회	-	53.15	54.71	-	53.76
	59회	67.12	57.54	46.74	33.33	53.57
2022년	58회	46.72	60.03	40.85	30.86	49.84
	57회	49.18	60.40	31.67	34.87	48.28
	56회	55.48	49.97	44.58	16.19	46.45
	55회	51.07	44.81	45.23	37.82	45.26
	54회	39.52	45.79	49.22	49.00	46.51
	53회	62.88	67.33	43.95	32.39	57.01
	52회	66.48	50.75	41.76	26.45	47.36
	51회	63.57	66.11	26.81	29.42	49.72

차례

제3장 부가가치세 이론 제대로 알기 / 83

> **NCS** 능력단위(분류번호)
> 부가가치세 신고(0203020205_23v6)

제4장 원가계산 / 107

> **NCS** 능력단위(분류번호)
> 원가계산(0203020103_20v4)

차례

차례

제 **1** 부

알고가자!

알고가자 1. 더존 SmartA 프로그램 설치하기

01 프로그램 다운받기

1 한국공인회계사회 AT자격시험 홈페이지 'http://at.kicpa.or.kr'에 접속하여, 하단의 '교육용프로그램다운로드'를 클릭한다.

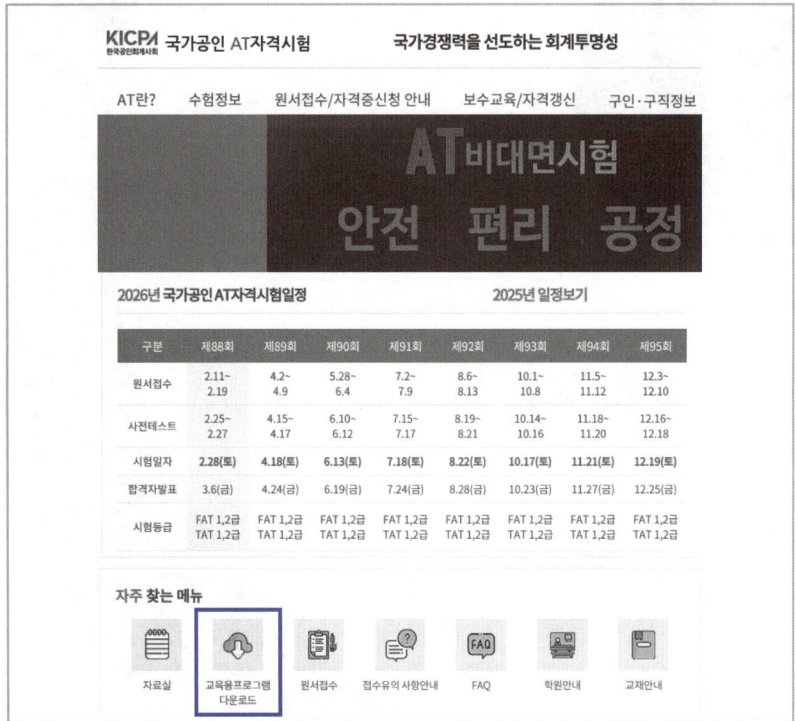

2 소속 등 간단한 개인정보를 입력한 후 교육용 프로그램을 다운로드한다.

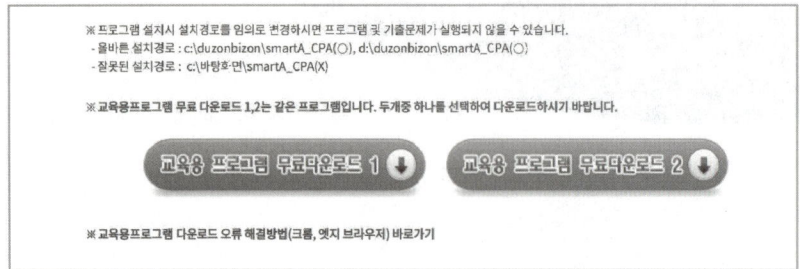

02 프로그램 설치하기

1 다운로드한 교육용 프로그램 압축 파일의 압축을 푼다.

2 교육용 프로그램 파일을 더블클릭하여 설치하고, 사용권 계약 등 내용에 동의를 선택한 후 [다음]을 클릭한다.

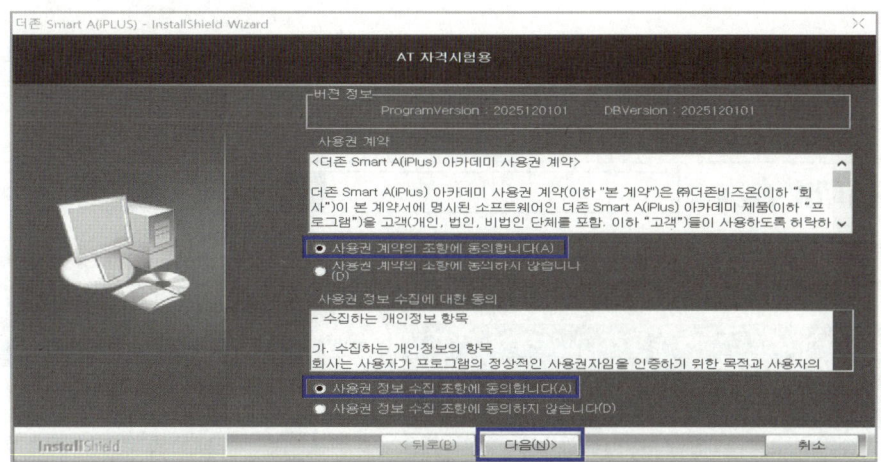

3 프로그램과 데이터 설치 경로를 확인하고 [다음]을 클릭하여 설치한다.

주의 설치 경로를 변경하지 않아야 교재 백데이터를 설치할 수 있다.

4 설치가 완료되면 바탕화면에 'AT자격시험 더존 SmartA(iPLUS)' 아이콘(   )이 보이며 아이콘을 더블클릭하면 프로그램이 실행된다. [최신버전확인]을 클릭하여 업그레이드를 진행한다.

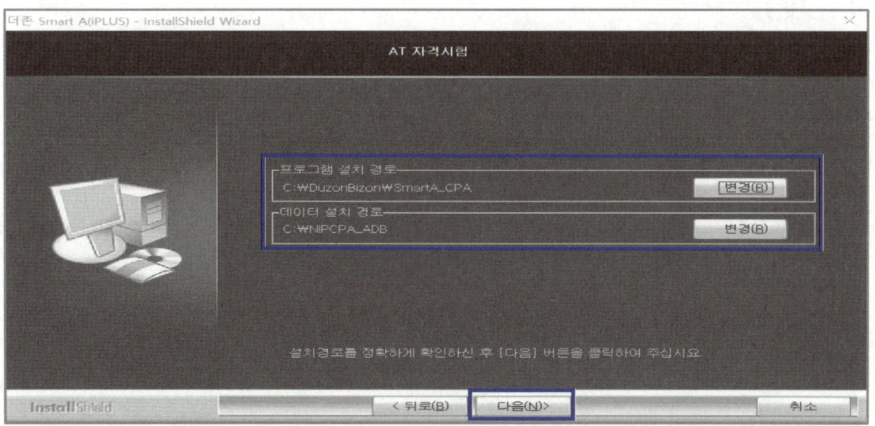

알고가자 2. 교재 백데이터 설치하기

01 백데이터 다운받기

1 삼일아이닷컴 홈페이지 'http://www.samili.com'에 접속하여, 상단부 [제품몰]을 클릭한다.

2 왼쪽 메뉴 중 [AT수험서 자료실]을 클릭하여 [FAT1급 백데이터]를 다운받는다.(백데이터 업로드 상황에 따라 화면 구성이 다를 수 있으며, 가장 최신에 업데이트된 백데이터를 다운받을 것.)

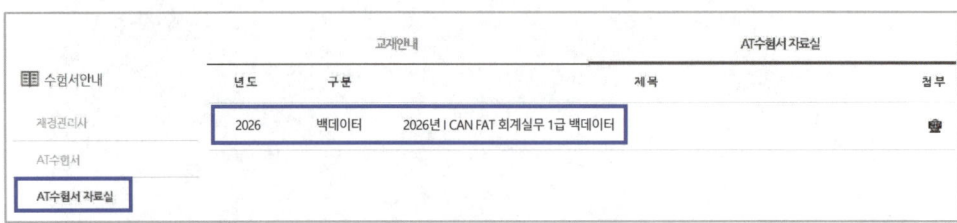

02 다운받은 교재 백데이터 설치하기

1 다운로드한 백데이터(실행파일)를 더블클릭하여 실행한다.

2 중복되는 파일은 '덮어쓰기'를 하여 설치한다.

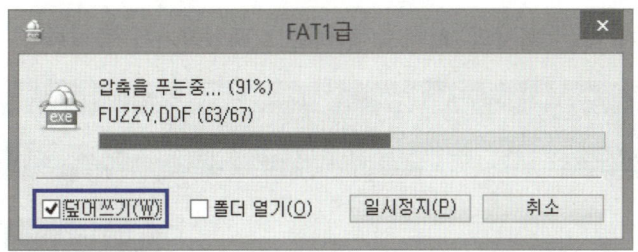

3 백데이터 설치가 완료되면 프로그램이 자동으로 실행된다.

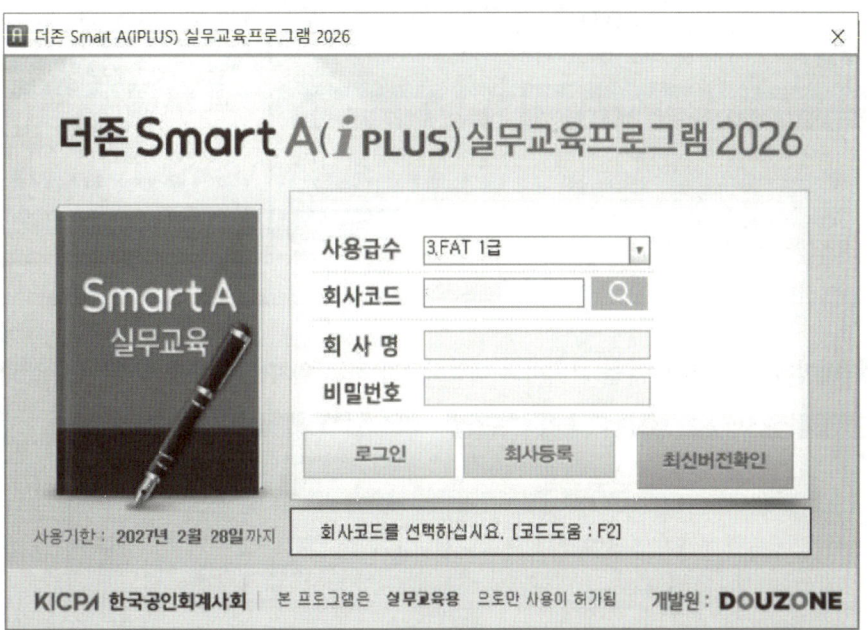

4 FAT 1급을 선택 후 문제를 풀고자 하는 회사를 선택하여 실행한다.

알고가자 3. 데이터 백업과 복구하기

01 데이터 백업하기

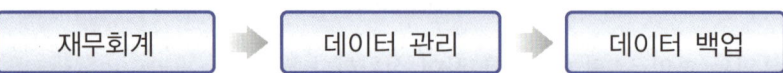

1 백업하고자 하는 회사의 '회계'를 선택하고 백업하기를 클릭한다.

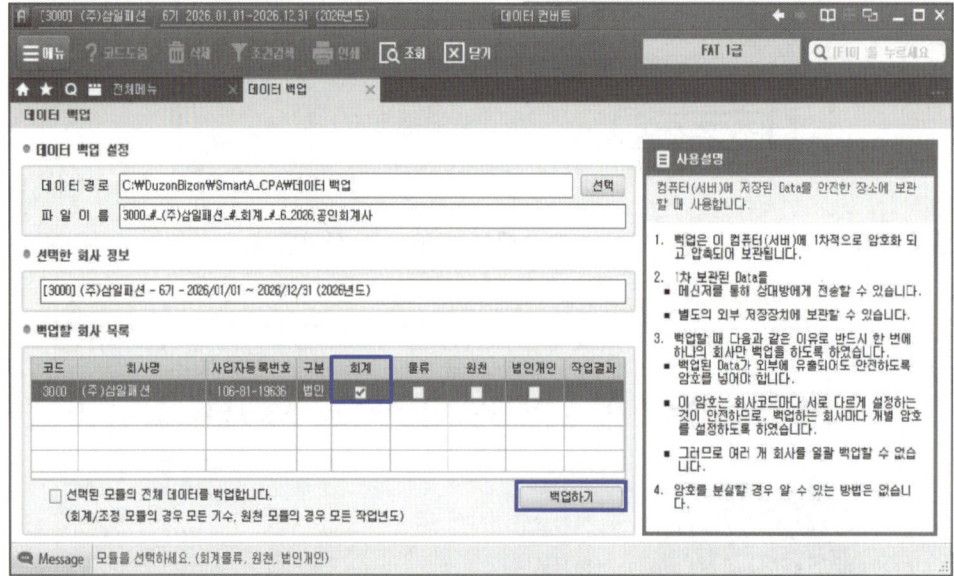

2 [데이터 백업]에서 '예'를 클릭하고 백업하고자 하는 위치를 설정한 후 '확인'을 클릭한다.

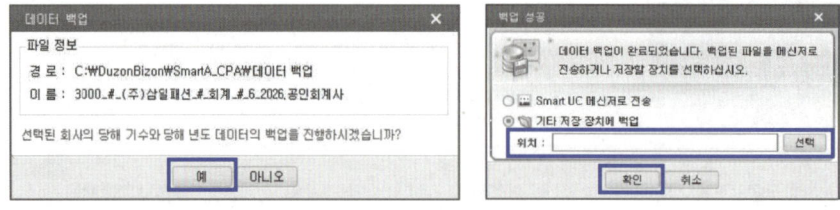

3 데이터 백업이 완료되면 작업결과에 '성공'으로 나타나며, 백업받은 위치에서 백업파일을 확인할 수 있다.

02 백업데이터 복구하기

재무회계 ➡ 데이터 관리 ➡ 백업데이터 복구

1 백업받아 놓은 데이터 경로를 선택한 후 하단의 [복구하기]를 클릭한다.

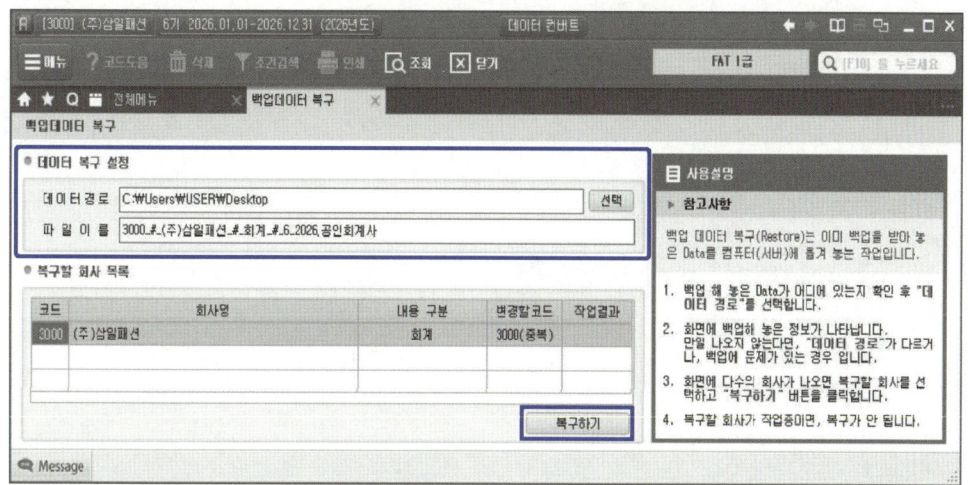

2 [데이터 복구]화면에서 복구방법 중 한 가지를 선택하고 [예]를 클릭한다. 백업데이터 복구가 완료되면 작업결과에 [성공]으로 나타난다.

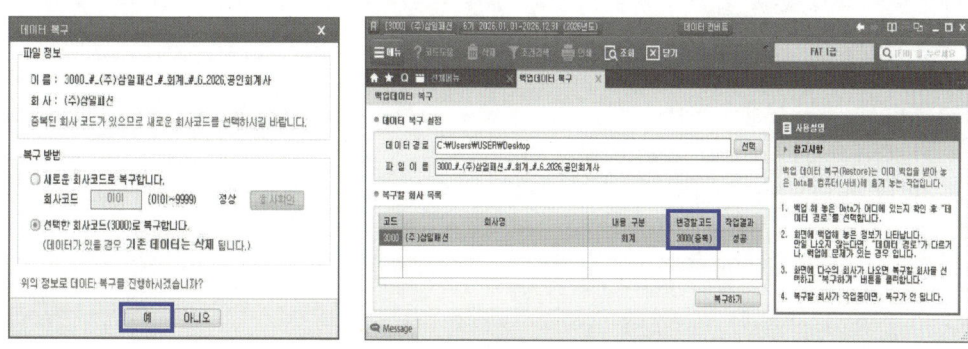

3 데이터 복구가 성공적으로 이루어지면 복구한 회사로 로그인할 수 있다.

제 **2** 부

이론 내 것으로 만들기

제 **1** 장

회계기초 다지기

제1절 회계란 무엇인가?

01 회계의 정의

회계는 기업의 경영활동에 관련된 모든 계산을 말하며, 경제활동을 전반적으로 해석·설명하거나 의사 결정을 위한 여러 가지 정보를 제공하는 일도 포함되므로, 기업에서 이루어지는 수많은 경영활동을 숫자로 표현하는 기업의 언어라고 말한다.

오늘날의 회계는 '회계정보이용자가 합리적인 판단이나 의사결정을 할 수 있도록 기업실체에 관한 유용한 경제적 정보를 식별, 인식, 측정, 기록 및 전달하는 과정'이라고 말한다.

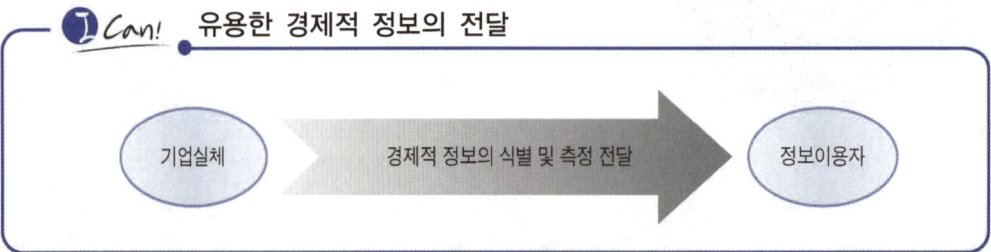

02 회계의 목적

회계의 목적은 광범위한 정보이용자의 경제적 의사결정에 유용한 기업의 재무상태, 경영성과 및 재무상태변동에 관한 정보를 제공하는 것이다. 또한 회계는 위탁받은 자원에 대한 경영진의 수탁책임이나 회계책임(경영진이 기업에 투자한 투자자나 채권자 등을 대신하여 기업을 경영하는 책임)의 결과를 보여준다.

03 회계정보 이용자와 정보수요

회계는 다양한 이해관계자들인 현재 및 잠재적 투자자, 채권자, 거래처, 정부와 유관기관, 일반대중, 경영자, 근로자 등의 정보수요에 따라 유용한 정보 제공을 목적으로 한다.

외부정보 이용자	주주, 투자자	투자위험을 감수하는 자본제공자는 투자위험 · 수익에 대한 정보에 관심
	채권자	대여금과 대여금에 대한 이자가 지급기일에 적절히 지급되는지에 관심
	거래처	지급기일 내에 지급할 수 있는 능력이 있나 판단하기 위한 정보에 관심
	정부, 유관기관	기업 활동을 규제하고 조세정책을 결정하며 국민 소득이나 이와 유사한 통계자료의 근거로 사용하기 위한 정보에 관심
	일반대중	재무제표에서 기업의 성장과 활동범위의 추세와 현황에 대한 정보에 관심
내부정보 이용자	경영자	경영의사결정에 필요한 정보에 관심
	근로자	고용주인 기업의 안정성, 수익성, 연봉, 고용기회 등의 정보에 관심

04 회계의 분류

회계정보이용자의 정보요구에 따른 회계의 분야를 크게 분류해보면 다음과 같다.

구 분	재무회계 Financial Accounting	원가(관리)회계 Cost(Management) Accounting	세무회계 Tax Accounting
목 적	• 일반목적 재무제표 작성	• 경영자가 경영활동에 필요한 재무정보 생성, 분석	• 법인세, 소득세, 부가가치세 등의 세무보고서를 작성
정 보 이용자	• 외부정보이용자 • 주주, 투자자, 채권자 등	• 내부정보이용자 • 경영자, 근로자 등	• 과세관청 • 국세청 등
작 성 기 준	• 일반적으로 인정된 회계 원칙에 따라 작성	• 특별한 기준이나 일정한 원칙 없이 작성	• 법인세법, 소득세법, 부가 가치세법 등에 따라 작성

05 회계의 기본가정(전제조건)

회계는 일정한 가정 하에 이루어지는데 이 기본가정(또는 전제) 중 가장 중요한 것은 다음과 같다.

기업실체의 가정	• 기업을 소유주와는 독립적으로 존재하는 회계단위로 간주 • 하나의 기업을 하나의 회계단위의 관점에서 재무정보를 측정, 보고 • 소유주와 별도의 회계단위로서 기업실체를 인정하는 것 주의 회계단위: 기업의 경영활동을 기록 계산하기 위한 장소적 범위(본점, 지점) 예 회계처리는 주주 등의 입장이 아닌 기업실체 (주)삼일패션 입장에서 하자.

계속기업의 가정	• 일반적으로 기업이 예상 가능한 기간 동안 영업을 계속할 것이라는 가정 • 기업은 경영활동을 청산하거나 중요하게 축소할 의도나 필요성을 갖고 있지 않다는 가정 주의 건물의 내용연수를 20년 등으로 하여 감가상각을 할 수 있는 것은 계속기업의 가정이며, 자산의 가치를 역사적 원가에 따라 평가하는 기본전제이다.
기간별 보고의 가정	• 기업실체의 존속기간을 일정한 기간 단위로 분할하여 각 기간별로 재무제표를 작성하는 것 • 기업의 경영활동을 영업이 시작되는 날부터 폐업하는 날까지 전체적으로 파악하기는 어려우므로 인위적으로 6개월 또는 1년 등으로 구분하여 재무제표를 작성 주의 회계연도는 1년을 넘지 않는 범위 내에서 기업의 임의대로 설정할 수 있다.

회계연도가 1년이고 1월 1일이 기초인 경우

```
                1/1기초                    12/31기말
     전기    |              당기              |    차기
             |        회계연도(회계기간)        |
```

기본 용어

• 기　　초: 보고기간의 시작시점　　　• 기　　말: 보고기간의 끝시점
• 당　　기: 현재의 보고기간　　　　　• 전　　기: 이전의 보고기간
• 차　　기: 다음의 보고기간　　　　　• 이　　월: 다음 보고기간으로 넘기는 것
• 전기이월: 전기에서 당기로 이월된 것　• 차기이월: 당기에서 차기로 이월된 것

06 발생주의(발생기준)

　　발생주의는 현금의 수수에 관계없이 거래가 발생된 시점에 인식하는 기준으로 현금거래 이외의 비현금거래에 대하여도 거래로 인식, 회계처리한다. 이에 따라 거래는 발생하였으나 현금의 유입과 유출이 이루어지기 전에 인식되는 매출채권, 매입채무 등의 발생주의 계정이 사용된다.

사 례	2026년 1월 1일 향후 2년간의 자동차보험료 200,000원을 일시에 현금으로 지급했을 경우, 2026년 자동차보험료로 기록해야 할 금액은 얼마일까?

회계연도	2026년 보험료	2027년 보험료	판단내용
발생주의	100,000원	100,000원	2026년도의 보험혜택을 위하여 발생한 금액은 100,000원이고, 2027년도의 보험혜택을 위하여 발생한 금액은 100,000원이다.
현금주의	200,000원	–	2026년도에 현금 200,000원을 지급했으므로 2026년도 보험료는 200,000원이다.

07 회계정보(재무정보)의 질적특성

회계정보(재무정보)의 질적특성(qualitative characteristics)이란 정보이용자의 의사결정에 유용하기 위하여 회계정보(재무정보)가 갖추어야 할 주요 속성을 말한다.

(1) 목적적합성(relevance)

회계정보(재무정보)가 정보이용자의 의사결정에 유용하기 위해서는 그 정보가 의사결정 목적과 관련되어야 한다. 즉, 목적적합성 있는 정보는 정보이용자가 기업의 과거, 현재 또는 미래 사건의 결과에 대한 예측을 하는 데 도움이 되거나 또는 그 사건의 결과에 대한 정보이용자의 당초 기대치(예측치)를 확인 또는 수정할 수 있게 함으로써 의사결정에 차이를 가져올 수 있는 정보를 말한다. 목적적합성은 다음과 같은 하위 질적특성을 구성한다.

예측가치	• 정보이용자가 기업의 미래 재무상태, 경영성과, 순현금흐름 등을 예측하는 데에 그 정보가 활용될 수 있는 능력 • 예: 반기 재무제표에 의해 발표되는 반기 이익은 연간 이익을 예측하는 데 활용될 수 있다.
피드백가치	• 제공되는 회계정보(재무정보)가 기업의 재무상태, 경영성과, 순현금흐름, 자본변동 등에 대한 정보이용자의 당초 기대치(예측치)를 확인 또는 수정되게 함으로써 의사결정에 영향을 미칠 수 있는 능력 • 예: 어떤 기업의 투자자가 특정 회계연도의 재무제표가 발표되기 전에 그 해와 그 다음 해의 이익을 예측하였으나 재무제표가 발표된 결과 당해 연도의 이익이 자신의 이익 예측치에 미달하는 경우, 투자자는 그 다음해의 이익 예측치를 하향 수정하게 된다. 따라서 당해 연도의 보고이익은 피드백가치를 갖고 있는 정보이다.

적시성	• 목적적합한 정보는 정보의 적시성을 전제로 한다. 즉, 의사결정 시점에서 필요한 정보가 제공되지 않는다면 동 정보는 의사결정에 이용될 수 없고 따라서 목적적합성을 상실한다. • 그러나 적시성 있는 정보를 제공하기 위해서는 신뢰성을 희생해야 하는 경우가 있다. 즉, 정보를 적시에 제공하기 위해 거래나 사건의 모든 내용이 확정되기 전에 보고하는 경우, 목적적합성은 향상되나 신뢰성은 저하될 수 있다. 따라서 정보의 적시성과 신뢰성 간의 균형을 고려하여야 한다.

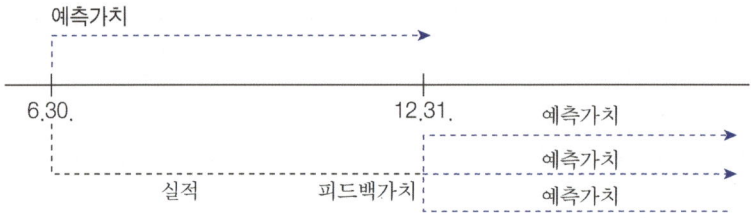

(2) 신뢰성(reliability)

회계정보(재무정보)가 정보이용자의 의사결정에 유용하기 위해서는 신뢰할 수 있는 정보이어야 한다. 회계정보(재무정보)의 신뢰성은 다음과 같은 하위 질적특성을 구성한다.

표현의 충실성	• 회계정보(재무정보)가 신뢰성을 갖기 위해서는 그 정보가 기업의 경제적 자원과 의무, 그리고 이들의 변동을 초래하는 거래나 사건을 충실하게 표현하여야 한다. 표현의 충실성은 재무제표상의 회계수치가 기업이 보유하는 자산과 부채 크기 및 자본의 변동을 충실히 나타내어야 함을 의미한다. 만일 회계수치가 그 측정 대상의 크기를 잘못 나타내고 있으면 그러한 측정치는 신뢰할 수 없는 정보가 된다. • 예: 사실상 회수불가능한 매출채권이 회수가능한 것처럼 재무상태표에 표시된다면 이 매출채권 측정치는 표현의 충실성을 상실한 정보가 된다.
검증가능성	• 회계정보(재무정보)가 신뢰성을 갖기 위해서는 객관적으로 검증가능하여야 한다. 검증가능성이란 동일한 경제적 사건이나 거래에 대하여 동일한 측정방법을 적용할 경우 다수의 독립적인 측정자가 유사한 결론에 도달할 수 있어야 함을 의미한다.
중립성	• 회계정보(재무정보)가 신뢰성을 갖기 위해서는 편의 없이 중립적이어야 한다. 의도된 결과를 유도할 목적으로 재무제표에 특정 정보를 표시함으로써 정보이용자의 의사결정이나 판단에 영향을 미친다면 그러한 회계정보(재무정보)는 중립적이라 할 수 없다.

(3) 비교가능성(Comparability)

기업실체의 재무상태, 경영성과, 현금흐름 및 자본변동의 추세 분석과 기업실체간의 상대적 평가를 위하여 회계정보(재무정보)는 기간별 비교가 가능해야 하고 기업실체간의 비교가능성도 있어야 한다. 유사한 거래나 사건의 재무적 영향을 측정 · 보고함에 있어서 영업 및 재무활동의 특성이 훼손되지 않는 범위 내에서 기간별로 일관된 회계처리방법을 사용하고 기업 실체간에도 동일한 회계처리방법을 사용함으로써 비교가능성을 높일 수 있다.

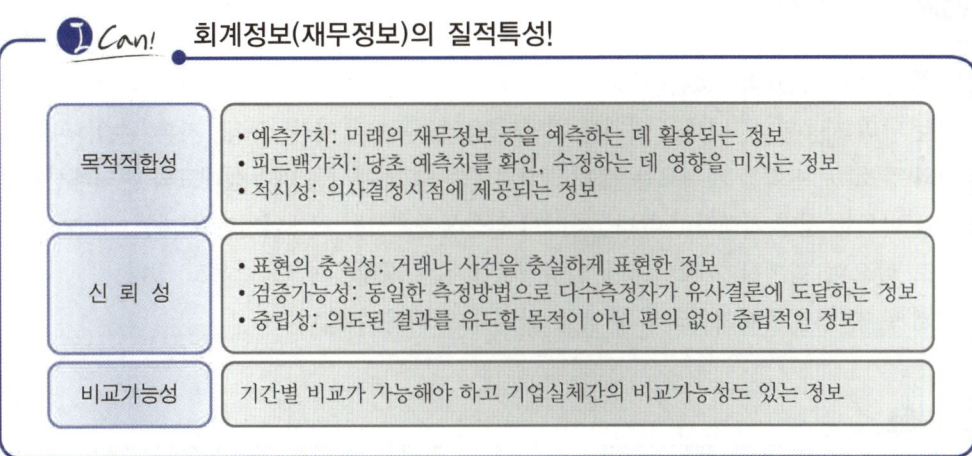

I Can!   회계정보(재무정보)의 질적특성!

목적적합성	• 예측가치: 미래의 재무정보 등을 예측하는 데 활용되는 정보 • 피드백가치: 당초 예측치를 확인, 수정하는 데 영향을 미치는 정보 • 적시성: 의사결정시점에 제공되는 정보
신 뢰 성	• 표현의 충실성: 거래나 사건을 충실하게 표현한 정보 • 검증가능성: 동일한 측정방법으로 다수측정자가 유사결론에 도달하는 정보 • 중립성: 의도된 결과를 유도할 목적이 아닌 편의 없이 중립적인 정보
비교가능성	기간별 비교가 가능해야 하고 기업실체간의 비교가능성도 있는 정보

08 회계정보(재무정보)의 제약요인

(1) 비용과 효익 대비(balance between benefits and costs)

회계정보(재무정보)가 정보이용자에게 유용하기 위해서는 목적적합성과 신뢰성을 가져야 한다. 그러나 질적특성을 갖춘 정보라 하더라도 정보 제공 및 이용에 소요될 사회적 비용이 정보 제공 및 이용에 따른 사회적 효익을 초과한다면 그러한 정보의 제공은 정당화될 수 없다.

(2) 중요성(materiality)

목적적합성과 신뢰성이 있는 정보는 재무제표를 통해 정보이용자에게 제공되어야 한다. 그러나 재무제표에 표시되는 항목에는 또한 중요성이 고려되어야 한다. 목적적합성과 신뢰성을 갖춘 항목이라도 중요하지 않다면 반드시 재무제표에 표시되는 것은 아니다. 즉, 중요성은 회계항목이 정보로 제공되기 위한 최소한의 요건이다. 특정 정보가 생략되거나 잘못 표시된 재무제표가 정보이용자의 판단이나 의사결정에 영향을 미칠 수 있다면 그러한 정보는 중요한 정보이다.

 제 **2** 절 **회계의 순환과정**

 01 회계상 거래

거래란 일반적인 의미로는 '주고받음' 또는 '사고팜'이란 뜻이다. 그런데 회계상 거래는 이와는 달리 사용된다. 회계상 거래는 기업의 경영활동에서 자산, 부채, 자본, 수익, 비용의 증가와 감소 등 변화를 가져오는 것을 말한다. 즉, 회계에서는 재무상태표와 손익계산서에 영향을 미치는 것만 거래라고 본다. 따라서 일상생활에서는 거래이지만 회계상 거래가 아닌 경우도 있으며 회계상 거래이지만 일상생활에서는 거래가 아닌 경우도 있다.

회계상 거래와 회계기록과의 관계를 나타내면 다음과 같다.

 I Can!

▌ **일상생활에서는 거래이지만 회계상 거래가 아닌 경우**

상품 매매 계약, 종업원 채용 계약, 건물의 임대차 계약, 부동산 담보 설정 등

▌ **회계상 거래이지만 일상생활에서는 거래가 아닌 경우**

상품 등의 도난 · 파손 · 화재, 상품의 가격 하락 등

02 분개(분개장)

(1) 거래의 8요소의 결합관계

재무상태표와 손익계산서 요소에서 왼쪽에 위치하는 것은 자산과 비용이며 오른쪽에 위치하는 것은 부채, 자본 및 수익이다. 회계상 모든 거래는 왼쪽(차변)요소와 오른쪽(대변) 요소가 결합하여 발생하는데 차변요소는 자산의 증가 · 부채의 감소 · 자본의 감소 · 비용의 발생이며 대변요소는 자산의 감소 · 부채의 증가 · 자본의 증가 · 수익의 발생이다.

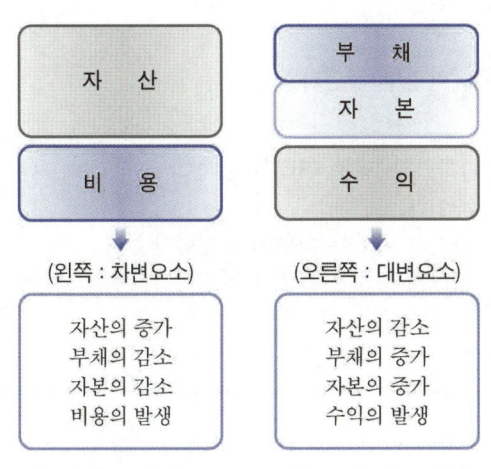

I Can! 재무상태표와 손익계산서 요소의 결합관계!

자 산		부 채
		자 본
비 용		수 익

(왼쪽 : 차변요소)   (오른쪽 : 대변요소)

자산의 증가 부채의 감소 자본의 감소 비용의 발생	자산의 감소 부채의 증가 자본의 증가 수익의 발생

※ **증가와 감소**
재무상태표 요소와 손익계산서 요소가 같은 방향에 기록이 되면 증가로 표시되며, 반대 방향에 기록이 되면 감소로 표시된다.

※ **거래의 이중성(복식부기의 원리)**
모든 거래를 원인과 결과의 인과관계를 파악하여 이중으로 기록하기 때문에 오류에 대한 자가검증 기능이 있다.

※ **대차평균의 원리**
거래의 이중성에 의해 기록하기 때문에 차변과 대변합계는 항상 일치한다.

(2) 계 정

기업의 경영활동에서 회계상 거래가 발생하면 자산의 증가와 감소, 부채의 증가와 감소, 자본의 증가와 감소, 수익과 비용이 발생하는데 이때 각 항목별로 설정된 기록 및 계산 단위를 계정(account: A/C)이라 한다. 또한 현금계정, 보통예금계정, 상품계정 등과 같이 계정에 붙이는 이름을 계정과목이라고 한다.

I Can! 계정과목

회계처리를 할 때, 각각의 내용을 모두 풀어서 쓰면 이를 나중에 의미 있는 정보로 집계하기 어려우므로 비슷한 형태의 거래들은 모아서 계정과목이라는 이름으로 나누어 정리한다. 예를 들어 택시비, 버스비 등은 동일하게 교통비라고 하는 것이다.

(3) 분개(전표작성)와 분개장

기업의 경영활동에서 회계상 거래가 발생하면 차변계정과 대변계정에 어떤 계정과목으로 얼마의 금액을 기록할 것인지 결정하는 절차를 분개라고 하며, 분개를 기록한 장부를 분개장이라 한다.

I Can!   **분개절차**

① 어떤 '계정과목'에 기입할 것인가?
② 그 계정의 '차변', '대변' 중 어느 쪽에 기입할 것인가?
③ '금액'은 얼마를 기입할 것인가?

주의 예 "상품 200,000원을 현금으로 구입하였다."라는 거래의 분개
　　① 상품과 현금 계정과목을 찾아낼 수 있다.
　　② 상품이라는 자산이 증가하였으며 자산의 증가는 차변에 기입한다.
　　　현금이라는 자산이 감소하였으며 자산의 감소는 대변에 기입한다.
　　③ 상품의 금액은 200,000원이며 현금의 금액도 200,000원이다.
　　　따라서 분개는 '(차변) 상품 200,000원　(대변) 현금 200,000원'이다.

I Can!   **분개원리 및 계정잔액**

• 재무상태표 계정
　자산계정: 차변에서 증가하고 대변으로 감소하며 잔액은 차변에 남는다.
　부채계정: 대변에서 증가하고 차변으로 감소하며 잔액은 대변에 남는다.
　자본계정: 대변에서 증가하고 차변으로 감소하며 잔액은 대변에 남는다.
• 손익계산서 계정
　비용계정: 차변에서 발생하고 대변으로 소멸하며 잔액은 차변에 남는다.
　수익계정: 대변에서 발생하고 차변으로 소멸하며 잔액은 대변에 남는다.

03 전기(총계정원장)

　기업의 경영활동에서 회계상 거래가 발생하여 분개한 내용을 해당 계정에 옮겨 적는 것을 '전기'라고 하며, 해당 계정이 설정되어 있는 장부를 '총계정원장'이라 한다.

 **전기절차**

① 분개할 때 기록된 분개의 해당 계정을 찾는다.
② 차변계정에 분개된 금액을 총계정원장의 해당 계정 차변에 기입한다.
③ 대변계정에 분개된 금액을 총계정원장의 해당 계정 대변에 기입한다.
④ 금액 앞에 상대 계정과목을 기입한다.(상대 계정과목 두 개 이상 '제좌')

예 "상품 200,000원을 현금으로 구입하였다."의 분개와 전기는 다음과 같다.

분개

차　변	상　품(자산증가)　　200,000원	대　변	현　금(자산감소)　　200,000원

전기

상　품		현　금	
현　금　200,000원 (상대계정)		상　품　200,000원 (상대계정)	

04 결산

(1) 결산의 의의

　기업은 경영활동에서 발생한 거래를 분개장에 분개하고 총계정원장에 전기하는 행위를 기중에 반복하는데 보고기간 말에는 기중에 기록된 내용을 토대로 기업의 재무상태와 경영성과를 파악하여야 한다. 이와 같이 일정시점에 자산, 부채, 자본의 재무상태를 파악하고 일정기간 동안 발생한 수익과 비용을 통해 경영성과를 파악하는 절차를 결산이라고 한다. 자산, 부채, 자본의 재무상태는 재무상태표에 표시되고, 수익과 비용을 통한 경영성과는 손익계산서에 표시되므로 결산절차는 기중에 기록된 내용을 토대로 재무상태표와 손익계산서라는 재무제표를 작성하는 과정이다.

(2) 결산의 절차

1) 수정전시산표 작성

　기업의 경영활동에서 발생한 거래를 분개장에 분개한 후 총계정원장에 전기하는데 기중 분개와 전기가 정확히 되었는지 조사하기 위하여 작성하는 표가 '수정전시산표'이다. 정확히 분개가 되고 전기가 되었다면 대차평균의 원리에 의해 모든 계정의 차변과 대변의 합계는 반드시 일치한다.

시산표의 종류에는 합계시산표, 잔액시산표, 합계잔액시산표가 있다.

- 시산표 등식
  기말자산 + 총비용 = 기말부채 + 기초자본 + 총수익
- 시산표의 또다른 이름 일계표/월계표
  시산표는 회계연도 말에만 작성하는 것은 아니다. 필요할 때마다 작성할 수 있는데 매일 작성하면 일계표, 매월 작성하면 월계표라고 한다.

2) 기말결산사항에 대한 수정분개

기말 결산시점에 자산, 부채, 자본의 현재액, 당기에 발생한 수익과 비용을 정확하게 파악하기 위해 자산, 부채, 자본, 수익, 비용에 대한 수정분개를 한다.

3) 수정후시산표 작성

기말수정분개를 하면 그 분개내용을 총계정원장에 전기하는데, 기말수정분개가 정확히 전기되었는지 확인하기 위해 수정후시산표를 작성한다.

4) 손익계산서계정의 장부마감

손익계산서계정인 수익과 비용계정은 당기의 경영성과를 보여주는 것으로, 차기의 경영활동에 영향을 미치지 않는다. 따라서 수익과 비용계정 잔액은 손익(집합손익)계정을 설정하여 '0'으로 만들어 마감하는데 그 절차는 다음과 같다.

---

① 총계정원장에 손익계정을 설정한다.
② 수익계정의 잔액을 손익(집합손익)계정의 대변에 대체한다.
　　(차변) 수익계정　　　　　　×××　　　(대변) 손익계정　　　　　×××
③ 비용계정의 잔액을 손익계정의 차변에 대체한다.
　　(차변) 손익계정　　　　　　×××　　　(대변) 비용계정　　　　　×××
④ 손익계정의 잔액을 자본계정에 대체한다.
　- 당기순이익이 발생한 경우
　　(차변) 손익계정　　　　　　×××　　　(대변) 미처분이익잉여금　×××
　- 당기순손실이 발생한 경우
　　(차변) 미처리결손금　　　　×××　　　(대변) 손익계정　　　　　×××
⑤ 수익과 비용계정의 총계정원장을 마감한다.
　　차변과 대변의 합계를 확인한 후 두 줄을 긋고 마감한다.

---

5) 재무상태표 계정의 장부마감

재무상태표 계정인 자산, 부채, 자본계정은 당기의 재무상태가 보고된 이후에도 잔액이 '0'으로 되지 않고 계속해서 이월되어 차기의 재무상태에 영향을 미치게 된다. 따라서 자산, 부채, 자본계정은 다음과 같은 절차로 마감한다.

> ① 자산계정은 차변에 잔액이 남게 되므로 대변에 차변잔액만큼 차기이월로 기입하여 일치시킨 후 다시 차변에 그 금액만큼 전기이월로 기입한다.
> ② 부채와 자본계정은 대변에 잔액이 남게 되므로 차변에 대변잔액만큼 차기이월로 기입하여 일치시킨 후 다시 대변에 그 금액만큼 전기이월로 기입한다.

6) 손익계산서와 재무상태표 작성

자산, 부채, 자본계정의 잔액을 이용하여 재무상태표를 작성하고, 수익과 비용계정을 이용하여 손익계산서를 작성한다.

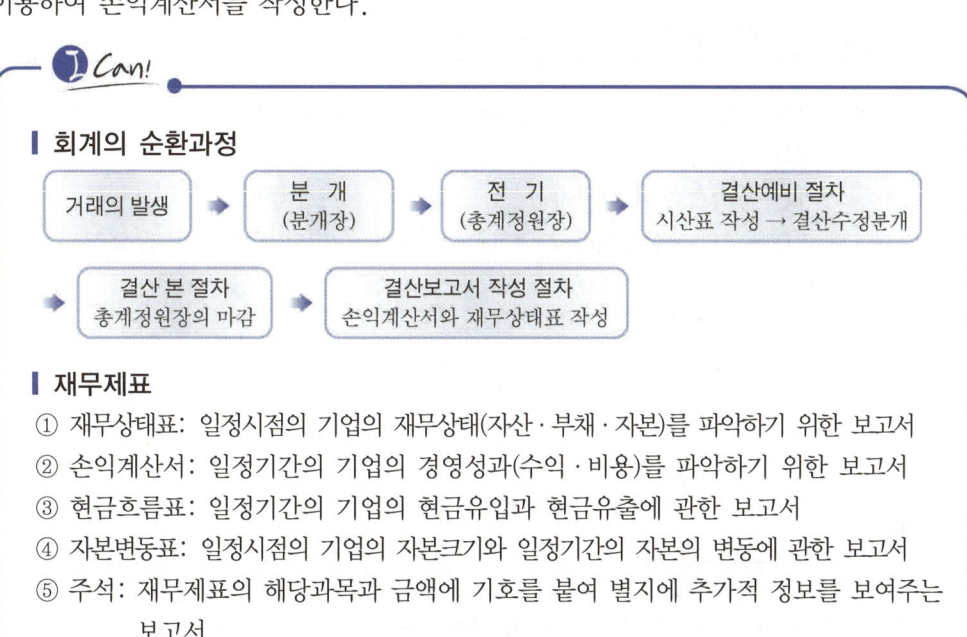

I Can!

회계의 순환과정

거래의 발생 → 분개 (분개장) → 전기 (총계정원장) → 결산예비 절차 시산표 작성 → 결산수정분개

→ 결산 본 절차 총계정원장의 마감 → 결산보고서 작성 절차 손익계산서와 재무상태표 작성

재무제표

① 재무상태표: 일정시점의 기업의 재무상태(자산·부채·자본)를 파악하기 위한 보고서
② 손익계산서: 일정기간의 기업의 경영성과(수익·비용)를 파악하기 위한 보고서
③ 현금흐름표: 일정기간의 기업의 현금유입과 현금유출에 관한 보고서
④ 자본변동표: 일정시점의 기업의 자본크기와 일정기간의 자본의 변동에 관한 보고서
⑤ 주석: 재무제표의 해당과목과 금액에 기호를 붙여 별지에 추가적 정보를 보여주는 보고서

잔액시산표와 손익계산서, 재무상태표의 관계

잔액시산표				손익계산서				재무상태표			
자산	390,000원	부채	30,000원	비용	20,000원	수익	80,000원	자산	390,000원	부채	30,000원
		자본	300,000원							자본	360,000원
		수익	80,000원	당기순이익						(당기순이익	
비용	20,000원				60,000원						60,000원)
	410,000원		410,000원		80,000원		80,000원		390,000원		390,000원

제3절 기업의 재무상태표와 손익계산서

재무제표는 기업의 외부 정보이용자에게 재무정보를 전달하는 핵심적인 재무보고 수단으로 다양한 정보이용자의 공통요구를 위해 작성되는 일반목적 재무제표를 의미한다.

01 재무상태표

재무상태표는 일정시점의 기업의 재무상태를 보여주는 보고서이다. 재무상태라는 것은 기업이 소유하고 있는 자산(현금, 상품, 건물 등)과 타인에게 갚아야 하는 부채(외상매입금, 차입금 등), 그리고 자산에서 부채를 차감한 자본으로 나누어진다.

Can! 재무상태표 작성기준과 등식

- 자산과 부채는 1년 기준이나 정상적인 영업주기 기준으로 유동과 비유동으로 분류
- 자산과 부채는 유동성이 큰 항목부터 배열하는 것이 원칙
- 자산과 부채는 총액으로 표시(원칙적으로 상계하여 표시하지 않는다.)
- 주주와의 거래에서의 자본잉여금과 영업활동에서의 이익잉여금으로 구분 표시
- 재무상태표 등식

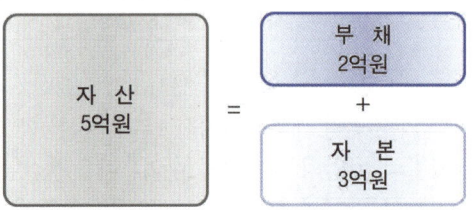

- 자본 등식

자 산 (5억원) − 부 채 (2억원) = 자 본 (3억원)

(1) 재무상태표의 기본구조

재무상태표의 구성요소인 자산, 부채, 자본은 각각 다음과 같이 구분하며 자산과 부채는 유동성이 큰 항목부터 배열하는 것을 원칙으로 한다.

① 자산: 유동자산과 비유동자산으로 구분한다. 유동자산은 당좌자산과 재고자산으로 구분하고, 비유동자산은 투자자산, 유형자산, 무형자산, 기타비유동자산으로 구분한다.
② 부채: 유동부채와 비유동부채로 구분한다.
③ 자본: 자본금, 자본잉여금, 자본조정, 기타포괄손익누계액 및 이익잉여금(또는 결손금)으로 구분한다.

(2) 자산과 부채의 유동성과 비유동성 구분

자산과 부채는 1년을 기준으로 유동과 비유동으로 분류하며, 유동성이 큰 항목부터 배열하는 것을 원칙으로 한다.

유동자산	① 사용의 제한이 없는 현금및현금성자산 ② 기업의 정상적인 영업주기 내에 실현될 것으로 예상되거나 판매목적 또는 소비목적으로 보유하고 있는 자산 　주의 정상적인 영업주기 내에 판매되거나 사용되는 재고자산과 회수되는 매출채권 등은 보고기간종료일로부터 1년 이내에 실현되지 않더라도 유동자산으로 분류한다. ③ 단기매매 목적으로 보유하는 자산 ④ ①, ③ 외에 보고기간종료일로부터 1년 이내에 현금화 또는 실현될 것으로 예상되는 자산 　주의 장기미수금이나 투자자산에 속하는 매도가능증권 또는 만기보유증권 등의 비유동자산 중 보고기간종료일로부터 1년 이내에 실현되는 부분은 유동자산으로 분류한다.
비유동자산	유동자산 이외의 모든 자산은 비유동자산으로 분류한다.
유동부채	① 기업의 정상적인 영업주기 내에 상환 등을 통하여 소멸할 것이 예상되는 매입채무와 미지급비용 등의 부채 　주의 정상적인 영업주기 내에 소멸할 것으로 예상되는 매입채무와 미지급비용 등은 보고기간종료일로부터 1년 이내에 결제되지 않더라도 유동부채로 분류한다. ② 보고기간종료일로부터 1년 이내에 상환되어야 하는 단기차입금 등의 부채 　주의 당좌차월, 단기차입금 및 유동성장기차입금 등은 보고기간종료일로부터 1년 이내에 결제되어야 하므로 영업주기와 관계없이 유동부채로 분류한다. 또한 비유동부채 중 보고기간종료일로부터 1년 이내에 자원의 유출이 예상되는 부분은 유동부채로 분류한다.
비유동부채	유동부채 이외의 모든 부채는 비유동부채로 분류한다.

(3) 자본의 분류

자본금	• 자본금은 법정자본으로 한다. 일반적으로 주식의 액면금액을 의미한다. • 자본금은 보통주자본금과 우선주자본금으로 구분하여 표시한다.
자본잉여금	• 자본잉여금은 증자나 감자 등 주주와의 거래에서 발생하여 자본을 증가시키는 잉여금이다. • 예를 들면, 주식발행초과금, 자기주식처분이익, 감자차익 등이 포함된다.
자본조정	• 자본조정은 당해 항목의 성격으로 보아 자본거래에 해당하나 최종 납입된 자본으로 볼 수 없거나 자본의 가감 성격으로 자본금이나 자본잉여금으로 분류할 수 없는 항목이다. • 예를 들면, 자기주식, 주식할인발행차금, 주식선택권, 출자전환채무, 감자차손 및 자기주식처분손실 등이 포함된다.
기타포괄손익 누계액	• 기타포괄손익누계액은 당기순이익에 포함되지 않는 평가손익의 누계액이다. • 예를 들어, 보고기간종료일 현재의 매도가능증권평가손익, 해외사업환산손익, 현금흐름위험회피 파생상품평가손익, 재평가잉여금 등의 잔액이다.
이익잉여금	• 이익잉여금(또는 결손금)은 손익계산서에 보고된 손익과 다른 자본항목에서 이입된 금액의 합계액에서 주주에 대한 배당, 자본금으로의 전입 및 자본조정 항목의 상각 등으로 처분된 금액을 차감한 잔액이다. • 법정적립금, 임의적립금 및 미처분이익잉여금(또는 미처리결손금)으로 구분하여 표시한다.

(4) 자산과 부채의 총액 표시

자산과 부채는 원칙적으로 상계하여 표시하지 않는다. 다만 기업이 채권과 채무를 상계할 수 있는 법적 구속력 있는 권리를 가지고 있고, 채권과 채무를 순액기준으로 결제하거나 채권과 채무를 동시에 결제할 의도가 있다면 상계하여 표시한다.

매출채권에 대한 대손충당금 등은 해당 자산이나 부채에서 직접 가감하여 표시할 수 있으며, 이는 상계에 해당하지 아니한다.

🔵Can! 재무상태표 계정!

- 자산(총자산): 기업이 경영활동을 위하여 소유하고 있는 재화와 채권
- 부채(타인자본): 기업이 경영활동의 결과 미래의 시점에 지급해야 할 채무
- 자본(순자산, 자기자본): 자산 총액에서 부채 총액을 차감한 잔액

자산	유동자산	당좌자산	현금, 보통예금, 당좌예금, 외상매출금, 받을어음, 미수금
		재고자산	상품, 제품, 원재료, 재공품
	비유동자산	투자자산	장기성예금, 장기대여금, 투자부동산
		유형자산	토지, 건물, 구축물, 기계장치, 비품, 건설중인자산
		무형자산	영업권, 산업재산권, 개발비, 소프트웨어
		기타비유동자산	임차보증금, 장기외상매출금, 장기미수금
부채	유동부채		외상매입금, 지급어음, 미지급금, 예수금, 선수금
	비유동부채		장기차입금, 장기미지급금, 사채
자본	자본금		보통주자본금, 우선주자본금
	자본잉여금		주식발행초과금, 감자차익, 자기주식처분이익
	자본조정		주식할인발행차금, 감자차손, 자기주식처분손실
	기타포괄손익누계액		매도가능증권평가손익, 해외사업환산손익, 재평가잉여금
	이익잉여금		법정적립금(이익준비금), 임의적립금, 미처분이익잉여금

02 손익계산서

손익계산서는 일정 기간 동안 기업의 경영성과에 대한 정보를 제공하는 재무제표이다. 손익계산서는 당해 회계기간의 경영성과를 나타낼 뿐만 아니라 기업의 미래현금흐름과 수익창출능력 등의 예측에 유용한 정보를 제공한다.

> ### I Can! 손익계산서 작성기준과 등식
>
> • 수익과 비용은 그것이 발생한 기간에 정당하게 배분되도록 처리
> • 수익과 비용은 그 발생원천에 따라 명확하게 분류하고 각 수익과 비용을 대응 표시
> • 수익과 비용은 총액으로 보고하는 것이 원칙
> • 손익계산서 등식(손익법)
>
> | 수 익
300,000원 | − | 비 용
200,000원 | = | 이 익
100,000원 |
> |---|---|---|---|---|
> | 수 익
200,000원 | − | 비 용
300,000원 | = | 손 실
100,000원 |

(1) 손익계산서의 기본구조

손익계산서는 다음과 같이 구분하여 표시한다. 다만, 제조업, 판매업 및 건설업 외의 업종에 속하는 기업은 매출총손익의 구분표시를 생략할 수 있다.

	① 매출액
−	② 매출원가
	매출총손익
−	③ 판매비와관리비
	영업손익
+	④ 영업외수익
−	⑤ 영업외비용
	법인세비용차감전순손익
−	⑥ 법인세비용
	당기순손익

(2) 손익계산서의 세부 항목

1) 매출액

매출액은 제품, 상품을 판매하고 얻은 대가이다. 반제품매출액, 부산물매출액, 작업폐기물매출액, 수출액, 장기할부매출액 등이 중요한 경우에는 이를 구분하여 표시하거나 주석으로 기재한다.

2) 매출원가

매출원가는 제품, 상품 등의 매출액에 대응되는 원가로서 판매된 제품이나 상품 등에 대한 제조원가 또는 매입원가이다.

3) 판매비와관리비

판매비와관리비는 제품, 상품 등의 판매활동과 기업의 관리활동에서 발생하는 비용으로서 매출원가에 속하지 아니하는 모든 영업비용을 포함한다.

4) 영업외수익

영업외수익은 기업의 주된 영업활동이 아닌 활동으로부터 발생한 수익과 차익으로서 중단사업손익에 해당하지 않는 것으로 한다.

5) 영업외비용

영업외비용은 기업의 주된 영업활동이 아닌 활동으로부터 발생한 비용과 차손으로서 중단사업손익에 해당하지 않는 것으로 한다.

6) 법인세비용

회계기간에 발생한 법인세액을 말한다.

I Can! 손익계산서 계정!

- 수익: 기업이 경영활동의 결과로 얻은 대가
- 비용: 기업이 경영활동 과정에서 수익을 얻기 위해 지출한 대가

수익	매출액	상품매출, 제품매출
비용	매출원가	상품매출원가, 제품매출원가
비용	판매비와관리비	급여, 복리후생비, 여비교통비, 접대비(기업업무추진비), 통신비, 임차료
수익	영업외수익	이자수익, 배당금수익, 임대료, 단기매매증권평가이익
비용	영업외비용	이자비용, 기부금, 단기매매증권평가손실, 수수료비용
비용	법인세비용	법인세 등

 현금흐름표와 자본변동표

(1) 현금흐름표

현금흐름표는 일정 기간 동안 기업의 현금유입과 현금유출에 대한 정보를 제공하는 재무제표이다. 현금흐름표는 영업활동을 통한 현금창출에 관한 정보, 투자활동에 관한 정보 및 자본조달을 위한 재무활동에 대한 정보를 제공한다.

(2) 자본변동표

자본변동표는 기업의 자본의 크기와 그 변동에 관한 정보를 제공하는 재무제표이다.

 주석

재무제표 본문에 표시된 정보를 이해하는 데 도움이 되는 추가적 정보를 설명하는 것을 말한다. 재무제표 본문에 관련 주석번호가 표시되는 방식으로 이루어진다.

제 2 장

회계이론
제대로 알기

제**1**절 **유동자산**

재무상태표

(주)삼일패션   2026년 12월 31일 현재

자산	부채
유동자산	**유동부채**
당좌자산	매입채무
재고자산	미지급금 등
비유동자산	**비유동부채**
투자자산	사채 등
유형자산	**자본**
무형자산	자본금 등
기타비유동자산	

01 당좌자산

당좌자산이란 유동자산 중에서 판매과정을 거치지 않고 1년 이내에 현금화가 가능한 자산을 말한다.

(1) 현금 및 현금성자산

1) 현금

현금은 재화나 용역을 구입하는 데 사용하는 가장 대표적인 수단으로 유동성이 가장 높은 자산이다. 일상생활에서는 지폐나 동전 등 화폐성통화만을 현금으로 생각하지만 회계에서는 통화는 아니지만 통화와 같은 효력으로 사용되는 것으로 통화와 언제든지 교환할 수 있는 통화대용증권을 포함한다.

- 통화: 지폐와 동전
- 통화대용증권: 은행발행 자기앞수표, 타인발행 당좌수표, 송금수표, 우편환증서, 배당금 지급통지표, 만기도래 국공채 및 회사채이자표 등

2) 당좌예금과 당좌차월

기업에서는 현금거래의 번거로움과 위험을 막기 위해 거래대금을 수표를 발행하여 지급하는데, 이때 발행하는 수표가 당좌수표이다.

- 당좌예금: 기업이 은행과 당좌거래의 약정을 맺고 일정한 현금을 입금한 후 당좌수표를 통해서만 인출이 되는 예금이 당좌예금이다.
- 당좌차월(2계정제): 이미 발행한 수표와 어음에 대해 예금 잔액이 부족해도 지급하도록 은행과 맺는 약정으로, 결산시 단기차입금으로 대체된다.

- 우리기업(당점)이 발행한 당좌수표를 지급하면 ➡ (대변) 당좌예금
- 우리기업(당점)이 발행한 당좌수표를 수취하면 ➡ (차변) 당좌예금
- 타인(동점)이 발행한 수표를 지급하면 ➡ (대변) 현금
- 타인(동점)이 발행한 수표를 수취하면 ➡ (차변) 현금

---

3) 보통예금

은행예금 중 만기가 정해져 있지 않고 입출금이 자유로운(요구불예금) 예금을 말한다.

4) 현금성자산

취득당시(취득당시 ○, 결산일로부터 ×) 만기가 3개월 이내인 유동성이 매우 높은 단기금융상품으로 다음과 같은 특징이 있다.

- 큰 거래비용 없이 현금으로 전환이 용이할 것
- 가치변동의 위험이 중요하지 않을 것

주식은 현금성자산에 포함되지 않는다. 왜냐하면 주식은 투자의 목적을 가지고 있으며 만기의 개념이 없기 때문이다.

현금성자산에 속하는 채무증권 및 단기금융상품의 만기는 재무상태표일(결산일) 현재 기준이 아니라 취득당시의 기준으로 하여야 한다.

5) 현금과부족

장부의 현금계정잔액이 현금의 실제잔액과 일치해야 하나 계산이나 기록상 오류, 분실, 도난 등의 이유로 일치하지 않을 수 있는데 이때 일시적으로 사용하는 계정이다.

장부상 현금잔액 < 실제 현금잔액

: 금고의 현금이 과할 때 ➡ 장부의 현금을 증가시키자!

- 현금과잉   (차) 현금   ×××   (대) 현금과부족   ×××
- 결산(원인불명) (차) 현금과부족   ×××   (대) 잡이익   ×××

장부상 현금잔액 > 실제 현금잔액

: 금고의 현금이 부족할 때 ➡ 장부의 현금을 감소시키자!

- 현금부족   (차) 현금과부족   ×××   (대) 현금   ×××
- 결산(원인불명) (차) 잡손실   ×××   (대) 현금과부족   ×××

(2) 단기금융상품

만기가 1년 이내에 도래하는 금융상품으로 현금성자산이 아닌 것을 말한다.

1) 정기예금과 적금

만기가 1년 이내에 도래하는 정기예금과 정기적금을 말한다.

2) 기타단기금융상품

만기가 1년 이내에 도래하는 금융기관에서 판매하고 있는 기타의 금융상품들로 양도성예금증서(CD), 종합자산관리계좌(CMA), MMF, 환매채(RP), 기업어음(CP) 등이 있다.

3) 단기매매증권

단기간 내에 매매차익을 얻기 위한 목적으로 시장성 있는(매수와 매도가 적극적이고 빈번함) 유가증권(주식, 사채, 공채 등)을 구입하는 경우 단기매매증권으로 분류한다.

취득시	• 구입금액(액면금액×, 구입금액○)으로 회계처리 • 취득시 매입수수료는 당기비용(영업외비용)으로 회계처리 　(차) 단기매매증권　　　　　　　×××　　(대) 현　　금　　　　　　　××× 　　　수수료비용(영업외비용)　×××
평가시	• 결산시 장부금액과 공정가치를 비교하여 공정가치로 평가 • 차액은 단기매매증권평가손익(단기투자자산평가손익)으로 처리 • 장부금액 < 공정가치: 단기매매증권평가이익(단기투자자산평가이익) 　(차) 단기매매증권　　　　　×××　　(대) 단기매매증권평가이익　××× • 장부금액 > 공정가치: 단기매매증권평가손실(단기투자자산평가손실) 　(차) 단기매매증권평가손실　×××　　(대) 단기매매증권　　　　　　×××
처분시	• 장부금액과 처분금액의 차액은 단기매매증권처분손익(단기투자자산처분손익)으로 처리 • 처분시 수수료 등의 비용은 단기매매증권처분손익에 가(+)감(−)처리 • 장부금액 < 처분금액: 단기매매증권처분이익(단기투자자산처분이익) 　(차) 현금(처분금액)　　　　×××　　(대) 단기매매증권　　　　　××× 　　　　　　　　　　　　　　　　　　　　단기매매증권처분이익　××× • 장부금액 > 처분금액: 단기매매증권처분손실(단기투자자산처분손실) 　(차) 현금(처분금액)　　　　×××　　(대) 단기매매증권　　　　　××× 　　　단기매매증권처분손실　×××

(3) 매출채권(외상매출금, 받을어음)

1) 외상매출금

상품을 매출하고 대금을 나중에 받기로 하면 외상매출금으로 기입한다.

매출시	• 상품이나 제품을 외상으로 매출하면 외상매출금계정 차변으로 회계처리
	(차) **외상매출금** ×××　　　(대) 상품매출 ×××
외상대금 수령시	• 외상매출금을 받게 되면 외상매출금계정 대변으로 회계처리
	(차) 보통예금 ×××　　　(대) **외상매출금** ×××

2) 받을어음

약속어음은 발행인(채무자)이 수취인(채권자)에게 자기의 채무를 갚기 위하여 일정한 금액(외상대금)을 약정기일(만기일)에 약정한 장소(○○은행)에서 지급할 것을 약속한 증권이다. 상품을 매출하고 대금을 약속어음으로 받았을 경우 받을어음으로 기입한다.

보관시	• 상품이나 제품을 매출하고 약속어음을 수령하면 받을어음계정 차변으로 회계처리
	(차) **받을어음** ×××　　　(대) 상품매출 ×××
만기시 (추심)	• 받을어음의 만기가 도래하면 거래은행에 어음대금을 받아 줄 것을 의뢰(추심의뢰) • 어음대금을 받게 되면(추심) 받을어음계정 대변으로 회계처리 • 추심관련 수수료는 당기비용(판매비와관리비)으로 처리
	(차) 당좌예금 ×××　　　(대) **받을어음** ××× 　　수수료비용(판매비와관리비) ×××
배서 양도시	• 받을어음 뒷면에 배서하고 양도하면 받을어음계정 대변으로 회계처리
	(차) 외상매입금 ×××　　　(대) **받을어음** ×××
할인시	• 받을어음의 만기가 되기 전에 은행에 배서양도하고 자금을 조달하는 것 • 할인료는 매출채권처분손실(영업외비용)로 처리하고 받을어음계정 대변으로 회계처리
	(차) 당좌예금 ×××　　　(대) **받을어음** ××× 　　매출채권처분손실(영업외비용) ×××
부도시	• 받을어음의 만기가 되기 전에 거래처의 부도가 확정된 경우
	(차) 부도어음과수표 ×××　　　(대) **받을어음** ×××

3) 매출채권의 대손과 대손충당금

• 대손: 매출채권(외상매출금, 받을어음)이 채무자의 파산 등의 이유로 받지 못하게 되는 상황을 대손이 발생했다고 한다.

- 대손충당금: 보고기간 말에 외상매출금, 받을어음 등의 채권에 대한 회수 가능성을 검토하여 대손예상액을 대손충당금으로 설정한다.
- 대손충당금설정법은 다음과 같은 종류가 있다.

① 매출채권 잔액비례법: 보고기간 말에 매출채권 총액에 일정률을 곱하여 계산

> 대손예상액 = 기말매출채권 × 대손 설정률

② 연령분석법: 매출채권의 발생기간(연령)에 따라 다른 대손률을 곱하여 계산
(오래된 매출채권일수록 대손률이 높다.)

> 대손예상액 = 기간별 기말매출채권 × 기간별 대손 설정률

기말	• 보고기간 말 대손예상액을 대손상각비로 계상 • 매출채권잔액에 대손충당금(충당금설정법) 설정 • 충당금설정법: 대손충당금추가설정액 = 대손예상액 − 기 설정 대손충당금 ① 대손예상액 > 기 설정 대손충당금 　　(차) 대손상각비　　　　　×××　　(대) 대손충당금　　　　　××× ② 대손예상액 < 기 설정 대손충당금 　　(차) 대손충당금　　　　　×××　　(대) 대손충당금환입　　　××× 　주의　대손충당금환입 ➡ 판매비와관리비의 차감(−) 항목이다.
대손	• 매출채권이 채무자의 파산 등의 사유로 회수불가능이 확정(대손확정)되었을 경우 • 대손충당금 잔액이 충분하면 대손충당금과 상계하고 잔액이 없으면 대손상각비로 회계처리 　(차) 대손충당금(매출채권차감항목) ×××　　(대) 매출채권　　　　　××× 　　　 대손상각비　　　　　×××
대손금 회수	• 매출채권의 대손이 확정되어 대손 처리를 하였는데 다시 회수하게 되었을 경우 • 대손충당금계정 대변으로 회계처리 　(차) 현　　　금　　　　　×××　　(대) 대손충당금　　　　　×××

(4) 기타의 당좌자산

1) 단기대여금

자금을 대여하고 그 회수기간이 결산일로부터 1년 이내인 대여금을 말한다.

　주의　회수기간이 결산일로부터 1년 이후에 도래하는 대여금 ➡ 장기대여금

2) 주 · 임 · 종 단기채권

주주, 임원, 종업원에게 자금을 대여하고 그 회수기간이 1년 이내인 대여금을 말한다.

3) 미수금과 미수수익

① 미수금

주요 상거래인 상품매출 이외의 외상거래(비품, 기계장치 등의 매각)에서 대금을 나중에 받기로 하면 미수금으로 기입한다.

주의 상품을 외상으로 매출 ➡ 외상매출금

② 미수수익

당기에 속하는 수익이나 결산일까지 수입되지 않은 부분을 당기의 수익으로 계상한다.

4) 선급금과 선급비용

① 선급금

계약금 성격으로 미리 지급한 대금을 선급금이라 하는데, 선급금만큼의 자산을 청구할 권리가 증가했으므로 자산계정이다.

계약금 지급 시	• 계약금을 지급하면 선급금계정 차변으로 회계처리			
	(차) 선급금	×××	(대) 보통예금	×××
상품 원재료 인수 시	• 과거 계약금과 관련된 상품, 원재료 등을 인수하면 선급금계정 대변으로 회계처리			
	(차) 상품(또는 원재료)	×××	(대) 선급금	×××
			외상매입금	×××

② 선급비용

선급비용은 당기에 이미 지급한 비용 중에서 차기에 속하는 부분을 계산하여 차기로 이연시킨다. 차변에는 '선급비용(자산)'으로 대변에는 당기의 비용에서 차감하는 비용계정과목으로 분개한다.

비용 지급 시	• 당기와 차기에 해당하는 비용을 선지급했을 경우			
	(차) 비용계정(임차료, 보험료 등) ×××		(대) 보통예금	×××
결산 시	• 차기에 해당하는 비용을 비용계정 대변으로 회계처리			
	(차) 선급비용	×××	(대) 비용계정(임차료, 보험료 등)	×××

5) 가지급금

금전의 지급이 있었으나 그 계정과목이나 금액이 확정되지 않을 경우 사용하는 일시적인 계정과목이며 그 내용이 확정되면 본래의 계정으로 대체한다.

지급 시	• 출장 시 여비개산액 등을 지급하면 가지급금계정 차변으로 회계처리			
	(차) 가지급금	×××	(대) 보통예금	×××
정산 시	• 출장을 다녀와서 증빙을 받고 여비개산액을 정산하면 가지급금계정 대변으로 회계처리			
	(차) 여비교통비	×××	(대) 가지급금	×××
	현금	×××		
	또는			
	(차) 여비교통비	×××	(대) 가지급금	×××
			현금	×××

02 재고자산

재고자산은 정상적인 영업과정에서 판매를 위하여 보유하거나 생산중에 있는 자산 및 생산 또는 서비스 제공과정에 투입될 원재료나 소모품 형태로 존재하는 자산을 말한다.

(1) 재고자산의 종류

① 상　품: 완성품을 외부에서 구입하여 추가 가공 없이 재판매하는 재고자산
② 제　품: 판매를 목적으로 원재료, 노무비, 경비를 투입하여 제조한 재고자산
③ 반제품: 현재 상태로 판매 가능한 재공품
④ 재공품: 원재료를 제조하여 제품이 완성되기 전 제조과정에 있는 재고자산
⑤ 원재료: 제품 생산과정이나 서비스를 제공하는 데 투입되는 원료 및 재료
⑥ 미착품: 상품이나 원재료 등을 주문하였으나 아직 회사에 입고되지 않은 재고자산
⑦ 소모품: 소모성 물품을 구입하고 아직 사용하지 않은 자산상태의 재고자산

주의 상품매매기업은 상품, 미착상품이 주요 재고자산이며, 제조기업은 원재료, 미착원재료, 재공품, 반제품, 제품이 주요재고자산이다. 부동산매매업을 주업으로 하는 기업이 보유하고 있는 부동산은 판매를 목적으로 하므로 재고자산이다.

(2) 재고자산의 취득원가

1) 재고자산의 매입

재고자산 매입대금 및 매입과 관련하여 지불한 운반비, 매입수수료, 하역비, 보험료, 세금 등의 구입 부대비용을 취득원가에 포함한다.

주의 재고자산 구입 시 운반비 ➡ 재고자산, 재고자산 매출시 운반비 ➡ 운반비

(차) 재고자산(상품)	×××	(대) 외상매입금(또는 현금)	×××

2) 매입에누리와 환출

매입에누리는 매입한 재고자산 중 하자나 파손이 있는 재고자산에 대해 가격을 인하 받는 것을 말하며, 매입환출은 매입한 재고자산 중 하자나 파손이 있는 상품에 대해 반품하는 것을 말한다.

| (차) 외상매입금(또는 현금) | ××× | (대) 매입에누리(상품의 차감계정) | ××× |
| (차) 외상매입금(또는 현금) | ××× | (대) 매입환출(상품의 차감계정) | ××× |

3) 매입할인

재고자산의 구매자가 판매대금을 조기에 지급하는 경우에 약정에 의해 할인 받은 금액을 말한다.

| (차) 외상매입금(또는 현금) | ××× | (대) 매입할인(상품의 차감계정) | ××× |

4) 상품의 순매입액

순매입액 = 총매입액(상품매입금액 + 매입부대비용) − 매입에누리와 환출 − 매입할인

(3) 매출원가

1) 매출원가의 의의

기업이 주된 영업활동을 통하여 수익을 창출하는 것을 매출이라고 한다면 매출원가는 이러한 매출이 이루어지기 위하여 투입한 비용(원가)을 말한다.

2026년 1월 1일에 상품을 800원에 매입하였으며 2026년 2월 1일에 이 상품을 1,000원에 판매하였다고 가정하자. 이러한 거래에 대해서 다음과 같이 구분하여 분개할 수 있다.

매출원가를 별도로 인식하지 않는 경우				매출원가를 별도로 인식하는 경우			
2026년 1월 1일: 상품매입				2026년 1월 1일: 상품매입			
(차) 상품	800원	(대) 현금	800원	(차) 상품	800원	(대) 현금	800원
2026년 2월 1일: 상품매출				2026년 2월 1일: 상품매출			
(차) 현금	1,000원	(대) 상품	800원	(차) 현금	1,000원	(대) 매출	1,000원
		상품매출이익	200원	(차) 매출원가	800원	(대) 상품	800원

상기 중 회계정보이용자에게 더 유용한 정보를 제공하는 것은 오른쪽과 같이 매출 및 매출원가를 별도로 보여주는 분개이다. 왜냐하면 매출 및 매출원가를 별도로 보여주는 경우에는 얼마만큼의 판매가 이루어졌으며 그 판매에 대응하는 원가가 얼마인가를 쉽게 알 수 있기 때문이다. 예를 들어, 위의 경우에 당기순이익에 미치는 영향은 200원으로 동일하지만 매출원가를 별도로 인식하는 경우 매출 대비 매출원가 비율(800원/1,000원 = 80%)을 쉽게 알 수 있다.

2) 매출원가 공식과 상품계정 기록방법

상품매매업의 매출원가를 구하는 기본공식은 다음과 같다.

> 기초상품재고액 + 당기상품매입액 − 기말상품재고액 = 상품매출원가

예를 들어, 기초상품재고액이 30원, 당기상품매입액이 70원, 기말상품재고액이 40원이라면 상품매출원가는 60원(기초상품재고액 30원 + 당기상품매입액 70원 − 기말상품재고액 40원)이 된다.

(4) 기말재고자산의 평가

1) 수량 결정 방법

① 계속기록법	• 상품의 입고, 출고를 모두 기록하여 장부에 의하여 수량을 파악한다.
② 실지재고 조사법	• 상품의 입고만 기록하고 출고는 기록하지 않는다. • 입고란에 기록된 수량에서 직접 조사한 상품의 실제 수량을 차감하여 판매된 수량을 파악한다.
③ 혼합법	• 계속기록법과 실지재고조사법을 병행하여 파악한다.

2) 단가 결정 방법

상품을 매입할 때마다 단가가 계속하여 변동하는 경우가 대부분이므로 판매되는 재고자산의 단가흐름을 어떻게 가정할 것인지를 정해야 한다.

① 개별법	• 개별 상품 각각에 단가표를 붙여서 개별적 단가를 결정 　− 장점: 실제 물량의 흐름과 동일하여 가장 정확 　　　　: 수익비용대응의 원칙에 가장 가까운 방법 　− 단점: 거래가 많을 경우 적용하기 어려움

② 선입선출법	• 먼저 입고된 상품을 먼저 출고한다는 가정하에 출고단가를 결정
	  – 장점: 실제 물량의 흐름과 일치
	       : 재고자산금액이 현재의 공정가치를 나타냄
	  – 단점: 현재 수익과 과거 원가가 대응하여 수익비용대응의 원칙에 부적합
	       : 물가상승 시 이익이 과대가 되어 법인세 부담이 큼

③ 후입선출법	• 나중에 입고된 상품을 먼저 출고한다는 가정하에 출고단가를 결정
	  – 장점: 현재 수익에 현재 원가가 대응되어 수익비용대응의 원칙에 부합
	  – 단점: 실제 물량의 흐름과 동일하지 않음
	       : 재고자산금액이 현재의 공정가치를 나타내지 못함

④ 이동평균법	• 매입할 때마다 이동평균단가를 구하여 이동평균단가로 출고 단가를 결정
	  – 장점: 변동하는 화폐가치를 단가에 반영함
	  – 단점: 매입이 자주 발생하는 경우 매번 새로운 단가를 계산해야 함

⑤ 총평균법	• 기말에 총입고금액을 총입고수량으로 나누어 총평균단가로 출고단가 결정
	  – 장점: 가장 간편하고 이익조작의 가능성이 낮음
	  – 단점: 기초재고가 기말재고의 단가에 영향을 줌

주의 총평균법과 이동평균법을 가중평균법이라고 한다.

▌ 재고자산의 평가 = 수량 × 단가

수량 파악 방법		단가 산정 방법

• 계속기록법: 입고와 출고 모두 기록
• 실지재고조사법: 입고만 기록하고
              재고는 실지조사
• 혼합법: 계속기록법과 실지재고조사법을
        병행하는 방법
	×	• 개별법: 각각 가격표 붙여 개별산정
		• 선입선출법: 먼저 입고된 상품 먼저 출고
		• 후입선출법: 나중 입고된 상품 먼저 출고
		• 가중평균법
		  이동평균법: 구입시마다 평균단가산정
		  총평균법: 구입한 총액의 평균단가산정

▌ 물가가 상승, 재고자산의 수량이 일정하게 유지된다는 가정하에 단가 산정방법 비교
 • 기말재고금액, 매출총이익, 당기순이익, 법인세비용
   선입선출법 > 이동평균법 ≥ 총평균법 > 후입선출법
 • 매출원가
   선입선출법 < 이동평균법 ≤ 총평균법 < 후입선출법

(5) 재고자산의 저가법

저가법(Lower of Cost or Market)이란 취득원가와 시가를 비교하여 낮은 금액으로
표시하는 방법이다.

1) 저가법의 발생사유

다음과 같은 사유가 발생하면 재고자산 시가가 원가이하로 하락할 수 있다.

> ① 손상을 입은 경우
> ② 보고기간 말로부터 1년 또는 정상영업주기 내에 판매되지 않았거나 생산에 투입할 수 없어 장기 체화된 경우
> ③ 진부화하여 정상적인 판매시장이 사라지거나 기술 및 시장 여건 등의 변화에 의해서 판매가치가 하락한 경우
> ④ 완성하거나 판매하는 데 필요한 원가가 상승한 경우

2) 저가법 회계처리

① 재고자산평가손실(금액 차이)

재고자산의 시가가 장부금액 이하로 하락하여 발생한 평가손실은 매출원가에 가산하며, 재고자산의 차감계정인 재고자산평가충당금으로 회계처리한다.

> (차) 재고자산평가손실(매출원가가산)* ×××   (대) 재고자산평가충당금(재고자산 차감계정) ×××
> * 취득원가 – 순실현가능가치

> 주의 재고자산을 저가법으로 평가하는 경우 재고자산의 시가는 순실현가능가치를 말한다.
> ➡ 순실현가능가치: 공정가치(판매하면 받을 수 있는 금액)에서 판매에 소요되는 비용을 차감한 금액
> ➡ 원재료의 순실현가능가치: 현행대체원가(동등한 자산을 현재시점에서 취득할 경우 그 대가)

② 재고자산평가손실 환입

저가법의 적용에 따른 평가손실을 초래했던 상황이 해소되어 새로운 시가가 장부금액보다 상승한 경우에는 최초의 장부금액을 초과하지 않는 범위 내에서 평가손실을 환입한다. 재고자산평가손실의 환입은 매출원가에서 차감한다.

> (차) 재고자산평가충당금 *   ×××   (대) 재고자산평가충당금환입(매출원가차감) ×××
> * 최초의 장부금액을 초과하지 않는 범위 내에서 환입

3) 재고자산감모손실(수량 차이)

재고자산감모손실은 재고자산의 장부상 수량과 실제 수량과의 차이에서 발생하는 손실이다. 정상적으로 발생한 감모손실은 매출원가에 가산하고, 비정상적으로 발생한 감모손실은 영업외비용으로 분류한다.

```
* 정상적인 감모손실
        (차) 재고자산감모손실(매출원가)      ×××      (대) 재고자산      ×××
* 비정상적인 감모손실
        (차) 재고자산감모손실(영업외비용)    ×××      (대) 재고자산      ×××
```

제 2 절 비유동자산

재무상태표

(주)삼일패션   2026년 12월 31일 현재

자산	부채
유동자산	**유동부채**
당좌자산	매입채무
재고자산	미지급금 등
비유동자산	**비유동부채**
투자자산	사채 등
유형자산	**자본**
무형자산	자본금 등
기타비유동자산	

01 투자자산

투자자산이란 비유동자산 중에서 기업의 판매활동 이외의 장기간에 걸쳐 투자이익을 얻을 목적으로 보유하고 있는 자산을 말한다.

투자자산 세부계정과목	내용
장기성예금과 장기금융상품	만기가 1년 이후에 도래하는 예금을 장기성예금이라고 하며 금융기관에서 판매하고 있는 양도성예금증서(CD), 종합자산관리계좌(CMA), MMF, 환매채(RP), 기업어음(CP) 등 금융상품의 만기가 1년 이후에 도래하면 장기금융상품이라 한다.
특정현금과예금	만기가 1년 이후에 도래하는 사용이 제한되어 있는 금융상품을 말한다.
장기대여금	자금을 대여하고 그 회수기간이 1년 이후인 대여금을 말한다.
투자부동산	기업의 고유의 영업활동과 직접적인 관련이 없는 부동산으로, 투자를 목적으로 보유하는 부동산을 말한다.

02 유형자산

비유동자산 중에서 기업의 영업활동과정에서 장기간에 걸쳐 사용되어 미래의 경제적 효익이 기대되는 유형의 자산을 말한다.

계정과목	내용
토지	기업이 자신의 영업목적을 위하여 영업용으로 사용하고 있는 대지, 임야, 전답, 잡종지 등으로 장기간 사용할 목적으로 취득한 것을 말한다. 주의 토지라고 해서 모두 유형자산으로 분류하는 것은 아니다. 기업이 지가상승을 목적으로 보유하고 있는 토지는 투자자산 중 투자부동산으로 처리하고, 건설회사가 건설을 목적으로 보유하고 있는 토지는 재고자산(용지)으로 계상해야 한다.
건물	건물과 냉·온방, 조명, 통풍 및 건물의 기타 건물부속설비 등을 말한다. 건물이란 토지 위에 건설된 공작물로서 지붕이나 벽을 갖추고 있는 사무소, 점포, 공장, 사택, 기숙사 등을 말한다. 건물부속설비란 건물에 부속되어 그 건물과 일체를 이루는 전기설비, 급배수설비, 위생설비, 가스설비, 냉난방설비, 통풍설비, 보일러설비 및 승강기설비, 차고, 창고 등을 총칭한다.
구축물	기업이 경영목적을 위하여 소유·사용하고 있는 토지 위에 정착된 건물 이외의 토목설비, 공작물 및 이들의 부속설비 등을 말한다.
기계장치	기계장치와 컨베이어, 기중기 등의 운송설비 및 기타 부속설비 등을 말한다.
차량운반구	육상운송수단으로 사용되는 승용차, 화물차, 오토바이 등을 말한다.
비품	사무용 집기비품으로 냉장고, 에어컨, 책상, 컴퓨터, 복사기 등의 물품을 말한다.
건설중인 자산	유형자산의 건설을 위해 지출한 금액을 건설완료 전까지 처리하는 임시계정이다. 건설이 완료되면 본래의 계정과목으로 대체한다.

(1) 유형자산의 취득원가

유형자산 취득원가는 구입대금에 그 자산이 본래의 기능을 수행할 때까지 발생한 구입 부대비용을 가산하여 기입한다. 구입 부대비용은 매입수수료, 운송비, 하역비, 설치비, 시운전비, 취득세, 토지정지비용 등이 있다.

(2) 유형자산의 취득 후의 지출

1) 자본적 지출

유형자산을 취득한 후에 발생하는 지출이 내용연수의 증가, 생산능력의 증대, 원가절감, 품질향상 등의 경우로 미래의 경제적 효익을 증가시키면 해당자산으로 처리한다.

주의 자본적 지출: 건물의 에스컬레이터 설치, 증설이나 개조, 냉·난방장치 설치 등

2) 수익적 지출

유형자산을 취득한 후에 발생하는 지출이 원상회복, 능률유지 등 수선유지를 위한 성격이면 당기비용(수선비) 처리한다.

> 주의 수익적 지출: 건물의 도색, 유리창 교체, 소모된 부품의 교체, 현상유지 등

I Can! 수익적 지출과 자본적 지출을 구분해야 하는 이유

어떤 특정한 지출을 수익적 지출로 처리하느냐, 아니면 자본적 지출로 처리하느냐에 따라 기업의 재무상태와 경영성과가 크게 달라진다.

즉, 수익적 지출로 처리하여야 할 것을 자본적 지출로 처리하면 그 사업연도의 이익이 과대계상(비용의 과소계상)될 뿐만 아니라 유형자산이 과대계상된 부분이 발생하며, 반대로 자본적 지출로 처리하여야 할 것을 수익적 지출로 처리하면 이익의 과소계상(비용의 과대계상)과 유형자산이 과소평가되는 결과를 초래한다.

오류의 유형	자 산	비 용	당기순이익
수익적 지출을 자본적 지출로 잘못 처리한 경우	과대계상	과소계상	과대계상
자본적 지출을 수익적 지출로 잘못 처리한 경우	과소계상	과대계상	과소계상

(3) 유형자산의 감가상각

유형자산은 사용하거나 시간의 경과에 따라 물리적으로나 경제적으로 그 가치가 점차 감소되는데 이를 '감가'라고 하며, 이러한 현상을 측정하여 유형자산의 사용기간 동안 비용으로 배분하는 절차를 '감가상각'이라고 한다. 감가상각비를 계산하기 위해서는 감가상각대상금액, 감가상각기간, 감가상각방법을 알아야 한다.

> 주의 토지와 건설중인자산은 감가상각을 하지 않는다.

1) 감가상각대상금액(취득원가 - 잔존가치)

취득원가에서 잔존가치를 차감한 금액을 말한다. 여기서 취득원가는 자산의 구입대금에 구입 시 부대비용을 가산한 금액이며, 잔존가치는 자산을 내용연수가 종료하는 시점까지 사용하였다고 가정하여 처분 시 받을 금액을 말한다.

2) 감가상각기간(내용연수)

자산이 사용가능할 것으로 기대되는 기간을 말한다.

3) 감가상각의 방법

유형자산의 감가상각방법에는 정액법, 체감잔액법(정률법, 연수합계법), 생산량비례법이 있는데, 이 중에서 정액법과 정률법은 다음과 같다.

① 정액법

감가상각대상금액(취득원가-잔존가치)을 내용연수 동안 균등하게 배분하는 것을 말한다.

$$\text{감가상각비 = 감가상각대상금액(취득원가 - 잔존가치)} \times \frac{1}{\text{내용연수}}$$

② 정률법

기초의 미상각잔액(취득원가-감가상각누계액)에 매기 일정률(정률)을 곱해서 계산한다. 정률법을 적용하면 감가상각비를 초기에는 많이 인식하고, 후기로 갈수록 적게 인식하게 된다.

$$\text{감가상각비 = 미상각잔액(취득원가 - 감가상각누계액)} \times \text{정률}$$

4) 감가상각비 회계처리

보고기간 말에 당기에 해당하는 감가상각비금액을 감가상각비계정 차변에 기입하고, 감가상각누계액계정 대변에 기입한다.

(차변) 감가상각비	×××	(대변) <u>감가상각누계액</u>	×××
		(유형자산의 차감계정)	

📙Can! ● 유형자산의 순장부금액

재무상태표에 표시될 때 건물의 감가상각누계액은 건물의 차감계정으로 표시된다.

재무상태표
2026년 12월 31일 현재

자산		부채
건 물	500,000원	
감가상각누계액	(100,000원)	자본
장 부 금 액	**400,000원**	

(4) 유형자산의 처분

유형자산의 처분시 금액과 장부금액(취득원가−감가상각누계액)을 비교하여 차액에 대한 금액을 유형자산처분손익으로 인식한다.

• 장부금액(취득원가 − 감가상각누계액) 〈 처분금액: 유형자산처분이익

　(차) 현　　　금　　　　　×××　　　　　　(대) 유형자산　　　　　　×××
　　　감가상각누계액　　　×××　　　　　　　　유형자산처분이익　　×××

• 장부금액(취득원가 − 감가상각누계액) 〉 처분금액: 유형자산처분손실

　(차) 현　　　금　　　　　×××　　　　　　(대) 유형자산　　　　　　×××
　　　감가상각누계액　　　×××
　　　유형자산처분손실　　×××

03　무형자산

기업의 영업활동 과정에서 장기간에 걸쳐 사용되어 미래의 경제적 효익이 기대되는 자산으로 유형자산과의 차이점은 물리적 형태가 없는 무형의 자산이라는 것이다. 그런데 무형자산은 물리적 형태가 없기 때문에 재무상태표에 기록하기 위해서는 추가적으로 고려해야 하는 것이 있다.

(1) 무형자산의 정의

무형자산은 재화의 생산이나 용역의 제공, 타인에 대한 임대 또는 관리에 사용할 목적으로 기업이 보유하고 있으며, 물리적 형체가 없지만 식별 가능하고, 기업이 통제하고 있으며, 미래 경제적 효익이 있는 비화폐성자산을 말한다.

　주의　물리적 형체가 없는 판매용 자산 ➡ 재고자산

무형자산의 정의	내 용
식별가능성	무형자산이 분리가능하면 그 무형자산은 식별가능하다. 자산이 분리가능하다는 것은 그 자산과 함께 동일한 수익창출활동에 사용되는 다른 자산의 미래 경제적 효익을 희생하지 않고 그 자산을 임대, 매각, 교환 또는 분배할 수 있는 것을 말한다.
통제	무형자산의 미래 경제적 효익을 확보할 수 있고 제3자의 접근을 제한할 수 있다면 자산을 통제하고 있는 것이다. 무형자산의 미래 경제적 효익에 대한 통제는 일반적으로 법적 권리로부터 나오며, 법적 권리가 없는 경우에는 통제를 입증하기 어렵다. 그러나 권리의 법적 집행가능성이 통제의 필요조건은 아니다.
미래 경제적 효익	무형자산의 미래 경제적 효익은 재화의 매출이나 용역수익, 원가절감, 또는 자산의 사용에 따른 기타 효익의 형태로 발생한다.

주의 교육훈련비, 마케팅 비용은 미래 경제적 효익은 기대되지만 통제 가능성이 없으므로 발생기간의 비용으로 인식한다.

(2) 무형자산의 종류

계정과목	내 용
영업권	기업의 좋은 이미지, 우수한 경영진, 뛰어난 영업망, 유리한 위치 등으로 동종의 타기업에 비해 특별히 유리한 자원을 말한다. 영업권은 사업결합으로 취득한 영업권과 내부창출영업권이 있는데 내부창출영업권은 인정하지 않는다. 매수 합병이라는 사업결합 시 순자산(자본)을 초과하는 금액을 영업권이라고 한다.

산업재산권	• 특허권
	  특정한 발명을 등록하여 일정기간 독점적, 배타적으로 사용할 수 있는 권리를 말한다.
	• 실용신안권
	  특정 물건의 모양이나 구조 등 실용적인 고안을 등록하여 일정기간 독점적, 배타적으로 사용할 수 있는 권리를 말한다.
	• 디자인권
	  특정 디자인이나 로고 등 고안을 등록하여 일정기간 독점적, 배타적으로 사용할 수 있는 권리를 말한다.
	• 상표권
	  특정 상표를 등록하여 일정기간 독점적, 배타적으로 사용할 수 있는 권리를 말한다.

광업권	일정한 광구에서 광물을 일정기간 독점적, 배타적으로 채굴할 수 있는 권리를 말한다.
개발비	신제품과 신기술 등의 개발활동과 관련하여 발생한 지출로서 미래경제적 효익의 유입 가능성이 높으며, 취득원가를 신뢰성 있게 측정할 수 있는 것을 말한다.
소프트웨어	소프트웨어 구입에 따른 금액을 말한다.

주의 신제품, 신기술 개발과 관련된 지출 자산처리 ➡ 개발비, 비용처리 ➡ 경상연구개발비

(3) 무형자산의 상각방법

무형자산상각은 유형자산의 상각방법처럼 정액법, 체감잔액법(정률법, 연수합계법), 생산량비례법이 있는데 추정내용연수동안 체계적인 방법을 사용하기 곤란할 경우에는 정액법을 사용한다.

> 주의 유형자산에 대해서는 '감가상각', 무형자산에 대해서는 '상각'이라는 용어를 사용한다.

(4) 무형자산 상각의 회계처리

보고기간 말에 당기에 해당하는 상각비금액을 무형자산상각비계정 차변에 기입하고, 해당 자산계정 대변에 기입한다.

(차변) 무형자산상각비	×××	(대변) 무형자산(개발비, 영업권 등)	×××

> 주의 유형자산에 대해서는 '감가상각누계액'이라는 차감계정을 사용하지만, 무형자산에 대해서는 일반적으로 무형자산에서 직접 차감한다.

04 기타비유동자산

비유동자산 중에서 투자자산, 유형자산, 무형자산에 속하지 아니하는 자산을 말한다.

계정과목	내 용
임차보증금	임대차계약에 의하여 월세를 지급하는 조건으로 타인의 부동산 사용을 계약하고 임차인이 임대인에게 지급하는 보증금을 말한다. 임차보증금은 계약기간이 만료되면 다시 상환 받는다.
전세권	전세금을 지급하고 타인의 부동산을 일정기간 그 용도에 따라 사용한 후 그 부동산을 반환하고 전세금을 반환받을 권리로 민법상 인정된 권리를 말한다.
장기외상매출금	상품을 매출하고 1년 이후에 받기로 한 외상매출금을 말한다.
장기성받을어음	상품을 매출하고 받은 약속어음의 만기가 1년 이후인 것을 말한다.

> 주의 임대보증금 ➡ 비유동부채

제**3**절 유동부채

재무상태표

(주)삼일패션	2026년 12월 31일 현재
자산	**부채**
유동자산	**유동부채**
당좌자산	매입채무
재고자산	미지급금 등
비유동자산	**비유동부채**
투자자산	사채 등
유형자산	**자본**
무형자산	자본금 등
기타비유동자산	

부채는 유동부채와 비유동부채로 분류한다. 유동부채는 결산일로부터 상환기한이 1년 이내에 도래하는 단기부채를 말한다.

 매입채무

매입채무는 매매거래가 성립되어 상품의 인수, 서비스 등을 제공받았으나 대금을 일정 기간 후에 결제하는 거래로 인해 발생하는 향후 자원이 유출되리라고 예상되는 부채이다. 매입채무는 매출채권의 상대적인 계정이라고 볼 수 있다.

(1) 외상매입금

상품, 원재료를 매입하고 대금을 나중에 지급하기로 하면 외상매입금으로 기입한다.

매입시	• 상품이나 원재료를 외상으로 매입하면 외상매입금계정 대변으로 회계처리			
	(차) 상품	×××	(대) **외상매입금**	×××
외상대금 지급시	• 외상매입금을 상환하면 외상매입금계정 차변으로 회계처리			
	(차) **외상매입금**	×××	(대) 현금	×××

(2) 지급어음

약속어음은 발행인(채무자)이 수취인(채권자)에게 자기의 채무를 갚기 위하여 일정한 금액(외상대금)을 약정기일(만기일)에 약정한 장소(○○은행)에서 지급할 것을 약속한 증권이다. 상품이나 원재료를 매입하고 대금을 약속어음으로 발행하여 지급하였을 경우 지급어음으로 기입한다.

발행시	• 상품을 매입하고 약속어음을 발행하면 지급어음계정 대변으로 회계처리
	(차) 상품 ××× (대) **지급어음** ×××
만기시	• 지급어음의 만기가 도래하면 은행 당좌예금계좌에서 대금이 인출되어 결제 • 어음대금을 지급하면 지급어음계정 차변으로 회계처리
	(차) **지급어음** ××× (대) 당좌예금 ×××

[매출] • 상품매출 외상거래 ➡ 외상매출금 • 상품 외 매각 외상거래 ➡ 미수금
　　　 • 상품매출 어음수령 ➡ 받을어음 • 상품 외 매각 어음수령 ➡ 미수금
[매입] • 상품매입 외상거래 ➡ 외상매입금 • 상품 외 구입 외상거래 ➡ 미지급금
　　　 • 상품매입 어음지급 ➡ 지급어음 • 상품 외 구입 어음지급 ➡ 미지급금

02 미지급금과 미지급비용

(1) 미지급금

주요 상거래인 상품매입 이외의 외상거래(비품, 기계장치 등의 구입과 복리후생비 등의 지급)에서 대금을 1년 이내의 기간에 지급하기로 하면 미지급금으로 기입한다.

주의 상품을 외상으로 매입 ➡ 외상매입금

(2) 미지급비용

당기에 속하는 비용이지만 결산일까지 지급하지 못한 부분을 당기의 비용으로 계상한다. 차변에는 비용에 해당하는 계정과목으로, 대변에는 '미지급비용(부채)'으로 기입한다.

결산시	• 당기의 비용에 해당하는 금액을 비용으로 계상
	(차) 비용계정(보험료, 임차료 등) ××× (대) 미지급비용 ×××

03 선수금과 선수수익

(1) 선수금

상품을 판매함에 있어서 이를 판매하기 이전에 계약금 성격으로 그 대금의 일부 또는

전부를 미리 수취한 금액은 해당 상품을 판매할 때까지는 선수금으로 처리한다. 즉, 그 거래에 따르는 수익(상품매출)이 계상될 때까지 그 거래의 대가의 일부를 미리 받은 금액이 선수금이다. 선급금(자산)은 선수금(부채)의 상대적인 계정이라고 볼 수 있다.

계약금 수령시	• 상품의 수익인식 시점 이전에 그 대가의 일부 또는 전부를 받은 경우			
	(차) 현금	×××	(대) **선수금**	×××
매출시	• 상품의 수익인식 시점에 선수금 계정 차변으로 회계처리			
	(차) **선수금** 　　　외상매출금	×××	(대) 상품매출	×××

주의 선급금(자산)은 선수금(부채)의 상대적인 계정이다.

(2) 선수수익

당기에 이미 받은 수익 중에서 차기에 속하는 부분을 차기로 이연시킨다. 차변에는 당기의 수익에서 차감하는 수익계정과목으로 대변에는 '선수수익(부채)'으로 분개한다.

수익 입금시	• 당기와 차기에 해당하는 수익을 받은 경우			
	(차) 현금	×××	(대) 수익계정(임대료, 이자수익 등)	×××
결산시	• 차기에 해당하는 수익금액을 차기로 이연			
	(차) 수익계정(임대료, 이자수익 등)	×××	(대) 선수수익	×××

❶Can! 손익의 발생과 이연

① 수익의 발생(미수수익): 미수임대료, 미수이자, 미수수수료 등이 있다.
② 비용의 발생(미지급비용): 미지급임차료, 미지급이자, 미지급수수료 등이 있다.
③ 수익의 이연(선수수익): 선수임대료, 선수이자, 선수수수료 등이 있다.
④ 비용의 이연(선급비용): 선급임차료, 선급보험료, 선급이자 등이 있다.

ⓜ 예수금

일시적으로 잠시 보관하고 있는 성격으로 급여 지급 시 공제액인 소득세와 지방소득세, 사회보험의 근로자부담금 등의 금액을 말한다.

주의 우리기업이 원천징수의무이행을 위해 지급할 금액에서 일정액을 떼는 것 ➡ 예수금(부채)
　　우리기업이 받을 금액에서 일정액을 원천징수 당하여 떼이는 것 ➡ 선납세금(자산)

급여 지급시	• 근로소득세, 지방소득세, 사회보험의 본인부담금을 원천징수하는 경우			
	(차) 급여	×××	(대) 예수금	×××
			보통예금	×××
납부시	• 원천징수한 근로소득세 등을 납부하는 경우			
	(차) 예수금(본인부담금)	×××	(대) 현금	×××
	복리후생비 등(회사부담금)	×××		

 05 단기차입금

자금을 차입하고 그 상환기간이 1년 이내에 도래하는 차입금을 말한다.

차입시	(차) 보통예금	×××	(대) 단기차입금	×××
상환시	(차) 단기차입금	×××	(대) 보통예금	×××
	이자비용	×××		

06 가수금

금전의 입금이 있었으나 그 계정과목이나 금액이 확정되지 않았을 경우 사용하는 일시적인 계정과목이며, 그 내용이 확정되면 본래의 계정으로 대체한다. 가지급금(자산)은 가수금(부채)의 상대적인 계정이라고 볼 수 있다.

입금시	(차) 보통예금	×××	(대) 가수금	×××
원인 판명시	(차) 가수금	×××	(대) 외상매출금 등	×××

 07 유동성 장기부채

비유동부채 중 결산일로부터 1년 내에 만기일이 도래하는 경우 유동부채로 재분류한다.

차입시	(차) 보통예금	×××	(대) 장기차입금	×××
결산시	(차) 장기차입금	×××	(대) 유동성장기부채	×××
상환시	(차) 유동성장기부채	×××	(대) 보통예금	×××

제4절 비유동부채

재무상태표

(주)삼일패션	2026년 12월 31일 현재	
자산		**부채**
유동자산		**유동부채**
당좌자산		매입채무
재고자산		미지급금 등
비유동자산		**비유동부채**
투자자산		사채 등
유형자산		**자본**
무형자산		자본금 등
기타비유동자산		

비유동부채는 결산일로부터 상환기한이 1년 이후에 도래하는 장기부채를 말한다.

01 사채

주식회사가 장기자금을 조달하기 위하여 발행하는 채무증권으로 계약에 따라 일정한 이자를 지급하고 일정한 시기에 원금을 상환할 것을 약속한 증서를 말한다.

주의 채무증권 ➡ 국공채와 사채, 지분증권 ➡ 주식

(1) 사채의 발행 및 현금흐름

사채는 장기자금을 조달하기 위하여(일반적으로 3년) 사채발행자(회사)가 사채임을 증명하는 사채권을 발행하여 주고, 만기까지의 기간동안 정해진 이자율(액면이자율, 표시이자율)에 따라 이자를 지급하고, 만기에 원금을 상환하는 것을 약정한 비유동부채이다.

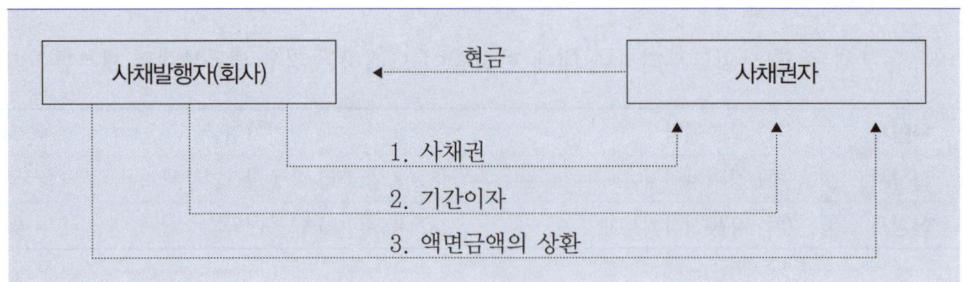

(2) 사채의 액면금액

액면금액이란 사채의 표면에 기재된 금액이라는 뜻인데, 경제적으로는 만기일에 상환할 금액이라는 뜻이 포함되어 있다. 사채발행자는 바로 이 액면금액을 만기일에 사채권자들에게 상환하여야 한다.

(3) 사채의 액면이자율

사채에 적혀 있는 이자율을 액면이자율 또는 표시이자율이라 하며, 액면(표시)이자율에 의해 다음과 같이 채권자에게 지급해야 할 현금 지급이자가 결정된다.

> 이자지급일에 지급할 현금지급이자 = 액면금액 × 액면(표시)이자율

(4) 사채의 시장이자율

자본시장에 참여하고 있는 일반 투자 대중들이 사채 구입 대신 다른 곳에 돈을 빌려주면 받을 수 있는 이자율을 시장이자율이라 한다. 그런데 시장이자율은 표시이자율과 항상 일치하지는 않으므로, 시장이자율과 표시이자율이 다를 때 사채는 할인 또는 할증발행 된다.

예를 들어, 만일 표시이자율이 연 10%인데 시장이자율은 연 15%라면 당연히 투자자들은 이 사채를 액면금액에 구입하지 않으려고 할 것이다. 따라서 발행자는 사채를 할인발행하게 되는데 사채로부터의 수익률이 시장이자율과 같아질 때까지 할인해야 한다. 시장이자율보다 적다면 투자자들은 사채를 사지 않을 것이기 때문이다.

반대로 만일 표시이자율이 연 12%인데 시장이자율은 연 8%라면, 투자자들은 이 사채가 액면금액보다 더 비싸더라도 구입하려고 할 것이며, 따라서 발행자는 사채를 할증발행 하게 된다. 이 경우에도 마찬가지로 사채의 수익률이 시장이자율과 같아질 때까지 할증이 된다. 왜냐하면 시장이자율과 같아질 때까지 투자자는 계속 이 사채를 사려고 할 것이기 때문이다.

따라서 할인 또는 할증발행은 액면이자율과 시장이자율 간의 차이를 제거하여 사채권자들로 하여금 시장이자율 만큼의 투자수익을 얻게 하기 위한 조치이며, 이때 발행회사는 결국 시장이자율로 자금을 차입하는 셈이 된다.

(5) 이자율과 사채발행금액과의 관계

이자율과 사채발행금액과의 관계를 정리하면 다음과 같다.

이자율	사채발행금액	논리
시장이자율 > 액면(표시)이자율	액면금액보다 낮게 (할인발행)	사채발행회사는 시장이자율에 비해 낮은 사채이자에 대한 보상으로 할인발행
시장이자율 = 액면(표시)이자율	액면금액 (액면발행)	시장이자율과 표시이자율이 동일
시장이자율 < 액면(표시)이자율	액면금액보다 높게 (할증발행)	사채발행회사는 시장이자율에 비해 높은 사채이자에 대한 프리미엄으로 할증발행

(6) 사채발행시 회계처리

사채발행시 발행회사는 사채계정을 만기에 상환할 액면금액으로 기록한다. 다만 할인발행 또는 할증발행인 경우에는 다음과 같이 회계처리한다.

① 할인발행시

할인발행(시장이자율 > 액면(표시)이자율)시에는 발행금액이 액면금액보다 작으므로 그 차액 즉, 액면금액의 할인액은 사채할인발행차금계정으로 회계처리한다. 사채할인발행차금계정은 사채의 차감적 평가계정이다.

② 할증발행시

할증발행(시장이자율 < 액면(표시)이자율)시에는 발행금액이 액면금액보다 크므로 그 차액, 즉 액면금액의 할증액은 사채할증발행차금계정으로 회계처리한다. 사채할증발행차금계정은 사채의 가산적 평가계정이다.

구 분	회계처리			
	사채발행자		사채매입자	
액면발행 (발행금액 = 액면금액)	(차) 현금　　×××　(대) 사채　　×××		(차) 만기보유증권　　×××　(대) 현금　××× 　　　(또는 매도가능증권)	
할인발행 (발행금액 〈 액면금액)	(차) 현금　　×××　(대) 사채　　××× 　　사채할인발행차금 ×××		(차) 만기보유증권　　×××　(대) 현금　××× 　　　(또는 매도가능증권)	
할증발행 (발행금액 〉 액면금액)	(차) 현금　　×××　(대) 사채　　××× 　　　　　　　　사채할증발행차금 ×××		(차) 만기보유증권　　×××　(대) 현금　××× 　　　(또는 매도가능증권)	

구 분	부분재무상태표			
	사채발행자		사채매입자	
액면발행 (발행금액 = 액면금액)	비유동부채 　사채	×××	비유동자산 　만기보유증권 　(또는 매도가능증권)	×××
할인발행 (발행금액 〈 액면금액)	비유동부채 　사채 　사채할인발행차금	××× (×××)	×××	비유동자산 　만기보유증권 　(또는 매도가능증권)	×××
할증발행 (발행금액 〉 액면금액)	비유동부채 　사채 　사채할증발행차금	××× ×××	×××	비유동자산 　만기보유증권 　(또는 매도가능증권)	×××

 장기차입금

자금을 차입하고 그 상환기한이 1년 이후에 도래하는 차입금을 말한다.

장기차입금 발생시	(차) 현　금　　　　　　×××　　(대) 장기차입금　　　　×××
결산시	결산일로부터 상환기한이 1년 이내일 경우 (차) 장기차입금　　　×××　　(대) 유동성장기부채　×××
장기차입금 상환시	(차) 유동성장기부채　×××　　(대) 현　금　　　　　×××

 임대보증금

　임대차계약에 의하여 월세를 지급받는 조건으로 타인에게 부동산 사용을 계약하고 임대인이 임차인에게 지급받는 보증금을 말한다. 임대보증금은 계약기간이 만료되면 다시 상환한다.

임대보증금 수취시	(차) 보통예금　　×××　　(대) 임대보증금　×××
약정일에 임대료 입금시	(차) 보통예금　　×××　　(대) 임대료　　　×××
임대차 계약기간 만료시	(차) 임대보증금　×××　　(대) 보통예금　　×××

04 퇴직급여충당부채

회사의 퇴직급여규정 등에 의하여 직원이 퇴직할 때 지급해야 할 퇴직금을 충당하기 위하여 설정하는 계정과목으로 퇴직급여충당부채 설정시에는 퇴직급여충당부채계정 대변에 기입하고, 퇴직금 지급시에는 퇴직급여충당부채계정 차변에 기입한다.

퇴직급여충당부채 설정시	(차) 퇴직급여 ××× (대) 퇴직급여충당부채 ×××
종업원 퇴직시	(차) 퇴직급여충당부채 ××× (대) 현금 ×××

05 장기미지급금

주요 상거래인 상품매입 이외의 외상거래(비품, 기계장치 등의 구입과 복리후생비 등의 지급)에서 대금을 1년 이후의 기간에 지급하기로 하면 장기미지급금으로 기입한다.

주의 상품을 외상으로 매입하고 1년 이후의 기간에 지급하기로 하면 ➡ 장기외상매입금

제 5 절 자본

재무상태표

(주)삼일패션　　　　　2026년 12월 31일 현재

자산	부채
유동자산	**유동부채**
당좌자산	매입채무
재고자산	미지급금 등
비유동자산	**비유동부채**
투자자산	사채 등
유형자산	**자본**
무형자산	자본금
기타비유동자산	자본잉여금
	자본조정
	기타포괄손익누계액
	이익잉여금

자본은 기업이 소유하고 있는 자산에서 갚아야 하는 부채를 차감한 것을 말하며, 법인기업의 자본은 자본금, 자본잉여금, 자본조정, 기타포괄손익누계액, 이익잉여금을 말한다.

01 자본금

주식회사의 자본금은 법정자본금으로서 주당 액면금액에 발행주식수를 곱한 금액이다.

> 자본금(법정자본금) = 주당 액면금액 × 발행주식수

주식발행시	(차) 현금　　　　　×××　 (대) 자본금(주식의 액면금액)　　×××

02 자본잉여금

(1) 주식발행초과금

주식발행초과금은 주식발행금액이 액면금액을 초과하는 경우 그 초과금액을 말한다.

주의 주식을 액면 이상으로 발행하는 경우 신주발행비는 주식발행초과금에서 차감하며, 주식을 액면 이하로 발행하는 경우 신주발행비는 주식할인발행차금에 가산한다.

주의 주식발행초과금은 유상증자시 발생하는 것으로 주금납입절차가 이루어지지 않는 무상증자나 주식배당의 경우는 발생하지 아니한다.

> • 주식을 액면금액 이상으로 발행하는 경우: 현금출자시
>
> (차) 현금 　　　　　　　　 ×××　　(대) 자본금(주식의 액면금액) 　　×××
> 　　　　　　　　　　　　　　　　　　　　주식발행초과금(자본잉여금) 　×××

(2) 감자차익

자본금 감소시 그 감소액이 주식의 소각, 주금의 반환에 의한 금액 또는 결손 보전에 충당한 금액을 초과하는 경우 그 초과액을 말한다.

> • 유상감자시: 액면금액 〉 유상으로 재취득한 발행금액(취득원가)
>
> (차) 자본금(주식의 액면금액) 　　×××　(대) 현금 　　　　　　　　×××
> 　　　　　　　　　　　　　　　　　　　　　감자차익(자본잉여금) 　　×××

 **03 자본조정**

자본조정은 당해 항목의 성격상 자본거래에 해당하나 최종 납입된 자본으로 볼 수 없거나 자본의 차감 성격으로 자본금이나 자본잉여금으로 분류할 수 없는 항목이다.

(1) 주식할인발행차금

주식할인발행차금은 주식을 액면금액 이하로 발행한 경우 발행금액과 액면금액의 차이를 말하며, 자본조정에 해당한다.

> • 주식을 액면금액 이하로 발행하는 경우: 현금출자시
>
> (차) 현금 　　　　　　　　 ×××　　(대) 자본금(주식의 액면금액) 　　×××
> 　　주식할인발행차금(자본조정) 　×××

(2) 감자차손

자본금 감소시 나타나는 것으로 주식을 매입하여 소각하는 경우 취득금액이 액면금액보다 큰 경우에 그 차이를 말한다.

> • 유상감자시: 액면금액 〈 유상으로 재취득한 발행금액(취득원가)
>
> | (차) | 자본금(주식의 액면금액) | ××× | (대) | 현금 | ××× |
> |---|---|---|---|---|---|
> | | 감자차손(자본조정) | ××× | | | |

 ## 04 기타포괄손익누계액

기타포괄손익누계액은 재무상태표일 현재의 기타포괄손익 잔액으로 당기순이익에 포함되지 않는 평가손익의 누계액이다.

매도가능증권평가손익	매도가능증권의 공정가치 평가시 발생하는 미실현손익
해외사업환산손익	해외지점, 해외사업소 또는 해외소재 관계 및 종속 기업의 자산과 부채를 외화환산할 때 발생하는 환산손익
현금흐름위험회피 파생상품평가손익	가격변동에 따른 손익을 회피하기 위하여 선도, 선물, 스왑, 옵션 등 파생상품거래를 한 경우, 파생상품을 공정가치로 평가해야 한다. 공정가치로 평가시 발생하는 평가손익 중 효과적인 부분만 기타포괄손익으로 인식한다. 비효과적인 부분은 당기손익으로 인식한다.
재평가잉여금	유형자산을 재평가모형에 따라 공정가치로 평가할 경우 공정가치가 상승하여 발생하는 재평가이익. 공정가치가 하락하여 발생하는 재평가손실은 당기손익으로 인식한다.

 ## 05 이익잉여금

이익잉여금은 영업활동의 결과 손익거래에서 매기에 얻어진 이익이 사내에 유보되어 생기는 잉여금이다.

이익준비금	상법의 규정에 의하여 자본금의 1/2에 달할 때까지 매 결산기 금전 이익배당액의 1/10 이상을 적립
기타법정적립금	기타 법령에 따라 적립된 금액
임의적립금	채권자와의 계약, 기업의 특정목적을 달성하기 위해 정관의 규정이나 주주총회의 결의로 배당 가능한 이익잉여금의 일부를 유보한 금액
처분전 이익잉여금	전기말 미처분이익잉여금 + 당기순이익 - 주주에 대한 배당 - 자본금으로의 전입 - 자본조정항목의 상각

☺ Can! 자본!

* 자본금: 주식의 주당 액면금액 × 발행주식수

발행유형	차변	대변
할인발행(발행금액 < 액면금액)	현 금 주식할인발행차금	자본금(액면금액)
액면발행(발행금액 = 액면금액)	현 금	자본금(액면금액)
할증발행(발행금액 > 액면금액)	현 금	자본금(액면금액) 주식발행초과금

주의 주식발행시 신주발행비: 주식의 발행금액에서 차감한다. 즉 주식발행초과금에서 차감하고 주식할인발행차금에 가산한다.

제**6**절 수익과 비용

손익계산서

(주)삼일패션　　　　2026년 1월 1일부터 2026년 12월 31일까지

비용		수익	
매출원가		매출액	
판매비와관리비		영업외수익	
영업외비용			
법인세비용			
당기순이익			

기업의 주요 영업활동인 매출활동과 관련된 수익을 영업수익이라고 하고 그 외의 수익을 영업외수익이라고 한다. 영업수익인 매출액에 대응하는 비용을 매출원가라고 하고 판매와 관리활동에 관련된 비용을 판매비와관리비라고 하며, 그 외의 비용을 영업외비용이라 한다.

 **수 익**

수익은 기업의 경영활동에서 재화의 판매 또는 용역의 제공 과정으로 획득된 경제적 가치로서 자산의 증가 또는 부채의 감소에 따라 자본의 증가를 초래하는 경제적 효익의 총유입을 의미한다.

(1) 매출액

1) 상품매출

기업의 경영활동에서 판매를 목적으로 외부에서 구입한 재화인 상품을 일정한 이익을 가산하여 매출하게 되는데 상품의 매출이 발생하면 매가로 상품매출계정 대변에 기입한다.

2) 매출에누리와 환입

- 매출에누리: 매출한 상품 중 하자나 파손이 있는 상품에 대해 값을 깎아 주는 것을 말한다.
- 매출환입: 매출한 상품 중 하자나 파손이 있는 상품에 대해 반품받는 것을 말한다.

3) 매출할인

외상매출금을 조기에 회수하는 경우 약정에 의해 할인해주는 금액을 말한다.

> 순매출액 = 총매출액 − 매출에누리와 환입 − 매출할인

(2) 영업외수익

1) 이자수익

금융기관 등에 대한 예금이나 대여금 등에 대하여 받은 이자를 말한다.

2) 단기매매증권평가이익

결산시 단기매매증권을 공정가치로 평가할 때 장부금액보다 공정가치가 높은 경우 그 차액을 말한다.

3) 단기매매증권처분이익

단기매매증권을 처분할 때 장부금액보다 처분금액이 높은 경우 그 차액을 말한다.

4) 외환차익

외화자산 회수와 외화부채 상환 시 환율의 차이 때문에 발생하는 이익을 말한다.

5) 수수료수익

용역을 제공하고 그 대가를 받은 경우를 말한다.

6) 외화환산이익

결산 시 외화 자산과 외화 부채를 결산일 환율로 평가할 때 발생하는 이익을 말한다.

7) 유형자산처분이익

유형자산을 장부금액(취득원가−감가상각누계액)보다 높은 금액으로 처분할 때 발생하는 이익을 말한다.

8) 무형자산처분이익

무형자산을 장부금액보다 높은 금액으로 처분할 때 발생하는 이익을 말한다.

9) 투자자산처분이익

투자자산을 장부금액보다 높은 금액으로 처분할 때 발생하는 이익을 말한다.

10) 자산수증이익

타인으로부터 자산을 무상으로 증여받게 되는 경우 그 금액을 말한다.

11) 채무면제이익

채무를 면제받는 경우의 그 금액을 말한다.

12) 잡이익

영업활동 이외의 활동에서 금액이 적은 이익이나 빈번하지 않은 이익을 말한다.

비 용

(1) 상품매출원가

기업의 경영활동에서 판매를 목적으로 외부에서 구입한 재화인 상품을 매출하였을 때 그 상품의 매입원가를 말한다.

> • 상품매출원가 = 기초상품재고액 + 당기상품순매입액 − 기말상품재고액
> • 당기상품순매입액 = 당기상품총매입액 − 매입에누리와 환출 − 매입할인

(2) 판매비와관리비

1) 급 여

종업원에 대한 급여와 제수당을 말한다.

2) 퇴직급여

종업원이 퇴직을 할 경우 발생하는 퇴직금이나 결산시 퇴직급여충당부채를 설정할 경우의 퇴직금을 말한다.

3) 복리후생비

종업원의 복리와 후생을 위한 비용으로 식대, 경조비, 직장체육대회, 야유회비 등을 말하며, 또한 종업원을 위해 회사가 부담하는 건강보험료, 고용보험료, 산재보험료 등을 말한다.

4) 여비교통비

업무와 관련한 교통비와 출장 여비 등을 말한다.

5) 접대비(기업업무추진비)

업무와 관련하여 거래처를 접대한 성격의 비용으로 식대, 경조비, 선물대금 등을 말한다.

6) 통신비

업무와 관련하여 발생한 전화, 핸드폰, 팩스, 인터넷 등의 요금을 말한다.

7) 수도광열비

업무와 관련하여 발생한 수도, 가스, 난방 등의 요금을 말한다.

8) 전력비

업무와 관련하여 발생한 전기 요금을 말한다.

9) 세금과공과금

업무와 관련하여 발생한 세금인 재산세, 자동차세 등과 공과금인 대한상공회의소회비, 조합회비, 협회비 등을 말한다.

10) 감가상각비

업무와 관련된 유형자산인 건물, 기계장치, 차량운반구, 비품 등의 감가상각액을 말한다.

이론 익히기

11) 임차료

업무와 관련하여 발생한 토지, 건물, 기계장치, 차량운반구 등의 임차비용을 말한다.

12) 수선비

업무와 관련하여 발생한 건물, 기계장치 등의 현상유지를 위한 수리비용을 말한다. 단, 차량운반구에 관련된 현상유지를 위한 수리비용은 차량유지비로 처리한다.

13) 보험료

업무와 관련된 유형자산(건물, 기계장치 등)과 재고자산 등에 대한 보험료를 말한다.

14) 차량유지비

업무와 관련된 차량운반구(승용차, 화물차)의 유지와 수선(유류대, 엔진오일교체비 등)을 위한 비용을 말한다.

15) 운반비

상품을 매출하고 지출한 운송료를 말한다.

16) 도서인쇄비

업무와 관련된 도서구입비, 신문과 잡지구독료, 인쇄비 등을 말한다.

17) 소모품비

업무와 관련된 복사용지, 문구류, 소모공구와 기구, 소모자재 등 소모성 물품비를 말한다.

18) 수수료비용

업무와 관련된 용역을 제공받고 그에 대한 대가를 지불한 것으로 은행의 송금수수료, 어음의 추심수수료, 청소와 경비용역비 등을 말한다.

19) 광고선전비

업무와 관련하여 광고목적으로 신문, 방송 잡지 등에 지출한 광고비용을 말한다.

20) 대손상각비

상품매출과 관련하여 발생한 매출채권(외상매출금, 받을어음)이 회수불능되었을 때, 또는 결산 시 대손에 대비하여 대손충당금을 설정할 때 대손상각비로 처리한다.

(3) 영업외비용

1) 이자비용

금융기관에 대한 차입금, 당좌차월 등 자금의 차입대가로 지불하는 이자를 말한다.

2) 외환차손

외화자산의 회수와 외화부채의 상환 시 환율의 차이 때문에 발생하는 손실을 말한다.

3) 기부금

아무런 대가를 바라지 않고 무상으로 금전이나 물건 등을 기증한 경우를 말한다.

4) 외화환산손실

결산 시 외화 자산과 외화 부채를 결산일 환율로 평가할 때 발생하는 손실을 말한다.

5) 매출채권처분손실

받을어음이 만기가 되기 전에 은행에 할인할 경우 그 할인료를 말한다.

6) 단기매매증권평가손실

결산 시 단기매매증권을 공정가치로 평가할 때 장부금액보다 공정가치가 낮은 경우 그 차액을 말한다.

7) 단기매매증권처분손실

단기매매증권을 처분할 때 장부금액보다 처분금액이 낮은 경우 그 차액을 말한다.

8) 재해손실

천재지변이나 도난 등의 예측치 못한 상황으로 발생한 손실을 말한다.

9) 유형자산처분손실

유형자산을 장부금액(취득원가−감가상각누계액)보다 낮은 금액으로 처분할 때 발생하는 손실을 말한다.

10) 무형자산처분손실

무형자산을 장부금액보다 낮은 금액으로 처분할 때 발생하는 손실을 말한다.

11) 투자자산처분손실

투자자산을 장부금액보다 낮은 금액으로 처분할 때 발생하는 손실을 말한다.

12) 잡손실

영업활동 이외 활동에서 금액이 적은 비용이나 빈번하지 않은 지출을 말한다.

(4) 법인세비용(법인세 등)

회계기간에 납부하여야 할 법인세액을 말한다. 기중에 법인세 중간예납액과 이자수익 등의 원천징수 금액을 차변에 선납세금으로 회계처리 하는데, 기말에는 법인세비용(법인세 등)으로 대체한다.

제 7 절 내부통제제도와 내부회계관리제도

 내부통제제도

(1) 내부통제제도의 정의

내부통제제도는 다음의 세 가지 목적을 달성하기 위하여 회사의 이사회, 경영진 및 기타 구성원에 의해 지속적으로 실행되는 일련의 과정을 말한다.

목 적	내 용
기업운영의 효율성 및 효과성 확보 (운영목적)	• 회사가 업무를 수행함에 있어 자원을 효과적으로 효율적으로 사용하고 있음을 확인
재무정보의 신뢰성 확보 (재무보고목적)	• 회사가 정확하고 신뢰할 수 있는 재무정보의 작성 및 보고체계를 유지하고 있음을 확인
관련 법규의 정책의 준수 (법규준수목적)	• 회사의 모든 활동은 관련법규, 감독규정, 내부정책 및 절차를 준수하고 있음을 확인

(2) 내부통제제도의 구성요소

내부통제제도의 구성요소는 통제환경, 위험평가, 통제활동, 정보 및 의사소통, 모니터링의 다섯 가지로 나누어 볼 수 있다.

구성요소	내 용
통제환경	• 내부통제제도 전체의 기초를 이루는 개념 • 조직체계·구조, 내부통제와 관련된 상벌 체계, 인력운용 정책, 교육정책, 경영자의 철학, 윤리, 리더십 등을 포함

구성요소	내 용
위험평가	• 회사의 내·외부의 위험을 식별하고 평가·분석하는 활동 • 전사적 수준 및 하위 업무프로세스 수준의 위험식별, 위험의 분석·대응방안 수립, 위험의 지속적 관리 등이 포함됨
통제활동	• 조직 구성원이 경영방침이나 지침에 따라 업무를 수행할 수 있도록 마련된 정책 및 절차와 이러한 정책 및 절차가 준수되도록 하기 위한 제반 활동 • 업무의 분장, 문서화, 승인·결제체계, 감독체계, 자산의 보호체계 등을 포함
정보 및 의사소통	• 조직 구성원이 책임을 적절하게 수행할 수 있도록 정보를 확인·수집할 수 있도록 지원하는 절차와 체계 • 정보의 생성·집계·보고체계, 의사소통의 체계 및 방법 등이 포함됨
모니터링	• 내부통제의 효과성을 지속적으로 평가하는 과정 • 상시적인 모니터링과 독립적인 평가 또는 이 두 가지의 결합에 의해서 수행

(3) 내부통제제도의 효과와 한계

효과적인 내부통제제도는 경영진이 업무성과를 측정하고, 경영의사결정을 수행하며, 업무프로세스를 평가하고, 위험을 관리하는데 기여함으로써 회사의 목표를 효율적으로 달성하고 위험을 회피 또는 관리할 수 있도록 한다.

그리고 직원의 위법 및 부당행위(횡령, 배임 등) 또는 내부정책 및 절차의 고의적인 위반행위뿐만 아니라 개인적인 부주의, 태만, 판단상의 착오 또는 불분명한 지시에 의해 야기된 문제점들을 신속하게 포착함으로써 회사가 시의적절한 대응조치를 취할 수 있게 해준다.

그러나 아무리 잘 설계된 내부통제제도라고 할지라도 제도를 운영하는 과정에서 발생하는 집행위험은 피할 수 없다. 즉, 최상의 자질과 경험을 지닌 사람도 부주의, 피로, 판단착오 등에 노출될 수 있으며, 내부통제제도도 이러한 사람들에 의해 운영되므로 내부통제제도가 모든 위험을 완벽하게 통제할 수는 없다.

02 내부회계관리제도

내부회계관리제도는 회사의 재무제표가 일반적으로 인정되는 회계처리기준에 따라 작성·공시되었는지에 대한 합리적 확신을 제공하기 위해 설계·운영되는 내부통제제도의 일부분으로서, 회사의 이사회와 경영진을 포함한 모든 구성원들에 의해 지속적으로 실행되는 과정을 의미한다.

내부회계관리제도는 내부통제제도의 세 가지 목적 중 재무정보의 신뢰성 확보, 특히 외부에 공시되는 재무제표의 신뢰성 확보를 목적으로 하며, 여기에는 자산의 보호 및 부정방지 프로그램이 포함된다. 또한, 운영목적이나 법규준수목적과 관련된 통제절차가 재무제표의 신뢰성 확보와 관련된 경우 해당 통제절차는 내부회계관리제도의 범위에 포함된다.

(1) 자산보호와 관련된 통제

보호와 관련된 통제라 함은 재무제표에 중요한 영향을 미칠 수 있는 승인되지 않은 자산의 취득·사용·처분을 예방하고 적시에 적발할 수 있는 체계를 의미한다.

▶ **사례**   (재고자산)

> 재고자산이 보관되어 있는 창고에 대한 물리적인 접근을 통제하고 주기적으로 재고실사 수행
> ➡ 자산의 도난이나 분실을 완전히 막을 수는 없지만 실물자산과 장부자산의 수량 차이를 적시에 발견하여 재무제표의 중요한 왜곡표시 방지 가능

(2) 부정방지 프로그램

부정방지 프로그램은 재무제표의 신뢰성을 훼손할 수 있는 부정을 예방·적발하는 한편, 확인된 특정 부정위험을 감소시킬 수 있도록 고안된 체제 및 통제로서 이는 회사 내 효과적인 통제문화를 조성함에 있어서 필수적인 요소이다.

예를 들어, 경영진의 권한남용 및 통제회피위험 등에 대한 적절한 부정방지 프로그램이 존재하지 않는 경우 이는 통제상 중요한 취약점으로 분류될 수 있다.

▶ **사례**   (부정방지 프로그램에 포함되는 내용)

> · 윤리강령
> · 내부고발제도 및 내부고발자 보호 프로그램
> · 채용기준 및 인사규정
> · 부정 적발 또는 혐의 발견시 처리 절차
> · 이사회 및 감사(위원회)의 감독
> · 부정 위험 평가 및 이를 관리하기 위한 통제 활동

제**3**장

부가가치세 이론
제대로 알기

제**1**절 **부가가치세의 기본이론**

01 **부가가치세의 개념 및 특징**

구 분	내 용
부가가치세의 정의	부가가치는 재화 또는 용역이 생산·유통되는 모든 단계에서 기업이 새로이 창출하는 가치의 증가분을 말하며, 부가가치에 대해 부과하는 조세를 부가가치세라 한다.
우리나라 부가가치세의 특징	① 일반소비세 　법률상 면세대상으로 열거된 것을 제외하고 모든 재화나 용역의 소비행위에 대해서 과세한다. ② 전단계세액공제법 　매출세액(매출액 × 세율)에서 매입세액을 차감하여 부가가치세를 계산한다. 　　　매출액 × 세율 − 세금계산서 등으로 입증된 매입세액 ③ 간접세 　납세의무자는 재화 또는 용역을 공급하는 사업자이지만, 담세자(세금을 실질적으로 부담하는 자)는 최종소비자가 된다. ④ 소비형 부가가치세 　• 총매출액에서 중간재구입액과 자본재구입액을 차감하여 부가가치를 산출한다. 　• 중간재와 자본재 구입비용을 차감하므로 부가가치는 총소비액과 일치한다. ⑤ 소비지국 과세원칙 　우리나라는 생산지국에서 수출할 때 부가가치세를 과세하지 않고, 소비지국에서 과세할 수 있도록 하는 소비지국과세원칙을 채택하고 있다. 　→ 수출재화: 0% 세율을 적용하여 부가가치세를 전액 공제 또는 환급 　→ 수입재화: 국내생산 재화와 동일하게 부가가치세를 부과

 납세의무자

구 분	내 용	
부가가치세의 납세의무자	구 분	납세의무자
	재화의 공급 및 용역의 공급	사업자
	재화의 수입	재화를 수입하는 자

주의 재화를 수입하는 경우 사업자 여부 관계없이 부가가치세 납세의무를 부담하며, 세관장이 관세법에 따라 징수한다.

구 분	내 용
사업자의 요건	다음의 요건을 충족하면 부가가치세 납세의무가 있다. ① 재화 또는 용역의 공급 부가가치세법상 과세대상이 되는 재화 또는 용역을 공급해야 한다. ② 영리목적 여부는 불문 ・부가가치세법상 납세의무자는 개인사업자나 영리법인으로 한정되어 있지 않다. ・비영리법인과 국가・지방자치단체도 사업자 요건을 충족하면 부가가치세 납세의무가 발생한다. ③ 사업상 독립성 부가가치를 창출해 낼 수 있는 정도의 사업형태를 가지고 계속적, 반복적 의사로 재화 또는 용역을 독립적으로 공급해야 한다.

▌사업자의 분류▐

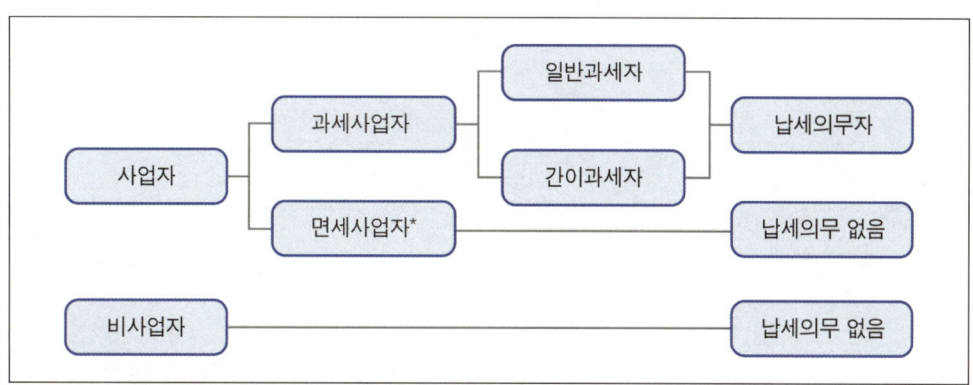

* 면세사업자는 부가가치세가 면세되는 재화 또는 용역을 공급하는 사업자이므로 부가가치세 납세의무가 있는 사업자가 아니다.

03 과세기간

구 분		과세기간
부가가치세의 과세기간	일반과세자	제 1기: 1월 1일 ~ 6월 30일 제 2기: 7월 1일 ~ 12월 31일
	간이과세자	1월 1일 ~ 12월 31일
	신규로 사업을 시작하는 자	사업개시일 ~ 사업개시일이 속하는 과세기간의 종료일
	폐업하는 경우	과세기간 개시일 ~ 폐업일

	간이과세를 포기하는 경우	• 간이과세자의 과세기간
		  해당 과세기간의 개시일 ~ 포기신고일이 속하는 달의 마지막 날
		• 일반과세자의 과세기간
		  포기신고일이 속하는 달의 다음 달 1일 ~ 당해 과세기간의 종료일

구 분		예정신고기간
부가가치세의 예정신고기간	일반적인 경우	제 1기: 1월 1일 ~ 3월 31일 제 2기: 7월 1일 ~ 9월 30일
	신규로 사업을 시작하는 자	사업개시일 ~ 예정신고기간 종료일

주의 법인사업자의 과세기간은 1년을 1기와 2기로 나누어지나, 부가가치세 신고·납부는 예정신고기간으로 인하여 3개월마다 해야 한다.(단, 개인사업자와 직전 과세기간 공급가액 합계액이 1억 5천만원 미만인 법인사업자는 예정신고기간에 고지세액을 납부한다.)

 납세지

구 분	내 용
납세지의 정의	부가가치세의 납세지는 각 사업장 소재지로 한다. 따라서 사업자가 여러 사업장을 가지고 있다면 부가가치세 납세의무자는 사업자등록, 부가가치세 신고·납부와 같은 부가가치세법상 제반 의무를 사업장별로 이행해야 한다.
사업장	① 업종별 사업장의 범위

사 업	사업장의 범위	
광업	광업사무소 소재지	
제조업	최종제품을 완성하는 장소	
건설업·운수업과 부동산매매업	가. 법인	법인의 등기부상 소재지
	나. 개인	사업에 관한 업무를 총괄하는 장소
무인자동판매기를 통하여 재화·용역을 공급하는 사업	사업에 관한 업무를 총괄하는 장소	
다단계판매원	다단계판매원이 등록한 다단계판매업자의 주된 사업장	
부동산임대업	부동산의 등기부상 소재지	

② 직매장, 하치장 및 임시사업장

구 분	내 용	사업장 여부
직매장	사업자가 자기의 사업과 관련하여 생산하거나 취득한 재화를 직접 판매하기 위하여 특별히 판매시설을 갖춘 장소	○
하치장	재화를 보관하고 관리할 수 있는 시설만 갖춘 장소	×
임시사업장	각종 경기대회나 박람회 등 행사가 개최되는 장소	×

구 분		주사업장 총괄납부	사업자단위과세
주사업장 총괄납부와 사업자단위과세	개념	사업장이 둘 이상인 사업자가 납부할 세액을 주된 사업장에서 총괄하여 납부할 수 있는 제도	사업장이 둘 이상인 사업자가 사업자의 본점(주사무소)에서 총괄하여 사업자등록, 세금계산서 발급, 신고·납부할 수 있게 하는 제도
	총괄 사업장	법인: 본점 또는 지점 개인: 주사무소	법인: 본점 개인: 주사무소

주의
- 부가가치세 납세자의무자는 원칙적으로 부가가치세법상 제반 의무를 사업장별로 이행해야 한다. 다만, 관할 세무서장에게 신청을 한 경우에만 주사업장 총괄납부 또는 사업자단위과세를 적용받을 수 있다.
- 주사업장 총괄납부는 각 사업장의 납부(환급)세액을 합산하여 주된 사업장에서 납부(환급)하는 제도이다. 세액만 합산하여 납부(환급)하므로 사업자등록, 세금계산서 발급 및 수취, 과세표준 및 세액계산, 신고·결정·경정은 사업장별로 이루어져야 한다. 사업자단위과세는 사업자단위과세적용사업장(본점 또는 주사무소)에서 납부(환급)뿐만 아니라 신고·납부도 총괄하여 한다.

[주사업장 총괄납부와 사업자단위과세의 비교]

구 분	주사업장 총괄납부	사업자단위과세
사업자등록	사업장별 적용	사업자단위과세적용 사업장에서 적용
세금계산서 발급 및 수취		
과세표준 및 세액계산		
신고		
결정, 경정 및 징수		
납부 및 환급	주사업장에서 납부 및 환급	
주사업장 또는 총괄사업장	법인: 본점 또는 지점 개인: 주된 사무소	법인: 본점 개인: 주된 사무소
신청	과세기간 개시 20일 전까지*	과세기간 개시 20일 전까지
포기	과세기간 개시 20일 전까지	과세기간 개시 20일 전까지

* 신규로 사업을 시작하는 자가 주된 사업장에서 총괄하여 납부하려는 경우에는 주된 사업장의 사업자등록증을 받은 날부터 20일 이내에 신청서를 주된 사업장의 관할 세무서장에게 제출하여야 한다.

05 사업자등록

구 분	내 용
사업자등록의 신청	• 사업자는 사업장마다 사업 개시일부터 20일 이내에 사업장 관할 세무서장에게 사업자등록을 신청하여야 한다. • 다만, 신규로 사업을 시작하려는 자는 사업 개시일 이전이라도 사업자등록을 신청할 수 있다.
사업등록증의 발급	• 사업자등록 신청을 받은 사업장 관할 세무서장은 사업자의 인적사항과 그밖에 필요한 사항을 적은 사업자등록증을 신청일로부터 2일 이내에 신청자에게 발급하여야 한다. • 다만, 사업장시설이나 사업현황을 확인하기 위하여 국세청장이 필요하다고 인정하는 경우에는 발급기한을 5일 이내에서 연장하고 조사한 사실에 따라 사업자등록증을 발급할 수 있다.
사업자등록의 사후관리	① 사업자등록 사항의 변경 　다음과 같은 사유에 해당하는 경우 사업자의 인적사항, 사업자등록의 변경 사항 및 그 밖의 필요한 사항을 적은 사업자등록 정정신고서를 세무서장에게 제출해야 하고, 세무서장은 기한 내에 변경 내용을 확인하고 사업자등록증의 기재사항을 정정하여 재발급하여야 한다. ② 사업자등록 말소 　사업자가 폐업한 경우 또는 사실상 사업을 시작하지 아니하게 되는 경우 지체 없이 사업자등록을 말소하여야 한다. 이 경우 세무서장은 지체 없이 등록증을 회수하여야 하며, 등록증을 회수할 수 없는 경우에는 등록말소 사실을 공시하여야 한다.

변경 사유	재발급 기한
• 상호를 변경하는 경우 • 통신판매업자가 사이버몰의 명칭 또는 인터넷 도메인 이름을 변경하는 경우	신청일 당일
• 법인이 대표자를 변경하는 경우 • 사업의 종류에 변동이 있는 경우 • 사업장을 이전하는 경우 • 상속으로 사업자의 명의가 변경되는 경우 • 공동사업자의 구성원 또는 출자지분이 변경되는 경우 • 임대인, 임대차 목적물 및 그 면적, 보증금, 임차료 또는 임대차기간이 변경되거나 새로 상가건물을 임차한 경우	신청일부터 2일 이내

재화의 공급

구 분	내 용
기초개념	① 재화의 정의 　•물건(유체물): 상품, 제품, 원료, 기계, 건물 등 　•물건(무체물): 전기, 가스, 열 등 관리할 수 있는 자연력 　•권리: 광업권, 특허권, 저작권 등 물건 외에 재산적 가치가 있는 모든 것 ② 공급의 정의 　계약상 또는 법률상의 모든 원인에 따라 재화를 인도하거나 양도
일반적인 재화공급	① 매매거래 　현금판매, 외상판매, 할부판매, 장기할부판매, 조건부 및 기한부 판매, 위탁판매와 그 밖의 매매계약에 따라 재화를 인도하거나 양도 ② 가공거래 　자기가 주요자재의 전부 또는 일부를 부담하고 상대방으로부터 인도받은 재화를 가공하여 새로운 재화를 만드는 가공계약에 따라 재화를 인도 ③ 교환거래 　재화의 인도 대가로서 다른 재화를 인도받거나 용역을 제공받는 교환계약에 따라 재화를 인도하거나 양도 ④ 기타 　경매, 수용, 현물출자와 그 밖의 계약상 또는 법률상의 원인에 따라 재화를 인도하거나 양도
특수한 재화공급	① 자가공급 　•면세사업 전용 　→ 자기의 과세사업과 관련하여 생산·취득한 재화를 자기의 면세사업을 위하여 직접 사용·소비하는 것은 재화의 공급으로 본다. 　•「개별소비세법」 제1조제2항제3호에 따른 자동차 구입·유지 및 임차(비영업용 승용차와 그 유지)비용 　→ 과세사업을 위하여 생산·취득한 재화를 「개별소비세법」 제1조제2항제3호에 따른 자동차 구입·유지 및 임차(비영업용 소형승용차와 그 유지)를 위하여 사용하면 재화의 공급으로 본다. 　•타사업장 반출 　→ 사업장이 둘 이상인 사업자가 자기의 사업과 관련하여 생산 또는 취득한 재화를 판매할 목적으로 자기의 다른 사업장에 반출하는 것은 재화의 공급으로 본다.

구 분	내 용
	② 개인적 공급 사업자가 자기생산·취득재화를 사업과 직접적인 관계없이 자기의 개인적인 목적이나 그 밖의 다른 목적을 위하여 사용·소비하거나 그 사용인 또는 그 밖의 자가 사용·소비하는 것으로서 사업자가 그 대가를 받지 아니하거나 시가보다 낮은 대가를 받는 경우는 재화의 공급으로 본다. ③ 사업상 증여 사업자가 자기생산·취득재화를 자기의 고객이나 불특정 다수에게 증여하는 경우 재화의 공급으로 본다. ④ 폐업 시 잔존재화 사업자가 폐업할 때 자기생산·취득재화 중 남아 있는 재화는 자기에게 공급하는 것으로 본다.
재화의 공급으로 보지 않는 경우	① 질권, 저당권 또는 양도담보의 목적으로 동산, 부동산 및 부동산상의 권리를 제공하는 것 ② 사업에 관한 모든 권리와 의무를 포괄적으로 승계시키는 사업양도(단, 사업양도에 대하여 대리납부 제도에 따라 그 사업을 양수받은 자가 대가를 지급하는 때에 부가가치세를 징수하여 납부한 경우는 제외한다.) ③ 조세물납

주의 다음의 것은 개인적 공급으로 보지 않는다.
- 자기의 다른 사업장에서 원료 자재 등으로 사용하거나 소비하기 위하여 반출하는 경우
- 자기사업상의 기술개발을 위하여 시험용으로 사용하거나 소비하는 경우
- 수선비 등에 대체하여 사용하거나 소비하는 경우
- 사후무료 서비스제공을 위하여 사용하거나 소비하는 경우
- 불량품교환 또는 광고선전을 위한 상품진열 등의 목적으로 자기의 다른 사업장으로 반출하는 경우
- 실비변상적이거나 복리후생적인 목적으로 그 사용인에게 대가를 받지 아니하거나 시가보다 낮은 대가를 받고 제공하는 것(예: 작업복, 작업모, 작업화, 직장 연예 및 직장 문화와 관련된 재화, 사용인 1명당 연간 10만원 이내의 경조사, 설날·추석, 창립기념일 및 생일 등과 관련된 재화)

주의 다음의 것은 사업상 증여로 보지 않는다.
- 무상으로 제공하는 견본품
- 주된 거래인 재화의 공급대가에 포함되는 것
- 자기적립마일리지등으로만 전부를 결제받고 공급하는 재화
- 특별재난지역에 공급하는 물품

02 용역의 공급 및 재화의 수입

구 분	내 용
용역의 공급	① 용역의 공급 　용역의 공급은 계약상 또는 법률상의 모든 원인에 따라 역무를 제공하거나, 시설물·권리 등 재화를 사용하게 하는 것을 말한다. ② 용역의 간주공급 　부가가치세법상 사업자가 자신의 용역을 자기의 사업을 위하여 대가를 받지 아니하고 공급함으로써 다른 사업자와의 과세형평이 침해되는 경우에는 자기에게 용역을 공급하는 것으로 보고 있으나, 구체적인 범위를 규정하고 있지 아니하여 현실에서는 과세를 하지 않는다. ③ 용역의 무상공급 　• 일반적인 경우: 사업자가 대가를 받지 아니하고 타인에게 용역을 공급하는 것은 용역의 공급으로 보지 않는다. 　• 예외: 특수관계인에게 사업용 부동산의 임대용역을 무상으로 공급하는 것은 용역의 공급으로 본다.

재화·용역의 공급 사례	거 래	구 분
	건설업의 경우 건설업자가 건설자재의 전부 또는 일부를 부담하는 것	용역의 공급
	자기가 주요자재를 전혀 부담하지 아니하고 상대방으로부터 인도받은 재화를 단순히 가공만 해 주는 것	용역의 공급
	자기가 주요자재의 전부 또는 일부를 부담하고 상대방으로부터 인도받은 재화를 가공하여 새로운 재화를 만드는 가공계약에 따라 재화를 인도하는 것	재화의 공급
	산업재산권(특허권, 상표권 등)의 대여	용역의 공급
	산업재산권(특허권, 상표권 등)의 양도	재화의 공급

구 분	내 용
재화의 수입	재화의 수입은 다음에 해당하는 물품을 국내에 반입하는 것(보세구역을 거치는 것은 보세구역에서 반입하는 것을 말한다)으로 한다. • 외국으로부터 국내에 도착한 물품(외국 선박에 의하여 공해(公海)에서 채집되거나 잡힌 수산물을 포함한다) • 수출신고가 수리된 물품

주의 고용관계에 따라 근로를 제공하는 것은 용역의 공급으로 보지 아니한다.

부수 재화 및 부수 용역의 공급

주된 재화 또는 용역의 공급에 부수되어 공급되는 재화·용역	주된 사업에 부수되는 재화 또는 용역의 공급
부수되는 재화 또는 용역이 다음에 해당하면 주된 재화 또는 용역의 공급에 포함되는 것으로 본다. ① 해당 대가가 주된 재화 또는 용역의 공급에 대한 대가에 통상적으로 포함되어 공급되는 재화 또는 용역 ② 거래의 관행으로 보아 통상적으로 주된 재화 또는 용역의 공급에 부수하여 공급되는 것으로 인정되는 재화 또는 용역	부수되는 재화 또는 용역이 다음에 해당하면 별도의 공급으로 보되, 과세 및 면세 여부 등은 주된 사업의 과세 및 면세 여부 등을 따른다. ① 주된 사업과 관련하여 우연히 또는 일시적으로 공급되는 재화 또는 용역 ② 주된 사업과 관련하여 주된 재화의 생산 과정이나 용역의 제공 과정에서 필연적으로 생기는 재화

> **주의** 주된 사업에 부수되는 재화 또는 용역이 면세이면 주된 사업에 관계없이 면세이다. 그러나 주된 사업에 부수되는 재화 또는 용역이 과세이면 주된 사업의 과세여부에 따라 부수되는 재화 또는 용역의 과세 여부를 판단한다.

부수되는 재화·용역	주된 사업	부수되는 재화·용역의 과세 여부
면세(토지 공급)	과세(제조업)	면세
	면세(금융업)	면세
과세(건물 공급)	과세(제조업)	과세
	면세(금융업)	면세

 재화의 공급시기

구 분	공급시기	
재화의 공급시기	① 재화의 이동이 필요한 경우	재화가 인도되는 때
	② 재화의 이동이 필요하지 아니한 경우	재화가 이용가능하게 되는 때
	①과 ②를 적용할 수 없는 경우	재화의 공급이 확정되는 때

구　분	공급시기	
거래 형태에 따른 재화의 공급시기	현금판매, 외상판매 또는 할부판매	재화가 인도되거나 이용가능하게 되는 때
	상품권 등을 현금 또는 외상으로 판매하고 그 후 그 상품권 등이 현물과 교환되는 경우	재화가 실제로 인도되는 때
	재화의 공급으로 보는 가공의 경우	가공된 재화를 인도하는 때
	반환조건부 판매, 동의조건부 판매, 그 밖의 조건부 판매 및 기한부 판매	그 조건이 성취되거나 기한이 지나 판매가 확정되는 때
	장기할부판매, 완성도기준지급조건부 공급, 중간지급조건부 공급, 전력이나 그 밖에 공급단위를 구획할 수 없는 재화를 공급하는 경우	대가의 각 부분을 받기로 한 때
	무인판매기를 이용하여 재화를 공급하는 경우	사업자가 무인판매기에서 현금을 꺼내는 때
	위탁판매 또는 대리인에 의한 매매의 경우	수탁자 또는 대리인의 공급을 기준으로 판단
	간주공급	재화가 사용·소비되는 때
	폐업시 잔존재화	폐업하는 때
	내국물품을 외국으로 반출하거나 중계무역방식의 수출	수출재화의 선(기)적일
	원양어업 및 위탁판매수출	수출재화의 공급가액이 확정되는 때
	외국인도수출 및 위탁가공무역 방식의 수출	외국에서 해당 재화가 인도되는 때

주의 ① 장기할부판매는 다음 요건을 충족해야 한다.
　　• 2회 이상으로 분할하여 대가를 받는 것
　　• 해당 재화의 인도일의 다음 날부터 최종 할부금 지급기일까지의 기간이 1년 이상인 것
　② 중간지급조건부 재화의 공급은 다음 요건을 충족해야 한다.
　　• 계약금을 받기로 한 날의 다음 날부터 재화를 인도하는 날 또는 재화를 이용 가능하게 하는 날까지의 기간이 6개월 이상
　　• 계약금 외의 대가를 분할하여 받는 경우(3회 이상 분할하여 대가를 받는 것)

용역의 공급시기

구 분	공급시기	
용역의 공급시기	① 통상적인 용역의 경우	역무의 제공이 완료되는 때
	② 기타	시설물, 권리 등 재화가 사용되는 때
거래 형태에 따른 용역의 공급시기	장기할부판매, 완성도기준지급조건부 공급, 중간지급조건부 공급, 전력이나 그 밖에 공급단위를 구획할 수 없는 용역을 공급하는 경우	대가의 각 부분을 받기로 한 때
	전세금 또는 임대보증금의 간주임대료	예정신고기간 또는 과세기간의 종료일
	2 이상의 과세기간에 걸쳐 일정한 용역을 계속적으로 제공하고 그 대가를 선불로 받는 경우	예정신고기간 또는 과세기간의 종료일
	2 이상의 과세기간에 걸쳐 부동산 임대용역을 공급하고 그 대가를 선불 또는 후불로 받는 경우 월수로 안분계산한 임대료	예정신고기간 또는 과세기간의 종료일
	폐업 전에 공급한 용역의 공급시기가 폐업일 이후에 도래하는 경우	폐업일
	위 이외의 경우	역무의 제공이 완료되고 그 공급가액이 확정되는 때

06 거래장소

구 분	내 용	거래장소
재화의 공급장소	재화의 이동이 필요한 경우	재화의 이동이 시작되는 장소
	재화의 이동이 필요하지 아니한 경우	재화가 공급되는 시기에 재화가 있는 장소
용역의 공급장소	일반적인 경우	역무가 제공되거나 시설물, 권리 등 재화가 사용되는 장소
	국내 및 국외에 걸쳐 용역이 제공되는 국제운송의 경우	사업자가 비거주자 또는 외국법인이면 여객이 탑승하거나 화물이 적재되는 장소

제3절 영세율과 면세

 영세율

구 분	내 용
영세율 개념	• 영세율이란 재화 또는 용역을 공급할 때 영(0%)의 세율을 적용하는 것을 말한다. • 영세율을 적용하게 되면 전단계세액공제법 하에서 매출세액은 없고 매입세액만 발생하게 된다. 따라서 재화 또는 용역을 공급받을 때 부담한 매입세액을 환급받음으로써 부가가치세가 완전면세가 된다. • 영세율은 소비지국과세원칙을 구현하기 위해 외국에 공급하는 거래에 적용하는 제도이나, 외화획득의 장려를 위해 국내거래에도 일부 적용된다.
영세율 적용대상자	• 영세율은 부가가치세법상 과세사업자에게 적용한다. • 비거주자나 또는 외국법인의 경우 해당 국가에서 대한민국의 거주자 또는 내국법인에 대하여 동일하게 면세하는 경우에만 영세율을 적용한다.(상호주의에 따라 판단)

구 분	내 용
영세율 적용대상 거래	① 재화의 수출 • 내국물품(대한민국 선박에 의하여 채집되거나 잡힌 수산물을 포함)을 외국으로 반출하는 것 • 중계무역 방식의 수출 • 위탁판매수출 • 외국인도수출 • 위탁가공무역 방식의 수출 • 원료를 대가 없이 국외의 수탁가공 사업자에게 반출하여 가공한 재화를 양도하는 경우에 그 원료의 반출 • 사업자가 내국신용장 또는 구매확인서에 의하여 공급하는 재화 ② 용역의 국외공급 국외에서 공급하는 용역(예: 해외에서 진행중인 건설공사)에 대하여는 영세율을 적용한다. ③ 외국항행용역의 공급 외국항행용역은 선박 또는 항공기에 의하여 여객이나 화물을 국내에서 국외로, 국외에서 국내로 또는 국외에서 국외로 수송하는 것을 말한다. 선박 또는 항공기에 의한 외국항행용역의 공급에 대하여는 영세율을 적용한다. ④ 외화 획득 재화 또는 용역의 공급 • 우리나라에 상주하는 외교공관, 영사기관, 국제연합과 이에 준하는 국제기구 등에 재화 또는 용역을 공급하는 경우 • 외교공관 등의 소속 직원으로서 해당 국가로부터 공무원 신분을 부여받은 자 또는 외교부장관으로부터 이에 준하는 신분임을 확인받은 자 중 내국인이 아닌 자에게 재화 또는 용역을 공급하는 경우 • 수출업자와 직접 도급계약에 의하여 수출재화를 임가공하는 수출재화임가공용역 • 내국신용장 또는 구매확인서에 의하여 공급하는 수출재화임가공용역 • 외국을 항행하는 선박 및 항공기 또는 원양어선에 공급하는 재화 또는 용역 • 국내에서 국내사업장이 없는 비거주자 또는 외국법인에 공급되는 일정한 재화 또는 일정한 사업에 해당하는 용역

주의 영세율제도는 영(0%)의 세율을 적용한 결과 부가가치세 부담이 면제되는 것이다. 따라서 부가가치세법 상 과세사업자만이 영세율을 적용할 수 있으며, 면세사업자는 면세를 포기하지 않는 한 영세율을 적용받을 수 없다. 간이과세자도 부가가치세법상 과세사업자이므로 영세율을 적용받을 수 있다.

 면세

구 분	내 용
면세의 개념	면세란 일정한 재화 또는 용역의 공급에 대하여 부가가치세를 면제하는 것을 말한다. 면세사업자는 부가가치세 납세의무가 없으므로 매출세액을 납부하지 않으며 매입세액도 공제·환급되지 않는다. 따라서 매입세액은 공급가격에 포함되어 최종소비자에게 전가되므로 부가가치세 부담이 완전히 제거되지는 않는다.(부분면세 제도)

면세대상 재화 또는 용역	① 기초생활필수품 및 관련 용역
	  • 미가공 식료품(농·축·수·임산물): 국내산 외국산 불문
	  • 미가공 비식용(농·축·수·임산물): 국내산만 면세
	  • 수돗물
	  • 연탄과 무연탄
	  • 여성용 생리 처리 위생용품, 영유아용 기저귀와 분유(액상형 분유 포함)
	  • 여객운송 용역. 다만, 다음에 해당하는 여객운송용역은 과세
	    −항공기, 우등고속버스, 전세버스, 택시, 특수자동차, 특종선박, 고속철도에 의한 여객운송 용역
	    −삭도, 유람선 등 관광 또는 유흥 목적의 운송수단에 의한 여객운송 용역
	
	② 국민후생 및 문화관련 재화 또는 용역
	  • 의료보건 용역(수의사의 용역을 포함)과 혈액(동물의 혈액 포함)
	  • 교육용역
	  • 우표(수집용 우표는 과세), 인지, 증지, 복권 및 공중전화
	  • 도서(도서대여 및 실내 도서열람 용역 포함), 신문(인터넷신문 포함), 잡지, 관보, 뉴스통신(광고는 과세)
	  • 법 소정 담배
	  • 예술창작품, 예술행사, 문화행사 또는 아마추어 운동경기
	  • 도서관, 과학관, 박물관, 미술관, 동물원, 식물원 등 입장
	
	③ 부가가치 구성요소
	  • 토지의 공급
	  • 금융·보험 용역
	  • 저술가·작곡가나 그 밖의 자가 직업상 제공하는 인적용역
	
	④ 기타
	  • 국가, 지방자치단체, 지방자치단체조합이 공급하는 재화 또는 용역
	  • 국가, 지방자치단체, 지방자치단체조합 및 공익단체에 무상으로 공급하는 재화 또는 용역
	  • 종교, 자선, 학술, 구호, 그 밖의 공익을 목적으로 하는 단체가 공급하는 재화 또는 용역
	  • 주택과 이에 부수되는 토지의 임대용역
	  • 국민주택 및 국민주택건설용역(리모델링용역 포함)

구 분		내 용
면세 포기	면세포기 대상	① 영세율의 적용 대상이 되는 것 ② 학술연구단체와 기술연구단체가 학술·기술연구와 관련하여 실비 또는 무상으로 공급하는 재화 또는 용역
	면세포기 절차	① 면세포기신고서를 관할 세무서장에게 제출 ② 사업자등록(부가가치세법상 과세사업자로 전환)
	면세포기 효력	① 면세의 포기를 신고한 사업자는 신고한 날부터 3년간 부가가치세를 면제받지 못한다. ② 면세의 포기를 신고한 사업자가 면세포기신고를 한 날로부터 3년이 지난 후 면세를 적용받고자 하는 때에는 면세적용신고를 하여야 한다. 면세적용신고서를 제출하지 아니하면 계속하여 면세를 포기한 것으로 본다.

주의 국가, 지방자치단체, 지방자치단체조합이 공급하는 재화 또는 용역 중 다음의 재화 또는 용역은 과세된다.

　① 우정사업조직이 소포 우편물을 방문접수하여 배달하는 용역과 우편주문판매를 대행하는 용역

　② 고속철도에 의한 여객운송용역

　③ 부동산임대업, 도매 및 소매업, 음식점·숙박업, 골프장 및 스키장 운영업, 기타 스포츠시설 운영업에서 공급하는 재화 또는 용역

　④ 부가가치세 과세대상인 진료용역과 동물의 진료용역

제**4**절 과세표준과 매출세액

01 과세표준 기초개념

구 분	내 용
과세표준의 정의	세법에 따라 직접적으로 세액산출의 기초가 되는 과세대상의 수량 또는 가액을 말한다. 부가가치세에서 과세표준은 해당 과세기간에 공급한 재화 또는 용역의 공급가액을 합한 금액이다. • 공급가액: 부가가치세를 포함하지 않은 매출액 등을 말한다. • 공급대가: 부가가치세를 포함한 금액이다.

과세표준 결정		구 분		과세표준 금액
	일반원칙	금전으로 대가를 받는 경우		그 대가
		금전 외의 대가를 받는 경우		공급한 재화 또는 용역의 시가
		폐업하는 경우		폐업 시 남아 있는 재화의 시가
		간주공급		공급한 재화 또는 용역의 시가
	부당행위 계산 부인	특수관계인에게 공급하는 재화 또는 용역의 공급가액이 조세의 부담을 부당하게 감소시킬 것으로 인정되는 경우 공급한 재화 또는 용역의 시가를 공급가액으로 본다.		

거래유형별 과세표준	구 분	과세표준 금액
	외상판매 및 할부판매	공급한 재화의 총가액
	• 장기할부판매 • 완성도기준지급조건부 또는 중간지급조건부로 재화나 용역을 공급 • 계속적으로 재화나 용역을 공급	계약에 따라 받기로 한 대가의 각 부분
	둘 이상의 과세기간에 걸쳐 용역을 제공하고 그 대가를 선불로 받는 경우	선불로 받은 금액 $\times \dfrac{\text{과세대상기간의 개월 수}}{\text{계약기간의 개월 수}}$

항목별 과세표준 포함여부

과세표준에 포함하는 금액	과세표준에 포함하지 않는 금액
장기할부판매 또는 할부판매 경우의 이자상당액	매출에누리·매출환입·매출할인
대가의 일부로 받는 운송보험료·산재보험료 등	공급받는 자에게 도달하기 전에 파손되거나 훼손되거나 멸실한 재화의 가액
대가의 일부로 받는 운송비·포장비·하역비 등	재화 또는 용역의 공급과 직접 관련되지 아니하는 국고보조금과 공공보조금
개별소비세와 교통·에너지·환경세 및 주세가 과세되는 재화 또는 용역에 대하여는 해당 개별소비세와 교통·에너지·환경세 및 주세와 그 교육세 및 농어촌특별세상당액	공급에 대한 대가의 지급이 지체되었음을 이유로 받는 연체이자
대가의 전부 또는 일부를 받은 마일리지등 상당액 중 다음의 금액 ① 마일리지등 외의 수단으로 결제받은 금액 ② 자기적립 마일리지등 외의 마일리지등으로 결제받은 부분에 대해 재화 또는 용역을 공급하는 자 외의 자로부터 보전받은 금액	통상적으로 용기 또는 포장을 해당 사업자에게 반환할 것을 조건으로 그 용기대금과 포장비용을 공제한 금액으로 공급하는 경우에 그 용기대금과 포장비용
	음식·숙박 용역이나 개인서비스 용역을 공급하고 그 대가와 함께 받는 종업원의 봉사료를 세금계산서, 영수증, 신용카드매출전표등에 그 대가와 구분하여 적은 경우로서 봉사료를 해당 종업원에게 지급한 사실이 확인되는 경우 그 봉사료
	임차인이 부담하여야 할 보험료, 수도료 및 공공요금 등을 별도로 구분 징수하여 납입을 대행하는 경우 해당 금액

주의 과세표준에서 공제하지 않는 금액은 다음과 같다.

① 재화 또는 용역을 공급받는 자에게 지급하는 장려금이나 이와 유사한 금액

② 대손금

③ 하자보증금

03 재화의 수입

구 분	내 용
재화의 수입	재화의 수입에 대한 부가가치세의 과세표준은 그 재화에 대한 관세의 과세가격과 관세, 개별소비세, 주세, 교육세, 농어촌특별세 및 교통·에너지·환경세를 합한 금액으로 한다.
외국통화 대가를 받는 경우	

구 분	과세표준금액
공급시기 도래 전에 원화로 환가한 경우	환가한 금액
공급시기 이후에 외국통화나 그 밖의 외국환 상태로 보유하거나 지급받는 경우	공급시기의 기준환율 또는 재정환율에 따라 계산한 금액

04 매출세액

▎매출세액 구조 ▎

	과세표준 × 세율
+	예정신고누락분 과세표준 × 세율
±	대손세액 가감
=	매출세액

구 분	내 용
매출세액의 결정	① 매출세액의 계산 $$\text{매출세액} = \text{과세표준} \times \text{세율}(10\%, \ 0\%)$$ ② 예정신고누락분 예정신고시 누락된 매출세액을 확정신고시 신고하는 금액을 말한다. ③ 대손세액공제 • 외상매출금이나 그 밖의 매출채권(부가가치세 포함)이 공급받은자의 파산·강제집행이나 그 밖의 사유로 대손되어 회수할 수 없는 경우 매출세액에서 차감한다. • 공급일로부터 10년이 경과한 날이 속하는 과세기간에 대한 확정신고기한까지 대손세액공제요건이 확정되어야 한다. $$\text{대손세액} = \text{대손금액} \times 10/110$$ → 확정신고시에만 대손세액공제가 가능하다.(예정신고 때는 불가능)

제 5 절 　매입세액

 매입세액

▌ 매입세액 구조 ▐

	세금계산서 수취분 매입세액
+	예정신고누락분
+	매입자발행세금계산서에 의한 매입세액
+	그 밖의 공제매입세액
	신용카드매출전표 등 수취분
	의제매입세액
	재활용폐자원 등 매입세액
	과세사업전환매입세액
	재고매입세액
	변제대손세액
−	공제받지 못할 매입세액
	공제받지 못할 매입세액
	공통매입세액 면세사업분
	대손처분받은 세액
=	매입세액

구 분		내 용
공제하는 매입세액	세금계산서 수취분 매입세액	사업자가 사업을 위하여 사용하였거나 사용할 목적으로 세금계산서와 함께 공급받은 재화 또는 용역에 대한 부가가치세액은 매출세액에서 공제한다. 재화의 수입의 경우에도 마찬가지이다.
	그 밖의 공제 매입세액	① 신용카드매출전표 수취분 등 　사업자가 일반과세자로부터 재화 또는 용역을 공급받고 부가가치세액이 별도로 구분되는 신용카드매출전표 등을 발급받은 경우 그 부가가치세액은 공제할 수 있는 매입세액으로 본다. ② 의제매입세액 　사업자가 면세농산물을 원재료로 하여 제조·가공한 재화 또는 창출한 용역의 공급에 대하여 부가가치세가 과세되는 경우에는 면세농산물의 매입가액에 소정의 율을 곱한 금액을 매입세액으로 보아 매출세액에서 공제할 수 있다.

구 분		내 용
공제받지 못할 매입세액	세법상 의무 불이행	매입처별 세금계산서합계표 미제출·부실기재
		세금계산서 미수취·부실기재
	면세관련 매입	면세사업 관련 매입세액
		토지에 관련된 매입세액(주1)
	업무무관	사업과 직접 관련이 없는 지출에 대한 매입세액
	기타	「개별소비세법」 제1조제2항제3호에 따른 자동차 구입·유지 및 임차(비영업용 승용차와 그 유지)에 관한 매입세액
		세법상 의무 불이행
		사업자등록을 신청하기 전의 매입세액(주2)

(주1) 토지에 관련된 매입세액의 구체적인 예는 다음과 같다.
　① 토지의 취득 및 형질변경, 공장부지 및 택지의 조성 등에 관련된 매입세액
　② 건축물이 있는 토지를 취득하여 그 건축물을 철거하고 토지만 사용하는 경우에는 철거한 건축물의 취득 및 철거 비용과 관련된 매입세액
　③ 토지의 가치를 현실적으로 증가시켜 토지의 취득원가를 구성하는 비용에 관련된 매입세액
(주2) 공급시기가 속하는 과세기간이 끝난 후 20일 이내에 사업자 등록을 신청한 경우 등록신청일부터 공급시기가 속하는 과세기간 기산일(1월 1일 또는 7월 1일을 말한다)까지 역산한 기간 내의 것은 매입세액 공제가 가능하다.

02 세금계산서

구 분		내 용
거래징수		거래징수란 사업자가 재화 또는 용역을 공급하는 경우에 공급가액에 부가가치세율을 적용하여 계산한 부가가치세를 재화 또는 용역을 공급받는 자로부터 징수하는 것을 말한다. 거래징수를 통해 부가가치세는 최종소비자에게 전가된다.
정의		사업자가 재화 또는 용역을 공급하는 때에 부가가치세를 거래징수하고 이를 증명하기 위하여 공급받는 자에게 교부하는 세금영수증이다.
종류	종이 세금계산서	세금계산서는 2매를 작성하여 1매를 공급받는자에게 발급하고 1매를 보관한다. 공급자는 발급한 세금계산서를 토대로 매출처별세금계산서합계표를 작성·제출하며, 공급받는자는 매입처별세금계산서합계표를 작성·제출한다.
	전자 세금계산서	작성자의 신원 및 계산서의 변경 여부 등을 확인할 수 있는 공인인증시스템을 거쳐 정보통신망으로 발급하는 세금계산서를 말한다. 전자세금계산서 발급 및 수취는 전산설비 및 시스템에서 확인 가능하다.

구 분		내 용
전자세금계산서	전자세금계산서 의무발급 대상자	• 법인사업자 • 직전연도의 사업장별 재화 및 용역의 과세공급가액과 면세공급가액 합계액이 8,000만원 이상인 개인사업자
	전자세금계산서 발급명세 전송	전자세금계산서를 발급하였을 때에는 전자세금계산서 발급일의 다음 날까지 전자세금계산서 발급명세를 국세청장에게 전송하여야 한다.

기재사항	필요적 기재사항	임의적 기재사항
	공급하는 사업자의 등록번호와 성명 또는 명칭	공급하는 자의 주소
	공급받는 자의 등록번호	공급받는 자의 상호 · 성명 · 주소
	공급가액과 부가가치세액	공급품목, 단가와 수량
	작성 연월일	공급 연월일

구 분	내 용
발급시기	재화 또는 용역의 공급시기에 재화 또는 용역을 공급받는 자에게 발급하여야 한다.

 ## 03 영수증

구 분	내 용
영수증 정의	영수증은 공급받는 자의 등록번호와 부가가치세액을 별도로 구분하여 기재하지 않은 거래증빙이다.

영수증 발급대상	① 일반과세자
	  • 소매업, 음식점업(다과점업을 포함)
	  • 숙박업, 미용, 욕탕 및 유사 서비스업
	  • 여객운송업
	  • 입장권을 발행하여 경영하는 사업
	  • 변호사 · 회계사 등 전문직 사업자와 행정사업
	  • 우정사업조직이 소포우편물을 방문접수하여 배달하는 용역
	  • 주로 사업자가 아닌 소비자에게 재화 또는 용역을 공급하는 사업
	    (부동산중개업 등)
	② 간이과세자*
	  • 간이과세자 중 신규사업자 및 직전연도 공급대가 합계액이 4,800만원 미만인 사업자
	  • 주로 사업자가 아닌 자에게 재화 · 용역을 공급하는 사업자

* 직전연도 공급대가 합계액이 4천 800만원 이상인 간이과세자는 세금계산서를 발급해야 한다.

구 분	내 용
세금계산서 발급의무 면제	• 택시운송 사업자, 노점 또는 행상을 하는 사람이 공급하는 재화 또는 용역 • 소매업 또는 미용, 욕탕 및 유사 서비스업을 경영하는 자가 공급하는 재화 또는 용역. 다만, 소매업의 경우에는 공급받는 자가 세금계산서 발급을 요구하지 아니하는 경우로 한정한다. • 재화의 간주공급(판매목적 타사업장 반출의 경우 제외) • 간주임대료 • 영세율이 적용대상이 되는 일정한 재화*
거래상대방이 세금계산서 발급을 요구하는 경우	공급을 받는 사업자가 사업자등록증을 제시하고 세금계산서 발급을 요구할 때 일반과세자는 세금계산서를 발급할 수 있다. 다만, 미용·욕탕 및 유사서비스업, 여객운송업(전세버스운송업 제외), 입장권을 발행하여 영위하는 사업은 세금계산서를 발급할 수 없다.

* 영세율 적용대상거래 중 세금계산서 발급해야 하는 거래는 다음과 같다.
  ① 내국신용장 등에 의하여 공급하는 재화
  ② 한국국제협력단, 한국국제보건의료재단에 공급하는 재화
  ③ 수출재화임가공용역

제 4 장

원가계산

* 원가계산은 FAT1급에 출제되지 않으나, NCS회계 · 감사 직무분야의
원가계산 능력을 갖출 수 있도록 교재에 수록하게 되었다.

NCS 능력단위: 원가계산(0203020103_20v4)

I Can!

원가계산

기업운영에 있어 원가분석 및 정보를 제공·활용하기 위해 원가요소를 분류, 배부, 계산할 수 있다.

직종	분류번호	능력단위	능력단위 요소	수준
회계 감사	0203020103_20v4	원가계산	01 원가요소 분류하기	2
			02 원가 배부하기	2
			03 원가 계산하기	2

능력단위 요소	수행준거
01 원가요소 분류하기	1.1 회계 관련 규정에 따라 원가와 비용을 구분할 수 있다.
	1.2 회계 관련 규정에 따라 제조원가의 계정흐름에 대해 분개할 수 있다.
	1.3 회계 관련 규정에 따라 원가를 다양한 관점으로 분류할 수 있다.
02 원가 배부하기	2.1 원가계산 대상에 따라 직접원가와 간접원가를 구분할 수 있다.
	2.2 원가계산 대상에 따라 합리적인 원가배부기준을 적용할 수 있다.
	2.3 보조부문의 개별원가와 공통원가를 집계할 수 있다.
	2.4 보조부문의 개별원가와 공통원가를 배부할 수 있다.
03 원가 계산하기	3.1 원가계산시스템의 종류에 따라 원가계산방법을 선택할 수 있다.
	3.2 업종 특성에 따라 개별원가계산을 할 수 있다.
	3.3 업종 특성에 따라 종합원가계산을 할 수 있다.

제 1 절 원가관리회계의 기초

01 원가관리회계의 의의

원가회계(cost accounting)란 재화나 용역의 원가정보를 산출하는 과정이며, 관리회계 (managerial accounting)란 원가정보를 바탕으로 기업의 내부정보이용자인 경영자에게 의사결정, 계획 및 통제에 유용한 정보를 제공하는 것을 말한다.

02 원가회계 · 재무회계 · 관리회계의 구분

(1) 원가회계의 특징

원가회계는 재무회계와 관리회계에서 필요한 원가정보를 제공하는 것을 목적으로 한다. 즉 원가회계는 재화나 용역의 원가를 측정하고 계산하여 재무제표 작성에 필요한 정보 (재무회계)[*]를 제공하며, 경영계획 · 통제 · 성과평가에 필요한 원가정보(관리회계)도 제공한다.

* 손익계산서상 매출원가와 재무상태표상 재고자산 금액결정을 위한 원가정보를 말한다.

❚ 원가 · 재무 · 관리회계의 관계 ❚

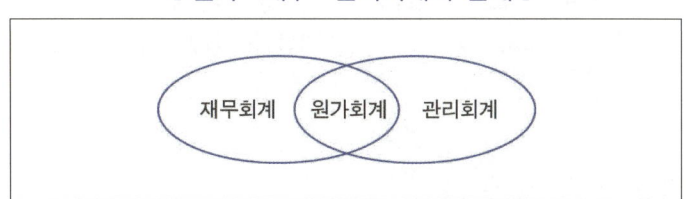

(2) 재무회계와 관리회계의 비교

구 분	재무회계	관리회계
목적	외부정보이용자의 경제적 의사결정에 유용한 정보 제공	경영자의 경제적 의사결정에 유용한 정보 제공
정보이용자	주주, 채권자(은행, 거래처) 등	경영자, 근로자 등
준거기준	일반적으로 인정된 회계원칙에 따라 작성	특별한 기준이나 일정한 원칙없이 작성
보고서	재무제표	일정한 형식이 없음.
보고시기	정기	정기 또는 수시
정보 특성	−과거 정보 −화폐 정보	−과거 및 미래 정보 −화폐 및 비화폐 정보

03 원가의 개념

(1) 원가의 정의와 특징

구 분	내 용
원가의 정의	재화나 용역을 생산하기 위하여 희생된 자원을 화폐단위로 측정한 것을 말한다.
원가의 특징	• 경제적 가치의 소비: 재화나 용역의 생산과정에서 소비된 경제적 가치만 포함한다. → 자연력(태양열, 공기)의 사용은 경제적 가치가 없으므로 원가가 될 수 없다. • 제품생산과 관련된 소비: 기업의 주된 경영(생산)활동에서 소비되는 가치만 포함한다. → 주된 생산활동과 관련없는 이자비용 등은 제외한다. • 정상적인 경제자원의 소비: 정상적인 경영활동에서 소비된 가치만을 포함한다. → 화재나 재해 등으로 인한 비경상적인 손실은 원가로 보지 않는다.

(2) 원가 · 자산 · 비용 · 손실

원가는 소멸원가와 미소멸원가로 구분할 수 있다. 미소멸원가란 투입된 원가가 미래에 경제적 효익을 창출될 것으로 기대되는 자원을 말하며 자산으로 기록한다. 소멸원가는 투입된 원가의 용역 잠재력이 소멸되어 더 이상 경제적 효익을 창출할 수 없는 원가를 말한다. 소멸원가는 비용와 손실로 구분되며 수익창출에 기여한 원가는 비용으로 기록하고, 수익창출에 기여하지 못한 원가를 손실로 기록한다.

▌원가 · 자산 · 비용 · 손실의 관계 ▌

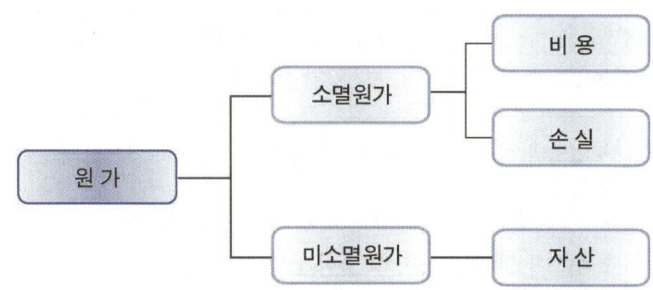

04 원가의 분류

(1) 추적가능성 여부에 따른 분류

구 분	내 용
직접원가	특정제품 또는 특정부문과 관련해서 실질적으로 명확하게 추적할 수 있는 원가로 해당 제품 또는 부문에 직접 부과
간접원가	특정제품 또는 특정부문과 관련은 있지만 실질적으로 추적이 불가능한 원가로 합리적인 배부기준에 의하여 각각의 제품 또는 부문에 배부

(2) 제조활동 관련성에 따른 분류

구 분	내 용
제조원가	제품을 생산하는 과정에서 발생하는 모든 원가[주1]
비제조원가	제조활동과 직접관련이 없는 판매 및 관리활동에서 발생하는 원가 → 판매관리비

(주1) 제조원가는 재료원가, 노무원가, 제조원가로 분류하고 추적가능성에 따라 직접원가와 제조간접원가로 구분한다.

(3) 자산화 여부에 따른 분류

구 분	내 용
제품원가	제품을 제조할 때 소비되는 원가로 소비되는 시점에는 재고자산의 원가를 구성하였다가 판매시점에 매출원가라는 비용으로 처리한다.
기간원가	제품 제조와 관련없이 발생하는 원가로 발생한 기간에 비용으로 처리한다.

(4) 원가행태에 따른 분류

구 분	내 용
변동원가	조업도의 변동에 따라 총원가가 비례적으로 변동하는 원가 → 단위당 변동원가는 조업도 증감에 관계없이 일정하다.
고정원가	조업도의 변동에 관계없이 일정한 범위의 조업도내에서 총원가가 일정하게 발생하는 원가 → 단위당 고정원가는 조업도 증가에 따라 감소한다.
준변동원가 (혼합원가)	조업도가 0이어도 일정 고정비가 발생하고 조업도가 증가하면 비례적으로 증가(변동원가)하는 원가 → 고정원가와 변동원가 요소가 혼합된 원가성격을 갖는다.
준고정원가	일정한 조업도 범위 내에서는 총원가가 일정(고정원가)하나, 조업도가 일정 수준 이상 증가하면 원가총액이 증가하는 원가

주의 원가행태: 조업도 변화에 따라 나타나는 원가의 반응
    조업도: 기업의 제조설비의 이용수준

(5) 통제가능성에 따른 분류

구 분	내 용
통제가능원가	경영자가 원가 발생액에 영향을 미칠 수 있는 원가
통제불능원가	경영자가 원가 발생액에 영향을 미칠 수 없는 원가

(6) 의사결정 관련성에 따른 분류

구 분	내 용
관련원가	특정 의사결정과 직접 관련 있는 원가로 의사결정의 여러 대안 간에 차이가 있는 미래의 원가
비관련원가	특정 의사결정과 관련이 없는 이미 발생한 원가로 의사결정의 여러 대안 간에 원가의 차이가 없는 원가
매몰원가	과거 의사결정의 결과 이미 발생한 원가로 현재 또는 미래의 의사결정에 아무런 영향을 미치지 못하는 원가
기회원가	의사결정의 여러 대안 중 하나를 선택하면 다른 대안은 포기할 수밖에 없는데 이때 포기한 대안에서 얻을 수 있는 효익 중 가장 큰 것

제 2 절 원가계산과 원가의 흐름

01 원가계산 단계

원가요소별 계산 ➡ 부문별 원가계산 ➡ 제품별 원가계산

02 원가계산의 종류

분류기준		내 용
원가계산 시기	• 사전원가계산	제품의 생산을 위하여 원가 요소를 소비하는 시점에 사전적으로 예정가격, 표준가격 등을 사용 ① 정상원가계산 : 직접재료원가와 직접노무원가 → 실제원가로 측정 　제조간접원가 → 예정배부율에 의해 원가 결정 ② 표준원가계산 : 사전에 설정된 표준가격, 표준사용량을 이용
	• 실제원가계산 (사후원가계산)	제품의 생산이 완료된 후 원가요소의 실제 소비량과 실제 금액을 적용 하여 실제발생액을 이용
생산형태	• 개별원가계산	성능, 규격 등이 서로 다른 여러 가지의 제품을 개별적으로 생산하는 경우 예 건설업, 조선업, 기계제조업 등 주문제작
	• 종합원가계산	성능, 규격 등이 동일한 종류의 제품을 대량으로 연속하여 생산 예 정유업, 제지업, 제분업
원가계산 범위 (고정비 포함 여부)	• 전부원가계산	직접재료비, 직접노무비, 변동제조간접비(전력비 등)의 변동비뿐만 아니라 고정비에 속하는 고정제조간접비(공장 임차료, 보험료 등)도 포함하여 모든 원가를 제품의 원가계산 범위에 포함
	• 직접(변동) 원가계산	직접재료비, 직접노무비, 변동제조간접비 등의 변동비만 원가계산 대 상에 포함시키고 고정비는 제품의 원가에 구성하지 않고 기간비용(판 매비와관리비)으로 처리

03 원가흐름

(1) 제조원가의 구성

제조원가는 발생형태별로 재료원가, 노무원가, 제조경비로 분류되며, 특정 제품이나 부문에의 추적가능성에 따라 직접재료원가, 직접노무원가, 제조간접원가로 분류된다.

① 직접재료원가

제품 제조를 위한 재료의 소비금액으로 특정 제품에 추적할 수 있는 원가를 말한다.

② 직접노무원가

제품 제조를 위해 투입된 노동력의 대가로 지급되는 임금으로 특정 제품에 추적할 수 있는 원가를 말한다.

③ 제조간접원가

직접재료원가와 직접노무원가를 제외한 모든 제조원가를 말한다.

발생형태 추적가능성	재료원가	노무원가	제조경비
직접원가	직접재료원가	직접노무원가	직접제조경비
간접원가	간접재료원가	간접노무원가	간접제조경비

주의 직접원가(기본 또는 기초원가) = 직접재료원가 + 직접노무원가
가공원가 = 직접노무원가 + 제조간접원가

❙ 원가의 구성 ❙

(2) 제조원가의 흐름

▍제조원가의 흐름 ▍

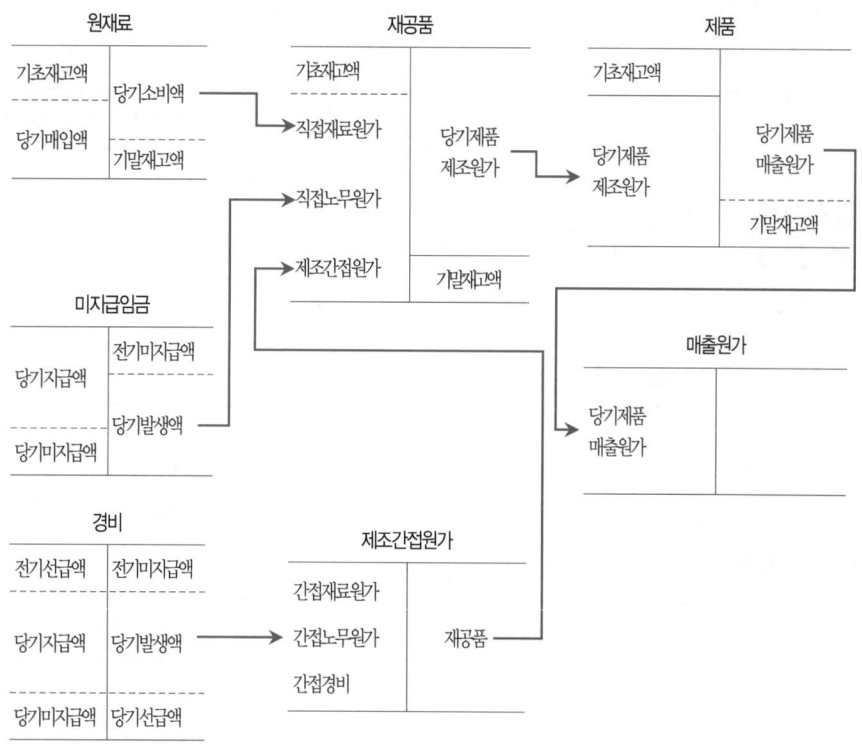

① 직접재료원가

원재료가 제품의 제조를 위하여 공정에 투입되면 직접재료원가는 원재료 계정에서 재공품 계정으로 대체되며, 공정에 투입되지 않고 남은 원재료는 기말재고가 된다.

> 직접재료원가= 기초원재료재고액 + 당기원재료매입액 − 기말원재료재고액

② 직접노무원가

노무비는 발생과 동시에 소비되며, 직접노무원가는 바로 재공품 계정에 대체된다.

> 직접노무원가= 당기지급액 + 당기 미지급액 − 전기미지급액

③ 제조간접원가

제조간접원가는 간접재료원가, 간접노무원가 및 제조경비(예) 감가상각비, 보험료, 동력비, 수선비 등)로 구성되며 제조간접원가 계정으로 대체되어 집계된 후 다시 재공품 계정으로 대체된다.

> 제조간접원가=당기지급액 + 당기 미지급액 + 전기선급액 − 전기 미지급액 − 당기선급액

④ 당기총제조원가

당기총제조원가는 한 회계기간 동안 투입된 모든 제조원가를 의미하며, 생산의 완료 여부와 무관하다.

> 당기총제조원가 = 직접재료원가 + 직접노무원가 + 제조간접원가

⑤ 당기제품제조원가

당기제품제조원가는 당기에 제품으로 완성되어 재공품에서 제품으로 대체된 완성품의 제조원가를 의미한다.

> 당기제품제조원가 = 기초재공품재고액 + 당기총제조원가 − 기말재공품재고액

⑥ 매출원가

기초제품재고액과 당기제품제조원가를 합한 금액에서 기말제품재고액을 차감하여 계산한다.

> 매출원가 = 기초제품재고액 + 당기제품제조원가 − 기말제품재고액

04 제조원가명세서

제조원가명세서는 당기에 제품제조를 위하여 소비된 원가를 집계해 놓은 표로 재공품계정을 펼쳐놓은 서식이다. 제조원가명세서에서 산출되는 '당기제품제조원가'는 손익계산서의 '제품매출원가'의 '당기제품제조원가'에 반영된다.

▮ 제조원가명세서 ▮

2026년 1월 1일부터 2026년 12월 31일까지

과 목	금 액	
Ⅰ. 재료비		
1. 기초재료재고액	×××	
2. 당기재료매입액	×××	
계	×××	
3. 기말재료재고액	(×××)	×××
Ⅱ. 노무비		
1. 임 금	×××	
2. 급 여	×××	
3. 퇴직급여	×××	×××
Ⅲ. 경비		
1. 전력비	×××	
2. 가스료	×××	
3. 세금과공과	×××	
4. 감가상각	×××	
5. 보험료	×××	×××
Ⅳ. 당기총제조원가		×××
Ⅴ. 기초재공품재고액		×××
Ⅵ. 합 계		×××
Ⅶ. 기말재공품재고액		(×××)
Ⅷ. 당기제품제조원가		×××

제3부

더존 SmartA(iPLUS)
내 것으로 만들기

NCS 능력단위(수준)

더존 SmartA(iPLUS)실무교육프로그램 설치방법

참고 프로그램 설치에 대한 자세한 내용은 교재 '제1부 알고가자!'를 참고하면 된다.

① 더존 SmartA(iPLUS)프로그램을 다운받기 위해 한국공인회계사회 AT자격시험 홈 페이지 'http://at.kicpa.or.kr'에 접속한다.

② 홈페이지 하단에 '교육용프로그램 다운로드( )를 클릭한다.

③ '파일을 다운로드 하시겠습니까?'라는 화면에서 '확인'을 클릭한다.

④ 파일 다운로드 대화상자에서 '저장'을 클릭하여 바탕화면 등에 저장한다.

⑤ 다운로드한 압축파일의 압축을 풀고 더블클릭하여 실행한다.

⑥ 사용권 계약 등에 동의를 하고 '다음'을 클릭하여 설치를 진행하고 설치가 완료되면 '완료'를 클릭한다.

⑦ 바탕화면의 'AT자격시험 더존 SmartA(iPLUS)'아이콘을 더블클릭하면 프로그램이 실행된다.

⑧ 화면 오른쪽 하단의 '최신버전확인'을 클릭하여 업데이트를 진행한다.

교재 백데이터 파일 설치방법

참고 백데이터 설치에 대한 자세한 내용은 교재 '제1부 알고가자!'를 참고하면 된다.

본문의 수행내용 문제는 아래의 방법으로 백데이터를 설치한 후 풀어보세요.

① 삼일아이닷컴(http://www.samili.com) 홈페이지에 접속한다.

② 상단부 [제품몰]을 클릭하고 [AT수험서 자료실]의 백데이터를 다운로드한다.

③ 다운로드한 백데이터 파일을 더블클릭하여 실행한다.

④ 사용급수는 [FAT1급]을 선택한다.

  – 회사등록 직접 입력: [3000.(주)삼일패션] 회사등록을 스스로 진행한다.

제 1 장

(NCS 능력단위 0203020105_20v4)

기초정보관리의
회계정보시스템 운용

NCS 능력단위요소

제1절 회계 관련 DB마스터 관리하기
제2절 회계프로그램 운용하기

3 더존 SmartA(iPLUS) 내 것으로 만들기

NCS 능력단위: 회계정보시스템 운용(0203020105_20v4)

회계정보시스템운용

원활한 재무보고를 위하여 회계 관련 DB마스터 관리, 회계프로그램 운용, 회계정보를 활용하는 능력이다.

직종	분류번호	능력단위	능력단위 요소	수준
회계 감사	0203020105_20v4	회계정보시스템 운용	01 회계 관련 DB마스터 관리하기	2
			02 회계프로그램 운용하기	2
			03 회계정보 활용하기	2

능력단위 요소	수행준거	교재 구성
01 회계 관련 DB마스터 관리하기	1.1 DB마스터 매뉴얼에 따라 계정과목 및 거래처를 관리할 수 있다.	제3부 1장
	1.2 DB마스터 매뉴얼에 따라 비유동자산의 변경 내용을 관리할 수 있다.	
	1.3 DB마스터 매뉴얼에 따라 개정된 회계관련규정을 적용하여 관리할 수 있다.	
02 회계프로그램 운용하기	2.1 회계프로그램 매뉴얼에 따라 프로그램 운용에 필요한 기초 정보를 처리할 수 있다.	
	2.2 회계프로그램 매뉴얼에 따라 정보 산출에 필요한 자료를 처리할 수 있다.	
	2.3 회계프로그램 매뉴얼에 따라 기간별·시점별로 작성한 각종 장부를 검색할 수 있다.	제3부 6장
	2.4 회계프로그램 매뉴얼에 따라 결산 작업 후 재무제표를 검색할 수 있다.	
03 회계정보 활용하기	3.1 회계관련규정에 따라 회계정보를 활용하여 재무 안정성을 판단할 수 있는 자료를 산출할 수 있다.	
	3.2 회계관련규정에 따라 회계정보를 활용하여 수익성과 위험도를 판단할 수 있는 자료를 산출할 수 있다.	
	3.3 경영진 요청 시 회계정보를 제공할 수 있다.	

제1절 회계 관련 DB마스터 관리하기(NCS 능력단위요소명)

★ **학습목표(NCS 수행준거)**

1.1 DB마스터 매뉴얼에 따라 계정과목 및 거래처를 관리할 수 있다.
1.2 DB마스터 매뉴얼에 따라 비유동자산의 변경 내용을 관리할 수 있다.
1.3 DB마스터 매뉴얼에 따라 개정된 회계관련규정을 적용하여 관리할 수 있다.

필요 지식

 사용자 로그인 화면

❶ **사용급수**: 사용자가 작업하려는 사용급수를 선택한다.

❷ **회사코드**: 회사등록이 이루어진 상태면 검색(F2)을 클릭하여 회사를 선택한다.

❸ **회 사 명**: 회사코드에서 작업할 회사코드를 선택하면 자동으로 회사명이 표시된다.

❹ **비밀번호**: 비밀번호가 부여된 회사는 비밀번호를 입력하지만 교육용은 생략한다.

❺ **회사등록**: 기존에 등록된 회사가 없거나 신규로 회사를 등록할 때 사용한다.

(주의 프로그램에 로그인하기 위해서는 최초로 회사등록을 먼저 수행한다.)

필요 지식

02 회사등록

사업자등록증을 기초로 작성하며, 프로그램 사용을 위해 최초로 등록해야 한다.

> ### ⅠCan! 회사등록!
>
> ① 프로그램을 실행하기 위한 최소 입력사항: 코드, 회사명, 구분, 사용여부, 회계연도
> ② 화면상 **?** 란: **F2**를 누르거나 **?** 를 클릭하면 관련 도움 창이 뜬다.
> ③ 사업자등록번호 입력 시 오류사항이 있으면 붉은색으로 표시된다.
> ④ 사업장 주소를 입력하면 사업장 세무서, 지방세법정동코드가 자동으로 입력된다.

수행과제   회사등록

다음은 의류를 도소매하는 법인 (주)삼일패션의 사업자등록증이다.

사 업 자 등 록 증

(법인과세자)

등록번호: 106 - 81 - 19636

법인명(단체명): (주)삼일패션
대　　표　　자: 김 민 채

개 업 년 월 일: 2021년 11월 17일
법 인 등 록 번 호: 110111-0634752
사 업 장 소 재 지: 서울특별시 용산구 한강대로 117 (한강로 2가)

본 점 소 재 지: 서울특별시 용산구 한강대로 117 (한강로 2가)
사 업 의 종 류: 업태 도매 및 소매업　 종목 유아용 의류 도매업
교 부 사 유: 신 　 규

사업자단위과세 적용사업자여부: 여(　 　) 부(∨)
전자세금계산서 전용 메 일 주 소: samili@bill36524.com

2021년 11월 17일

용산 세무서장

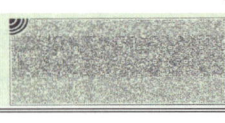

국세청
National Tax Service

> (주)삼일패션의 회사등록 정보는 다음과 같다.(설립년월일과 개업년월일은 같다.)
> · 회사코드: 3000
> · 회계연도: 제 6기 2026년 1월 1일 ~ 2026년 12월 31일
> · 사업장전화번호: (02)3489-3100, 사업장팩스번호: (02)3489-3141
> · 업종코드: 513131
> · 국세환급금계좌: 신한은행, 용산지점, 계좌번호 250-202-573128
> **수행** 사업자등록증을 참고하여 회사등록을 수행하시오.

수행과제 풀이 회사등록

▌회사등록 [기본사항] 수행 완료화면 ▌

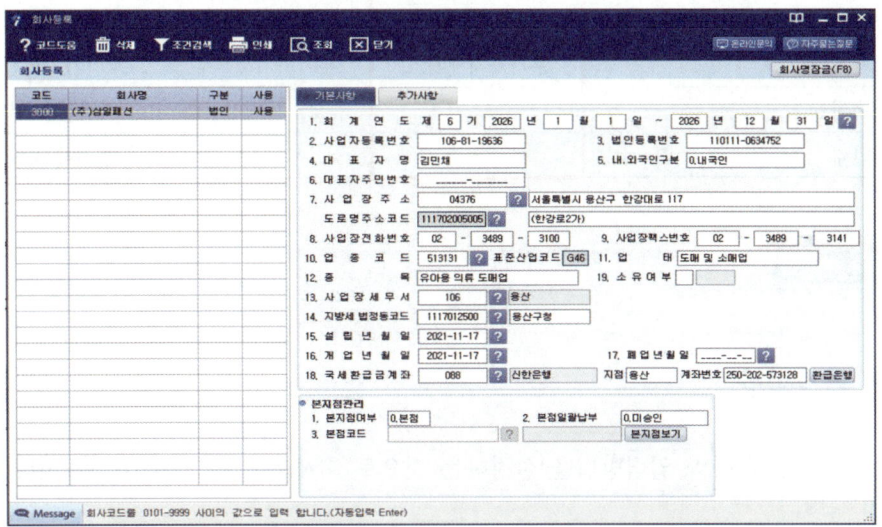

▌회사등록 [추가사항] 수행 완료화면 ▌

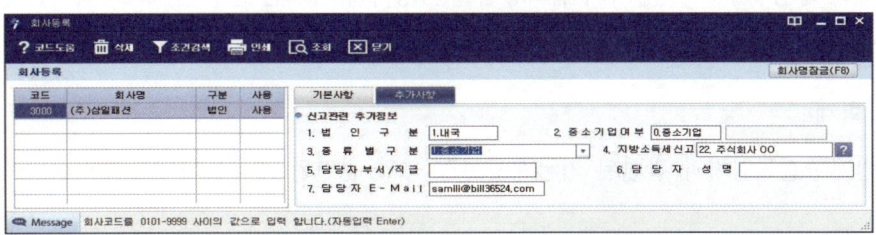

주의 담당자 E-Mail을 입력해야 전자세금계산서 발급 시 메일주소가 반영된다.

수행 tip

- 회사등록 완료 후 회사코드(F2)에서 등록한 회사로 재로그인한다.
- 등록한 회사를 삭제하려면 삭제할 회사를 선택한 후 🗑 삭제를 클릭한다.
  경고창이 나오면 Ctrl+F5를 누른 후 다시 한번 Ctrl+F5를 누른다.

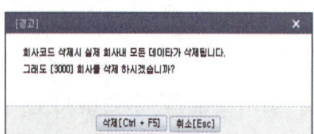
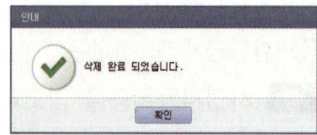

- 제시된 사업자등록증을 보고 관련 내용을 수정·추가한다.
  ➡ 사업자등록번호, 대표자명, 사업장주소, 업태, 종목, 개업년월일 등

🌼 급수별 프로그램 구성 🌼

구 분	FAT 2급	FAT 1급	TAT 2급	TAT 1급
기업형태	개인기업, 도소매업	법인기업, 도소매업	법인기업, 제조업	법인기업, 제조업
회계	회계원리	재무회계	중급회계	고급회계
부가가치세		부가가치세기초	부가가치세실무	부가가치세신고
소득세			근로소득원천징수	원천징수 전체
법인세				법인세무조정

필요 지식

 03 환경설정

회사의 특성에 따라 입력방법을 설정하는 것으로 회사등록 후 환경설정을 한다.

❶ 전체

회사의 특성에 따라 사용자의 입력방법을 지정하는 시스템 환경설정으로 회사를 등록한 다음에 환경설정을 한다.

❷ 회계

매입매출전표입력과 관련된 기본계정설정 등과 관련된 내용을 확인·수정한다.

I Can! 신용카드의 기본계정설정!

카드입력방식(1.공급대가)	매입매출전표 입력에서 '17.카드과세매출, 57.카드과세매입'을 선택했을 경우 공급가액 란에 입력되는 금액을 설정한다. 1입력(공급대가): 공급대가(공급가액+세액)를 입력하면 공급가액과 세액이 나누어져 자동 표시된다. 2입력(공급가액): 공급가액을 입력하면 세액이 자동 표시된다.

수행과제 환경설정

(주)삼일패션은 의류 도소매업을 운영하는 법인기업으로 매입과 매출거래의 전표입력과 관련된 기본계정과목 설정을 하고자 한다.

수행 1 '회계'의 '① 기본 계정 설정'을 다음과 같이 설정하시오.
➡ 매출: 상품매출, 매출채권: 외상매출금, 매입: 상품, 매입채무: 외상매입금

수행 2 '회계'의 '② 신용카드 기본계정설정'을 다음과 같이 설정하시오.
➡ 카드채권: 외상매출금, 카드채무: 미지급금

수행과제 풀이 환경설정

재무회계 ➡ 기초정보관리 ➡ 환경설정

수행 1 ① 기본 계정 설정은 프로그램 설치 시 설정된 계정과 동일하다.

수행 2 ② 신용카드 기본계정설정의 카드채무는 프로그램 설치 시 설정된 계정과 동일하며, 카드채권 '120.미수금'을 '108.외상매출금'으로 변경한다.

▌환경설정 수행 완료화면 ▌

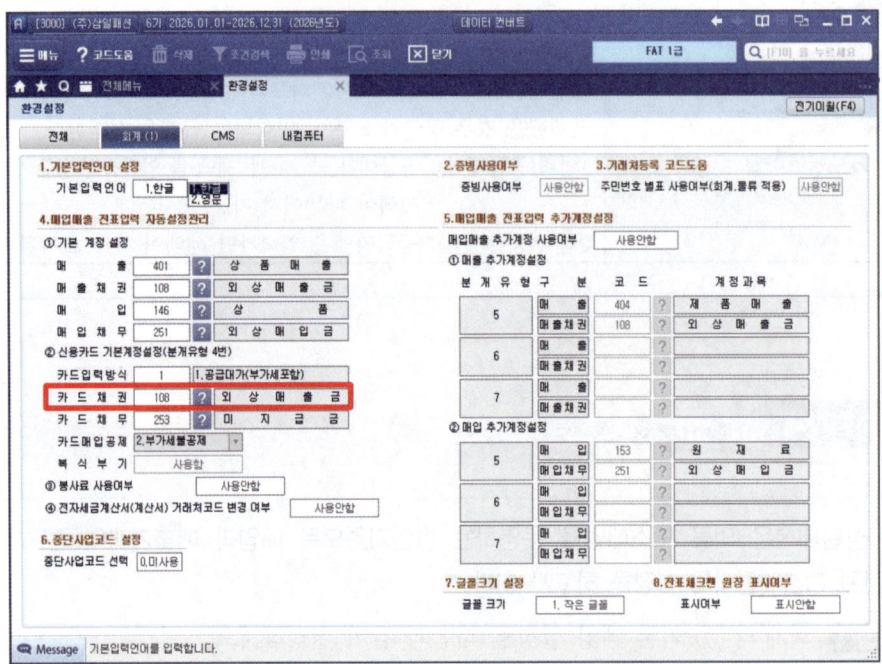

필요 지식

⑭ 거래처등록

관리하고자 하는 거래처의 기본정보를 등록하는 메뉴로 일반·금융·카드거래처로 구분되어 있다. 외상 거래로 채권·채무가 발생했을 경우 거래처별로 보조장부를 작성해야 하는데 이러한 거래처원장을 작성하기 위해서는 거래처를 등록하여야 한다.

❶ 일반

일반거래처 코드(00101~97999), 거래처명, 사업자등록번호, 대표자, 구분(0.전체, 1.매출, 2.매입), 사용(0.여, 1.부)여부, 사업자등록번호 등 기본내용을 입력한다.

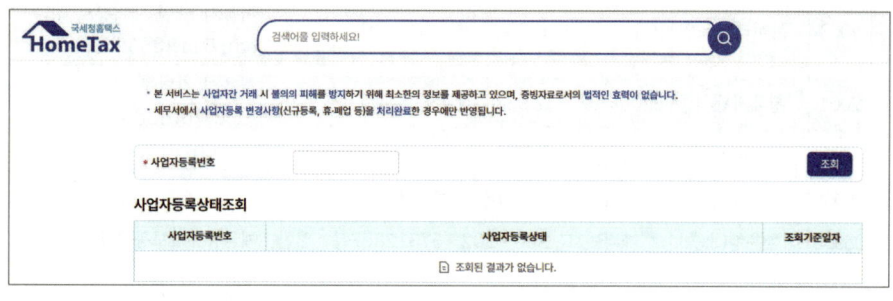

❷ 금융

금융거래처 코드(98000~99599), 금융기관명, 계좌번호, 구분(0.일반, 1.적금, 2.예금), 사용여부(0.여, 1.부) 등을 입력한다.

❸ 카드

카드거래처 코드(99600~99999), 카드(사)명, 카드(가맹점)번호, 구분(0.매입, 1.매출)을 입력한다. 구분항목에 입력된 0.매입, 1.매출에 따라 기본사항 화면이 달라지며, 1.카드번호(가맹점번호)는 매입유형과 매출유형 입력에 의해 자동반영된다.

수행과제 거래처 등록

다음을 참고하여 (주)삼일패션의 거래처등록을 수행하시오.(일반 거래처구분: 전체)

구분	코드	상 호	사업자등록번호	대표자	업태	종목	사업장주소 / 담당자 메일주소
일반	1001	(주)코디나라	101 - 81 - 74857	김행복	도소매	의류	서울시 종로구 혜화로 11 cody@bill36524.com
	1002	(주)데일리룩	104 - 81 - 24017	나광언	도소매	의류	서울시 중구 새문안로 24 daily@bill36524.com
	1003	멋쟁이	124 - 29 - 74624	박진수	도소매	의류	경기도 수원시 팔달구 권광로 120 sharp@bill36524.com

구분	코드	상 호	사업자등록번호	대표자	업태	종목	사업장주소 / 담당자 메일주소
	1004	(주)신사숙녀	107 – 81 – 31220	이혜경	제조	의류	서울시 영등포구 도림로 122-3 lady@bill36524.com
	2001	(주)믿음자동차	101 – 81 – 39258	최현영	도소매	자동차	서울시 용산구 한강대로 120 trust@bill36524.com
	2002	현웅컴나라	111 – 40 – 93940	강매화	도소매	컴퓨터	서울시 은평구 가좌로 162 com@bill36524.com
	2003	(주)미래교육원	217 – 81 – 15304	차미래	서비스	교육	서울시 노원구 덕릉로 459-37 edu@bill36524.com
	2004	황태자팬시	220 – 07 – 62934	장태연	도소매	문구	서울시 강남구 역삼로 110 nice@bill36524.com
	3001	오상식	721108 – 18744 65	오상식			
금융	98001	국민은행(당좌)	* 계좌번호: 764502–01–047418(구분: 일반, 예금종류: 당좌예금, 1.당좌)				
	98002	신한은행(보통)	* 계좌번호: 250–202–573128(구분: 일반, 예금종류: 보통예금, 0.보통)				
은행	100	국 민 은 행	* 오른쪽 상단부 기능모음(F11) ▾ 의 '은행등록'을 클릭하여 등록한다.				
	200	신 한 은 행					
카드	99601	신 한 카 드	* 카드번호: 9876–5432–1234–5678(구분: 매입카드, 결제일: 25일)				
	99602	국민카드사	* 가맹점번호: 987654321(구분: 매출카드)				

주의 우편번호는 DB 업데이트 상황에 따라 다를 수 있다.

수행과제 풀이 거래처 등록

재무회계 ➡ 기초정보관리 ➡ 거래처등록

❙ 일반거래처등록 수행 완료화면 ❙

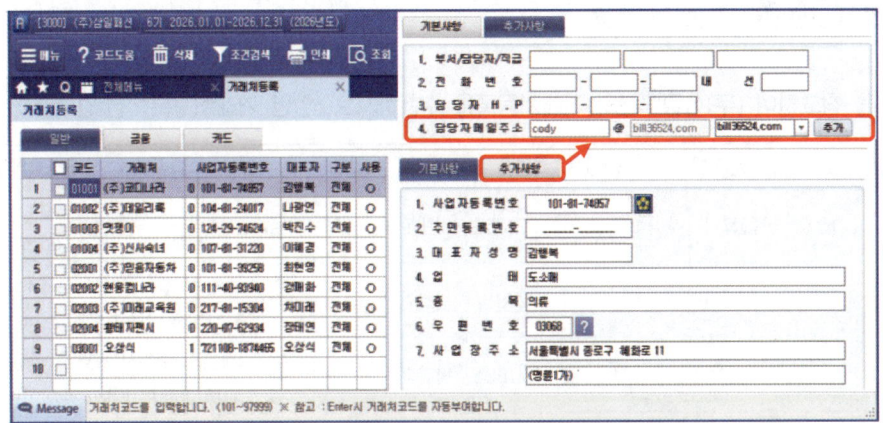

▌금융거래처등록, 은행등록 수행 완료화면 ▌

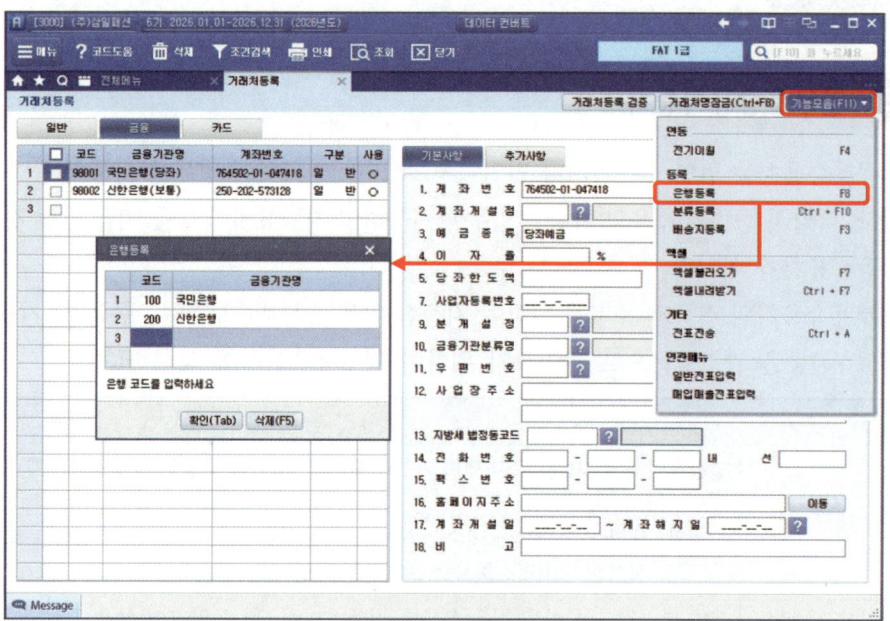

▌카드거래처등록 수행 완료화면 ▌

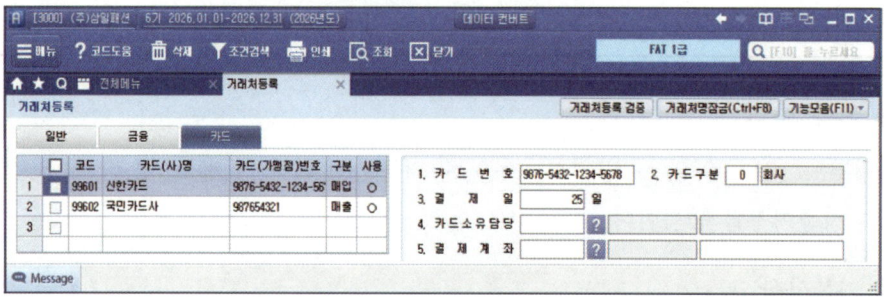

수행 tip

- 거래처를 등록한 후 다음 거래처 입력화면까지 [Enter↵]를 누른다.
- 거래처코드를 잘못 입력한 경우는 거래처코드 변경이 불가능하므로 화면 상단 메뉴의 삭제(🗑 삭제)로 삭제한 후 다시 등록한다.
- 제시된 사업자등록증, 거래명세서를 보고 내용을 수정·추가한다.
  ➡ 사업자등록번호, 대표자성명, 업태, 종목, 주소 등

업무용승용차등록

업무용승용차는 법인 소유이거나 법인이 리스 또는 임차하여 업무에 사용하는 승용차를 말한다. 따라서 종업원 소유의 차량을 업무에 사용하고 차량유지비 등을 지급 받는 경우에는 업무용승용차가 아니다.

업무용승용차의 취득과 유지를 위하여 지출한 비용(유류비, 보험료, 수선비, 자동차세, 통행료 등)등을 관리항목으로 관리하기 위하여 업무용승용차를 등록한다.

구 분	내 용
대상	일반적인 승용차(개별소비세법 제1조 제2항 제3호에 해당하는 승용자동차), 리스나 렌트 차량도 포함 −제외: 배기량 1,000cc 이하, 운수업, 자동차판매업, 자동차임대업(렌트회사), 　　　　시설대여업(리스회사), 운전학원업 등에서 사용하는 자동차
감가상각 방법	2016년 1월 1일 이후 취득 분부터 정액법으로 5년 동안 감가상각
승용차관련비용	임차료, 유류비, 자동차세, 보험료, 수리비, 감가상각비 등
감가상각비 인정	연간 최대 8,000,000원(초과되는 부분은 다음해로 이월됨)
보험가입	2016년 4월 1일 이후 보험료부터는 임직원전용자동차보험 가입하여야 함

❶ 왼쪽 화면

차량코드(101~9999), 차량번호, 차종, 명의구분(0.회사, 1.렌트, 2.리스, 3.직원, 4.타인), 사용여부를 등록한다.

❷ 기본사항

고정자산 계정과목, 고정자산코드, 고정자산명, 취득일자, 경비구분, 명의구분, 임차기간, 기초주행누적거리, 보험가입여부, 보험기간을 입력한다.

주의 고정자산코드, 고정자산명, 취득일자는 [고정자산등록]메뉴에 등록된 내용을 ? 를 선택하여 반영하면 된다.

I Can! 업무용승용차 등록 관련 입력 메뉴!

① 계정과목 및 적요등록: 관리항목에서 32.업무용승용차 항목을 사용으로 설정
  (관련 계정과목: 차량운반구, 보험료, 차량유지비, 임차료, 감가상각비 등)
② 업무용승용차등록: 업무용승용차 차량을 등록한다.
③ 일반전표 및 매입매출전표 입력에서 업무용 승용차 관련 비용 입력 시 [거래처코드]
  란에서 F3을 누르고 하단에 차량별로 관리할 수 있도록 업무용승용차 관리항목을 입
  력한다.

수행과제 **업무용승용차등록**

(주)삼일패션의 업무용승용차를 등록하기 위하여 다음을 수행하시오.

수행 1 다음의 고정자산을 [고정자산등록]메뉴에 등록하시오.

계정과목	코드	자산명	취득일	상각방법	기초가액	전기말상각누계액	내용연수	경비구분
차량운반구	2001	승용2461	2025.12.31.	정액법	9,000,000원	–	5	800번대

수행 2 [고정자산등록]에 등록한 업무용승용차를 [업무용승용차등록] 메뉴에 등록하시오.

코드	차량번호	차종	명의구분	사용	기초주행거리	보험가입여부	보험기간
101	64보2461	아반떼	회사	○	200 km	업무전용자동차보험(법인)	2025.12.31.~2026.12.31.

수행과제 풀이 **업무용승용차등록**

수행 1 ① 고정자산계정과목을 **?** 를 이용하여 '208.차량운반구'를 선택한다.
  ② 고정자산등록 메뉴에 해당자산의 내용을 입력한다.

재무회계 ➡ 고정자산등록 ➡ 고정자산등록

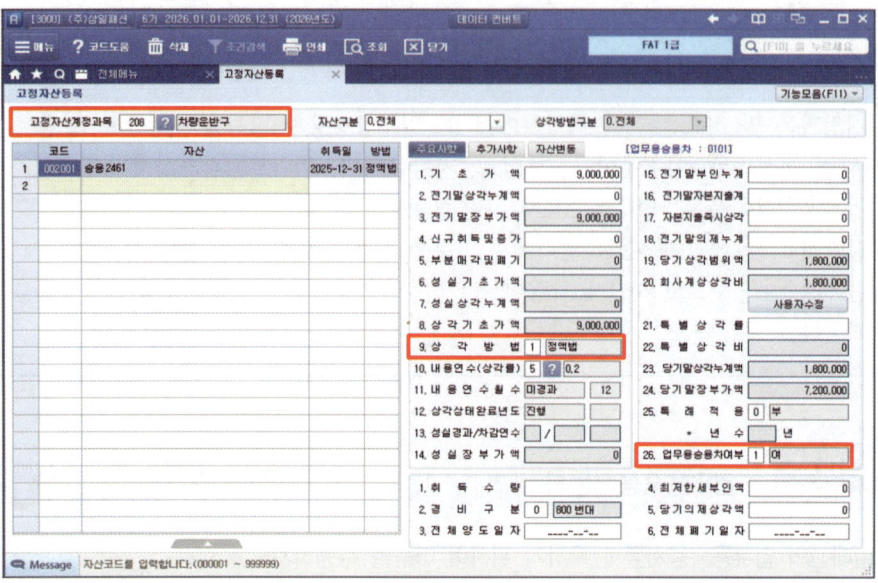

수행 2 ① 업무용승용차등록 각 란의 내용을 입력한다.

② 고정자산코드에서 **?** 를 클릭하여 수행 1 에서 등록한 고정자산을 선택하면
고정자산명, 취득일자, 경비구분은 자동으로 반영된다.

재무회계 ➡ 기초정보관리 ➡ 업무용승용차등록

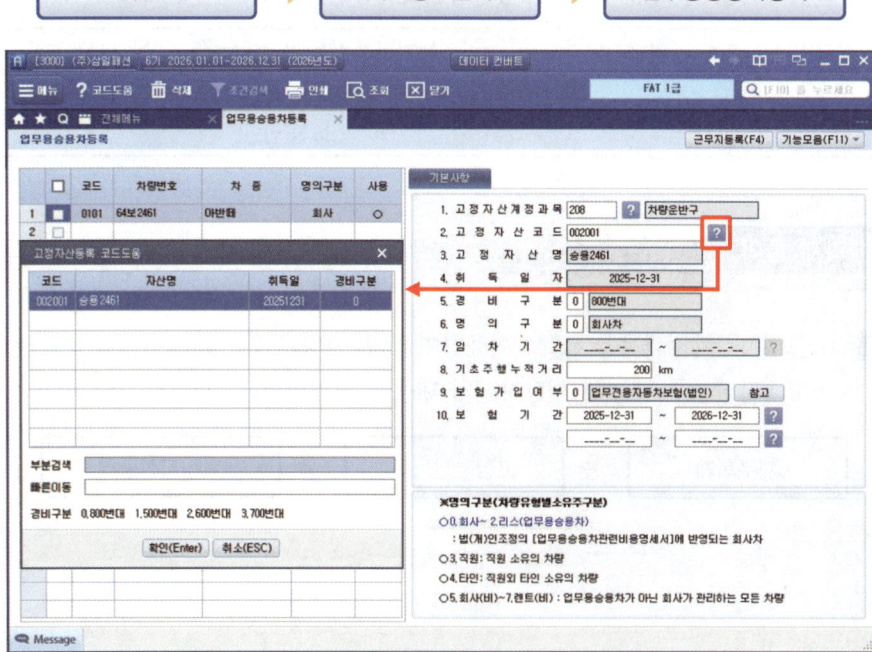

수행 tip

- 고정자산등록에 등록된 업무용승용차를 불러와 공통적인 부분은 자동 반영받는다.
- 업무용승용차의 취득과 유지를 위하여 지출한 내용과 관련된 계정과목은 관리항목을 32.업무용승용차로 설정해야 한다.

필요 지식

06 계정과목 및 적요등록

거래가 발생하면 기업의 자산, 부채, 자본의 증감변화와 수익, 비용이 발생하는데 이러한 증감변화 및 발생을 구체적인 항목을 세워 기록 계산하는 단위를 계정이라 하며 계정에 붙이는 이름을 계정과목이라 한다.

본 메뉴는 101번~999번까지의 계정과목과 해당과목의 구분을 규정하고 전표입력에서 빈번하게 사용되는 적요를 미리 등록시켜 놓은 메뉴이다. 사용기업의 필요에 따라 계정과목을 새로이 등록하거나 수정하여 사용할 수 있다.

❶ 계정과목의 분류항목을 클릭하면 화면에 관련범위의 계정과목이 보인다.

❷ 계정과목 코드, 계정과목, 구분, 사용, 관계, 관리항목, 출력용명칭이 보인다.

　주의 코드 란에 임의의 코드번호를 입력하면 그 코드번호로 이동한다.

❸ 적요는 거래내용을 간단히 등록한 것으로 전표입력 시 선택 입력할 수 있다.
　－현금적요: 전표입력 시 전표구분을 1.출금, 2.입금을 선택할 경우
　－대체적요: 전표입력 시 전표구분을 3.대체차변, 4.대체대변을 선택할 경우

 계정과목!

① 계정과목 신규등록
　기존의 계정과목 이외의 별도의 계정과목을 추가 등록하고자 할 때는 '회사설정계정 과목'란에 커서를 두고 계정과목을 입력한다. 이때 등록하고자 하는 계정과목 분류를 파악하여 그에 맞는 코드체계 범위에 등록하여야 한다.
② ・검정색 계정과목 수정: 해당란을 클릭하고 덧씌워 입력한다.
　・빨강색 계정과목 수정: Ctrl+F1을 누른 후 계정과목 란에 덧씌워 입력한다.

③ 거래를 입력할 때 계정과목을 그대로 사용하여 입력하더라도 일부 계정과목은 재무제표에 표시(제출용)될 때 통합계정으로 보고된다.

계정과목	제출용 명칭(통합계정과목)
현금, 당좌예금, 보통예금, 기타제예금	현금및현금성자산
외상매출금, 받을어음	매출채권
외상매입금, 지급어음	매입채무

수행과제 **계정과목 및 적요등록**

(주)삼일패션은 다음의 계정과목 및 적요와 관리항목을 추가로 등록하거나 수정하여 사용하고자 한다.

수행 1 협회비와 관련된 계정과목 및 적요의 추가등록을 수행하시오.

코드	계정과목	구분	현금적요	대체적요
852	협회비	4.경비	01.협회비 현금 지급	01.협회비 미지급

수행 2 '138.전도금' 계정과목을 '138.소액현금'으로 수정하시오.

수행 3 업무용승용차와 관련된 다음의 계정과목에 관리항목 추가설정을 수행하시오.

코드	계정과목	관리항목	코드	계정과목	관리항목
821	보험료	32.업무용승용차	822	차량유지비	32.업무용승용차

수행과제 풀이 **계정과목 및 적요등록**

수행 1 ① 코드 란을 클릭하고 852를 입력하면 852.회사설정계정과목으로 이동한다.
② 계정과목 란에 협회비를 입력하고 하단 현금적요와 대체적요를 입력한다.

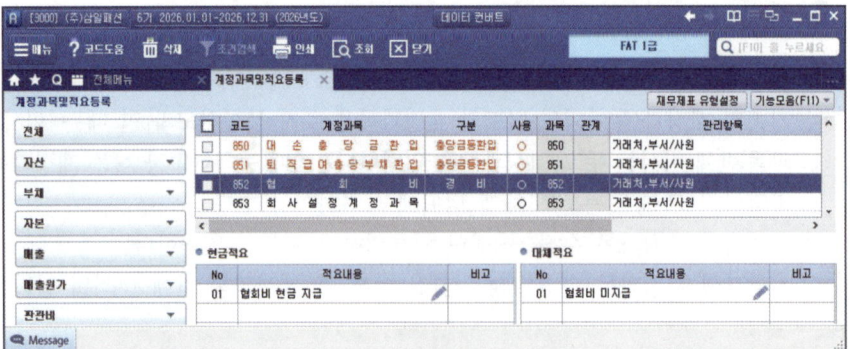

수행 2 ① 코드 란에 커서를 두고 138을 입력하면 138.전도금으로 이동한다.

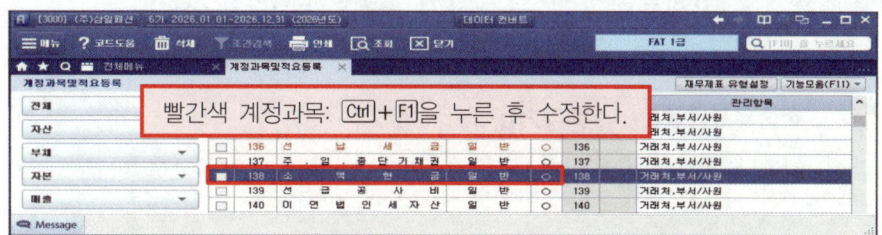

② 빨간색 계정과목이므로 Ctrl+F1을 누른 후 소액현금을 입력한다.

수행 3 ① 코드 란에 커서를 두고 821을 입력하면 821.보험료로 이동한다.

② 관리항목 란에서 F2를 선택하여 [관리항목]보조 창이 나타나면 32.업무용승용차관리를 선택한 후 사용에서 'O'를 클릭한다.

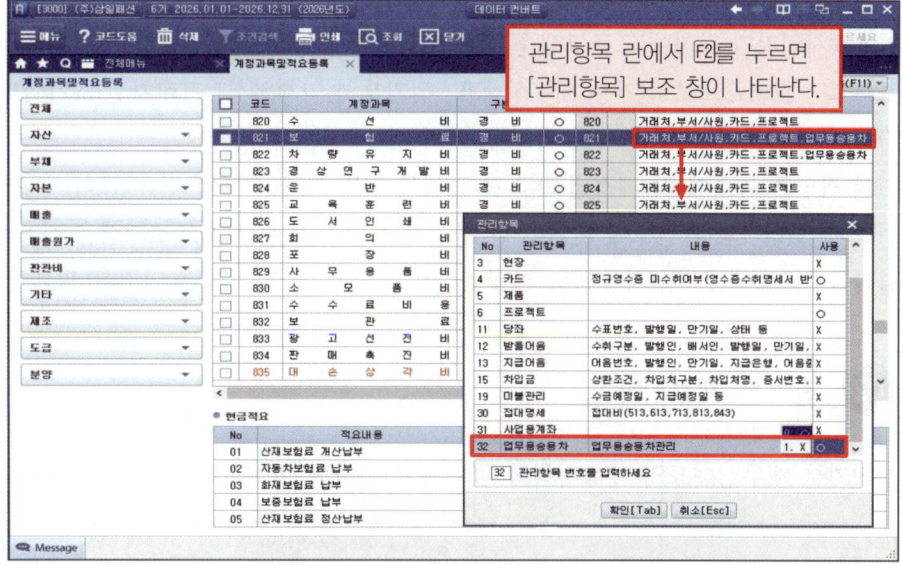

③ 코드 란에 커서를 두고 822를 입력하면 822.차량유지비로 이동한다.

④ 관리항목 란에서 F2를 선택하여 [관리항목]보조 창이 나타나면 32.업무용승용차관리를 선택한 후 사용에서 'O'를 클릭한다.

⑤ 822.차량유지비도 동일한 방법으로 업무용승용차를 설정한다.

수행 tip

• 빨간색 계정과목은 Ctrl+F1을 누른 후 수정한다.

• 계정과목의 관리항목에 32.업무용승용차관리를 추가하면 전표 입력 시 관리항목을 추가로 입력할 수 있다.

제2절 **회계프로그램 운용하기** (**NCS** 능력단위요소명)

★ **학습목표(NCS 수행준거)**
2.1 회계프로그램 매뉴얼에 따라 프로그램 운용에 필요한 기초 정보를 처리할 수 있다.
2.2 회계프로그램 매뉴얼에 따라 정보 산출에 필요한 자료를 처리할 수 있다.

필요 지식

01 전기이월작업

계속사업자가 당기에 프로그램을 처음 도입하여 사용하는 경우에는 전기에 대한 자료가 프로그램에 없으므로 전기분 재무상태표, 전기분 손익계산서, 거래처별 초기이월 등을 입력하여 당기에 필요한 전기의 자료를 이월 받는 메뉴이다.

본 작업을 통하여 각 계정별로 전기 잔액을 이월 받을 수 있으며 비교식 재무제표를 작성할 수 있다. 당해 연도에 개업을 한 사업자나 당기 이전부터 프로그램을 사용하여 전기 결산을 하고 마감작업(자동으로 이월 반영 받음)을 한 사업자는 입력할 필요가 없다.

02 전기분 재무상태표

전기분 재무상태표의 계정과목과 금액을 입력하면 합계가 자동으로 계산된다.

 전기분재무상태표!

① 대손충당금, 감가상각누계액은 자산의 차감계정이므로, 해당 자산 계정과목 코드번호 바로 아래의 코드번호를 선택해야 한다.

예	
108.외 상 매 출 금	109.대 손 충 당 금
110.받 을 어 음	111.대 손 충 당 금
202.건 물	203.감가상각누계액

② 코드번호 순서대로 입력하지 않아도 코드번호 순으로 자동 정렬된다.
③ 모든 내용을 입력하고 나면 화면하단의 차액이 '0'이어야 한다.

수행과제 **전기분 재무상태표**

다음 자료를 이용하여 (주)삼일패션의 전기분 재무상태표 입력을 수행하시오.

재 무 상 태 표

제5기 2025년 12월 31일 현재

회사명: (주)삼일패션 (단위: 원)

과 목	금 액		과 목	금 액
자 산			부 채	
Ⅰ. 유 동 자 산		121,370,000	Ⅰ. 유 동 부 채	94,662,000
(1) 당 좌 자 산		110,870,000	외 상 매 입 금	44,662,000
현 금		12,800,000	미 지 급 금	50,000,000
당 좌 예 금		38,950,000	Ⅱ. 비 유 동 부 채	0
보 통 예 금		41,626,000	부 채 총 계	94,662,000
단 기 매 매 증 권		7,000,000	자 본	
외 상 매 출 금	8,200,000		Ⅰ. 자 본 금	50,000,000
대 손 충 당 금	82,000	8,118,000	자 본 금	50,000,000
받 을 어 음	2,400,000		Ⅱ. 자 본 잉 여 금	0
대 손 충 당 금	24,000	2,376,000	Ⅲ. 자 본 조 정	0
(2) 재 고 자 산		10,500,000	Ⅳ. 기타포괄손익누계액	0
상 품		10,500,000	Ⅴ. 이 익 잉 여 금	55,290,000
Ⅱ. 비 유 동 자 산		78,582,000	이 익 준 비 금	5,000,000
(1) 투 자 자 산		0	미처분이익잉여금	50,290,000
(2) 유 형 자 산		58,582,000	(당기순이익 27,188,000)	
건 물	50,000,000		자 본 총 계	105,290,000
감가상각누계액	1,250,000	48,750,000		
차 량 운 반 구		9,000,000		
비 품	2,432,000			
감가상각누계액	1,600,000	832,000		
(3) 무 형 자 산		0		
(4) 기타비유동자산		20,000,000		
임 차 보 증 금		20,000,000		
자 산 총 계		199,952,000	부 채 와 자 본 총 계	199,952,000

수행과제 풀이　전기분 재무상태표

재무회계 ➡ 기초정보관리 ➡ 전기분 재무상태표

코드 란에서 계정과목명 두 글자를 입력하고 Enter↵를 한 후 계정과목을 선택한다. 해당 금액을 입력하면 자동으로 오른쪽의 항목별 합계액이 집계된다.

주의 금액 란에서 숫자 키보드의 ⊞를 누르면 '000'이 입력된다.

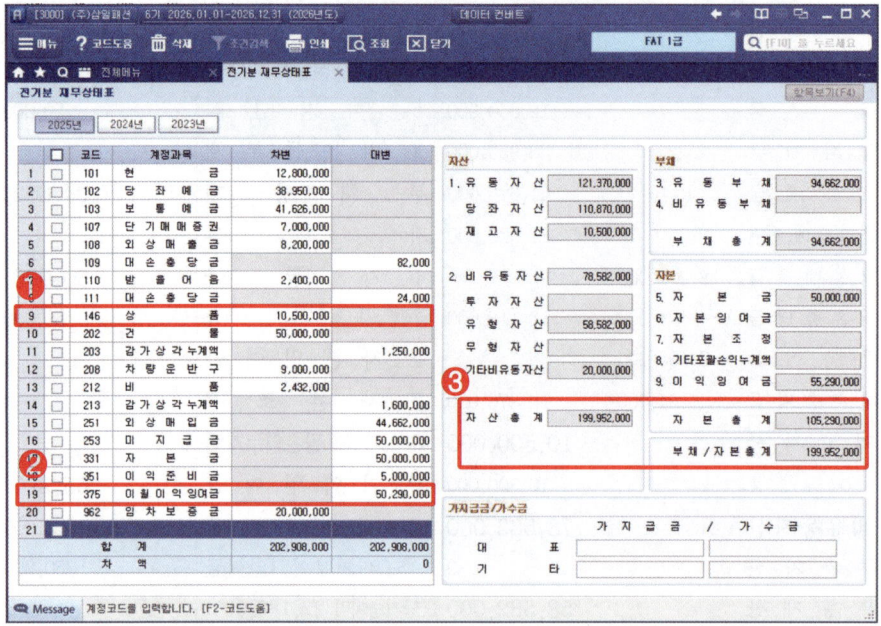

❶ 146.상품 10,500,000원은 전기분 손익계산서의 기말상품재고금액에 자동 반영된다.

❷ 375.이월이익잉여금 50,290,000원은 377.미처분이익잉여금을 나타내는 금액이다.
　주의 전기분 재무상태표의 '미처분이익잉여금'은 '375.이월이익잉여금'으로 입력한다.

❸ 합계는 202,908,000원이나 자산총계와 부채/자본총계는 199,952,000원이다.

차 액 (2,956,000원) = 대손충당금 (106,000원) + 감가상각누계액 (2,850,000원)

수행 tip

• 계정과목이나 금액을 추가 등록하거나 수정한다.
　➡ 대손충당금, 감가상각누계액은 해당자산 아래코드를 선택한다.
• 모든 자료를 정확히 입력하면 차액이 '0'이어야 한다.

필요 지식

 03 전기분 손익계산서

전기분 손익계산서의 계정과목과 금액을 입력하면 합계가 자동으로 계산된다.

수행과제 전기분 손익계산서

다음 자료를 이용하여 (주)삼일패션의 전기분 손익계산서 입력을 수행하시오.

손 익 계 산 서

제5기 2025년 1월 1일부터 2025년 12월 31일까지

회사명: (주)삼일패션 (단위: 원)

과 목	금 액	
I. 매 출 액		500,516,000
상 품 매 출	500,516,000	
II. 상 품 매 출 원 가		250,350,000
기 초 상 품 재 고 액	5,500,000	
당 기 상 품 매 입 액	255,350,000	
기 말 상 품 재 고 액	10,500,000	
III. 매 출 총 이 익		250,166,000
IV. 판 매 비 와 관 리 비		201,698,000
급 여	68,950,000	
복 리 후 생 비	25,512,000	
여 비 교 통 비	7,586,000	
접 대 비(기업업무추진비)	7,500,000	
통 신 비	4,254,000	
수 도 광 열 비	2,251,000	
감 가 상 각 비	13,000,000	
임 차 료	15,000,000	
수 선 비	7,895,000	
보 험 료	12,645,000	
차 량 유 지 비	7,105,000	
수 수 료 비 용	30,000,000	
V. 영 업 이 익		48,468,000
VI. 영 업 외 수 익		0
VII. 영 업 외 비 용		18,780,000
이 자 비 용	18,780,000	
VIII. 법 인 세 차 감 전 순 이 익		29,688,000
IX. 법 인 세 등		2,500,000
법 인 세 등	2,500,000	
X. 당 기 순 이 익		27,188,000

수행과제 풀이 **전기분 손익계산서**

재무회계 ➡ 기초정보관리 ➡ 전기분 손익계산서

코드 란에서 계정과목명 두 글자를 입력하고 Enter↵를 한 후 계정과목을 선택한다. 해당 금액을 입력하면 자동으로 오른쪽의 항목별 합계액이 집계된다.

주의 금액 란에서 숫자 키보드의 ⊞를 누르면 '000'이 입력된다.

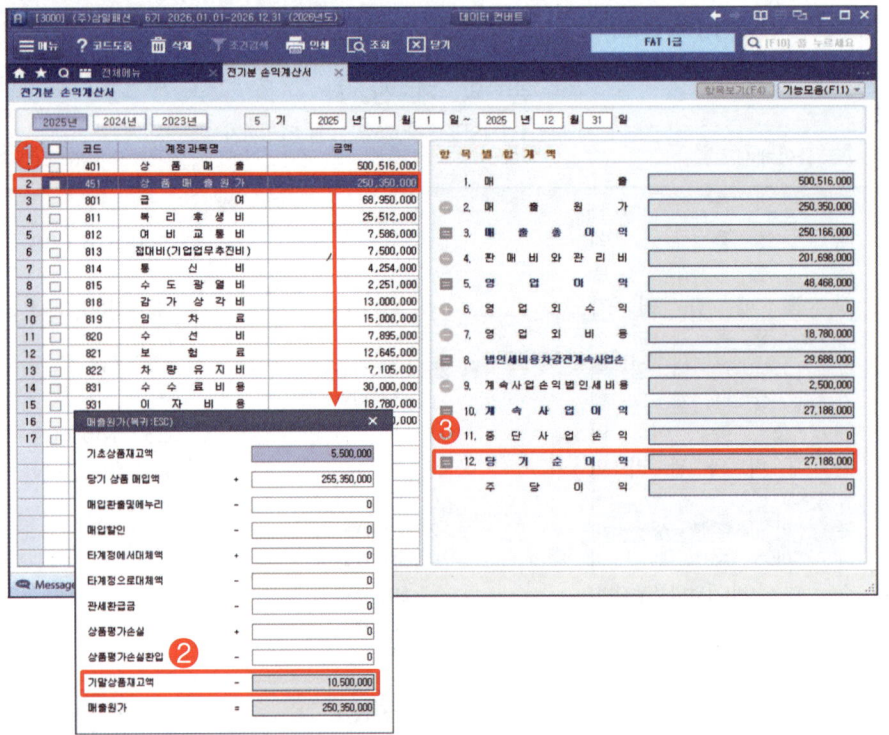

❶ 451.상품매출원가의 보조창에 기초상품재고액과 당기상품매입액을 입력한다.

❷ 기말상품재고액은 [전기분 재무상태표]에 입력한 상품금액이 자동 반영된다.

❸ 입력을 완료하고 나면 당기순이익을 확인한다.

수행 tip

• 계정과목이나 금액을 추가 등록하거나 수정한다.
　➡ 상품매출원가의 기말상품재고액은 전기분 재무상태표에서 수정

• 자료를 정확히 입력하면 당기순이익이 일치한다.

전기분 원가명세서

제조원가명세서는 제조업을 영위하는 기업에서 작성하는 것으로 재료비, 노무비, 제조경비 등을 집계하여 당기제품제조원가를 산출하는 보고서이며 비교식 원가명세서를 작성하기 위하여 전년도 원가명세서를 입력해야 한다.

 전기분 이익잉여금처분계산서

전기분 이익잉여금처분계산서는 전년도 법인기업의 당기순이익과 이월된 이익잉여금을 보여주며 주주총회를 통해 처분한 잉여금에 대한 내역들이 작성된다.

수행과제   **전기분 이익잉여금처분계산서**

다음 자료를 이용하여 (주)삼일패션의 전기분 이익잉여금처분계산서 입력을 수행하시오.

이 익 잉 여 금 처 분 계 산 서

제5기 2025년 1월 1일부터 2025년 12월 31일까지
처분확정일: 2026년 2월 27일

회사명: (주)삼일패션   (단위: 원)

과 목	금 액	
Ⅰ. 미 처 분 이 익 잉 여 금		50,290,000
전기이월미처분이익잉여금	23,102,000	
당 기 순 이 익	27,188,000	
Ⅱ. 임 의 적 립 금 등 의 이 입 액		0
합 계		0
Ⅲ. 이 익 잉 여 금 처 분 액		
Ⅳ. 차기이월 미처분이익잉여금		50,290,000

수행과제 풀이 **전기분 이익잉여금처분계산서**

재무회계 ➡ 기초정보관리 ➡ 전기분 이익잉여금처분계산서

처분확정일과 전기이월미처분이익잉여금을 입력하며 당기순이익은 자동 반영된다.

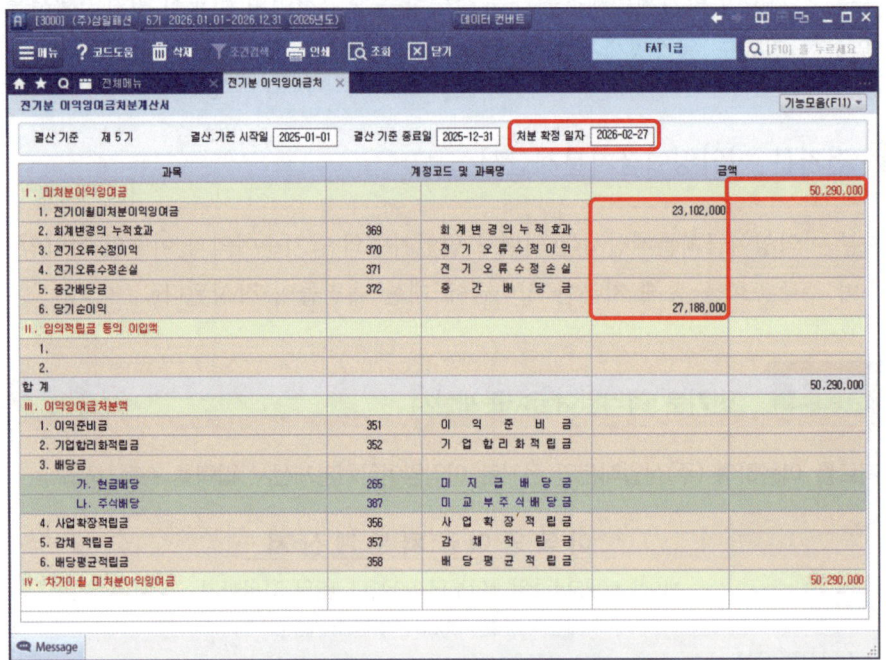

수행 tip

• 미처분이익잉여금의 금액은 전기분재무상태표의
  '375.이월이익잉여금'과 일치해야 한다.

필요 지식

 거래처별 초기이월

채권·채무 등 거래처별로 관리가 필요한 계정과목에 대해 각 거래처별 전기이월 자료를 제공하기 위해 입력하는 것으로 입력 후 거래처원장을 열면 전기이월로 표시된다. 거래처등록과 전기분 재무상태표에 자료가 입력되어 있어야 한다.

수행과제 **거래처별 초기이월**

(주)삼일패션의 거래처별 초기이월자료 입력을 수행하시오.

계정과목	거래처명	금 액	비 고
당 좌 예 금	국민은행(당좌)	38,950,000원	
보 통 예 금	신한은행(보통)	41,626,000원	
외 상 매 출 금	(주)코디나라	4,700,000원	
	(주)데일리룩	3,500,000원	
받 을 어 음	멋쟁이 (발행인)	2,400,000원	• 발행일자, 거래일자: 2025.12.20. • 만기일: 2026.06.20. • 어음번호: 00420251220123456789 • 수취구분: 1.자수 • 은행: 국민은행 용산지점
외 상 매 입 금	멋쟁이	4,662,000원	
	(주)신사숙녀	40,000,000원	
미 지 급 금	(주)믿음자동차	30,000,000원	
	현웅컴나라	20,000,000원	

수행과제 풀이　**거래처별 초기이월**

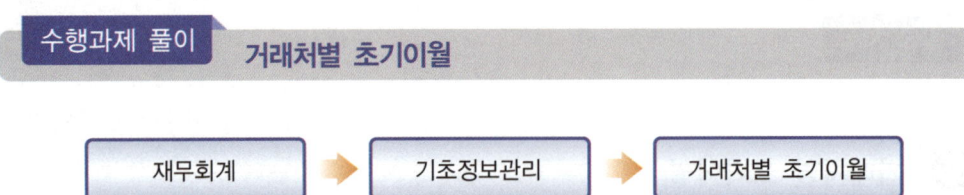

오른쪽 기능모음(F11) ▾ 의 **불러오기** 를 클릭하여 '예'를 누르고 데이터를 불러온다. 계정과목을 클릭하여 거래처별 금액을 입력한다.(입력 완료 후 차액 '0' 확인)

주의 받을어음, 지급어음, 차입금은 더블클릭이나 탭(⭾)을 누르고 보조창에 입력한다.

▍당좌예금 수행 완료화면 ▍

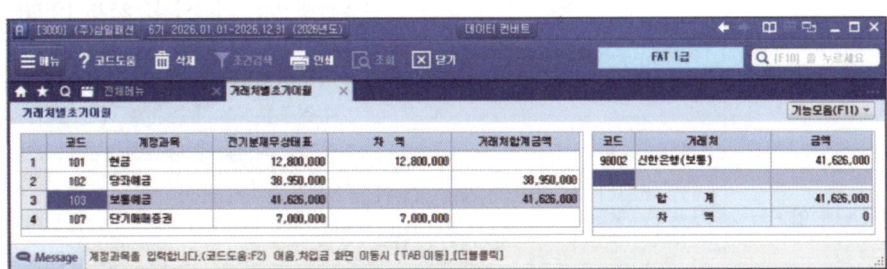

▍보통예금 수행 완료화면 ▍

▍외상매출금 수행 완료화면 ▍

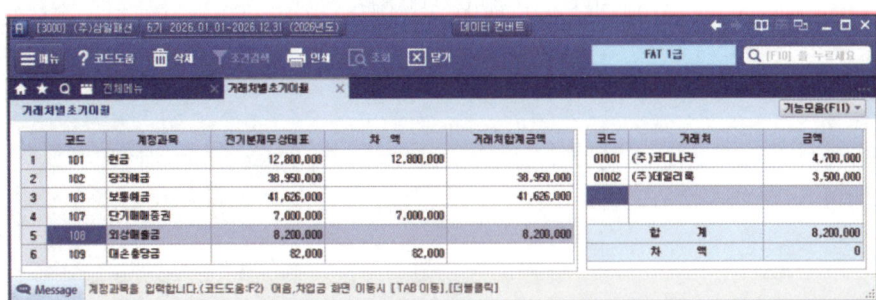

▌받을어음 수행 완료화면 ▌

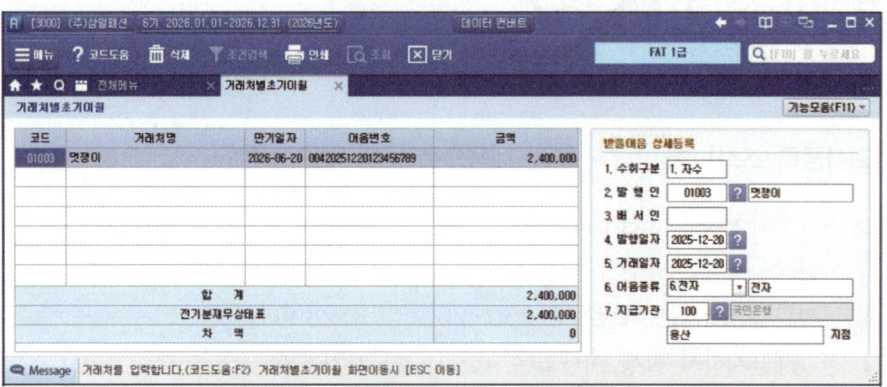

▌외상매입금 수행 완료화면 ▌

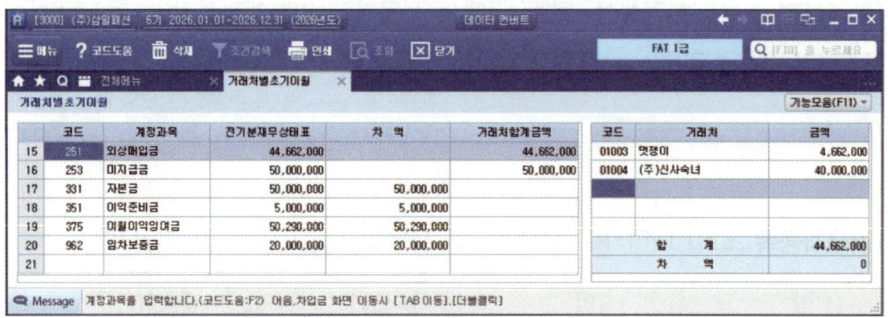

▌미지급금 수행 완료화면 ▌

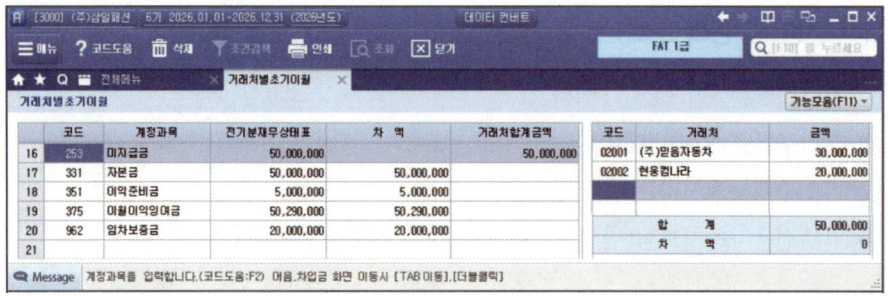

수행 tip

• 계정과목별 거래처명과 금액을 추가 등록하거나 수정한다.
  ➡ 받을어음, 지급어음, 차입금은 탭을 누르거나 더블클릭 후 입력한다.

출제예상 평가문제 (비대면 시험대비)

01 [회사등록 조회] '회사등록' 관련 내용으로 옳지 않은 것은?

① 지방세법정동은 용산구청이다.
② 사업장세무서는 용산세무서이다.
③ 국세환급금계좌는 국민은행 250-202-573128이다.
④ 전자세금계산서 발행 이메일은 samili@bill36524.com이다.

02 [환경설정 조회] '환경설정-회계(1)'에서 신용카드 기본계정설정의 '카드채권' 계정과목 코드로 옳은 것은?

① 108   ② 120   ③ 251   ④ 253

03 [거래처등록 조회] 매입카드 신한카드의 사용대금 결제일은 몇 일인가?

① 10일   ② 15일   ③ 20일   ④ 25일

04 [업무용승용차등록 조회] 업무용승용차등록 관련 내용으로 옳지 않은 것은?

① 차량번호는 64보2461이다.
② 경비구분은 800번대이다.
③ 기초주행누적거리는 200km이다.
④ 업무전용자동차보험(법인)에 가입을 하지 않은 상태이다.

05 [전기분 재무상태표, 전기분 손익계산서 조회] 전기분 재무제표에 대한 내용으로 옳은 것은?

① 전기분 재무상태표의 자산총계는 202,908,000원이다.
② 전기분 재무상태표의 미처분이익잉여금은 50,290,000원이다.
③ 전기분 손익계산서의 기말상품재고액은 5,500,000원이다.
④ 전기분 손익계산서의 당기순이익은 29,688,000원이다.

제2장

(NCS 능력단위 0203020101_20v4)

전표관리

NCS 능력단위: 전표관리(0203020101_20v4)

I Can!
전표관리

회계상 거래를 인식하고, 전표작성 및 이에 따른 증빙서류를 처리 및 관리하는 능력이다.

직종	분류번호	능력단위	능력단위 요소	수준
회계 감사	0203020101_20v4	전표관리	01 회계상거래 인식하기	2
			02 전표 작성하기	2
			03 증빙서류 관리하기	2

능력단위 요소	수행준거
01 회계상 거래 인식하기	1.1 회계상 거래와 일상생활에서의 거래를 구분할 수 있다.
	1.2 회계상 거래를 구성 요소별로 파악하여 거래의 결합관계를 차변 요소와 대변요소로 구분할 수 있다.
	1.3 회계상 거래의 결합관계를 통해 거래 종류별로 구분할 수 있다.
	1.4 거래의 이중성에 따라서 기입된 내용의 분석을 통해 대차평균의 원리를 파악할 수 있다.
02 전표 작성하기	2.1 회계상 거래를 현금거래 유무에 따라 사용되는 입금전표, 출금전표, 대체전표로 구분할 수 있다.
	2.2 현금의 수입거래를 파악하여 입금전표를 작성할 수 있다.
	2.3 현금의 지출거래를 파악하여 출금전표를 작성할 수 있다.
	2.4 현금의 수입과 지출이 없는 거래를 파악하여 대체전표를 작성할 수 있다.
03 증빙서류 관리하기	3.1 발생한 거래에 따라 필요한 관련서류 등을 확인하여 증빙여부를 검토할 수 있다.
	3.2 발생한 거래에 따라 관련규정을 준수하여 증빙서류를 구분·대조 할 수 있다.
	3.3 증빙서류 관련규정에 따라 제증빙자료를 관리할 수 있다.

제1절 회계상 거래 인식하기(NCS 능력단위요소명)

★ **학습목표(NCS 수행준거)**

1.1 회계상 거래와 일상생활에서의 거래를 구분할 수 있다.
1.2 회계상 거래를 구성 요소별로 파악하여 거래의 결합관계를 차변요소와 대변요소로 구분할 수 있다.
1.3 회계상 거래의 결합관계를 통해 거래 종류별로 구별할 수 있다.
1.4 거래의 이중성에 따라서 기입된 내용의 분석을 통해 대차평균의 원리를 파악할 수 있다.

필요 지식

01 회계상 거래와 일상생활에서의 거래

회계상 거래는 자산·부채·자본 증가와 감소, 수익·비용의 발생을 가져오는 것이다.

 Can! 회계상 거래와 일상생활의 거래!

• 일상생활에서는 거래이지만 회계에서는 거래가 아닌 경우
  상품 매매 계약, 종업원 채용 계약, 건물의 임대차 계약, 부동산 담보 설정 등
• 회계에서는 거래이지만 일상생활에서는 거래가 아닌 경우
  상품 등의 도난·파손·화재, 상품의 가격 하락 등

02 거래의 결합관계와 거래의 이중성

회계상 모든 거래는 왼쪽(차변)요소와 오른쪽(대변)요소가 결합하여 발생하며, 원인과 결과의 인과관계를 파악하여 이중으로 기록하기에 오류에 대한 자가 검증기능이 있다.

Can! 거래의 8요소!

차변요소	대변요소
자산증가	자산감소
부채감소	부채증가
자본감소	자본증가
비용발생	수익발생

★ **학습목표(NCS 수행준거)**

2.1 회계상 거래를 현금거래 유무에 따라 사용되는 입금전표, 출금전표, 대체전표로 구분할 수 있다.
2.2 현금의 수입거래를 파악하여 입금전표를 작성할 수 있다.
2.3 현금의 지출거래를 파악하여 출금전표를 작성할 수 있다.
2.4 현금의 수입과 지출이 없는 거래를 파악하여 대체전표를 작성할 수 있다.

필요 지식

01 일반전표입력

회계에서 거래인 자산·부채·자본의 증감변동이 발생하면 증빙서류를 보고 전산 프로그램이 요구하는 형식에 맞추어 전표를 작성한다. 전표 작성은 일반전표입력에서 이루어지며, 입력된 자료는 전표, 분개장 및 총계정원장 등 장부와 관련 자료에 자동 반영된다. 회계프로그램 운용에서 전표작성은 가장 핵심적이고 중요한 작업이다.

> **I Can! 일반전표입력!**
>
> ① 전표번호: 일자별로 차변과 대변의 금액이 일치하면 00001부터 자동으로 부여된다. 전표입력 시 전표번호 등이 다르게 되어 차변과 대변의 차액이 발생하면 상단부 `기능모음(F11) ▼`의 `번호수정`을 클릭하여 전표번호를 수정하면 된다.
>
> ② 계정과목 코드와 계정과목, 거래처 코드와 거래처명 입력: 코드 란에서 F2나 상단부 `? 코드도움`을 클릭하거나 해당 계정과목 두 자리를 입력한 후 나타나는 보조창에서 관련 내용을 선택하여 입력한다.
>
> ③ 전표삭제: 삭제하려는 전표를 선택 후 상단의 삭제(🗑 삭제)를 클릭하여 삭제한다.
>
> ④ 전표정렬: 일반전표입력을 종료하면 날짜별로 자동 정렬된다. 입력순 등으로 정렬하고 싶으면 마우스 오른쪽을 클릭하여 정렬방법을 선택하면 된다.
>
>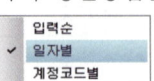
>
> | 입력순 |
> | --- |
> | ✓ 일자별 |
> | 계정코드별 |

02 출금전표 작성하기

현금의 감소거래로 현금계정 대변에 기입되며 거래총액이 현금으로 이루어진 거래를 출금거래라고 한다. 전표입력 시 구분 란에 '1'을 입력하면 출금으로 표시되며, 자동으로 대변에 '현금'이 입력되므로 차변 계정과목만 입력하면 된다.

03 입금전표 작성하기

현금의 증가거래로 현금계정 차변에 기입되며 거래총액이 현금으로 이루어진 거래를 입금 거래라고 한다. 전표입력 시 구분 란에 '2'를 입력하면 입금으로 표시되며 자동으로 차변에 '현금'이 입력되므로 대변 계정과목만 입력하면 된다.

04 대체전표 작성하기

거래액 총액 중 일부가 현금인 거래나 현금이 포함되지 않는 거래일 경우 전표 입력 시 구분 란에 차변은 '3'을 대변은 '4'를 입력한다.

I Can! 3전표제의 입력방식!

전표구분	내 용	회계처리 사례			
출금전표(1)	거래총액이 현금으로 출금	(차) 상　　품 ×××	(대) 현　　금 ×××		
입금전표(2)	거래총액이 현금으로 입금	(차) 현　　금 ×××	(대) 상품매출 ×××		
대체전표(3,4) 차변(3) 대변(4)	현금이 없는 거래	(차) 비　　품 ×××	(대) 미지급금 ×××		
	현금이 일부 있는 거래	(차) 비　　품 ×××	(대) 현　　금 ××× 　　　미지급금 ×××		
결산차변(5) 결산대변(6)	결산대체 분개 시	(차) 감가상각비 ×××	(대) 감가상각누계액 ×××		

주의 출금전표와 입금전표는 '현금'이 자동으로 입력되므로 상대 계정과목만 입력한다.

> **ⓘ Can!** **전표입력 시 신규거래처 등록과 통합계정!**
>
> ① 전표입력 중 신규거래처 등록 방법
> - 코드 란에 ⊞를 누르거나 '00000'을 입력한 후 등록하고자 하는 거래처명을 입력하고
>   `Enter↵`를 누른다. 거래처등록 창이 열리면 '수정'을 누르고 거래처를 등록한다.
>
>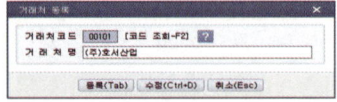
>
> - '거래처내용등록' 창이 열리면 관련 내용을 등록한 후 '확인'을 클릭한다.
> ② 거래처코드를 입력해야 하는 채권·채무·예금 관련 계정과목
>
> | 채 권 | 외상매출금, 받을어음, 미수금, 선급금, 대여금, 가지급금 등 |
> |---|---|
> | 채 무 | 외상매입금, 지급어음, 미지급금, 선수금, 차입금, 가수금 등 |
> | 예 금 | 보통예금, 당좌예금, 정기예금, 정기적금, 장기성예금 등 |

수행과제 **전표 작성하기(일반전표입력)**

다음 증빙을 참고하여 (주)삼일패션의 출금전표, 입금전표, 대체전표 입력을 수행하시오.

1 출금전표 작성하기

<table>
<tr><th colspan="7">영 수 증 (공급받는자용)</th></tr>
<tr><td>N O.</td><td colspan="6">(주)삼일패션 귀하</td></tr>
<tr><td rowspan="4">공
급
자</td><td>사업자등록번호</td><td colspan="5">106 - 56 - 12344</td></tr>
<tr><td>상 호</td><td colspan="2">미소식당</td><td>성 명</td><td colspan="2">왕미소</td></tr>
<tr><td>사업장소재지</td><td colspan="5">서울시 용산구 한강대로 80길 7</td></tr>
<tr><td>업 태</td><td colspan="2">음식업</td><td>종 목</td><td colspan="2">한식</td></tr>
<tr><td>작성년월일</td><td colspan="4">공급대가총액</td><td>비고</td></tr>
<tr><td>2026.1.11.</td><td colspan="4">30,000원</td><td></td></tr>
<tr><td colspan="7">공 급 내 역</td></tr>
<tr><td>월/일</td><td colspan="2">품 목</td><td>수량</td><td>단가</td><td colspan="2">공급대가(금액)</td></tr>
<tr><td>1/11</td><td colspan="2">백반</td><td>5</td><td>6,000</td><td colspan="2">30,000</td></tr>
<tr><td colspan="7"></td></tr>
<tr><td>합 계</td><td colspan="6">₩ 30,000</td></tr>
<tr><td colspan="7">위 금액을 (영수)(청구)함</td></tr>
</table>

회계팀의 회계결산 업무 시 야근식대를 현금으로 지급하고 받은 영수증이다.

수행 1 회계처리를 수행하시오.

　(차변)　　　　　(대변)
　　　　　/

수행 2 전표입력을 수행하시오.

2 출금전표 작성하기

```
          영 수 증

          2026.1.12. 15:30

(주)SK주유소
(T.02-634-1211)
서울 성동구 자양로 19길
129-81-19997    박수경

유 종 명      수 량    단 가    금 액

휘 발 유       15    1,697   25,455

부가세물품가액              25,455원
부 가 가 치 세               2,545원
합      계                28,000원

          감 사 합 니 다.
```

관리부의 업무용 승용차(64보2461)에 주유를 하고 주유대금을 현금으로 지급하고 받은 영수증이다.

수행 1 회계처리를 수행하시오.

(차변)   (대변)
              /

수행 2 전표입력을 수행하시오.

수행 3 업무용승용차 관리를 수행하시오.

3 입금전표 작성하기

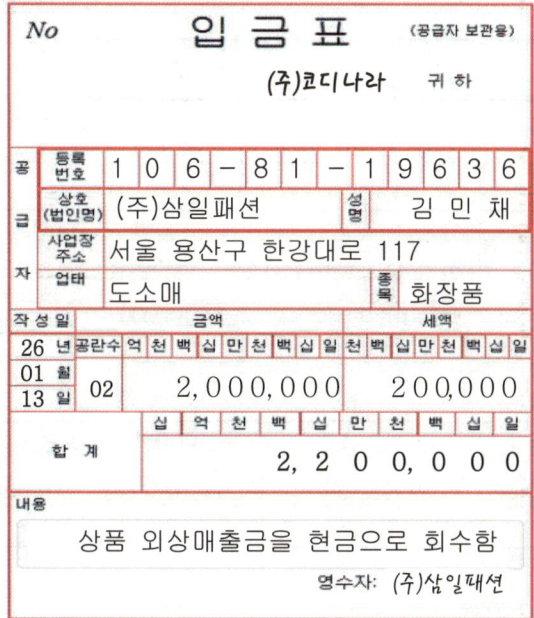

상품매출에 대한 외상매출금을 현금으로 받고 입금표를 발행하였다.

수행 1 회계처리를 수행하시오.

(차변)   (대변)
              /

수행 2 전표입력을 수행하시오.

4 대체전표 작성하기

<table>
<tr><td>

신용카드매출전표

- -

카드종류: 신한카드
회원번호: 9876-5432-1234-5678
거래일시: 2026.01.14. 11:05:16
거래유형: 신용승인
공급가액: 80,000원
부 가 세: 8,000원
합   계: 88,000원
결제방법: 일시불
승인번호: 26011477

- -

가맹점명: 참맛나갈비

</td><td>

매출거래처 직원과 식사를 하고 대금은 신한카드로 결제하였다.

수행 1 회계처리를 수행하시오.

　(차변)　　　　(대변)
　　　　　/

수행 2 전표입력을 수행하시오.

</td></tr>
</table>

수행과제 풀이　전표 작성하기(일반전표입력)

재무회계 ➡ 전표입력/장부 ➡ 일반전표입력

1 1월 11일

구분	코드	계정과목	코드	거래처명		적요	차변	대변
출금	811	복 리 후 생 비		미소식당	02	직원식대및차대 지급	30,000	현금
	(차) 811 복리후생비		30,000		(대) 101 현금		30,000	

2 1월 12일

구분	코드	계정과목	코드	거래처명	적요	차변	대변
출금	822	차 량 유 지 비		(주)SK주유소	[0101]64보2461 아반떼	28,000	현금
	(차) 822 차량유지비		28,000	(대) 101 현금		28,000	

주의 ① 금액을 입력 후 F3을 누르면 하단에 [업무용승용차 관리]가 보인다.(F3을 눌러 적요입력이 안될 경우 계정과목 등록 메뉴에서 차량유지비 계정과목에 '업무용 승용차' 관리항목을 설정한다)

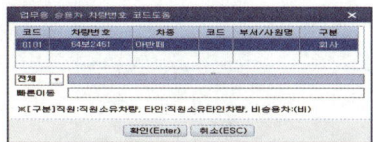

② 승용차코드 란에 커서를 두고 F2를 누르면 [업무용승용차등록]에서 등록한 차량이 확인되며, 차량번호를 선택하고 [확인]을 클릭하면 적요가 관련내용으로 자동반영 된다.

승용차코드	차량번호	차 종	구 분	코 드	부서/사원	임차여부	임차기간	보험기간
0101	64보2461	아반떼	1.유류비			0.회사차	----.--.-- ----.--.--	2025-12-31 2026-12-31

※ 업무용승용차를 입력하면 「업무용승용차등록」에 등록된 사원이 전표에 반영됩니다.
「업무용승용차등록」에 등록된 사원과 전표의 사원이 다른 경우 업무용승용차관리창 밖의 전표의 부서에 해당사원을 입력하시기 바랍니다.

3 **1월 13일**

구분	코드	계정과목	코드	거래처명		적요	차변	대변
입금	108	외상매출금	01001	(주)코디나라	04	외상대금 현금회수	현금	2,200,000
		(차) 101 현금		2,200,000		(대) 108 외상매출금	2,200,000	

4 **1월 14일**

구분	코드	계정과목	코드	거래처명		적요	차변	대변
차변	813	접대비 (기업업무추진비)		참맛나갈비	01	거래처 접대비(기업업무추진비)/ 신용카드(법인)	88,000	
대변	253	미지급금	99601	신한카드		거래처 접대비(기업업무추진비)/ 신용카드(법인)		88,000
		(차) 813 접대비(기업업무추진비)	88,000			(대) 253 미지급금	88,000	

┃전표 작성 수행 완료화면┃

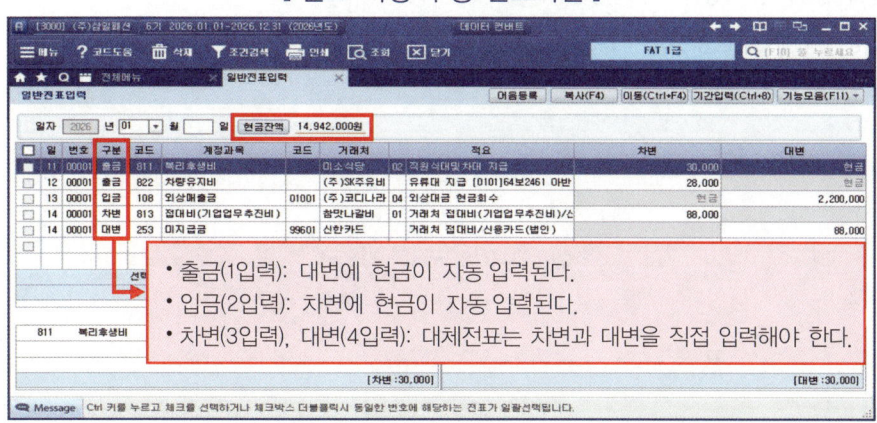

 제3절 증빙서류 관리하기(NCS 능력단위요소명)

★ 학습목표(NCS 수행준거)

3.1 발생한 거래에 따라 필요한 관련 서류 등을 확인하여 증빙 여부를 검토할 수 있다.

3.2 발생한 거래에 따라 관련규정을 준수하여 증빙서류를 구분·대조할 수 있다.

3.3 증빙서류 관련규정에 따라 제증빙자료를 관리할 수 있다.

필요 지식

 01 증빙서류의 의의

기업은 경영활동 중에 벌어들인 수익에서 지출한 비용을 차감하여 나오는 이익에 세법에서 적용하는 세금을 납부해야 한다. 이때 인정되는 비용은 업무와 관련된 것만 인정이 되므로 이러한 업무관련 비용을 입증하기 위해 지출증빙을 주고받는다. 따라서 기업의 경영활동에서 발생하고 있는 거래는 여러 가지 증빙에 의해서 이루어진다.

02 증빙서류의 종류

기업의 경영활동에 직접적으로나 간접적으로 관련된 지출거래이면 지출증빙서류를 수취하도록 하고 있다. 지출은 했는데 지출증빙서류를 수취하지 않았거나 그 지출이 업무와 관련이 없다면 비용으로 인정을 받지 못한다.

증빙서류에는 신용카드매출전표, 현금영수증, 세금계산서, 계산서, 영수증 등이 있다.

수행과제 **증빙서류별 전표 작성하기**

1 돌잔치 초대장

[2월 11일]
상품매출 거래처 멋쟁이의 영업부장 자녀 돌잔치에 현금 100,000원을 지급하였다.

수행 1 회계처리를 수행하시오.

(차변)   (대변)
                /

수행 2 전표입력을 수행하시오.

2 우편등기 영수증

우체국

───── **모바일 영수증** ─────

등기번호	요금	우편번호	수취인
260215-0236-6775	4,000	07691	김천수 200g/50cm

합 계 1통			4,000원

총 요 금:	(즉납)	4,000원
수납요금:		4,000원
현 금:		4,000원

2026년 2월 15일

* 우편물 송달기준 적용곤란지역은 예정된 배달일보다 더 소요될 수 있습니다.
* 우체국, 「한국산업의 고객만족도(KCSI) 1위」

감사합니다.

거래처에 상품매출 관련 서류를 발송하고 등기 우편 요금을 현금으로 지급하였다.

수행 1 회계처리를 수행하시오.

(차변)   (대변)
                /

수행 2 전표입력을 수행하시오.

3 토지 취득세 납부서

취득세 납부서 겸 영수증 (납세자) 보관용

납세번호	과세기간	검	회계	과목	세목	년도	월	기분	과세번호	검
	750	2	10	101	001	2026	2	01	000005	1

{등기후 납부시 가산세 부과}

납 세 자 : (주)삼일패션　　　　　　　　법인등록번호 : 110111-*******
주　　　소 : 서울 용산구 한강대로 117 (한강로 2가)
과세원인 : 유상취득
과세대상 : 서울시 용산구 백범로 384

세 (과) 목	납 부 세 액
취 득 세 액	2,130,435 원
농 어 촌 특 별 세	106,522 원
지 방 교 육 세	213,043 원
합 계 세 액	2,450,000 원

과 세 표 준 액
53,260,870원
전 자 납 부 번 호

위의 금액을 영수합니다.
2026년 2월 20일

담당자 :
전 화 :

수납인
2026.02.20.
수납인
국민은행
용산지점

매장을 신축하기 위한 토지를 구입하고 취득세를 국민은행에 현금으로 납부하였다.

수행 1 회계처리를 수행하시오.　(차변)　　　　　　　　(대변)
수행 2 전표입력을 수행하시오.

4 출장품의서(출장여비 가지급)

출 장 품 의 서

소속	영업부	직위	부장	성명	오상식
출장내역	일　시	2026년 2월 23일 ～ 2026년 2월 27일			
	출 장 지	대전, 대구, 광주, 부산 등			
	출장목적	매출거래처 관리			
여비개산액	교통비, 식대 등 500,000원				

2026년 2월 23일
신청인　성명　오 상 식

영업부 오상식의 출장여비 개산액을 현금으로 지급하였다.

수행 1 회계처리를 수행하시오.　(차변)　　　　　　　　(대변)
수행 2 전표입력을 수행하시오.

5 급여지급대장과 통장거래내역

2026년 2월 급여지급대장

(주)삼일패션   (단위: 원)

구분	급여항목			공제항목				
	기본급	직책수당	지급액 계	소득세	국민연금	고용보험	공제액 계	차인지급액
	차량보조금	식대		지방소득세	건강보험	장기요양보험		
영업부 (오상식)	3,400,000	300,000	4,000,000	166,670	166,500	29,600	524,600	3,475,400
	200,000	100,000		16,660	128,690	12,030		
관리부 (장그래)	2,500,000	200,000	3,000,000	58,750	121,500	21,600	313,650	2,686,350
	200,000	100,000		5,870	93,900	16,480		
계	5,900,000	500,000	7,000,000	225,420	288,000	51,200	838,250	6,161,750
	400,000	200,000		22,530	222,590	28,510		

▌보통예금(신한은행) 거래내역▐

거래일	내용	찾으신 금액	맡기신 금액	잔액	거래점
	계좌번호 250-202-573128 (주)삼일패션				
2026-02-25	2월분 급여	6,161,750원		********	용산

직원의 급여를 신한은행 보통예금 계좌에서 이체하여 지급하였다.

수행 1 회계처리를 수행하시오. (차변)   (대변)

수행 2 전표입력을 수행하시오.

6 출장여비 정산서(가지급금 정산)

여 비 정 산 서

소속	영 업 부	직위	부장	성명	오상식
출장내역	일 시	2026년 2월 23일 ~ 2026년 2월 27일			
	출 장 지	대전, 대구, 광주, 부산 등			
	출장목적	매출거래처 관리			
지출내역	숙 박 비	300,000원	교 통 비		250,000원

2026년 2월 27일

신청인 성명 오 상 식

출장을 마친 오상식 부장의 여비정산 내역을 받고 차액을 현금으로 추가 지급하였다.

수행 1 회계처리를 수행하시오. (차변)   (대변)

수행 2 전표입력을 수행하시오.

7 근로소득세 납부

영 수 증 서 (납세자용)

(3면)

(전 자) 납 부 번 호					수입징수관서	계좌번호	
분류기호	서코드	납부년월	결정구분	세목			
0126	106	2603	4	14	용산 세무서	011947	

성명	(주) 삼일패션	106-81-19636	회계연도	2026
주소	서울특별시 용산구 한강대로 117	(110111-0634752) 일반회계	기획재정부소관	조세

귀속연도/기분	2026년 귀속 02 월
세목명	납 부 금 액
근로소득세	225,420
농어촌특별세	
계	225,420

왼쪽의 금액을 한국은행 국고(수납) 대리점인 은행, 농협, 우체국. 새마을금고, 신용협동조합 또는 상호저축은행에 납부하시기 바랍니다.

납부기한   2026 년   03 월   10 일

은 행   지점   수납인

우체국

(수납인 2026.3.10. 국민은행 용산지점)

2월분 급여지급 시 원천징수하였던 근로소득세를 납부기한 일에 현금으로 납부하였다.

수행 1 회계처리를 수행하시오.   (차변)   (대변)

수행 2 전표입력을 수행하시오.

8 건강보험료 납부

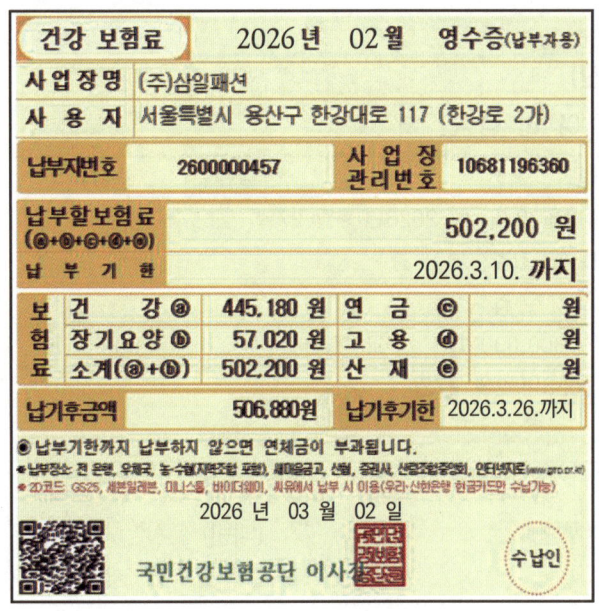

[3월 10일]

건강보험료와 장기요양보험료를 신한은행 보통예금 계좌에서 이체하였다. 50%인 251,100원은 원천징수한 금액이며, 나머지는 회사 부담분이다.(회사부담분은 '복리후생비'로 할 것.)

수행 1 회계처리를 수행하시오.

  (차변)   (대변)

                 /

수행 2 전표입력을 수행하시오.

9 **지방소득세 납부**

지방소득세 특별징수분 영수증		
납부자	성명(상호명)	(주)삼일패션
	주민(법인) 등록번호	110111-0634752
	대 표 자	김민채
	사업자등록번호	106-81-19636
	주 소(소 재 지)	서울시 용산구 한강대로 117
	전 화 번 호	02) 3489-3100

2026 년 02 월분(지급 02 월 25 일)			
① 세 목	지방소득세	② 신고하는 시·군·구	용산구청
③ 납부액	일금	**이만이천오백삼십** 원정	

구 분	인원	과세표준	지방소득세
④ 이자소득			
⑤ 배당소득			
⑥ 사업소득			
⑦ 근로소득	2	225,420	22,530
⑧ 연금소득			
⑨ 기타소득			
⑩ 퇴직소득			
계	2	225,420	22,530

위 금액을 납입 의뢰합니다.

2026 년   03 월   10 일

(수납인 2026.3.10. 국민은행 용산지점)

2월분 급여지급 시 원천징수한 지방소득세를 납부기한 일에 현금으로 납부하였다.

수행 1 회계처리를 수행하시오.
  (차변)   (대변)
              /

수행 2 전표입력을 수행하시오.

10 **계약금 지급**

▌보통예금(신한은행) 거래내역 ▌

	내용	찾으신 금액	맡기신 금액	잔액	거래점
거래일	계좌번호 250-202-573128 (주)삼일패션				
2026-03-20	(주)데일리룩	4,500,000원		********	용산

(주)데일리룩과 상품 구입 계약을 하고 계약금을 보통예금 계좌에서 이체하여 지급하였다.
수행 1 회계처리를 수행하시오.   (차변)   (대변)
수행 2 전표입력을 수행하시오.

수행과제 풀이 **증빙서류별 전표 작성하기**

재무회계 → 전표입력/장부 → 일반전표입력

▌2월 거래내역 ▌

1 2월 11일

구분	코드	계정과목	코드	거래처명	적요		차변	대변
출금	813	접 대 비 (기업업무추진비)		멋쟁이	10	거래처경조사비지급(조정)	100,000	현금
	(차) 813 접 대 비		100,000		(대) 101 현 금		100,000	

2 2월 15일

구분	코드	계정과목	코드	거래처명	적요		차변	대변
출금	814	통 신 비		우체국	02	우편료 지급	4,000	현금
	(차) 814 통 신 비		4,000		(대) 101 현 금		4,000	

3 2월 20일

구분	코드	계정과목	코드	거래처명	적요		차변	대변
출금	201	토 지		서울시 용산구청	02	토지취득세 현금지급	2,450,000	현금
	(차) 201 토 지		2,450,000		(대) 101 현 금		2,450,000	

주의 토지 구입 시 취득세는 토지의 취득원가에 가산하여 회계처리한다.

4 2월 23일

구분	코드	계정과목	코드	거래처명	적요		차변	대변
출금	134	가 지 급 금	03001	오상식	02	업무가지급금 지급	500,000	현금
	(차) 134 가지급금		500,000		(대) 101 현 금		500,000	

5 2월 25일

구분	코드	계정과목	코드	거래처명	적요	차변	대변
차변	801	급 여		오상식, 장그래	직원 급여 지급	7,000,000	
대변	254	예 수 금			급여지급시 소득세등 예수		838,250
대변	103	보통예금	98002	신한은행(보통)	직원 급여 지급		6,161,750
	(차) 801 급 여		7,000,000		(대) 254 예 수 금	838,250	
					103 보통예금	6,161,750	

6 2월 27일

구분	코드	계정과목	코드	거래처명	적요	차변	대변
차변	812	여비교통비			01 출장여비 가지급정산	550,000	
대변	101	현　　금			출장여비 가지급정산		50,000
대변	134	가지급금	03001	오상식	06 업무가지급금 정산대체		500,000

(차) 812 여비교통비　　550,000　　　(대) 101 현　　금　　50,000
　　　　　　　　　　　　　　　　　　134 가지급금　　500,000

▎2월 거래내역 수행 완료화면 ▎

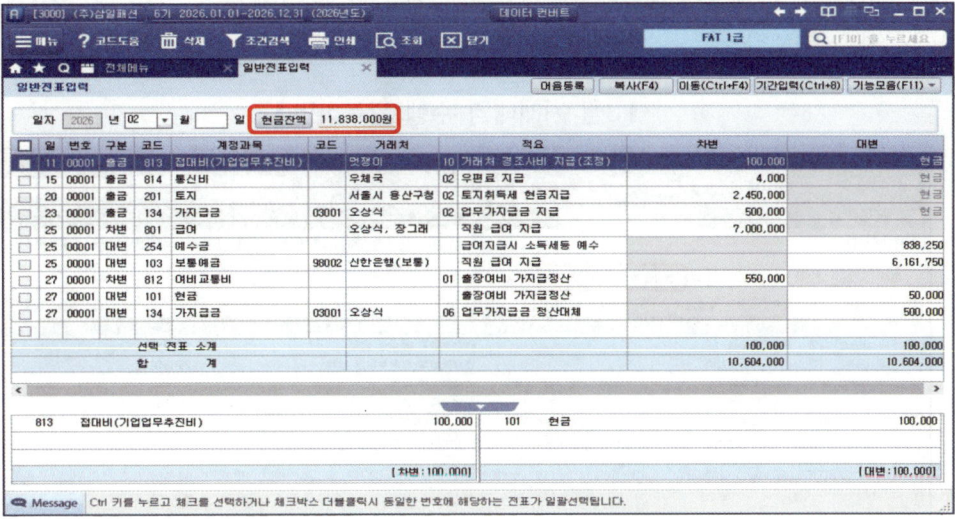

▎3월 거래내역 ▎

7 3월 10일

구분	코드	계정과목	코드	거래처명	적요	차변	대변
출금	254	예 수 금			소득세 예수금 납부	225,420	현금

(차) 254 예 수 금　　225,420　　　(대) 101 현　　금　　225,420

8 3월 10일

구분	코드	계정과목	코드	거래처명	적요	차변	대변
차변	254	예 수 금			건강보험료 예수금 납부	251,100	
차변	811	복리후생비			건강보험료 회사부담금 납부	251,100	
대변	103	보 통 예 금	98002	신한은행(보통)	건강보험료 납부		502,200

(차) 254 예 수 금　　251,100　　　(대) 103 보통예금　　502,200
　　　811 복리후생비　　251,100

9 3월 10일

구분	코드	계정과목	코드	거래처명	적요	차변	대변
출금	254	예 수 금			지방소득세 예수금 납부	22,530	현금
	(차) 254 예 수 금		22,530		(대) 101 현　　금	22,530	

10 3월 20일

구분	코드	계정과목	코드	거래처명	적요	차변	대변
차변	131	선 급 금	01002	(주)데일리룩	상품구입 계약금 지급	4,500,000	
대변	103	보 통 예 금	98002	신한은행(보통)	상품구입 계약금 지급		4,500,000
	(차) 131 선 급 급		4,500,000		(대) 103 보통예금	4,500,000	

▌3월 거래내역 수행 완료화면 ▌

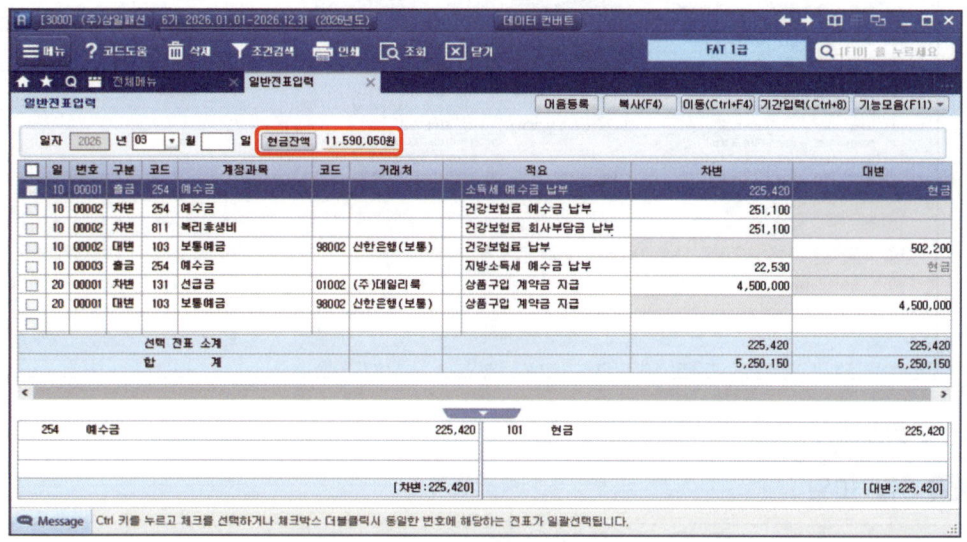

수행 tip

• 증빙을 보고 날짜를 파악할 수 있어야 하며, 차변/대변, 금액, 계정과목, 거래처코드(채권, 채무, 예금)를 정확히 입력한다.

필요 지식

03 영수증수취명세서 작성

증빙이란 거래상황에 대하여 객관적으로 입증이 가능한 증거서류를 말한다. 일정 사업자와 거래건당 3만원 초과의 지출거래 시에는 정규증명서류(세금계산서, 계산서, 신용카드매출전표, 현금영수증)를 수취해야 하며, 수취하지 않은 경우 지출증명 미수취가산세(거래금액의 2%)를 법인세신고 시 납부해야 한다. 정규증명서류를 수취하지 않은 경우 영수증수취명세서를 작성(법인사업자는 제출의무 없음)하여 제출해야 한다.

I Can! 정규증명서류의 이해!

① 지출증빙 수취
  - 3만원 초과 거래에 대하여 정규증명서류를 갖추지 못하였을 경우 영수증수취명세서를 작성하여 제출하며 제출자료에 대하여 2%의 가산세가 부과된다.
  - 3만원 초과 거래 중 제외대상거래가 있으므로 검토하여 함께 제출한다.
② 정규증명서류의 범위
  - 여신전문금융업법에 의한 신용카드 매출전표, 현금영수증, 세금계산서, 계산서

수행과제　영수증수취명세서 작성 거래(명세서제출 대상거래)

영 수 증 (공급받는자용)

NO.　　　　　　　**(주)삼일패션** 귀하

공급자	사업자등록번호	301-33-16515		
	상　호	호서문구	성　명	이사랑
	사업장소재지	서울 강서구 강서로 420		
	업　태	도소매업	종　목	문구
작성년월일		공급대가총액		비고
2026.4.2.		60,000원		

공 급 내 역				
월/일	품　목	수량	단가	공급대가(금액)
4/2	화일	30	2,000	60,000
합　계		₩ 60,000		

위 금액을 (영수)(청구)함

업무에 사용할 문구를 호서문구에서 구입하고 현금으로 지급하였다. 회사는 이 거래가 지출증명서류미수취가산세 대상인지를 검토하려고 한다.(소모품비로 처리할 것.)

수행 1 회계처리를 수행하시오.
　　　(차변)　　　　(대변)
　　　　　　　／

수행 2 전표입력을 수행하시오.

수행 3 영수증수취명세서 (1)과 (2)서식작성을 수행하시오.

수행과제 풀이　영수증수취명세서 작성 거래(명세서제출 대상거래)

1 4월 2일

구분	코드	계정과목	코드	거래처명	적요		차변	대변
출금	830	소 모 품 비		호서문구	03	기타소모품비 지급	60,000	현금
	(차) 830 소모품비		60,000		(대) 101 현 　 금		60,000	

주의 3만원 초과 경비로 정규증명서류를 수취하지 아니하였다. 실무프로그램에서는 일반전표에서 카드
계좌를 통하여 '영수증 수취명세서'를 자동 작성할 수 있으나, 실무교육프로그램에서는 생략되어 있
어 해당사항이 발생하면 일반전표를 입력하고 '영수증 수취명세서'를 직접 작성한다.

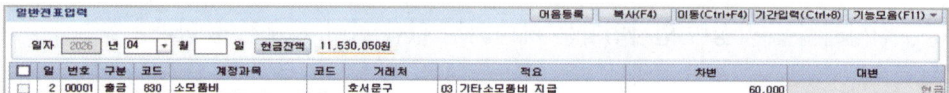

2 ❶ 영수증수취명세서(2)에 해당 내역을 작성한다.

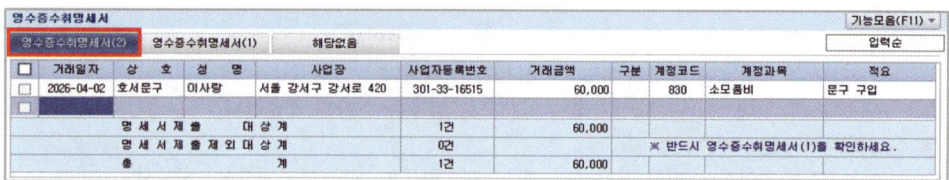

❷ 영수증수취명세서(1)을 클릭하면 명세서제출 대상금액에 반영된다.

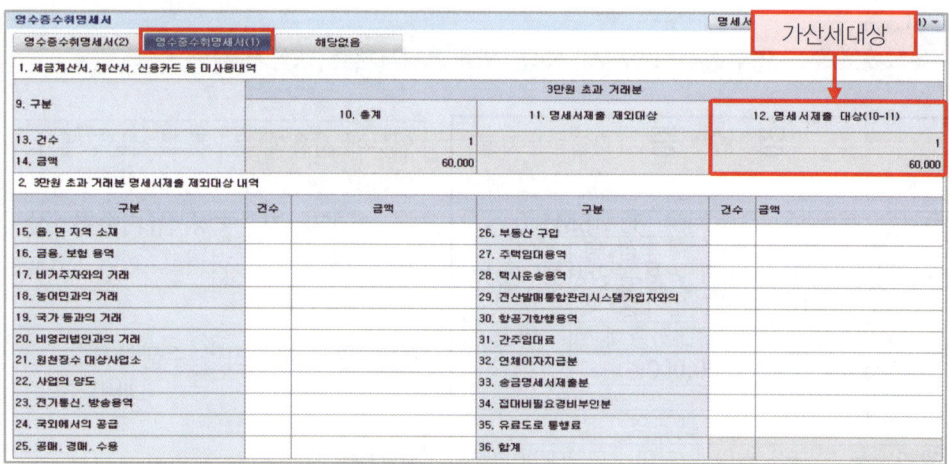

수행 tip

- 3만원 초과 거래에 대하여 정규증명서류 외의 영수증 등을
  수취한 경우 영수증수취명세서를 작성하도록 한다.

출제예상 평가문제

01 **[전표출력 조회]** 1월 거래 내역 중 '입금전표'로 작성된 전표의 거래처로 옳은 것은?

① 미소식당
② (주)SK주유소
③ (주)코디나라
④ 참맛나갈비

02 **[일반전표입력 조회]** 1월 14일 거래의 '접대비(기업업무추진비)' 계정 적요코드 번호와 내용으로 옳은 것은?

① 01.거래처 접대비(기업업무추진비)/신용카드(법인)
② 02.거래처 접대비(기업업무추진비)/신용카드(개인)
③ 10.거래처 경조사비 지급(조정)
④ 12.공연등 문화예술접대비(기업업무추진비)(조정)

03 **[월계표 조회]** 2월 한달동안 발생한 '판매관리비(판매비와관리비)' 금액은 얼마인가?

( )원

04 **[계정별원장 조회]** 3월말 예수금 잔액은 얼마인가?

① 339,200원
② 361,730원
③ 612,830원
④ 838,250원

05 **[영수증수취명세서 조회]** 3만원 초과 지출에 대한 [영수증수취명세서(1)]의 '12.명세서제출 대상'의 금액은 얼마인가? ( )원

제 **3** 장

(**N** CS 능력단위 0203020102_20v4)

자금관리

N CS 능력단위요소

NCS 능력단위: 자금관리(0203020102_20v4)

I Can!
자금관리

기업 및 조직의 자금을 관리하기 위하여 회계 관련규정에 따라 자금인 현금, 예금, 법인카드, 어음·수표를 관리하는 능력이다.

직종	분류번호	능력단위	능력단위 요소	수준
회계 감사	0203020102_20v4	자금관리	01 현금시재 관리하기	2
			02 예금 관리하기	2
			03 법인카드 관리하기	2
			04 어음·수표 관리하기	2

능력단위 요소	수행준거
01 현금시재 관리하기	1.1 회계관련규정에 따라 현금 입출금을 관리할 수 있다.
	1.2 회계관련규정에 따라 소액현금 업무를 처리할 수 있다.
	1.3 회계관련규정에 따라 입·출금전표 및 현금출납부를 작성할 수 있다.
	1.4 회계관련규정에 따라 현금 시재를 일치시키는 작업을 할 수 있다.
02 예금 관리하기	2.1 회계관련규정에 따라 예·적금 업무를 처리할 수 있다.
	2.2 자금운용을 위한 예·적금 계좌를 예치기관별·종류별로 구분·관리할 수 있다.
	2.3 은행업무시간 종료 후 회계관련규정에 따라 은행잔고를 확인할 수 있다.
	2.4 은행잔고의 차이 발생 시 그 원인을 규명할 수 있다.
03 법인카드 관리하기	3.1 회계관련규정에 따라 금융기관에 법인카드를 신청할 수 있다.
	3.2 회계관련규정에 따라 법인카드 관리대장 작성 업무를 처리할 수 있다.
	3.3 법인카드의 사용범위를 파악하고 결제일 이전에 대금이 정산될 수 있도록 회계처리할 수 있다.
04 어음·수표 관리하기	4.1 관련 규정에 따라 수령한 어음·수표의 예치 업무를 할 수 있다.
	4.2 관련 규정에 따라 어음·수표를 발행·수령할 때 회계처리할 수 있다.
	4.3 관련 규정에 따라 어음관리대장에 기록하여 관리할 수 있다.
	4.4 관련 규정에 따라 어음·수표의 분실 처리 업무를 할 수 있다.

제1절 현금시재 관리하기(NCS 능력단위요소명)

★ 학습목표(NCS 수행준거)

1.1 회계관련규정에 따라 당일 현금 입출금을 관리할 수 있다.
1.2 회계관련규정에 따라 소액현금 업무를 처리할 수 있다.
1.3 회계관련규정에 따라 입·출금전표 및 현금출납부를 작성할 수 있다.
1.4 회계관련규정에 따라 현금 시재를 일치시키는 작업을 할 수 있다.

필요 지식

01 현금시재 관리와 현금과부족

현금의 수입과 지출이 있을 때 현금출납장에 기록하고, 매일 현금시재의 잔액을 확인하고 관리한다. 계산이나 기록상 오류, 분실, 도난 등으로 현금시재와 장부가 불일치할 경우 '현금과부족' 계정을 사용하고 과부족의 원인이 밝혀지면 해당 계정과목으로 대체시키고 결산 시까지 원인이 밝혀지지 않으면 잡손실 또는 잡이익으로 대체한다.

구 분	거 래	분 개
장부상 현금잔액 < 실제 현금잔액	현금과잉 시	(차) 현금 ××× (대) 현금과부족 ×××
	결산 시	(차) 현금과부족 ××× (대) 잡이익 ×××
장부상 현금잔액 > 실제 현금잔액	현금부족 시	(차) 현금과부족 ××× (대) 현금 ×××
	결산 시	(차) 잡손실 ××× (대) 현금과부족 ×××

02 현금출납장

기업의 영업활동 중 발생한 현금의 수입지출 내용을 상세히 기록한 보조장부이다.

03 일계표/월계표

계정과목별로 일단위로 집계한 표는 일계표, 월단위로 집계한 표는 월계표이다.

ⓘ Can!   현금시재확인!

① 매일 확인하는 현금시재와 차변의 금일잔고가 일치해야 한다.
② 차변 위치에 기록되어 있는 '계, 대체, 현금'에서 '현금'란에 표시된 금액은 현금지출!
　 대변 위치에 기록되어 있는 '현금, 대체, 계'에서 '현금'란에 표시된 금액은 현금수입!
　 (차변) 금일잔고 = (대변)전일잔고 + (대변)현금거래 − (차변)현금거래

▌일계표: 1월 11일부터 1월 11일까지 ▌

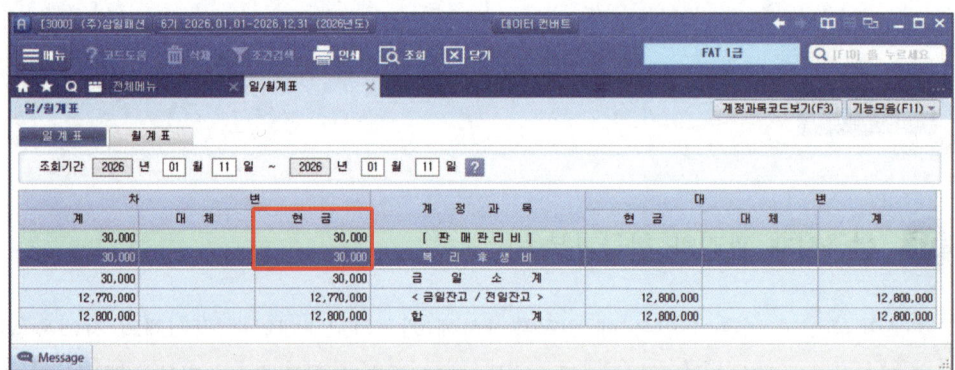

주의 1월 11일 거래는 '복리후생비 30,000원을 현금으로 지출하였다.'라고 해석 되며 차변에 기록되어
　　 있는 현금 란의 30,000원은 현금의 지출을 의미한다.

▌월계표: 1월부터 1월까지 ▌

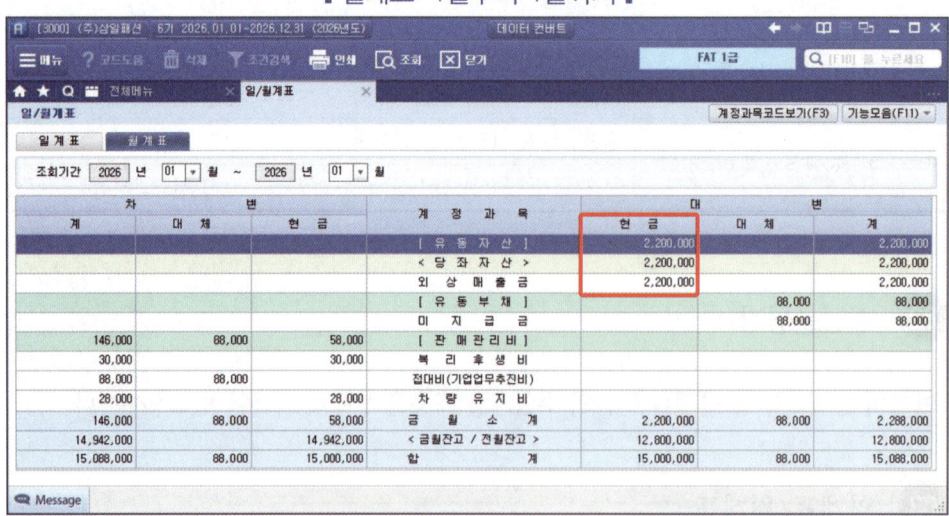

주의 1월에 '외상매출금 2,200,000원이 현금으로 입금되었다.'라고 해석되며 대변에 기록되어 있는
　　 현금 란의 2,200,000원은 현금의 입금을 의미한다.

수행과제   현금시재 관리하기

(주)삼일패션의 현금시재와 관련된 내용을 수행하시오.

수행 1 3월 31일 현재 현금잔액은 얼마인가?

수행 2 2월 한 달 동안 현금지출이 가장 많았던 판매관리비 계정과목은?

수행과제 풀이   현금시재 관리하기

수행 1 현금출납장 또는 일/월계표 조회   답 11,590,050원

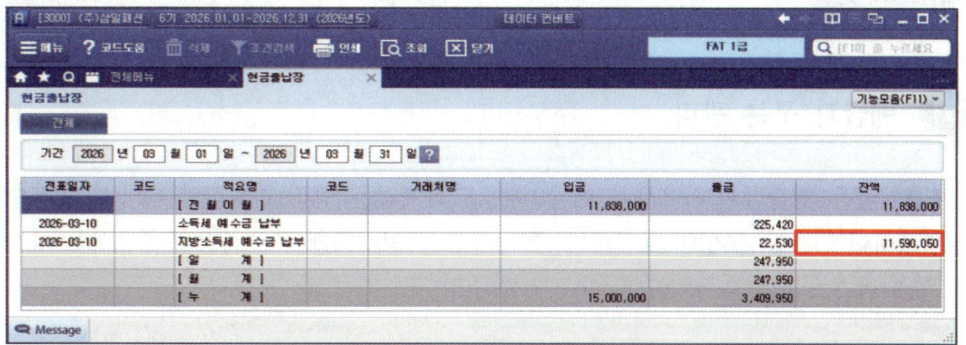

수행 2 월계표 조회   답 접대비(기업업무추진비)

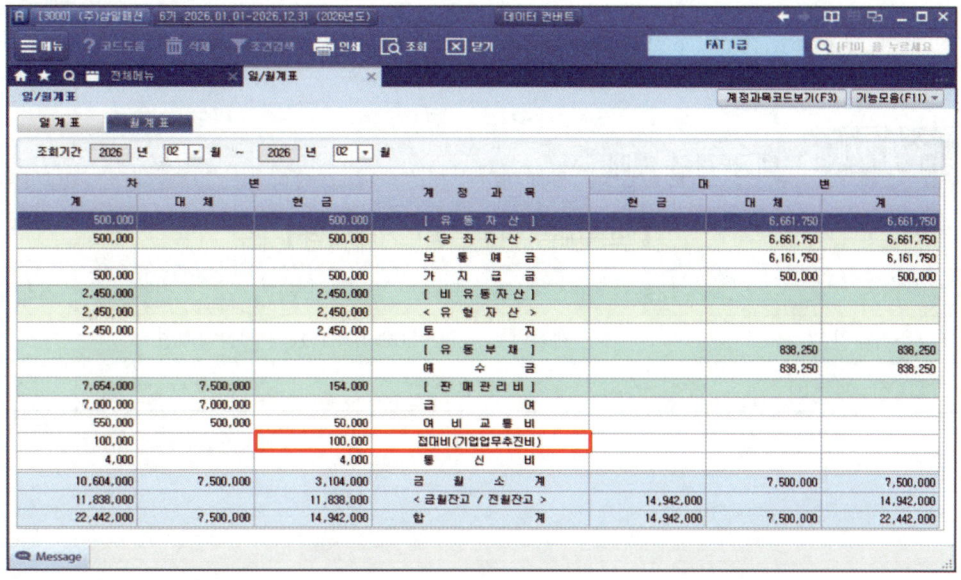

제2절　**예금 관리하기(NCS 능력단위요소명)**

★　**학습목표(NCS 수행준거)**
2.1 회계관련규정에 따라 예·적금 업무를 처리할 수 있다.
2.2 자금운용을 위한 예·적금 계좌를 예치기관별·종류별로 구분·관리할 수 있다.
2.3 은행업무시간 종료 후 회계관련규정에 따라 은행잔고를 확인할 수 있다.
2.4 은행잔고의 차이 발생 시 그 원인을 규명할 수 있다.

필요 지식

 예금과 구분 관리

　보통예금은 입출금이 자유로운 예금이며, 당좌예금은 당좌 한도금액 내에서 당좌수표를 발행하여 인출할 수 있는 예금이다. 정기예금은 일정금액을 한꺼번에 예금하고 기간만료 후에 원금과 이자를 한 번에 받는 예금이다.

02 **예적금현황**

　기업의 영업활동 중 발생한 예금과 적금의 현황을 보여준다.

수행과제　**예금 관련 거래**

▌보통예금(신한은행) 거래내역▌

	내용	찾으신 금액	맡기신 금액	잔액	거래점
거래일	계좌번호 250-202-573128 (주)삼일패션				
2026-04-10	주식 구입	1,000,000원		********	용산

단기매매차익을 목적으로 (주)진주의 주식 100주를 1주당 10,000원(액면금액 5,000원)에 구입하고 구입금액은 신한은행 보통예금계좌에서 인출하여 지급하였다.

수행 1 회계처리를 수행하시오. (차변)   (대변)

수행 2 전표입력을 수행하시오.

수행 3 4월 10일 현재 예적금현황 조회를 수행하시오.

수행과제 풀이   **예금 관련 거래**

재무회계 ➡ 전표입력/장부 ➡ 일반전표입력

1 4월 10일

구분	코드	계정과목	코드	거래처명		적요	차변	대변
차변	107	단기매매증권		(주)진주	01	주식 매입	1,000,000	
대변	103	보 통 예 금	98002	신한은행(보통)		주식 매입		1,000,000
	(차) 107 단기매매증권		1,000,000		(대) 103 보통예금		1,000,000	

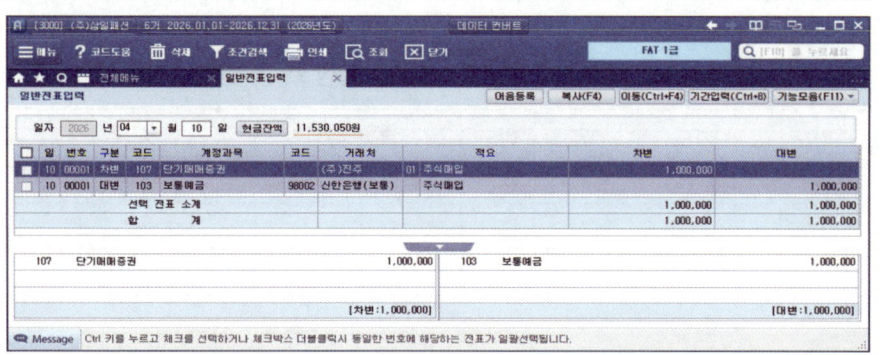

2 예적금현황 조회

재무회계 ➡ 금융/자금관리 ➡ 예적금현황

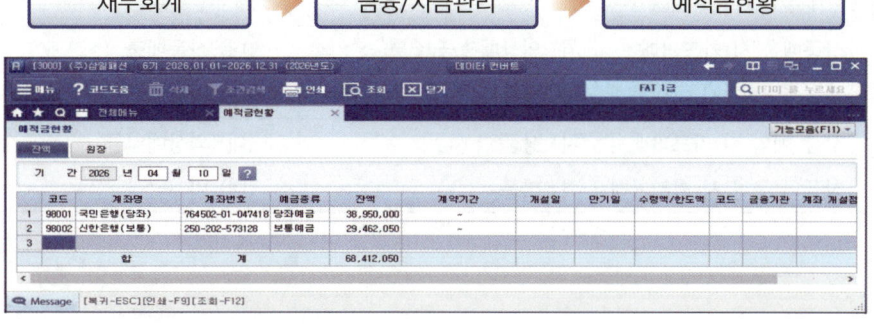

제**3**절 **법인카드 관리하기(NCS_능력단위요소명)**

★ **학습목표(NCS_ 수행준거)**
3.1 회계관련규정에 따라 금융기관에 법인카드를 신청할 수 있다.
3.2 회계관련규정에 따라 법인카드 관리대장을 작성 업무를 처리할 수 있다.
3.3 법인카드의 사용범위를 파악하고 결제일 이전에 대금이 정산될 수 있도록 회계처리할 수 있다.

필요 지식

 카드 관리하기

카드종류별로 결제일, 한도금액 등이 다르므로 법인카드 관리대장을 이용하여 관리하여야 한다.

┃법인카드 관리대장┃

발급일	카드 종류	카드 번호	유효 기간	한도 금액	결제계좌		결제일	사용 부서	담당자	확인
					은행명	계좌번호				

02 카드거래 관련 회계처리

구 분	거 래	분 개			
매출	상품매출 시 카드거래	(차) 외상매출금	×××	(대) 상품매출	×××
	상품외 매각 시 카드거래	(차) 미수금	×××	(대) 비품	×××
매입	상품 매입 시 카드거래	(차) 상품	×××	(대) 외상매입금	×××
	상품외 구입 시 카드거래	(차) 비품	×××	(대) 미지급금	×××

수행과제 **카드 관련 거래**

1 신용카드의 사용

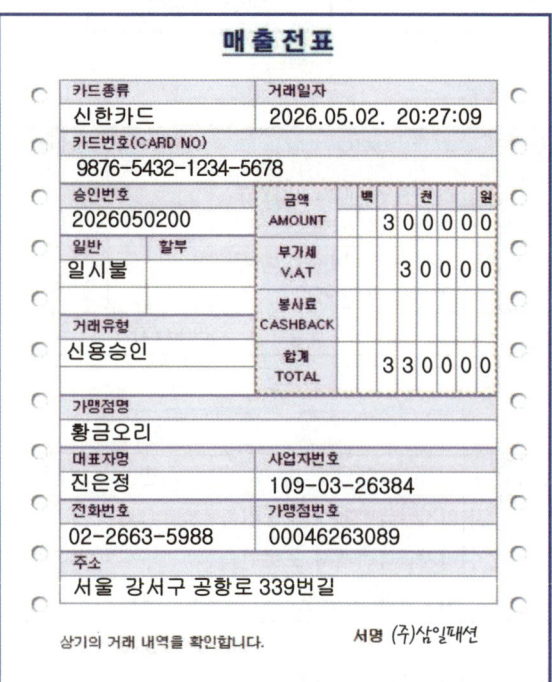

매출거래처의 직원과 식사를 하고 신한카드로 결제하였다.

수행 1 회계처리를 수행하시오.

　(차변)　　　　　　(대변)
　　　　　　　/

수행 2 전표입력을 수행하시오.

2 신용카드 사용대금의 결제

┃ 보통예금(신한은행) 거래내역 ┃

거래일	내용	찾으신 금액	맡기신 금액	잔액	거래점
	계좌번호　250-202-573128　(주)삼일패션				
2026-05-25	신한카드	330,000원		********	용산

5월 카드 사용대금이 신한은행 보통예금계좌에서 자동이체로 결제되었다.

수행 1 회계처리를 수행하시오. (차변)　　　　　　　　(대변)
수행 2 전표입력을 수행하시오.

수행과제 풀이   카드 관련 거래

재무회계 ➡ 전표입력/장부 ➡ 일반전표입력

1 5월 2일

구분	코드	계정과목	코드	거래처명	적요		차변	대변
차변	813	접대비(기업업무추진비)		황금오리	01	거래처 접대비(기업업무추진비)/신용카드	330,000	
대변	253	미지급금	99601	신한카드		거래처 접대비(기업업무추진비)/신용카드		330,000
		(차) 813 접대비(기업업무추진비) 330,000				(대) 253 미지급금 330,000		

2 5월 25일

구분	코드	계정과목	코드	거래처명	적요		차변	대변
차변	253	미지급금	99601	신한카드	01	미지급금반제시 보통인출	330,000	
대변	103	보통예금	98002	신한은행(보통)		미지급금반제시 보통인출		330,000
		(차) 253 미지급금 330,000				(대) 103 보통예금 330,000		

┃카드 거래내역 수행 완료화면┃

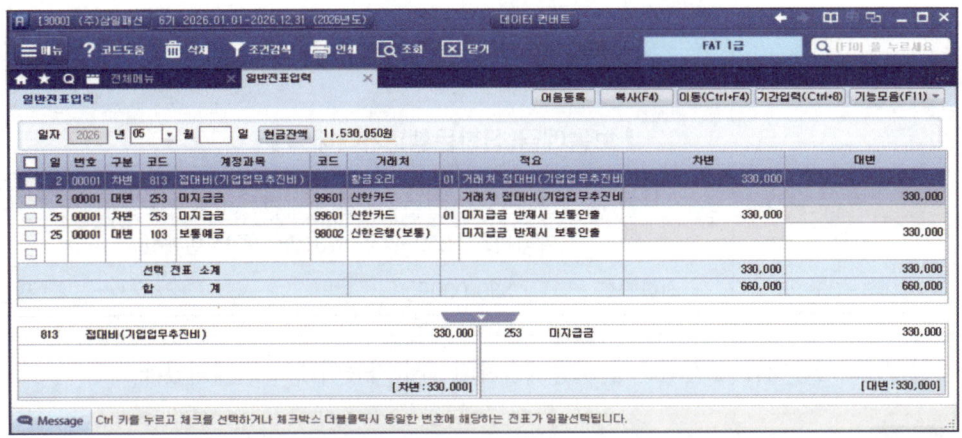

수행 tip

- 보통예금 거래내역의 찾으신 금액: (대변) 보통예금
- 보통예금 거래내역의 맡기신 금액: (차변) 보통예금
- 카드 거래에서 채권·채무의 거래처: 카드거래처로 입력해야 한다.

제4절 어음·수표 관리하기(NCS 능력단위요소명)

★ **학습목표(NCS 수행준거)**
4.1 관련규정에 따라 수령한 어음·수표의 예치 업무를 할 수 있다.
4.2 관련규정에 따라 어음·수표를 발행·수령할 때 회계처리할 수 있다.
4.3 관련규정에 따라 어음관리대장에 기록하여 관리할 수 있다.
4.4 관련규정에 따라 어음·수표의 분실 처리 업무를 할 수 있다.

필요 지식

 어음 관리하기

약속어음이란 발행인이 소지인(수취인)에게 일정한 기일에 일정한 금액을 지급할 것을 약속하는 증권을 말한다. 약속어음거래에 대하여는 거래상대방으로부터 물품대금으로 약속어음을 받는 경우와 은행으로부터 약속어음용지를 수령하여 물품대금으로 약속어음을 발행하여 지급하는 경우로 구분할 수 있다.

 수표 관리하기

자기앞수표는 은행이 자기를 지급인으로 정하여 발행한 수표이며, 거래가 발생하여 자기앞수표를 수령하거나 지급하면 '현금'으로 회계 처리한다. 당좌수표는 현금거래의 번거로움을 막기 위해 거래대금을 수표로 발행하는 것으로 은행과 당좌거래의 약정을 맺고 당좌수표용지를 수령하여 필요한 경우 발행하면 된다.

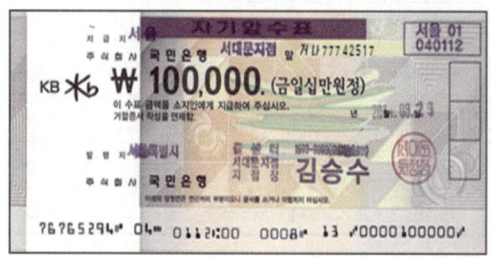 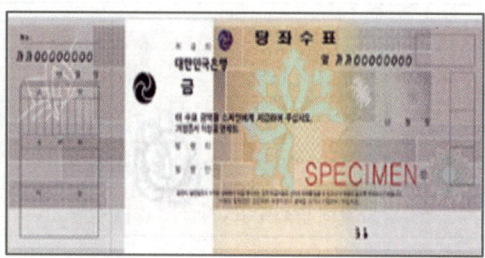

03 **어음·수표 관련 회계처리**

(1) 어음 관련 회계처리

┃ 받을어음의 회계처리 ┃

구 분		거 래	분 개			
보 관		상품판매 어음수령	(차) 받을어음	×××	(대) 상품매출	×××
		외상대금 어음수령	(차) 받을어음	×××	(대) 외상매출금	×××
결 제		어음대금 당좌입금	(차) 당좌예금	×××	(대) 받을어음	×××
부 도		은행에서 지급거절	(차) 부도어음과수표	×××	(대) 받을어음	×××
배 서		외상대금지급 어음양도	(차) 외상매입금	×××	(대) 받을어음	×××
		상품 구입 어음양도	(차) 상품	×××	(대) 받을어음	×××
할 인		금융기관에서 할인	(차) 매출채권처분손실 　　당좌예금	××× ×××	(대) 받을어음	×××

┃ 지급어음의 회계처리 ┃

구 분		거 래	분 개			
수 령		약속어음 등록	약속어음을 등록하면 '수령'으로 표시되며 '수령'으로 표시된 어음번호 에 대해 전표입력메뉴에서 입력할 수 있다.			
발 행		상품매입 어음발행	(차) 상품	×××	(대) 지급어음	×××
		외상대금 어음발행	(차) 외상매입금	×××	(대) 지급어음	×××
결 제		발행된 어음의 만기결제	(차) 지급어음	×××	(대) 당좌예금	×××

(2) 수표 관련 회계처리

구 분		거 래	분 개			
자기앞 수 표		자기앞수표 수령	(차) 현금	×××	(대) 상품매출	×××
		자기앞수표 지급	(차) 비품	×××	(대) 현금	×××
당 좌 수 표		타인발행 당좌수표 수령	(차) 현금	×××	(대) 상품매출	×××
		당사발행 당좌수표 지급	(차) 상품	×××	(대) 당좌예금	×××

04 어음관련 내용 조회

(1) 받을어음현황: 기업의 영업활동 중 발생한 받을어음의 현황을 보여준다.
(2) 지급어음현황: 기업의 영업활동 중 발생한 지급어음의 현황을 보여준다.
(3) 어음집계표: 기업의 영업활동 중 발생한 지급어음 수불관리 현황을 보여준다.

05 일일자금명세서(경리일보)

　기업의 영업활동 중 발생한 현금및현금성자산(현금, 당좌예금, 보통예금), 받을어음과 지급어음, 차입금(단기차입금, 장기차입금), 금융상품 등의 자금관련 일일 내역을 보여주는 명세서이다.

수행과제 　어음 관련 거래

1 전자어음의 수령

	전 자 어 음	
	(주)삼일패션 귀하	00420260610123456789
금	삼백오십만 원정	<u>3,500,000원</u>
	위의 금액을 귀하 또는 귀하의 지시인에게 지급하겠습니다.	

지급기일	2027년 1월 10일	발행일	2026년 6월 10일
지 급 지	국민은행	발행지 주 소	서울시 중구 새문안로 24
지급장소	중구지점	발행인	**(주)데일리룩**

매출거래처 (주)데일리룩의 외상매출금을 동점발행 전자어음으로 6월 10일 수령하였다.

수행 1 회계처리를 수행하시오.　(차변)　　　　　　(대변)
수행 2 전표입력과 어음에 대한 자금관리를 수행하시오.

2 전자어음의 만기도래

전 자 어 음

(주)삼일패션 귀하   00420251220123456789

금   이백사십만원정   2,400,000원

위의 금액을 귀하 또는 귀하의 지시인에게 지급하겠습니다.

지급기일	2026년 6월 20일	발행일	2025년 12월 20일
지 급 지	국민은행	발행지 주 소	경기도 수원시 팔달구 권광로 120
지급장소	용산지점	발행인	멋쟁이

전기에 멋쟁이로부터 받아 보관중인 전자어음이 만기가 도래하여 국민은행 당좌예금계좌에 만기일에 입금되었다.

수행 1 회계처리를 수행하시오. (차변)   (대변)
수행 2 전표입력과 어음에 대한 자금관리를 수행하시오.

3 전자어음의 발행

전 자 어 음

(주)신사숙녀 귀하   00420260630123456789

금   일천만원정   10,000,000원

위의 금액을 귀하 또는 귀하의 지시인에게 지급하겠습니다.

지급기일	2027년 1월 30일	발행일	2026년 6월 30일
지 급 지	국민은행	발행지 주 소	서울 용산구 한강대로 117
지급장소	용산지점	발행인	(주)삼일패션

(주)신사숙녀의 외상매입금 중 일부금액을 어음을 발행하여 지급하였다.

수행 1 회계처리를 수행하시오. (차변)   (대변)
수행 2 전자어음등록을 수행하시오.(수령일 2026년 6월 30일, 국민은행(당좌), 1매)
수행 3 전표입력과 어음에 대한 자금관리를 수행하시오.

4 어음관리대장의 기록과 관리

6월 30일까지의 어음관리대장의 내용을 파악하여 결재를 받고자 한다.

수행 1 거래처별 받을어음현황(조회구분: 1.잔액)의 작성을 수행하시오.
수행 2 거래처별 지급어음현황(조회구분: 2.내용)의 작성을 수행하시오.
수행 3 어음집계표(구분: 1.수불장)의 작성을 수행하시오.

5 일일자금명세서에서의 어음관리

6월 30일 시점의 일일자금명세(경리일보)의 내용을 파악하여 결재를 받고자 한다.

수행 1 일일자금명세(경리일보) 작성을 수행하시오.

수행과제 풀이 어음 관련 거래

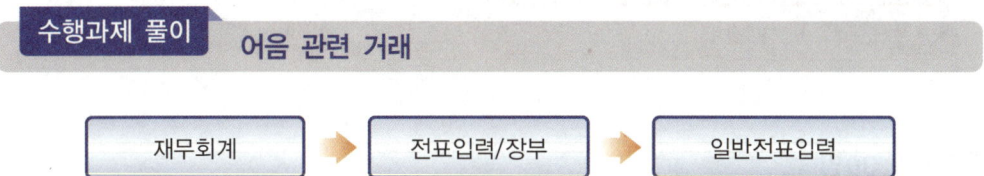

1 6월 10일

구분	코드	계정과목	코드	거래처명	적요	차변	대변
차변	110	받 을 어 음	01002	(주)데일리룩	00420260610123456789-보관-[만기일자: 2027.01.10]	3,500,000	
대변	108	외상매출금	01002	(주)데일리룩	05 외상대금 받을어음회수		3,500,000
	(차) 110 받을어음		3,500,000		(대) 108 외상매출금 3,500,000		

주의 받을어음 자금관리

받을어음 란에서 화면 오른쪽 상단부의 기능모음(F11) ▼ 을 선택한 후 자금관리 (또는 F3)를 클릭하면 하단에 받을어음관리가 나타난다. 전자어음에 있는 세부내역을 입력하면 받을어음계정의 적요 내용이 어음내용으로 변경된다.

'6.전자'를 선택해야 어음번호 20자리를 입력할 수 있다.

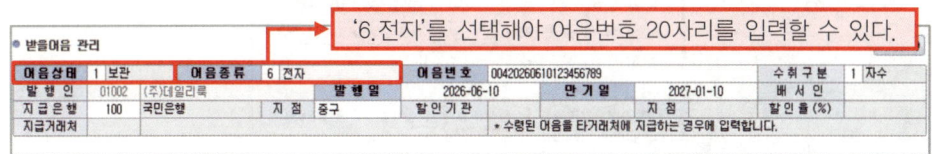

2 6월 20일

구분	코드	계정과목	코드	거래처명	적요	차변	대변
차변	102	당좌예금	98001	국민은행(당좌)	02 받을어음 당좌추심	2,400,000	
대변	110	받을어음	01003	멋쟁이	00420251220123456789-만기 -[만기알자: 2026.06.20]		2,400,000
		(차) 102 당좌예금		2,400,000	(대) 110 받을어음	2,400,000	

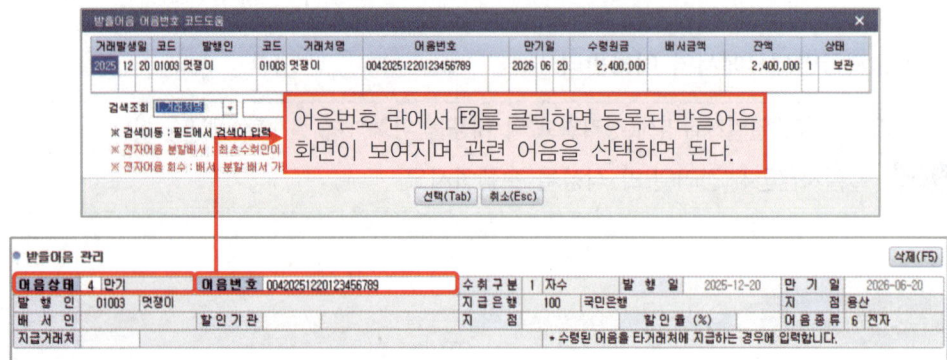

3 6월 30일

구분	코드	계정과목	코드	거래처명	적요	차변	대변
차변	251	외상매입금	01004	㈜산사숙녀	02 외상매입금반제 어음발행	10,000,000	
대변	252	지급어음	01004	㈜산사숙녀	00420260630123456789-발 행-[만기알자:2027.01.30]		10,000,000
		(차) 251 외상매입금		10,000,000	(대) 252 지급어음	10,000,000	

주의 지급어음 관리내역

① 지급어음 란에서 상단부 어음등록 이나 기능모음(F11)▼ 의 어음등록 을 클릭하여 어음을 등록한다.

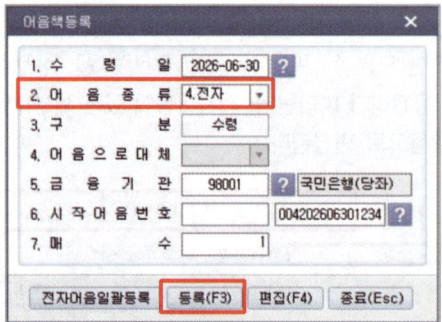

② 지급어음 란에서 오른쪽 상단부의 기능모음(F11)▼ 을 선택한 후 자금관리 (또는 F3)를 클릭하면 하단에 지급어음 관리가 나타난다. 어음번호에서 F2를 클릭하면 등록된 전자어음을 선택할 수 있으며, 만기일을 수정 입력하면 지급어음계정의 적요 내용이 변경된다.

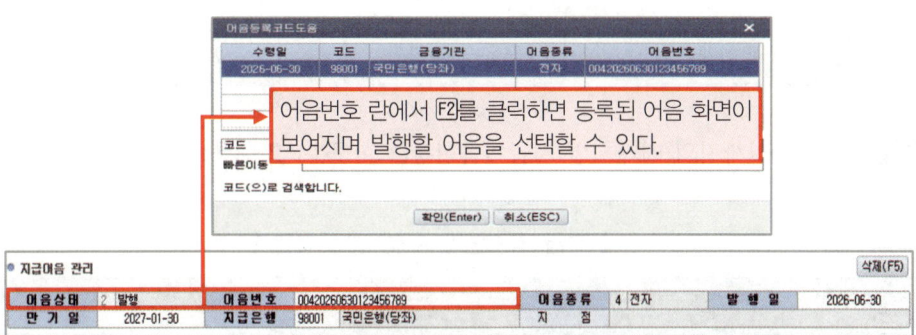

┃ 어음관련 거래 입력 수행 완료화면 ┃

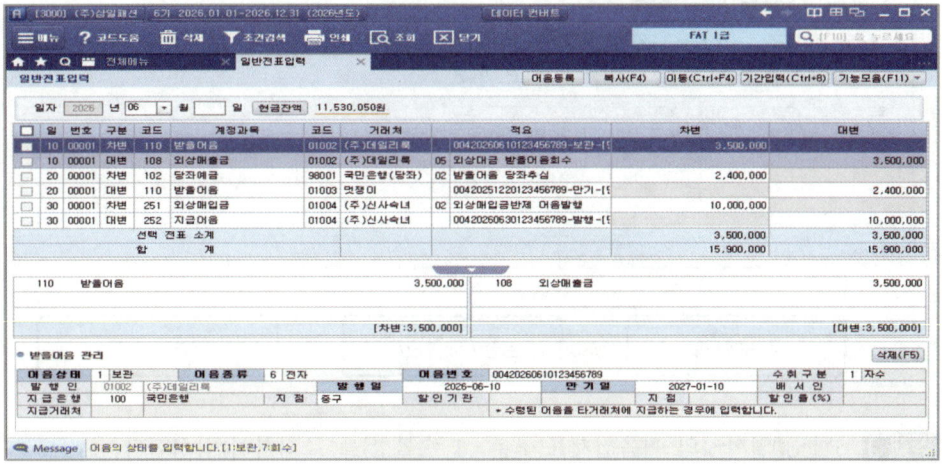

4 **어음관리대장의 기록과 관리**

재무회계 ▶ 금융/자금관리 ▶ 받을어음현황

수행 1 6월 30일까지의 거래처별 받을어음현황(조회구분: 1.잔액)을 조회하여 작성한다.

┃ 받을어음 현황 수행 완료화면 ┃

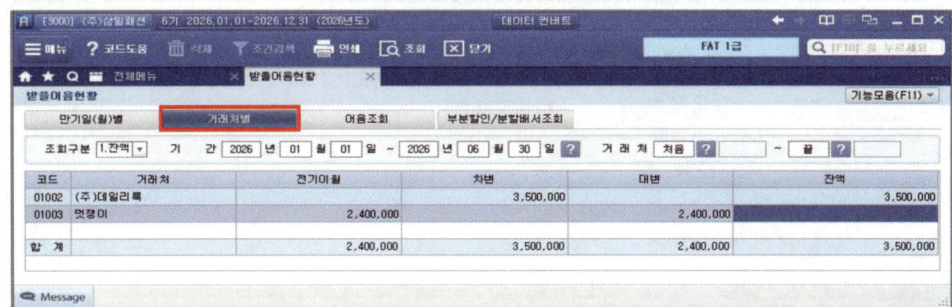

재무회계 ➡ 금융/자금관리 ➡ 지급어음현황

수행 2 6월 30일까지의 거래처별 지급어음현황(조회구분: 2.내용)을 조회하여 작성한다.

❚지급어음현황 수행 완료화면❚

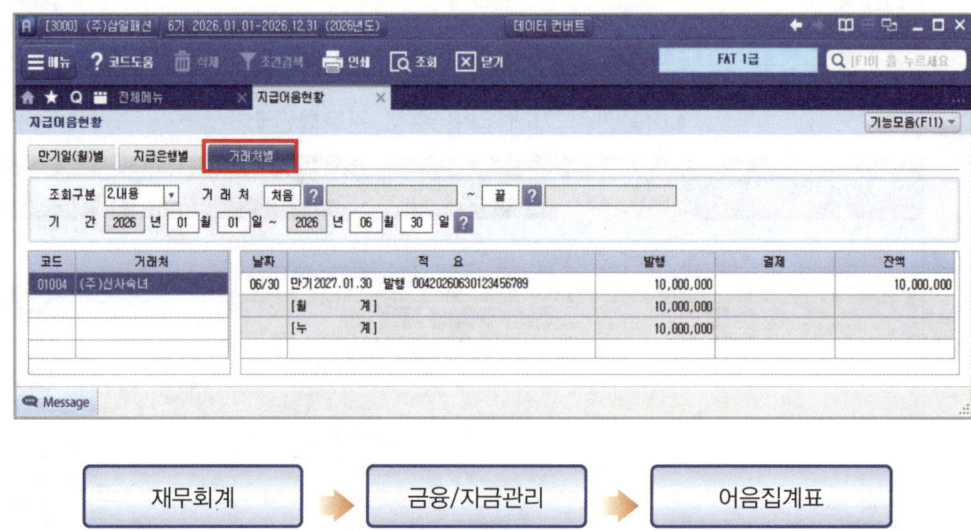

재무회계 ➡ 금융/자금관리 ➡ 어음집계표

수행 3 6월 30일까지의 어음집계표(구분: 1.수불장)를 조회하여 작성한다.

❚어음집계표 수행 완료화면❚

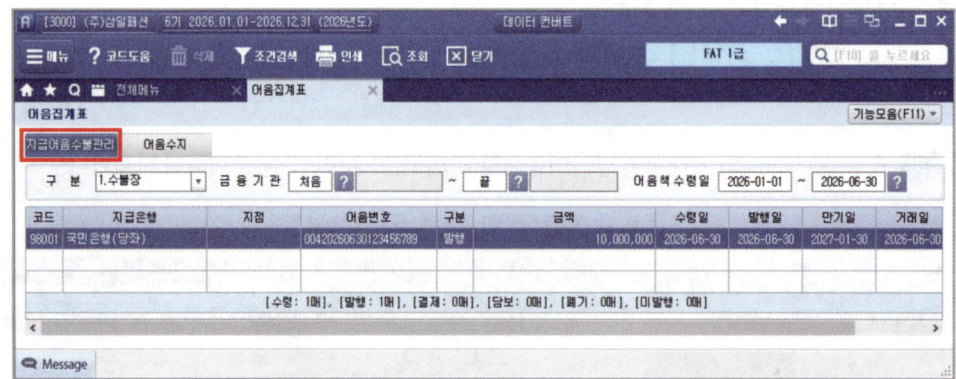

5 일일자금명세서에서의 어음관리

재무회계 ➡ 금융/자금관리 ➡ 일일자금명세(경리일보)

수행 1 6월 30일 시점의 일일자금명세를 조회하여 작성한다.

▌일일자금명세(경리일보) 수행 완료화면 ▌

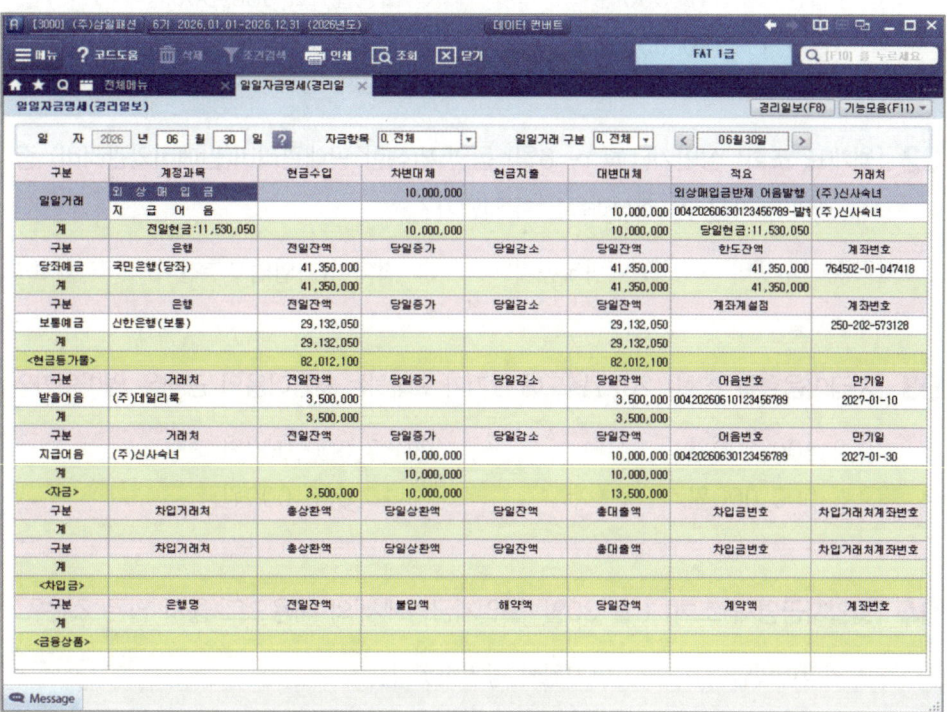

수행 tip

- 전자어음번호는 20자리의 어음번호체계를 갖는다.

004	20260605	252232143
↳ 은행코드(국민은행)	↳ 어음 발행일자	↳ 일련번호

- 자금관리내역이 수행된 전표는 하단의 자금관리내역을 먼저 삭제해야 전표를 삭제할 수 있다.
  - ① 어음계정 란을 클릭한 후 하단의 자금관리내역을 선택한다.
  - ② 상단 🗑 삭제를 클릭 후 '예'를 선택하면 자금관리내역이 삭제된다.
  - ③ 삭제할 전표를 선택한 후 상단부 🗑 삭제를 클릭하면 해당전표가 삭제된다.
- 받을어음, 지급어음 계정은 기능모음(F11)▾의 자금관리 (또는 F3)를 수행한다.
- 받을어음현황, 지급어음현황, 어음집계표는 조회 후 해석할 수 있어야 한다.

출제예상 평가문제 (비대면 시험대비)

01 [현금출납장 조회] 매월말 '현금' 잔액으로 옳지 않은 것은?

① 1월말 14,942,000원 ② 2월말 12,388,000원
③ 3월말 11,590,050원 ④ 4월말 11,530,050원

02 [월계표 조회] 상반기(1월 ~ 6월) 동안 발생한 판매관리비(판매비와관리비) 중 현금 지출금액이 가장 큰 계정과목은 무엇인가?

① 복리후생비 ② 여비교통비 ③ 접대비(기업업무추진비) ④ 소모품비

03 [지급어음현황 조회] 2027년도에 만기가 도래하는 지급어음의 금액은 얼마인가?

① 2,400,000원 ② 3,500,000원
③ 5,000,000원 ④ 10,000,000원

04 [일일자금명세 조회] 6월 30일 '일일자금명세서'의 내용으로 옳지 않은 것은?

① 외상매입금 10,000,000원이 증가하였다.
② 국민은행 당좌예금 잔액은 41,350,000원이다.
③ (주)데일리룩의 받을어음 만기일은 2027년 1월 10일이다.
④ (주)신사숙녀의 지급어음번호는 00420260630123456789이다.

05 [예적금현황 조회] 6월 말 신한은행 보통예금 잔액은 얼마인가?

(   )원

제4장

(NCS 능력단위 0203020205_23v6)

부가가치세 신고

NCS 능력단위요소

제1절 세금계산서 발급 · 수취하기
제2절 부가가치세 신고하기

능력단위: 부가가치세 신고(0203020205_23v6)

I Can!
부가가치세신고

상품의 거래나 서비스의 제공에서 얻어지는 부가가치에 대해 과세되는 금액에 대하여 부가가치세법에 따라 신고 및 납부 업무를 수행하는 능력이다.

직종	분류번호	능력단위	능력단위 요소	수준
세무	0203020205_23v6	부가가치세 신고	01 세금계산서 발급·수취하기	3
			02 부가가치세 부속서류 작성하기	3
			03 부가가치세 신고하기	3

능력단위 요소	수행준거
01 세금계산서 발급·수취하기	1.1 세금계산서의 발급방법에 따라 세금계산서를 발급하고 세금계산서합계표를 국세청에 전송할 수 있다.
	1.2 수정세금계산서 발급사유에 따라 세금계산서를 수정 발행할 수 있다.
	1.3 부가가치세법에 따라 세금계산서합계표를 작성할 수 있다.
02 부가가치세 부속서류 작성하기	2.1 부가가치세법에 따라 수출실적명세서를 작성할 수 있다.
	2.2 부가가치세법에 따라 대손세액공제신고서를 작성하여 세액공제를 받을 수 있다.
	2.3 부가가치세법에 따라 공제받지 못할 매입세액명세서와 불공제분에 대한 계산근거를 작성할 수 있다.
	2.4 부가가치세법에 따라 신용카드매출전표 등 수령명세서를 작성해 매입세액을 공제 받을 수 있다.
	2.5 부가가치세법에 따라 부동산임대공급가액명세서를 작성하고 간주임대료를 계산할 수 있다.
	2.6 부가가치세법에 따라 건물 등 감가상각자산취득명세서를 작성할 수 있다.
	2.7 부가가치세법에 따라 의제매입세액공제신고서를 작성하여 의제매입세액공제를 받을 수 있다.
03 부가가치세 신고하기	3.1 부가가치세법에 따른 과세기간을 이해하여 예정·확정 신고를 할 수 있다.
	3.2 부가가치세법에 따라 납세지를 결정하여 상황에 맞는 신고를 할 수 있다.
	3.3 부가가치세법에 따른 일반과세자의 간이과세자의 차이를 판단할 수 있다.
	3.4 부가가치세법에 따른 재화의 공급과 용역의 공급의 범위를 판단할 수 있다.
	3.5 부가가치세법에 따른 부가가치세신고서를 작성할 수 있다.

제 1 절 세금계산서 발급 · 수취하기(NCS 능력단위요소명)

★ **학습목표(NCS 수행준거)**

1.1 세금계산서의 발급방법에 따라 세금계산서를 발급하고 세금계산서합계표를 국세청에 전송할 수 있다.

1.3 부가가치세법에 따라 세금계산서합계표를 작성할 수 있다.

필요 지식

 부가가치세와 (전자)세금계산서

(1) 부가가치세

1) 부가가치세란

재화(상품)의 거래나 용역(서비스)의 제공과정에서 얻어지는 부가가치에 대하여 과세하는 세금이며, 사업자의 납부세액은 매출세액에서 매입세액을 차감하여 계산한다.

부가가치세 납부세액 = 매출세액 − 매입세액

2) 과세기간 및 신고납부

과세기간	과세대상기간		신고납부기간
제1기 (1.1. ~ 6.30.)	예정신고	1.1. ~ 3.31.	4.1. ~ 4.25.
	확정신고	1.1. ~ 6.30.	7.1. ~ 7.25.
제2기 (7.1. ~ 12.31.)	예정신고	7.1. ~ 9.30.	10.1. ~ 10.25.
	확정신고	7.1. ~ 12.31.	다음해 1.1. ~ 1.25.

(2) (전자)세금계산서 발급

부가가치세가 과세되는 재화나 용역을 제공하는 사업자는 공급받는 자로부터 공급가액의 10%에 해당하는 부가가치세를 징수하고 이를 증명하기 위하여 (전자)세금계산서를 작성하며, 재화 또는 용역의 공급시기가 속하는 달의 다음달 10일까지 전자세금계산서를 발급하여야 한다.

다만, 개인사업자는 직전연도 사업장별 공급가액(면세공급가액 포함)이 8,000만원 이상인 경우에는 전자세금계산서를 발급하여야 한다.

필요 지식

 02 **매입매출전표 입력**

부가가치세 신고와 관련된 거래는 매입매출전표에 입력하며 입력내용은 부가가치세신고서, 매출(매입)처별세금계산서합계표, 매입매출장 등에 자동으로 반영된다.

I Can! 매입매출전표입력!

• 유형

매출유형	11.과세, 13면세, 17카드과세 등 매출관련 유형을 입력
매입유형	51과세, 53면세, 54불공매입, 57카드과세 등 매입관련 유형을 입력

• 전자세금

0.입력안함	전자세금계산서가 아닌 경우, 더존 Bill36524로 발행하는 경우
1.전자입력	더존 Bill36524가 아닌 타기관발행 전자세금계산서인 경우로 '1.전자 입력'기능은 세금계산서합계표에 전자세금계산서 발급분으로 조회되도록 하기 위한 것이다.

• 분개

0.분개없음	매입매출전표 상단부만 입력하고 하단부의 분개가 필요 없는 경우에 사용한다.
1.현금	전액 현금입금이나 현금출금 분개일 경우에 사용한다.
2.외상	전액 외상매출금이나 외상매입금 분개일 경우 사용한다.
3.혼합	'1.현금, 2.외상, 4.카드' 이외의 분개일 경우 사용한다.
4.카드	카드매출과 카드매입의 분개일 경우 사용한다. 자동으로 분개되는 부분은 [환경설정] ⇨ [회계] ⇨ '2.매입매출전표입력 자동설정관리'의 '② 신용카드 기본계정설정'에 설정된 계정과목에 의해 입력된다.

I Can! 매출과 매입에 대한 입력유형!

- **매출유형(주의** FAT1급 시험 출제 유형: 11, 13, 17)

코드	유형	입력내용
11	**과세매출**	**세금계산서발급에 의한 매출(VAT 10%)**
12	영세매출	내국신용장, 구매승인서에 의한 영세율세금계산서발급 매출(VAT 0%)
13	**면세매출**	**면세사업자가 발급하는 계산서에 의한 매출(면세품목)**
14	건별매출	소매매출, 간주공급 등 세금계산서가 발급되지 않은 과세매출(VAT 10%)
15	종합매출	세금계산서가 발급되지 않는 과세매출(VAT 10%), '14.건별'과의 차이는 공급가액란에 입력된 공급대가를 그대로 반영하여 공급가액과 부가가치세가 구분되지 않음
16	수출매출	외국환증명서, 수출면장 등에 의한 외국에 직접 수출하는 매출(VAT 0%)
17	**카드과세매출**	**과세대상거래의 신용카드매출전표발급에 의한 매출(VAT 10%)**
18	카드면세매출	면세대상거래의 신용카드매출전표발급에 의한 매출(면세품목)
19	카드영세매출	영세대상거래의 신용카드매출전표발급에 의한 매출(VAT 0%)
20	면세건별매출	계산서가 발급되지 않는 면세매출(면세품목)
21	전자매출	전자적 결제 수단을 이용한 매출(전자화폐)
22	현금과세매출	과세대상거래의 현금영수증발급에 의한 매출(VAT 10%)
23	현금면세매출	면세대상거래의 현금영수증발급에 의한 매출(면세품목)
24	현금영세매출	영세대상거래의 현금영수증발급에 의한 매출(VAT 0%)

- **매입유형(주의** FAT1급 시험 출제 유형: 51, 53, 54, 57)

코드	유형	입력내용
51	**과세매입**	**세금계산서수취에 의한 매입(VAT 10%)**
52	영세매입	내국신용장, 구매승인서에 의한 영세율세금계산서수취 매입(VAT 0%)
53	**면세매입**	**면세사업자가 발급하는 계산서수취에 의한 매입(면세품목)**
54	**불공매입**	**매입세액불공제와 관련된 세금계산서수취에 의한 과세매입(VAT 10%)**
55	수입매입	세관장이 발급한 수입세금계산서수취에 의한 매입(VAT 10%)
56	금전매입	금전등록기 영수증에 의한 매입
57	**카드과세매입**	**과세대상거래의 신용카드매출전표수취에 의한 매입(VAT 10%)**
58	카드면세매입	면세대상거래의 신용카드매출전표수취에 의한 매입(면세품목)
59	카드영세매입	영세대상거래의 신용카드매출전표수취에 의한 매입(VAT 0%)
60	면세건별매입	계산서가 발급되지 않는 면세매입(면세품목)
61	현금과세매입	과세대상거래의 현금영수증수취에 의한 매입(VAT 10%)
62	현금면세매입	면세대상거래의 현금영수증수취에 의한 매입(면세품목)

03 전자세금계산서 발급 및 내역관리

전자세금계산서의 발행은 국세청시스템을 이용하여 발행하는 방법과 시스템사업자를 이용하여 발행하는 방법이 있다. 더존 iPlus실무교육프로그램은 더존 Bill36524 교육용 전자세금계산서에 의해 발행할 수 있다. [매입매출전표입력]에 입력한 전표데이터를 이용하여 전자세금계산서를 발행하는 메뉴이다.

❶ 상단툴바(ACADEMY전자세금계산서/전자발행/발행취소/기능모음)
- ACADEMY 전자세금계산서 : Bill36524교육용 전자세금계산서화면이 열리며 국세청 e세로에 전자세금계산서로 발급된 내역을 전송하기 위한 가상서버이다.
- 전자발행 ▼ : 전자세금계산서 발행, 미리보기, 발행옵션 설정, 이메일재전송을 한다.
- 발행취소 : 발행된 전자세금계산서의 발행을 취소한다.
- 기능모음(F11) ▼ 이메일등록 은 한 거래처의 담당자가 여러 명인 경우 이메일을 등록해서 사용한다. 거래처수정 은 거래처의 내용을 수정할 수 있다.

❷ 국세청: 전자세금계산서를 발행하면 '발행대상'이라고 자동 입력된다.

❸ 처리상태: 전자세금계산서를 발행하면 '확인요망'이라고 자동 입력된다.

💡 Can! 전자세금계산서 발급!

• 전자세금계산서 발급방법

국세청 시스템을 통한 발급방법	시스템사업자를 통한 발급방법
① 대상: ERP, ASP를 이용하지 않는 사업자 ② 방식: 공급자가 국세청에 접속, 실시간으로 세금계산서 발급	정보통신산업진흥원으로부터 표준인증을 받은 자체 발급시스템 구축사업자(ERP) 또는 세금계산서 중개사업자(ASP)

• 전자세금계산서 발급 및 입력방법

① 더존 Bill36524로 전자세금계산서를 발행한 후 국세청에 전송한 전자세금계산서

매입매출전표 입력 ⇨ 전자세금계산서 발행 및 내역관리 ⇨ 매입매출전표 입력

(전표입력, 전자세금 란: 빈란) (전자발행 → 전자세금계산서 전송) (전자세금 란: 전자발행)

② 더존 Bill36524가 아닌 타기관에서 이미 발행된 전자세금계산서

이미 발행된 전자세금계산서를 근거로 매입매출전표에 입력 (전자세금 란: 1.전자입력)

Can! 전자세금계산서 발급!

❶ 매입매출전표입력

① 거래명세서 등의 거래내역을 근거로 매입매출전표를 입력한다.(전자세금 란: 빈 란)

❷ 전자세금계산서 발행 및 내역관리

② 매출 탭에서 기간과 거래처를 입력하여 조회한다.
③ 전자세금계산서 발행 자료를 선택하고 하단부의 '현금, 수표, 어음, 외상'란을 입력한다.
④ 자료를 선택하고 상단부의 전자발행 을 클릭한다.
⑤ '전자세금계산서 발행'화면의 내용을 확인하고 하단부의 발행(F3) 을 클릭한다.
⑥ 전자세금계산서 발행 안내화면이 나오면 '확인'을 클릭한다.
⑦ 발행된 전자세금계산서의 '국세청: 발행대상, 처리상태: 확인요청' 등이 표시된다.

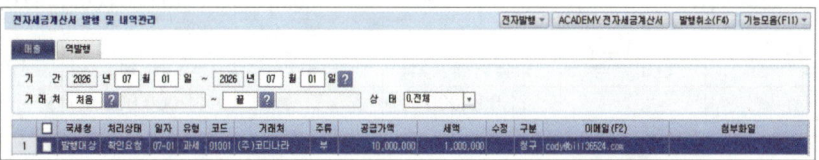

⑧ 상단부의 ACADEMY 전자세금계산서 Bill36524에 로그인(아이디 1278115151 비밀번호 1278115151 로그인)한다.
⑨ 상단부 세금계산서리스트에서 매출 조회 를 클릭 한 후 세금계산서 발행 을 클릭한다.
⑩ 발행이 완료되었다는 화면이 나오면 '확인'을 클릭한다.
⑪ '전자세금계산서 발행 및 내역관리' 화면에서 F12(조회)를 누르면 '국세청: 전송성공'이 나타난다.

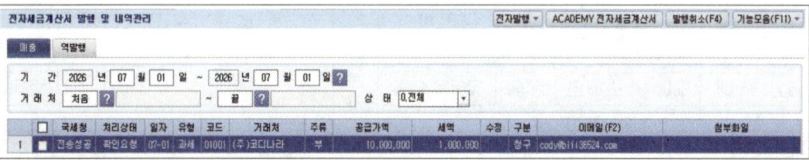

❸ 매입매출전표입력화면 조회

⑫ Bill36524로 전자세금계산서가 발행된 전표는 전자세금 란이 '전자발행'으로 나타난다.

수행과제 전자세금계산서 발급 및 전송

자료1.

거 래 명 세 서
(공급자 보관용)

납품년월일: 2026년 07월 01일

공급자	등록번호	106 - 81 - 19636			공급받는자	등록번호	101 - 81 - 74857		
	상 호	(주)삼일패션	성명	김민채		상 호	(주)코디나라	성명	김행복
	주 소	서울 용산구 한강대로 117				주 소	서울 종로 혜화로 11		
	업 태	도매 및 소매업	종목	유아용 의류		업 태	도소매	종목	의류
	E-Mail	samili@bill36524.com				E-Mail	cody@bill36524.com		

거래일자	공급가액	세액	합계금액(VAT 포함)
2026.07.01.	10,000,000	1,000,000	11,000,000

순번	품 명	규 격	단 위	수 량	단 가	공급가액	세액	비고
1	여아정장			100	100,000	10,000,000	1,000,000	
2								

비 고	전미수액	당일거래총액	입금액	미수액	인수자
		11,000,000		11,000,000	

자료2.

거 래 명 세 서
(공급자 보관용)

납품년월일: 2026년 07월 15일

공급자	등록번호	106 - 81 - 19636			공급받는자	등록번호	104 - 81 - 24017		
	상 호	(주)삼일패션	성명	김민채		상 호	(주)데일리룩	성명	나광언
	주 소	서울 용산구 한강대로 117				주 소	서울 중구 새문안로 24		
	업 태	도매 및 소매업	종목	유아용 의류		업 태	도소매	종목	의류
	E-Mail	samili@bill36524.com				E-Mail	daily@bill36524.com		

거래일자	공급가액	세액	합계금액(VAT 포함)
2026.07.15.	50,000,000	5,000,000	55,000,000

순번	품 명	규 격	단 위	수 량	단 가	공급가액	세액	비고
1	아동자켓			1,000	50,000	50,000,000	5,000,000	
2								

비 고	전미수액	당일거래총액	입금액	미수액	인수자
		55,000,000	55,000,000		

(주)코디나라에 상품을 매출하고 대금은 월말에 받기로 하고, (주)데일리룩에 상품을 매출하고 대금은 현금으로 받은 거래명세서이다.

수행 1 회계처리를 수행하시오. 자료1. (차변)   (대변)
                                 자료2. (차변)   (대변)

수행 2 자료1과 자료2의 전표입력을 수행하시오.

수행 3 전자세금계산서 발행 및 내역관리 메뉴를 이용하여 전자세금계산서의 발급 및 전송을 수행하시오.(단, 전송일자는 고려하지 말 것.)

수행과제 풀이 · 전자세금계산서 발급 및 전송

❶ 순위: 매입매출전표입력

재무회계 ➡ 전표입력/장부 ➡ 매입매출전표입력

1 7월 01일

유형	품명	수량	단가	공급가액	부가가치세	거래처	전자세금
11.과세	여아정장	100	100,000	10,000,000	1,000,000	(주)코디나라	
분개유형 2.외상	(차) 108 외상매출금 11,000,000			(대) 401 상품매출 10,000,000 255 부가세예수금 1,000,000				

2 7월 15일

유형	품명	수량	단가	공급가액	부가가치세	거래처	전자세금
11.과세	아동자켓	1,000	50,000	50,000,000	5,000,000	(주)데일리룩	
분개유형 1.현금	(차) 101 현 금 55,000,000			(대) 401 상품매출 50,000,000 255 부가세예수금 5,000,000				

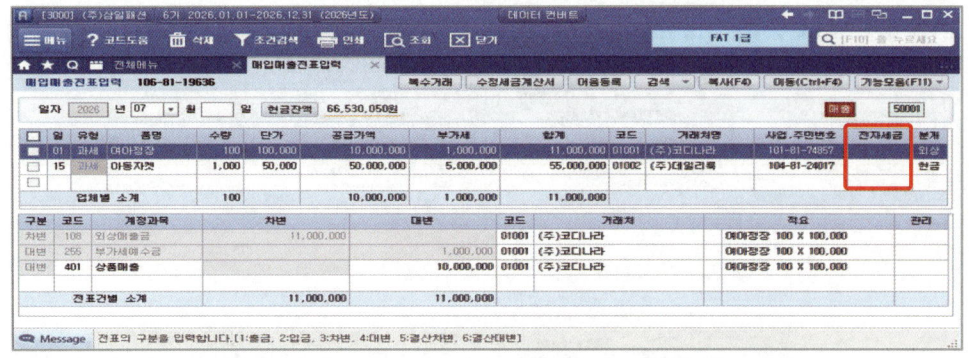

주의 Bill36524로 전자세금계산서 발행할 경우 전자세금 부분은 입력하지 않는다.
전자발행을 하고 난 후에 조회하면 자동으로 '전자발행'이 표시된다.

❷ 순위: 전자세금계산서 발행·내역관리

재무회계 ➡ 부가가치세Ⅱ ➡ 전자세금계산서 발행 및 내역관리

3 전자세금계산서 발행 및 내역관리

① 전자세금계산서 발행 및 내역관리 매출 탭에서 '7월 01일~7월 15일'을 입력한다.

② 7월 01일 자료를 선택하고 화면 하단의 외상 란에 11,000,000원을 입력한다. 7월 15
일 자료 하단의 현금 란에 자동으로 55,000,000원이 반영되어 있다. 전자세금계산서
발행 자료를 선택(☑)한다.

③ 상단부의 전자발행 ▾ 의 '전자세금계산서발행(F3)'을 클릭하고 로그인을 한다.

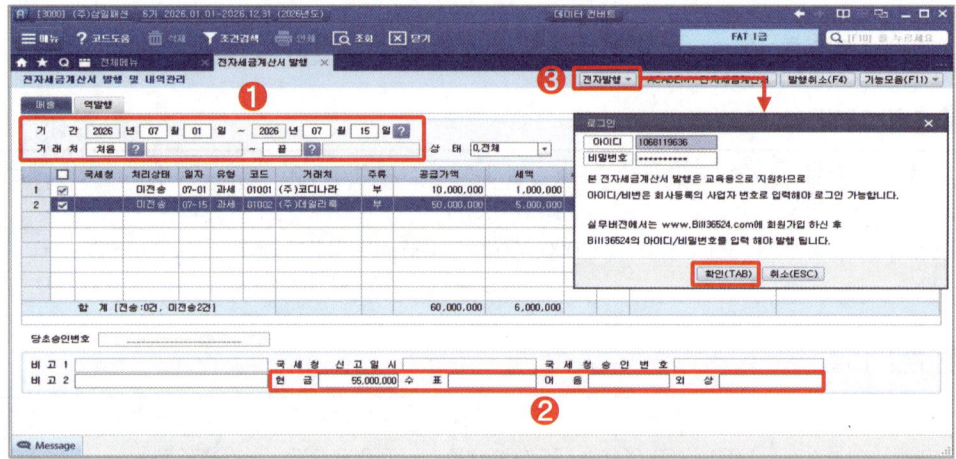

④ '전자세금계산서 발행' 화면의 2건을 확인하고 하단부의 발행 발행(F3) 을 클릭한다.

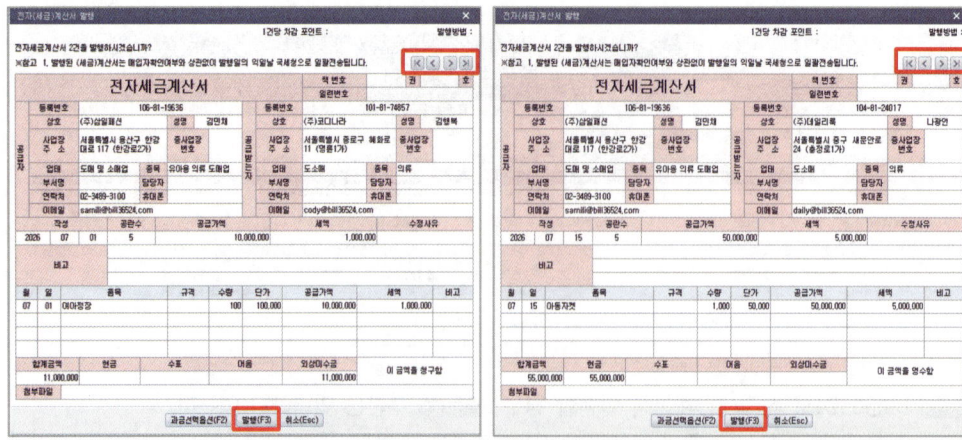

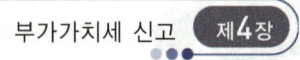

⑤ 전자세금계산서 발행 안내화면이 나오면 '확인'을 클릭한다.

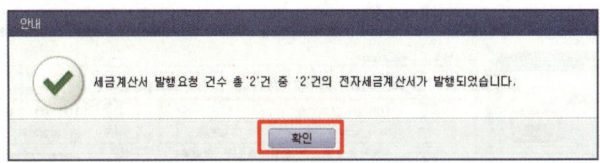

⑥ 발행된 전자세금계산서의 '국세청: 발행대상, 처리상태: 확인요청' 등이 표시된다.

⑦ 상단부의 ACADEMY 전자세금계산서 를 클릭하여 Bill36524에 로그인한다.

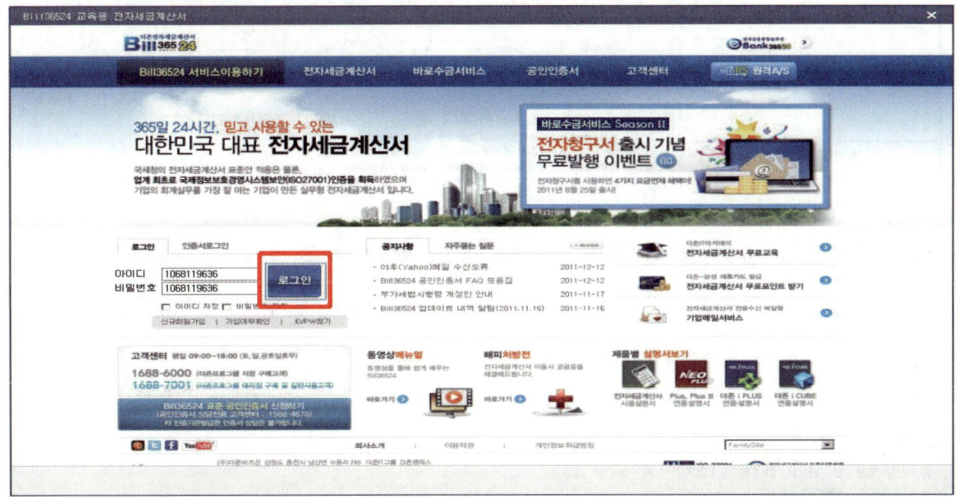

⑧ 상단부 세금계산서리스트에서 배출 조회 를 클릭한 후 발행 버튼을 각각 누른 후 발행이 완료
되었다는 화면이 나오면 '확인'을 클릭한다.

[7월 01일 전자발행]

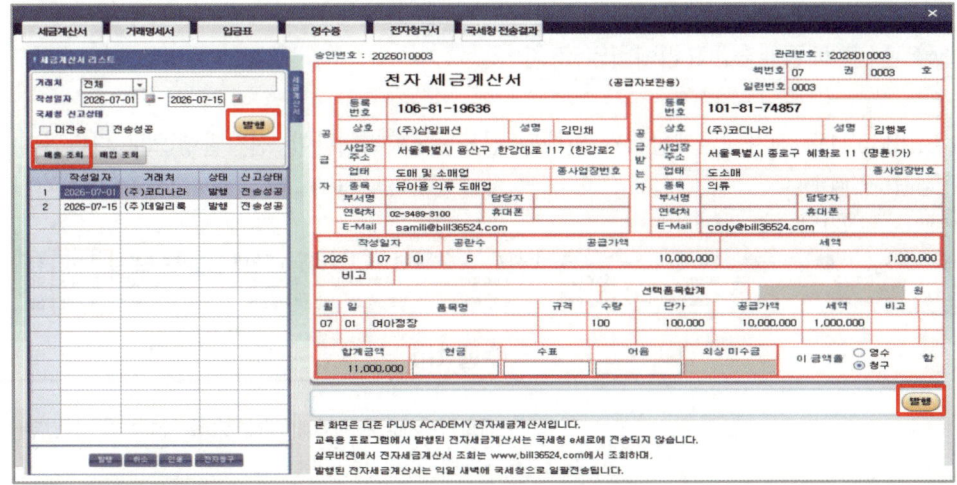

[7월 15일 전자발행]

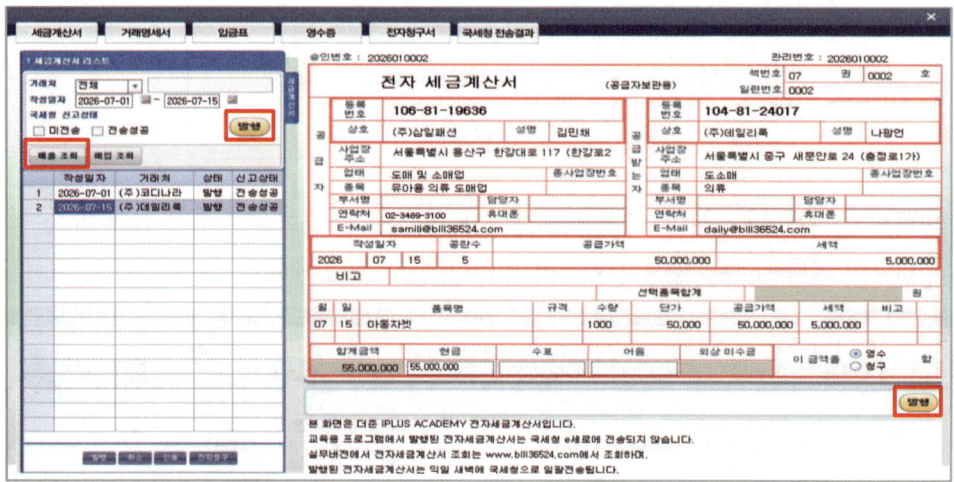

⑨ 매출 조회 를 누르면 '전송성공'이 나타난다. 상단부의 국세청 전송결과 를 클릭하고 매출 조회 를 누르면 국
　세청신고상태가 '전송성공'으로 나타난다. '전자세금계산서 발행 및 내역관리'에서 상단부
　 Q 조회 (F12)를 누르면 '국세청: 전송성공'이 나타난다.

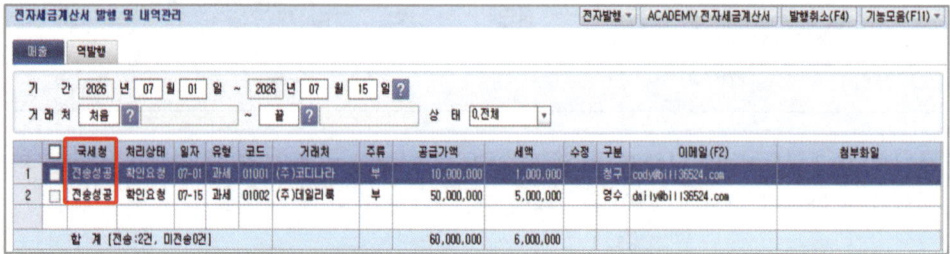

❸ 순위: 매입매출전표입력화면 조회

⑪ Bill36524로 전자세금계산서가 발행된 전표는 전자세금 란이 '전자발행'으로 나타난다.

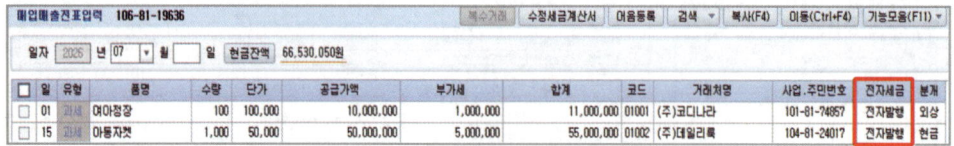

수행 tip

• 매출전자세금계산서에 대해 발급·전송 후 상단부의
　'승인번호'를 확인한다.

필요 지식

04 전자세금계산서 발급전송의 취소

전자세금계산서의 발급전송을 취소하고자 하는 경우 취소 순서대로 수행한다.

I Can! 전자세금계산서 발급전송의 취소!

전자세금계산서 발행 및 내역관리

① 매출 탭에서 기간과 거래처를 입력하여 조회한다.
② 전자세금계산서 발행 자료를 선택하고 상단부의 ACADEMY 전자세금계산서 를 클릭하여 Bill36524에 로그인한다.
③ 상단부 좌측의 세금계산서리스트에서 매출 조회 를 누른 후 세금계산서 왼쪽 하단부의 취소 를 클릭하여 '선택한 항목을 취소하시겠습니까?'에서 '예'를 클릭한다.

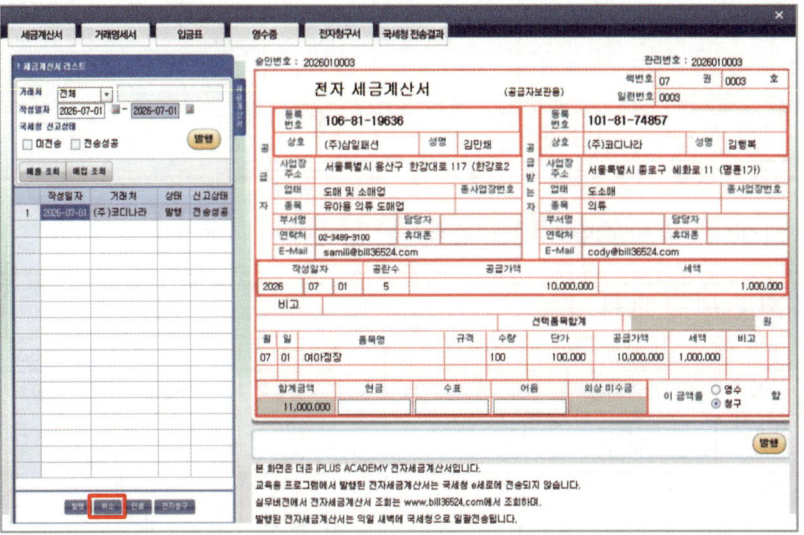

④ '전자세금계산서 발행 및 내역관리' 화면에서 F12(조회)를 누르면 '처리상태: 취소'가 나타난다. 상단부 발행취소(F4) 를 클릭하면 전자발행이 모두 취소된다.

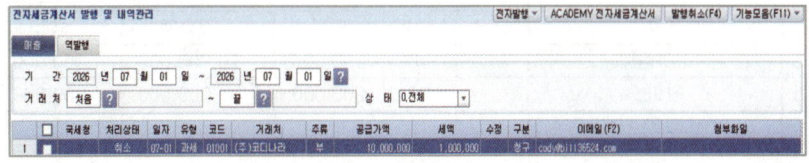

수행과제　**매출전표입력**

다음 자료의 매입매출전표입력을 수행하시오. 단, 전자세금계산서의 발급 및 전송업무는 생략하고 전자세금계산서 및 전자계산서는 전자세금 란에 '1.전자입력'을 입력하시오.

수행 1 남아정장(상품)을 매출하고 대금은 현금으로 받았다.

전자세금계산서				(공급자 보관용)		승인번호			

공급자	등록번호	106-81-19636			공급받는자	등록번호	101-81-74857		
	상호	(주)삼일패션	성명	김민채		상호	(주)코디나라	성명	김행복
	사업장주소	서울시 용산구 한강대로 117 (한강로2가)				사업장주소	서울시 종로구 혜화로 11 (명륜1가)		
	업태	도매 및 소매업	종사업장번호			업태	도소매	종사업장번호	
	종목	유아용 의류				종목	의류		
	E-Mail	samili@bill36524.com				E-Mail	cody@bill36524.com		

작성일자	2026.08.10.	공급가액	30,000,000	세 액	3,000,000
비고					

월	일	품목명	규격	수량	단가	공급가액	세액	비고
8	10	남아정장		100	300,000	30,000,000	3,000,000	

합계금액	현금	수표	어음	외상미수금	이 금액을	● 영수	함
33,000,000	33,000,000					○ 청구	

수행 2 여아정장과 원피스(상품)을 외상으로 매출하였다.(품명은 복수거래로 입력)

전자세금계산서				(공급자 보관용)		승인번호			

공급자	등록번호	106-81-19636			공급받는자	등록번호	124-29-74624		
	상호	(주)삼일패션	성명	김민채		상호	멋쟁이	성명	박진수
	사업장주소	서울시 용산구 한강대로 117 (한강로2가)				사업장주소	경기도 수원시 팔달구 권광로 120 (인계동)		
	업태	도매 및 소매업	종사업장번호			업태	도소매	종사업장번호	
	종목	유아용 의류				종목	의류		
	E-Mail	samili@bill36524.com				E-Mail	sharp@bill36524.com		

작성일자	2026.08.15.	공급가액	14,000,000	세 액	1,400,000
비고					

월	일	품목명	규격	수량	단가	공급가액	세액	비고
8	15	여아정장		40	250,000	10,000,000	1,000,000	
8	15	원피스		20	200,000	4,000,000	400,000	

합계금액	현금	수표	어음	외상미수금	이 금액을	○ 영수	함
15,400,000				15,400,000		● 청구	

수행 3 블라우스(상품)를 매출하고 대금은 신한은행 보통예금 계좌로 입금 받았다.

전자세금계산서 (공급자 보관용)

승인번호

	등록번호	106-81-19636					등록번호	107-81-31220		
공급자	상호	(주)삼일패션	성명	김민채	**공급받는자**	상호	(주)신사숙녀	성명	이혜경
	사업장주소	서울시 용산구 한강대로 117 (한강로2가)				사업장주소	서울시 영등포구 도림로 122-3 (대림동)		
	업태	도매 및 소매업	종사업장번호			업태	도소매	종사업장번호	
	종목	유아용 의류				종목	의류		
	E-Mail	samili@bill36524.com				E-Mail	lady@bill36524.com		

작성일자	2026.08.20.	공급가액	6,000,000	세 액	600,000
비고					

월	일	품목명	규격	수량	단가	공급가액	세액	비고
8	20	블라우스		100	60,000	6,000,000	600,000	

합계금액	현금	수표	어음	외상미수금	이 금액을	○ 영수	함
6,600,000						○ 청구	

수행 4 패션 잡지(상품)를 매출하고 50%는 현금으로 수령하고 나머지는 외상으로 매출하였다.(본 문제에 한하여 겸영사업자라고 가정한다.)

전자계산서 (공급자 보관용)

승인번호

	등록번호	106-81-19636					등록번호	104-81-24017		
공급자	상호	(주)삼일패션	성명	김민채	**공급받는자**	상호	(주)데일리룩	성명(대표자)	나광언
	사업장주소	서울시 용산구 한강대로 117 (한강로2가)				사업장주소	서울시 중구 새문안로 24		
	업태	도매 및 소매업	종사업장번호			업태	도소매	종사업장번호	
	종목	유아용 의류				종목	의류		
	E-Mail	samili@bill36524.com				E-Mail	daily@bill36524.com		

작성일자	2026.08.25.	공급가액	400,000	비 고	

월	일	품목명	규격	수량	단가	공급가액	비고
8	25	패션 잡지		20	20,000	400,000	

합계금액	현금	수표	어음	외상미수금	이 금액을	○ 영수	함
400,000	200,000			200,000		● 청구	

수행 5 오상식에게 남아코트(상품)을 판매하고 신용카드매출전표를 발급하였다.

신용카드매출전표

가 맹 점 명   (주)삼일패션 (02)3489-3100
사 업 자 번 호   106-81-19636
대 표 자 명   김민채
주   소   서울시 용산구 한강대로 117

국민카드   신용승인
거래일시   **2026-08-30 오전 10:00:04**
카드번호   5556-2524-****-69**
유효기간   **/**
가맹점번호   987654321
매입사: **국민카드**(전자서명전표)

부가가치세물품가액   150,000원
부 가 가 치 세   15,000원
합 계 금 액   165,000원
....
                                                  오 상 식
....

2026830/22062411/000740928

수행과제 풀이   **매입전표입력**

재무회계 ➡ 전표입력/장부 ➡ 매입매출전표입력

▌8월 거래내역 ▌

수행 1 8월 10일

유형	품명	수량	단가	공급가액	부가가치세	거래처	전자세금
11.과세	남아정장	100	300,000	30,000,000	3,000,000	(주)코다나라	1.전자입력
분개유형 1.현금	(차) 101 현금 33,000,000				(대) 401 상품매출 30,000,000 255 부가세예수금 3,000,000		

수행 2 8월 15일

유형	품명	수량	단가	공급가액	부가가치세	거래처	전자세금
11.과세	여아정장외※			14,000,000	1,400,000	멋쟁이	1.전자입력
분개유형 2.외상	(차) 108 외상매출금			15,400,000	(대) 401 상품매출 255 부가세예수금		14,000,000 1,400,000

주의 품명의 입력은 상단부 기능모음(F11) ▾ 의 복수거래 를 클릭하여 입력한다.

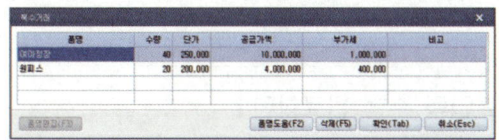

수행 3 8월 20일

유형	품명	수량	단가	공급가액	부가가치세	거래처	전자세금
11.과세	블라우스	100	60,000	6,000,000	600,000	(주)신사숙녀	1.전자입력
분개유형 3.혼합	(차) 103 보통예금※ (신한은행(보통))			6,600,000	(대) 401 상품매출 255 부가세예수금		6,000,000 600,000

주의 보통예금 계정의 거래처코드를 신한은행(보통)으로 변경하여 입력한다.

수행 4 8월 25일

유형	품명	수량	단가	공급가액	부가가치세	거래처	전자세금
13.면세	패션 잡지	20	20,000	400,000		(주)데일리룩	1.전자입력
분개유형 3.혼합	(차) 101 현금 108 외상매출금			200,000 200,000	(대) 401 상품매출		400,000

수행 5 8월 30일

유형	품명	수량	단가	공급가액	부가가치세	거래처	전자세금
17.카과	남아코트			150,000	15,000	오상식	
분개유형 4.카드	(차) 108 외상매출금 (국민카드사)			165,000	(대) 401 상품매출 255 부가세예수금		150,000 15,000

주의 ① '17.카과'로 입력하면 해당카드사를 선택하는 창이 뜨며 관련 카드사를 선택하면 된다.

② '17.카과'로 입력하면 공급가액란에 공급대가(공급가액+세액)를 입력하면 공급가액과 세액이 자동 입력된다.

③ 분개유형을 '4.카드'로 입력하면 '외상매출금'으로 자동 분개되며 거래처가 '국민카드사'로 자동 변경된다.

▌매출전표입력 수행 완료화면 ▌

일	유형	품명	수량	단가	공급가액	부가세	합계	코드	거래처명	사업.주민번호	전자세금	분개
10	과세	남아정장	100	300,000	30,000,000	3,000,000	33,000,000	01001	(주)코디나라	101-81-74857	전자입력	현금
15	과세	여아정장외			14,000,000	1,400,000	15,400,000	01003	멋쟁이	124-29-74624	전자입력	외상
20	과세	블라우스	100	60,000	6,000,000	600,000	6,600,000	01004	(주)신사숙녀	107-81-31220	전자입력	혼합
25	면세	패션 잡지	20	20,000	400,000		400,000	01002	(주)대일리룩	104-81-24017	전자입력	혼합
30	카과	남아코트			150,000	15,000	165,000	03001	오상식	721108-1874465		카드
	업체별 소계		100		30,000,000	3,000,000	33,000,000					

구분	코드	계정과목	차변	대변	코드	거래처	적요	관리
입금	255	부가세예수금	현금	3,000,000	01001	(주)코디나라	남아정장 100 X 300,000	
입금	401	상품매출	현금	30,000,000	01001	(주)코디나라	남아정장 100 X 300,000	
		전표건별 소계	33,000,000	33,000,000				

수행 tip

• 매출유형은 11.과세매출, 13면세매출, 17카드매출 범위에서 출제된다.
• 매출전표입력 시 상단부의 거래처 코드와 거래처명이 하단의 분개 거래처에 자동반영 되므로, 하단 분개의 예금이나 카드 채권이 있을 경우 거래처를 반드시 수정해야 한다.

수행과제 매입전표입력

다음 자료의 매입매출전표입력을 수행하시오. 전자세금계산서 및 전자계산서는 전자세금 란에 '1. 전자입력'을 입력하시오.

수행 1 스커트(상품)를 매입하고 대금은 현금으로 지급하였다.(신규거래처등록: 4001)

전자세금계산서 (공급받는자 보관용)					승인번호			
공급자	등록번호	120-81-35097			공급받는자	등록번호	106-81-19636	
	상호	(주)곰곰이	성명(대표자)	이아람		상호	(주)삼일패션	성명(대표자) 김민채
	사업장주소	서울시 노원구 중계로8길 11 (중계동)				사업장주소	서울시 용산구 한강대로 117 (한강로2가)	
	업태	도소매	종사업장번호			업태	도매 및 소매업	종사업장번호
	종목	의류				종목	유아용 의류	
	E-Mail	gomgom@bill36524.com				E-Mail	samili@bill36524.com	

작성일자	2026.09.05.	공급가액	8,000,000	세액	800,000
비고					

월	일	품목명	규격	수량	단가	공급가액	세액	비고
9	5	스커트		200	40,000	8,000,000	800,000	

합계금액	현금	수표	어음	외상미수금	이 금액을	● 영수 함
8,800,000	8,800,000					○ 청구

수행 2 원피스(상품)를 외상으로 매입하였다.(3월 20일에 계약금을 지급하였음.)

전자세금계산서 (공급받는자 보관용)					승인번호			
공급자	등록번호	104-81-24017			공급받는자	등록번호	106-81-19636	
	상호	(주)데일리룩	성명(대표자)	나광언		상호	(주)삼일패션	성명(대표자) 김민채
	사업장주소	서울시 중구 새문안로 24 (충정로1가)				사업장주소	서울시 용산구 한강대로 117 (한강로2가)	
	업태	도소매	종사업장번호			업태	도매 및 소매업	종사업장번호
	종목	의류				종목	유아용 의류	
	E-Mail	daliy@bill36524.com				E-Mail	samili@bill36524.com	

작성일자	2026.09.10.	공급가액	45,000,000	세액	4,500,000
비고					

월	일	품목명	규격	수량	단가	공급가액	세액	비고
9	10	원피스		500	90,000	45,000,000	4,500,000	

합계금액	현금	수표	어음	외상미수금	이 금액을	○ 영수 함
49,500,000						○ 청구

수행 3 관리부에서 사용할 업무용 컴퓨터를 외상으로 구입하였다.

세금계산서			(공급받는자 보관용)		승인번호		

<table>
<tr><td rowspan="5">공급자</td><td>등록번호</td><td colspan="3">111-40-93940</td><td rowspan="5">공급받는자</td><td>등록번호</td><td colspan="3">106-81-19636</td></tr>
<tr><td>상호</td><td>현웅컴나라</td><td>성명
(대표자)</td><td>강매화</td><td>상호</td><td>(주)삼일패션</td><td>성명
(대표자)</td><td>김민채</td></tr>
<tr><td>사업장
주소</td><td colspan="3">서울시 은평구 가좌로 162
(응암동)</td><td>사업장
주소</td><td colspan="3">서울시 용산구 한강대로 117
(한강로2가)</td></tr>
<tr><td>업태</td><td>도소매</td><td colspan="2">종사업장번호</td><td>업태</td><td>도매 및 소매업</td><td colspan="2">종사업장번호</td></tr>
<tr><td>종목</td><td colspan="3">컴퓨터</td><td>종목</td><td colspan="3">유아용 의류</td></tr>
</table>

작성일자	2026.09.15.	공급가액	1,200,000	세액	120,000

비고						
월	일	품목명	규격	수량	단가	공급가액	세액	비고
9	15	컴퓨터		1	1,200,000	1,200,000	120,000	

합계금액	현금	수표	어음	외상미수금	이 금액을	○ 영수	함
1,320,000				1,320,000		● 청구	

수행 4 9월 15일 컴퓨터를 [고정자산등록]메뉴에 등록하시오.

계정과목	코드	자산명	취득일	상각 방법	신규취득금액	전기말 상각누계액	내용 연수	경비구분
비품	3002	컴퓨터	2026.9.15.	정률법	1,200,000원	–	5	800번대

수행 5 신입사원의 FAT(회계실무) 교육비를 현금으로 지급하였다.

전자계산서			(공급받는자 보관용)		승인번호		

<table>
<tr><td rowspan="6">공급자</td><td>등록번호</td><td colspan="3">217-81-15304</td><td rowspan="6">공급받는자</td><td>등록번호</td><td colspan="3">106-81-19636</td></tr>
<tr><td>상호</td><td>(주)미래교육원</td><td>성명
(대표자)</td><td>차미래</td><td>상호</td><td>(주)삼일패션</td><td>성명
(대표자)</td><td>김민채</td></tr>
<tr><td>사업장
주소</td><td colspan="3">서울 노원구 덕릉로 459-37
(상계동, 가상가)</td><td>사업장
주소</td><td colspan="3">서울시 용산구 한강대로 117
(한강로2가)</td></tr>
<tr><td>업태</td><td>서비스</td><td colspan="2">종사업장번호</td><td>업태</td><td>도매 및 소매업</td><td colspan="2">종사업장번호</td></tr>
<tr><td>종목</td><td colspan="3">교육</td><td>종목</td><td colspan="3">유아용 의류</td></tr>
<tr><td>E-Mail</td><td colspan="3">edu@bill36524.com</td><td>E-Mail</td><td colspan="3">samili@bill36524.com</td></tr>
</table>

작성일자	2026.09.20.	공급가액	300,000	비 고	

월	일	품목명	규격	수량	단가	공급가액	비고
9	20	FAT교육				300,000	

합계금액	현금	수표	어음	외상미수금	이 금액을	● 영수	함
300,000	300,000					○ 청구	

🔷 Can! 공제받지 못할 매입세액!

매입세액을 지급하였어도 부가가치세법상 공제받지 못할 매입세액에 해당하는 것이다.

매입세액 불공제	① 세금계산서 미수령·필요적 기재사항 불분명분 매입세액 ② 매입처별 세금계산서합계표의 미제출·부실기재분 매입세액 ③ 사업과 직접 관련 없는 지출에 대한 매입세액 ④ 비영업용 승용차(개별소비세법 §1②3호) 구입, 유지, 임차 관련 매입 　**주의** 운수업, 렌트카업과 같이 승용차를 직접 영업에 사용하여 수익창출을 　　하는 것이 아닌 것으로 8인승 이하의 배기량 1,000cc 초과의 승용차 ⑤ 접대비(기업업무추진비) 및 이와 유사한 비용과 관련된 매입세액 ⑥ 면세사업 관련 매입세액 ⑦ 토지조성 등을 위한 자본적지출 관련 ⑧ 사업자등록 전의 매입세액
증빙별 전표입력	① 세금계산서 매입, 10%, 불공제 사유 ➡ 매입매출전표입력 '54불공' ② 신용카드매출전표 매입, 10%, 불공제 사유 ➡ 일반전표입력 ③ 현금영수증 매입, 10%, 불공제 사유 ➡ 일반전표입력

수행 6 매출거래처에 선물하기 위하여 액자를 구입하고 대금은 자기앞수표로 지급하였다.

전자세금계산서 (공급받는자 보관용)　승인번호

공급자	등록번호	220-07-62934			공급받는자	등록번호	106-81-19636		
	상호	황태자팬시	성명(대표자)	장태연		상호	(주)삼일패션	성명(대표자)	김민채
	사업장주소	서울시 강남구 역삼로 106 (충정로1가)				사업장주소	서울시 용산구 한강대로 117 (한강로2가)		
	업태	도소매	종사업장번호			업태	도매 및 소매업	종사업장번호	
	종목	문구				종목	유아용 의류		
	E-Mail	nice@bill36524.com				E-Mail	samili@bill36524.com		

작성일자	2026.09.23.	공급가액	350,000	세액	35,000
비고					

월	일	품목명	규격	수량	단가	공급가액	세액	비고
9	23	액자		14	25,000	350,000	35,000	

합계금액	현금	수표	어음	외상미수금	이 금액을	
385,000		385,000			● 영수 ○ 청구	함

수행 7 영업부에서 사용할 승용차(2,998cc, 5인승)를 외상으로 구입하였다.

전자세금계산서 (공급받는자 보관용)

승인번호

공급자						공급받는자				
등록번호	101-81-39258					등록번호	106-81-19636			
상호	(주)믿음자동차	성명(대표자)	최현영			상호	(주)삼일패션	성명(대표자)	김민채	
사업장주소	서울시 용산구 한강대로 120 (충정로1가)					사업장주소	서울시 용산구 한강대로 117 (한강로2가)			
업태	도소매		종사업장번호			업태	도매 및 소매업		종사업장번호	
종목	자동차					종목	유아용 의류			
E-Mail	trust@bill36524.com					E-Mail	samili@bill36524.com			

작성일자	2026.09.25.	공급가액	25,000,000	세액	2,500,000
비고					

월	일	품목명	규격	수량	단가	공급가액	세액	비고
9	25	그랜저				25,000,000	2,500,000	

합계금액	현금	수표	어음	외상미수금	이 금액을	○ 영수 ● 청구	함
27,500,000				27,500,000			

수행 8 9월 25일 취득한 승용차를 [고정자산등록]에 등록하시오.

계정과목	코드	자산명	취득일	상각방법	신규취득금액	전기말 상각누계액	내용연수	경비구분
차량운반구	2002	승용7466	2026.9.25.	정액법	27,500,000원	–	5	800번대

수행 9 고정자산등록을 수행한 '승용7466'을 [업무용승용차등록]에 등록하시오.

코드	차량번호	차종	명의구분	사용	기초주행거리	보험가입여부	보험기간
102	25오7466	그랜저	회사	○	5 km	업무전용자동차보험(법인)	2026.9.25. ~ 2027.9.25.

수행 10 광고 홍보용 사은품으로 지급할 마우스를 구입하고 신한카드로 결제하였다.

카 드 매 출 전 표

가맹점명	**현웅컴나라**
사업자번호	111-40-93940
대표자명: 강매화	TEL: 025670995
주소: 서울 은평구 가좌로 162	

신한카드	신용승인
거래일시	**2026-09-30 10:30:15**
카드번호	9876-54**-****-5678
유효기간(년/월): **/**	일시불
가맹점번호	70502248
승인번호	20005634
매입사: 신한카드 (전자서명전표)	

판 매 금 액	600,000 원
부 가 가 치 세	60,000 원
봉 사 료	0 원
합 계	660,000 원

수행과제 풀이 **매입전표입력**

재무회계 ➡ 전표입력/장부 ➡ 매입매출전표입력

❚9월 거래내역❚

수행 1 9월 5일

유형	품명	수량	단가	공급가액	부가가치세	거래처	전자세금
51.과세	스커트	200	40,000	8,000,000	800,000	(주)곰곰이	1.전자입력
분개유형	(차) 146 상품			8,000,000	(대) 101 현금		8,800,000
1.현금	135 부가세대급금			800,000			

주의 신규거래처 등록

＋를 누르면 00000이 입력됨 → 신규거래처명을 입력한 후 Enter↵ → 거래처등록 창에서 [수정]을 클릭 → 거래처 내용을 입력하고 [확인]을 클릭한 후 [등록]을 누른다.

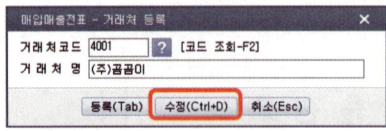

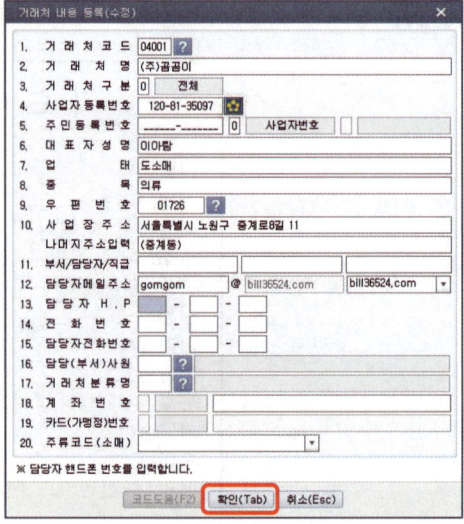

수행 2 9월 10일

유형	품명	수량	단가	공급가액	부가가치세	거래처	전자세금
51.과세	원피스	500	90,000	45,000,000	4,500,000	(주)데일리룩	1.전자입력
분개유형	(차) 146 상품			45,000,000	(대) 131 선급금		4,500,000
3.혼합	135 부가세대급금			4,500,000	251 외상매입금		45,000,000

수행 3 9월 15일

유형	품명	수량	단가	공급가액	부가가치세	거래처	전자세금
51.과세	컴퓨터	1	1,200,000	1,200,000	120,000	현웅컴나라	
분개유형	(차) 212 비품			1,200,000	(대) 253 미지급금		1,320,000
3.혼합	135 부가세대급금			120,000			

주의 종이세금계산서이므로 '전자세금'란은 빈 칸으로 둔다.

수행 4 ① 고정자산계정과목을 **?** 를 이용하여 '212.비품'을 선택한다.

② 고정자산등록 메뉴에 해당자산의 내용을 입력한다.

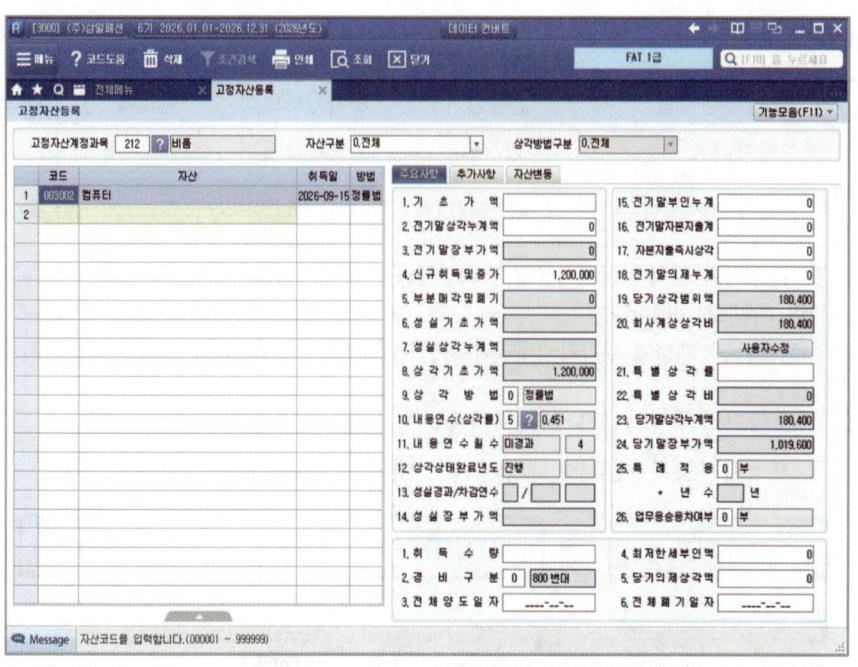

수행 5 9월 20일

유형	품명	수량	단가	공급가액	부가가치세	거래처	전자세금
53.면세	FAT교육			300,000		(주)미래교육원	1.전자입력
분개유형 1.현금	(차) 825 교육훈련비 300,000				(대) 101 현금		300,000

수행 6 9월 23일

유형	품명	수량	단가	공급가액	부가가치세	거래처	전자세금
54.불공	액자	14	25,000	350,000	35,000	황태자팬시	1.전자입력
분개유형 1.현금	(차) 813 접대비(기업업무추진비) 385,000				(대) 101 현금		385,000

주의 ① '54.불공' 유형에서 불공제사유를 '9.접대비 관련 매입세액'으로 선택한다.
　　 ② '54.불공' 유형 부가가치세 매입세액을 공제받을 수 없으므로 '접대비(기업업무추진비)' 계정에 부가가치세액이 가산되어 자동분개된다. 따라서 부가가치세대급금 계정은 나타나지 않는다.

수행 7 9월 25일

유형	품명	수량	단가	공급가액	부가가치세	거래처	전자세금
54.불공	그랜져			25,000,000	2,500,000	(주)믿음자동차	1.전자입력
분개유형 3.혼합	(차) 208 차량운반구			27,500,000	(대) 253 미지급금		27,500,000

주의 ① '54.불공' 유형에서 불공제사유를 '3.비영업용 승용차(개별소비세법 §1②3호) 구입, 유지, 임차 관련 매입'로 선택한다.
② '차량운반구' 계정에 부가가치세액이 가산되며, 부가가치세대급금 계정은 나타나지 않는다.

수행 8 ① 고정자산계정과목을 ? 를 이용하여 '208.차량운반구'를 선택한다.
② 고정자산등록 메뉴에 해당자산의 내용을 입력한다.

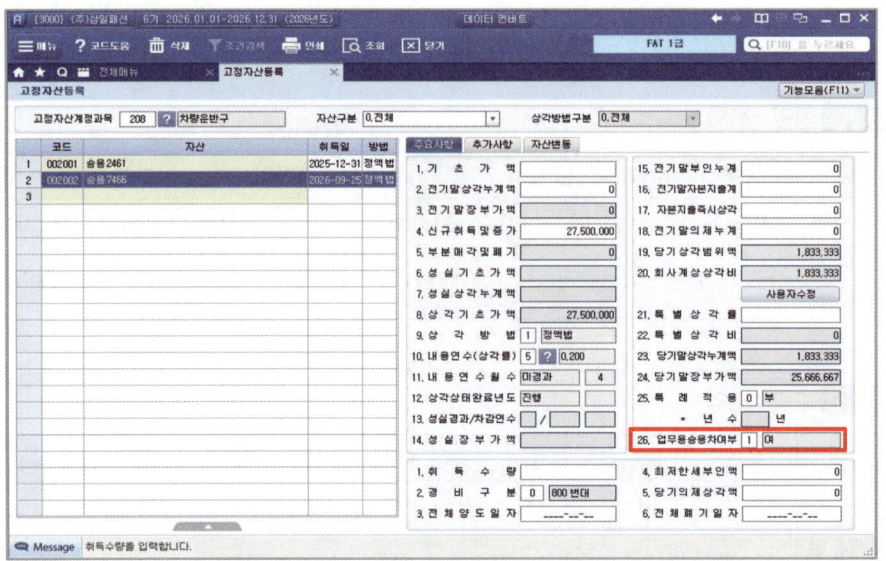

수행 9 ① 업무용승용차등록 각 란의 내용을 입력한다.
② 고정자산코드에서 ? 를 클릭하여 수행 8 에서 등록한 고정자산을 선택하면 고정자산명, 취득일자, 경비구분은 자동으로 반영된다.

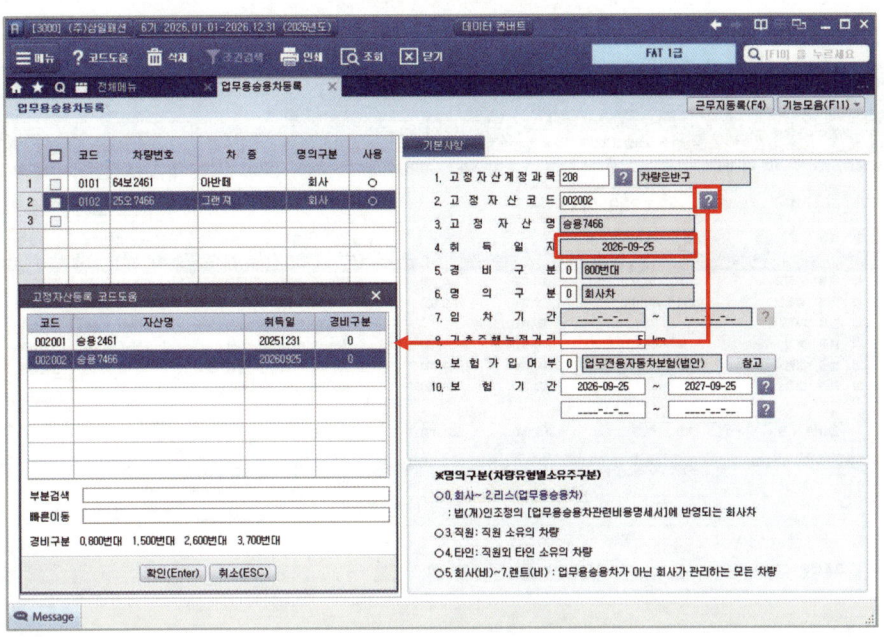

수행 10 9월 30일

유형	품명	수량	단가	공급가액	부가가치세	거래처	전자세금
57.카과	마우스			600,000	60,000	현웅컴나라	
분개유형	(차) 833 광고선전비			600,000	(대) 253 미지급금	660,000	
4.카드	135 부가세대급금			60,000	(신한카드)		

주의 ① '57.카과'로 입력하면 해당카드사를 선택하는 창이 뜨며 관련 카드사를 선택하면 된다.

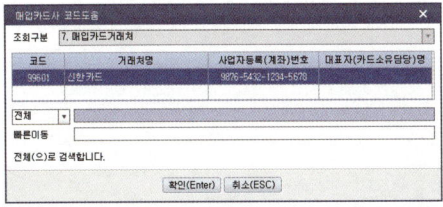

② '57.카과'로 입력 시 공급가액란에 공급대가(공급가액+세액)를 입력하면 공급가액과 세액이 자동 입력된다.

③ 분개유형을 '4.카드'로 입력하면 '미지급금'으로 자동 분개되며 거래처가 '신한카드'로 자동 변경된다.

▌매입전표입력 수행 완료화면 ▌

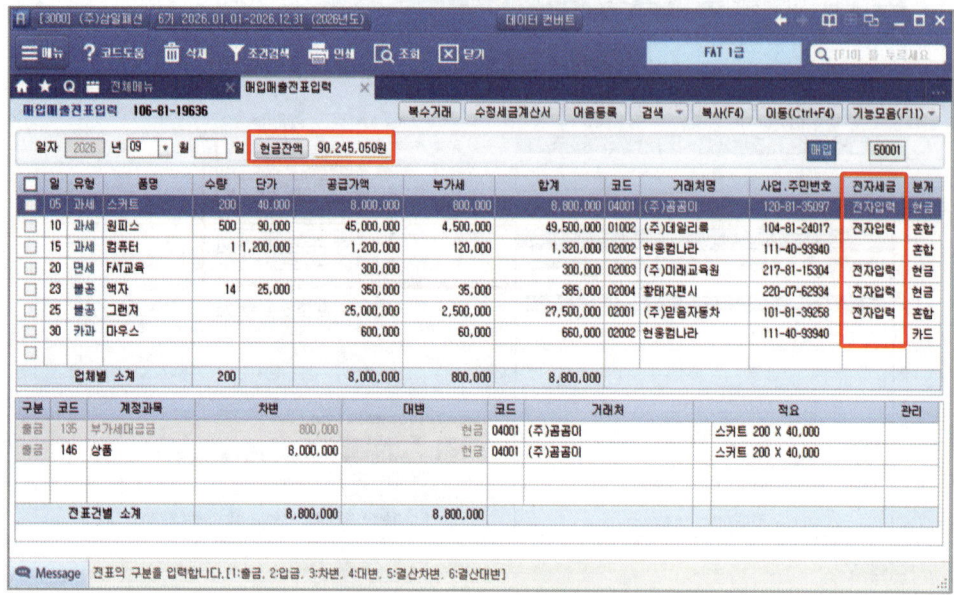

수행 tip

- 매입유형은 51.과세매입, 53.면세매입, 54.불공매입, 57카드매입 범위에서 출제된다.
- 매입전표입력 시 상단부의 거래처 코드와 거래처명이 하단의 분개 거래처에 자동반영되므로, 하단 분개의 예금이나 카드 채무가 있을 경우는 거래처를 반드시 수정해야 한다.

부가가치세 부속서류

(1) 세금계산서합계표

매입매출전표 입력 시 세금계산서가 발행된 거래유형과(11.과세매출, 12.영세매출) 세금계산서를 발급받은 거래유형(51.과세매입, 52.영세매입, 54.불공매입, 55.수입매입)은 세금계산서합계표에 자동으로 반영된다.

(2) 계산서합계표

매입매출전표 입력 시 계산서가 발행된 거래유형(13.면세매출)과 계산서를 발급받은 거래유형(53.면세매입)은 계산서합계표에 자동으로 반영된다.

(3) 신용카드매출전표발행집계표

매입매출전표 입력 시 신용카드매출전표가 발행된 거래유형(17.카드과세) 등이 자동으로 반영된다.

(4) 신용카드매출전표등 수령금액 합계표

매입매출전표 입력 시 신용카드매출전표를 수령한 거래유형(57.카드과세) 등이 자동으로 반영된다.

(5) 매입세액불공제내역

매입매출전표 입력 시 세금계산서를 수취한 거래 중 매입세액불공제사유에 해당하는 거래유형(54.불공매입)이 자동으로 반영된다.

수행과제 **부가가치세 부속서류**

부가가치세 2기 예정(7월~9월) 신고 시 부가가치세 부속서류 작성을 수행하여 다음의 질문에 답하시오.

수행 1 매출 전자세금계산서의 총매수와 총공급가액은 얼마인가?

수행 2 매입 전자세금계산서의 매입 거래처수는 몇 개인가?

수행 3 발급받은 매입 전자계산서의 총매수와 총공급가액은 얼마인가?

수행 4 신용카드매출전표가 발행된 매출거래의 발행금액은 얼마인가?

수행 5 신용카드매출전표를 수취한 매입거래의 매입세액은 얼마인가?

수행 6 세금계산서를 수취한 매입거래 중 불공제매입세액은 얼마인가?

수행과제 풀이   부가가치세 부속서류

수행 1 [세금계산서합계표] 조회: 매출세금계산서   답 5매, 110,000,000원

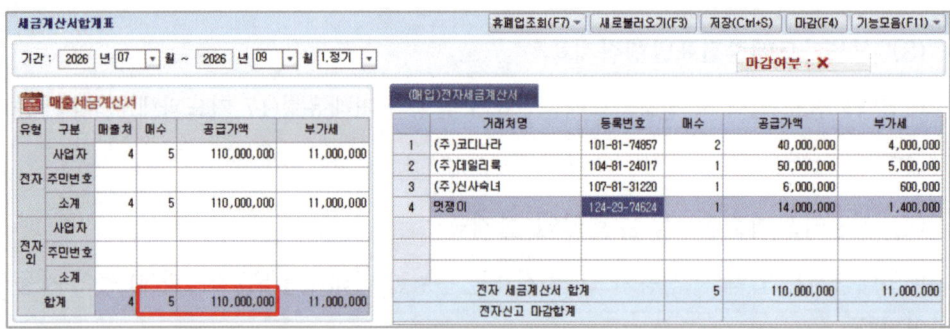

수행 2 [세금계산서합계표] 조회: 매입세금계산서   답 4개

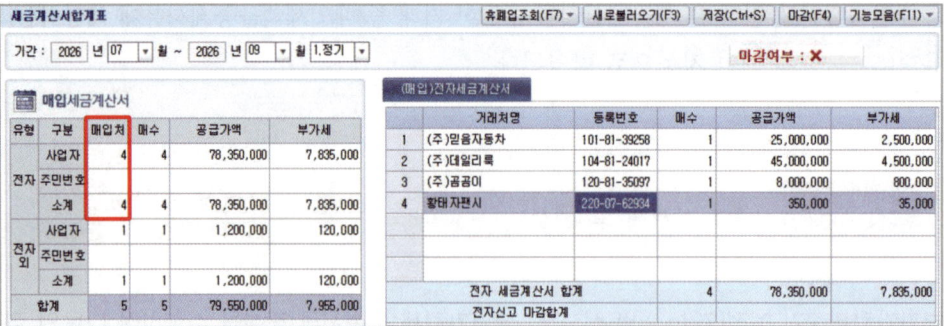

수행 3 [계산서합계표] 조회: 매입계산서   **답** 1매, 300,000원

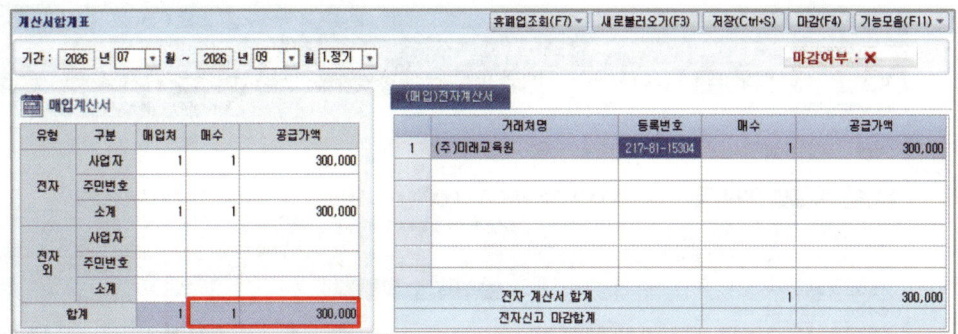

수행 4 [신용카드매출전표발행집계표] 조회

상단부 불러오기를 클릭하면 내용이 반영된다.   **답** 165,000원

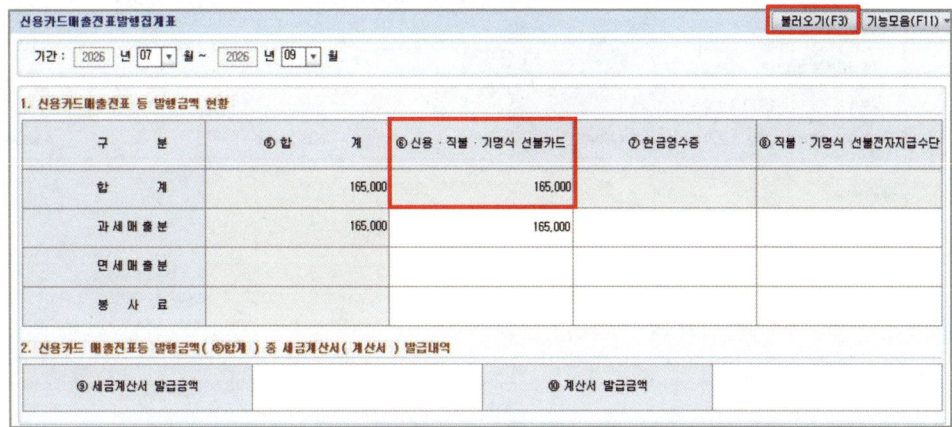

수행 5 [신용카드매출전표 수령금액 합계표] 조회   **답** 60,000원

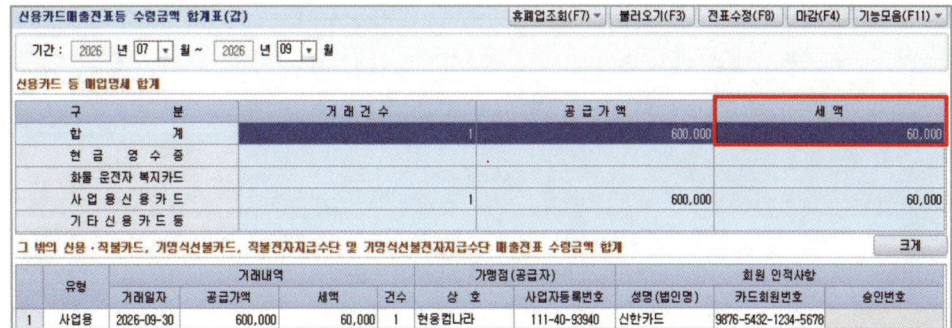

수행 6 [매입세액불공제내역] 조회　　　　　　　　　　답 2,535,000원

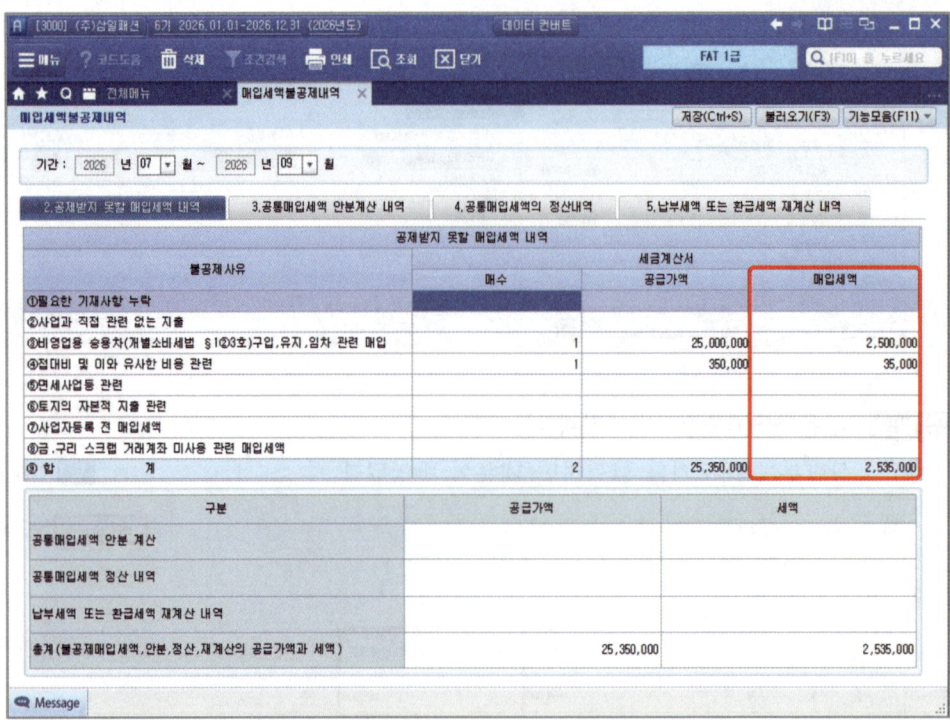

제 2 절 **부가가치세 신고하기(N CS 능력단위요소명)**

★ **학습목표(N CS 수행준거)**
3.1 부가가치세법에 따른 과세기간을 이해하여 예정·확정 신고를 할 수 있다.
3.5 부가가치세신고요령에 따른 부가가치세 신고서를 작성할 수 있다.

필요 지식

 부가가치세신고서 작성

신고 기간을 입력하면 매입매출전표입력의 내용을 자동으로 불러와 작성된다.

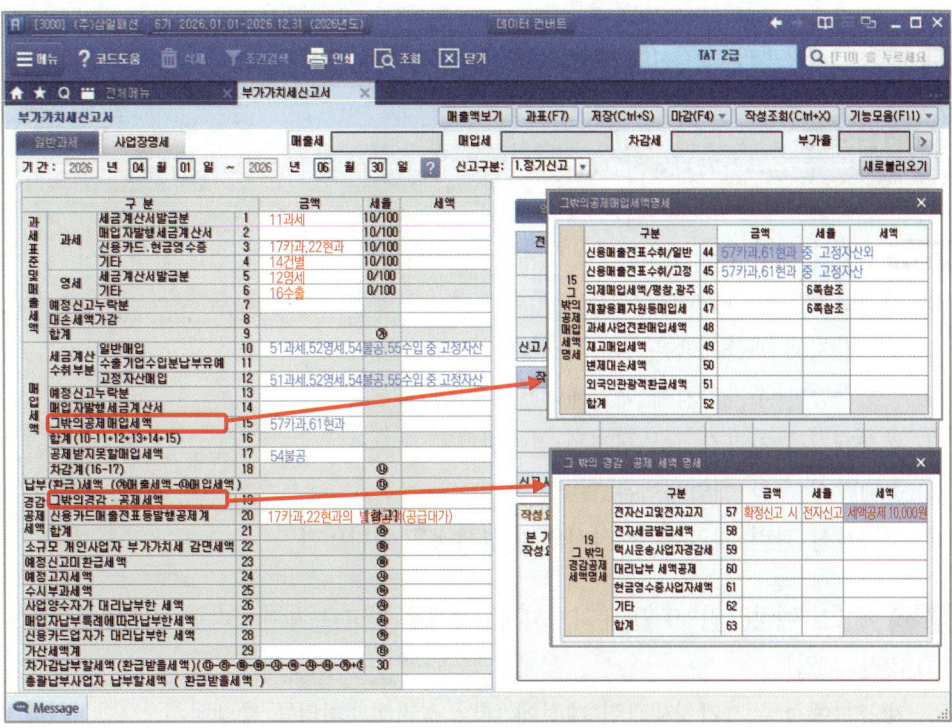

주의 14번 란, 18번 란에서 Tab(⇥)을 누르면 자세한 화면이 나타난다.

필요 지식

02 부가가치세 관련 계정의 정리분개

부가가치세는 매출세액(부가세예수금)에서 매입세액(부가세대급금)을 차감한 금액을 납부하며, 부가가치세 기간 종료일(3/31, 6/30, 9/30, 12/31)에 매출세액과 매입세액을 정리하는 회계처리를 하고 차액은 '미지급세금'과 '미수금'으로 분개한다.

구 분		분 개				
납부세액인 경우	정리분개	(차) 부가세예수금	×××	(대) 부가세대급금	×××	
				미지급세금	×××	
				잡이익	×××	
	납부 시	(차) 미지급세금	×××	(대) 보통예금	×××	
환급세액인 경우	정리분개	(차) 부가세예수금	×××	(대) 부가세대급금	×××	
		미수금	×××	잡이익	×××	
	환급 시	(차) 보통예금	×××	(대) 미수금	×××	

주의 전자신고세액공제분(확정신고 시 10,000원)은 잡이익으로 회계 처리한다.

수행과제 **부가가치세신고서**

수행 1 제2기 예정(7월~9월) 부가가치세신고서작성을 수행하여 질문에 답하시오.

① 과세표준은 얼마인가?

② 부가가치세 매출세액은 얼마인가?

③ 공제가능한 부가가치세 매입세액은 얼마인가?

④ 부가가치세 차가감 납부세액은 얼마인가?

⑤ 공제받지 못할 매입세액은 얼마인가?

⑥ 고정자산 관련 매입세금계산서의 매입세액은 얼마인가?

수행 2 제2기 예정(7월~9월) 부가가치세신고서를 참고로 회계처리를 수행하시오.

① [9월 30일]

제2기 예정 부가가치세관련 계정에 대한 정리회계처리를 수행하시오.(단, 거래처코드 '4002.용산세무서'를 등록한 후 거래처코드를 설정할 것.)

② [10월 25일]

제2기 예정 부가가치세 납부세액을 신한은행 보통예금계좌에서 이체하여 납부하였다.

수행 1 제2기 예정(7월~9월) 부가가치세신고서를 조회하여 작성한다.

```
재무회계  ➡  부가가치세 I  ➡  부가가치세신고서
```

▮ 부가가치세신고서 조회 수행화면 ▮

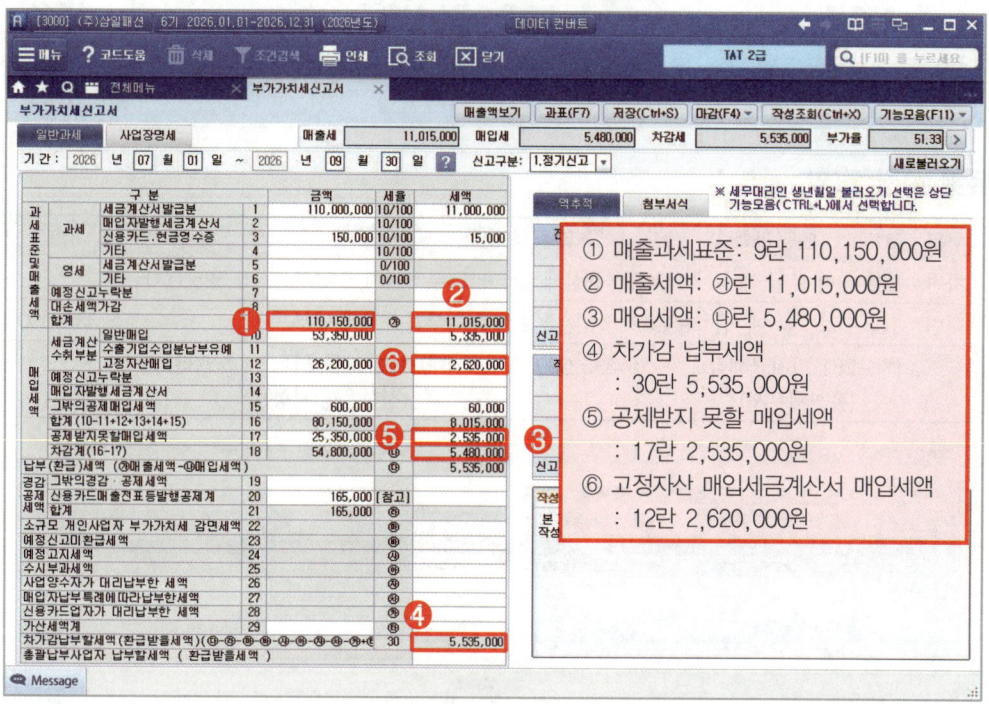

① 매출과세표준: 9란 110,150,000원
② 매출세액: ㉮란 11,015,000원
③ 매입세액: ㉯란 5,480,000원
④ 차가감 납부세액
  : 30란 5,535,000원
⑤ 공제받지 못할 매입세액
  : 17란 2,535,000원
⑥ 고정자산 매입세금계산서 매입세액
  : 12란 2,620,000원

수행 2 부가가치세 관련 정리회계처리를 일반전표에 입력한다.

```
재무회계  ➡  전표입력/장부  ➡  일반전표입력
```

1 9월 30일

구분	코드	계정과목	코드	거래처명	적요		차변	대변
차변	255	부가세예수금			01	부가세대급금과 상계	11,015,000	
대변	135	부가세대급금			07	부가세예수금과 상계		5,480,000
대변	261	미 지 급 세 금	04002	용산세무서	08	부가세의 미지급 계상		5,535,000

(차) 255 부가세예수금   11,015,000   (대) 135 부가세대급금   5,480,000
                                                              261 미지급세금   5,535,000

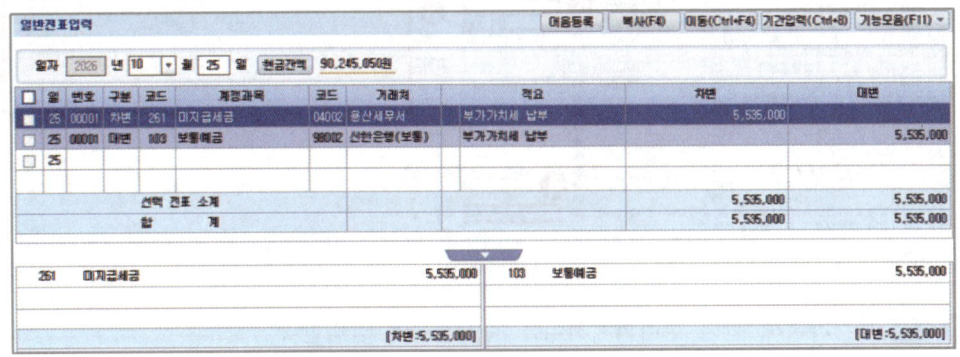

2 10월 25일

구분	코드	계정과목	코드	거래처명	적요	차변	대변
차변	261	미지급세금	04002	용산세무서	부가가치세 납부	5,535,000	
대변	103	보통예금	98002	신한은행(보통)	부가가치세 납부		5,535,000
		(차) 261 미지급세금		5,535,000		(대) 103 보통예금	5,535,000
		(용산세무서)				(신한은행(보통))	

수행 tip

- FAT1급에 출제되고 있는 매입매출전표 입력 유형은 꼭 알아야한다.
  11과세매출, 51과세매입: 부가가치세 10%, 세금계산서
  13면세매출, 53면세매입: 면세품목, 계산서
  17카드과세매출, 57카드과세매입: 부가가치세 10%, 신용카드매출전표
  54불공매입: 부가가치세 10%, 세금계산서, 공제받지 못할 매입세액
- 부가가치세신고서, 세금계산서합계표, 계산서합계표 등 부속서류에 대한
  이해도가 있어야 한다.

출제예상 평가문제

01 [세금계산서합계표 조회] 제2기 부가가치세 예정신고시 전자로 발행된 매출 전자세금계산서의 공급가액의 합계는 얼마인가?   (   )원

02 [계산서합계표 조회] 제2기 부가가치세 예정신고시 전자로 발행된 매출계산서의 매수는 몇 매인가?

(   )매

03 [매입매출장 조회] 제2기 부가가치세 예정신고와 관련된 [매입매출장]의 '54.불공매입'의 '불공사유'별 공급가액 금액은 각각 얼마인가?

(1) 03:비영업용 승용차(개별소비세법 §1②3호) 구입, 유지, 임차 관련 매입

(   )원

(2) 09:접대비 관련 매입세액   (   )원

04 [계정별원장 조회] 9월 말 '부가세대급금' 계정의 잔액은 얼마인가?

(   )원

05 [재무상태표 조회] 9월 말 용산세무서의 '미지급세금' 잔액은 얼마인가?

(   )원

제 5 장

(NCS 능력단위 0203020104_23v5)

결산처리

NCS 능력단위: 결산처리(0203020104_23v5)

I Can!

결산처리

재고조사표, 시산표 및 정산표를 작성하는 결산예비절차와 각 계정을 정리하여 집합계정과 자본계정에 대체하고, 장부를 마감하는 능력이다.

직종	분류번호	능력단위	능력단위 요소	수준
회계 감사	0203020104_23v5	결산처리	01 결산준비하기	2
			02 결산분개하기	2
			03 장부마감하기	2

능력단위 요소	수행준거
01 결산준비하기	1.1 회계의 순환과정을 파악할 수 있다.
	1.2 회계관련규정에 따라 시산표를 작성할 수 있다.
	1.3 회계관련규정에 따라 재고조사표를 작성할 수 있다.
	1.4 회계관련규정에 따라 정산표를 작성할 수 있다.
02 결산분개하기	2.1 손익 관련 결산회계처리를 할 수 있다.
	2.2 자산·부채계정에 관한 결산정리사항을 분개할 수 있다.
	2.3 손익 계정을 집합계정에 대체할 수 있다.
03 장부마감하기	3.1 회계관련규정에 따라 주요장부를 마감할 수 있다.
	3.2 회계관련규정에 따라 보조장부를 마감할 수 있다.
	3.3 회계관련규정에 따라 각 장부의 오류를 수정할 수 있다.
	3.4 자본거래를 파악하여 자본의 증감여부를 확인할 수 있다.

제 1 절 결산분개하기(NCS 능력단위요소명)

★ **학습목표(NCS 수행준거)**
2.1 손익 관련 결산회계처리를 할 수 있다.
2.2 자산·부채계정에 관한 결산정리사항을 분개할 수 있다.
2.3 손익 계정을 집합계정에 대체할 수 있다.

필요 지식

01 결산의 절차

① 기중에 분개장에 회계처리를 하고 총계정원장에 전기를 하는데 전기가 정확히 되었는지 확인하기 위해 '수정전시산표'를 작성한다.

② 기말 결산시점에 자산, 부채, 자본의 현재액과 당기에 발생한 수익과 비용을 정확하게 파악하기 위해 자산, 부채, 자본, 수익, 비용에 대한 수정회계처리를 한다.

③ 기말수정회계처리를 하면 그 분개내용을 총계정원장에 전기를 하므로 기말수정분개가 정확히 전기되었는지 확인하기 위해 '수정후시산표'를 작성한다.

④ 당기의 수익과 비용, 자산, 부채, 자본의 총계정원장을 마감한다.

⑤ 손익계산서, 이익잉여금처분계산서, 재무상태표를 작성한다.

 SmartA 실무교육용프로그램상 결산순서!

| 결산정리
사항체크 | ⇨ | 수동결산
(일반전표입력) | ⇨ | 자동결산
(결산자료입력) | ⇨ | 손익
계산서 | ⇨ | 이익잉여금
처분계산서 | ⇨ | 재무
상태표 |

02 고정자산과 감가상각

고정자산등록은 기업이 경영활동에 사용하기 위해 취득한 유형자산과 무형자산의 세부내용을 등록하고 관리하기 위한 메뉴이다. 고정자산의 세부내용을 등록하면 당기의 감가상각비가 계산되며 그 금액을 결산자료입력(자동결산)에 반영할 수 있다.

수행과제 고정자산과 감가상각

(주)삼일패션의 고정자산 관련 자료를 참고하여 다음을 수행하시오.

수행 1 다음 자료를 이용하여 고정자산등록메뉴에 고정자산등록을 수행하시오.

계정과목	코드	자산명	취득일	상각방법	기초가액(신규취득)	전기말 상각누계액	내용연수	사용부서
건　　물	1001	본사건물	2025.07.01	정액법	50,000,000원	1,250,000	20	본　사
차량운반구	2001	승용2461	2025.12.31	정액법	9,000,000원	–	5	관리부
차량운반구	2002	승용7466	2026.09.25	정액법	27,500,000원(신규취득)	–	5	영업부
비　　품	3001	에어컨	2024.07.25	정률법	2,432,000원	1,600,000	5	본　사
비　　품	3002	컴퓨터	2026.09.15	정률법	1,200,000원(신규취득)	–	5	관리부

주의 * 차량운반구의 승용2461은 1장 기초정보관리의 수행내용에서 미리 등록하였다.
　　　* 차량운반구의 승용7466은 4장 부가가치세 신고의 수행내용에서 미리 등록하였다.
　　　* 비품의 컴퓨터는 4장 부가가치세 신고의 수행내용에서 미리 등록하였다.
　　　따라서 본 수행내용에서는 건물, 에어컨의 등록을 수행하면 된다.

수행 2 [고정자산관리대장]을 이용하여 계정과목별 고정자산관리대장 조회를 수행하시오.

수행 3 [월별감가상각비계상]을 이용하여 결산기준일(12월 31일) 감가상각비 조회를 수행하시오.

수행과제 풀이 고정자산과 감가상각

수행 1 고정자산등록 메뉴에 해당자산별로 등록하여 감가상각비를 확인한다.

재무회계 ➡ 고정자산등록 ➡ 고정자산등록

❶ 건물 등록: 본사건물의 감가상각비 ➡ 2,500,000원

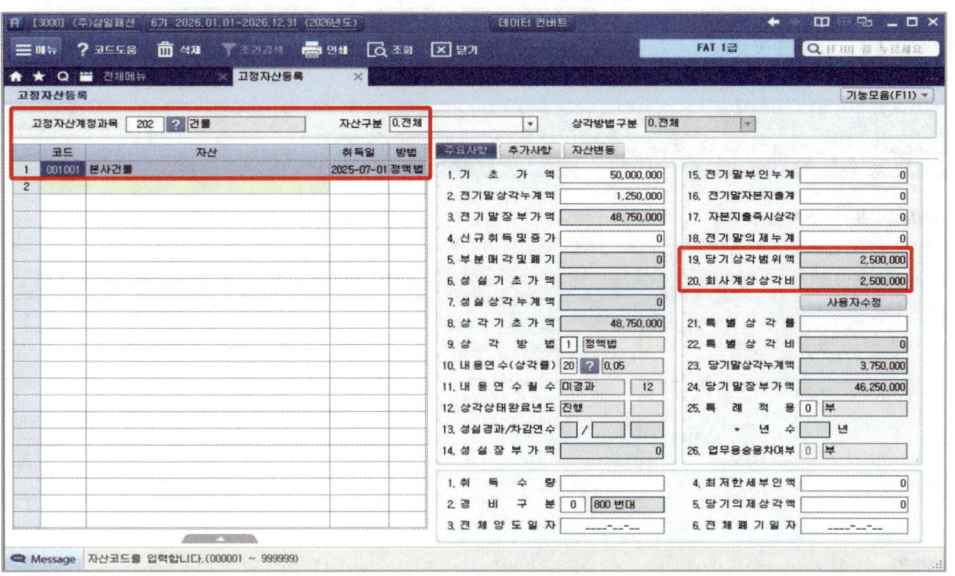

❷ 에어컨 등록: 에어컨의 감가상각비 ➡ 375,232원

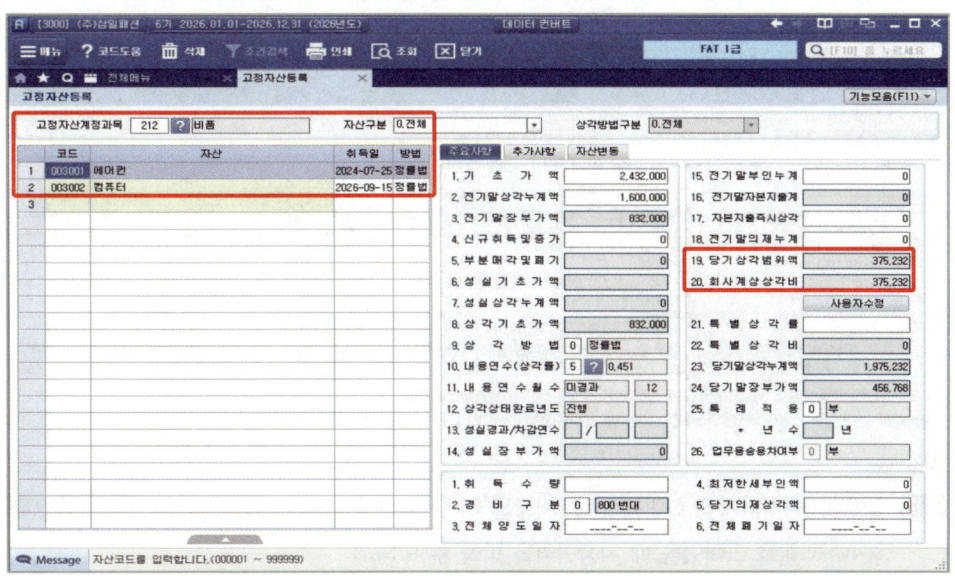

❸ 각 장별 수행내용을 수행하면서 이미 등록한 고정자산의 감가상각비
- 차량운반구: 승용2461의 감가상각비 ➡ 1,800,000원
- 차량운반구: 승용7466의 감가상각비 ➡ 1,833,333원
- 비품: 컴퓨터의 감가상각비 ➡ 180,400원

수행 2   고정자산관리대장을 이용하여 계정과목별 고정자산관리대장을 조회한다.

```
재무회계  ➡  고정자산등록  ➡  고정자산관리대장
```

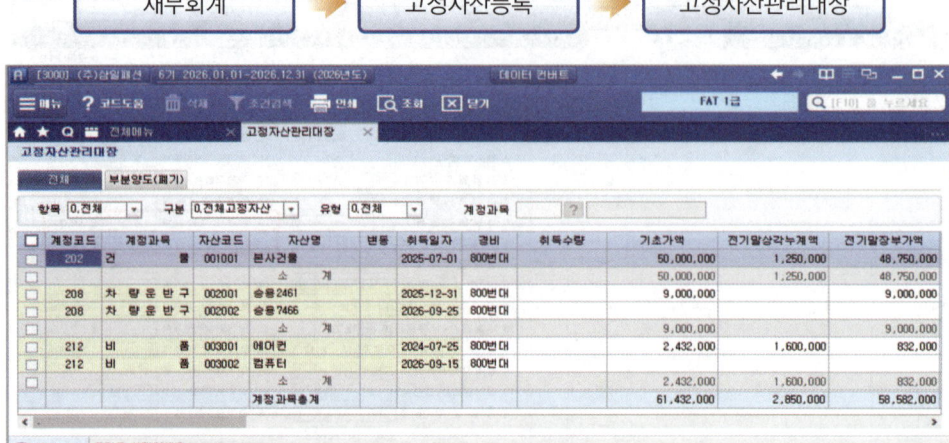

수행 3   월별감가상각비계상을 이용하여 결산기준일 감가상각비를 조회한다.

```
재무회계  ➡  고정자산등록  ➡  월별감가상각비계상
```

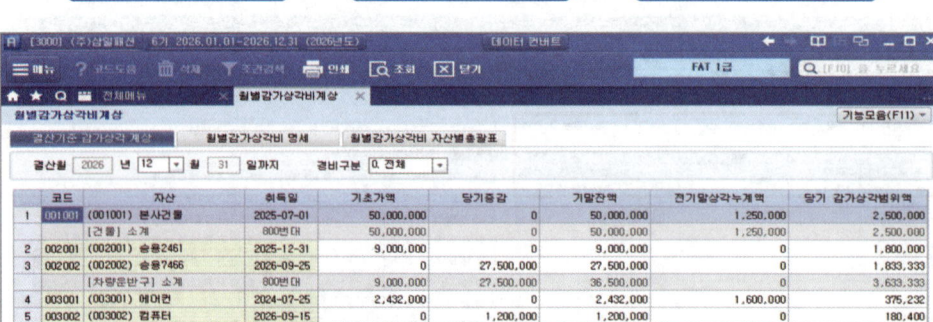

주의   월별감가상각비계상 화면을 닫고 저장을 하면 [결산자료입력]메뉴의 상단부 기능모음(F11) ▼ 의
감가상각반영 을 클릭했을 때 자동반영을 받을 수 있다.

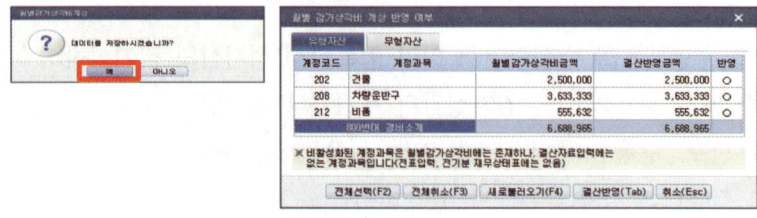

03 수동결산 분개하기

수동결산 회계처리를 [전표입력/장부] ➡ [일반전표입력]에 12월 31일로 입력한다.

 **수동결산 정리사항!**

(1) 손익의 결산정리(수익 · 비용의 발생과 이연)
(2) 소모품과 소모품비의 정리
(3) 단기매매증권의 평가
(4) 현금과부족의 정리
(5) 선납세금의 정리
(6) 비유동부채의 유동성대체
(7) 대손충당금의 환입

(1) 손익의 결산정리

회계기간 중 현금기준에 의해 회계 처리한 사항을 현행회계기준인 발생기준으로 수정해야 하는데 이를 손익의 결산정리라고 한다.

① 수익의 예상(미수수익)

당기에 속하는 수익이지만 결산일까지 수익으로 계상되지 않은 부분을 당기의 수익으로 분개한다. 대변에는 수익에 해당하는 계정과목으로 차변에는 '미수수익(자산)'으로 분개한다.

▶ **사례** **(당기 결산 시)** 은행예금에 대한 이자수익 30,000원을 계상하다.

(차) 미 수 수 익   30,000원   (대) 이 자 수 익   30,000원

② 비용의 예상(미지급비용)

당기에 속하는 비용이지만 결산일까지 비용으로 계상되지 않은 부분을 당기의 비용으로 분개한다. 차변에는 비용에 해당하는 계정과목으로 대변에는 '미지급비용(부채)'으로 분개한다.

▶▷ **사례** **(당기 결산 시)** 차입금에 대한 이자비용 100,000원을 계상하다.

|(차) 이 자 비 용|100,000원|(대) 미지급비용|100,000원|

③ 수익의 이연(선수수익)

당기에 받은 수익 중에서 차기에 속하는 부분을 계산하여 차기로 이연시킨다. 차변에는 당기의 수익에서 차감되는 수익계정과목으로 대변에는 '선수수익(부채)'으로 분개한다.

▶▷ **사례** **(당기 입금 시)** 1년분 임대료 120,000원을 현금으로 미리 받다.

|(차) 현　　　금|120,000원|(대) 임 대 료|120,000원|

　　　　　(당기 결산 시) 당기에 계상된 임대료 120,000원 중 60,000원은 차기분이다.

|(차) 임 대 료|60,000원|(대) 선 수 수 익|60,000원|

④ 비용의 이연(선급비용)

당기에 지급한 비용 중에서 차기에 속하는 부분을 계산하여 차기로 이연시킨다.

차변에는 '선급비용(자산)'으로 대변에는 당기의 비용에서 차감하는 비용계정과목으로 분개한다.

▶▷ **사례** **(당기 지급 시)** 1년분 보험료 120,000원을 현금으로 미리 지급하다.

|(차) 보 험 료|120,000원|(대) 현　　　금|120,000원|

　　　　　(당기 결산 시) 당기에 계상된 보험료 120,000원 중 60,000원은 차기분이다.

|(차) 선 급 비 용|60,000원|(대) 보 험 료|60,000원|

(2) 소모품과 소모품비의 정리

소모품은 구입 시 자산(소모품)으로 처리하거나 비용(소모품비)으로 처리할 수 있다. 단, 결산시점에 소모품의 당기 사용액만을 당기의 비용으로 처리하고 미사용액은 자산으로 처리하는 정리회계처리를 한다.

① 구입 시 자산처리법

구입 시 '소모품'으로 처리하며, 기말에 당기 사용 금액을 '소모품비'로 대체한다.

차변에는 '소모품비' 계정으로 대변에는 '소모품' 계정으로 분개한다.

▶▷ **사례** **(구입 시)** 소모품 100,000원을 현금으로 구입하다.

|(차) 소 모 품|100,000원|(대) 현　　　금|100,000원|

　　　　　(결산 시) 소모품 사용액이 70,000원이다.

|(차) 소 모 품 비|70,000원|(대) 소 모 품|70,000원|

② 구입 시 비용처리법

구입 시 '소모품비'로 처리하며, 기말에 당기 미사용 금액을 '소모품'으로 대체한다.
차변에는 '소모품' 계정으로 대변에는 '소모품비' 계정으로 분개한다.

▶ **사례** **(구입 시)** 소모품 100,000원을 현금으로 구입하다.

(차) 소 모 품 비   100,000원   (대) 현   금   100,000원

(결산 시) 소모품 미사용액이 30,000원이다.

(차) 소 모 품   30,000원   (대) 소 모 품 비   30,000원

(3) 단기매매증권의 평가

단기매매증권은 기말 결산 시 공정가치로 평가해야 한다.

① 장부금액 < 공정가치: 단기매매증권평가이익

▶ **사례** 단기매매증권의 장부금액은 10,000원이며 기말 공정가치는 12,000원이다.

(차) 단기매매증권   2,000원   (대) 단기매매증권평가이익 2,000원

② 장부금액 > 공정가치: 단기매매증권평가손실

▶ **사례** 단기매매증권의 장부금액은 10,000원이며 기말 공정가치는 8,000원이다.

(차) 단기매매증권평가손실   2,000원   (대) 단기매매증권   2,000원

(4) 현금과부족의 정리

현금과부족은 장부상 현금잔액과 실제 현금잔액이 일치하지 않을 경우 실제 현금잔액을
기준으로 장부를 일치시킬 때 사용하는 임시계정과목이며, 결산 시까지 현금과부족의 원인이
밝혀지지 않을 경우 '잡이익'이나 '잡손실' 계정으로 대체한다.

결산일 당일에 현금과부족이 발생하면 바로 '잡이익'이나 '잡손실'로 대체한다.

① 기중 현금불일치의 결산정리

[장부상 현금잔액 < 실제 현금잔액]

▶ **사례** **(현금과잉)** 장부상 현금은 50,000원이고 실제 현금은 60,000원이다.

(차) 현   금   10,000원   (대) 현금과부족   10,000원

(결산 시) 현금과부족 10,000원의 원인이 밝혀지지 않았다.

(차) 현금과부족   10,000원   (대) 잡 이 익   10,000원

[장부상 현금잔액 > 실제 현금잔액]

▶ 사례 **(현금부족)** 장부상 현금은 50,000원이고 실제 현금은 40,000원이다.

|(차) 현금과부족|10,000원|(대) 현　　금|10,000원|

(결산 시) 현금과부족 10,000원의 원인이 밝혀지지 않았다.

|(차) 잡　손　실|10,000원|(대) 현금과부족|10,000원|

② 결산일 당일의 현금불일치 분개

▶ 사례 **(현금과잉)** 결산 당일 장부상 현금은 50,000원이고 실제 현금은 80,000원이다.

|(차) 현　　금|30,000원|(대) 잡 이 익|30,000원|

(현금부족) 결산 당일 장부상 현금은 50,000원이고 실제 현금은 30,000원이다.

|(차) 잡　손　실|20,000원|(대) 현　　금|20,000원|

(5) 선납세금의 정리

기중에 법인세 중간예납액과 이자수익 등에 대한 원천징수세액을 선납세금으로 분개하고 결산 시 선납세금을 법인세등으로 대체하는 회계처리를 한다.

(6) 비유동부채의 유동성대체

결산일을 기준으로 1년 이내에 상환해야 하는 비유동부채를 유동부채(유동성장기부채)로 대체하는 회계처리를 한다.

▶ 사례 　결산일 현재 장기차입금 500,000원의 상환기일이 내년으로 도래하였다.

|(차) 장기차입금|500,000원|(대) 유동성장기부채 500,000원|

(7) 대손충당금의 환입

결산일에 매출채권 잔액에 대손설정률을 곱한 대손추정액보다 대손충당금잔액이 클 경우 초과되는 금액에 대해 환입시키는 회계처리를 한다.

[전표입력]　(차) 대 손 충 당 금　　×××　　(대) 대손충당금환입　　×××
　　　　　　　　　　　　　　　　　　　　　　(판매비와관리비의 차감계정)

▶ 사례 　결산일의 외상매출금 잔액이 200,000원이고 대손설정률은 1%이다. 결산전 대손충당금잔액은 3,000원으로 확인된다.

|(차) 대손충당금|1,000원|(대) 대손충당금환입|1,000원|

┃ 수동결산정리사항 주요 분개 ┃

구분	결산정리사항	차변		대변	
수익의 예상	이자수익 미수분 계상	미수수익	×××	이자수익	×××
비용의 예상	이자비용 미지급분 계상	이자비용	×××	미지급비용	×××
수익의 이연	임대료 선수분 계상	임대료	×××	선수수익	×××
비용의 이연	보험료 선급분 계상	선급비용	×××	보험료	×××
소모품의 정리	구입시 자산처리법	소모품비	×××	소모품	×××
	구입시 비용처리법	소모품	×××	소모품비	×××
단기매매증권의 평가	장부금액 〈 공정가치	단기매매증권	×××	단기매매증권평가이익	×××
	장부금액 〉 공정가치	단기매매증권평가손실	×××	단기매매증권	×××
현금과부족의 정리	장부상 현금〈실제 현금	현금과부족	×××	잡이익	×××
	장부상 현금〉실제 현금	잡손실	×××	현금과부족	×××
결산 당일 현금 과부족의 정리	장부상 현금〈실제 현금	현금	×××	잡이익	×××
	장부상 현금〉실제 현금	잡손실	×××	현금	×××
선납세금정리	선납세금 법인세대체	법인세등	×××	선납세금	×××
유동성대체	장기차입금 유동성대체	장기차입금	×××	유동성장기부채	×××
대손충당금환입	대손충당금잔액〉설정액	대손충당금	×××	대손충당금환입	×××
부가가치세정리	매출세액 〉 매입세액	부가세예수금	×××	부가세대급금	×××
				미지급세금	×××
	매출세액 〈 매입세액	부가세예수금	×××	부가세대급금	×××
		미수금	×××		

(04) 자동결산분개하기(결산자료입력메뉴에 입력할 사항)

자동결산 분개에 해당하는 내용을 [결산/재무제표] ⇨ [결산자료입력]에 입력한 후 상단 부의 전표추가(F3) 를 클릭한다.

> **ⓘ Can! 자동결산 정리사항!**
>
> (1) 상품매출원가의 계상(기말상품재고액 입력)
> (2) 매출채권에 대한 대손예상액의 계상(대손상각비 입력)
> (3) 감가상각비의 계상(감가상각비 입력)
> (4) 퇴직급여의 계상(퇴직급여 전입액 입력)
> (5) 기타채권에 대한 대손예상액 계상(기타의 대손상각비 입력)
> (6) 법인세 등의 입력

(1) 상품매출원가의 계상

[결산자료입력]에서 기말상품 재고액을 입력한 후 전표추가(F3) 를 클릭하면 자동으로 관련 분개가 입력된다.

상품매출원가 = <u>기초상품재고액 + 당기상품매입액</u> − 기말상품재고액
↳ 합계잔액시산표의 상품잔액−매출에누리및환입−매출할인

[자동전표] (차) 상품매출원가   ×××   (대) 상   품   ×××

---

(2) 매출채권에 대한 대손예상액 계상

합계잔액시산표상 매출채권(외상매출금, 받을어음)의 기말잔액 중에는 차기 이후에 대손이 예상되는 금액이 포함되어 있기 때문에 결산시 대손예상액만큼을 대손충당금으로 설정해야 한다.

[결산자료입력]에서 대손충당금 추가 설정액을 입력한 후 전표추가(F3) 를 클릭하면 자동으로 관련 분개가 입력된다.

대손충당금 추가 설정액 = (기말매출채권 × 설정률) − 결산전 대손충당금잔액

[자동전표] (차) 대손상각비   ×××   (대) 대손충당금   ×××

---

(3) 감가상각비의 계상

고정자산은 이를 사용하거나 시간의 경과 또는 기술적 진보에 따라 물리적·경제적으로 그 가치가 점차 감소되어 가는데 이러한 가치감소분을 감가상각비라 하며, 그 금액을 재무상태와 경영성과에 반영시킨다.

자동결산의 기능모음(F11) ▾ 을 클릭하고 감가상각반영 을 누르면 감가상각비 금액을 자동반영할 수 있으며, 전표추가(F3) 를 클릭하면 자동으로 관련 분개가 생성된다.

[자동전표] (차) 감가상각비   ×××   (대) 감가상각누계액   ×××

---

(4) 퇴직급여의 계상(퇴직급여 전입액 입력)

결산일 현재 지급해야 할 퇴직급여추계액에서 기설정된 퇴직급여충당부채를 차감한 금액을 추가로 계상한다.

[결산자료입력]에서 퇴직급여전입액을 입력한 후 전표추가(F3) 를 클릭하면 자동으로 관련 분개가 생성된다.

퇴직급여충당부채 추가 설정액 = 퇴직급여추계액 − 결산전 퇴직급여충당부채잔액

[자동전표] (차) 퇴직급여 ××× (대) 퇴직급여충당부채 ×××

(5) 기타채권에 대한 대손예상액 계상(기타의 대손상각비)

일반적인 상거래 이외의 기타채권(미수금, 대여금 등) 중에는 차기 이후에 대손이 예상되는 금액이 포함되어 있다. 따라서 결산시 대손예상액만큼을 대손충당금으로 설정한다.

[결산자료입력]에서 대손충당금 추가 설정액을 입력한 후 전표추가(F3) 를 클릭하면 자동으로 관련 분개가 입력된다.

[자동전표] (차) 기타의대손상각비 ××× (대) 대손충당금 ×××
(영업외비용)

(6) 법인세등의 입력

법인세추산액에서 기중에 납부한 법인세(선납세금)를 차감한 금액을 추가로 계상한다. [결산자료입력]에서 법인세 계상액을 입력 한 후 전표추가(F3) 를 클릭하면 자동으로 관련 분개가 생성된다.

법인세 추가 계상액 = 법인세 추산액 − 선납세금

[자동전표] (차) 법인세등 ××× (대) 미지급세금 ×××

주의 선납세금이 있는 경우 선납세금을 법인세등으로 대체하는 분개 (차) 법인세등 ××× (대) 선납세금 ×××를 일반전표입력에 한 후 [결산자료입력]의 '법인세 계상'란에 추가 계상액을 입력한다.

수행과제 **결산분개하기**

다음 자료를 이용하여 (주)삼일패션의 결산정리회계처리를 수행하시오.

수행 1 소모품 구입 시 전액 소모품비로 처리(비용처리)하고 있으며 결산 시 미사용분을 자산으로 계상하고 있다. 결산일 현재 미사용액 40,000원에 대해 자산으로 계상하시오.

수행 2 기말 재고조사를 실시한 결과 상품재고액이 20,000,000원이다.

수행 3 고정자산등록메뉴에서 등록한 고정자산에 대해 당기감가상각비를 계상하시오.

수행 4 대손충당금은 외상매출금잔액과 받을어음 잔액에 대해 1%를 설정한다.(보충법)

수행 5 당기법인세등 추산액은 3,000,000원이다.

수행과제 풀이 결산분개하기

1순위 수동결산에 해당하는 내용을 12월 31일 일반전표입력메뉴에 입력한다.

재무회계 ➡ 전표입력/장부 ➡ 일반전표입력

수행 1 12월 31일: 당기 미사용 소모품을 자산으로 대체한다.

구분	코드	계정과목	코드	거래처명	적요	차변	대변
차변	172	소 모 품			미사용 소모품	40,000	
대변	830	소 모 품 비			미사용 소모품		40,000
	(차) 172 소모품			40,000	(대) 830 소모품비		40,000

▌수동결산 수행 완료화면▐

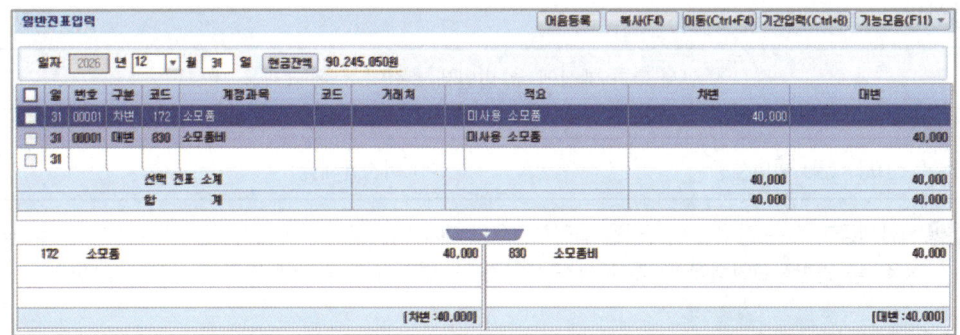

2순위 자동결산에 해당하는 금액을 각 란에 입력한 후 상단부 전표추가(F3) 를 클릭한다.

재무회계 ➡ 결산/재무제표 ➡ 결산자료입력

결산일자를 2026년 1월부터 2026년 12월로 입력한 후 자동결산 금액을 입력한다. '매출원가 및 경비선택' 입력창이 나오면 '확인'을 클릭한다.

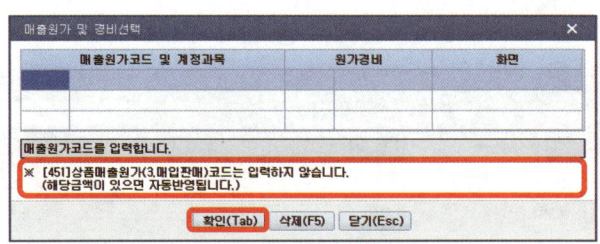

수행 2 기말상품재고액에 20,000,000원을 입력한다. ⋯⋯⋯⋯⋯⋯⋯⋯⋯⋯⋯⋯⋯ ❶

당기 상품매출원가 = 기초 상품재고액 + 당기 상품매입액 − 기말 상품재고액
(43,500,000원)　(10,500,000원)　(53,000,000원)　(20,000,000원)

수행 3 상단부 [기능모음(F11) ▾] 을 클릭하고 [감가상각반영] 을 누른 후 [결산반영(Tab)] 을 클릭하면 감가상각비 금액이 자동 반영된다. ⋯⋯⋯⋯⋯⋯⋯⋯⋯⋯⋯⋯⋯ ❷

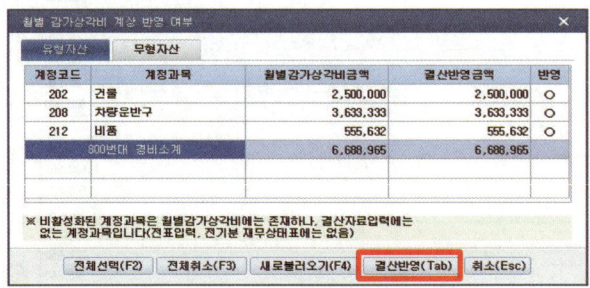

수행 4 대손상각비란에 대손충당금 추가설정 금액을 입력한다. ⋯⋯⋯⋯⋯⋯⋯⋯⋯ ❸

▌합계잔액시산표 조회화면▌

29,265,000	34,965,000	외 상 매 출 금	5,700,000	
		대 손 충 당 금	82,000	82,000
3,500,000	5,900,000	받 을 어 음	2,400,000	
		대 손 충 당 금	24,000	24,000

대손충당금 추가설정액 = (기말 매출채권 × 설정률) − 기설정 대손충당금

① 외상매출금 대손충당금 추가설정 금액 = (29,265,000원 × 1%) − 82,000원 = 210,650원
② 받을어음 대손충당금 추가설정 금액 = (3,500,000원 × 1%) − 24,000원 = 11,000원

수행 5 법인세 계상란에 3,000,000원을 입력한다. ⋯⋯⋯⋯⋯⋯⋯⋯⋯⋯⋯⋯⋯⋯⋯ ❹

수행 6 자동결산의 모든 금액을 입력한 후 상단부 [전표추가(F3)] 를 클릭하여 [예] 를 누르면 일반전표에 분개가 자동으로 생성된다. ⋯⋯⋯⋯⋯⋯⋯⋯⋯⋯⋯⋯⋯ ❺

▌자동결산 수행 완료화면 ▌

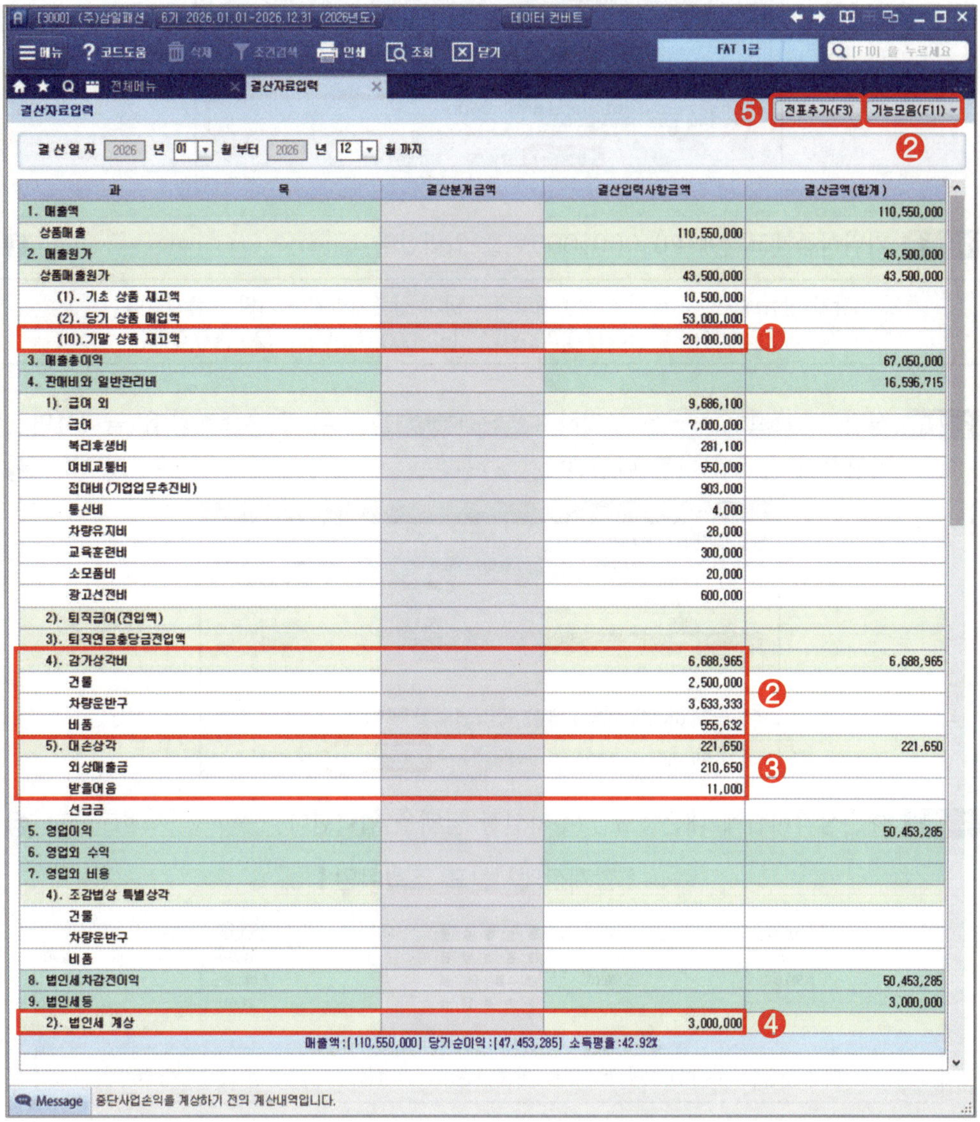

결산자료입력

결산일자 2026 년 01 ▼ 월 부터 2026 년 12 ▼ 월 까지

과 목	결산분개금액	결산입력사항금액	결산금액(합계)
1. 매출액			110,550,000
상품매출		110,550,000	
2. 매출원가			43,500,000
상품매출원가		43,500,000	43,500,000
(1). 기초 상품 재고액		10,500,000	
(2). 당기 상품 매입액		53,000,000	
(10).기말 상품 재고액		20,000,000 ❶	
3. 매출총이익			67,050,000
4. 판매비와 일반관리비			16,596,715
1). 급여 외		9,686,100	
급여		7,000,000	
복리후생비		281,100	
여비교통비		550,000	
접대비(기업업무추진비)		903,000	
통신비		4,000	
차량유지비		28,000	
교육훈련비		300,000	
소모품비		20,000	
광고선전비		600,000	
2). 퇴직급여(전입액)			
3). 퇴직연금충당금전입액			
4). 감가상각비		6,688,965	6,688,965
건물		2,500,000	
차량운반구		3,633,333 ❷	
비품		555,632	
5). 대손상각		221,650	221,650
외상매출금		210,650 ❸	
받을어음		11,000	
선급금			
5. 영업이익			50,453,285
6. 영업외 수익			
7. 영업외 비용			
4). 조감법상 특별상각			
건물			
차량운반구			
비품			
8. 법인세차감전이익			50,453,285
9. 법인세등			3,000,000
2). 법인세 계상		3,000,000 ❹	

매출액:[110,550,000] 당기순이익:[47,453,285] 소득평율:42.92%

Message 중단사업손익을 계상하기 전의 계산내역입니다.

▌자동결산 후 자동 생성 전표화면▐

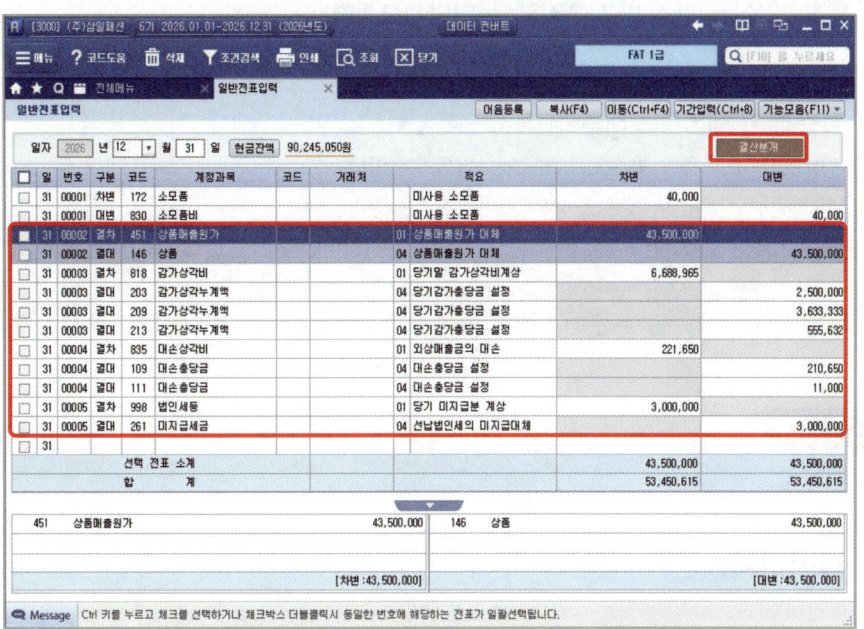

수행 tip

• 자동분개 일괄 삭제하기

[일반전표입력]의 12월 31일 화면에서 Shift 를 누른 상태에서 F5 를 누르면
(Shift + F5) 일괄자동분개 삭제 화면이 나타나며, 삭제(F5) 를 누르면
자동분개가 일괄 삭제된다.

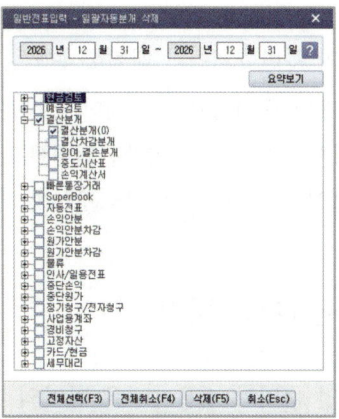

• 결산전표 작성하기

수동결산은 [일반전표입력]에서 12월 31일로 입력한다.

자동결산은 [결산자료입력]에서 전표추가(F3) 를 클릭하여 반영한다.

제2절 장부마감하기(NCS 능력단위요소명)

★ 학습목표(NCS 수행준거)

3.1 회계관련규정에 따라 주요장부를 마감할 수 있다.
3.2 회계관련규정에 따라 보조장부를 마감할 수 있다.
3.3 회계관련규정에 따라 각 장부의 오류를 수정할 수 있다.
3.4 자본거래를 파악하여 자본의 증감여부를 확인할 수 있다.

필요 지식

01 데이터체크

기중에 회계상 거래를 입력한 분개와 결산분개의 내용이 오류가 있는지 데이터체크를 한다. [데이터관리] ⇨ [데이터체크]를 선택한 후 을 클릭하여 검사하고, 오류가 있다면 오류관련 세부내용이 나타나므로 관련 내용을 수정하면 된다.

02 합계잔액시산표 조회

합계잔액시산표의 차변합계액과 대변합계액은 대차평균의 원리에 의하여 반드시 일치하여야 한다. 차변합계와 대변합계가 일치하지 않는다면 입력오류가 발생한 것이므로 오류를 조사하여 이를 수정해야 한다. 즉 [합계잔액시산표]는 입력된 전표가 대차차액 없이 적정하게 처리되었는지 정확성 여부를 검증하는 것이다.

03 손익계산서계정의 마감

손익계산서계정인 수익과 비용계정은 당기의 경영성과를 보여주는 것으로 차기의 경영활동에 영향을 미치지 않으므로 잔액은 손익(집합손익)계정으로 대체하여 마감한다. [결산/재무제표]의 [이익잉여금처분계산서]를 조회하여 상단부 를 클릭하면 수익과 비용계정의 손익대체분개가 이루어진다.

> • 수익계정의 잔액을 손익(집합손익) 계정으로 대체한다.
>   (차) 수익계정   ×××   (대) 손익계정   ×××
> • 비용계정의 잔액을 손익(집합손익) 계정으로 대체한다.
>   (차) 손익계정   ×××   (대) 비용계정   ×××
> • 손익계정의 잔액을 미처분이익잉여금 계정으로 대체한다.
>   (차) 손익계정   ×××   (대) 미처분이익잉여금   ×××

04 재무상태표 계정의 마감(마감 후 이월)

재무상태표계정인 자산, 부채, 자본계정은 당기의 재무상태가 보고된 이후에도 잔액이 '0'으로 되지 않고 계속해서 이월되어 차기의 재무상태에 영향을 미치게 된다. 당기의 경영활동에 의한 경영성과와 재무상태를 파악하기 위하여 기말수정회계처리를 하고 난 후에는 각 계정들을 마감하여 다음 회계기간의 경영활동을 기록하기 위한 준비를 한다. [마감 후 이월]메뉴에서 상단부 마감(F4) 을 클릭하여 계정잔액을 차기로 이월시킨다.

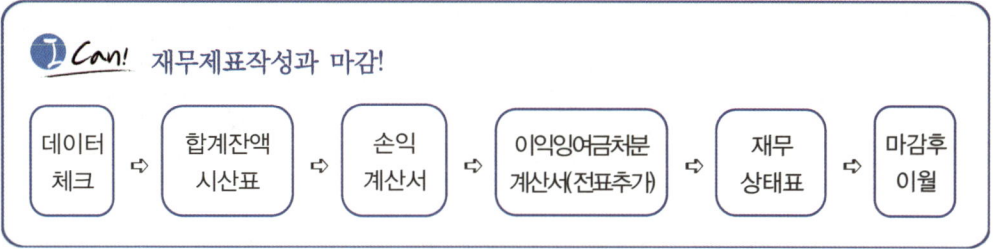

I Can! 재무제표작성과 마감!

데이터 체크 ⇨ 합계잔액 시산표 ⇨ 손익 계산서 ⇨ 이익잉여금처분 계산서(전표추가) ⇨ 재무 상태표 ⇨ 마감후 이월

수행과제 장부마감하기

(주)삼일패션의 결산 장부마감과 관련하여 다음의 내용을 수행하시오.

수행 1 데이터체크를 이용하여 오류사항 체크를 수행하시오.

수행 2 합계잔액시산표를 조회하여 작성을 수행하시오.

수행 3 손익계산서의 당기순이익을 확인한 후 이익잉여금처분계산서를 조회하여 상단부 [전표 추가]를 클릭하여 손익대체 회계처리를 수행하시오.
(당기 처분 예정일: 2027년 2월 27일, 전기 처분 확정일: 2026년 2월 27일)

수행 4 재무상태표 계정의 이월을 위한 [마감 후 이월]을 수행하시오.

수행과제 풀이 **장부마감하기**

수행 1 상단부의 검사시작(F3) 을 클릭하여 데이터체크를 한다.

재무회계 ➡ 데이터관리 ➡ 데이터체크

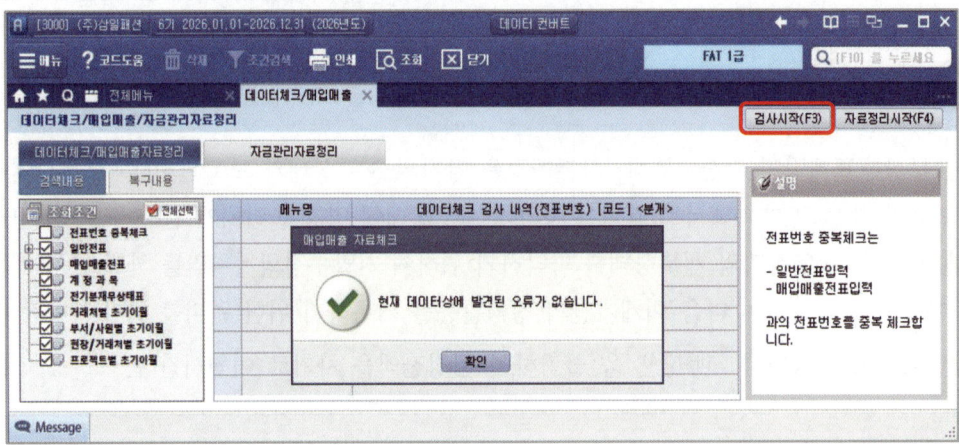

수행 2 합계잔액시산표를 12월 31일로 조회하여 작성한다.

재무회계 ➡ 결산/재무제표 ➡ 합계잔액시산표

┃ 합계잔액시산표 수행 완료화면 ┃

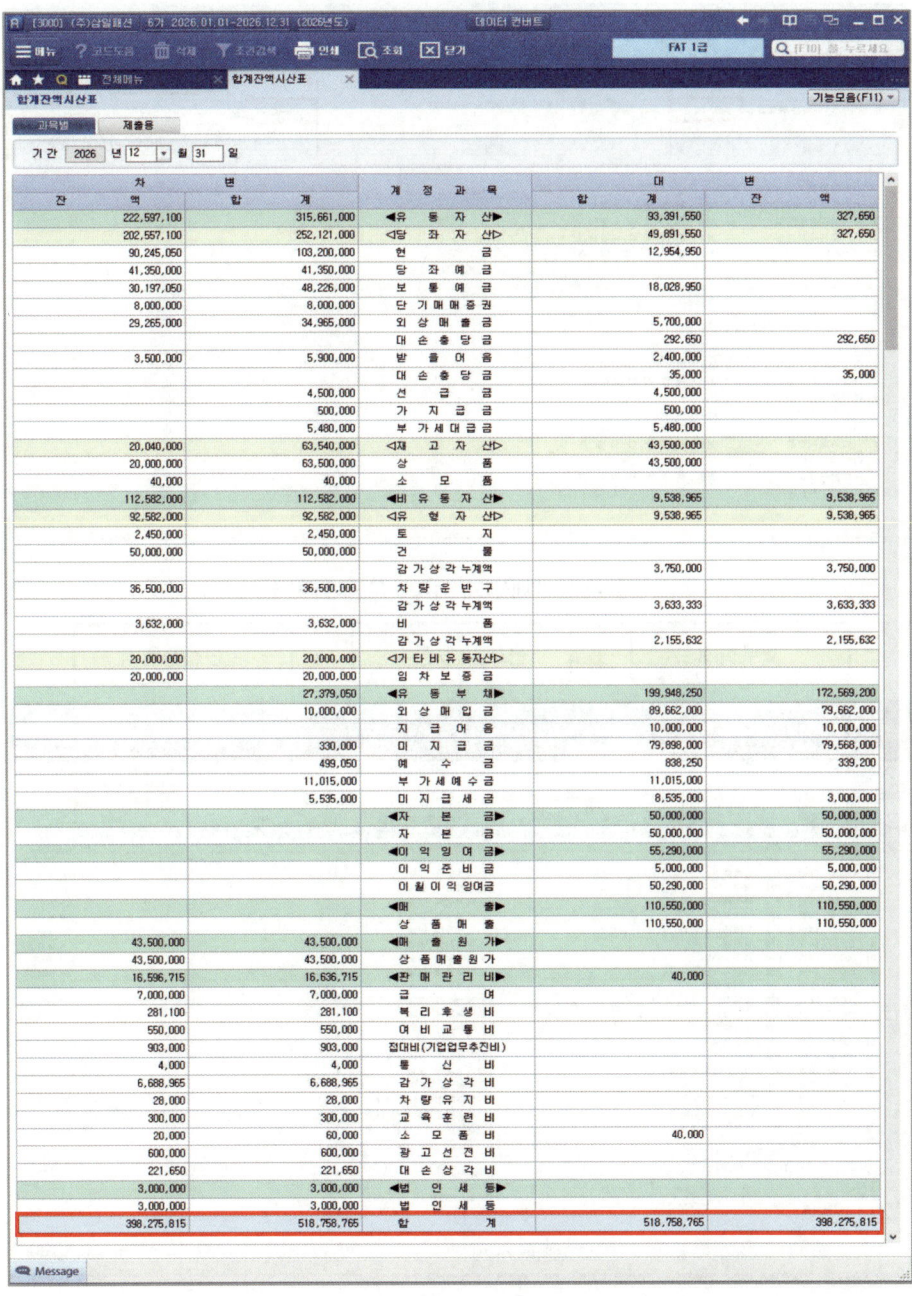

수행 3 손익계산서를 12월로 조회하여 당기순이익(47,453,285원)을 확인하고 이익잉여금
처분계산서를 조회하여 전기와 당기의 처분일을 입력하고 전표추가(F3) 를 클릭한다.

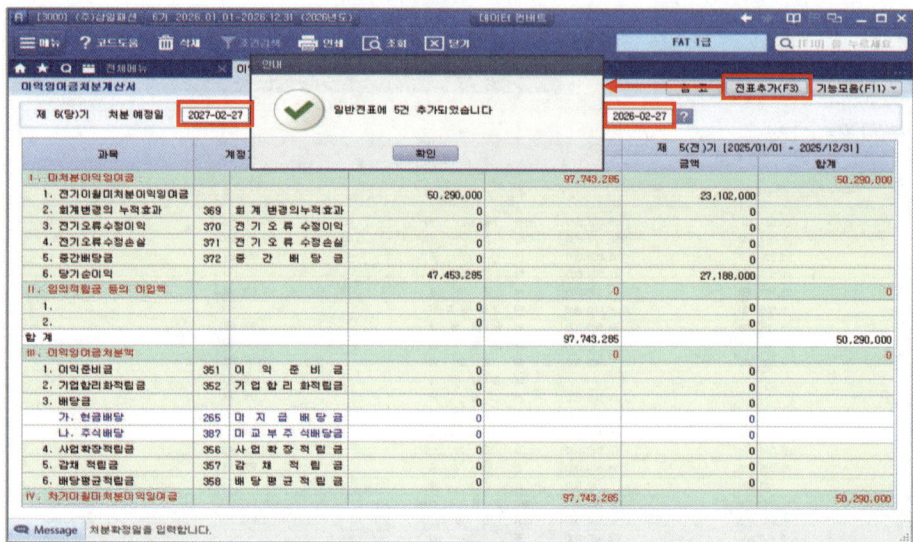

┃ 손익대체분개 수행 완료화면 ┃

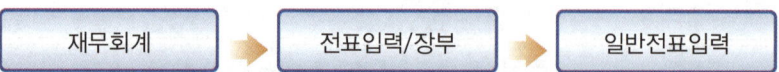

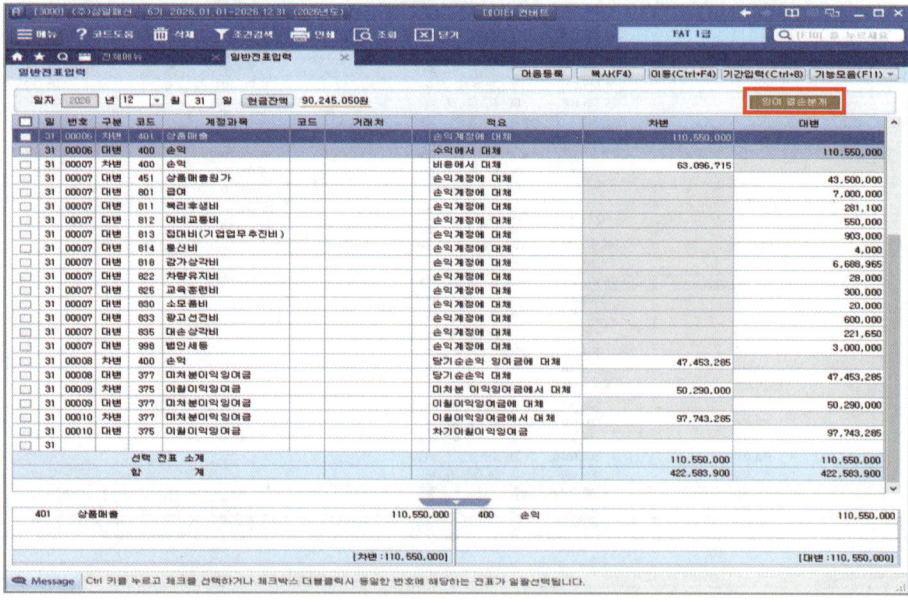

수행 4 마감후이월을 선택하여 상단부의 마감(F4) 을 클릭한다.

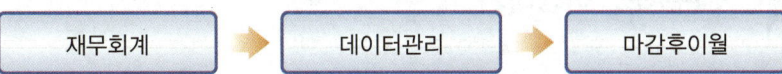

재무회계 ➡ 데이터관리 ➡ 마감후이월

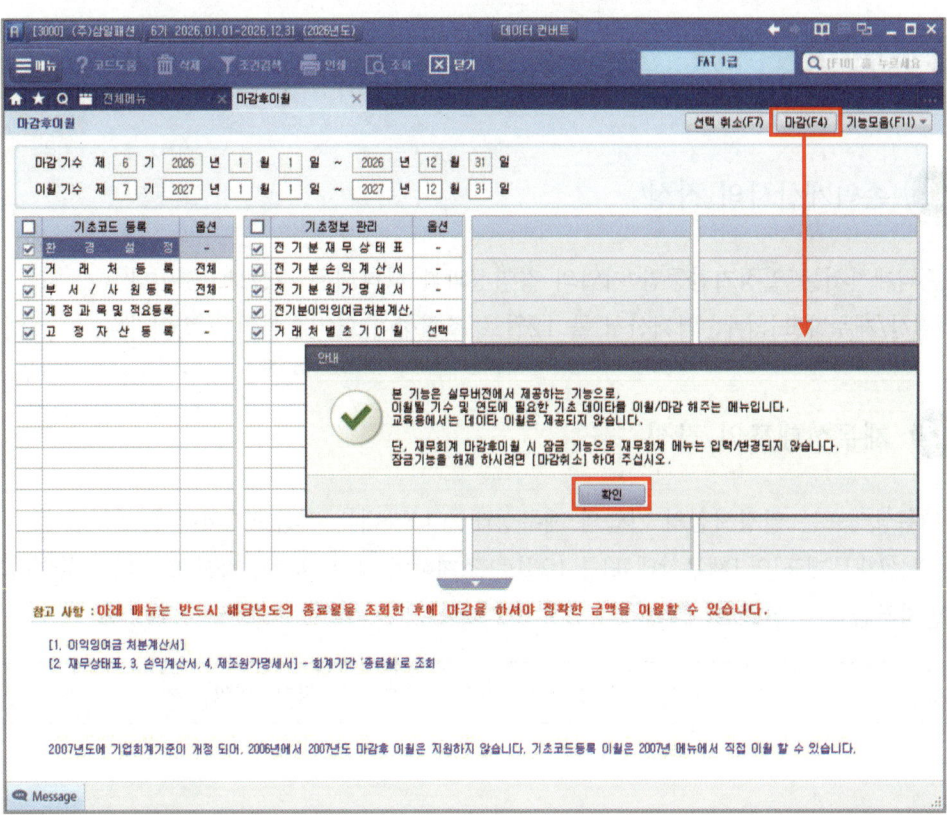

제**3**절   재무제표 작성하기

필요 지식

01 손익계산서의 작성

손익계산서는 일정기간동안 기업의 경영성과를 나타내는 결산보고서이다.
[결산/재무제표]의 [손익계산서]를 12월로 조회하여 당기순이익을 확인한다.

02 재무상태표의 작성

재무상태표는 일정시점의 기업의 재무상태를 나타내는 결산보고서이다.
[결산/재무제표]의 [재무상태표]를 12월로 조회하여 자산, 부채, 자본의 상태를 확인하고
기말자본금을 확인한다.

> 미처분이익잉여금 = 전기이월이익잉여금 + 당기순이익

수행과제   재무제표 작성하기

수행 1 (주)삼일패션의 당기분 손익계산서 작성을 수행하시오.

수행 2 (주)삼일패션의 당기분 재무상태표 작성을 수행하시오.

수행 3 12월 31일 매출채권과 매입채무의 잔액은 얼마인가?

수행과제 풀이 재무제표 작성하기

수행 1 손익계산서를 12월로 조회하여 당기순이익을 확인한다.

➡ 당기순이익 47,453,285원

▌손익계산서 수행 완료화면▐

과목	제 6(당)기 [2026/01/01 ~ 2026/12/31]		제 5(전)기 [2025/01/01 ~ 2025/12/31]	
	금액		금액	
Ⅰ. 매　　　출　　　액		110,550,000		500,516,000
상　품　매　출	110,550,000		500,516,000	
Ⅱ. 매　　　출　　　원　　　가		43,500,000		250,350,000
상　품　매　출　원　가		43,500,000		250,350,000
기　초　상　품　재　고　액	10,500,000		5,500,000	
당　기　상　품　매　입　액	53,000,000		255,350,000	
기　말　상　품　재　고　액	20,000,000		10,500,000	
Ⅲ. 매　　　출　　　총　　　이　　　익		67,050,000		250,166,000
Ⅳ. 판　매　비　와　관　리　비		16,596,715		201,698,000
급　　　　　　　여	7,000,000		68,950,000	
복　리　후　생　비	281,100		25,512,000	
여　비　교　통　비	550,000		7,586,000	
접대비(기업업무추진비)	903,000		7,500,000	
통　　　신　　　비	4,000		4,254,000	
수　도　광　열　비	0		2,251,000	
감　가　상　각　비	6,688,965		13,000,000	
임　　　차　　　료	0		15,000,000	
수　　　선　　　비	0		7,895,000	
보　　　험　　　료	0		12,645,000	
차　량　유　지　비	28,000		7,105,000	
교　육　훈　련　비	300,000		0	
소　　모　　품　　비	20,000		0	
수　수　료　비　용	0		30,000,000	
광　고　선　전　비	600,000		0	
대　손　상　각　비	221,650		0	
Ⅴ. 영　　　업　　　이　　　익		50,453,285		48,468,000
Ⅵ. 영　　업　　외　　수　　익		0		0
Ⅶ. 영　　업　　외　　비　　용		0		18,780,000
이　　자　　비　　용	0		18,780,000	
Ⅷ. 법　인　세　차　감　전　이　익		50,453,285		29,688,000
Ⅸ. 법　　　인　　　세　　　등		3,000,000		2,500,000
법　　인　　세　　등	3,000,000		2,500,000	
Ⅹ. 당　　기　　순　　이　　익		47,453,285		27,188,000

수행 2 재무상태표를 12월로 조회한 후 미처분이익잉여금을 확인한다.

전기이월이익잉여금(50,290,000원) + 당기순이익(47,453,285원) = 미처분이익잉여금(97,743,285원)

┃ 재무상태표 수행 완료화면 ┃

과목	제 6(당)기 [2026/01/01 ~ 2026/12/31] 금액		제 5(전)기 [2025/01/01 ~ 2025/12/31] 금액	
자 산				
Ⅰ. 유 동 자 산		222,269,450		121,370,000
(1) 당 좌 자 산		202,229,450		110,870,000
현 금		90,245,050		12,800,000
당 좌 예 금		41,350,000		38,950,000
보 통 예 금		30,197,050		41,626,000
단 기 매 매 증 권		8,000,000		7,000,000
외 상 매 출 금	29,265,000		8,200,000	
대 손 충 당 금	292,650	28,972,350	82,000	8,118,000
받 을 어 음	3,500,000		2,400,000	
대 손 충 당 금	35,000	3,465,000	24,000	2,376,000
(2) 재 고 자 산		20,040,000		10,500,000
상 품		20,000,000		10,500,000
소 모 품		40,000		0
Ⅱ. 비 유 동 자 산		103,043,035		78,582,000
(1) 투 자 자 산		0		0
(2) 유 형 자 산		83,043,035		58,582,000
토 지		2,450,000		0
건 물	50,000,000		50,000,000	
감 가 상 각 누 계 액	3,750,000	46,250,000	1,250,000	48,750,000
차 량 운 반 구	36,500,000		9,000,000	
감 가 상 각 누 계 액	3,633,333	32,866,667		9,000,000
비 품	3,632,000		2,432,000	
감 가 상 각 누 계 액	2,155,632	1,476,368	1,600,000	832,000
(3) 무 형 자 산		0		0
(4) 기 타 비 유 동 자 산		20,000,000		20,000,000
임 차 보 증 금		20,000,000		20,000,000
자 산 총 계		325,312,485		199,952,000
부 채				
Ⅰ. 유 동 부 채		172,569,200		94,662,000
외 상 매 입 금		79,662,000		44,662,000
지 급 어 음		10,000,000		0
미 지 급 금		79,568,000		50,000,000
예 수 금		339,200		0
미 지 급 세 금		3,000,000		0
Ⅱ. 비 유 동 부 채		0		0
부 채 총 계		172,569,200		94,662,000
자 본				
Ⅰ. 자 본 금		50,000,000		50,000,000
자 본 금		50,000,000		50,000,000
Ⅱ. 자 본 잉 여 금		0		0
Ⅲ. 자 본 조 정		0		0
Ⅳ. 기 타 포 괄 손 익 누 계 액		0		0
Ⅴ. 이 익 잉 여 금		102,743,285		55,290,000
이 익 준 비 금		5,000,000		5,000,000
미 처 분 이 익 잉 여 금		97,743,285		50,290,000
(당 기 순 이 익)				
당기 : 47,453,285 원				
전기 : 27,188,000 원				
자 본 총 계		152,743,285		105,290,000
부 채 및 자 본 총 계		325,312,485		199,952,000

수행 3 재무상태표를 제출용으로 조회한다.

 **답** 매출채권 32,765,000원, 매입채무 89,662,000원

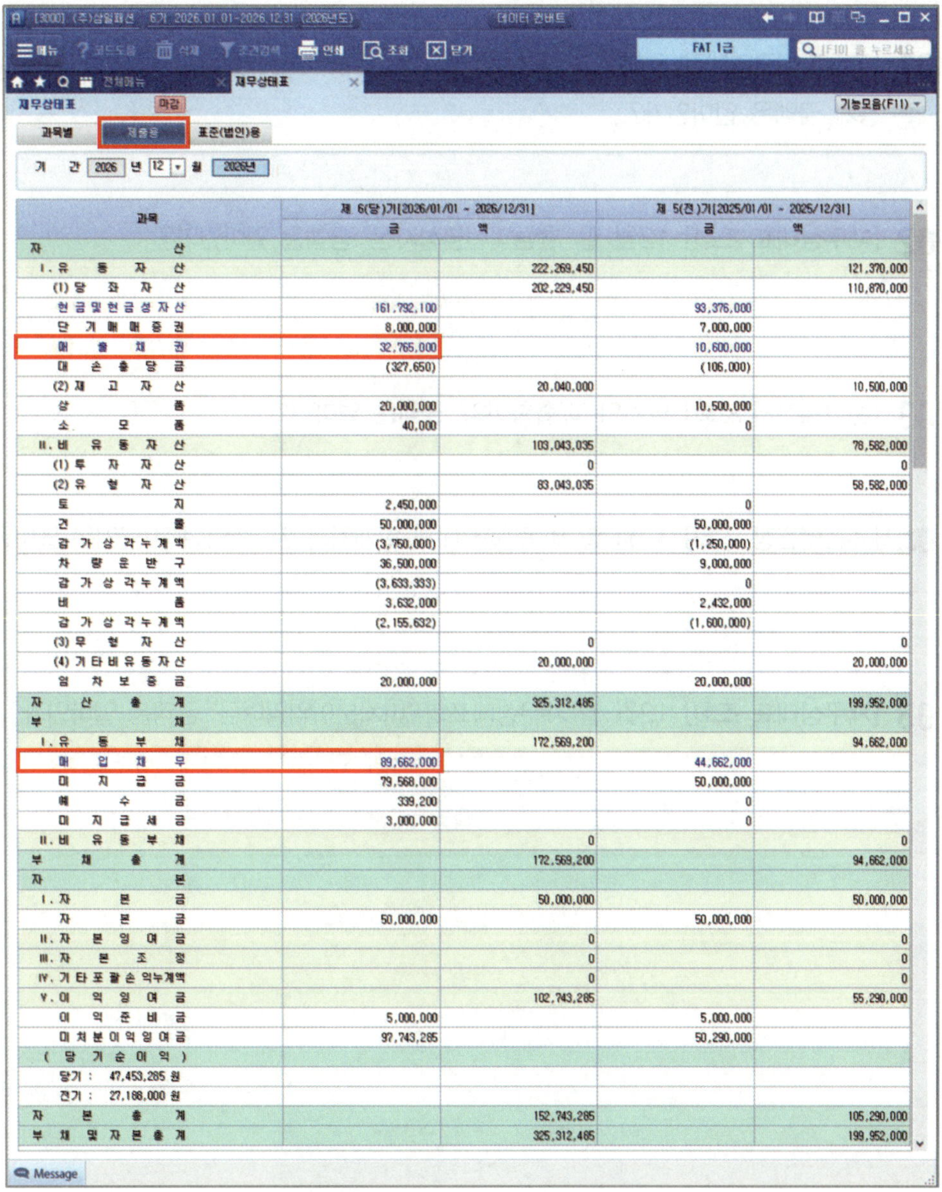

과목	제 6(당)기[2026/01/01 ~ 2026/12/31] 금	액	제 5(전)기[2025/01/01 ~ 2025/12/31] 금	액
자 산				
Ⅰ. 유 동 자 산		222,269,450		121,370,000
(1) 당 좌 자 산		202,229,450		110,870,000
현금및현금성자산	161,792,100		93,376,000	
단 기 매 매 증 권	8,000,000		7,000,000	
매 출 채 권	32,765,000		10,600,000	
대 손 충 당 금	(327,650)		(106,000)	
(2) 재 고 자 산		20,040,000		10,500,000
상 품	20,000,000		10,500,000	
소 모 품	40,000		0	
Ⅱ. 비 유 동 자 산		103,043,035		78,582,000
(1) 투 자 자 산		0		0
(2) 유 형 자 산		83,043,035		58,582,000
토 지	2,450,000		0	
건 물	50,000,000		50,000,000	
감 가 상 각 누 계 액	(3,750,000)		(1,250,000)	
차 량 운 반 구	36,500,000		9,000,000	
감 가 상 각 누 계 액	(3,633,333)		0	
비 품	3,632,000		2,432,000	
감 가 상 각 누 계 액	(2,155,632)		(1,600,000)	
(3) 무 형 자 산		0		0
(4) 기 타 비 유 동 자 산		20,000,000		20,000,000
임 차 보 증 금	20,000,000		20,000,000	
자 산 총 계		325,312,485		199,952,000
부 채				
Ⅰ. 유 동 부 채		172,569,200		94,662,000
매 입 채 무	89,662,000		44,662,000	
미 지 급 금	79,568,000		50,000,000	
예 수 금	339,200		0	
미 지 급 세 금	3,000,000		0	
Ⅱ. 비 유 동 부 채		0		0
부 채 총 계		172,569,200		94,662,000
자 본				
Ⅰ. 자 본 금		50,000,000		50,000,000
자 본 금	50,000,000		50,000,000	
Ⅱ. 자 본 잉 여 금		0		0
Ⅲ. 자 본 조 정		0		0
Ⅳ. 기 타 포 괄 손 익 누 계 액		0		0
Ⅴ. 이 익 잉 여 금		102,743,285		55,290,000
이 익 준 비 금	5,000,000		5,000,000	
미 처 분 이 익 잉 여 금	97,743,285		50,290,000	
(당 기 순 이 익)				
당기 : 47,453,285 원				
전기 : 27,188,000 원				
자 본 총 계		152,743,285		105,290,000
부 채 및 자 본 총 계		325,312,485		199,952,000

수행 tip

• 재무제표를 조회하여 원하는 정보를 산출할 수 있어야 한다.

출제예상 평가문제

(비대면 시험대비)

01 [고정자산관리대장 조회] 고정자산관리대장의 '신규취득및증가'에 해당하는 고정자산의 총계 금액은 얼마인가? ( )원

02 [재무상태표 조회] 12월 말 '현금및현금성자산' 금액은 얼마인가?

( )원

03 [손익계산서 조회] 당기의 '매출총이익' 금액은 얼마인가? ( )원

04 [계정별원장 조회] 12월 말 비용에서 대체 회계처리 된 '손익'계정 금액은 얼마인가?

( )원

05 [재무상태표 조회] 12월 말 재무상태표의 '미처분이익잉여금' 금액은 얼마인가?

( )원

(**NCS** 능력단위 0203020105_20v4)

회계정보시스템 운용

NCS 능력단위: 회계정보시스템 운용(0203020105_20v4)

I Can!
회계정보시스템 운용

원활한 재무보고를 위하여 회계 관련 DB마스터 관리, 회계프로그램 운용, 회계정보를 활용하는 능력이다.

직종	분류번호	능력단위	능력단위 요소	수준
회계 감사	0203020105_20v4	회계정보시스템 운용	01 회계 관련 DB마스터 관리하기	2
			02 회계프로그램 운용하기	2
			03 회계정보 활용하기	2

능력단위 요소	수행준거	교재 구성
01 회계관련 DB마스터 관리하기	1.1 DB마스터 매뉴얼에 따라 계정과목 및 거래처를 관리할 수 있다.	제3부 1장
	1.2 DB마스터 매뉴얼에 따라 비유동자산의 변경 내용을 관리할 수 있다.	
	1.3 DB마스터 매뉴얼에 따라 개정된 회계관련규정을 적용하여 관리할 수 있다.	
02 회계프로그램 운용하기	2.1 회계프로그램 매뉴얼에 따라 프로그램 운용에 필요한 기초 정보를 입력·수정할 수 있다.	
	2.2 회계프로그램 매뉴얼에 따라 정보 산출에 필요한 자료를 입력·수정할 수 있다.	
	2.3 회계프로그램 매뉴얼에 따라 기간별·시점별로 작성한 각종 장부를 검색·출력할 수 있다.	
	2.4 회계프로그램 매뉴얼에 따라 결산 작업 후 재무제표를 검색·출력할 수 있다.	제3부 6장
03 회계정보 활용하기	3.1 회계관련규정에 따라 회계정보를 활용하여 재무 안정성을 판단할 수 있는 자료를 산출할 수 있다.	
	3.2 회계관련규정에 따라 회계정보를 활용하여 수익성과 위험도를 판단할 수 있는 자료를 산출할 수 있다.	
	3.3 경영진 요청 시 회계정보를 제공할 수 있다.	

제1절 회계프로그램 운용하기(NCS_능력단위요소명)

★ **학습목표(NCS_ 수행준거)**
2.3 회계프로그램 매뉴얼에 따라 기간별·시점별로 작성한 각종 장부를 검색·출력할 수 있다.
2.4 회계프로그램 매뉴얼에 따라 결산 작업 후 재무제표를 검색·출력할 수 있다.

필요 지식

01 주요부와 보조부

장부는 기업의 경영활동에서 발생하는 모든 거래를 기록·계산·정리하기 위하여 작성하며 주요부와 보조부로 구분된다.
① 주요부: 분개장, 총계정원장
② 보조부: 현금출납장, 당좌예금출납장, 매입장, 매출장, 받을어음기입장, 지급어음기입장, 상품재고장, 매출처원장, 매입처원장 등

02 전표출력

일반전표입력에서 입력한 전표를 출력할 수 있는 메뉴이다.

03 분개장

차변과 대변으로 분개된 내용을 조회하며 으로 전표수정이 가능하다.

04 총계정원장

계정과목별로 차변, 대변, 잔액의 월별 합계 자료를 보여주며, 월자료를 더블클릭하면 계정별원장 조회화면에서 자세한 내용을 확인할 수 있다.

05 계정별원장

각 계정과목별 거래내역을 자세히 기록한 장부로 주요부인 총계정원장의 보조부이다. 현금은 현금출납장에서 조회되므로 현금을 제외한 계정에 대해 조회가 가능하다.

06 거래처원장

기업의 영업활동 중 거래처별 관리가 필요한 채권·채무 거래가 발생한 경우 거래처별로 장부관리가 필요하게 된다. 이러한 장부를 거래처원장이라 하며 전표 입력 시 거래처별 관리가 필요한 계정과목에 거래처코드를 입력하면 거래처원장에서 조회가 된다.

07 매입매출장

매입매출전표에서 입력한 내용을 과세유형별로 조회할 수 있는 보조장부이다.

수행과제　제장부 검색

(주)삼일패션의 관련 자료를 조회하여 다음을 수행하시오.

수행 1 당기 중 외상매입금 상환액은 총 얼마인가?(총계정원장 또는 계정별원장 조회)

수행 2 2기 예정(7월~9월)에 신용카드(과세)로 발생된 매출 건수와 공급대가 금액은?
(매입매출장 조회)

수행과제 풀이 제장부 검색

수행 1 총계정원장 조회

답 10,000,000원

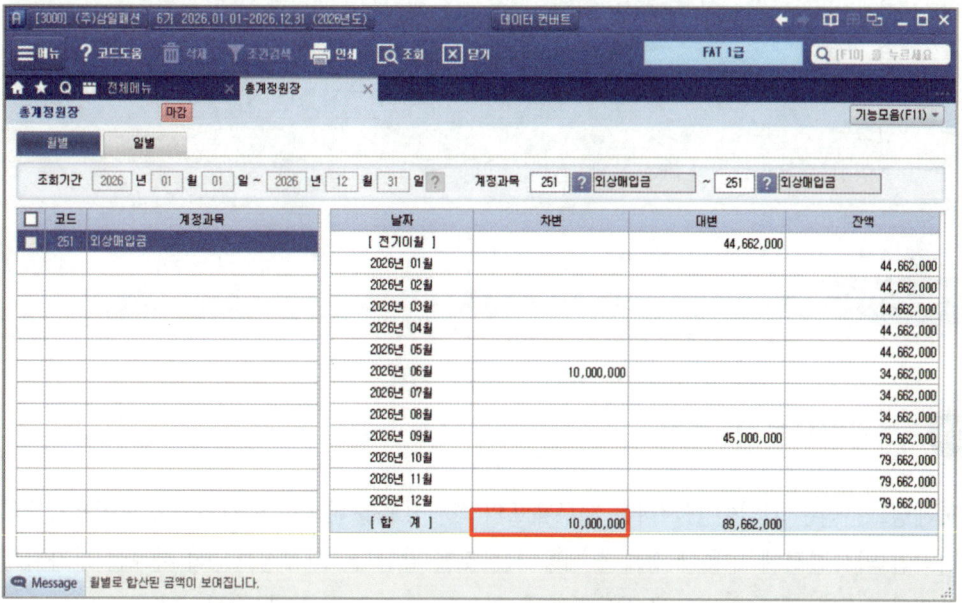

수행 2 매입매출장 조회

답 1건, 165,000원

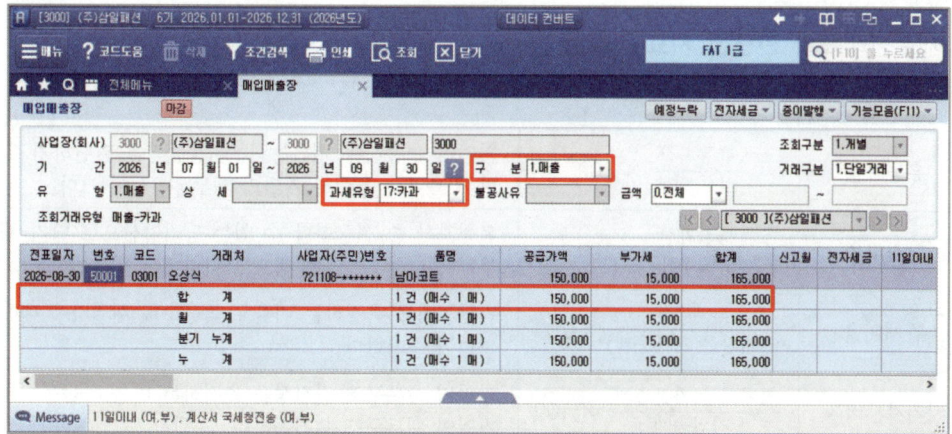

  제2절 **회계정보 활용하기(NCS 능력단위요소명)**

★ **학습목표(NCS 수행준거)**

3.1 회계관련규정에 따라 회계정보를 활용하여 재무 안정성을 판단할 수 있는 자료를 산출할 수 있다.
3.2 회계관련규정에 따라 회계정보를 활용하여 수익성과 위험도를 판단할 수 있는 자료를 산출할 수 있다.
3.3 경영진 요청 시 회계정보를 제공할 수 있다.

필요 지식

 회계정보분석

회계정보분석은 기업이 공시하는 재무제표의 회계정보를 분석하여 기업의 정보이용자들의 합리적인 의사결정에 유용한 정보를 제공하는 것을 말한다. 회계정보분석 자료는 투자자의 투자의사결정과 채권자의 신용의사결정에 위험과 수익을 측정하는 것이다.

02 회계정보분석 방법

1) 재무상태표와 관련된 지표

구 분	공 식	내 용
유동비율	$\dfrac{유동자산}{유동부채} \times 100$	기업이 보유하는 지급능력, 신용능력을 판단하기 위한 비율로 높을수록 기업의 재무유동성이 크다.
당좌비율	$\dfrac{당좌자산}{유동부채} \times 100$	유동자산 중 현금화할 수 있는 당좌자산으로 단기 채무를 충당할 수 있는 정도를 나타내는 비율이다.
부채비율	$\dfrac{부채총계}{자기자본(자본총계)} \times 100$	지급능력을 측정하는 비율로 높을수록 채권자에 대한 위험이 증가한다.
자기자본비율	$\dfrac{자기자본(자본총계)}{자산총계} \times 100$	기업의 재무구조 건전성을 측정하는 비율로 높을수록 기업의 재무구조가 건전하다.
총자산회전율	$\dfrac{매출액}{총자산} \times 100$	총자산이 1년에 몇 번 회전하는지 나타내는 비율로 높을수록 자산을 효율적으로 이용하고 있다는 것이다.

2) 손익계산서와 관련된 지표

구 분	공 식	내 용
매출총이익률	$\dfrac{\text{매출총이익}}{\text{매출액}} \times 100$	매출로부터 얼마의 이익을 얻느냐를 나타내는 비율로 높을수록 판매, 매입활동이 양호한 편이다.
영업이익률	$\dfrac{\text{영업이익}}{\text{매출액}} \times 100$	기업의 주된 영업활동에 의한 성과를 판단하는 비율로 판매활동과 직접 관계없는 영업외손익을 제외한 순수 영업활동의 수익성을 나타낸다.
주당순이익	$\dfrac{\text{당기순이익}}{\text{주식수}}$	1주당 이익을 얼마나 창출하였느냐를 나타내는 지표로 당기순이익에 대한 주주의 몫을 나타낸다.
이자보상비율	$\dfrac{\text{영업이익}}{\text{이자비용}} \times 100$	기업의 채무상환능력을 나타내는 지표로 1보다 클 경우 금융비용을 부담하고 추가 이익도 낼 수 있다는 것이다.

수행과제 회계정보 활용하기

(주)삼일패션의 재무제표 자료를 참고하여 회계정보분석을 수행하시오.

수행 1 전기의 유동비율은 얼마인가?(재무상태표 조회)

수행 2 당기의 매출총이익률은 얼마인가?(손익계산서 조회)

수행 3 당기의 주당순이익은 얼마인가?(손익계산서 조회, 발행주식수 10,000주)

수행과제 풀이 회계정보 활용하기

수행 1 재무상태표를 조회하여 전기분 유동자산과 유동부채를 참고로 유동비율을 구한다.

답 ・유동비율 $= \dfrac{\text{유동자산}}{\text{유동부채}} \times 100 = \dfrac{121,370,000원}{94,662,000원} \times 100 = 128\%$

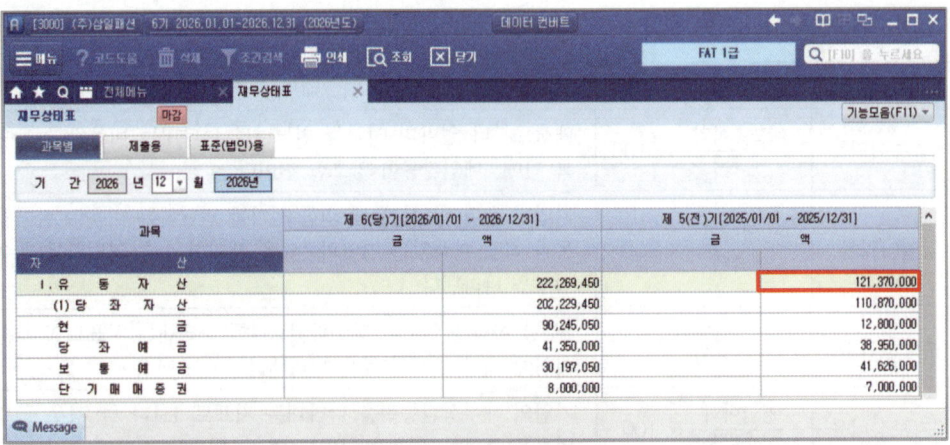

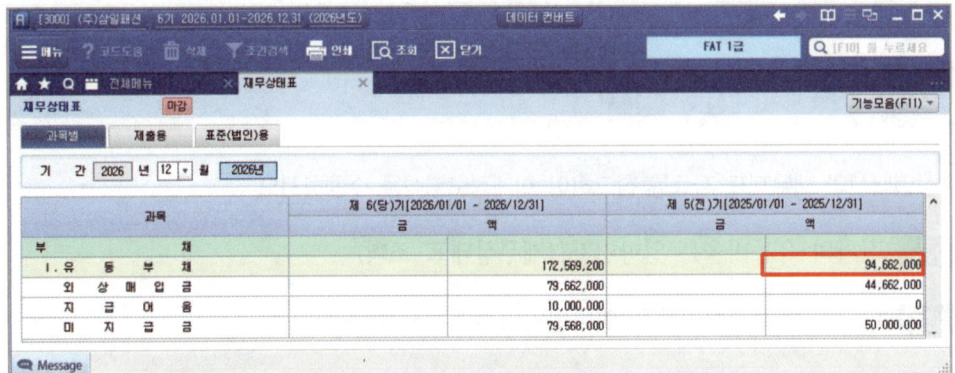

수행 2 손익계산서의 매출총이익과 매출액을 참고로 매출총이익률을 구한다.

답 • 매출총이익률 = $\dfrac{\text{매출총이익}}{\text{매출액}} \times 100 = \dfrac{67,050,000\text{원}}{110,550,000\text{원}} \times 100 = 60.6\%$

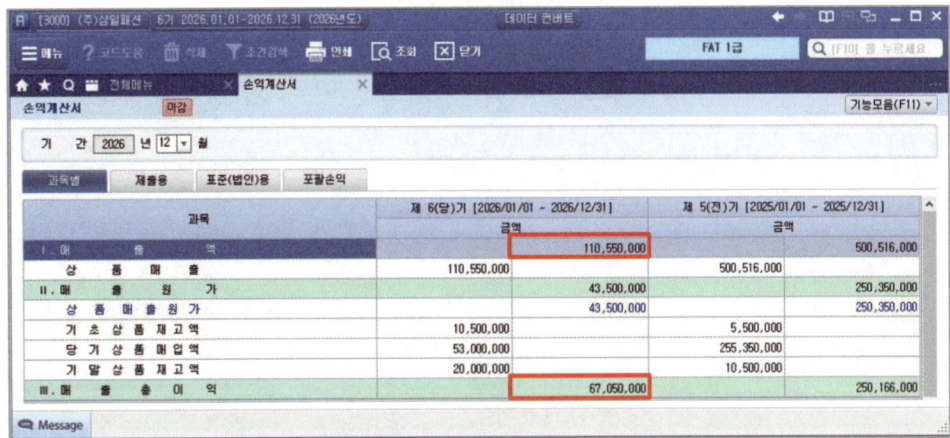

수행 3 손익계산서의 기능모음의 주당손익을 클릭하여 주식수를 입력하거나 직접 계산한다.

답 ・주당순이익 $= \dfrac{\text{당기순이익}}{\text{발행주식수}} = \dfrac{47,453,285\text{원}}{10,000\text{주}} = 4,745$원/주

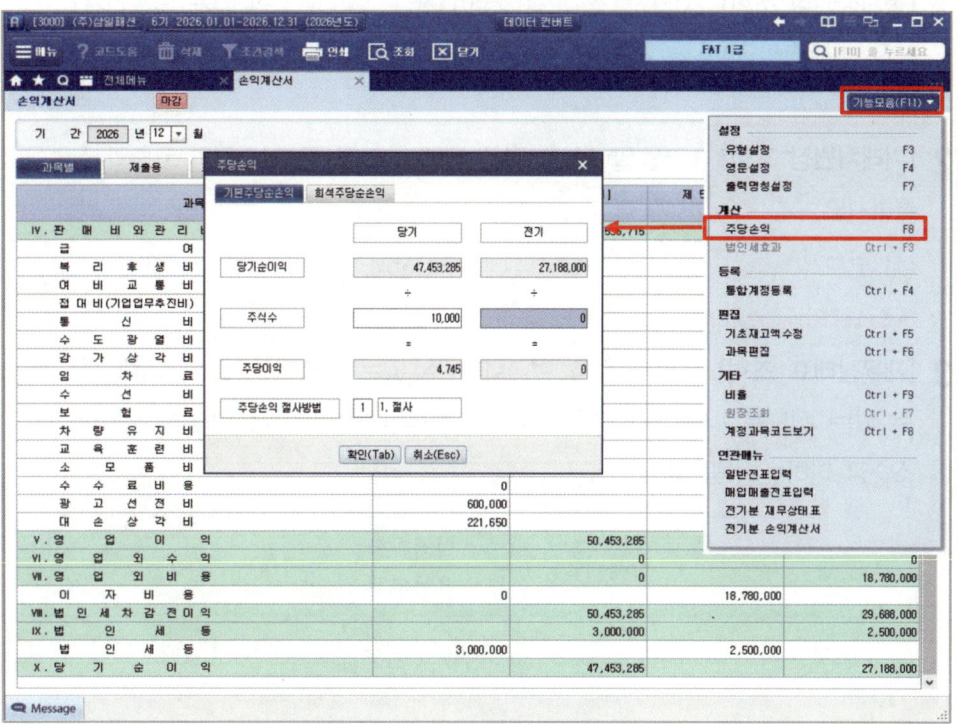

수행 tip

・재무상태표, 손익계산서 등을 조회하여 알고자 하는 지표 등의 비율분석을 할 수 있어야 한다.

출제예상 평가문제   (비대면 시험대비)

01 [총계정원장 조회] 2026년 중 보통예금이 가장 많이 감소한 월은 몇월인가?

　① 2월　　　　　② 3월　　　　　③ 8월　　　　　④ 10월

02 [거래처원장 조회] 12월 말 외상매입금 잔액이 가장 큰 거래처의 코드와 잔액을 기록하시오.

　(1) 코드 (　　　　　　　　)　　　　　(2) 잔액 (　　　　　　　　)원

03 [재무상태표 조회] 유동자산 중 현금화할 수 있는 당좌자산으로 단기채무를 충당할 수 있는 정도를 나타내는 비율은 당좌비율이다. 전기분 당좌비율은 얼마인가?(단, 소숫점 이하는 버림 할 것.)

$$당좌비율(\%) = \frac{당좌자산}{유동부채} \times 100$$

　① 110%　　　　② 115%　　　　③ 117%　　　　④ 120%

04 [재무상태표, 손익계산서 조회] 총자산회전율은 총자산이 1년에 몇 번 회전하는지를 나타내는 비율이다. 전기분 총자산회전율은 얼마인가?(단, 소숫점 이하는 버림 할 것.)

$$총자산회전율(\%) = \frac{매출액}{총자산} \times 100$$

　① 200%　　　　② 210%　　　　③ 230%　　　　④ 250%

05 [손익계산서 조회] 영업이익률은 기업의 주된 영업활동에 의한 성과를 판단하는 비율이다. 당기분 영업이익률은 얼마인가?

$$영업이익률(\%) = \frac{영업이익}{매출액} \times 100$$

　① 35%　　　　② 45%　　　　③ 55%　　　　④ 65%

제 **4** 부

합격 확신
문제 풀이

백데이터 설치방법

합격 확신 문제 풀이(유형별 연습문제, 최신 기출문제, 출제예상 모의고사) 백데이터를 아래의 방법으로 설치한 후 문제를 풀어보세요.

① 삼일아이닷컴(http://www.samili.com) 홈페이지에 접속한다.
② 상단부 제품몰을 클릭하고 자료실에서 백데이터를 다운받는다.
③ 다운받은 백데이터파일을 더블클릭하여 실행한다.
④ 해당회사로 로그인하고 문제를 푼다.

참고 프로그램 설치에 대한 자세한 내용은 교재 '제1부 알고가자'를 참고하면 된다.

제 **1** 장

유형별 연습문제

■ 수년간 기출문제 완벽 분석

유형별 연습문제

실무이론평가

제1절 재무회계

01 재무회계 기본개념

01 김 과장의 답변에서 알 수 있는 거래 분석으로 옳은 것은?

> **[이부장]**
> (주)한공에 대한 외상매입금을 언제 지급했습니까?
> **[김과장]**
> 방금 전 보통예금계좌에서 이체했습니다.

① (차) 부채의 감소　(대) 자산의 증가
② (차) 부채의 감소　(대) 자산의 감소
③ (차) 자산의 감소　(대) 부채의 증가
④ (차) 자산의 감소　(대) 부채의 감소

02 재무제표의 작성과 표시에 대한 설명으로 옳지 않은 것은?

① 재무제표는 재무상태표, 손익계산서, 현금흐름표, 자본변동표로 구성되며, 주석을 포함한다.
② 일반적으로 인정되는 회계원칙에 따라 재무제표를 작성하면 회계정보의 기간별·기업간 비교가능성이 높아진다.
③ 자산은 원칙적으로 1년을 기준으로 유동자산과 비유동자산으로 분류한다.
④ 현금흐름표는 일정 기간 동안 기업의 경영성과에 대한 정보를 제공하는 재무보고서로서 미래현금흐름과 수익창출능력의 예측에도 유용한 정보를 제공한다.

03 다음 중 재무보고에 대한 설명으로 옳지 않은 것은?

① 재무보고는 다양한 이해관계자의 경제적 의사결정을 위해 재무정보를 제공하는 것을 말한다.
② 재무제표는 가장 핵심적인 재무보고 수단이다.
③ 재무보고는 기업실체의 경제적 자원과 의무, 경영성과, 현금흐름, 자본변동 등에 관한 정보를 제공하는 것을 말한다.
④ 주석은 재무제표에 포함되지 않는다.

04 다음 중 재무제표의 작성과 표시에 대한 설명으로 옳지 않은 것은?

① 경영진은 재무제표를 작성할 때 계속기업으로서의 존속가능성을 평가해야 한다.
② 재무제표의 작성과 표시에 대한 책임은 외부감사인에게 있다.
③ 재무제표는 경제적 사실과 거래의 실질을 반영하여 공정하게 표시하여야 한다.
④ 일반기업회계기준에 따라 적정하게 작성된 재무제표는 공정하게 표시된 재무제표로 본다.

05 재무제표 작성과 표시의 일반원칙에 대한 설명으로 옳은 것은?

① 자산과 부채는 원칙적으로 상계하여 표시한다.
② 재무제표의 작성과 표시에 대한 책임은 종업원에게 있다.
③ 중요한 항목은 재무제표의 본문이나 주석에 통합하여 표시한다.
④ 경영진은 재무제표 작성 시 계속기업으로서의 존속가능성을 평가해야 한다.

06 다음 중 회계의 기본 목적을 가장 잘 설명한 것은?

① 기업에서 단순히 장부정리하는 작업이다.
② 기업의 다양한 이해관계자의 의사결정에 유용하고 적절한 정보를 제공하는 것이다.
③ 기업의 과세표준 결정이 주된 목적이다.
④ 기업의 재무상태만을 파악하고자 한다.

07 다음 중 회계정보이용자에 따른 재무회계의 정보제공 목적으로 옳지 않은 것은?

① 경영자의 수탁책임 평가에 필요한 정보 제공
② 고객을 위한 상품별 원가 정보 제공
③ 투자 및 신용 의사결정에 필요한 정보 제공
④ 재무상태, 경영성과, 현금흐름 및 자본변동에 대한 정보 제공

08 다음 중 재무회계의 목적에 관한 설명으로 옳지 않은 것은?

① 기업에 관한 투자 및 신용의사결정에 유용한 정보를 제공한다.
② 기업의 미래 현금흐름 예측에 유용한 정보를 제공한다.
③ 특정 기업실체에 관한 정보 뿐 아니라, 산업 또는 경제 전반에 관한 정보도 제공한다.
④ 경영자의 수탁책임 평가에 유용한 정보를 제공한다.

09 다음 (가)에 해당하는 용어로 적합한 것은?

> 재무제표를 작성할 때 (가)(으)로서의 존속가능성을 평가하여야 한다. 경영진이 기업을 청산하거나 경영활동을 중단할 의도를 가지고 있지 않거나, 청산 또는 경영활동의 중단 외에 다른 현실적 대안이 없는 경우가 아니면 (가)을(를) 전제로 재무제표를 작성하여야 한다.

① 적시성
② 계속기업
③ 발생주의
④ 기업실체

10 다음에서 설명하는 재무제표의 기본가정은 무엇인가?

> 기업을 소유주와 독립적으로 존재하는 회계단위로 간주하고, 이 단위의 관점에서 그 경제활동에 대한 재무정보를 측정, 보고한다고 가정한다.

① 기업실체의 가정
② 계속기업의 가정
③ 기간별 보고의 가정
④ 발생주의의 가정

11 다음이 설명하고 있는 회계정보의 질적특성으로 옳은 것은?

> 회계정보는 정보이용자가 기업실체의 과거, 현재 또는 미래 사건의 결과에 대한 예측을 하는 데 도움이 되거나 또는 그 사건의 결과에 대한 정보이용자의 당초 기대치(예측치)를 확인 또는 수정할 수 있게 함으로써 의사결정에 차이를 가져올 수 있어야 한다.

① 신뢰성
② 목적적합성
③ 비교가능성
④ 효익과 비용의 균형

12 회계정보가 갖추어야 할 주요 질적특성은 목적적합성과 신뢰성이다. 다음 중 목적적합성의 하위 질적특성으로 옳은 것은?

① 적시성
② 표현의 충실성
③ 검증가능성
④ 이해가능성

13 회계의 주요 질적특성 중에서 목적적합성의 하부개념이 아닌 것은?

① 적시성
② 예측가치
③ 검증가능성
④ 피드백가치

재무제표

01 다음 중 손익계산서에 대한 설명으로 옳지 않은 것은?

① 손익계산서는 일정 기간 동안 기업실체의 경영성과에 대한 정보를 제공한다.
② 손익계산서는 경영성과를 나타낼 뿐 아니라 기업의 미래현금흐름과 수익창출능력 등의 예측에 유용한 정보를 제공한다.
③ 영업외비용은 기업의 주된 활동이 아닌 활동으로부터 발생한 비용과 차손으로 법인세비용을 포함한다.
④ 수익과 비용은 각각 총액으로 보고하는 것을 원칙으로 한다.

02 손익계산서에 대한 설명으로 옳지 않은 것은?

① 손익계산서는 경영성과에 대한 유용한 정보를 제공한다.
② 매출액은 총매출액에서 매출할인, 매출환입, 매출에누리를 차감한 금액으로 한다.
③ 매출원가는 매출액에 대응하는 원가로서, 매출원가의 산출과정을 재무상태표 본문에 표시하거나 주석으로 기재한다.
④ 포괄손익은 일정 기간 동안 주주와의 자본거래를 제외한 모든 거래나 사건에서 인식한 자본의 변동을 말한다.

03 손익계산서와 관련된 설명으로 옳지 않은 것은?

① 매출액은 총매출액에서 매출할인, 매출환입, 매출에누리를 차감한 금액으로 한다.

② 판매비와관리비는 제품·상품·용역 등의 판매활동과 기업의 관리활동에서 발생하는 비용으로서 매출원가에 속하지 않는 모든 영업비용을 포함한다.

③ 영업외수익은 기업의 주된 영업활동이 아닌 활동으로부터 발생한 수익과 차익이다.

④ 매출총이익은 매출액에서 매출원가, 판매비와관리비를 차감한 금액으로 한다.

04 다음 중 도매업을 영위하는 기업의 손익계산서상 영업이익에 영향을 미치지 않는 거래는?

① 본사 건물에 대한 감가상각비를 비용으로 계상하였다.

② 단기대여금에 대한 대손충당금을 설정하였다.

③ 직원들의 단합을 위하여 회식비를 지급하였다.

④ 명절선물을 구입하여 거래처에 증정하였다.

05 다음 중 수익이 실현된 것으로 볼 수 없는 것은?

① 상품을 외상으로 판매한 경우

② 건물의 임대차계약을 체결한 경우

③ 제품을 장기할부조건으로 판매한 경우

④ 대여금에 대한 기간이 경과하여 이자가 발생된 경우

06 다음은 도매업을 영위하는 (주)한공의 손익 분석에 대한 대화장면이다. (가)에 들어갈 수 있는 계정과목은?

> [김부장]
> 영업이익이 전기보다 증가하였는데 당기순이익이 크게 감소한 원인이 무엇인가요?
> [이대리]
> 네. 당기순이익의 감소는 (가)의 증가가 원인입니다.

① 매출원가   ② 임차료

③ 이자수익   ④ 유형자산처분손실

07 다음 중 손익계산서에 반영되어야 할 내용으로 옳은 것은?

① 매도가능증권의 평가손익

② 유형자산에 대한 감가상각비

③ 특허권을 취득하기 위해 지급한 금액

④ 취득 제비용을 포함한 건물의 취득원가

08 다음 중 손익계산서에 대한 설명으로 옳지 않은 것은?

① 일정 기간 동안 기업실체의 경영성과에 대한 정보를 제공한다.

② 기업의 미래현금흐름과 수익창출능력 등의 예측에 유용한 정보를 제공한다.

③ 판매비와 관리비는 상품, 용역 등의 판매활동과 기업의 관리활동에서 발생하는 비용으로 매출원가에 속하지 아니하는 모든 영업비용을 포함한다.

④ 수익과 비용은 각각 순액으로 보고하는 것을 원칙으로 한다.

09 다음 중 재무상태표의 유동부채와 비유동부채 분류기준으로 옳지 않은 것은?

① 일반적으로 보고기간종료일부터 1년 이내에 상환해야 하는 부채는 유동부채로 분류한다.

② 비유동부채 중에서 보고기간종료일부터 1년 이내에 자원의 유출이 예상되는 부분은 유동부채로 분류한다.

③ 정상적인 영업주기 내에 소멸할 것으로 예상되는 매입채무와 미지급비용 등은 보고기간종료일부터 1년 이내에 결제되지 않더라도 유동부채로 분류한다.

④ 단기차입금 및 유동성장기차입금 등은 보고기간종료일부터 1년 이내에 결제되어야 하므로 영업주기와 관계없이 비유동부채로 분류한다.

10 다음 중 재무상태표 작성기준에 대한 설명으로 옳은 것은?

① 자산과 부채의 상계표시는 원칙적으로 허용된다.

② 자산과 부채는 1년을 기준으로 유동항목과 비유동항목으로 구분하는 것을 원칙으로 한다.

③ 자본거래에서 발생한 자본잉여금과 손익거래에서 발생한 이익잉여금은 통합하여 표시할 수 있다.

④ 가지급금 또는 가수금 등의 미결산항목은 그 내용을 나타내는 적절한 과목이 없을 경우에 그대로 사용할 수 있다.

11 다음 중 재무상태표에 대한 이해를 잘못하고 있는 경우는?

① 재무상태표는 일정 시점의 기업의 자산, 부채, 자본의 현황을 보여주는 재무보고서야!

② 자산은 유동자산과 비유동자산으로 구분되고!

③ 비유동자산은 투자자산, 유형자산, 무형자산, 이연자산으로 분류되지!

④ 자본은 자본금, 자본잉여금, 자본조정, 기타포괄손익누계액 및 이익잉여금(또는 결손금)으로 구분돼!

12 다음 중 재무상태표에 대한 설명으로 옳지 않은 것은?

① 현금및현금성자산은 별도 항목으로 구분하여 표시한다.
② 자본잉여금은 법정적립금과 임의적립금으로 구분하여 표시한다.
③ 자본금은 보통주 자본금과 우선주 자본금으로 구분하여 표시한다.
④ 자산과 부채는 원칙적으로 상계하여 표시하지 않는다.

13 다음 중 재무제표에 대한 설명으로 옳지 않은 것은?

① 유동자산은 당좌자산과 재고자산으로 구분하며, 비유동자산은 투자자산, 유형자산, 무형자산, 기타비유동자산으로 구분한다.
② 자본은 자본금, 자본잉여금, 자본조정, 기타포괄손익누계액 및 이익잉여금(또는 결손금)으로 구분한다.
③ 제조업, 판매업 및 건설업 외의 업종에 속하는 기업은 매출총손익의 구분표시를 생략할 수 있다.
④ 자산과 부채는 원칙적으로 상계하여 표시한다.

14 재무상태표의 기본구조에 관한 설명으로 옳지 않은 것은?

① 유동자산은 당좌자산과 재고자산으로 구분한다.
② 비유동자산은 투자자산, 유형자산, 무형자산, 기타비유동자산으로 구분한다.
③ 자산과 부채는 유동성이 작은 항목부터 배열하는 것을 원칙으로 한다.
④ 자본은 자본금, 자본잉여금, 자본조정, 기타포괄손익누계액 및 이익잉여금(또는 결손금)으로 구분한다.

15 다음 중 자산, 부채, 자본의 총액에 변동이 없는 거래는?

① 토지를 장부금액으로 처분하고 대금은 외상으로 하였다.
② 주식을 발행하고 주주로부터 자본금을 현금으로 납입받았다.

③ 비품을 법인 신용카드로 구입하였다.
④ 주주에게 현금으로 배당금을 지급하였다.

16 재무상태표 작성기준으로 옳지 않은 것은?

① 자산, 부채, 자본으로 구분하여 표시한다.
② 자산과 부채항목은 상계 표시하는 것이 원칙이다.
③ 자본잉여금과 이익잉여금은 구분하여 표시한다.
④ 자산과 부채는 1년을 기준으로 유동과 비유동으로 분류한다.

17 다음 중 재무상태표에 대한 설명으로 옳지 않은 것은?

① 일정 시점 현재 기업이 보유하고 있는 경제적 자원인 자산과 경제적 의무인 부채, 그리고 자본에 대한 정보를 제공하는 재무보고서이다.
② 현금및현금성자산은 기업의 유동성 판단에 중요한 정보이므로 별도 항목으로 구분하여 표시한다.
③ 자본은 자본금, 자본잉여금, 자본조정, 기타포괄손익누계액 및 이익잉여금으로 분류한다.
④ 자산과 부채는 어떠한 경우에도 상계하여 표시하지 않는다.

18 다음 중 선생님의 질문에 옳지 않은 답변을 한 사람은 누구인가?

> [선생님]
> 재무상태표의 계정과목에는 어떤 것들이 있을까요?
> [희연]
> 매출채권이 있습니다.
> [민혁]
> 매도가능증권평가손실이 있습니다.
> [은수]
> 유형자산처분손실이 있습니다.
> [우진]
> 개발비가 있습니다.

① 희연　　　　　② 민혁
③ 은수　　　　　④ 우진

19 다음 중 유동자산의 분류기준으로 옳지 않은 것은?

① 보고기간 종료일로부터 1년 초과의 사용제한이 있는 현금및현금성자산
② 단기매매 목적으로 보유하는 자산
③ 보고기간종료일로부터 1년 이내에 현금화 또는 실현될 것으로 예상되는 자산

④ 기업의 정상적인 영업주기 내에 실현될 것으로 예상되거나, 판매목적 또는 소비목적으로 보유하고 있는 자산

20 다음 중 재무제표의 작성에 대한 설명으로 옳지 않은 것은?

① 기타포괄손익누계액은 손익계산서 항목이다.
② 자산은 유동자산과 비유동자산으로 분류한다.
③ 비용은 관련된 수익이 인식되는 기간에 인식하는 것을 원칙으로 한다.
④ 현금흐름표는 영업활동, 투자활동 및 재무활동으로 인한 현금흐름으로 구분하여 표시한다.

21 다음 중 재무상태표에 대한 설명으로 옳은 것은?

① 기업실체에 대한 자본의 크기와 그 변동에 관한 정보를 제공하는 재무보고서이다.
② 일정 시점 현재 기업실체가 보유하고 있는 경제적 자원인 자산과 경제적 의무인 부채, 그리고 자본에 대한 정보를 제공하는 재무보고서이다.
③ 일정 기간 동안 기업실체의 경영성과에 대한 정보를 제공하는 재무보고서이다.
④ 일정 기간 동안 기업실체에 대한 현금유입과 현금유출에 대한 정보를 제공하는 재무보고서이다.

22 다음 중 재무상태표 구성항목에 대한 설명으로 옳지 않은 것은?

① 자산은 유동자산과 비유동자산으로 구분한다.
② 자산과 부채는 유동성이 큰 항목부터 배열한다.
③ 자산과 부채는 총액으로 표시하는 것이 원칙이다.
④ 잉여금은 주주와의 거래에서 발생한 이익잉여금과 영업활동에서 발생한 자본잉여금으로 구분한다.

23 다음에 해당하는 재무제표는?

- 발생주의 원칙
- 당기순손익 산출의 근거자료
- 일정기간 동안의 경영성과를 나타내는 표

① 재무상태표　　　　② 손익계산서
③ 현금흐름표　　　　④ 자본변동표

 당좌자산

01 다음 자료에 의한 외상매출금 회수액은 얼마인가?

• 외상매출금 전기이월액	1,000,000원
• 기중 대손처리액	100,000원
• 기중 매출액(전액 외상)	3,000,000원
• 외상매출금 차기이월액	1,600,000원

① 100,000원　　　② 1,000,000원
③ 1,600,000원　　④ 2,300,000원

02 다음은 정수기제조판매업을 영위하고 있는 (주)한공의 2026년 자료이다. 2026년말 재무상태표상 미수금 금액은 얼마인가?(단, 기중 외상판매대금의 회수는 없는 것으로 가정한다.)

• 2026.1.1.	기초미수금	300,000원
• 2026.3.1.	정수기 외상판매액	500,000원
• 2026.5.10.	사무실중고가구 외상판매액	100,000원

① 300,000원　　　② 400,000원
③ 800,000원　　　④ 900,000원

03 다음 자료에 의해 (주)한공의 2026년 12월 31일의 매출채권금액을 산출하면 얼마인가?

• 기초 매출채권	600,000원
• 2026년 중 매출채권회수액	1,300,000원
• 2026년 중 현금매출액	300,000원
• 2026년도 매출원가	1,000,000원
• 2026년도 매출총이익	400,000원

① 300,000원　　　② 400,000원
③ 500,000원　　　④ 600,000원

04 다음 거래에서 매출채권으로 계상되는 금액은 얼마인가?

(주)한공은 상품 1,000개를 개당 5,000원에 판매하였다. 판매대금으로 현금 500,000원과 전자어음 2,000,000원을 수령하고 나머지 잔액은 2개월 후에 받기로 하였다.

① 2,000,000원　　② 2,500,000원
③ 4,500,000원　　④ 5,000,000원

05 다음 밑줄 친 부분에 속하는 계정과목으로 옳은 것은?

> *** 이동통신업계 회계처리 기준 논란 ***
> KTF는 기존 보조금과 달리 가입기간을 예상할 수 있고 중간에 해지하면 위약금도 받는 의무약정 보조금을 투자비나 연구개발비처럼 자산으로 처리한 뒤 상각할 수 있다고 주장한다. 지금까지는 소비자에게 18만원의 보조금을 주면 해당 월에 한꺼번에 비용처리했지만 앞으로는 이 비용을 24개월 간 7,500원씩 나눠 처리하겠다는 것이다. KTF 관계자는 "수익·비용 대응 원칙을 따르면 조건부 보조금은 자산이 될 수 있어 비용도 나눠 처리하는 게 맞다"고 설명했다.
> – XX경제 2X26년 6월 3일자 –

① 선수수익 ② 선급비용
③ 임차료 ④ 매출액

06 다음 외상 거래 중 매출채권 계정에 계상할 수 없는 항목은?

① 자동차회사가 판매용 트럭을 외상으로 판매한 경우
② 컴퓨터회사가 판매용 컴퓨터를 외상으로 판매한 경우
③ 가구제조회사가 공장용 건물을 외상으로 매각한 경우
④ 회계법인이 회계감사용역을 외상으로 제공한 경우

07 다음 중 약속어음에 대한 설명으로 옳지 않은 것은?(도소매업의 경우를 가정한다.)

① 상품판매로 어음을 받은 경우에는 매출채권으로 기록한다.
② 토지나 비품을 처분하고 어음을 받은 경우에는 미수금으로 기록한다.
③ 약속어음의 발행인은 어음상의 채무자가 되며 어음의 수취인은 어음상의 채권자가 된다.
④ 자금을 대여하고 어음을 수령하는 경우에 어음상의 채권은 매출채권으로 기록한다.

08 도매업을 영위하고 있는 (주)한공은 2026년 3월 10일 (주)서울의 파산으로 단기대여금 2,000,000원의 회수가 불가능하게 되었다. 이 거래로 인하여 (주)한공이 손익계산서에 계상해야하는 계정과목과 그 금액은 얼마인가?(단, 3월 10일 이전에 설정된 단기대여금에 대한 대손충당금 잔액은 800,000원이다.)

① 대손상각비	1,200,000원
② 기타의대손상각비	1,200,000원
③ 대손상각비	2,000,000원
④ 기타의대손상각비	2,000,000원

09 다음의 거래에 대한 분개로 옳은 것은?

> 매출 거래처의 파산으로 외상매출금 500,000원이 회수불능하게 되다.(단, 파산일 전에 설정된 대손충당금 잔액은 300,000원이다.)

> ㉮ (차) 대손상각비 200,000원
>   대손충당금 300,000원
>   (대) 외상매출금 500,000원
>
> ㉯ (차) 대손상각비 500,000원
>   (대) 외상매출금 500,000원
>
> ㉰ (차) 대손충당금 300,000원
>   (대) 대손충당금환입 300,000원
>
> ㉱ (차) 대손상각비 300,000원
>   대손충당금환입 200,000원
>   (대) 외상매출금 500,000원

① ㉮   ② ㉯   ③ ㉰   ④ ㉱

10 다음 대화 내용에서 밑줄 친 (㉮)의 회계처리시 차변 계정과목을 모두 나타낸 것으로 옳은 것은?

> **[이부장]**
> 상품 판매대금 1,000,000원 회수 어떻게 되고 있나?
> **[김대리]**
> 회수가능성이 없어 (㉮) 대손처리하는 수 밖에 없을 것 같습니다.
> **[이부장]**
> 대손이라고? 대손충당금이 얼마나 설정되어 있는데?
> **[김대리]**
> 대손충당금은 600,000원 설정되어 있습니다.

① 대손상각비, 대손충당금
② 대손충당금
③ 대손상각비
④ 대손충당금, 대손충당금환입

11 (주)한공은 전기에 대손 처리한 외상매출금 100,000원을 당기에 현금으로 회수하였다. 이 경우 올바른 회계처리는?

㉮ (차) 외상매출금	100,000원	
(대) 현금		100,000원
㉯ (차) 대손상각비	100,000원	
(대) 대손충당금		100,000원
㉰ (차) 현금	100,000원	
(대) 대손충당금		100,000원
㉱ (차) 현금	100,000원	
(대) 대손상각비		100,000원

① ㉮   ② ㉯   ③ ㉰   ④ ㉱

12 다음은 상품도매업을 영위하는 (주)한공상사의 비용 계정과목과 관련된 설명이다. (가)와 (나)에 해당하는 계정과목으로 옳은 것은?

> • 매출채권의 대손에 대비하여 대손충당금을 설정할 때 반영하는 비용 계정과목은 (가)이다.
> • 단기대여금의 대손에 대비하여 대손충당금을 설정할 때 반영하는 비용 계정과목은 (나)이다.

① (가) 대손상각비   (나) 대손상각비
② (가) 대손상각비   (나) 기타의 대손상각비
③ (가) 기타의 대손상각비   (나) 대손상각비
④ (가) 기타의 대손상각비   (나) 기타의 대손상각비

13 비용과 수익의 이연과 관련된 계정과목으로 옳은 것은?

① 선급보험료, 선수수수료
② 미수이자, 선수수수료
③ 선급임차료, 미수임대료
④ 미지급급여, 선수이자

14 가수금으로 회계처리했던 100,000원이 상품매출 주문에 대한 계약금으로 판명된 경우 회계처리로 옳은 것은?

㉮ (차) 가수금	100,000원	
(대) 선수금		100,000원
㉯ (차) 가수금	100,000원	
(대) 미수금		100,000원
㉰ (차) 선수금	100,000원	
(대) 가수금		100,000원
㉱ (차) 미수금	100,000원	
(대) 가수금		100,000원

① ㉮   ② ㉯   ③ ㉰   ④ ㉱

15 다음 중 유가증권에 대한 설명으로 옳지 않은 것은?

① 유가증권은 재산권을 나타내는 증권으로 지분증권과 채무증권이 포함된다.
② 단기매매증권과 매도가능증권은 공정가치로 평가하는 것을 원칙으로 한다.
③ 단기매매증권과 매도가능증권의 평가손익은 손익계산서상의 당기손익으로 처리한다.
④ 단기매매증권과 매도가능증권의 처분손익은 손익계산서상의 당기손익으로 처리한다.

16 다음 중 단기매매증권에 관한 설명으로 옳지 않은 것은?

① 단기매매증권은 단기 매매차익 실현을 목적으로 취득하며, 시장성 유무와는 무관하다.
② 단기매매증권의 취득과 관련된 부대비용은 당기비용으로 인식한다.
③ 단기매매증권은 기말에 공정가치로 평가한다.
④ 단기매매증권평가손익은 당기손익으로 인식한다.

17 다음 중 현금및현금성자산에 해당하지 않는 것은?

① 통화
② 송금수표 및 우편환 증서
③ 당좌예금
④ 취득당시 만기가 6개월인 금융상품

18 다음 중 단기매매증권에 대한 설명으로 옳은 것은?

① 단기매매증권은 비유동자산에 해당한다.
② 단기매매증권의 취득 시 발생한 부대비용은 취득원가에 포함한다.
③ 단기매매증권에 대한 미실현보유손익은 당기손익항목으로 처리한다.
④ 만기까지 보유할 적극적인 의도와 능력이 있는 경우에 단기매매증권으로 분류한다.

04 재고자산

01 물가가 계속 상승하고 재고자산의 수량이 일정하게 유지된다는 가정하에서 매출원가를 가장 작게하는 재고자산 평가방법으로 옳은 것은?

① 선입선출법　　　② 이동평균법
③ 총평균법　　　　④ 후입선출법

02 다음 자료에 의한 (주)한공의 10월 말 상품재고액은 얼마인가?(단, 단일상품이고 총평균법을 적용한다.)

상 품 재 고 장

(단위: 개, 원)

날짜		적요	인 수			인 도		
			수량	단가	금액	수량	단가	금액
10	1	전월이월	300	100	30,000			
	10	매 입	500	200	100,000			
	12	매 출				200	XXX	XXX
	20	매 입	200	400	80,000			
	25	매 출				200	XXX	XXX

① 50,000원　　　② 84,000원
③ 126,000원　　　④ 160,000원

03 다음은 (주)한공의 2026년 상품거래 내역이다. 총평균법을 적용할 경우 매출원가는 얼마인가?

- 2026.1.1. 기초상품: 수량　　500개
　　　　　　단가　　　1,000원
- 2026.3.1. 상품매입: 수량　　400개
　　　　　　단가　　　1,500원
- 2026.5.1. 상품매출: 수량　　200개
- 2026.8.1. 상품매입: 수량　　100개
　　　　　　단가　　　2,000원
- 2026.9.1. 상품매출: 수량　　100개

① 380,000원　　　② 390,000원
③ 400,000원　　　④ 410,000원

04 다음은 (주)한공의 2026년 3월 상품 재고장이다. (주)한공이 재고자산평가시 선입선출법을 적용할 경우에 3월말 재고자산은 얼마인가?

일자	구분	수량	단가
3월 1일	월초 재고	150개	1,200원
3월 11일	매입	300개	1,400원
3월 21일	매출	250개	
3월 29일	매입	200개	1,300원

① 520,000원　　　② 540,000원
③ 560,000원　　　④ 580,000원

05 다음 자료에 의하여 감모된 재고자산에 대한 회계처리로 옳은 것은?(단, 감모된 재고자산은 모두 정상적인 감모에 해당한다.)

- 상품 장부재고수량: 120개(단위당 원가: 100원, 단위당 시가: 200원)
- 상품 실제재고수량: 100개

㉮	(차) 매출원가	2,000원
	(대) 상품	2,000원
㉯	(차) 매출원가	4,000원
	(대) 상품	4,000원
㉰	(차) 재고자산감모손실(영업외비용)	2,000원
	(대) 상품	2,000원
㉱	(차) 재고자산감모손실(영업외비용)	4,000원
	(대) 상품	4,000원

① ㉮　　② ㉯　　③ ㉰　　④ ㉱

06 (주)한공은 장부상의 기말상품이 100개였으나 실제로 재고조사를 한 결과 90개가 남아 있었다. 기말상품의 단가는 200원이고, 감모손실은 정상적으로 발생한 것이다. 재고자산감모손실 금액과 분류로 옳은 것은?

① 2,000원 – 영업외비용
② 20,000원 – 영업외비용
③ 2,000원 – 매출원가
④ 20,000원 – 매출원가

07 다음 자료를 토대로 (주)한공의 손익계산서상 재고자산감모손실을 계산하면 얼마인가?

- 장부상 재고자산: 10개 × 단가 6,000원
　　　　　　　　　= 60,000원
- 실제 재고자산: 9개 × 단가 6,000원
　　　　　　　　= 54,000원
- 재고자산의 순실현가치: 49,000원
- 재고자산감모손실은 원가성이 없다.

① 4,000원　　　② 5,000원
③ 6,000원　　　④ 10,000원

08 다음 중 재고자산에 관한 설명으로 옳지 않은 것은?

① 재고자산평가를 위한 수량결정방법으로 계속기록법, 실지재고조사법이 있다.
② 재고자산의 매입원가는 매입금액에 매입운임, 하역료 및 보험료 등 취득과정에서 정상적으로 발생한 부대원가를 가산한다.
③ 재고자산의 가치하락으로 인해 발생하는 평가손실은 매출원가에 가산한다.
④ 재고자산의 비정상적인 원인으로 인해 발생하는 재고자산감모손실은 매출원가에 가산한다.

09 다음 중 재고자산의 취득원가에 포함하는 항목이 아닌 것은?

① 매입운임
② 매입수수료
③ 매입할인
④ 매입 시 발생하는 수입 관세

10 다음 중 재고자산에 관한 설명으로 옳지 않은 것은?

① 재고자산에는 정상적인 영업과정에서 판매를 위하여 보유하거나 생산과정에 있는 자산 및 생산 또는 서비스 제공과정에 투입될 원재료나 소모품의 형태로 존재하는 자산을 말한다.
② 재고자산의 시가가 취득원가보다 하락하여 발생한 평가손실은 재고자산의 차감계정으로 표시하고 매출원가에 가산한다.
③ 비정상적인 재고자산감모손실은 영업외비용으로 처리한다.
④ 기말재고자산의 시가가 취득원가보다 상승한 경우 공정가치법에 의해 재고자산평가이익을 계상한다.

11 다음 중 (주)한공의 기말 재고자산에 포함될 수 없는 것은?

① 도착지 인도기준으로 매입하여 기말 현재 운송중인 상품
② 도착지 인도기준으로 매출하여 기말 현재 운송중인 상품
③ 수탁자에게 판매를 위탁하기 위하여 보낸 상품으로 기말 현재 수탁자가 보관중인 상품
④ 금융기관으로부터 자금을 차입하고 그 담보로 제공된 상품

12 다음 중 재고자산관련 설명으로 옳지 않은 것은?

① 차입금 담보로 제공된 재고자산의 경우 기말 재고자산에 포함한다.
② 선적지인도조건 상품 판매시 선적이 완료된 재고는 판매자의 재고자산에 포함한다.
③ 적송품은 수탁자가 제3자에게 판매하기 전까지 위탁자의 재고자산에 포함한다.
④ 시송품은 매입자가 매입의사표시를 하기 전까지는 판매자의 재고자산에 포함한다.

13 다음 중 재고자산 취득원가에 대한 설명으로 옳지 않은 것은?

① 매입과 관련된 에누리 및 할인은 취득원가에서 차감한다.
② 재고자산의 취득원가는 취득금액에 매입운임, 하역료 및 보험료 등 부대원가를 차감한 금액이다.
③ 성격이 상이한 재고자산을 일괄하여 구입한 경우 총취득원가를 각 재고자산의 공정가치 비율에 따라 배분한다.
④ 재고자산의 구입 및 제조활동이 1년 이상의 장기간이 소요되는 경우, 취득과정에서 발생한 금융원가는 재고자산의 원가로 회계처리 할 수 있다.

14 컴퓨터 도매업을 영위하는 (주)한공의 직원 간 대화에서 (가), (나)의 내용으로 옳은 것은?

> **[심과장]**
> 윤대리. 우리회사가 제조사로부터 판매용 컴퓨터를 매입하는 경우 차변의 어떤 계정과목을 사용해야 하는가요?
> **[윤대리]**
> 판매용 컴퓨터를 매입하는 경우에는 [(가)] 계정을 사용해야 합니다.
> **[심과장]**
> 그럼. 회사가 업무용 가구를 외상으로 구입하는 경우에는 대변의 어떤 계정과목을 사용해야 하는가요?
> **[윤대리]**
> 과장임. 그때는 [(나)] 계정을 사용해야 합니다.

① (가) 제품 (나) 외상매입금
② (가) 제품 (나) 미지급금
③ (가) 상품 (나) 외상매입금
④ (가) 상품 (나) 미지급금

합격 확신 문제풀이

 투자자산

01 다음 중 투자자산에 해당하지 않는 것은?

① 투자를 목적으로 토지 1,000m²를 7,000,000 원에 취득하였다.
② 장기간 보유할 목적으로 (주)한성의 주식 100주를 주당 5,000원에 취득하였다.
③ 단기투자차익을 목적으로 (주)경기의 주식 1,000주를 주당 4,000원에 취득하였다.
④ 만기까지 보유할 목적으로 (주)삼성의 사채(만기 3년) 10,000,000원을 발행 시에 취득하였다.

02 다음 중 투자자산에 해당하지 않는 계정과목은?

① 장기금융상품   ② 단기매매증권
③ 장기대여금   ④ 투자부동산

03 다음은 (주)한공의 재무상태표이다. 이에 대한 설명으로 옳지 않은 것은?

재무상태표

(주)한공		2026. 12. 31. 현재	(단위: 원)
현금및현금성자산	50,000	매입채무	300,000
매출채권	700,000	사채	1,000,000
상품	400,000	장기차입금	200,000
장기투자증권	100,000	자본금	200,000
건물	500,000	이익잉여금	×××
	1,750,000		1,750,000

① 이익잉여금은 50,000원이다.
② 유동자산은 750,000원이다.
③ 투자자산은 100,000원이다.
④ 비유동자산은 600,000원이다.

06 유형·무형·기타 비유동자산

01 다음 (주)한공의 재무상태표에 대한 설명으로 옳지 않은 것은?

재무상태표

(주)한공		2026년 12월 31일 현재	(단위: 원)
현금및현금성자산	50,000	매입채무	300,000
매출채권	700,000	장기차입금	1,000,000
상품	400,000	퇴직급여충당부채	200,000
투자부동산	100,000	자본금	200,000
본사건물	500,000	이익잉여금	50,000
	1,750,000		1,750,000

① 유동자산은 750,000원이다.
② 투자자산은 100,000원이다.
③ 비유동부채는 1,200,000원이다.
④ 자본은 250,000원이다.

02 다음 설명의 (㉮), (㉯)의 내용으로 옳은 것은?

건물을 정상적인 영업과정에서 판매할 목적으로 취득하면 (㉮)으로, 장기간 사용할 목적으로 취득하면 (㉯)으로 처리한다.

① ㉮ 유형자산   ㉯ 투자자산
② ㉮ 재고자산   ㉯ 투자자산
③ ㉮ 투자자산   ㉯ 재고자산
④ ㉮ 재고자산   ㉯ 유형자산

03 다음 중 무형자산에 해당하는 것만을 고른 것은?

(가) 특허권	(나) 영업권
(다) 장기대여금	(라) 산업재산권
(마) 기계장치	(바) 매출채권

① (가), (나), (다)   ② (나), (라), (마)
③ (라), (마), (바)   ④ (가), (나), (라)

04 무형자산상각에 관한 설명으로 옳지 않은 것은?

① 무형자산의 상각기간은 독점적·배타적인 권리를 부여하고 있는 관계 법령이나 계약에 정해진 경우를 제외하고는 20년을 초과할 수 없다
② 무형자산의 상각방법에는 정액법, 정률법, 연수합계법, 생산량비례법 등이 있다.
③ 무형자산의 상각은 자산이 사용가능한 때부터 시작한다.
④ 무형자산의 합리적인 상각방법을 정할 수 없는 경우에는 정률법을 사용한다.

05 무형자산 상각에 대한 설명으로 옳지 않은 것은?

① 무형자산의 잔존가치는 없는 것을 원칙으로 한다.
② 무형자산의 소비 행태를 반영한 정액법, 정률법 등 다양한 상각방법을 사용할 수 있다.
③ 무형자산의 합리적인 상각방법을 정할 수 없는 경우에는 정률법을 사용한다.
④ 법령이나 계약에 정해진 경우를 제외하고는 상각기간은 20년을 초과할 수 없다.

06 다음 중 무형자산에 관한 설명으로 옳지 않은 것은?

① 무형자산으로 인식되기 위해서는 식별가능성, 자원에 대한 통제, 미래 경제적효익의 존재라는 조건을 모두 충족해야 한다.
② 신제품을 개발하기 위한 프로젝트의 연구단계에서 발생한 지출은 발생한 기간의 비용으로 처리한다.
③ 무형자산의 상각방법은 정액법만 인정된다.
④ 무형자산의 잔존가치는 없는 것을 원칙으로 한다.

07 다음 (주)한공의 2026년 무형자산과 관련한 지출액 중 비용으로 처리할 금액은 얼마인가?

- 연구단계에서 지출한 금액은 500,000원이다.
- 제품 개발단계에서 지출한 금액 300,000원이다. 이 중 100,000원은 자산인식요건을 충족시키지 못하였다.

① 100,000원
② 200,000원
③ 600,000원
④ 800,000원

08 다음은 (주)한공의 매도가능증권 관련 자료이다. 2026년말 결산분개로 옳은 것은?

- 2025년 8월에 장기투자 목적으로 시장성 있는 (주)서울의 주식 10,000주를 1주당 1,000원에 현금으로 취득하였다.
- 2025년말 매도가능증권평가손실 1,200,000원을 계상하였다.
- 2026년말 현재 (주)서울의 주식은 1주당 1,200원으로 평가되었다.

계정과목과 금액		계정과목과 금액	
(차)	㉮	(대)	㉯
	㉰		㉱

① ㉮ 매도가능증권 2,000,000원
　㉯ 매도가능증권평가이익 2,000,000원
② ㉮ 매도가능증권 2,000,000원
　㉰ 매도가능증권평가손실 1,200,000원
　㉯ 매도가능증권평가이익 800,000원
③ ㉮ 매도가능증권 3,200,000원
　㉯ 매도가능증권평가이익 3,200,000원
④ ㉮ 매도가능증권 3,200,000원
　㉰ 매도가능증권평가손실 1,200,000원
　㉱ 매도가능증권평가이익 2,000,000원

09 다음 중 유형자산에 대한 설명으로 옳지 않은 것은?

① 유형자산의 취득원가는 자산의 구입가격 뿐 아니라 취득 부대비용을 포함한다.
② 유형자산의 취득 후 생산능력 증대를 위한 지출은 기간비용으로 처리한다.
③ 유형자산에서 발생한 자본적지출을 수선비로 잘못 처리한 경우 당기순이익이 과소계상된다.
④ 정률법에 의한 감가상각액은 매기간 감소한다.

10 다음 중 감가상각 대상자산에 해당하지 않는 것은?

① 사무실에서 사용하는 복사기
② 본사 사옥으로 사용 중인 건물
③ 관리부 업무용으로 사용 중인 차량
④ 투자목적으로 취득하여 보유 중인 건물

11 유형자산에 관한 설명으로 옳지 않은 것은?

① 유형자산의 취득원가는 구입대금에 매입부대비용을 가산한 금액이다.
② 건설회사가 분양목적으로 아파트를 건설하기 위해 보유하고 있는 토지는 유형자산이다.
③ 토지와 건설중인 자산은 감가상각 대상이 아니다.
④ 본사 건물의 감가상각비는 판매비와 관리비로 계상한다.

12 다음은 유형자산에 대한 대화내용이다. 올바르게 말한 사람은?

[김영희]
기계장치를 설치하여 시운전한 비용은 기계장치의 원가에 포함해야 해.

[최고집]
기계장치 수선유지비는 기계장치 원가에 포함하는 것이 맞아.

[이병국]
창고용 건물 취득세는 건물 취득원가에 포함하고
중개인 수수료는 비용으로 처리하는 것이 맞아.
[홍일점]
주차장으로 사용할 토지의 토지 정리비용은 토지의
원가에 포함해야 해.

① 김영희, 최고집　　② 김영희, 홍일점
③ 최고집, 이병국　　④ 이병국, 홍일점

13 다음중 유형자산 감가상각에 대한 설명으로 옳지
않은 것은?

① 정률법 감가상각비는 유형자산의 기초장부금액에
감가상각률을 곱하여 계산한다.
② 생산량비례법은 감가상각비가 생산량에 비례하여
계상되므로 총생산가능량을 알 수 있어야 적용할
수 있다.
③ 감가상각비 계상으로 당기순이익은 감소하지만
현금의 지출은 발생하지 않는다.
④ 감가상각은 기말 현재의 유형자산을 공정가치로
평가하는 절차이다.

14 다음 중 감가상각대상자산에 해당하는 것은?

① 창고에 보관 중인 상품
② 공장에서 사용 중인 기계장치
③ 도착지인도조건으로 배송 중에 있는 판매용 가구
④ 건설중인자산

15 유형자산의 감가상각비에 대한 설명으로 옳지
않은 것은?

① 감가상각비를 인식하는 회계처리는 재무상태표의
자산총액을 감소시킨다.
② 정률법을 적용할 경우 상각률이 정해지면 잔존가
액 자료가 없어도 감가상각비를 계산할 수 있다.
③ 정액법을 적용할 경우 매년 일정한 감가상각비를
인식하게 된다.
④ 처분되는 연도에 감가상각비를 계상하지 않더라도
영업이익에 미치는 영향은 없다.

16 다음 중 감가상각과 관련된 설명으로 옳지 않은
것은?

① 수익비용 대응의 원칙에 따라 내용연수 동안 합
리적이고 체계적인 방법으로 감가상각대상금액을
비용으로 인식하는 것이다.

② 감가상각대상금액이란 내용연수 동안 비용으로
인식할 총금액을 말한다.
③ 내용연수 동안 비용으로 인식되는 총금액은 감가
상각방법에 따라 상이하다.
④ 내용연수 초기에는 정액법에 의한 감가상각비 보
다 정률법에 의한 감가상각비가 더 크다.

17 업무용 건물에 엘리베이터를 설치하여 건물의
가치가 증대되고 내용연수가 5년 연장되었다면,
이에 대한 회계처리 시 차변 계정과목으로 옳은
것은?

① 건물　　　　　② 수선비
③ 투자부동산　　④ 선급금

18 (주)한공은 2025년 1월 1일에 차량운반구를
650,000원에 취득하였다. 이 차량운반구의 잔존
가치는 50,000원, 내용연수는 5년으로 추정되었
으며, 감가상각은 정액법을 사용하였다. (주)한
공이 2026년 9월 30일에 이 차량운반구를
400,000원에 처분한 경우, 유형자산처분손익은
얼마인가?(단, 감가상각은 월할계산한다.)

① 유형자산처분손실　　40,000원
② 유형자산처분손실　　160,000원
③ 유형자산처분손실　　250,000원
④ 유형자산처분이익　　40,000원

19 유형자산 취득 후의 지출은 자본적 지출과 수익적
지출로 구분할 수 있다. 수익적 지출을 자본적 지출
로 잘못 처리한 경우 재무제표에 미치는 영향은?

① 이익의 과소계상
② 자본의 과소계상
③ 부채의 과대계상
④ 자산의 과대계상

20 다음은 (주)한공이 본사 건물에 대하여 지출한
금액의 내역이다. 이를 회계처리할 때 차변의
계정과목으로 옳은 것은?

	2026년	
	5월	10월
지출내역	건물에 엘리베이터를 설치하고 대금은 현금으로 지급하다.	건물 외벽 도색비용을 현금으로 지급하다.

① 5월: 건물,　　　10월: 건물
② 5월: 건물,　　　10월: 수선비

③ 5월: 수선비,　　10월: 건물
④ 5월: 수선비,　　10월: 수선비

21 다음은 (주)한공의 유형자산 취득 후 지출 내용이다. 자본적 지출로 처리해야 할 금액의 합계액은 얼마인가?

> • 건물의 냉난방설비 설치 2,000,000원(건물 가치 증가)
> • 기계장치에 불량률 감소 장치 설치 1,000,000원(불량률 감소)
> • 본사 건물의 도색 4,000,000원(2년마다 실시)
> • 운행 중인 화물차 엔진교체 3,000,000원(내용연수 연장)

① 6,000,000원　　② 7,000,000원
③ 9,000,000원　　④ 10,000,000원

22 다음은 유형자산 취득 후의 지출과 관련된 회계처리에 대한 대화내용이다. 올바르게 말한 사람은 누구인가?

> [김팀장]
> 건물에 엘리베이터를 설치하면 건물의 가치가 증가하니까 엘리베이터 설치비용은 건물의 취득원가에 가산해야 해.
> [이대리]
> 건물의 유리창 교체비용도 건물가치를 증가시키므로 건물의 취득원가에 포함해야 해.
> [박주임]
> 건물에 냉/난방장치를 설치하면 건물의 가치가 증가하니까 냉/난방장치 설치비용은 건물의 취득원가에 포함시키지.

① 김팀장
② 이대리, 김팀장
③ 박주임, 김팀장
④ 박주임, 이대리, 김팀장

23 유형자산에 대한 수익적 지출을 자본적 지출로 잘못 처리했을 경우 당기와 차기의 순이익에 미치는 영향으로 올바른 것은?

① 당기순이익: 과대계상, 차기순이익: 과소계상
② 당기순이익: 과대계상, 차기순이익: 과대계상
③ 당기순이익: 과소계상, 차기순이익: 과소계상
④ 당기순이익: 과소계상, 차기순이익: 과대계상

24 다음은 김부장과 이대리의 대화이다. (가)의 내용으로 옳은 것은?

> [김부장]
> 본사건물에 엘리베이터를 설치한 덕분에 내용연수가 3년 연장되었다네.
> [이대리]
> 본사건물의 (가) (으)로 처리할 예정입니다.

① 감가상각비　　② 손상차손
③ 수선유지비　　④ 자본적지출

25 다음은 (주)한공의 본사 건물에 대한 연도별 거래내역이다. 차변에 나타나는 계정과목으로 옳은 것은?

지출연도	2024년	2025년	2026년
지출내역	본사건물을 신축하기 위해 공사계약금 2억을 현금으로 지급하다.	본사건물이 완공되어 공사잔금 3억을 현금으로 지급하다.	본사건물 수선유지를 위해 외벽을 페인트로 도색하고 3천만원을 현금으로 지급하다.

① 2024년: 계약금, 2025년: 투자부동산, 2026년: 수선비
② 2024년: 건설중인자산, 2025년: 건물, 2026년: 건물
③ 2024년: 건설중인자산, 2025년: 건물, 2026년: 수선비
④ 2024년: 건설중인자산, 2025년: 투자부동산, 2026년: 건물

26 다음 중 유형자산인 토지에 대한 수익적지출을 자본적지출로 잘못 회계처리한 경우 발생하는 효과로 옳은 것은?

① 순이익의 과소계상
② 부채의 과대계상
③ 자산의 과소계상
④ 비용의 과소계상

27 다음 중 유형자산의 취득 후 지출에 대한 설명으로 옳지 않은 것은?

① 수익적지출을 자본적지출로 처리하면 해당 회계연도의 순이익이 과소계상된다.
② 자본적지출을 수익적지출로 처리하면 비용이 과대계상된다.

③ 수익적지출을 자본적지출로 처리하면 자산총계가 과대계상된다.

④ 자본적지출을 수익적지출로 처리하면 자본총계가 과소계상된다.

28 다음은 (주)한공의 2026년 기초시점의 본사건물 관련계정이다.

건 물	
1/1 기 초 1,000,000원	

건물감가상각누계액	
	1/1 기초 300,000원

(주)한공은 2026년 12월 31일 본사건물을 800,000원에 매각하였다. 매각시점의 유형자산 처분손익은 얼마인가?(단, 건물의 내용연수 10년 이고, 정액법으로 상각하며, 잔존가치는 없다.)

① 유형자산처분손실 100,000원
② 유형자산처분손실 200,000원
③ 유형자산처분이익 200,000원
④ 유형자산처분이익 300,000원

29 (주)한공은 다음과 같이 건물을 처분하였다. 2026년도에 (주)한공의 건물처분으로 인한 영향을 옳게 설명한 것은?

- 취득시점일: 2025년 1월 1일
- 취득원가: 20,000,000원
- 감가상각방법: 정률법(40%)
- 내용연수: 4년
- 처분시점: 2026년 12월 31일
- 처분가액: 5,000,000원
- 처분가액은 6개월 후에 수령하기로 한다.
- (주)한공은 처분시점까지 감가상각을 정상적으로 처리하였다.

① 감가상각누계액이 12,000,000원 감소한다.
② 매출채권이 5,000,000원 증가한다.
③ 당기순이익이 2,200,000원 감소한다.
④ 미수금이 5,000,000원 감소한다.

30 다음은 (주)한공의 재무상태표 일부와 기계장치의 처분거래 내역이다. 자료를 통해 추정할 수 있는 내용으로 옳은 것은?

- 취득일자: 2025년 1월 1일
- 매각일자: 2026년 6월 30일
- 취득금액: 4,000,000원
- 처분금액: 1,500,000원
- 내용연수: 5년
- 잔존가치: 0원
- 상각방법: 정액법(월할상각)

① 유형자산처분이익 1,300,000원
② 유형자산처분손실 1,300,000원
③ 유형자산처분이익 1,700,000원
④ 유형자산처분손실 1,700,000원

31 다음은 (주)한공의 재무상태표 일부와 기계장치의 처분거래 내역이다. 자료를 통해 추정할 수 있는 내용으로 옳지 않은 것은?

재 무 상 태 표

(주)한공   2026년 6월 30일 현재   (단위: 원)

과 목	금 액	
자산		
⋮	⋮	
기계장치	5,000,000	
감가상각누계액	(2,000,000)	3,000,000
⋮	⋮	

[처분 내역]
- 2026년 7월 1일: 기계장치를 3,500,000원에 처분하고 대금은 현금으로 받다.

① 기계장치의 취득원가는 5,000,000원이다.
② 기계장치 처분으로 유동자산이 증가한다.
③ 기계장치 처분시, 장부금액은 3,000,000원이다.
④ 기계장치 처분시, 유형자산처분손실 1,500,000 원이 발생한다.

32 2012년에 10,000,000원에 매입한 토지를 2026년 에 16,000,000원에 처분하고 현금을 수령하였 다. 이 거래가 재무상태표에 미치는 영향으로 옳은 것은?

① 자산의 증가와 자본의 증가
② 자산의 증가와 부채의 증가
③ 자산의 감소와 부채의 감소
④ 부채의 감소와 자본의 감소

33 다음 자료에 의해 기계장치 처분손익을 계산하면 얼마인가?

> (주)한공은 2024년 1월 1일 기계장치를 100,000,000원에 취득하였으며, 2026년 7월 1일 50,000,000원에 현금으로 매각하였다. 감가상각방법은 정액법, 내용연수는 10년(월할상각), 잔존가액은 없다.

① 유형자산처분손실 25,000,000원
② 유형자산처분손실 30,000,000원
③ 유형자산처분이익 25,000,000원
④ 유형자산처분이익 30,000,000원

34 다음은 (주)한공의 2025년도 결산 후 건물 관련 자료이다. 2026년 2월 1일에 건물을 5,800,000원으로 처분하였을 경우 유형자산처분손익은 얼마인가?

> • 취득일: 2024년 1월 1일
> • 잔존가치: 0원
> • 내용연수: 10년
> • 상각방법: 정액법(월할 계산)
> • 2025년말 현재 건물 취득원가: 6,000,000원
> • 2025년말 현재 건물감가상각누계액: 1,200,000원

① 유형자산처분이익   900,000원
② 유형자산처분이익 1,000,000원
③ 유형자산처분이익 1,050,000원
④ 유형자산처분손실 1,200,000원

35 다음 자료를 토대로 (주)한공의 2026년 유형자산처분손익을 계산하면 얼마인가?

> • 2025. 1. 1.: 기계장치 4,000,000원에 취득 (내용연수 5년, 잔존가치는 취득원가의 10%, 정액법으로 월할상각함.)
> • 2026. 6. 30.: 기계장치 3,200,000원에 처분

① 처분손실   80,000원
② 처분이익   280,000원
③ 처분손실   280,000원
④ 처분이익   640,000원

36 다음은 (주)한공의 기계장치 관련 자료이다. 2026년 6월 30일에 기록될 유형자산처분손익은 얼마인가?

> • 2025년 12월 31일: 취득원가 500,000원, 감가상각누계액 200,000원
> • 2026년 6월 30일: 230,000원에 처분함.
> • 정액법 상각(내용연수 5년, 잔존가치 없음, 월할상각)

① 유형자산처분손실 20,000원
② 유형자산처분이익 20,000원
③ 유형자산처분손실 30,000원
④ 유형자산처분이익 30,000원

37 다음 중 유형자산의 취득원가에 가산하는 항목으로 옳지 않은 것은?

① 기계장치 구입 시 지출한 운반비
② 토지 구입 시 지출한 취득세
③ 업무용 차량 구입 시 지출한 취득세
④ 보유사용중인 건물에 대한 화재보험료

38 다음은 (주)한공의 토지 취득 관련 자료이다. 토지의 취득원가는 얼마인가?

> • 본사사옥을 신축할 목적으로, 건물이 있는 토지를 15,000,000원에 구입하였다.
> • 구입당시 토지와 건물의 공정가치는 각각 14,850,000원과 1,650,000원이었다.
> • 건물은 취득과 동시에 철거하였다 (철거비용 700,000원).

① 14,850,000원   ② 15,550,000원
③ 15,700,000원   ④ 17,200,000원

39 다음은 (주)한공이 취득한 기계장치에 대한 자료이다. 기계장치의 취득원가는 얼마인가?

> • 기계 구입대금   5,000,000원
> • 설치비   50,000원
> • 기계 운송비용   100,000원
> • 시운전비   30,000원
> • 운송에 관련된 보험료 20,000원

① 5,000,000원   ② 5,170,000원
③ 5,180,000원   ④ 5,200,000원

40 다음은 (주)한공의 영업부장과 회계부장의 대화 내용이다. (가)에 해당하는 것은?

> **[영업부장]**
> 대구지사를 설립하기 위해 2년 약정으로 사무실 임대차계약을 체결하고 보증금 1억원을 지불하였습니다. 보증금의 회계상 계정과목은 무엇인가요?
> **[회계부장]**
> (가)(으)로 처리하면 됩니다.

① 라이선스　　　　② 임차보증금
③ 특허권　　　　　④ 건물

41 다음 중 유동자산으로 분류할 수 없는 것은?

① 선급금　　　　　② 매출채권
③ 재고자산　　　　④ 장기대여금

 **부채와 자본**

01 다음은 (주)한공의 2026년 말 재무상태표 중 부채 내역이다. 비유동부채를 계산하면 얼마인가?

> | | |
> |---|---:|
> | • 미지급비용 | 100,000원 |
> | • 매입채무 | 250,000원 |
> | • 장기차입금 | 200,000원 |
> | • 사채(만기: 3년) | 300,000원 |

① 100,000원　　　② 250,000원
③ 450,000원　　　④ 500,000원

02 다음 자료를 토대로 2026년 12월 31일 재무상태표에 표시될 비유동부채 금액을 계산하면 얼마인가?

> • 2026. 3. 1.: 은행으로부터 6,000,000원 차입. 이에 대한 차입금 상환스케쥴은 다음과 같다
> 　– 2027. 3. 1. 2,000,000원 상환
> 　– 2028. 3. 1. 2,000,000원 상환
> 　– 2029. 3. 1. 2,000,000원 상환
> • 2026. 12. 31.: 기말 현재 전 임직원이 퇴직할 경우 지급해야 할 퇴직금 34,000,000원

① 34,000,000원　　② 35,000,000원
③ 38,000,000원　　④ 39,000,000원

03 다음 중 비유동부채에 해당되는 것을 모두 고른 것은?

> | | |
> |---|---|
> | 가. 유동성장기부채 | 나. 부가세예수금 |
> | 다. 퇴직급여충당부채 | 라. 사채 |

① 가, 나　　　　　② 나, 다
③ 다, 라　　　　　④ 가, 라

04 다음 2026년 말 재무상태표에 계상된 부채 중 유동부채로 분류되지 않는 것은?

① 2027년 3월말에 지급하기로 한 외상매입금
② 2026년 5월말에 차입하였으며 그 상환기간이 1년인 차입금
③ 2027년 7월말에 만기일이 도래하는 장기차입금
④ 2026년 12월말에 설정한 퇴직급여충당부채

05 다음 중 선생님의 질문에 옳은 답변을 한 학생은 누구인가?

> **[선생님]**
> 기업의 거래 은행에서 당좌차월이 발생한 경우 재무상태표에는 어떻게 표시할까요?
> **[승민]**
> 당좌예금으로 표시합니다.
> **[민경]**
> 당좌차월이라고 표시합니다.
> **[지성]**
> 재무상태표에 표시하면 안됩니다.
> **[윤희]**
> 단기차입금으로 표시합니다.

① 승민　　　　　　② 민경
③ 지성　　　　　　④ 윤희

06 (주)한공의 퇴직급여충당부채 계정에 기입된 5월 18일 거래를 추정한 것으로 옳은 것은?

> 퇴직급여충당부채
>
> | | | | |
> |---|---:|---|---:|
> | 5/18 현금 | 3,000,000 | 1/1 전기이월 | 10,000,000 |

① 당기분 퇴직급여 추산액 3,000,000원을 계상하다.
② 당기에 지급했던 퇴직급여 중 과다지급액 3,000,000원을 현금으로 회수하다.
③ 종업원이 퇴직하여 퇴직급여 3,000,000원을 현금으로 지급하다.

④ 퇴직급여충당부채 추산액의 초과금 3,000,000원을 현금으로 회수하다.

07 다음 중 보고기간 종료일로부터 1년 이후에 만기가 도래하는 부채에 속하는 계정과목은?

① 사채
② 선수금
③ 단기차입금
④ 유동성장기부채

08 다음 중 유동부채에 해당하지 않는 것은?

① 당좌예금 잔액을 초과하여 발행한 당좌수표 발행액
② 상품을 판매하기 이전에 그 대금의 일부 또는 전부를 미리 수취한 금액
③ 상품을 구입하면서 발행한 만기 6개월의 어음
④ 보고기간말 현재 전종업원이 일시에 퇴직할 경우 지급하여야할 퇴직금 상당액

09 다음 중 유동부채가 발생하는 거래에 해당하는 것은?

① 급여 지급 시 근로소득세 30,000원을 원천징수하였다.
② 상품을 주문하고 계약금 50,000원을 현금으로 지급하였다.
③ 상품을 100,000원에 외상으로 판매하였다.
④ 기말에 퇴직급여충당부채 300,000원을 추가로 설정하였다.

10 다음 중 유동부채에 해당되지 않은 것은?

① 매입채무
② 단기차입금
③ 미지급법인세
④ 퇴직급여충당부채

11 다음 중 비유동부채에 해당하지 않는 것은?

① 사채
② 유동성장기부채
③ 장기차입금
④ 퇴직급여충당부채

12 다음 중 비유동부채에 해당되는 것을 모두 고른 것은?

| 가. 유동성장기부채 | 나. 부가세예수금 |
| 다. 퇴직급여충당부채 | 라. 사채 |

① 가, 나
② 나, 다
③ 다, 라
④ 가, 라

13 다음의 재무회계 구성요소에 대한 설명이다. 이에 해당하는 계정과목으로 옳은 것은?

기업실체가 현재의 의무를 미래에 이행할 때 경제적 효익이 유출될 가능성이 매우 높고 그 금액을 신뢰성 있게 측정할 수 있다.

① 차량운반구
② 여비교통비
③ 외상매입금
④ 임대료수익

14 다음 중 유동부채 계정과목이 나타나는 거래가 아닌 것은?

① 급여 지급 시 근로소득세를 원천징수하다.
② 상품을 주문하고 계약금을 현금으로 지급하다.
③ 결산일 현재 장기차입금의 상환기일이 3개월 이내로 도래하여 유동성대체하다.
④ 거래처로부터 내용 불명의 금액이 보통예금계좌로 입금되다.

15 다음 중 자본에 대한 설명으로 옳지 않은 것은?

① 자본은 기업의 자산에서 부채를 차감한 후의 잔여지분을 나타낸다.
② 자본잉여금은 주식발행초과금과 기타자본잉여금으로 구분하여 표시한다.
③ 보통주자본금은 액면가액에 발행주식수를 곱한 금액이다.
④ 자기주식은 취득원가를 매도가능증권으로 회계처리한다.

16 다음의 설명에 해당하는 자본항목은?

• 상법에 규정된 법정적립금으로 분류된다.
• 상법에 따라 자본금의 2분의 1이 될 때까지 매 결산기 이익배당액의 10분의 1 이상을 적립하여야 한다.
• 결손금을 보전하거나 자본금의 전입으로 사용할 수 있다.

① 감채적립금
② 이익준비금
③ 배당평균적립금
④ 결손보전적립금

17 다음 중 기타포괄손익누계액에 해당하는 계정과목으로 옳은 것은?

① 단기매매증권처분이익
② 외환차익
③ 매도가능증권평가이익
④ 자산수증이익

18 다음은 자본의 분류이다. (가)에 포함되는 계정과목으로 옳은 것은?

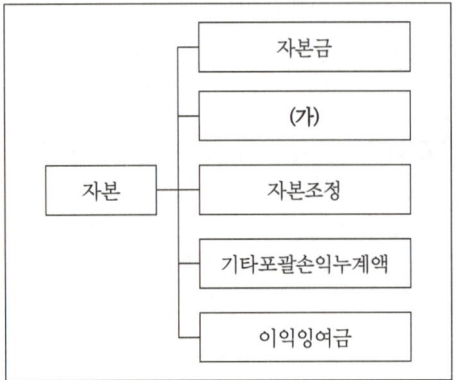

① 이익준비금
② 주식할인발행차금
③ 매도가능증권평가이익
④ 주식발행초과금

19 다음 중 기타포괄손익누계액에 해당하는 것은?

① 주식발행초과금
② 자기주식처분이익
③ 주식할인발행차금
④ 매도가능증권평가이익

20 다음중 자본에 대한 설명으로 옳지 않은 것은?

① 자본은 기업의 자산에서 부채를 차감한 후의 잔여지분을 나타낸다
② 주식을 액면금액 이상으로 발행할 경우 액면금액을 초과하는 금액은 이익잉여금으로 표시한다.
③ 보통주자본금은 액면금액에 발행주식수를 곱한 금액이다.
④ 매도가능증권평가손익은 기타포괄손익누계액으로 표시한다.

21 다음 설명에 해당하는 자본 항목으로 옳은 것은?

- 상법에 의해 기업이 적립해야 하는 법정적립금이다.
- 자본금의 2분의 1에 달할 때까지 매 결산기의 현금에 의한 이익 배당액의 10분의 1이상을 적립하여야 한다.
- 자본금의 2분의 1의 한도를 넘어 적립한 때에는 그 초과액은 임의준비금의 성격을 가지게 된다.

① 이익준비금　　　② 별도적립금
③ 결손보전적립금　④ 사업확장적립금

22 다음 중 재무상태표의 자본 항목이 아닌 것은?

① 감자차익
② 주식발행초과금
③ 미지급배당금
④ 자기주식처분이익

23 (주)한공은 2026년 4월 1일 법인을 설립하고 액면가 5,000원의 신주 100주를 7,000원에 현금 발행하였다. 이 거래가 재무제표에 미치는 영향으로 옳은 것을 모두 고르시오.

가. 자산의 증가
나. 자본잉여금의 증가
다. 자본조정의 증가
라. 수익의 발생
마. 부채의 감소

① 가, 나　　　② 가, 다
③ 나, 마　　　④ 다, 라

24 다음 거래의 분개로 옳은 것은?

(주)한공은 이사회의 결의로 아래와 같은 조건의 신주를 발행하고 주식발행 대금을 전액 당좌예금계좌로 납입 받았다.
- 발행주식 수 1,000주, 액면금액 @5,000원, 발행금액 @7,000원
- 주식할인발행차금 잔액은 없는 것으로 가정한다.

(차)	계정과목과 금액	(대)	계정과목과 금액
	(가)		(다)
	(나)		(라)

① (가) 당좌예금　　　　　　5,000,000원
　 (다) 자본금　　　　　　　5,000,000원
② (가) 당좌예금　　　　　　7,000,000원
　 (다) 자본금　　　　　　　7,000,000원
③ (가) 당좌예금　　　　　　7,000,000원
　 (다) 자본금　　　　　　　5,000,000원
　 (라) 주식할인발행차금　　2,000,000원
④ (가) 당좌예금　　　　　　7,000,000원
　 (다) 자본금　　　　　　　5,000,000원
　 (라) 주식발행초과금　　　2,000,000원

25 (주)한공이 보통주 1,000주(액면금액 주당 500원)를 주당 400원에 현금 발행한 경우 재무제표에 미치는 영향으로 옳은 것은?

① 자본의 감소 ② 자산의 증가
③ 수익의 증가 ④ 비용의 감소

26 다음은 (주)한공의 보통주식 발행에 관한 설명으로 옳지 않은 것은?

- 주식발행일: 2026년 12월 31일
- 1주당 액면금액: 10,000원
- 1주당 발행금액: 15,000원
- 발행주식수: 100주
- 주식발행대금은 주식발행일에 전액 현금으로 납입되었고, 신주발행비 100,000원은 현금으로 지출하였다.
- 주식발행 전 주식발행초과금과 주식할인발행차금 잔액은 없었다.

① 자본금이 1,000,000원 증가한다.
② 주식발행초과금이 400,000원 증가한다.
③ 주식할인발행차금이 100,000원 증가한다.
④ 자본총액은 1,400,000원 증가한다.

27 주식의 발행금액이 액면금액보다 큰 경우 그 차액을 처리하는 계정과목으로 옳은 것은?

① 자본금
② 주식할인발행차금
③ 주식발행초과금
④ 기타포괄손익누계액

28 (주)한공은 종업원 홍길동 씨가 퇴사하여 퇴직금 6,000,000원을 보통예금계좌에서 지급하였다. 홍길동 씨의 퇴사직전 (주)한공의 퇴직급여충당부채는 10,000,000원이다. 홍길동 씨 퇴직금지급에 대한 분개로 옳은 것은?

㉮ (차) 퇴직급여충당부채	6,000,000원	
(대) 보통예금		6,000,000원
㉯ (차) 퇴직급여충당부채	4,000,000원	
(대) 보통예금		4,000,000원
㉰ (차) 퇴직급여충당부채	10,000,000원	
(대) 보통예금		10,000,000원

㉱ (차) 보통예금	4,000,000원	
(대) 퇴직급여충당부채		4,000,000원

① ㉮ ② ㉯ ③ ㉰ ④ ㉱

08 수익과 비용

01 다음 자료에 의하여 매출원가를 계산하면 얼마인가?

• 당기총매입액	200,000원
• 당기총매출액	300,000원
• 기초상품재고액	40,000원
• 매입에누리	10,000원
• 매출환입	30,000원
• 기말상품재고액	50,000원

① 110,000원 ② 100,000원
③ 180,000원 ④ 190,000원

02 다음은 (주)한공의 상품매출과 상품매입에 관한 자료이다. 매출총이익은 얼마인가?

- 기초상품재고는 없다.
- 상품매입수량: 150개(개당 매입원가 100원) 매입운반비: 3,000원
- 상품매출수량: 100개(개당 매출단가 200원)

① 5,000원 ② 6,500원
③ 8,000원 ④ 10,000원

03 다음은 (주)한공의 매출원가 관련 자료이다. (가)와 (나)에 들어갈 금액은 얼마인가?

기초재고액	1,000원
당기매입액	(가)
판매가능 상품총액	9,000원
기말재고액	1,500원
매출원가	(나)

① (가) 8,000원 (나) 6,500원
② (가) 8,000원 (나) 7,500원
③ (가) 9,000원 (나) 10,500원
④ (가) 9,000원 (나) 11,500원

04 다음 자료를 이용하여 기말상품재고액을 계산하면 얼마인가?

• 기초상품재고액	100,000원
• 당기상품매입액	200,000원
• 당기상품매출액	300,000원
• 매출총이익	50,000원

① 50,000원   ② 100,000원
③ 150,000원   ④ 200,000원

05 다음 자료로 상품매출원가를 계산하면 얼마인가?

• 매입운임	2,000원
• 매입에누리	1,000원
• 기초상품재고액	5,000원
• 매출액	200,000원
• 매입할인	1,200원
• 기말상품재고액	3,000원
• 매입액	100,000원
• 매출에누리	2,000원
• 매출운임	20,000원

① 92,000원   ② 99,800원
③ 101,800원   ④ 102,000원

06 다음은 (주)한공의 2026년 중 상품매입과 관련된 자료이다. (주)한공의 2026년 기말재고자산은 얼마인가?

항목	금액 (취득원가 기준)	비고
기말 재고자산 실사액	150,000원	창고보유분
미착상품	90,000원	선적지인도조건으로 매입한 상품으로 기말 현재 운송 중
시송품	90,000원	고객이 매입의사를 표시한 재고액 30,000원 포함

① 150,000원   ② 240,000원
③ 300,000원   ④ 330,000원

07 다음은 (주)한공의 2026년도 손익계산서 자료이다. 매출원가는 얼마인가?

• 매출액	150,000원
• 영업외수익	10,000원
• 법인세비용	20,000원

• 판매비와관리비	40,000원
• 영업외비용	20,000원
• 당기순이익	30,000원

① 30,000원   ② 40,000원
③ 50,000원   ④ 60,000원

08 다음 자료를 이용하여 매출원가를 계산하면 얼마인가?

상품	
1/1 전기이월 100,000원	7/19 외상매입금 50,000원
4/25 지급어음 200,000원	
7/18 외상매입금 400,000원	

[기말 상품 자료]
• 장부 수량: 40개(개당 원가 1,000원)
• 순실현가능가치: 개당 500원
• 단, 재고자산감모손실은 없다

① 530,000원   ② 550,000원
③ 610,000원   ④ 630,000원

09 다음 자료를 이용하여 매출원가를 계산하면 얼마인가?

• 기초 재고자산	100,000원
• 당기 매입액	400,000원
• 기말 재고자산	200,000원
(평가 및 감모손실 반영 전 금액)	
• 재고자산평가손실	50,000원
• 재고자산감모손실	20,000원
(정상적 감모손실 10,000원)	

① 300,000원   ② 350,000원
③ 360,000원   ④ 370,000원

10 다음은 한공(주)의 거래내역이다. 결산시 손익계산서에 계상되는 매출원가는 얼마인가?

• 기초재고	50,000원
• 총매입액	750,000원
• 매입환출및에누리	70,000원
• 매입할인	15,000원
• 매입운임	20,000원
• 기말재고	170,000원

① 685,000원   ② 665,000원
③ 565,000원   ④ 545,000원

11 다음은 (주)한공의 회계자료이다. (주)한공의 매출총이익은 얼마인가?

기초상품재고액	180,000원	매입할인	5,000원
총매입액	500,000원	매입에누리와환출	30,000원
매출액	830,000원	기말상품재고액	100,000원
접대비 (기업업무추진비)	30,000원	복리후생비	50,000원

① 205,000원   ② 215,000원
③ 235,000원   ④ 285,000원

12 다음 자료를 이용하여 (주)한공의 매출총이익을 계산하면 얼마인가?

- 기초상품재고액: 1,500,000원
- 매입에누리: 120,000원
- 당기총매입액: 4,000,000원
- 기말상품재고액: 2,000,000원
- 매입할인: 100,000원
- 당기상품매출액: 5,000,000원

① 1,000,000원   ② 1,720,000원
③ 2,000,000원   ④ 2,200,000원

13 다음 자료를 토대로 당기 상품매입액을 계산하면 얼마인가?

- 기초상품재고액   800,000원
- 매출액   2,000,000원
- 매출총이익률   40%
- 기말상품재고액   240,000원

① 1,200,000원   ② 1,040,000원
③   800,000원   ④   640,000원

14 다음은 (주)한공의 상품 관련 자료이다. 매출총이익은 얼마인가?

- 기초상품재고액   100,000원
- 당기순매입액   400,000원
- 기말상품재고액   50,000원
- 매출총이익률   20%

①   90,000원   ② 112,500원
③ 450,000원   ④ 562,500원

15 다음 자료를 토대로 기말상품재고액을 계산한 금액은 얼마인가?

- 순매출액   5,000,000원
- 기초상품재고액   500,000원
- 순매입액   4,000,000원
- 매출총이익   800,000원

① 200,000원   ② 300,000원
③ 500,000원   ④ 700,000원

16 다음은 (주)한공의 2026년도 기말 재무제표에 나타난 계정과목과 금액의 일부이다. 이 자료를 토대로 계산한 손익계산서상 영업이익은 얼마인가?

- 매출액   1,300,000원
- 잡이익   10,000원
- 매출원가   800,000원
- 퇴직급여   80,000원
- 개발비   30,000원
- 법인세비용   25,000원
- 복리후생비   100,000원

① 265,000원   ② 275,000원
③ 290,000원   ④ 320,000원

17 (주)한공은 2026년 12월 1일에 이자율 연 12%로 현금 1,000,000원을 2개월간 차입하고, 2027년 1월 31일에 원금과 이자를 지급하기로 하였다. 2026년의 이자비용으로 옳은 것은? 단, 이자는 월할 계산한다.

①   0원   ② 10,000원
③ 20,000원   ④ 40,000원

18 (주)한공의 2026년 손익계산서상의 이자비용은 300,000원이다. (주)한공의 2025년말과 2026년말 재무상태표의 관련계정이 다음과 같을 때 2026년 현금으로 지급한 이자비용은?

계정과목	2025년말	2026년말
미지급이자	50,000	100,000

① 200,000원   ② 250,000원
③ 300,000원   ④ 350,000원

19 다음 대화내용을 보고 밑줄친 부분에 해당하는 계정과목으로 옳은 것은?

> **[이부장]**
> 김대리. 금일 오후 3시까지 직원들 급여를 이체하세요.
> **[김대리]**
> 네. 이번달 급여에서 **근로소득세 원천징수분**을 제외하고 나머지를 직원급여계좌에 이체하였습니다.

① 선급금   ② 세금과공과
③ 예수금   ④ 선급비용

20 손익계산서에 표시되는 계정과목이 아닌 것은?

① 개발비   ② 기부금
③ 보험료   ④ 임대료

21 다음 중 손익계산서에 반영되는 계정으로 옳지 않은 것은?

① 단기매매증권평가이익
② 단기매매증권처분이익
③ 매도가능증권평가이익
④ 매도가능증권처분이익

22 다음 중 손익계산서에 나타나지 않는 계정과목은?

① 자기주식처분이익
② 단기매매증권평가이익
③ 매도가능증권처분이익
④ 상품매출원가

23 다음 중 영업외수익에 해당하는 사례를 올바르게 설명하고 있는 사람은?

> **[원영]**
> **문구점**이 사무용품 판매액이라고 생각해.
> **[인범]**
> **금융기관**이 대여한 대여금에 대한 이자수입액이야.
> **[유진]**
> **제조회사**의 단기매매증권에 대한 배당금 수입액이지.
> **[희찬]**
> **전자제품 도매상**의 공기청정기 판매액이 맞아.

① 원영   ② 인범
③ 유진   ④ 희찬

24 다음 중 손익계산서 상 당기순손익에 영향을 주는 계정과목이 아닌 것은?

① 외화환산손익
② 유형자산처분손익
③ 매도가능증권평가손익
④ 단기매매증권처분손익

25 다음은 (주)한공의 재고자산 매입과 관련된 박부장과 이대리의 대화내용이다. 다음 대화에서 (가), (나)에 해당하는 계정과목으로 알맞은 것은?

> **[박부장]**
> 매입한 상품 중 결함이 있는 것은 어떻게 처리했나요?
> **[이대리]**
> 결함이 미미하여 **(가) 반품을 하지 않고 매입가격의 할인**을 받았습니다.
> **[박부장]**
> 나머지 상품대금은 언제 지급할 예정입니까?
> **[이대리]**
> **(나) 지급기일보다 빨리 지급하여 할인**을 받겠습니다.

① (가) 매입에누리   (나) 매입환출
② (가) 매입환출   (나) 매입에누리
③ (가) 매입할인   (나) 매입환출
④ (가) 매입에누리   (나) 매입할인

26 다음 중 영업외비용에 해당하는 것은?

① 주식발행초과금
② 매출원가
③ 매도가능증권평가손실
④ 이자비용

27 다음은 도매업을 영위하고 있는 (주)한공의 경영성과에 대한 대화이다. (㉮)에 들어갈 항목으로 옳은 것은?

> **[A]**
> 전기대비 영업이익은 감소하였는데 당기순이익이 증가한 원인은 무엇인가요?
> **[B]**
> 당기순이익이 증가한 원인은 ㉮이(가) 감소하였기 때문입니다.

① 매출원가   ② 급여
③ 여비교통비   ④ 이자비용

28 재고실사 결과 비정상적인 재고자산 감모손실이 발생한 경우, 이를 손익계산서상 어디로 분류하여야 하는가?

① 매출원가　　　　　　② 판매비와관리비
③ 영업외비용　　　　　④ 영업외수익

29 다음은 직원이 제출한 출장완료 보고서의 일부이다. 해당 보고서상 여비사용내역을 회계처리할 때 나타나는 계정과목이 아닌 것은?

출장완료 보고서

1. 출장목적: 대구지사와 매출거래처 방문
2. 출장기간: 2026년 7월 6일부터 2026년 7월 8일까지
3. 여비사용내역

(단위: 원)

구분	운임	숙박비	직원 회식대	매출 거래처 선물대	계
금액	100,000	150,000	300,000	50,000	600,000

⋮

① 여비교통비　　　　　② 기부금
③ 복리후생비　　　　　④ 접대비(기업업무추진비)

30 다음은 (주)한공의 A사원이 출장 후 정산한 지출내역서이다. 회계처리로 옳은 것은?

출장비 지출 내역서

일자	출발지	도착지	KTX	숙박비	식대	계
2026.3.11.	부산	서울	50,000원	50,000원	30,000원	130,000원
2026.3.12.	서울	부산	50,000원	–	21,000원	71,000원
합 계			100,000원	50,000원	51,000원	201,000원
가지급금						250,000원
반납액(현금)						49,000원

	계정과목과 금액 (차)	(가)/(나)		계정과목과 금액 (대)	(다)/(라)

① (가) 여비교통비　　201,000원
　 (다) 가지급금　　　201,000원
② (가) 여비교통비　　250,000원
　 (다) 가지급금　　　250,000원

③ (가) 여비교통비　　201,000원
　 (나) 현금　　　　　49,000원
　 (다) 가지급금　　　250,000원
④ (가) 여비교통비　　250,000원
　 (다) 가지급금　　　201,000원
　 (라) 현금　　　　　49,000원

31 다음은 (주)한공의 업무일지의 일부이다. (가)와 (나)를 회계처리할 때 계정과목으로 옳은 것은?

업무일지

구분	2026년 8월 25일
업무 내용	1. 고아원 장학금 지급 　① 시간: 10시~ 12시 　② 장소: 서울고아원 　③ 비용: 5,000,000원 (가) 2. 직원 단합 대회 　① 시간: 2시~ 6시 　② 장소: 북한산 　③ 비용: 3,000,000원 (나)

① (가)광고선전비　　　　　　　(나)접대비(기업업무추진비)
② (가)기부금　　　　　　　　　(나)복리후생비
③ (가)기부금　　　　　　　　　(나)접대비(기업업무추진비)
④ (가)접대비(기업업무추진비) (나)복리후생비

32 소매업을 영위하고 있는 (주)한공의 영업손익에 영향을 미치는 거래를 모두 고른 것은?

가. 상품홍보를 위한 광고비를 지급하다.
나. 사무실 인터넷사용료를 납부하다.
다. 차입금에 대한 이자를 지급하다.
라. 종업원을 위한 교육비를 지출하다.

① 가, 나　　　　　　② 가, 라
③ 가, 나, 다　　　　④ 가, 나, 라

33 다음 대화에서 (가)와 (나)에 들어갈 계정과목으로 옳은 것은?

[김계장]
과장님. 마케팅 목적으로 다이어리 100개를 900,000원에 구매하고 광고선전비로 처리하였습니다. 그런데, 이 중 50개는 직원 업무용으로 사용하게 되었습니다.

[이과장]
김계장. 그러면 450,000원에 대해 차변에 **(가)**, 대변에 **(나)**(으)로 수정전표를 작성하세요.

① (가) 소모품비　　　　　　(나) 광고선전비
② (가) 소모품비　　　　　　(나) 미지급금
③ (가) 접대비(기업업무추진비)　(나) 광고선전비
④ (가) 기부금　　　　　　　(나) 광고선전비

34 도·소매업을 영위하는 (주)한공의 수익과 비용을 옳게 분류한 것은?

> 가. 보유 중인 (주)한성의 주식 100주에 대하여 1주당 4,000원의 배당금을 현금으로 받아 당좌예입하다.
> 나. 상품 보관용 창고의 임차료 500,000원을 보통예금에서 자동이체 하였다.

① 가. 영업수익　　　나. 판매비와관리비
② 가. 영업수익　　　나. 영업외비용
③ 가. 영업외수익　　나. 판매비와관리비
④ 가. 영업외수익　　나. 영업외비용

35 다음은 (주)한공의 업무일지의 일부이다. (가)와 (나)를 회계처리할 때 차변 계정과목으로 옳은 것은?

업무일지

일자	2026년 8월 25일
업무내용	1. 소년·소녀가장 장학금 전달 행사 ① 시간: 10시 ~ 12시 ② 장소: 서울광장 ③ 비용: 5백만원 (가) 2. 직원 체육 대회 ① 시간: 2시 ~ 6시 ② 장소: 올림픽공원 ③ 비용: 3백만원 (나) ⋮

① (가)광고선전비　　　　　(나)접대비(기업업무추진비)
② (가)기부금　　　　　　　(나)복리후생비
③ (가)기부금　　　　　　　(나)접대비(기업업무추진비)
④ (가)접대비(기업업무추진비)　(나)복리후생비

36 당기에 지출한 자료가 다음과 같을 때 판매비와 관리비는 얼마인가?

급여	2,000,000원	퇴직급여	300,000원
배당금	200,000원	단기매매증권 평가손실	400,000원
감가상각비	280,000원	접대비 (기업업무추진비)	100,000원

① 2,680,000원　　　② 2,780,000원
③ 2,880,000원　　　④ 2,980,000원

37 다음 중 손익계산서상의 영업이익에 영향을 미치는 계정과목으로 옳지 않은 것은?

① 보험료　　　　　② 임차료
③ 잡손실　　　　　④ 접대비(기업업무추진비)

38 등산용품 도매업을 영위하는 (주)한공의 (가)와 (나)의 내용에 해당하는 수익항목과 비용항목으로 옳은 것은?

> (가) 업무용 사무기기를 처분하여 발생한 처분이익
> (나) 사무실에서 사용한 유선 전화요금 발생액

① (가) 매출액　　　　(나) 영업외비용
② (가) 매출액　　　　(나) 판매비와관리비
③ (가) 영업외수익　　(나) 영업외비용
④ (가) 영업외수익　　(나) 판매비와관리비

39 도소매업을 영위하는 (주)한공의 자료가 다음과 같을 때 판매비와관리비는 얼마인가?

급여	2,000,000원	퇴직급여	500,000원
복리후생비	600,000원	대손상각비	300,000원
임차료	100,000원	이자비용	250,000원
기부금	200,000원	접대비 (기업업무추진비)	270,000원

① 3,770,000원　　　② 3,970,000원
③ 4,020,000원　　　④ 4,220,000원

40 다음 자료를 토대로 (주)한공의 판매비와관리비를 계산하면 얼마인가?

• 급여	800,000원
• 수도광열비	60,000원
• 이자비용	40,000원
• 접대비(기업업무추진비)	200,000원
• 세금과공과	90,000원
• 잡손실	10,000원

① 1,060,000원　　　② 1,150,000원
③ 1,160,000원　　　④ 1,200,000원

09 **결산의 절차**

01 2026년 3월 1일 1년치 화재보험료 1,200,000 원을 지급하고 보험료로 회계처리하였다. 결산시 회계담당자의 착오로 보험료 결산수정분개가 누락된 경우 재무제표에 어떤 영향을 미치겠는가?

① 비용 200,000원 과대계상
② 자산 200,000원 과대계상
③ 수익 200,000원 과대계상
④ 부채 200,000원 과대계상

02 다음 중 이익을 증가시키는 결산정리사항으로 옳은 것은?

가. 이자수익으로 인식한 단기대여금 이자 수취액 중 차기분 계상
나. 구입 시 비용처리한 미사용 소모품에 대한 소모품 계상
다. 임차료 미지급분 계상
라. 비용으로 계상한 보험료 지급액 중 차기분 계상

① 가, 나　　　　② 가, 다
③ 나, 다　　　　④ 나, 라

03 (주)한공은 2026년 3월 1일 1년분 화재보험료 72,000원을 지급하고 선급보험료로 회계처리하였다. 만약 (주)한공이 2026년 기말에 화재보험료 관련 결산수정분개를 누락하였다면, 2026년 재무제표에 미치는 영향으로 옳은 것은?

① 당기순이익 과대 계상, 자산 과대 계상
② 당기순이익 과대 계상, 자산 과소 계상
③ 당기순이익 과소 계상, 부채 과대 계상
④ 당기순이익 과소 계상, 부채 과소 계상

04 (주)한공은 2026년 5월 1일에 보험료 360,000 원(보험기간: 2026. 5. 1.~2027. 4. 30.)을 비용으로 회계처리하였다. 결산 시 선급보험료 계상을 누락한 경우 재무제표에 미치는 영향으로 옳은 것은?

가. 자산 과소 계상
나. 자산 과대 계상
다. 비용 과소 계상
라. 비용 과대 계상

① 가, 나　　　　② 나, 라
③ 가, 라　　　　④ 다, 라

05 (주)한공은 임직원에 대해 확정기여형 퇴직연금 제도를 운영하고 있으며 1년분 총급여액의 10%에 해당하는 금액을 회사부담금으로 하여 외부에 적립하고 있다. 회사가 납부해야 할 부담금의 70%는 기말 현재 납부하였고 나머지 30%는 다음년도 1월에 납부할 예정이다. 당기말 12월 31일 현재 퇴직급여에 대한 결산분개 결과, 재무제표에 미치는 영향으로 옳지 않은 것은?

① 자산의 증가　　　② 부채의 증가
③ 자본의 감소　　　④ 비용의 발생

06 다음 중 결산분개의 결과에 해당하지 않는 것은?

• (주)한공은 2026년말 현재 기중 취득한 단기매매증권과 매도가능증권을 보유하고 있다.
• 단기매매증권에서는 평가손실 500,000원이 발생하였다.
• 매도가능증권에서는 평가이익 300,000원이 발생하였다.

① 자산이 200,000원 감소한다.
② 영업이익은 500,000원 감소한다.
③ 기타포괄손익누계액은 300,000원 증가한다.
④ 법인세비용차감전순이익은 500,000원 감소한다.

07 다음 거래의 기록 누락이 (주)한공의 2026년 손익계산서에 미치는 영향으로 옳은 것은?(단, 기간은 월할 계산할 것.)

• (주)한공은 건물의 일부를 2026년 12월 1일 임대해주고 6개월분 임대료 240,000원을 2027년 1월 10일에 받기로 하였다.

① 당기순이익 40,000원 과소 계상
② 당기순이익 40,000원 과대 계상
③ 당기순이익 200,000원 과소 계상
④ 당기순이익 200,000원 과대 계상

08 다음은 (주)한공의 결산정리 누락사항이다. 이를 수정하지 않을 경우 재무제표에 미치는 영향은?

• 기말 결산 시 특허권에 대한 당기분 상각을 누락하였다.

① 유동자산이 과대계상된다.
② 무형자산이 과소계상된다.
③ 당기순이익이 과소계상된다.
④ 비유동자산이 과대계상된다.

09 다음 자료에 의한 결산조정 후 당기순이익은 얼마인가?

• 결산조정 전 당기순이익	10,000,000원
• 결산조정사항	
(1) 보험료 선급분	1,000,000원
(2) 이자 미지급분	2,000,000원

① 7,000,000원　　② 8,000,000원
③ 9,000,000원　　④ 10,000,000원

10 다음은 (주)한공의 2026년 12월 31일 수정 전 잔액시산표의 일부와 결산정리사항을 나타낸 것이다.

〈자료1〉 잔액시산표(수정전)

(주)한공　　　　　　　　　　(단위: 원)

차변	계정과목	대변
	⋮	
1,200,000	보험료	
	⋮	
1,000,000	이자비용	
	⋮	

〈자료2〉 결산정리사항

• 〈자료 1〉의 보험료는 9월 1일에 1년 만기 자동차 보험료 전액을 지급한 것이다.(기간 미경과분은 월할 계산하여 인식한다.)
• 기말 현재 미지급 이자비용 500,000원을 계상하지 않았다.

결산정리사항 반영 전 당기순이익이 5,000,000원일 때 결산정리사항 반영 후 당기순이익은 얼마인가?

① 3,300,000원　　② 4,100,000원
③ 4,900,000원　　④ 5,300,000원

11 (주)한공의 수정 전 영업이익은 2,500,000원이다. 다음의 오류 사항을 수정할 경우 수정 후 영업이익은 얼마인가?

[오류사항]
• 기말상품재고액: 300,000원 과소 계상
• 본사 사무실 임차료 미지급분: 100,000원 계상 누락

① 2,200,000원　　② 2,400,000원
③ 2,700,000원　　④ 2,800,000원

12 (주)한공의 2026년 결산조정 전 당기순이익은 1,000,000원이다. 다음의 결산조정사항을 반영한 후 당기순이익은 얼마인가?

[결산조정사항]
• 임차료 선급분　　　　　　500,000원
• 이자비용 미지급분　　　　200,000원

①　　300,000원　　②　　700,000원
③ 1,300,000원　　④ 1,700,000원

13 다음은 (주)한공의 결산수정 회계처리이다. 손익계산서에 미치는 영향으로 옳은 것은?

(차) 선급비용	50,000원	
(대) 이자비용	50,000원	

① 영업이익 50,000원 증가
② 영업이익 50,000원 감소
③ 법인세비용차감전순이익 50,000원 증가
④ 법인세비용차감전순이익 50,000원 감소

14 다음은 (주)한공의 2026년 12월 31일 수정 전 잔액시산표 일부와 누락된 결산정리사항이다. 누락된 결산정리사항을 반영한 결과에 대한 설명으로 옳은 것은?

〈자료1〉 잔액시산표(수정전)

(주)한공　　　　　　　　　　(단위: 원)

차변	계정과목	대변
	⋮	
1,000,000	건물	
	건물감가상각누계액	50,000
	⋮	

〈자료2〉 결산정리사항

• 건물 감가상각(정액법, 10년, 월할상각, 잔존가
  치는 없다)

① 당기 건물의 감가상각비는 50,000원이다.
② 당기말 건물의 장부금액(취득원가-감가상각누계
   액)은 950,000원이다.
③ 건물의 감가상각비는 영업외비용으로 처리한다.
④ 당기말 건물 감가상각누계액은 150,000원이다.

15 다음은 (주)한공의 2026년 결산조정사항이다.

• 2026년 9월 1일에 1년 만기 자동차보험료
  1,200,000원을 지급하고 비용처리 하였다
  (월할계산).
• 기말 현재 미지급 이자비용 500,000원을 계상
  하지 않았다.

결산조정사항 반영 전 당기순이익이 5,000,000
원일 때, 결산조정사항을 반영한 당기순이익은
얼마인가?

① 3,700,000원   ② 4,700,000원
③ 5,300,000원   ④ 5,800,000원

16 결산에 반영되지 않은 다음의 오류사항 중 당
기순이익에 영향을 미치는 것은?

① 당기 발생한 주식할인발행차금을 주식발행초과
   금과 상계하지 않았다.
② 기말 보유하고 있는 매도가능증권의 공정가치 상
   승에 대한 평가이익을 계상하지 않았다.
③ 기말 재고자산의 시가하락에 대한 평가손실을 계
   상하지 않았다.
④ 당기 발생한 재해손실을 판매비와관리비로 계상
   하였다.

17 다음은 (주)한공의 결산정리분개이다. 손익계산
서에 미치는 영향으로 옳은 것은?

(차) 급여   300,000원
   (대) 미지급급여   300,000원

(차) 선급비용   100,000원
   (대) 이자비용   100,000원

(차) 매도가능증권 200,000원
   (대) 매도가능증권평가이익 200,000원

(차) 단기매매증권 400,000원
   (대) 단기매매증권평가이익 400,000원

① 법인세차감전순이익 200,000원 증가
② 법인세차감전순이익 400,000원 증가
③ 영업이익 200,000원 감소
④ 영업이익 200,000원 증가

18 (주)한공의 당기순이익은 800,000원으로 계산
되었으나, 이후 결산 과정에서 다음의 내용이
누락된 것을 발견하였다. 이를 반영한 후의 당
기순이익은 얼마인가?

• 취득시 자산으로 처리한 소모품 사용액 20,000
  원의 결산정리 누락
• 매출채권에 대한 대손 발생 30,000원의 회계처
  리 누락(결산 전 대손충당금 잔액: 10,000원)

① 760,000원   ② 780,000원
③ 840,000원   ④ 850,000원

19 다음 결산정리사항을 반영한 후 (주)한공의 2026
년 손익계산서상 법인세차감전순이익은 얼마인
가? (단, 결산정리사항을 반영하기 전, 2026년
법인세차감전순이익은 3,000,000원이며 미수이
자와 임대료는 월할계산함.)

• 정기예금 2,000,000원에 대한 미수이자
  (2026.9.30. 예치, 만기1년, 연이자율 5%, 만기
  이자지급)
• 수령시 전액을 선수수익으로 계상한 1년치 임대료
  300,000원
  (임대기간: 2026.12.1.~2027.11.30.)

① 3,050,000원   ② 3,250,000원
③ 3,300,000원   ④ 3,200,000원

20 다음 중 당기순이익을 증가시키는 결산정리사항이
아닌 것은?

① 전액 비용으로 처리한 보험료 중 선급분 계상
② 전액 수익으로 인식한 이자수익 중 선수분 계상
③ 기간 경과한 임대료 미수분 계상
④ 전액 비용으로 처리한 소모품비 중 소모품미사용
   액 계상

21 (주)한공의 2026년 결산 정리사항 반영전 당기순이익은 100,000원이다. 다음 결산정리사항을 반영한 후 당기순이익은 얼마인가?

- 당기발생분 이자수익 10,000원에 대한 미수수익을 인식하지 아니함.
- 12월 급여 미지급분 30,000원을 인식하지 아니함.

① 70,000원   ② 80,000원
③ 90,000원   ④ 100,000원

22 다음은 (주)한공의 결산일의 매출채권 관련자료이다. (주)한공의 결산일의 회계처리로 옳은 것은?

- 계정잔액: 매출채권 3,000,000원
- 결산분개 전 대손충당금 계정잔액 7,000원
- 매출채권에 대하여 1% 대손을 예상

㉮ (차) 대손상각비	30,000원	
(대) 대손충당금		30,000원
㉯ (차) 대손상각비	23,000원	
(대) 대손충당금		23,000원
㉰ (차) 대손충당금	30,000원	
(대) 대손충당금환입		30,000원
㉱ (차) 대손충당금	23,000원	
(대) 대손충당금환입		23,000원

① ㉮   ② ㉯   ③ ㉰   ④ ㉱

23 다음은 (주)한공의 2026년 12월 31일 수정전 잔액시산표의 일부와 결산정리사항이다.

〈자료1〉 잔액시산표(수정전)

(주)한공		(단위: 원)
차변	계정과목	대변
⋮		
100,000,000	매출채권	
	대손충당금	5,000,000
⋮		

〈자료2〉 결산정리사항
- 매출채권잔액의 10%를 대손으로 예상하고 있다.

결산정리 이후, 2026년 손익계산서상 매출채권에 대한 대손상각비는 얼마인가?

① 10,000,000원   ② 15,000,000원
③ 5,000,000원   ④ 100,000,000원

24 (주)한공의 매출채권과 대손에 관한 2026년도 자료는 다음과 같다. 2026년도 손익계산서에 계상될 대손상각비는 얼마인가?

- 2026. 1. 1.:
  대손충당금 기초잔액은 100,000원이다.
- 2026. 3. 9.:
  매출채권 120,000원이 회수 불가능한 것으로 확정되었다.
- 2026. 9. 9.:
  전기에 대손처리한 매출채권 70,000원이 현금으로 회수되었다.
- 2026.12.31.:
  매출채권 기말잔액은 10,000,000원이며 대손 추정률은 1%이다.

① 30,000원   ② 50,000원
③ 100,000원   ④ 110,000원

25 다음 자료에 의한 대손충당금 설정분개로 옳은 것은?

- 기말 매출채권잔액   17,000,000원
- 기초 대손충당금 잔액   50,000원
  (기중에 회수불능이 확정된 채권과 대손처리한 채권이 회수액은 없음)
- 당기 대손충당금 설정액: 매출채권 잔액의 1%

㉮ (차) 대손상각비	50,000원	
(대) 대손충당금		50,000원
㉯ (차) 대손상각비	120,000원	
(대) 대손충당금		120,000원
㉰ (차) 대손상각비	170,000원	
(대) 대손충당금		170,000원
㉱ (차) 대손충당금	50,000원	
(대) 대손상각비		50,000원

① ㉮   ② ㉯   ③ ㉰   ④ ㉱

26 다음 자료에 대한 2026년말 회계처리결과로 옳은 것은?(대손충당금은 매출채권 잔액의 1%를 설정하기로 함.)

- 2026. 1. 1. 대손충당금 이월액: 1,400,000원
- 2026. 7. 1. 전기회수불능채권 현금회수액: 1,000,000원
- 2026.12.31. 매출채권 잔액: 200,000,000원

㉮ (차) 대손상각비	400,000원
(대) 대손충당금	400,000원
㉯ (차) 대손충당금	400,000원
(대) 대손충당금환입	400,000원
㉰ (차) 대손충당금	600,000원
(대) 대손상각비	600,000원
㉱ (차) 대손상각비	1,600,000원
(대) 대손충당금	1,600,000원

① ㉮　　② ㉯　　③ ㉰　　④ ㉱

27 (주)한공이 재무제표에 표시해야 할 대손충당금과 대손상각비는 각각 얼마인가?

- 1월 1일 기초 대손충당금　　200,000원
- 3월 25일 매출채권의 대손처리　150,000원
- 10월 13일 전년도 대손처리된 매출채권의 현금회수　　50,000원
- 12월 31일 기말 매출채권잔액에 대한 대손예상액　　270,000원

① 대손충당금: 270,000원
　대손상각비: 270,000원
② 대손충당금: 170,000원
　대손상각비: 270,000원
③ 대손충당금: 200,000원
　대손상각비: 170,000원
④ 대손충당금: 270,000원
　대손상각비: 170,000원

28 다음은 (주)한공의 매출채권과 대손충당금에 대한 자료이다. 2026년 손익계산서에 계상될 대손상각비는 얼마인가?

- 2025년 12월 31일 대손충당금 잔액 5,000원
- 2026년 5월 10일 매출채권 중 회수불능 확정 금액 2,000원

- 2026년 12월 31일 매출채권 잔액 200,000원
- 2026년 12월 31일 매출채권 잔액의 2% 대손 예상

① 1,000원　　　　② 2,000원
③ 3,000원　　　　④ 4,000원

29 다음 자료를 이용하여 2026년도 결산후 손익계산서에 계상되는 대손상각비와 재무상태표에 계상되는 대손충당금 기말 잔액은 각각 얼마인가?

- 2026년 1월 1일 기초 대손충당금 잔액은 100,000원이다.
- 2026년 7월 31일 거래처의 파산으로 인하여 매출채권 100,000원을 대손처리 하였다.
- 2026년 12월 31일 기말 매출채권 잔액은 5,000,000원이며, 이중 회수가능가액은 4,500,000원으로 추정하였다.

① 대손충당금: 100,000원
　대손상각비: 400,000원
② 대손충당금: 400,000원
　대손상각비: 400,000원
③ 대손충당금: 400,000원
　대손상각비: 500,000원
④ 대손충당금: 500,000원
　대손상각비: 500,000원

30 다음은 (주)한공의 2026년 결산조정 전 매출채권 관련 총계정원장의 일부와 결산정리사항을 나타낸 것이다.

〈자료 1〉 매출채권 관련 총계정원장

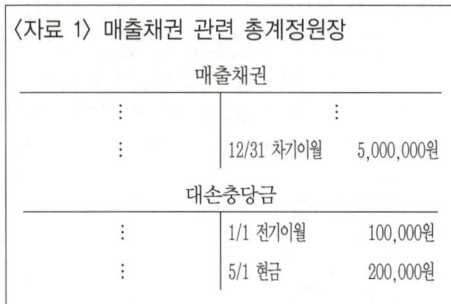

매출채권

| ⋮ | ⋮ |
| ⋮ | 12/31 차기이월　5,000,000원 |

대손충당금

| ⋮ | 1/1 전기이월　100,000원 |
| ⋮ | 5/1 현금　200,000원 |

〈자료 2〉 결산정리사항
- 기말 매출채권 중 10%의 회수가능성이 불확실하다.

손익계산서상의 대손상각비는 얼마인가?(단, 결산조정 전 계상된 대손상각비는 없다.)

① 100,000원   ② 200,000원
③ 300,000원   ④ 500,000원

31 다음은 (주)한공의 매출채권 관련 자료이다. [기말정리사항]을 반영한 후의 2026년 재무상태표상의 대손충당금과 손익계산서상의 대손상각비는 얼마인가?(단, 기중에 계상된 대손상각비는 없다.)

〈자료1〉 잔액시산표(수정전)

(주)한공   (단위: 원)

차변	계정과목	대변
:		
1,000,000	매출채권	
	대손충당금	8,000
:		

〈자료2〉 결산정리사항

• 매출채권잔액의 2%의 대손충당금을 설정하다.

① 대손충당금: 16,000원
  대손상각비: 12,000원
② 대손충당금: 20,000원
  대손상각비: 13,000원
③ 대손충당금: 20,000원
  대손상각비: 12,000원
④ 대손충당금: 16,000원
  대손상각비: 13,000원

32 다음은 결산일 현재 (주)한공의 수정전시산표에 표시되어 있는 매출채권과 대손충당금의 잔액이다. (주)한공이 기말 매출채권의 회수가능가액을 162,000원으로 추정하였다면 당기말 재무상태표에 표시될 대손충당금 잔액은 얼마인가?

• 매출채권	180,000원
• 대손충당금	8,000원

① 10,000원   ② 18,000원
③ 20,000원   ④ 60,000원

33 다음 자료를 토대로 (주)한공의 2026년 손익계산서에 계상될 대손상각비는 얼마인가?

• 2026년 1월 1일 대손충당금 기초잔액은 3,000원임.
• 2026년 3월 1일 전기 대손처리되었던 매출채권 10,000원이 회수되었음.
• 2026년 12월 31일 기말매출채권 금액은 450,000원이며, 매출채권의 잔여만기 및 대손설정율은 다음과 같음(채권의 잔여만기별 대손율을 달리하는 정책을 수립하고 있음.)

잔여만기	기말매출채권	대손추정율
30일	100,000원	1%
60일	200,000원	2%
90일	150,000원	10%

① 20,000원   ② 10,000원
③ 17,000원   ④ 7,000원

34 다음은 기말 매출채권에 대한 대손 추정을 위한 연령분석 현황이다. 수정분개 전의 대손충당금 잔액이 50,000원인 경우, 손익계산서상 계상될 대손상각비는 얼마인가?

구분	채권잔액	대손추정율
30일 이내	450,000원	1%
31일~60일 이내	170,000원	10%
61일~90일 이내	100,000원	30%
90일 초과	50,000원	50%
합계	770,000원	

① 126,500원   ② 76,500원
③ 26,500원   ④ 20,000원

35 (주)한공은 연령분석법을 적용하여 매출채권에 대한 대손예상액을 산출하고 있다. 매출채권 연령별 금액이 다음과 같을 때, 결산 후 재무상태표에 표시될 대손충당금은 얼마인가?(결산 전 대손충당금 잔액은 120,000원이다.)

매출채권 연령	금액	추정대손율
3개월 이내	600,000원	5%
3개월~6개월	300,000원	10%
6개월 초과	200,000원	40%
계	1,100,000원	–

① 20,000원   ② 100,000원
③ 120,000원   ④ 140,000원

36 다음은 (주)한공의 매출채권 및 대손 관련 자료이다. 2026년 4월 10일 거래에서 발생한 대손상각비는 얼마인가?

> • 2025년 12월 31일: 매출채권의 잔액 4,000,000원에 대하여 1%의 대손을 추정하여 대손충당금을 설정하였다.
> • 2026년 4월 10일: 거래처 (주)공인의 파산으로 외상매출금 60,000원이 회수 불능이 되다.

① 20,000원　　　② 40,000원
③ 60,000원　　　④ 100,000원

37 다음 총계정원장 자료를 바탕으로 외상매출금 기말잔액에 대한 대손추정액을 계산하면 얼마인가?

대손충당금					
7/ 6 외상매출금	30,000		1/ 1 전기이월	130,000
12/31 차기이월	200,000		12/31 대손상각비	100,000
	230,000			230,000

① 30,000원　　　② 100,000원
③ 130,000원　　　④ 200,000원

38 (주)한공제약은 2026. 7. 1. 신약 관련 특허권을 2,000,000원에 취득하였다. 2026년 인식해야할 무형자산상각비는 얼마인가?(단, 정액법, 내용연수 10년, 월할상각을 가정함.)

① 10,000원　　　② 50,000원
③ 100,000원　　　④ 200,000원

39 다음은 (주)한공의 특허권 취득 관련 자료이다. 2026년도 결산 시 무형자산상각비 계상액은 얼마인가?

> • 특허권 취득일: 2025. 1. 1.
> • 특허권 등록비: 1,000,000원
> • 상각방법: 정액법(내용연수: 5년)
> • 취득제비용: 100,000원

① 200,000원　　　② 220,000원
③ 400,000원　　　④ 440,000원

40 (주)한공은 2026년 9월 1일 정기예금 2,000,000원을 적립하였다. 2026년 12월 31일에 행할 결산정리 분개로 옳은 것은?(미수이자는 월할 계산할 것)(만기 2027년 8월 31일, 연 이자율 12%, 이자는 만기시 원금과 함께 수령)

㉮ (차) 선수수익	40,000원		
(대) 이자수익		40,000원	
㉯ (차) 미수수익	80,000원		
(대) 이자수익		80,000원	
㉰ (차) 이자수익	80,000원		
(대) 선수수익		80,000원	
㉱ (차) 이자수익	40,000원		
(대) 미수수익		40,000원	

① ㉮　　② ㉯　　③ ㉰　　④ ㉱

41 (주)한공은 2026년 10월 1일 정기예금 7,000,000원(만기 2027년 9월 30일, 연이율 6%)을 예입하였다. 2026년 12월 31일의 결산분개로 옳은 것은?(단, 이자는 만기시 원금과 함께 수령하며 월할계산한다.)

㉮ (차) 미수수익	315,000원		
(대) 이자수익		315,000원	
㉯ (차) 미수수익	105,000원		
(대) 이자수익		105,000원	
㉰ (차) 이자수익	315,000원		
(대) 미수수익		315,000원	
㉱ (차) 이자수익	105,000원		
(대) 미수수익		105,000원	

① ㉮　　② ㉯　　③ ㉰　　④ ㉱

42 (주)한공(사업연도: 1. 1.~12. 31.)은 12월 1일 10,000,000원을 은행에 정기예금 하였으며, 이자는 만기 시 원금과 함께 수령하기로 하였다. 정기예금의 만기는 1년, 이자율은 연 12%이며, 결산상 이자수익은 월할계산한다. 결산시점에 (주)한공이 하여야 할 결산수정분개로 옳은 것은?

Content

왼쪽 선택지 (문제 42번 계속)

㉮ (차) 미수수익 100,000원 / (대) 이자수익 100,000원
㉯ (차) 선수수익 100,000원 / (대) 이자수익 100,000원
㉰ (차) 이자수익 1,200,000원 / (대) 미수수익 1,200,000원
㉱ (차) 미수수익 1,200,000원 / (대) 이자수익 1,200,000원

① ㉮ ② ㉯ ③ ㉰ ④ ㉱

43 (주)한공은 2026년 4월 1일 1년분 보험료 1,200,000원을 현금지급하고 다음과 같이 회계처리 하였다.

(차) 보험료 1,200,000원 / (대) 현금 1,200,000원

2026년 12월 31일에 행할 결산정리 분개로 옳은 것은?(단, 월할 계산한다고 가정한다.)

㉮ (차) 선급비용 300,000원 / (대) 보험료 300,000원
㉯ (차) 보험료 900,000원 / (대) 미지급비용 900,000원
㉰ (차) 선급비용 900,000원 / (대) 보험료 900,000원
㉱ (차) 보험료 300,000원 / (대) 미지급비용 300,000원

① ㉮ ② ㉯ ③ ㉰ ④ ㉱

44 (주)한공은 해외에서 파견 온 직원을 위하여 2026년 8월 1일부터 2028년 7월 31일까지 2년 동안 사택을 임차하였다. 사택에 대한 1년분 임차료 12,000,000원을 2026년 8월 1일에 현금으로 지급하고 선급비용으로 회계처리한 경우 2026년 12월 31일 결산정리분개로 옳은 것은?

오른쪽 선택지 (문제 44번)

㉮ (차) 임차료 5,000,000원 / (대) 선급비용 5,000,000원
㉯ (차) 임차료 7,000,000원 / (대) 선급비용 7,000,000원
㉰ (차) 임차료 2,500,000원 / (대) 선급비용 2,500,000원
㉱ (차) 임차료 3,500,000원 / (대) 선급비용 3,500,000원

① ㉮ ② ㉯ ③ ㉰ ④ ㉱

45 (주)한공은 2026년 3월 1일에 1년분 보험료 2,400,000원을 납부하면서 전액 비용처리하였다. 이에 대한 결산정리사항으로 옳은 것은?(단, 월할계산할 것)

㉮ (차) 선급비용 400,000원 / (대) 보험료 400,000원
㉯ (차) 선급비용 600,000원 / (대) 보험료 600,000원
㉰ (차) 보험료 400,000원 / (대) 선급비용 400,000원
㉱ (차) 보험료 600,000원 / (대) 선급비용 600,000원

① ㉮ ② ㉯ ③ ㉰ ④ ㉱

46 (주)한공(사업연도: 2026. 1. 1.~12. 31.)은 7월 1일에 자동차손해보험에 가입하여 1년분 보험료 1,200,000원을 현금으로 지급하고 보험료로 계상하였다. (주)한공의 기말 결산분개로 옳은 것은?(단, 월할 계산한다.)

㉮ (차) 보험료 600,000원 / (대) 선급보험료 600,000원
㉯ (차) 선수보험료 600,000원 / (대) 보험료 600,000원
㉰ (차) 선급보험료 600,000원 / (대) 보험료 600,000원
㉱ (차) 보험료 600,000원 / (대) 미지급보험료 600,000원

① ㉮ ② ㉯ ③ ㉰ ④ ㉱

47 다음은 (주)한공의 임차료와 관련된 자료이다. 기말에 (주)한공이 수행할 결산정리분개로 옳은 것은?(단, 월할상각을 가정함.)

> 2026년 5월 1일 사무실을 임차하고 1년분 임차료 240,000원을 현금으로 지급한 후 다음과 같이 회계처리 하였다.
>
> 〈2026년 5월 1일 회계처리〉
> (차) 임차료 240,000원
>   (대) 현금 240,000원

> ㉮ (차) 미수수익 40,000원
>   (대) 임차료 40,000원
>
> ㉯ (차) 선급비용 40,000원
>   (대) 임차료 40,000원
>
> ㉰ (차) 선급비용 80,000원
>   (대) 임차료 80,000원
>
> ㉱ (차) 미수수익 80,000원
>   (대) 임차료 80,000원

① ㉮   ② ㉯   ③ ㉰   ④ ㉱

48 다음은 (주)한공의 보험료 지급과 관련된 자료이다. 기말에 (주)한공이 수행할 결산정리분개로 옳은 것은?(단, 보험료는 월할 계산함.)

> 2026년 10월 1일 보험계약 체결 후 1년분 보험료 120,000원을 지급하고, 보험료 지급시점에 다음과 같은 회계처리를 하였다.
> (차) 보험료 120,000원
>   (대) 현금 120,000원

> ㉮ (차) 선급비용 30,000원
>   (대) 보험료 30,000원
>
> ㉯ (차) 보험료 30,000원
>   (대) 선급비용 30,000원
>
> ㉰ (차) 선급비용 90,000원
>   (대) 보험료 90,000원
>
> ㉱ (차) 보험료 90,000원
>   (대) 선급비용 90,000원

① ㉮   ② ㉯   ③ ㉰   ④ ㉱

49 (주)한공은 2026년 10월 1일에 1년분 임대료 1,200,000원을 현금으로 수령하고 전액 임대료로 계상하였다. 기말정리분개 후 선수임대료는 얼마인가?(단, 기간은 월할 계산한다.)

① 300,000원   ② 600,000원
③ 900,000원   ④ 1,200,000원

50 사무실을 임대하고 1년치 임대료 120,000원을 미리 현금으로 받고 다음과 같이 분개하였다.

> 10월 1일: (차) 현금 120,000원
>   (대) 임대료 120,000원

12월 31일 기말에 필요한 결산정리분개로 적절한 것은?(기간계산이 필요할 경우 월할계산 할 것.)

> ㉮ (차) 임대료 30,000원
>   (대) 선수금 30,000원
>
> ㉯ (차) 선수금 90,000원
>   (대) 임대료 90,000원
>
> ㉰ (차) 임대료 30,000원
>   (대) 선수임대료 30,000원
>
> ㉱ (차) 임대료 90,000원
>   (대) 선수임대료 90,000원

① ㉮   ② ㉯   ③ ㉰   ④ ㉱

51 다음 자료를 토대로 (주)한공이 당기에 현금으로 수령한 임대료를 계산하면 얼마인가?

> • 기초와 기말 재무상태표에 계상되어 있는 선수임대료는 각각 33,000원과 26,000원이다.
> • 당기 손익계산서에 계상되어 있는 임대료는 60,000원이다.

① 35,000원   ② 45,000원
③ 53,000원   ④ 63,000원

52 다음 소모품 관련 자료에 의해 2026년 결산시점 회계처리로 옳은 것은?(2026년 기초재고는 없으며, 구입 시 소모품비 계정으로 회계처리하였다.)

> • 2026년 3월 1일 소모품 200,000원을 현금구입하였다.
> • 2026년 12월 31일 소모품 미사용액은 100,000원이었다.

⑦ (차) 소모품   200,000원
　　(대) 소모품비   200,000원

⑭ (차) 소모품   100,000원
　　(대) 소모품비   100,000원

⑮ (차) 소모품비   100,000원
　　(대) 소모품   100,000원

⑯ (차) 소모품비   200,000원
　　(대) 소모품   200,000원

① ⑦　　② ⑭　　③ ⑮　　④ ⑯

53 다음 대화 내용에서 올바른 답변을 하는 사람은?

[한부장]
우리 회사의 수정전시산표상의 소모품 계정 차변 잔액이 350,000원입니다. 기말 실사 결과 소모품 재고액이 150,000원인 경우 소모품에 대한 올바른 수정분개를 한다면 당기 재무제표에 어떠한 영향을 미치겠습니까?
[김대리]
비용이 200,000원이 증가합니다.
[한대리]
비용이 150,000원이 증가합니다.
[박대리]
자산이 200,000원이 증가합니다.
[최대리]
부채가 150,000원 증가합니다.

① 김 대리　　　② 한 대리
③ 박 대리　　　④ 최 대리

54 다음 자료에 의해 (주)한공의 2026년 12월 31일 결산 시 회계 처리로 옳은 것은?

· 2026년 4월 1일 소모품 1,000,000원을 구입하고 대금은 현금으로 지급하였으며, 구입한 소모품은 전액 비용처리하였다.
· 2026년 12월 31일 소모품 미사용액은 200,000원이다.

⑦ (차) 소모품   200,000원
　　(대) 소모품비   200,000원

⑭ (차) 소모품   800,000원
　　(대) 소모품비   800,000원

⑮ (차) 소모품비   200,000원
　　(대) 소모품   200,000원

⑯ (차) 소모품비   800,000원
　　(대) 소모품   800,000원

① ⑦　　② ⑭　　③ ⑮　　④ ⑯

55 다음의 대화에서 옳은 설명을 한 학생은 누구인가?

[동훈]
선급비용은 영업외비용에 속하는 계정과목이다.
[희진]
미지급비용은 판매비와 관리비에 속하는 계정과목이다.
[수정]
미수수익은 유동자산에 속하는 계정과목이다.
[태준]
선수수익은 영업외수익에 속하는 계정과목이다.

① 수정　　　　　② 동훈, 희진
③ 희진, 수정　　④ 동훈, 희진, 태준

56 다음 중 수익과 비용의 이연에 해당되지 않는 것은?

① 선급임차료를 자산으로 계상하였다.
② 선수금을 수령하고 부채로 계상하였다.
③ 선수임대료를 부채로 계상하였다.
④ 선급보험료를 자산으로 계상하였다.

57 다음 결산정리사항 중 수익의 이연에 해당하는 거래는?

① 보험료 선급분을 계상하다.
② 임대료수익 미수분을 계상하다.
③ 이자수익 선수분을 계상하다.
④ 이자비용 미지급분을 계상하다.

58 (주)한공은 2026년 11월 14일 단기투자목적으로 (주)부산의 주식 100주를 주당 20,000원에 취득하였고, 이때 발생된 주식거래수수료는 40,000원이다. 2026년 말 (주)부산의 공정가치가 주당 17,000원일 때 주식평가손익으로 옳은 것은?

① 단기매매증권평가손실 340,000원
② 매도가능증권평가손실 340,000원
③ 단기매매증권평가손실 300,000원
④ 매도가능증권평가손실 300,000원

59 매도가능증권에 대한 평가이익이 재무제표에 미치는 영향으로 옳은 것은?

> 가. 자본의 증가
> 나. 영업이익의 증가
> 다. 영업외수익의 증가
> 라. 기타포괄손익누계액의 증가

① 가, 나   ② 나, 다
③ 가, 라   ④ 나, 라

60 다음 중 손익계산서의 당기손익으로 보고되지 않는 것은?

① 단기매매증권평가손익
② 단기매매증권처분손익
③ 매도가능증권평가손익
④ 매도가능증권처분손익

61 다음은 (주)한공의 단기매매증권 관련 거래 내용이다. 기말 결산 시 당기순손익에 미치는 결과를 계산한 것으로 옳은 것은?

> • 12월 1일: 단기 투자 목적으로 서울(주) 주식 200주를 주당 8,000원(액면 5,000원)에 취득하고 대금은 현금으로 지급하다.
> • 12월 15일: 위의 주식 중 100주를 주당 10,000원에 처분하고 현금으로 받다.
> • 12월 31일: 위의 잔여주식을 공정가치(주당 7,000원)로 평가하다.

① 이익 100,000원   ② 이익 200,000원
③ 손실 100,000원   ④ 손실 200,000원

62 다음은 (주)한공의 단기매매증권(A주식) 관련 자료이다. 이에 대한 설명으로 옳은 것은?

> • 2025년 11월 22일: A주식 100주를 1주당 300원에 취득하고 취득수수료 2,000원을 지출하였다.
> • 2025년 12월 31일: A주식의 시가는 1주당 350원이다.
> • 2026년 3월 7일: A주식 전부를 1주당 370원에 처분하였다.

① 2025년 11월 22일 A주식의 취득원가는 32,000원이다.
② 2025년 12월 31일 재무상태표에 기록될 단기매매증권은 37,000원이다.

③ 2025년 12월 31일 손익계산서에 기록될 단기매매증권 평가이익은 3,000원이다.
④ 2026년 3월 7일 A주식 처분으로 인식할 단기매매증권 처분이익은 2,000원이다.

63 (주)한공은 2026년 1월 1일 기계장치를 3,000,000원에 현금으로 구입하였다. 2026년 12월 31일 결산시 정액법에 의한 감가상각비는 얼마인가?(단, 내용연수 5년, 잔존가액 500,000원, 결산 연 1회)

① 700,000원   ② 600,000원
③ 500,000원   ④ 250,000원

64 다음은 (주)한공의 2026년 12월 31일 수정전 잔액시산표의 일부와 결산정리사항을 나타낸 것이다.

> 〈자료1〉 잔액시산표(수정전)
>
> (주)한공   (단위: 원)
>
> | 차변 | 계정과목 | 대변 |
> |---|---|---|
> | : | : | |
> | 100,000,000 | 건물 | |
> | | 건물감가상각누계액 | 20,000,000 |
> | : | : | |
>
> 〈자료2〉 결산정리사항
>
> 건물은 2025년 1월 1일에 취득하였으며, 내용연수는 5년이고 정액법으로 상각한다. (단, 잔존가치는 없다.)

결산정리 이후, 2026년 12월 31일 현재 재무상태표상 건물감가상각누계액은 얼마인가?

① 20,000,000원   ② 40,000,000원
③ 80,000,000원   ④ 100,000,000원

65 다음은 (주)한공의 유형자산에 관한 자료이다.

> 가. 2025년 7월 1일에 상품 보관 창고 1동을 10,000,000원에 취득하고, 중개수수료 200,000원과 함께 현금으로 지급하였다.
> 나. 2025년 7월 1일에 취득세 500,000원과 등기료 300,000원을 현금으로 지급하였다.
> 다. 내용연수 10년, 잔존가치는 0원, 감가상각방법은 정액법이며 월할상각한다.
> 라. 2026년도 감가상각비는 적정하게 계상되었다.

2026년 12월 31일의 감가상각누계액은 얼마인가?

① 1,000,000원   ② 1,100,000원
③ 1,500,000원   ④ 1,650,000원

66 다음 자료에 의하면 2026년 감가상각비는 얼마인가?

> • 2025년 1월 1일에 영업용 차량을 10,000,000원에 구입하였다.
> • 감가상각은 연 1회, 정률법(상각률: 20%)으로 한다.

① 1,000,000원   ② 1,600,000원
③ 2,000,000원   ④ 3,600,000원

67 다음은 (주)한공의 재무상태표의 일부이다. 차량운반구와 관련된 설명으로 옳지 않은 것은?(단, 차량운반구는 2025년 7월 1일에 취득하였으며 그 이후에 취득하거나 처분한 자산은 없다.)

재무상태표

(주)한공		(단위: 원)
과목	당기	전기
⋮		
유형자산		
차량운반구	3,000,000	3,000,000
감가상각누계액	(900,000)	(300,000)
⋮		

① 차량운반구의 취득원가는 3,000,000원이다.
② 전기 차량운반구의 감가상각비는 300,000원이다.
③ 당기 차량운반구의 감가상각비는 600,000원이다.
④ 당기말 차량운반구의 장부금액은 2,400,000원이다.

68 (주)한공의 2026년 당기순이익은 4,000,000원이었으나 다음의 회계처리 오류가 발견되었다. 오류사항을 반영한 후 당기순이익은 얼마인가?

> 가. 임차료 미지급분 300,000원 계상 누락
> 나. 단기매매증권평가손실 200,000원 계상 누락
> 다. 건물에 대한 감가상각비 400,000원 이중 계상

① 3,500,000원   ② 3,700,000원
③ 3,800,000원   ④ 3,900,000원

69 다음 자료에 의한 기계장치의 2026년 말 순장부금액은?

> • 2025년 7월 1일 기계장치를 4,000,000원에 구입하였다.
> • 정액법으로 감가상각을 하고 있다.
>   (내용연수 5년, 잔존가치 0원, 월할 상각)

① 2,400,000원   ② 2,800,000원
③ 3,200,000원   ④ 3,600,000원

70 (주)한공은 2026년 초에 총 1,000개의 제품생산이 기대되는 기계장치를 500,000원에 구입하였다. 2026년 100개의 제품을 생산한 경우 생산량비례법에 의한 감가상각비는 얼마인가?(단, 기계장치의 잔존가치는 없다.)

① 50,000원   ② 100,000원
③ 150,000원   ④ 200,000원

71 (주)한공의 2026년 12월 31일 재무상태표에 계상될 감가상각누계액은?

> • 2025년 1월 1일에 차량운반구를 500,000원에 취득하였다.
> • 내용연수는 5년으로 추정된다.
> • 상각방법은 정률법, 상각률은 0.4를 적용한다.

① 320,000원   ② 330,000원
③ 340,000원   ④ 350,000원

72 다음은 (주)한공의 기계장치에 대한 자료이다. 2026년 손익계산서에 계상할 기계장치에 대한 감가상각비는 얼마인가?

> • 2025년 1월 1일에 기계장치를 2,000,000원에 취득하였다.(내용연수 4년, 정액법, 월할상각, 잔존가치는 없다고 가정한다.)
> • 2026년 7월 1일에 기계장치를 처분하였다.

① 250,000원   ② 500,000원
③ 750,000원   ④ 1,000,000원

73 12월 결산법인인 (주)한공은 2025년 1월 1일 기계장치를 1,000,000원에 취득하였다.(내용연수 5년, 감가상각방법 정률법, 상각률 0.45) 이 때 2025년과 2026년의 기계장치 감가상각비로 알맞은 것은?

① 2025년: 200,000원, 2026년: 200,000원
② 2025년: 300,000원, 2026년: 350,000원
③ 2025년: 450,000원, 2026년: 450,000원
④ 2025년: 450,000원, 2026년: 247,500원

10 내부통제제도와 내부회계관리제도

01 다음 중 내부통제제도의 구성요소가 아닌 것은?

① 통제환경　　　② 외부감사
③ 통제활동　　　④ 모니터링

02 다음 중 내부통제제도의 효과에 대한 설명으로 옳지 않은 것은?

① 내부통제제도를 통해서 모든 위험을 통제할 수 있다.
② 내부통제제도는 직원의 위법행위를 신속히 발견할 수 있게 한다.
③ 내부통제제도는 경영진의 업무성과를 측정하는 데 기여할 수 있다.
④ 내부통제제도는 회사가 적절한 대응조치를 취할 수 있게 한다.

03 다음 중 정보시스템으로부터 산출되는 정보가 효과적으로 내부회계관리제도를 지원하기 위해서 필요한 요건으로 옳은 것은?

① 정보가 관련 의사결정목적에 부합하여야 한다.
② 정보는 적시에 사용가능하지 않아도 무방하다.
③ 정보는 반드시 공식적이어야 한다.
④ 정보는 일부 임원에게만 접근 가능하여야 한다.

04 내부통제제도에 대한 다음 설명 중 옳지 않은 것은?

① 내부통제제도는 모든 위험을 완벽하게 통제할 수 없다.
② 내부통제제도의 구성요소는 통제환경, 위험평가, 통제활동, 정보 및 의사소통, 모니터링의 다섯 가지이다.
③ 내부통제제도는 경영진 등 조직 내 일부 구성원들에 의해서만 운영된다.
④ 회사의 대표이사는 효과적인 내부통제제도의 설계 및 운영에 대한 최종 책임을 진다.

05 내부회계관리제도에 대한 설명으로 옳지 않은 것은?

① 내부회계관리제도는 재무정보의 신뢰성 확보를 목적으로 한다.
② 내부회계관리제도의 설계 및 운영책임은 대표이사와 외부 회계감사인에게 있다.

③ 내부회계관리제도는 통제환경, 위험평가, 통제활동, 정보 및 의사소통, 모니터링으로 구성된다.
④ 내부회계관리제도는 자산의 보호 및 부정방지 프로그램이 포함된다.

06 재무제표에 대한 신뢰성과 내부통제제도에 대한 설명으로 옳지 않은 것은?

① 재무제표에 대한 신뢰성은 표현의 충실성과 검증가능성, 중립성으로 구성된다.
② 효과적인 내부통제제도는 재무제표의 신뢰성을 제고한다.
③ 내부통제제도는 기업 내 모든 구성원들과 외부 회계감사인에 의해 공동으로 운영된다.
④ 경영진은 재무제표의 신뢰성을 확보하기 위하여 재무정보 뿐만 아니라 법규준수활동정보와 외부환경정보와 같은 비재무정보도 적절하게 수집·유지·관리하여야 한다.

07 다음 중 내부통제제도의 목적에 해당하지 않는 것은?

① 경영진의 경영능력 측정
② 재무정보의 신뢰성 확보
③ 관련 법규 및 정책의 준수
④ 기업 운영의 효율성 및 효과성 확보

08 내부통제제도 전체의 기초를 이루는 개념으로서 조직체계·구조, 내부통제를 유인하는 상벌 체계, 인력운용 정책, 교육정책, 경영자의 철학, 윤리, 리더십 등을 포함하는 것은 내부통제제도 구성요소 중 무엇에 해당하는가?

① 통제환경　　　② 위험평가
③ 통제활동　　　④ 모니터링

09 다음 중 내부통제를 위한 장치로 옳지 않은 것은?

① 재고자산의 도난을 방지하기 위해 창고에 CCTV를 설치한다.
② 자료의 분실과 위변조 방지를 위해 문서에 사전 일련번호를 부여한다.
③ 현금횡령을 방지하기 위해 현금보관자에게 장부기록을 함께 담당하도록 한다.
④ 거래의 성격과 중요도를 고려하여 승인권자의 대한 권한과 지위를 설정한다.

10 다음 중 내부통제제도의 목적에 해당하지 않는 것은?

① 관련 법규 및 정책을 준수할 수 있다.
② 재무정보의 신뢰성을 확보할 수 있다.
③ 기업의 경영성과 목표를 달성할 수 있다.
④ 기업 운영의 효율성과 효과성을 확보할 수 있다.

11 다음은 회계와 내부통제에 대한 내용이다. 옳지 않은 것은?

① 회계는 기업의 경영활동을 기록, 측정, 요약하여 보고하는 것이다.
② 회계정보의 신뢰성을 확보하기 위해 내부통제를 설계, 실행, 유지하여야 한다.
③ 경제적 의사결정에 유용한 회계정보를 제공할 의무는 주주에게 있다.
④ 회사가 사용하는 전표시스템은 내부통제의 일환이다.

12 다음 중 내부통제제도에 대한 설명으로 옳지 않은 것은?

① 내부통제제도의 구성요소는 통제환경, 위험평가, 통제활동, 정보 및 의사소통, 모니터링으로 나누어 볼 수 있다.
② 잘 설계된 내부통제제도라면 제도를 운영하는 과정에서 발생하는 집행위험을 포함한 모든 위험을 피할 수 있어야 한다.
③ 모니터링이란 내부통제의 효과성을 지속적으로 평가하는 과정을 의미한다.
④ 통제활동이란 업무의 분장, 문서화, 승인·결재체계, 감독체계, 자산의 보호체계 등을 포함한다.

13 다음 중 선생님의 질문에 옳지 않은 답변을 한 사람은 누구인가?

[선생님]
오늘은 내부통제에 대해 학습할 시간이에요. 내부통제의 구성요소에는 어떤 것들이 있을까요?
[유리]
통제활동이 있습니다.
[지윤]
정보 및 의사소통이 있습니다.
[치홍]
위험평가도 있습니다.
[기태]
재무제표 작성도 해당됩니다.

① 유리 　　② 지윤
③ 치홍 　　④ 기태

14 다음 중 선생님의 질문에 틀린 답변을 한 사람은 누구인가?

[선생님]
오늘은 내부통제에 대해 배우도록 하겠습니다. 내부통제제도의 목적에는 어떤 것들이 있을까요?
[영호]
기업운영의 효율성 및 효과성 확보입니다.
[미영]
재무정보의 신뢰성 확보입니다.
[철수]
관련 법규, 감독규정, 내부정책 및 절차의 준수입니다.
[영희]
회사 이익의 극대화입니다.

① 영호 　　② 미영
③ 철수 　　④ 영희

15 다음 중 내부통제제도의 목적에 해당하지 않는 것은?

① 재무정보의 신뢰성을 확보할 수 있게 한다.
② 관련 법규 및 정책을 준수할 수 있게 한다.
③ 기업의 경영성과를 극대화할 수 있게 한다.
④ 기업운영의 효율성 및 효과성을 확보할 수 있게 한다.

제 2 절 부가가치세

01 부가가치세 기본이론

01 다음 중 부가가치세의 특징에 대한 설명으로 옳지 않은 것은?

① 면세대상을 제외한 모든 재화나 용역의 소비행위에 대해 과세하는 일반소비세이다.
② 납세의무자와 담세자가 일치하지 아니하는 간접세이다.
③ 납세의무자의 인적사항을 고려하지 않는 물세에 해당한다.
④ 수출하는 상품에 대하여 생산지국 과세원칙을 채택하고 있다.

02 다음 중 우리나라의 부가가치세의 특징으로 옳은 것은?

① 전단계거래액공제법
② 원산지국과세원칙
③ 직접세
④ 소비형 부가가치세

03 다음 중 우리나라 부가가치세의 특징에 대한 설명으로 옳지 않은 것은?

① 국가를 과세의 주체로 한다.
② 납세의무자와 담세자가 일치한다.
③ 매출세액에서 매입세액을 차감하여 납부세액을 계산한다.
④ 인적공제제도가 없는 물세이다.

04 부가가치세법 상 납세지 및 사업장에 대한 설명으로 옳지 않은 것은?

① 사업자의 납세지는 각 사업장의 소재지로 한다.
② 임시사업장은 사업장으로 보지 않는다.
③ 부동산 임대업의 사업장은 부동산의 등기부상 소재지이다.
④ 직매장과 하치장은 사업장으로 본다.

05 다음 중 사업자등록에 대한 설명으로 옳지 않은 것은?

① 신규로 사업을 개시한 자는 사업장마다 사업개시일부터 20일 이내에 사업자등록신청을 하는 것이 원칙이다.
② 세무서장은 사업자등록 신청일부터 7일(토요일·일요일·근로자의 날 제외) 이내에 사업자등록증을 발급한다.
③ 상호변경으로 등록정정신고를 한 경우 세무서장은 신고일 당일에 사업자등록증을 재발급한다.
④ 신규로 사업을 개시하려는 자는 사업개시일 전이라도 등록할 수 있다.

06 다음 중 부가가치세법상 사업자등록에 대한 설명으로 옳은 것은?

① 신규사업자는 사업 개시일 이후에만 사업자등록을 신청할 수 있다.
② 사업장 관할 세무서장이 아닌 다른 세무서장에게는 사업자등록의 신청을 할 수 없다.
③ 사업자가 폐업한 경우 사업장 관할 세무서장은 지체 없이 사업자등록을 말소하여야 한다.
④ 전화번호가 변경되는 경우 사업자 등록 정정신고서를 제출하여야 한다.

07 다음 중 부가가치세의 사업장에 대한 설명으로 옳지 않은 것은?

① 부가가치세는 사업장이 둘 이상인 경우 주사업장에서 총괄하여 신고·납부하는 것이 원칙이다.
② 무인자동판매기를 통한 사업은 그 사업에 관한 업무를 총괄하는 장소가 사업장이다.
③ 제조업의 경우 최종 제품을 완성하는 장소가 사업장이다.
④ 제품의 포장만을 하거나 용기에 충전만을 하는 장소는 사업장으로 보지 아니한다.

08 다음 중 부가가치세법상 사업자등록에 대한 설명으로 옳지 않은 것은?

① 국가와 지방자치단체는 부가가치세법상 사업자에 해당되지 않아 사업자등록의무가 없다.
② 일시적, 우발적으로 재화 또는 용역을 공급하는 자는 사업자등록의무가 없다.
③ 사업자의 사망으로 상속이 개시된 경우에는 폐업으로 보지 않고 사업자등록 정정사유로 본다.
④ 관할세무서장은 사업자가 사업자등록신청을 하지 않은 경우 직권등록을 할 수 있다.

09 다음 중 부가가치세법상의 납세의무와 관련된 설명으로 옳지 않은 것은?

① 국가나 지방자치단체는 부가가치세의 납세의무자가 될 수 없다.
② 재화를 수입하는 자는 사업자 여부 및 수입목적에 관계없이 부가가치세의 납세의무가 있다.
③ 면세되는 재화·용역을 공급하는 자는 부가가치세 납세의무가 없다.
④ 사업자는 영리유무를 불문하고, 독립적으로 사업활동을 하는 자를 말한다.

10 다음 중 부가가치세법상 납세의무자에 대한 설명으로 옳지 않은 것은?

① 영세율을 적용받는 사업자는 부가가치세법상 사업자에 해당하지 않는다.
② 면세를 적용받는 사업자는 부가가치세 납세 의무가 없고, 협력의무만 있다.
③ 간이과세자는 부가가치세법상 사업자에 해당 한다.
④ 재화를 수입하는 자는 사업자 여부와 관계없이 부가가치세 납세의무가 있다.

11 다음 중 부가가치세법상 과세기간과 관련된 설명으로 옳지 않은 것은?

① 과세기간이란 세법에 따라 국세의 과세표준 계산의 기초가 되는 기간이다.
② 간이과세자는 1월 1일부터 6월 30일까지를 과세기간으로 한다.
③ 일반과세자의 제1기 예정신고기간은 1월 1일부터 3월 31일까지이다.
④ 사업자가 폐업하는 경우 과세기간은 해당 과세기간의 개시일부터 폐업일까지이다.

12 다음 중 부가가치세법상 과세기간에 대한 설명으로 옳지 않은 것은?

① 일반과세자의 제1기 과세기간은 1월 1일부터 6월 30일까지이다.
② 신규사업자의 과세기간은 사업 개시일부터 그 날이 속하는 과세기간 종료일까지이다.
③ 폐업자의 과세기간은 해당 과세기간 개시일부터 폐업일까지이다.
④ 제조업의 최초 과세기간은 제조된 재화의 판매를 개시하는 날부터 그 날이 속하는 과세기간 종료일까지이다.

13 다음 중 부가가치세 신고에 관한 설명으로 옳은 것은?

① 폐업한 경우 폐업일이 속하는 날의 다음 달 말일까지 신고하여야 한다.
② 확정신고를 하는 경우 예정신고시 신고한 과세표준도 포함하여 신고하여야 한다.
③ 신고기한까지 과세표준 및 세액을 신고하지 않는 경우 과소신고 가산세가 부과된다.
④ 직전 과세기간 공급가액 합계액이 1억 5천만원 이상인 법인사업자는 예정신고기간이 끝난 후 25일 이내에 예정신고기간에 대한 과세표준을 신고하여야 한다.

14 다음 중 부가가치세 신고와 납부에 대한 설명으로 가장 옳지 않은 것은?

① 법인사업자는 예정신고기간이 끝난 후 25일 이내에 예정신고기간에 대한 과세표준과 납부세액 또는 환급세액을 신고·납부하여야 한다.
② 개인사업자에 대해서는 관할세무서장이 각 예정신고기간마다 직전 과세기간에 대한 납부세액의 1/2을 결정하여 징수한다.
③ 개인사업자는 휴업 또는 사업부진 등으로 인하여 각 예정신고기간의 공급가액 또는 납부세액이 직전 과세기간의 공급가액 또는 납부세액의 1/3에 미달하는 경우 예정신고·납부 할 수 있다.
④ 폐업의 경우 폐업일부터 25일 이내에 신고·납부하여야 한다.

 과세대상

01 다음 중 부가가치세 과세대상이 되는 용역의 공급에 해당하는 것은?

① 상가의 임대
② 건설용역의 무상공급
③ 고용관계에 의한 근로제공
④ 용역의 수입

02 다음 중 부가가치세법상 과세거래에 해당하는 것은?

① 상품의 할부판매
② 사업의 포괄적 양도
③ 근로의 제공
④ 재화의 담보제공

03 다음 중 부가가치세 과세대상은 어느 것인가?

① 「국세징수법」에 따른 공매에 따라 재화를 인도하거나 양도하는 것
② 「도시 및 주거환경정비법」에 따른 수용절차에서 수용대상 재화의 소유자가 수용된 재화에 대한 대가를 받는 것
③ 교환계약에 따라 재화를 인도하거나 양도하는 것
④ 건설용역의 무상공급

04 다음 중 부가가치세 과세거래가 아닌 것은?

① 고용관계에 따라 근로를 제공하는 것
② 현물출자를 위해 건물을 제공하는 것
③ 거래처에 판매장려물품을 제공하는 것
④ 산업상·상업상 또는 과학상의 지식·경험 또는 숙련에 관한 정보를 제공하는 것

05 다음 중 부가가치세 과세대상이 아닌 것은?

① 사업자가 건물을 현물출자 하는 경우
② 사업자가 사용인에게 작업복을 무상으로 제공하는 경우
③ 사업자가 교환계약에 따라 기계장치를 인도하는 경우
④ 사업자가 전자제품을 개인적으로 사용하는 경우

06 다음 중 부가가치세법상 재화의 공급에 해당하는 것은?

① 대가로서 다른 용역을 제공받는 계약에 따라 재화를 인도하는 경우
② 사업장별로 그 사업에 관한 모든 권리와 의무를 포괄적으로 승계시키는 사업양도의 경우
③ 양도담보의 목적으로 부동산상의 권리를 제공하는 경우
④ 건설업자가 건설자재의 전부 또는 일부를 부담하는 경우

07 다음 중 부가가치세 과세거래에 해당하는 것을 모두 고르면?

> 가. 세금을 사업용 자산으로 물납하는 경우
> 나. 소형승용차를 중고차 매매상에게 유상으로 처분하는 경우
> 다. 양도담보의 목적으로 부동산을 제공하는 경우
> 라. 상표권을 유상으로 양도하는 경우

① 가, 다　　② 나, 다
③ 나, 라　　④ 가, 라

08 다음 중 부가가치세법상 재화의 공급에 대하여 바르게 설명하고 있는 사람은?

> 민수: 상품권의 양도는 재화의 공급에 해당해.
> 진서: 상속세의 물납은 재화의 공급에 해당해.
> 수현: 주식의 양도는 재화의 공급에 해당해.
> 혜수: 건물의 현물출자는 재화의 공급에 해당해.

① 민수　　② 진서
③ 수현　　④ 혜수

09 다음은 부가가치세법상 재화 또는 용역의 공급시기이다. 옳지 않은 것은?

① 현금판매, 외상판매의 경우: 재화가 인도되는 때
② 장기할부판매의 경우: 대가의 각 부분을 받기로 한 때
③ 완성도기준지급 조건부 용역의 경우: 용역의 제공이 완료되는 때
④ 내국 물품을 수출하는 경우: 수출 재화의 선적일

10 다음 중 부가가치세법상 공급시기에 대한 설명으로 옳지 않은 것은?

① 세금계산서는 공급시기에 교부하는 것이 원칙이다.
② 중계무역방식의 수출에 대한 공급시기는 수출재화의 선(기)적일이다.
③ 통상적인 용역의 공급시기는 역무의 제공이 완료되는 때이다.
④ 외상판매의 공급시기는 대가를 받기로 한 때이다.

11 다음 중 부가가치세법상 공급시기가 바르게 연결되지 않은 것은?

① 장기할부판매 – 대가의 각 부분을 받기로 한 때
② 간주임대료 – 예정신고기간 종료일 또는 과세기간 종료일
③ 완성도기준지급조건부 용역 – 역무의 제공이 완료되는 때
④ 무인판매기에 의한 재화의 공급 – 사업자가 무인판매기에서 현금을 꺼내는 때

12 다음 중 부가가치세법상 재화의 공급시기로 옳은 것은?

① 외상판매의 경우: 대가를 받을 때
② 재화의 공급으로 보는 가공의 경우: 재화의 가공이 완료된 때

③ 반환조건부 판매: 조건이 성취되거나 기한이 지나 판매가 확정되는 때
④ 장기할부판매: 최종 할부금 지급기일

13 다음 중 부가가치세법상 재화의 공급시기에 대해 잘못 설명하고 있는 사람은 누구인가?

> 이세금: 현금판매의 경우 재화가 인도되거나 이용 가능하게 되는 때야.
> 김공인: 반환조건부의 경우 그 조건이 성취되어 판매가 확정되는 때야.
> 홍재무: 폐업시 잔존재화의 경우 폐업신고서 접수일이야.
> 박회계: 무인판매기에 의한 공급의 경우 무인판매기에서 현금을 인출하는 때야

① 이세금　　② 김공인
③ 홍재무　　④ 박회계

14 부가가치세법상 용역의 공급에 대한 설명이다. 가장 옳지 않은 것은?

① 자기가 주요자재를 전혀 부담하지 아니하고 상대방으로부터 인도받은 재화를 단순히 가공만 해 주는 것은 용역의 공급으로 본다.
② 특수관계인에게 사업용 부동산의 임대용역을 무상으로 공급하는 것은 용역의 공급으로 본다.
③ 회계법인이 거래처에 세무자문용역을 무상으로 공급하는 것은 용역의 공급으로 본다.
④ 사업자가 상표권을 대여하는 것은 용역의 공급으로 본다.

03 영세율과 면세

01 다음 중 부가가치세법상 영세율 적용대상에 해당하는 것은 모두 몇 개인가?

> 가. 선박 또는 항공기의 외국항행 용역
> 나. 수출하는 재화
> 다. 국외에서 제공하는 용역
> 라. 복권과 공중전화

① 1개　　② 2개
③ 3개　　④ 4개

02 다음 중 부가가치세법상 영세율 적용대상에 해당하는 것은?

> 가. 국내 여객운송용역
> 나. 수출하는 재화
> 다. 토지의 공급
> 라. 해외건설 공사

① 가, 나　　② 가, 라
③ 나, 라　　④ 다, 라

03 다음 중 부가가치세법상 영세율 적용대상이 아닌 것은?

① 국외제공용역
② 중계무역수출
③ 선박 또는 항공기에 의한 외국항행용역
④ 외국으로부터의 재화의 수입

04 다음 중 부가가치세법상 영세율에 대한 설명으로 옳지 않은 것은?

① 영세율 적용대상자는 부가가치세 과세사업자이다.
② 사업자가 국외에서 공급하는 용역에 대해서는 영세율이 적용된다.
③ 사업자가 비거주자 또는 외국법인인 경우 영세율의 적용은 상호주의에 따른다.
④ 영세율은 부가가치세의 역진성을 완화하기 위한 제도이다.

05 다음 중 부가가치세법상 영세율에 대한 설명으로 옳은 것은?

① 비거주자 또는 외국법인에게는 영세율을 적용하지 아니 한다.
② 내국신용장에 의하여 재화를 공급하는 경우에는 세금계산서 발급의무가 면제된다.
③ 외국법인의 국내사업장에 공급하는 재화는 영세율이 적용된다.
④ 면세사업자는 면세를 포기하지 않는 한 영세율을 적용받을 수 없다.

06 다음 중 부가가치세법상 영세율이 적용되지 않는 것은?

① 내국신용장에 의하여 공급하는 수출재화임가공용역
② 국외에서 공급하는 용역
③ 수출하는 재화
④ 국내선 항공기 운항 용역

07 다음 중 부가가치세법상 영세율에 대한 설명으로 옳지 않은 것은?

① 사업자가 국외에서 공급하는 용역에 대해서는 영세율이 적용된다.
② 사업자의 부가가치세 부담을 완전히 면제해 준다.
③ 수출산업을 지원하고, 국가 간 이중과세를 방지한다.
④ 부가가치세 영세율 적용대상 사업자는 부가가치 신고·납부의무가 없다.

08 다음 중 부가가치세 영세율에 관한 설명으로 옳은 것은?

① 수출하는 재화에 대하여 적용한다.
② 부분면세제도이다.
③ 매입 시 부담한 매입세액을 환급받을 수 없다.
④ 영세율 적용을 포기할 수 있다.

09 다음 중 부가가치세법상 영세율에 대한 설명으로 옳은 것은?

① 간이과세자는 영세율을 적용받을 수 없다.
② 비거주자와 외국법인에 대하여는 영세율을 적용할 수 없다.
③ 과세기간 종료 후 30일 이내 내국신용장을 개설한 경우에도 영세율을 적용한다.
④ 국외에서 제공하는 용역에 대하여는 거래상대방이나 대금의 결제방법에 관계없이 영세율을 적용한다.

10 다음 중 부가가치세 면세대상이 아닌 것은?

① 토지의 공급
② 수돗물
③ 가공되지 않은 식료품
④ 택시운송용역

11 다음 중 부가가치세법상 면세에 대한 설명으로 옳지 않은 것은?

① 생수의 공급은 부가가치세 면세대상이다.
② 토지의 공급은 부가가치세 면세대상이다.
③ 면세사업에 관련된 매입세액은 공제받을 수 없다.
④ 면세되는 재화의 공급에 대하여는 세금계산서를 발급할 수 없다.

12 다음 중 부가가치세 면세대상에 해당하는 것은?

```
가. 택시 운송용역
나. 장의업자의 장의용역
다. 무연탄
라. 자동차 운전학원의 교육용역
```

① 가, 나   ② 나, 다
③ 가, 다   ④ 가, 라

13 사업자가 다음의 재화를 판매한 경우 부가가치세가 면세되는 것은 몇 개인가?

```
가. 식빵       나. 신문
다. 당근       라. 인형
```

① 1개   ② 2개
③ 3개   ④ 4개

14 다음 중 부가가치세가 면세되는 재화 또는 용역의 공급은?

① 생수의 판매
② 수의사의 가축진료 용역
③ 주류의 판매
④ 고속철도에 의한 여객운송 용역

15 다음 중 부가가치세가 면세되는 재화 또는 용역의 공급은?

```
가. 연탄의 판매
나. 항공기 여객운송용역
다. 사과의 판매
라. 신문광고용역
```

① 가, 나   ② 가, 다
③ 나, 다   ④ 나, 라

16 부가가치세법상 일반과세자가 매입세액이 불공제된 업무용승용차(5인승, 2,000cc)를 면세사업자에게 공급한 경우 부가가치세 과세여부에 대한 설명으로 옳은 것은?

① 매입세액불공제분이므로 과세하지 않는다.
② 공급받는 자가 면세사업자이므로 면세대상이다.
③ 부가가치세가 과세된다.
④ 공급받는 자의 요청에 따라 과세할 수도 있고 면세할 수도 있다.

17 다음 중 부가가치세가 면세되는 여객운송용역으로 짝지어진 것은?

| 가. 시내버스 | 나. 고속철도 |
| 다. 택시 | 라. 지하철 |

① 가, 나 ② 나, 다
③ 다, 라 ④ 가, 라

18 다음 중 부가가치세 면세 대상 재화 또는 용역에 해당하는 것은?

① 유연탄의 공급
② 우등버스에 의한 여객운송용역
③ 유아용 기저귀의 공급
④ 수집용 우표의 공급

19 다음 중 부가가치세법상 면세에 대한 설명으로 옳지 않은 것은?

① 면세사업자는 세금계산서를 발급할 수 없고 발급 받은 세금계산서 매입세액은 공제받을 수 없다.
② 면세사업자는 부가가치세법상 사업자는 아니지만 매입세금계산서 합계표의 제출과 같은 협력의무는 이행하여야 한다.
③ 부가가치세의 역진성을 완화하기 위하여 주로 기초생활필수품 및 용역에 대하여 적용하고 있다.
④ 면세사업자의 선택에 따라 제한 없이 면세를 포기할 수 있다.

20 다음 중 부가가치세가 면세되는 재화와 용역의 공급으로 짝지어진 것은?

| 가. 토지의 공급 |
| 나. 고속철도에 의한 여객운송 용역 |
| 다. 광고 용역 |
| 라. 장의업자가 제공하는 장의용역 |

① 가, 나 ② 나, 다
③ 다, 라 ④ 가, 라

(04) 과세표준과 세액계산

01 다음 중 부가가치세 과세표준에 포함되는 항목은?

① 매출에누리
② 공급받는 자가 부담하는 원재료의 가액
③ 반환조건부 용기대금
④ 대가의 일부로 받은 운송비

02 다음 중 부가가치세의 과세표준(또는 공급가액)에 포함되는 항목은?

① 공급에 대한 대가의 지급이 지체되었음을 이유로 받는 연체이자
② 매출할인
③ 공급받는 자에게 도달하기 전에 파손된 재화의 가액
④ 할부판매의 경우 이자상당액

03 부가가치세 과세표준에 포함되는 것은?

① 공급되는 재화에 부과되는 개별소비세 상당액
② 공급받는 자에게 도달하기 전에 파손·멸실된 재화의 가액
③ 반환조건부 용기대금과 포장비용
④ 대가와 구분하여 기재한 종업원 봉사료

04 다음 중 부가가치세법상 과세표준에 포함되지 않는 것은?

① 화물용 트럭의 매각대금
② 할부매출액의 이자상당액
③ 반환조건부 용기 포장비용
④ 대가의 일부로 받는 포장비

05 다음 중 부가가치세법상 과세표준에 포함하여야 할 공급가액에 해당되는 것은?

① 할부판매의 이자상당액
② 공급받는 자에게 도달하기 전에 파손된 재화의 가액
③ 매출환입
④ 재화공급과 직접 관련되지 않은 국고보조금

06 다음은 (주)한공의 제1기 예정신고기간(2026.1.1.~2026.3.31.)의 거래 내역이다. 부가가치세 과세표준은 얼마인가?

가. 국내매출액 (부가가치세 포함)	55,000,000원
나. 토지의 현물출자액	30,000,000원
다. 수출액	60,000,000원

① 50,000,000원 ② 55,000,000원
③ 110,000,000원 ④ 140,000,000원

07 다음의 자료에 의하여 과세사업자인 (주)한공의 2026년 제1기 부가가치세 예정신고기간의 과세표준을 계산하면?

> 가. 상품외상매출액: 15,000,000원
>   (매출할인 1,000,000원 차감 전)
> 나. 거래처에 상품 증정: 1,000,000원
>   (시가 2,000,000원)
> 다. 광고선전용으로 무상 제공한 견본품:
>   4,000,000원(시가)

① 15,000,000원   ② 16,000,000원
③ 19,000,000원   ④ 20,000,000원

08 다음의 자료에 의하여 (주)한공의 2026년 제2기 예정신고기간의 부가가치세 과세표준을 계산하면 얼마인가?

일 자	거 래 내 용	금액 (부가가치세 제외)
7월 18일	외상매출액	20,000,000원
8월 26일	하치장 반출액	원가 5,000,000원 (시가: 7,000,000원)
9월 19일	판매장려용으로 증정한 제품	원가 1,500,000원 (시가: 2,000,000원)

① 20,000,000원   ② 21,500,000원
③ 22,000,000원   ④ 27,000,000원

09 다음은 자동차 부품제조업을 영위하는 (주)한공의 2026년 제1기 예정신고기간(2026.1.1.~2026.3.31.)의 공급가액 내역이다. 부가가치세 과세표준은 얼마인가?

> • 국외매출액(수출)   20,000,000원
> • 국내매출액   50,000,000원
> • 공장처분액   40,000,000원
>   (토지분 10,000,000원, 건물분 30,000,000원)

① 50,000,000원   ② 80,000,000원
③ 100,000,000원   ④ 110,000,000원

10 다음의 자료를 토대로 (주)한공의 부가가치세 2026년 제2기 확정신고기간의 과세표준을 계산하면 얼마인가?(단, 주어진 자료에는 부가가치세가 포함되지 아니하였다.)

> • 외상판매액: 5,000,000원
> • 무상제공한 견본품 :   500,000원
> • 운송비: 2,000,000원
>   (외상판매액과 별도로 받은 금액임)

① 4,800,000원   ② 5,500,000원
③ 6,800,000원   ④ 7,000,000원

11 다음 거래를 토대로 (주)한공의 부가가치세법상 과세거래 금액을 계산하면 얼마인가?(단, 부가가치세를 포함하지 않는 금액이다.)

> • 조세의 물납액: 15,000,000원
> • 상가의 임대료 :   10,000,000원
> • 담보의 제공액: 12,000,000원
> • 제품의 공급가액: 11,000,000원

① 21,000,000원   ② 22,000,000원
③ 26,000,000원   ④ 27,000,000원

12 다음 자료를 토대로 (주)한공의 2026년 제2기 예정신고시 부가가치세 과세표준을 계산하면?

일 자	거 래 내 용	공급가액
7월 14일	판매장려용으로 증정한 상품 (시가: 1,000,000원)	800,000원
8월 11일	사업용 화물자동차 매각	500,000원
9월 5일	연체이자의 수령	100,000원

① 800,000원   ② 900,000원
③ 1,300,000원   ④ 1,500,000원

13 다음은 (주)한공의 2026년 제2기 부가가치세 확정신고기간(2026.10.1.~2026.12.31.)의 자료이다. 이를 토대로 부가가치세 과세표준을 계산하면 얼마인가?(단, 주어진 자료의 금액은 부가가치세가 포함되어 있지 않은 금액이며, 세금계산서 등 필요한 증빙서류는 적법하게 발급하였다.)

> 가. 외상판매액   10,000,000원
>   (수출액 2,000,000원 포함)
> 나. 할부판매액   4,300,000원
> 다. 토지매각액   7,500,000원
> 라. 담보제공액   5,500,000원

① 9,800,000원   ② 12,300,000원
③ 14,300,000원   ④ 19,800,000원

14 다음 자료를 토대로 (주)한공의 2026년 제1기 부가가치세 예정신고기간(2026.1.1.~2026.3.31.)의 부가가치세 과세표준을 계산하면 얼마인가? (단, 주어진 자료의 금액은 부가가치세가 포함되어 있지 않은 금액이며, 세금계산서 등 필요한 증빙서류는 적법하게 발급하였거나 수령하였다.)

> 가. 대가의 일부로 받는 운송보험료·산재보험료: 1,000,000원
> 나. 장기할부판매 또는 할부판매 경우의 이자상당액: 2,500,000원
> 다. 대가의 일부로 받는 운송비·포장비·하역비: 4,500,000원
> 라. 재화의 공급과 직접 관련되지 아니하는 국고보조금 수령액: 5,000,000원

① 5,500,000원   ② 6,000,000원
③ 8,000,000원   ④ 9,500,000원

15 다음은 일반과세자인 (주)한공의 2026년 제2기 예정신고기간(2026. 7. 1.~2026. 9. 30.)의 공급내역이다. 이 자료로 부가가치세 매출세액을 계산하면 얼마인가?

> • 제품 매출액   7,000,000원
> • 거래처에 증정한 제품   1,000,000원
>   (시가 2,000,000원)
> • 내국신용장에 의한 공급가액   3,000,000원

① 700,000원   ② 800,000원
③ 900,000원   ④ 1,000,000원

16 다음 중 부가가치세 매출세액에서 공제하는 매입세액으로 옳은 것은?

① 면세사업 관련 매입세액
② 토지조성 관련 매입세액
③ 기업업무추진비 관련 매입세액
④ 의제매입세액

17 다음은 과세사업자인 한공상사(도매업)의 부가가치세 매입세액 내역이다. 이 중 매출세액에서 공제할 수 있는 매입세액은?

① 업무와 관련이 없는 지출에 대한 매입세액
② 창고 건물 신축과 관련된 매입세액
③ 영업부에서 사용하기 위하여 구입한 소형승용차 (1,300cc)의 매입세액
④ 거래처 직원의 명절선물에 대한 매입세액

18 부가가치세 매입세액 불공제 대상이 아닌 것은?

① 기업업무추진비 관련 매입세액
② 면세사업 관련 매입세액
③ 운수업의 영업용 차량 매입세액
④ 토지의 취득 관련 매입세액

19 부가가치세 과세사업을 영위하는 김대박씨가 컴퓨터를 구입하고 다음의 증명서류를 수취한 경우 매입세액을 공제받을 수 없는 것은?

① 세금계산서   ② 신용카드매출전표
③ 현금영수증   ④ 금전등록기계산서

20 다음은 완구제조업을 하는 사업자의 매입세액이다. 다음 중 부가가치세법상 공제가능한 매입세액은 총 얼마인가?

> • 9인승 승용차의 구입과 관련된 매입세액   50,000원
> • 업무와 무관한 매입세액   30,000원
> • 거래처 접대 관련 매입세액   20,000원
> • 공급받는 자의 등록번호를 의도적으로 잘못 기재한 세금계산서상의 매입세액   10,000원

① 50,000원   ② 60,000원
③ 80,000원   ④ 90,000원

21 다음은 제조업을 영위하는 (주)한공의 2026년 제2기 부가가치세 예정신고기간의 매입내역이다. 매입세액공제액은 얼마인가?

내 역	매입세액
• 원재료의 구입	1,000,000원
• 개별소비세 과세대상 자동차의 구입	1,600,000원
• 기계장치의 구입	2,000,000원
• 거래처 증정용 선물의 구입	200,000원

① 2,000,000원   ② 3,000,000원
③ 3,200,000원   ④ 4,800,000원

22 일반과세자인 (주)한공(제조업 영위)은 재화와 용역을 공급받고 세금계산서를 발급받았다. 다음 중 매출세액에서 공제받을 수 없는 매입세액은 얼마인가?

가. 공장을 신축하기 위한 토지조성공사비에 대한 매입세액: 6,000,000원

나. 업무용 승용차(1,988cc, 5인승)의 구입에 대한 매입세액: 4,000,000원

다. 포장용 기계의 수리비에 대한 매입세액: 5,000,000원

① 5,000,000원 ② 6,000,000원
③ 10,000,000원 ④ 11,000,000원

23 다음은 의류도매업을 영위하는 일반과세자인 (주)한공의 2026년 제1기 부가가치세 예정신고 기간에 발급받은 세금계산서의 매입세액 내역이다. 매입세액 공제액은 얼마인가?

일자	내 역	매입세액
2026. 1. 7.	상품 매입	1,000,000원
2026. 2. 10.	종업원 회식비	500,000원
2026. 2. 28.	거래처 접대용품 구입비	300,000원
2026. 3. 30.	대표이사 승용차 (3,000cc) 수리비	300,000원

① 1,000,000원 ② 1,300,000원
③ 1,500,000원 ④ 1,800,000원

24 다음은 (주)한공의 매입거래내역이다. 부가가치세법상 공제 가능한 매입세액은 얼마인가?(단, 필요한 거래증빙은 적법하게 수령하였으며, 거래금액에는 부가가치세액이 포함되지 않았다.)

가. 공장을 건설할 목적으로 토지를 100,000,000원에 구입하였다.

나. 거래처에 증정할 목적으로 그릇세트를 10,000,000원에 구입하였다.

다. 생산에 사용할 원재료를 300,000,000원에 구입하였다.

① 0원 ② 30,000,000원
③ 31,000,000원 ④ 40,000,000원

25 다음은 일반과세자인 (주)한공의 2026년 2기 예정신고기간(2026.7.1.~2026.9.30.)의 매입세액의 내역이다. 공제 가능한 매입세액은 얼마인가?(단, 세금계산서는 적법하게 수취하였으며, 매입세액을 공제받기 위한 절차를 모두 이행하였다고 가정한다.)

• 종이컵 구입 관련 매입세액 1,500,000원
• 거래처 명절선물용 선물세트 구입 관련 매입세액 700,000원
• 제품 운반용 트럭 구입 관련 매입세액 3,000,000원
• 원재료 매입 관련 매입세액(세금계산서 상 공급하는 자의 주소 누락) 2,000,000원

① 1,500,000원 ② 4,500,000원
③ 6,500,000원 ④ 7,200,000원

26 다음은 제조업을 영위하는 일반과세자 (주)한공의 2026년 제1기 부가가치세 예정신고에 필요한 공급가액에 대한 자료이다. 매입세액 공제액은 얼마인가?(단, 필요한 세금계산서는 적법하게 수취하였다.)

가. 원재료 구입액: 50,000,000원
나. 공장부지 조성을 위한 지출액: 5,000,000원
다. 거래처 접대용품 구입액: 3,000,000원
라. 종업원 명절선물(과세재화) 구입액: 1,000,000원

① 5,100,000원 ② 5,400,000원
③ 5,600,000원 ④ 5,900,000원

27 다음은 의류제조업을 영위하는 (주)한공의 2026년 제1기 부가가치세 예정신고와 관련된 자료이다. 이 중 매출세액에서 공제받을 수 없는 매입세액은 모두 얼마인가?(단, 필요한 세금계산서는 적법하게 수취하였다.)

일 자	거 래 내 용	매입세액
2월 08일	원재료 매입	500,000원
3월 16일	공장부지의 조성관련 지출	400,000원
3월 21일	대표이사 업무용 5인승 승용차(1,998cc)의 구입	2,000,000원

① 500,000원 ② 900,000원
③ 2,400,000원 ④ 2,500,000원

28 다음 자료를 토대로 (주)한공(전자제품 제조업)의 2026년 제1기 부가가치세 예정신고 시 공제받지 못할 매입세액을 구하면?(단, 세금계산서는 적법하게 수취하였고, 매입세액을 공제받기 위한 절차를 모두 이행하였다.)

가. 부품구입의 매입세액　　　 1,000,000원
나. 공장부지 구입관련 매입세액 4,000,000원
다. 대표이사 업무용승용차 구입관련
　　매입세액(3,000cc)　　　 7,500,000원
라. 거래처 접대용 선물구입관련 매입세액
　　　　　　　　　　　　 100,000원

① 　5,000,000원　　　　② 　8,500,000원
③ 11,500,000원　　　　④ 11,600,000원

29 다음 자료를 토대로 (주)한공(신발제조업)의 2026년 제1기 확정신고기간 부가가치세 납부세액을 계산하면 얼마인가?(단, 매입세액을 공제받기 위한 절차를 모두 이행하였다.)

가. 국내매출액(공급가액):　 90,000,000원
나. 수출액(공급가액):　　　 10,000,000원
다. 원재료 매입세액:　　　　 4,000,000원
라. 5인승 승용차(2,000cc) 구입 관련 매입세액:
　　　　　　　　　　　　 2,000,000원

① 3,000,000원　　　　② 4,000,000원
③ 5,000,000원　　　　④ 6,000,000원

30 다음 자료를 토대로 도매업을 영위하는 (주)한공의 공제받을 수 있는 매입세액을 계산하면 얼마인가?(단, 세금계산서는 적법하게 수령하였다.)

• 상품 운반용 트럭 구입 관련 매입세액:
　　　　　　　　　　　　 5,000,000원
• 본사 건물의 자본적 지출과 관련된 매입세액:
　　　　　　　　　　　　 4,000,000원
• 거래처 접대와 관련된 매입세액: 3,000,000원

① 4,000,000원　② 5,000,000원
③ 7,000,000원　④ 9,000,000원

31 다음은 의류제조업을 영위하는 (주)한공의 매입세액내역이다. 이를 토대로 부가가치세법상 매입세액으로 공제가능한 금액을 계산하면?(단, 모든 거래는 사업과 관련하여 세금계산서를 수취하였다고 가정한다.)

가. 원단 매입세액　　　　 10,000,000원
나. 토지의 자본적 지출에 해당하는 매입세액
　　　　　　　　　　　　 4,000,000원

다. 업무용 9인승 승합차(3,000cc)의 차량유지
　　비에 해당하는 매입세액　 3,000,000원
라. 기업업무추진비 관련 매입세액 5,000,000원

① 　7,000,000원　　　　② 　9,000,000원
③ 13,000,000원　　　　④ 17,000,000원

32 (주)한공은 부가가치세법상 일반과세자이다. 다음 자료를 이용하여 계산한 2026년 제1기 예정신고기간(2026.1.1.~2026.3.31.)의 부가가치세 납부세액은 얼마인가?

• 세금계산서 발급분: 공급가액　 5,000,000원
　　　　　　　　　　　　　 (과세매출)
• 세금계산서 수취분: 공급가액　 1,200,000원
　　　　　　　　　　　　　 (과세매입)
• 세금계산서 수취분: 공급가액　 1,000,000원
　[대표이사 업무용 승용차(2,000cc) 수리비]

① 280,000원　　　　② 380,000원
③ 400,000원　　　　④ 500,000원

33 다음은 도소매업을 영위하는 일반과세자 김한공씨의 제1기 확정신고기간(2026년 4월 30일 ~ 2026년 6월 30일)의 거래내역이다. 부가가치세 납부세액은 얼마인가?

• 매출액: 30,000,000원(부가가치세 별도)
• 판매장려금 지급액: 5,500,000원
• 세금계산서 수취분 매입세액 2,000,000원 중에는 다음의 금액이 포함되어 있다.
　 - 기업업무추진비 관련 매입세액: 100,000원
　 - 개별소비세 과세대상 자동차(배기량
　　 2,000cc) 구입 관련 매입세액: 200,000원

① 1,000,000원　　　　② 1,300,000원
③ 1,700,000원　　　　④ 1,900,000원

34 다음은 (주)한공의 2026년 제1기 부가가치세 확정신고 자료이다. 확정신고시에 납부할 부가가치세액은 얼마인가?

가. 과세표준: 550,000,000원(영세율 해당액
　　100,000,000원 포함)
나. 매입세액: 21,000,000원(토지조성 관련
　　매입세액 1,000,000원과 기업업무추진비
　　지출에 관련된 매입세액 2,000,000원 포함)

① 22,000,000원　　　　② 24,000,000원
③ 27,000,000원　　　　④ 34,000,000원

35 다음 자료로 부가가치세 납부세액을 계산하면 얼마인가?(단, 제시된 금액에는 부가가치세가 포함하지 않았고 세금계산서를 적법하게 발급 또는 수취하였다.)

• 현금매출	10,000,000원
• 외상매출	20,000,000원
• 상품 매입액	8,000,000원
• 기업업무추진비지출액	5,000,000원

① 　200,000원　　　② 1,200,000원
③ 1,700,000원　　　④ 2,200,000원

36 다음은 제조업을 영위하는 일반과세자 (주)한공의 2026년 제1기 부가가치세 예정신고 자료이다. 예정신고 시 납부할 세액을 계산하면 얼마인가?(단, 필요한 세금계산서는 적법하게 수취하였다.)

가. 공급가액: 550,000,000원
나. 매입세액: 21,000,000원(토지의 자본적 지출 관련 매입세액 1,000,000원과 기업업무추진비 지출 관련 매입세액 2,000,000원이 포함됨)

① 29,000,000원　　　② 32,000,000원
③ 34,000,000원　　　④ 37,000,000원

37 다음 자료를 토대로 제조업을 영위하는 일반과세자 (주)한공의 2026년 제1기 부가가치세 예정신고 시 부가가치세 납부세액을 계산하면 얼마인가?(단, 세금계산서는 적법하게 수수하였고 주어진 자료 외에는 고려하지 않는다.)

가. 제품 공급대가: 11,000,000원
나. 매입세액: 700,000원(영업부서에서 사용할 2,000cc 중고승용차에 대한 매입세액 200,000원 포함)

① 300,000원　　　② 400,000원
③ 500,000원　　　④ 600,000원

38 사업자가 행하는 다음 거래 중 세금계산서를 발급해야 하는 경우는?

① 무인자동판매기를 이용한 재화 공급
② 노점상의 재화 공급
③ 택시운송 사업자의 용역 공급
④ 내국신용장에 의한 재화 공급

39 세금계산서의 필요적 기재사항이 아닌 것은?

① 공급받는 자의 등록번호
② 공급하는 사업자의 등록번호와 성명 또는 명칭
③ 작성 연월일
④ 공급 연월일

40 부가가치세법상 세금계산서에 대한 설명으로 옳지 않은 것은?

① 사업자가 과세대상 재화 또는 용역을 공급하는 경우에는 공급받는 자에게 세금계산서를 발급하여야 하며, 해당 세액을 공급받는 자로부터 징수하여야 한다.
② 영세율 적용대상 재화 또는 용역을 공급하는 경우에는 세금계산서 발급의무가 없다.
③ 과세사업자는 세금계산서의 발급여부에 관계없이 부가가치세를 거래징수 하여야 한다.
④ 공급가액과 부가가치세액은 세금계산서의 필요적 기재사항이다.

41 다음 중 세금계산서를 발급할 수 있는 경우는?

① 목욕탕을 운영하는 사업자가 목욕용역을 공급하는 경우
② 컴퓨터 제조업자가 컴퓨터를 공급하는 경우
③ 미용업자가 미용용역을 공급하는 경우
④ 택시운송사업자가 택시운송용역을 공급하는 경우

42 다음 중 세금계산서(또는 전자세금계산서)에 대한 설명으로 옳지 않은 것은?

① 작성연월일은 필요적 기재사항이다.
② 법인사업자는 전자세금계산서를 의무발급 하여야 한다.
③ 면세사업자는 세금계산서와 계산서 중 하나를 선택하여 발급할 수 있다.
④ 공급받는자의 주소는 필요적 기재사항이 아니다.

43 다음 중 부가가치세법상 전자세금계산서에 대한 설명으로 옳은 것은?

① 전자세금계산서를 발급한 즉시 전자세금계산서 발급명세를 국세청장에게 전송하여야 한다.
② 전자세금계산서를 지연전송한 경우에도 가산세는 부과하지 아니한다.
③ 전자세금계산서 의무발급 사업자가 아닌 사업자도 전자세금계산서를 발급할 수 있다.
④ 직전연도 사업장별 공급가액이 8천만원 미만인 법인사업자는 전자세금계산서발급 의무가 없다.

44 다음 중 세금계산서 발급의무 면제 대상이 아닌 것은?

① 택시운송 용역
② 내국신용장에 의해 공급하는 재화
③ 무인자동판매기를 통해 공급하는 재화
④ 간주임대료

45 다음 중 부가가치세법상 전자세금계산서에 대한 설명으로 옳지 않은 것은?

① 전자세금계산서는 공인인증시스템을 거쳐 정보통신망으로 발급하는 세금계산서를 말한다.
② 전자세금계산서의 의무발급 대상자는 법인사업자만 해당한다.
③ 전자세금계산서의 발급 및 수취는 전산설비 및 시스템에서 확인 가능하다.
④ 전자세금계산서를 발급하였을 때에는 전자세금계산서 발급일의 다음 날까지 전자세금계산서 발급명세서를 국세청장에게 전송하여야 한다.

46 다음 중 부가가치세법상 세금계산서 발급의무 면제사유가 아닌 것은?

① 국외에서 용역을 제공하는 경우
② 내국신용장에 의해 수출업자에게 재화를 공급하는 경우
③ 무인판매기를 이용하여 재화를 공급하는 경우
④ 항공기에 의하여 외국항행용역을 제공하는 경우

유형별 연습문제

실무수행평가

(주)유형상사(회사코드 3200)는 신발 도소매업을 운영하는 법인기업으로, 회계기간은 제6기 (2026.1.1.~2026.12.31.)이다. 제시된 자료와 [자료설명]을 참고하여 [평가문제]의 물음에 답하시오.

실무수행 유의사항	1. 부가가치세 관련거래는 [매입매출전표입력] 메뉴에 입력하고, 부가가치세 관련 없는 거래는 [일반전표입력] 메뉴에 입력한다. 2. 타계정 대체액과 관련된 적요는 반드시 코드를 입력하여야 한다. 3. 채권·채무, 예금거래 등 관리대상 거래자료에 대하여는 거래처코드를 반드시 입력한다. 4. 자금관리 등 추가 작업이 필요한 경우 지문에 따라 추가 작업하여야 한다. 5. 판매비와관리비는 800번대 계정코드를 사용한다.

01 기초정보관리의 이해

1 사업자등록증에 의한 회사등록 수정

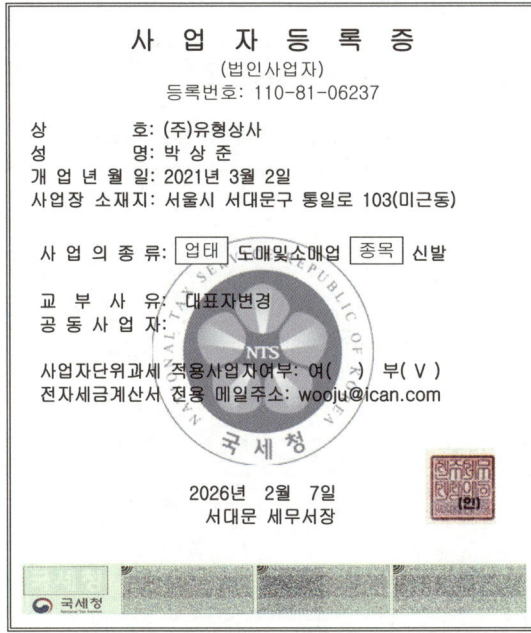

사 업 자 등 록 증
(법인사업자)
등록번호 : 110-81-06237

상   호 : (주)유형상사
성   명 : 박 상 준
개 업 년 월 일 : 2021년 3월 2일
사업장 소재지 : 서울시 서대문구 통일로 103(미근동)

사 업 의 종 류 : 업태 도매및소매업 종목 신발

교 부 사 유 : 대표자변경
공 동 사 업 자 :

사업자단위과세 적용사업자여부 : 여( ) 부(V)
전자세금계산서 전용 메일주소 : wooju@ican.com

2026년 2월 7일
서대문 세무서장

자료설명	(주)유형상사는 대표자를 박상준으로 변경하고 다음과 같이 사업자등록증을 변경 발급받았다. (대표자주민번호 : 610617-1042426)
평가문제	사업자등록증 내용을 확인하여 변경내용을 수정하고, 국세 환급금계좌 등록작업을 수행하시오. (은행명 : 하나은행, 지점명 : 서대문, 계좌번호 : 524-66658-222)

2 계정과목 수정

평가문제	당사는 무형자산의 계정과목 중 '235.디자인권'을 '235.의장권'으로 수정하여 사용하고자 한다. 계정과목을 수정 등록하시오.

3 거래처별 초기이월

┃지급어음 명세서┃

코드	거래처명	계정과목	적요	금액	비고
07002	(주)부산상사	지급어음	상품매입 어음지급	2,000,000원	만 기 일: 2026.7.15. 어음번호: 00420251215123456789 지급은행: 국민은행 발행일자: 2025.12.15 어음종류: 전자

┃미지급금 명세서┃

코드	거래처명	적요	금 액	비고
07001	(주)오피스알파	임차료	1,200,000원	
99601	삼성카드	카드 대금	1,300,000원	
합 계			**2,500,000원**	

자료설명	(주)유형상사의 전기분 재무제표는 이월받아 등록되어 있다.
평가문제	거래처별 초기이월사항을 입력하시오.(단, 지급어음은 등록된 어음을 선택할 것.)

4 전기분 손익계산서

손 익 계 산 서

제5(당)기 2025년 1월 1일부터 2025년 12월 31일까지
제4(전)기 2024년 1월 1일부터 2024년 12월 31일까지

과 목	제5(당)기 금 액		제4(전)기 금 액	
Ⅰ. 매 출 액		750,000,000		740,000,000
상 품 매 출	750,000,000		740,000,000	
Ⅱ. 매 출 원 가		596,000,000		97,000,000
상 품 매 출 원 가		596,000,000		97,000,000
기 초 상 품 재 고 액	16,000,000		15,000,000	
당 기 상 품 매 입 액	600,000,000		98,000,000	
기 말 상 품 재 고 액	20,000,000		16,000,000	
Ⅲ. 매 출 총 이 익		154,000,000		643,000,000
Ⅳ. 판 매 비 와 관 리 비		44,550,000		34,610,000
급 여	26,000,000		18,000,000	
복 리 후 생 비	4,500,000		3,700,000	
여 비 교 통 비	750,000		550,000	
접대비(기업업무추진비)	2,000,000		1,750,000	
통 신 비	1,000,000		920,000	
수 도 광 열 비	500,000		340,000	
세 금 과 공 과 금	650,000		470,000	
감 가 상 각 비	2,900,000		2,850,000	
보 험 료	850,000		840,000	
차 량 유 지 비	2,300,000		1,950,000	
운 반 비	800,000		740,000	
소 모 품 비	2,300,000		2,500,000	
Ⅴ. 영 업 이 익		109,450,000		608,390,000
Ⅵ. 영 업 외 수 익		4,200,000		3,900,000
이 자 수 익	4,200,000		3,900,000	
Ⅶ. 영 업 외 비 용		3,000,000		3,790,000
이 자 비 용	3,000,000		3,790,000	
Ⅷ. 법인세차감전순이익		110,650,000		608,500,000
Ⅸ. 법 인 세 등		650,000		500,000
Ⅹ. 당 기 순 이 익		110,000,000		608,000,000

자료설명	1. (주)유형상사의 전기(제5기)분 재무제표는 이미 이월받아 등록되어 있다.
	2. (주)유형상사의 전기(제5기)분 손익계산서 검토결과 입력오류를 발견하였다.
평가문제	1. [전기분 손익계산서]의 입력이 누락되었거나 잘못된 부분을 찾아 수정하시오.
	2. [전기분 이익잉여금처분계산서]의 처분 확정일(2026년 2월 28일)을 수정하시오.

02 거래자료 입력

1 어음 거래

1. 08월 01일: (주)부산상사의 외상매입금 5,000,000원을 약속어음을 발행하여 지급하였다. 약속어음 등록(수령일: 2026년 8월 1일, 금융기관: 국민은행, 매수: 10매) 후 지급어음 관리내역도 작성하시오.

약 속 어 음

(주)부산상사 귀하   자타20260801

금   오백만원정   5,000,000원

위의 금액을 귀하 또는 귀하의 지시인에게 지급하겠습니다.

지급기일	2027년 1월 2일	발행일	2026년 8월 1일
지 급 지	국민은행	발행지 주 소	서울 강남구 강남대로 580
지급장소	삼성지점	발행인	(주)유형상사

2. 08월 02일: 전주상사에 발행하였던 지급어음 3,000,000원이 만기가 도래되어 국민은행 당좌예금에서 계좌이체 되었다.(어음번호: 00420260702123456789)

3. 08월 03일: 안동상사에 대한 외상매출금을 전자어음으로 받았다.

전 자 어 음

(주)유형상사 귀하   01120260803123456789

금   이백오십만원정   2,500,000원

위의 금액을 귀하 또는 귀하의 지시인에게 지급하겠습니다.

지급기일	2027년 1월 3일	발행일	2026년 8월 3일
지 급 지	농협	발행지 주 소	서울 서초구 서초대로 101
지급장소	서초지점	발행인	안동상사

4. 08월 04일: 강릉상사에서 제품판매대금으로 받아 보관중인 전자어음 6,000,000원이 만기일이 되어 은행에 제시한 결과 당사 국민은행 당좌예금계좌로 금일 입금되었다.(어음번호: 00420260704123456789)

5. 08월 05일: 부족한 자금을 조달하기 위하여 (주)충주상사에서 받아 보관중인 전자어음 7,000,000원(어음번호: 00420260705123456789, 지급기일: 2026.9.15., 지급은행: 국민은행 삼성지점)을 당사 거래은행인 국민은행 삼성지점에서 할인하고 할인료 50,000원을 차감한 잔액은 당사 국민은행 당좌계좌로 입금 받았다.(할인율 입력은 생략, 매각거래로 처리 할 것.)

6. 08월 06일: (주)드림의 외상매입대금을 경기상사에서 받아 보관중인 전자어음 4,000,000원을 배서하여 지급하였다.(어음번호: 00420260706123456789)

2 판매비와관리비 거래

1. 09월 01일: 재경팀 사원 박지은의 급여를 서울은행 보통예금계좌에서 이체하여 지급하였다.

성명	급여	국민연금	건강보험	소득세	지방소득세	차감지급액
박지은	1,500,000원	130,000원	60,000원	20,000원	2,000원	1,288,000원

2. 09월 02일: 종업원들에게 지급할 작업복을 구입하고 대금 210,000원은 삼성카드로 결제하였다.

3. 09월 03일: 산재보험료 120,000원을 현금으로 납부하였다.('보험료'로 회계처리 할 것.)

4. 09월 04일: 8월분 급여지급분에 대한 건강보험료 500,000원을 서울은행 보통예금계좌에서 이체하여 납부하였다. 건강보험료의 50%는 급여 지급시 원천징수한 금액이며, 50%는 회사부담분이다. 당사는 회사부담분을 '복리후생비'로 처리하고 있다.

5. 09월 05일: 영업부 사원 국외출장 왕복항공료 1,200,000원을 삼성카드로 결제하였다.

6. 09월 06일: 거래처 직원의 청첩장을 받고 축하금 50,000원을 현금으로 지급하다.

7. 09월 07일: 거래처 경기상사의 창사기념일을 맞아 동양란을 보내고 대금 80,000원은 현금으로 지급하였다.

8. 09월 08일: 신상품 설명회 후 거래처 직원과 함께 식사를 하고 대금 45,000원은 삼성카드로 결제하였다.

9. 09월 09일: 판매사원의 영업용 핸드폰 요금 88,000원이 서울은행 보통예금계좌에서 자동이체 되었다.

10. 09월 10일: 매출처에 관련서류를 등기우편으로 발송하고 우편료 4,000원은 현금으로 지급하였다.

11. 09월 11일: 수도요금 30,000원이 서울은행 보통예금계좌에서 자동 이체되었다.

12. 09월 12일: 난방용 유류 200,000원을 서울주유소에서 구입하고 대금은 현금으로 지급하였다.

13. 09월 13일: 전기요금 230,000원이 서울은행 보통예금계좌에서 자동 이체되었다. ('전력비'로 회계처리 할 것.)

14. 09월 14일: 영업부에서 사용중인 상품 운송용 트럭에 대한 자동차세 80,000원을 현금으로 납부하였다.

15. 09월 15일: 법인균등분 주민세 100,000원을 현금으로 납부하였다.

16. 09월 16일: 상품 운송용 트럭에 대한 면허세 18,000원을 현금으로 납부하였다.

17. 09월 17일: 본사건물에 대한 재산세 800,000원을 현금으로 납부하였다.

18. 09월 18일: 상공회의소회비 50,000원을 현금으로 납부하였다.

19. 09월 19일: 계약서에 첨부할 인지 100,000원을 현금으로 구입하였다.

20. 09월 20일: 국민연금보험료 460,000원을 현금으로 납부하였다. 국민연금보험료의 50%는 급여 지급 시 원천징수한 금액이며, 50%는 회사부담분이다. 당사는 회사 부담분을 '세금과공과금'으로 처리하고 있다.

21. 09월 21일: 강남빌딩의 9월분 임차료 1,000,000원 중 700,000원은 현금으로 지급하고 나머지는 다음 달에 지급하기로 하였다.

22. 09월 22일: 사무실 에어컨을 수리하고 대금 90,000원을 현금으로 지급하였다.(수익적지출로 회계처리 할 것.)

23. 09월 23일: 상품 보관용 창고에 대한 화재보험을 삼성화재에 가입하고 보험료 1,200,000원을 현금으로 지급하였다.(비용으로 회계처리 할 것.)

24. 09월 24일: 영업용승용차의 엔진오일을 보충하고 카센터에 현금 40,000원을 지급하였다.

25. 09월 25일: 경기상사에 판매상품 샘플을 발송하면서 퀵서비스 비용 20,000원을 현금으로 지급하였다.

26. 09월 26일: 신입사원의 실무능력 향상을 위한 외부 위탁교육을 실시하고 교육비 300,000원을 현금으로 지급하였다.

27. 09월 27일: 본사 사무실의 신문구독료 15,000원을 한국일보에 현금으로 지급하였다.

28. 09월 28일: 사무실에서 사용할 사무용 소모품 100,000원을 현대문구에서 구입하고 대금은 현금으로 지급하였다.(비용으로 회계처리 할 것.)

29. 09월 29일: 당사의 장부기장을 의뢰하고 있는 세무사사무소에 장부기장수수료 500,000원을 서울은행 보통예금계좌에서 이체하여 지급하였다.

30. 09월 30일: 신상품의 광고를 위한 현수막을 제작하고 제작비 150,000원을 현금으로 지급하였다.

3 기타거래

1. 10월 01일: 단기매매차익을 목적으로 상장회사인 (주)한국의 주식 1,000주를 주당 6,000원(액면금액 5,000원)에 구입하고 대금은 매입수수료 8,000원을 포함하여 총 6,008,000원을 서울은행 보통예금계좌에서 이체하였다.

2. 10월 02일: 단기간의 매매차익을 목적으로 총액 2,000,000원에 구입한 주식을 1,800,000원에 처분하고 매매수수료 30,000원을 차감한 잔액은 서울은행 보통예금계좌에 입금되었다.

3. 10월 03일: 단기간의 매매차익을 목적으로 총액 1,000,000원에 구입한 주식을 1,300,000 원에 처분하고 매매수수료 20,000원을 차감한 잔액은 서울은행 보통예금계좌에 입금되었다.

4. 10월 04일: (주)맘모스에서 상품 2,000,000원을 구입하기로 계약하고, 계약금 10%는 현금으로 지급하였다.

5. 10월 05일: 경기상사에서 상품 5,000,000원을 판매하기로 계약하고, 계약금 10%는 현금으로 받았다.

6. 10월 06일: 거래처 금나라에 10개월 후에 회수하기로 약정한 차입금증서를 받고 현금 2,000,000원을 대여하였다.

7. 10월 07일: 사업확장을 위하여 농협에서 20,000,000원을 차입하여 즉시 서울은행 보통예금계좌에 입금하였다.(6개월 후 상환, 이자지급일 매월 30일)

8. 10월 08일: 사원 김영숙의 출장비로 현금 500,000원을 우선 개산하여 지급하고, 출장 비사용명세서를 받아 출장비를 정산하기로 하였다.

9. 10월 09일: 사원 김영숙은 세미나참석을 위한 출장시 지급받은 업무가지급금 500,000 원에 대해 다음과 같이 사용하고 잔액은 현금으로 정산하였다.('여비교통 비'로 회계처리 할 것.)

• 왕복항공료 : 240,000원	• 택시요금 : 50,000원	• 숙박비 : 200,000원

10. 10월 10일: 영업부 김상진 부장은 10월 7일 제주 출장 시 지급받은 업무가지급금 400,000원에 대해 다음과 같이 사용하고 잔액은 현금으로 정산해 주었 다.('여비교통비'로 회계처리 할 것.)

• 숙박비 150,000원	• 왕복항공료 270,000원	• 택시요금 50,000원

11. 10월 11일: 현금출납장의 잔액과 비교하여 실제 현금이 50,000원 부족한데 그 원인을 파악할 수 없어서, 원인을 찾을 때까지 현금과부족으로 처리하기로 하였다.

12. 10월 12일: 10월 11일 현금과부족으로 처리한 50,000원은 사무실 직원 야근식대로 확인되었다.

13. 10월 13일: 현금시제를 확인한 결과 실제잔액이 장부잔액보다 30,000원 많은 것을 발견하였는데 그 원인은 아직 알 수 없다.

14. 10월 14일: 9월분 급여지급 시 징수한 소득세·지방소득세 22,000원을 서울은행 보통예금계좌에서 이체하여 납부하였다.

15. 10월 15일: 지점확장을 위해 강남빌딩과 월세계약서를 작성하고, 보증금 10,000,000원을 서울은행 보통예금계좌에서 이체하였다.

16. 10월 16일: 서울은행 보통예금계좌에 2,000,000원이 입금되어 있으나 원인을 알 수 없다.

17. 10월 17일: 보통예금 통장으로 입금된 2,000,000원은 안동상사의 외상매출금 1,800,000원과 상품매출에 대한 계약금 200,000원임을 확인하였다.

18. 10월 18일: 삼성카드사의 청구에 의해 삼성카드 사용금액 1,500,000원이 서울은행 보통예금계좌에서 자동 이체되었다.

19. 10월 19일: 업무용 복사기를 하이마트에서 구입하고 대금 3,000,000원을 삼성카드로 결제하였다.

20. 10월 20일: 상품 운송을 위한 중고트럭 취득과 관련된 취득세 350,000원을 현금으로 납부하였다.

21. 10월 21일: 판매관리프로그램을 구입하고 4,000,000원을 서울은행 보통예금계좌에서 이체하였다.

22. 10월 22일: 매장 건물을 신축하기 위하여 토지를 취득하고 그 대금 30,000,000원을 국민은행 앞 당좌수표를 발행하여 지급하였다. 또한 부동산 중개수수료 500,000원과 취득세 600,000원은 현금으로 지급하였다.

23. 10월 23일: 나약상사의 파산으로 외상매출금 2,000,000원이 회수불능하여 대손처리하였다. 단, 대손처리시점의 대손충당금 잔액을 조회하여 처리하시오.

24. 10월 24일: 1월 2일 부실상사에 대여한 단기대여금 5,000,000원이 부실상사의 파산
으로 인해 회수불능으로 확인되었다.

25. 10월 25일: 창고용 건물을 (주)동신사에 임대하고 10월분 임대료 250,000원을 현금
으로 받았다.

26. 10월 26일: 국제구호단체에 판매용 상품(원가 1,000,000원, 시가 1,300,000원)을
기부하였다.

27. 10월 27일: 농협의 단기차입금에 대한 이자 120,000원 중 이자소득에 대한 원천징수
세액 20,000원을 차감한 잔액을 서울은행 보통예금계좌에서 이체하였다.

28. 10월 28일: 안동상사에 대여한 단기대여금 5,000,000원과 이자 250,000원을 서울은행
보통예금계좌로 회수하였다.

29. 10월 29일: 만기가 도래한 서울은행 정기예금 10,000,000원을 해지하고 예금의 원금과
원천징수세액을 차감한 이자 253,800원을 서울은행 보통예금 계좌에 입금
하였다.(이자소득 300,000원 법인세 42,000원, 법인세지방소득세 4,200
원 수령액 10,253,800원)

30. 10월 30일: 업무용 차량에 대하여 자동차보험을 현대화재에 가입하고 보험료 1,500,000
원을 현금으로 지급하였다.(자산으로 회계처리 할 것.)

31. 10월 31일: 창고건물의 신축공사가 완료되어 9월 5일 지급한 공사 착수대금을 제외한
공사잔금 20,000,000원을 서울은행 보통예금계좌에서 이체하였다.

32. 10월 31일: 창고건물을 등록하면서 법령에 의거 공채를 액면금액으로 구입하고 대금
300,000원은 현금으로 지급하였다.(공채의 매입시 공정가치는 260,000
원이며, '단기매매증권'으로 회계처리 할 것.)

33. 10월 31일: 당사의 자금조달을 위해 이사회를 통해 유상증자를 결의하였으며, 서울은행 보통
예금 계좌로 유상증자 대금이 입금되었다. 유상증자와 관련하여 2,000,000원의
수수료 등은 차감되어 입금되었다.
   - 보통주식 5,000주(액면금액 1주당 10,000원)
   - 발행금액 1주당 12,000원

 부가가치세

1 전자세금계산서 발급

1. 11월 01일: 상품을 공급하고 대금은 전액 자기앞수표로 받았다. 거래명세서에 의해 매입매출자료를 입력하고 전자세금계산서를 발급 및 전송하시오.

거래명세서 (공급자 보관용)

공급자	등록번호	110-81-06237			공급받는자	등록번호	106-86-08978		
	상호	(주)유형상사	성명	박상준		상호	(주)미림	성명	이미림
	사업장주소	서울 서대문구 통일로 103				사업장주소	서울 구로구 구로동로 30		
	업태	도소매업	종사업장번호			업태	도소매업	종사업장번호	
	종목	신발외				종목	신발		

거래일자	미수금액	공급가액	세액	총 합계금액
2026.11.1.		1,700,000	170,000	1,870,000

NO	월	일	품목명	규격	수량	단가	공급가액	세액	합계
1	11	1	정장구두		10	170,000	1,700,000	170,000	1,870,000

2. 11월 02일: 상품을 공급하고 대금 중 200,000원은 10월 20일에 계약금으로 수령하였으며, 잔액은 당월 밀일에 빈기로 하였다. 거래명세서에 의해 매입매출자료를 입력하고 전자세금계산서를 발급 및 전송하시오.(복수거래 키를 이용하여 입력 할 것.)

거래명세서 (공급자 보관용)

공급자	등록번호	110-81-06237			공급받는자	등록번호	106-81-80053		
	상호	(주)유형상사	성명	박상준		상호	(주)그리운	성명	장그래
	사업장주소	서울 서대문구 통일로 103				사업장주소	서울 서초구 잠원로 24		
	업태	도소매업	종사업장번호			업태	도소매업	종사업장번호	
	종목	신발외				종목	신발		

거래일자	미수금액	공급가액	세액	총 합계금액
2026.11.2.		2,000,000	200,000	2,200,000

NO	월	일	품목명	규격	수량	단가	공급가액	세액	합계
1	11	2	등산화		10	100,000	1,000,000	100,000	1,100,000
2	11	2	운동화		10	100,000	1,000,000	100,000	1,100,000

2 **매출세금계산서(매출과세)** – 전자세금계산서 거래는 '전자입력'으로 입력할 것.

1. 11월 03일: (주)우리상사에 상품을 판매하고 전자세금계산서(공급가액 3,000,000원,
세액 300,000원)를 발급하였다. 대금은 전액 외상으로 하였다.

2. 11월 04일: (주)동신사에 상품을 판매하고 전자세금계산서(공급가액 5,000,000원, 세
액 500,000원)를 발급하였다. 대금 중 500,000원은 (주)동신사에서 발행
한 당좌수표로 받고 나머지는 외상으로 하였다.

3. 11월 05일: (주)우리상사에 판매한 상품 중 일부가 불량으로 판명되어 반품 받고 수정
전자세금계산서(공급가액 –500,000원, 세액 –50,000원)를 발급하였다.
대금은 전액 외상대금과 상계처리하기로 하였다.

4. 11월 06일: 업무용 승용차를 (주)한국상사에 매각하고 전자세금계산서(공급가액 6,000,000
원, 세액 600,000원)를 발급하였다. 대금은 전액 당월 말일에 받기로 하였다.
(취득금액 18,000,000원, 감가상각누계액 14,000,000원)

5. 11월 07일: 특허권을 (주)스마일에 매각하고 전자세금계산서(공급가액 2,500,000원, 세액
250,000원)를 발급하였다. 대금은 전액 현금으로 받았다.(장부금액 3,000,000원)

3 **매출계산서(매출면세)** – 전자계산서 거래는 '전자입력'으로 입력할 것.

1. 11월 08일: (주)신한상사에 면세대상 상품을 판매하고 전자계산서(공급가액 2,000,000
원)를 발급하였다. 대금은 전액 서울은행 보통예금계좌로 입금되었다.(면세
사업을 겸업하고 있다고 가정할 것.)

4 **매출신용카드영수증(매출카드과세)**

1. 11월 09일: 개인 김영철에게 상품(공급대가 220,000원)을 판매하고 신용카드매출전표
(우리카드사)를 발급하였다.

5 **매입세금계산서(매입과세)** – 전자세금계산서 거래는 '전자입력'으로 입력할 것.

1. 11월 10일: (주)맘모스에서 상품을 매입하고 전자세금계산서(공급가액 2,500,000원,
세액 250,000원)를 발급 받았다. 10월 4일에 계약금 200,000원이 지급되
었으며, 이를 차감한 잔액에 대하여 외상으로 하였다.

2. 11월 11일: (주)맘모스에서 매입한 상품 중 일부가 불량으로 판명되어 반품하고 수정전
   자세금계산서(공급가액 −200,000원, 세액 −20,000원)를 발급 받았다. 대
   금은 전액 외상대금과 상계처리하기로 하였다.

3. 11월 12일: 삼일공업사에서 영업부용 승용차(5인승, 998cc)를 수리(수익적지출)하고
   전자세금계산서(공급가액 500,000원, 세액 50,000원)를 발급받았다.
   수리대금은 다음달 10일 결제 예정이다.

4. 11월 13일: 영업부의 전화요금청구서이다. 작성일자를 기준으로 입력하고 납기일에 보통예
   금통장에서 자동이체된 거래의 입력은 생략한다.

2026년 10월 청구서	
작성일자: 2026.11.13.	
납부기한: 2026.11.25.	
금 액	**170,940원**
고객명	(주)유형상사
이용번호	02-123-9292
명세서번호	**25328**
이용기간	10월1일~10월30일
10월 이용요금	170,940원
공급자등록번호	135-81-92479
공급받는자 등록번호	110-81-06237
공급가액	155,400원
부가가치세(VAT)	15,540원
10원미만 할인요금	0원
입금전용계좌	서울은행
	122845-56-447484

이 청구서는 부가가치세법 시행령 53조 제4항에 따라 발행하는 **전자세금계산서입니다.**

(주)케이티 서대문지점(전화국)장

6 **매입계산서(매입면세)** – 전자계산서 거래는 '전자입력'으로 입력할 것.

1. 11월 14일: 회계부서 직원의 회계실무 능력을 향상시키기 위하여 한국회계학원에 위탁
   교육을 실시하고 전자계산서(공급가액 800,000원)를 발급받았다. 대금은
   전액 현금으로 지급하였다.

2. 11월 15일: 해피농원에서 매출거래처 개업선물로 보낼 화분을 구입하고 전자계산서(공
   급가액 100,000원)를 발급 받았다. 대금은 전액 현금으로 지급하였다.

3. 11월 16일: 도규갤러리에서 매출거래처에 선물할 동양화를 구입하고 종이계산서(공급가액 300,000원)를 발급 받았다. 대금은 일주일 후에 지급하기로 하였다.

7 **매입세액불공제 세금계산서(매입불공)** – 전자세금계산서 거래는 '전자입력'으로 입력할 것.

1. 11월 17일: (주)진로마트에서 매출거래처에 선물할 선물세트를 구입하고 전자세금계산서(공급가액 500,000원, 세액 50,000원)를 발급받았다. 대금은 전액 외상으로 하였다.

2. 11월 18일: 삼성자동차(주)에서 관리부 업무용으로 사용할 승용차(SM5, 5인승, 2000cc)를 구입하고 전자세금계산서(공급가액 30,000,000원, 세액 3,000,000원)를 발급받았다. 대금은 전액 12개월 할부로 지급하기로 하였다.

3. 11월 19일: 삼일공업사에서 관리부 업무용 승용차(5인승, 2,000cc)를 수리(수익적지출)하고 전자세금계산서(공급가액 300,000원, 세액 30,000원)를 발급받았다. 수리대금은 삼성카드로 결제하였다.

4. 11월 20일: (주)한국렌트에서 대표이사가 사용할 업무용 승용차(5인승, 3,500cc)를 장기 렌트하기로 계약을 체결하고 11월분 렌트비용을 현금으로 지급하고 전자세금계산서(공급가액 500,000원, 세액 50,000원)를 발급받았다.

5. 11월 21일: 대표이사(박상준)가 자신의 건강관리를 위하여 모든골프에서 골프장비를 구입하고 종이세금계산서(공급가액 3,000,000원, 세액 300,000원)를 발급받았다. 대금은 전액 외상으로 하였다.(가지급금으로 회계처리 할 것.)

6. 11월 22일: (주)포토전자에서 구청 주민센터에 기증할 목적으로 3D 컬러 입체프린터를 구입하고 전자세금계산서(공급가액 2,000,000원, 세액 200,000원)를 발급받았다. 대금은 서울은행 보통예금계좌에서 이체하여 지급하였다.(기부금으로 회계처리 할 것.)

7. 11월 23일: 면세사업에 사용할 문구용품을 행복문구에서 구입하고 종이세금계산서(공급가액 100,000원, 세액 10,000원)를 발급받았다. 대금은 전액 현금으로 지급하였다.('소모품비'로 회계처리하고, 면세사업을 겸업하고 있다고 가정할 것.)

8. 11월 24일: 본사 신축용 토지 취득을 위한 법률자문 및 등기대행 용역을 대한법무법인으로부터 제공받고 전자세금계산서(공급가액 1,000,000원, 세액 100,000원)를 발급받았다. 대금은 전액 현금으로 지급하였다.

8 매입신용카드영수증(매입카드과세)

1. 11월 25일: 영업부 직원이 출장 시 (주)조선호텔에서 숙박비(공급대가 165,000원)를 삼성카드로 결제하고 신용카드영수증을 수취하였다.(매입세액 공제요건 충족함.)

2. 11월 26일: (주)포토전자에서 본사 매장에서 사용할 공기청정기(공급대가1,100,000원)를 구입하고 삼성카드로 결제하였다.(매입세액 공제요건 충족함.)

9 부가가치세 회계처리

1. 6월 30일: 제1기 확정신고기간의 부가가치세신고서를 조회하여, 6월 30일 부가가치세 납부세액에 대한 회계처리를 일반전표에 입력하시오.(단, 납부할 세액은 '미지급세금'으로 회계처리하고 거래처코드 입력 할 것.)

2. 7월 25일: 제1기 부가가치세 확정신고 납부세액 8,571,000원을 서울은행 보통예금 계좌에서 이체하였다.(거래처코드 입력 할 것.)

04 결산

1 수동결산

1. 2026년 9월 1일에 화재보험을 가입하고 1년분(보험료 기간은 2026.10.1.~2027.9.30.) 보험료 600,000원을 지급하였다. 결산일에 기간미경과분에 대하여 정리분개를 하시오.(월할 계산)

2. 12월 31일 현재 단기차입금에 대한 기간 경과분 이자 300,000원이 장부에 미계상되었다.

3. 결산일 현재 정기적금에 대한 기간경과분 미수이자 25,000원을 계상하다.

4. 결산일 현재 대여금에 대한 이자 중 선수분은 50,000원이다.

5. 소모품 구입시 전액 소모품비로 비용처리하고 결산 시 미사용분을 자산으로 계상하고 있다. 2026년도 말 결산을 위해 재고를 파악한 결과 미사용 소모품은 100,000원으로 확인되었다.

6. 기말현재까지 현금과부족으로 처리되었던 현금과다액 30,000원에 대한 원인이 아직 밝혀지지 않았다.

7. 장기차입금 내역은 다음과 같다.

항 목	금 액(원)	차입시기	비 고
장기차입금(우리은행)	30,000,000	2022. 6. 30.	2027년 6월 30일 일시상환예정
장기차입금(경기은행)	50,000,000	2024. 6. 30.	2028년 6월 30일 일시상환예정
계	80,000,000		

8. 단기매매증권의 기말 내역은 다음과 같다.

회사명	주식수	장부(단위당)	기말평가(단위당)
A회사	1,000주	@1,200원	@1,000원
B회사	1,000주	@6,000원	@5,500원
계	2,000주		

2 결산자료입력에 의한 자동결산

1. 기말상품재고액은 8,000,000원이다.

2. 기말현재 결산에 반영할 당기상각비 내역은 다음과 같다.
   – 건물 감가상각비   6,000,000원   – 비품 감가상각비   1,200,000원
   – 영업권 상각비   1,500,000원

3. 대손충당금은 기말 매출채권(외상매출금, 받을어음) 잔액에 대하여 1%를 설정하다. (보충법)

4. 12월 31일 현재 영업부직원에 대한 퇴직금추계액은 15,000,000원이다. 회사는 퇴직금추계액 전액에 대하여 퇴직급여충당부채를 설정하기로 하였다. 해당계정을 조회하여 회계처리 하시오.

5. 당기법인세 등 추산액은 1,600,000원이다.(법인세 중간예납세액 및 원천징수세액이 선납세금계정에 계상되어 있다.)

6. 12월 31일 기준으로 '손익계산서 → 이익잉여금처분계산서(처분확정일: 당기분 2027년 2월 26일, 전기분 2026년 2월 26일) → 재무상태표'를 순서대로 조회 작성하시오. (단, 이익잉여금처분계산서의 조회작성 시 '저장된 데이터 불러오기' → '아니오' 선택 → '전표추가'를 이용하여 '손익대체분개'를 수행할 것.)

05 평가문제 및 회계정보분석

1 일계표 조회

1. 2월 1일~2월 15일에 발생한 판매관리비 중 지출이 가장 큰 '계정과목' 코드는?

2 월계표 조회

1. 3월 중 현금지출이 가장 많았던 판매관리비 '계정과목' 코드는?

2. 2분기(4월~6월) 동안 판매관리비 지출금액의 합계는 얼마인가?

3 계정별원장 조회

1. 4월 중 '외상매출금' 회수액은 얼마인가?

2. 5월 중 발생한 '외상매입금' 금액은 얼마인가?

4 거래처원장 조회

1. 3월 31일 현재 매출처 (주)충주상사의 '108.외상매출금' 잔액은 얼마인가?

2. 6월 30일 현재 '251.외상매입금' 잔액이 가장 큰 거래처 코드번호와 금액은 얼마인가?

5 총계정원장 조회

1. 상반기(1월~6월) 중 '146.상품'의 매입액이 가장 큰 달은 몇 월인가?

2. 상반기(1월~6월) 중 '814.통신비' 지출액이 가장 많은 월은?

6 현금출납장 조회

1. 1월 14일 현재 현금잔액은 얼마인가?

2. 2월 중 현금지출액은 얼마인가?

7 일일자금명세 조회

1. 2월 28일에 현금지출 거래가 없는 계정은?

① 복리후생비　　　　　　　　　② 접대비(기업업무추진비)
③ 수도광열비　　　　　　　　　④ 임차료

2. 3월 31일자 일일자금명세(경리일보)의 내용 중 틀린 것은?

① 당좌예금잔액　　30,000,000원　　② 보통예금잔액　　357,093,000원
③ 받을어음잔액　　13,800,000원　　④ 단기차입금잔액　　18,000,000원

8 예적금현황 조회

1. 6월 30일자 예적금 잔액이 틀린 것은?

① 국민은행　　30,000,000원　　② 서울은행　　293,878,000원
③ 대한은행　　　7,700,000원　　④ 하나은행　　　5,600,000원

9 받을어음현황 조회

1. 6월 30일 현재 거래처별 받을어음 잔액으로 옳지 않은 것은?

① 안동상사　　5,000,000원　　② (주)신한상사　　3,500,000원
③ (주)으뜸상사　　5,300,000원　　④ 강릉상사　　6,000,000원

10 지급어음현황 조회

1. 6월(6월 1일~6월 30일) 중 만기가 되는 지급어음의 거래처는 어디인가?

① (주)드림　　　　　　　　　② 전주상사
③ (주)부산상사　　　　　　　④ 안동상사

11 어음집계표 조회

1. 국민은행에서 수령한 약속어음 중 미 발행된 어음의 매수는 몇 매인가?

12 합계잔액시산표 및 재무상태표 조회

1. 6월 30일 현재 비유동자산 잔액은 얼마인가?

2. 6월 30일 현재 현금및현금성자산의 잔액은 얼마인가?

3. 6월 30일 매입채무 잔액은 얼마인가?

4. 당기초 차량운반구의 장부금액(취득원가 − 감가상각누계액)은 얼마인가?

5. 당좌비율은 유동부채에 대한 당좌재산의 비율을 나타내는 지표이다. 전기 당좌비율을 계산하면 얼마인가?(단, 소숫점 이하는 버림 할 것.)

$$당좌비율 = \frac{당좌자산}{유동부채} \times 100$$

6. 부채비율은 타인자본의 의존도를 표시하며, 기업의 안정성 정도를 나타내는 지표이다. 전기 부채비율은 얼마인가?(단, 소숫점 이하는 버림 할 것.)

$$부채비율 = (부채총계 / 자본총계) \times 100$$

7. 자기자본비율은 기업의 개무구조 건전성을 측정하는 비율로 높을수록 기업의 재무구조가 건전하다. 전기 자기자본비율은 얼마인가?(단, 소숫점 이하는 버림 할 것.)

$$자기자본비율 = \frac{자기자본(자본) 총계}{자산 총계} \times 100$$

13 손익계산서 조회

1. 제5(전)기와 제6(당)기와 비교하면 통신비의 증가액은 얼마인가?

2. 상반기(1월 ~ 6월) 복리후생비 월 평균 발생액은 얼마인가?

3. 매출총이익률은 매출로부터 얼마의 이익을 얻느냐를 나타내는 비율이다. 전기 매출총이익률을 계산하면 얼마인가?(단, 소숫점 이하는 버림 할 것.)

$$매출총이익률 = \frac{매출총이익}{매출액} \times 100$$

4. 영업이익률은 기업의 경영활동 성과를 총괄적으로 보여주는 대표적인 지표이다. 전기의 영업이익률은 얼마인가?(단, 소숫점 이하는 버림 할 것.)

$$영업이익률 = 영업이익 \div 매출액 \times 100$$

5. 주당순이익은 1주당 이익을 얼마나 창출하느냐를 나타내는 지표이다. 전기 주당순이익을 계산하면 얼마인가?

- 주당순이익 = 당기순이익 / 주식수
- 발행주식수 10,000주

14 매입매출장 조회

1. 1기 예정(1~3월) 부가가치세 신고 시 카드과세매출 공급가액은 얼마인가?

2. 1기 예정(1~3월) 부가가치세 신고 시 계산서를 수취하여 매입한 금액은 얼마인가?

15 세금계산서합계표 조회

1. 1기 확정(4~6월) 부가가치세 신고 시 발급된 전자세금계산서의 매수와 공급가액 합계액은 얼마인가?

2. 1기 확정(4~6월) 부가가치세 신고 시 주민등록기재분 매출 전자세금계산서의 매수와 공급대가는 얼마인가?

3. 1기 확정(4~6월) 부가가치세 신고 시 매입거래처수는 몇 곳인가?

4. 1기 확정(4~6월) 부가가치세 신고 시 전자세금계산서외 수취분은 몇 매인가?

5. 1기 확정(4~6월) 부가가치세 신고 시 매출 공급가액이 가장 큰 거래처의 공급가액은 얼마인가?

16 부가가치세신고서 조회

1. 1기 확정(4~6월) 부가가치세 신고 시 과세 세금계산서발급분(1란) 공급가액은 얼마인가?

2. 1기 확정(4~6월) 부가가치세 신고 시 과세신용카드·현금영수증 발행분(3란)의 공급대가는 얼마인가?

3. 1기 확정(4~6월) 부가가치세 신고 시 매출세액(9란)은 얼마인가?

4. 1기 확정(4~6월) 부가가치세 신고 시 과세표준(9란)은 얼마인가?

5. 1기 확정(4~6월) 부가가치세 신고 시 세금계산서 수취부분–고정자산 매입(12란) 공급가액은 얼마인가?

6. 1기 확정(4~6월) 부가가치세 신고 시 그밖의 공제매입세액(15란)–신용카드 매출전표 수취일분(44란) 등에 의한 공제 매입세액은 얼마인가?

7. 1기 확정(4~6월) 부가가치세 신고 시 부가가치세 매입세액 중 공제받지 못할 매입세액(17란)은 얼마인가?

8. 1기 확정(4~6월) 부가가치세 신고 시 공제받을 수 있는 부가가치세 매입세액(18란)은 얼마인가?

9. 1기 확정(4~6월) 부가가치세 신고 시 부가가치세 차감납부세액(환급받을세액)(30란)은 얼마인가?

제**2**장

최신 기출문제

최신 기출문제 제79회

실무이론평가

아래 문제에서 특별한 언급이 없으면 기업의 보고기간(회계기간)은 매년 1월 1일부터 12월 31일까지입니다. 또한 기업은 일반기업회계기준 및 관련 세법을 계속적으로 적용하고 있다고 가정하고 물음에 가장 합당한 답을 고르시기 바랍니다.

01 다음은 도소매업을 영위하는 (주)한공의 자료이다. 판매비와관리비의 합계액을 계산하면 얼마인가?

도서인쇄비	5,000,000원
수선비	500,000원
교육훈련비	500,000원
대손상각비	400,000원
재고자산감모손실	1,000,000원
이자비용	100,000원

① 6,000,000원   ② 6,400,000원
③ 6,500,000원   ④ 7,400,000원

02 다음 자료를 토대로 당기순이익을 계산하면 얼마인가?

- 기초자산   15,000,000원
- 기초부채   9,000,000원
- 기말자산   19,000,000원
- 기말부채   11,000,000원
- 당기 추가출자금액   500,000원

① 1,500,000원   ② 2,000,000원
③ 2,500,000원   ④ 6,000,000원

03 다음은 (주)한공의 단기매매증권 처분관련 자료이다. 2026년 11월 1일 거래에 대한 단기매매증권처분손익은 얼마인가?

- 2026. 9. 1.
  (주)공인의 주식 1,000주를 1주당 800원에 취득하고, 매입수수료 5,000원 포함하여 805,000원을 지급하다.
- 2026. 11. 1.
  위 주식을 1주당 600원에 처분하고, 관련 수수료 4,000원을 차감한 금액 596,000원을 보통예금으로 수령하다.

① 단기매매증권처분손실 204,000원
② 단기매매증권처분손실 200,000원
③ 단기매매증권처분이익 204,000원
④ 단기매매증권처분이익 200,000원

04 다음 중 영업외비용에 해당하는 것은?

① 주식할인발행차금   ② 기타의대손상각비
③ 경상개발비   ④ 교육훈련비

05 다음 총계정원장 자료를 토대로 외상매출금 기말잔액에 대한 대손추정액을 계산하면 얼마인가?

대손충당금			
7/6 외상매출금	50,000	1/1 전기이월	160,000
12/31 차기이월	130,000	12/31 대손상각비	20,000
	180,000		180,000

① 20,000원   ② 110,000원
③ 130,000원   ④ 180,000원

06 다음은 (주)한공의 정기예금 관련 자료이다. 2026년 12월 31일 결산정리 분개로 옳은 것은?(미수이자는 월할 계산할 것.)

- 2026년 9월 1일 정기예금 3,000,000원을 불입하였다.
- 위 정기예금의 만기는 1년, 연이자율 10%, 이자는 만기시 원금과 함께 수령하기로 하였다.

①	(차) 미수수익	100,000원
	(대) 이자수익	100,000원
②	(차) 선수수익	300,000원
	(대) 이자수익	300,000원
③	(차) 이자수익	300,000원
	(대) 선수수익	300,000원
④	(차) 이자수익	100,000원
	(대) 미수수익	100,000원

07 (주)한공은 2026년 10월 1일 1년분 보험료 1,200,000원을 지급하고 전액을 비용으로 회계 처리 하였다. 2026년 12월 31일에 결산수정분개로 옳은 것은?(단, 월할 계산한다고 가정한다.)

① (차) 선급비용   300,000원
　 (대) 보험료   300,000원
② (차) 보험료   900,000원
　 (대) 미지급비용   900,000원
③ (차) 선급비용   900,000원
　 (대) 보험료   900,000원
④ (차) 보험료   300,000원
　 (대) 미지급비용   300,000원

08 다음 중 부가가치세법상 사업자등록에 대한 설명으로 옳은 것은?

① 신규로 사업을 시작하려는 자는 사업 개시일 이전에 사업자등록을 신청할 수 없다.
② 사업장이 둘 이상인 사업자는 사업자 단위로 사업자등록을 신청할 수 있다.
③ 사업자는 사업장 관할 세무서장이 아닌 다른 세무서장에게는 사업자등록의 신청을 할 수 없다.
④ 면세사업자도 부가가치세법에 의한 사업자등록을 하여야 한다.

09 다음 중 부가가치세법상 재화 또는 용역의 공급시기로 옳은 것은?

① 현금판매: 대금이 지급된 때
② 재화의 공급으로 보는 가공: 재화의 가공이 완료된 때
③ 장기할부조건부 용역의 공급: 대가의 각 부분을 받기로 한 때
④ 공급단위를 구획할 수 없는 용역의 계속적 공급: 용역의 공급을 완료한 때

10 다음은 의류제조업을 영위하는 (주)한공의 2026년 제1기 예정 신고기간의 매입세액내역이다. 공제가능한 매입세액은 얼마인가?(단, 세금계산서는 적법하게 수취하였다.)

• 9인승 승합차 구입 관련 매입세액
　　　　　　　　　　　　　3,000,000원
• 영업부에서 사용할 소형승용차 구입 관련 매입 세액   1,000,000원
• 거래처 접대 관련 매입세액   300,000원
• 사업과 관련 없는 지출 관련 매입세액
　　　　　　　　　　　　　1,500,000원

---

① 2,500,000원   ② 3,000,000원
③ 4,000,000원   ④ 4,300,000원

실무수행평가

(주)강남문구(회사코드 3279)는 문구용품 등을 도·소매하는 법인으로 회계기간은 제6기(2026. 1.1. ~ 2026.12.31.)이다. 제시된 자료와 [자료설명]을 참고하여 [수행과제]를 완료하고 [평가문제]의 물음에 답하시오.

실무수행 유의사항	1. 부가가치세 관련거래는 [매입매출전표입력]메뉴에 입력하고, 부가가치세 관련 없는 거래는 [일반전표입력]메뉴에 입력한다. 2. 타계정 대체액과 관련된 적요는 반드시 코드를 입력하여야 한다. 3. 채권·채무, 예금거래 등 관리대상 거래자료에 대하여는 반드시 거래처코드를 입력한다. 4. 자금관리 등 추가 작업이 필요한 경우 문제의 요구에 따라 추가 작업하여야 한다. 5. 판매비와관리비는 800번대 계정코드를 사용한다. 6. 등록된 계정과목 중 가장 적절한 계정과목을 선택한다.

실무수행 ◎ 기초정보관리의 이해

회계관련 기초정보는 입력되어 있다. [자료설명]을 참고하여 [수행과제]를 수행하시오.

1 사업자등록증에 의한 거래처등록 수정

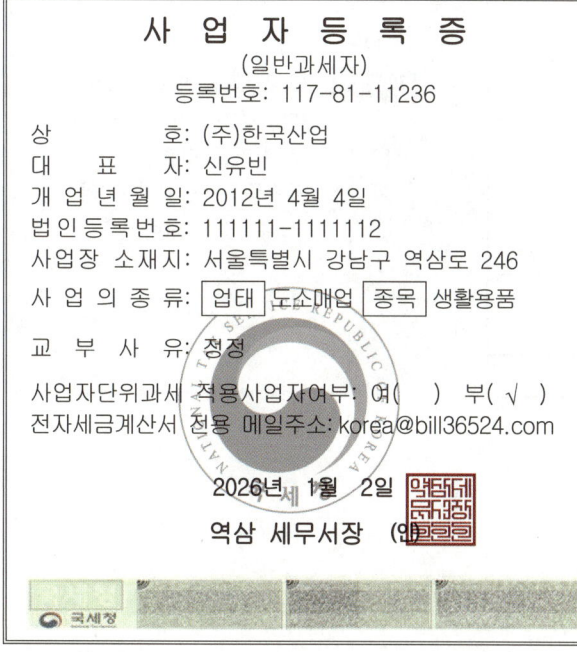

사 업 자 등 록 증
(일반과세자)
등록번호: 117-81-11236

상   호: (주)한국산업
대   표   자: 신유빈
개 업 년 월 일: 2012년 4월 4일
법 인 등 록 번 호: 111111-1111112
사업장 소재지: 서울특별시 강남구 역삼로 246
사 업 의 종 류: 업태 도소매업 종목 생활용품

교 부 사 유: 정정

사업자단위과세 적용사업자여부: 여( ) 부(√)
전자세금계산서 전용 메일주소: korea@bill36524.com

2026년 1월 2일

역삼 세무서장 (인)

국세청

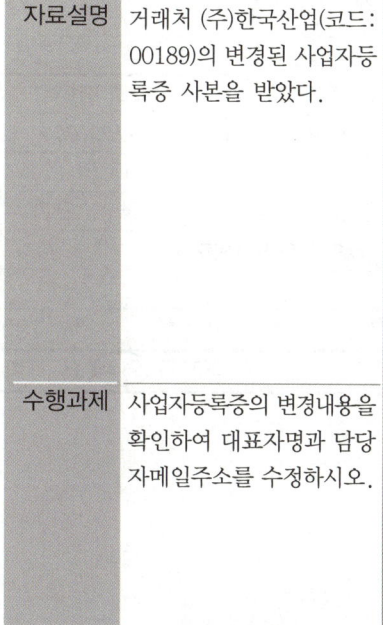

자료설명	거래처 (주)한국산업(코드: 00189)의 변경된 사업자등록증 사본을 받았다.
수행과제	사업자등록증의 변경내용을 확인하여 대표자명과 담당자메일주소를 수정하시오.

2 계정과목및적요등록 수정

자료설명	(주)강남문구는 판매촉진목적 지출의 '판매촉진비'를 별도로 구분하여 관리하려고 한다.
수행과제	'850.회사설정계정과목'을 '판매촉진비'로 등록하고, 구분과 표준코드를 입력하시오. – 구분: 4.경비 – 표준코드: 091.광고선전비(판매촉진비 포함)

실무수행 ◉ 거래자료 입력

실무프로세스 자료이다. [자료설명]을 참고하여 [수행과제]를 수행하시오.

1 증빙에 의한 전표입력

NO.	영 수 증 (공급받는자용)				
		(주)강남문구		귀하	
공급자	사업자 등록번호	133-01-42888			
	상 호	나리한정식	성명	정득남	
	사업장 소재지	광주광역시 동구 필문대로 104 (계림동)			
	업 태	음식업	종목	한식	
작성일자		공급대가총액		비고	
2026.1.9.		₩ 100,000			
공 급 내 역					
월/일	품명	수량	단가	금액	
1/9	한정식세트			100,000	
합 계			₩ 100,000		
위 금액을 (영수)(청구)함					

자료설명	지방 출장 중인 회사 영업팀 직원의 식사대금을 현금으로 지급하고 받은 영수증이다. 회사는 이 거래가 지출증명서류미수취가산세 대상인지를 검토하려고 한다.
수행과제	1. 거래자료를 입력하시오. (단, 출장경비는 '여비교통비'로 처리할 것.) 2. 영수증수취명세서 (2)와 (1)서식을 작성하시오.

2 통장사본에 의한 전표입력

자료 1. 입금전표

입 금 전 표

(주)강남문구 귀하	계좌번호: 204-24-0648-100	거래일자: 2026. 2. 13.

입금내역	• 예금 이자: 500,000원 • 법 인 세: 70,000원 • 법인지방소득세: 7,000원 • 차감지급액: 423,000원

항상 저희은행을 찾아주셔서 감사합니다.

계좌번호 및 거래내역을 확인하시기 바랍니다.

농협은행 강남지점 (전화: 02-1575-1449)   취급자: 정서주

자료 2. 보통예금(농협은행) 거래내역

번호	거래일	내용	찾으신금액	맡기신금액	잔액	거래점
		계좌번호 204-24-0648-100 (주)강남문구				
1	2026-02-13	이자입금액		423,000원	***	***

자료설명	1. 자료 1은 2월분 예금이자에 대한 입금전표이다. 2. 자료 2는 예금이자가 농협은행 보통예금계좌에 입금된 내역이다.
수행과제	거래자료를 입력하시오.(단, 원천징수세액 77,000원은 '선납세금'으로 처리할 것.)

3 기타 일반거래

■ 보통예금(국민은행) 거래내역

번호	거래일	내 용	찾으신금액	맡기신금액	잔 액	거래점
		계좌번호 096-25-0096-751 (주)강남문구				
1	2026-3-25	임차보증금		30,000,000	***	***

자료설명	물품 보관장소로 사용 중인 창고의 계약기간 만료로 (주)현대빌딩으로부터 임차보증금 30,000,000원을 국민은행 보통예금 통장으로 입금받았다.
수행과제	거래자료를 입력하시오.(단, 거래처코드 입력할 것.)

4 약속어음의 배서양도

전 자 어 음

(주)강남문구 귀하   00420260206123456789

금 일천일백만원정   11,000,000원

위의 금액을 귀하 또는 귀하의 지시인에게 지급하겠습니다.

지급기일	2026년 5월 10일	발행일	2026년 2월 6일
지 급 지	국민은행	발행지	서울특별시 구로구 구로동로 30
지급장소	구로지점	주 소	(가리봉동)
		발행인	(주)초록마트

자료설명	[4월 7일] (주)현서문구의 외상매입금 일부를 결제하기 위해 (주)초록마트에 상품을 매출하고 받은 전자어음을 배서양도 하였다.
수행과제	1. 거래자료를 입력하시오. 2. 자금관련정보를 입력하여 받을어음현황에 반영하시오.

5 기타 일반거래

NH NongHyup 지역개발채권 매입확인증

채권매입금액 :	오십만 원정 (₩ 500,000)

성명/법인명	(주)강남문구	주 민 등 록 번 호 (사업자등록번호)	220-81-03217
주 소	서울특별시 강남구 강남대로 252 (도곡동)		
대 리 인	–	주 민 등 록 번 호	–

청 구 기 관	서울특별시	전 화 번 호	–

용 도 : 자동차 신규등록	증 서 번 호 :	2026-5-00097369
실 명 번 호 : 220-81-03217	매 출 일 자 :	2026-05-10 15:15:22
성명(법인명) : (주)강남문구	매 출 점 :	서울시청
주 소 : 서울특별시 강남구 강남대로 252 (도곡동)		
금 액 : 500,000원		

총수납금액 :	500,000원	취급자명 :	안세영

자료설명	[5월 10일]
	1. 본사 업무용으로 사용하기 위하여 구입한 차량을 등록하면서 법령에 의거한 공채를 액면금액으로 매입하고 대금은 현금으로 지급하였다.
	2. 회사는 공채를 매입하는 경우 매입 당시의 공정가치는 '단기매매증권'으로 처리하고, 액면금액과 공정가치의 차이는 해당자산의 취득원가에 가산하는 방식으로 회계처리 하고 있다.
	3. 공채의 매입당시 공정가치는 400,000원이다.
수행과제	거래자료를 입력하시오.

실무수행 ◉ 부가가치세

부가가치세 신고 관련 자료이다. [자료설명]을 참고하여 [수행과제]를 수행하시오.

1 과세매출자료의 전자세금계산서 발급

거래명세서
(공급자 보관용)

	등록번호	220-81-03217				등록번호	106-86-08702		
공급자	상호	(주)강남문구	성명(대표자)	김강남	공급받는자	상호	(주)제일유통	성명	장인수
	사업장주소	서울특별시 강남구 강남대로 252 (도곡동)				사업장주소	서울특별시 서대문구 충정로 30		
	업태	도소매업	종사업장번호			업태	도소매업	종사업장번호	
	종목	문구용품 외				종목	문구, 잡화		

거래일자	미수금액	공급가액	세액	총 합계금액
2026.7.12.		15,000,000	1,500,000	16,500,000

NO	월	일	품목명	규격	수량	단가	공급가액	세액	합계
1	7	12	다목적 문구함		500	30,000	15,000,000	1,500,000	16,500,000

자료설명	상품을 판매하고 발급한 거래명세서이며, 판매대금은 7월 말까지 받기로 하였다.
수행과제	1. 거래명세서에 의해 매입매출자료를 입력하시오.
	2. 전자세금계산서 발행 및 내역관리 를 통하여 발급 및 전송하시오.
	(전자세금계산서 발급 시 결제내역 및 전송일자는 고려하지 말 것.)

2 매입거래

```
              신용카드매출전표
------------------------------------
카드종류: 국민카드
회원번호: 4432-9**8-4561-52**
거래일시: 2026.7.20. 11:11:54
거래유형: 신용승인
매   출: 300,000원
부 가 세:  30,000원
합   계: 330,000원
결제방법: 일시불
승인번호: 32232154
------------------------------------
------------------------------------
가맹점명: (주)최고유통(122-85-13253)

        - 이 하 생 략 -
```

자료설명	본사 직원에게 배부할 창립기념일 선물(텀블러)을 구입하고 법인 신용카드로 결제하였다.
수행과제	매입매출자료를 입력하시오. (단, '복리후생비'로 처리할 것.)

3 매입거래

전자세금계산서			(공급받는자 보관용)			승인번호			

공급자	등록번호	124-81-16995			공급받는자	등록번호	220-81-03217		
	상호	(주)대한전자	성명 (대표자)	이명환		상호	(주)강남문구	성명 (대표자)	김강남
	사업장 주소	경기도 수원시 팔달구 매산로 1-8 (매산로1가)				사업장 주소	서울특별시 강남구 강남대로 252 (도곡동)		
	업태	도소매업	종사업장번호			업태	도소매업	종사업장번호	
	종목	전자제품				종목	문구용품 외		
	E-Mail	minja@bill36524.com				E-Mail	gangnam@bill36524.com		

작성일자	2026.9.3.	공급가액	2,000,000	세 액	200,000
비고					

월	일	품목명	규격	수량	단가	공급가액	세액	비고
9	3	노트북		1	2,000,000	2,000,000	200,000	

합계금액	현금	수표	어음	외상미수금	이 금액을	○ 영수	함
2,200,000				2,200,000		● 청구	

자료설명	상품매출 거래처 확장이전 선물로 제공할 노트북을 외상으로 구입하였다.
수행과제	매입매출자료를 입력하시오. (전자세금계산서 거래는 '전자입력'으로 입력할 것.)

4 매입거래

전자계산서				(공급받는자 보관용)			승인번호			

공급자	등록번호	211-75-24158			공급받는자	등록번호	220-81-03217		
	상호	시대교육	성명 (대표자)	이수빈		상호	(주)강남문구	성명 (대표자)	김강남
	사업장 주소	서울특별시 강남구 역삼로 541				사업장 주소	서울특별시 강남구 강남대로 252 (도곡동)		
	업태	서비스업	종사업장번호			업태	도소매업	종사업장번호	
	종목	교육				종목	문구용품 외		
	E-Mail	soo@hanmail.net				E-Mail	gangnam@bill36524.com		

작성일자	2026.11.1.	공급가액	500,000	비고	

월	일	품목명	규격	수량	단가	공급가액	비고
11	1	마케팅 교육				500,000	

합계금액	현금	수표	어음	외상	이 금액을	○ 영수 ● 청구	함
500,000				500,000			

자료설명	당사 영업팀의 마케팅 교육을 실시하고 전자계산서를 발급받았다.
수행과제	매입매출자료를 입력하시오. (전자계산서 거래는 '전자입력'으로 입력할 것.)

5 매출거래

<table>
<tr><td colspan="6" style="text-align:center">전자세금계산서</td><td colspan="2" style="text-align:center">(공급자 보관용)</td><td colspan="2">승인번호</td><td></td></tr>
</table>

	등록번호	220-81-03217					등록번호	120-86-50832		
공급자	상호	(주)강남문구	성명 (대표자)	김강남		공급받는자	상호	(주)중고나라	성명 (대표자)	김유민
	사업장 주소	서울특별시 강남구 강남대로 252 (도곡동)					사업장 주소	서울특별시 강남구 봉은사로 409 (삼성동)		
	업태	도소매업		종사업장번호			업태	도소매업		종사업장번호
	종목	문구용품 외					종목	가전제품		
	E-Mail	gangnam@bill36524.com					E-Mail	yumin@naver.com		

작성일자	2026.12.1.	공급가액	1,500,000	세 액	150,000

비고							

월	일	품목명	규격	수량	단가	공급가액	세액	비고
12	1	제습기				1,500,000	150,000	

합계금액	현금	수표	어음	외상미수금	이 금액을	⦿ 영수 ◯ 청구	함
1,650,000							

자료설명	1. 사무실에서 사용하던 비품(제습기)을 (주)중고나라에 매각하고 발급한 전자세금계 산서이며 대금은 전액 하나은행 보통예금 계좌로 입금받았다. 2. 매각 직전 제습기의 장부금액은 1,600,000원(취득금액 2,000,000원, 감가상각 누계액 400,000원)이다.
수행과제	매입매출자료를 입력하시오. (단, 전자세금계산서의 발급 및 전송업무는 생략하고 '전자입력'으로 입력할 것.)

6 부가가치세신고서에 의한 회계처리

수행과제	제1기 확정 신고기간의 부가가치세신고서를 조회하여, 6월 30일 부가가치세 납부세 액 또는 환급세액에 대한 회계처리를 하시오.(단, 납부할 세액은 '미지급세금', 환급 받을 세액은 '미수금', 전자신고세액공제는 '잡이익'으로 회계처리하고, 거래처코드 입 력할 것.)

실무수행 ◎ 결산

[결산자료]를 참고하여 결산을 수행하시오.(단, 제시된 자료 이외의 자료는 없다고 가정함.)

1 수동결산 및 자동결산

자료설명	1. 매도가능증권의 기말 내역은 다음과 같다.

회사명	주식수	단위당 장부금액	단위당 평가금액
(주)더존비즈온	300주	@55,000원	@65,000원

	2. 기말 상품재고액은 35,000,000원이다. 3. 이익잉여금처분계산서 처분 예정(확정)일 - 당기분: 2027년 2월 23일 - 전기분: 2026년 2월 23일
수행과제	1. 수동결산 또는 자동결산 메뉴를 이용하여 결산을 완료하시오. 2. 12월 31일을 기준으로 '손익계산서 ➡ 이익잉여금처분계산서 ➡ 재무상태표'를 순서대로 조회 작성하시오.(단, 이익잉여금처분계산서 조회 작성 시 '저장된 데이터 불러오기' ➡ '아니오' 선택 ➡ '전표추가'를 이용하여 '손익대체분개'를 수행할 것.)

입력자료 및 회계정보를 조회하여 [평가문제]의 답안을 입력하시오.

	❶ 답안은 지정된 단위의 숫자로만 입력해 주십시오. ※ 한글 등 문자 금지		
평가문제 답안입력 유의사항		**정답**	**오답(예)**
	(1) 금액은 원 단위로 숫자를 입력하되, 천 단위 콤마(,)는 생략 가능합니다. (1-1) 답이 0원인 경우 반드시 "0" 입력 (1-2) 답이 음수(-)인 경우 숫자 앞에 " - " 입력 (1-3) 답이 소수인 경우 반드시 " . " 입력	1,245,000 1245000	1.245.000 1,245,000원 1,245,0000 12,45,000 1,245천원
	(2) 질문에 대한 답안은 숫자로만 입력하세요.	4	04 4/건/매/명 04건/매/명
	(3) 거래처 코드번호는 5자리 숫자로 입력하세요.	00101	101 00101번

❷ 더존 프로그램에서 조회되는 자료를 복사하여 붙여넣기가 가능합니다.

❸ 수행과제를 올바르게 입력하지 않고 작성한 답과 모범답안이 다른 경우 오답처리됩니다.

번호	평가문제	배점
11	**평가문제 [거래처등록 조회]** 다음 중 [거래처등록] 관련 내용으로 옳은 것은? ① 카드거래처의 [구분: 매입] 거래처는 1곳이다. ② 금융거래처 중 '3.예금종류'가 '당좌예금'인 거래처는 5곳이다. ③ 일반거래처 '00189.㈜한국산업'의 대표자명은 최윤나이다. ④ 일반거래처 '00189.㈜한국산업'의 담당자메일주소는 'korea@bill36524.com'이다.	4
12	**평가문제 [계정과목및적요등록 조회]** '850.판매촉진비'의 표준코드 3자리를 입력하시오.	4
13	**평가문제 [거래처원장 조회]** 7월(7/1~7/31) 한달 동안 '108.외상매출금'이 가장 많이 증가한 거래처코드 5자리 를 입력하시오.	4

번호	평가문제	배점
14	**평가문제 [거래처원장 조회]** 12월 말 현재 각 계정과목의 거래처별 잔액으로 옳지 않은 것은? ① 251.외상매입금　(00105.(주)현서문구)　21,800,000원 ② 253.미지급금　　(00130.시대교육)　　　500,000원 ③ 261.미지급세금　(05900.역삼세무서)　9,291,000원 ④ 962.임차보증금　(00107.(주)현대빌딩)　35,000,000원	3
15	**평가문제 [일/월계표 조회]** 2분기(4월~6월) 차량운반구 증가액(차변계)은 얼마인가?	3
16	**평가문제 [일/월계표 조회]** 9월에 발생한 '판매관리비' 중 금액으로 옳지 않은 것은? ① 복리후생비　　　　　　618,000원　② 여비교통비　　88,000원 ③ 접대비(기업업무추진비) 185,000원　④ 차량유지비　830,800원	3
17	**평가문제 [합계잔액시산표 조회]** 5월 말 '단기매매증권' 잔액은 얼마인가?	2
18	**평가문제 [합계잔액시산표 조회]** 9월 말 '미지급금' 잔액은 얼마인가?	3
19	**평가문제 [재무상태표 조회]** 12월 말 '기타포괄손익누계액' 금액은 얼마인가?	3
20	**평가문제 [재무상태표 조회]** 12월 말 '비품'의 장부금액(취득원가-감가상각누계액)은 얼마인가?	2
21	**평가문제 [재무상태표 조회]** 12월 말 '이월이익잉여금(미처분이익잉여금)' 잔액은 얼마인가? ① 241,481,433원　　　　　　② 258,481,433원 ③ 271,481,433원　　　　　　④ 277,190,243원	2
22	**평가문제 [손익계산서 조회]** 당기에 발생한 '교육훈련비' 금액은 얼마인가?	4
23	**평가문제 [손익계산서 조회]** 당기에 발생한 '영업외수익' 중 거래금액이 가장 많이 발생한 계정과목의 코드번호 3자리를 입력하시오.	3
24	**평가문제 [영수증수취명세서 조회]** [영수증수취명세서(1)]에 작성된 '12.명세서제출 대상' 금액은 얼마인가?	3
25	**평가문제 [부가가치세신고서 조회]** 제2기 예정 신고기간 부가가치세신고서의 '그 밖의 공제매입세액(15란)'의 금액은 얼마인가?	4

번호	평가문제	배점
26	**평가문제 [부가가치세신고서 조회]** 제2기 예정 신고기간 부가가치세신고서의 '공제받지못할매입세액(17란)'의 세액은 얼마인가?	2
27	**평가문제 [세금계산서합계표 조회]** 제2기 확정 신고기간의 전자매출세금계산서 매수 합계는 얼마인가?	3
28	**평가문제 [계산서합계표 조회]** 제2기 확정 신고기간의 매입계산서 공급가액 합계액은 얼마인가?	4
29	**평가문제 [예적금현황 조회]** 12월 말 은행별(계좌명) 예금 잔액으로 옳지 않은 것은? ① 신한은행(보통) 86,503,000원 ② 국민은행(보통) 53,137,000원 ③ 농협은행(보통) 49,923,000원 ④ 하나은행(보통) 28,515,000원	3
30	**평가문제 [받을어음현황 조회]** 만기일이 2026년에 도래하는 받을어음 중 '구분: 보관'에 해당하는 금액은 얼마인가?	3
총 점		62

평가문제 ⊙ 회계정보분석 (8점)

회계정보를 조회하여 [회계정보분석] 답안을 입력하시오.

31. 재무상태표 조회 (4점)

유동비율이란 기업이 단기채무를 충당할 수 있는 유동자산이 얼마나 되는가를 평가하여 기업의 단기지급능력을 판단하는 지표이다. 전기 유동비율을 계산하면 얼마인가?(단, 소숫점 이하는 버림 할 것.)

$$유동비율(\%) = \frac{유동자산}{유동부채} \times 100$$

① 24% ② 124%
③ 354% ④ 411%

32. 손익계산서 조회 (4점)

매출액순이익률이란 매출액에 대한 당기순이익의 비율을 보여주는 지표이다.
전기 매출액순이익률을 계산하면 얼마인가?(단, 소숫점 이하는 버림 할 것.)

$$매출액순이익률(\%) = \frac{당기순이익}{매출액} \times 100$$

① 20% ② 27%
③ 34% ④ 489%

최신 기출문제 제80회

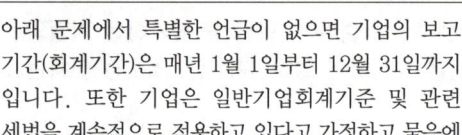

실무이론평가

아래 문제에서 특별한 언급이 없으면 기업의 보고 기간(회계기간)은 매년 1월 1일부터 12월 31일까지 입니다. 또한 기업은 일반기업회계기준 및 관련 세법을 계속적으로 적용하고 있다고 가정하고 물음에 가장 합당한 답을 고르기 바랍니다.

01 다음에서 설명하고 있는 회계정보의 질적특성은 무엇인가?

• 회계정보에 대한 오류나 미리 의도된 편견없이 객관적이고 검증 가능하며, 나타내고자 하는 바를 충실하게 표현해야 한다는 정보의 특성을 말한다.

① 신뢰성   ② 목적적합성
③ 비교가능성   ④ 예측가치

02 다음 중 자본변동표에 대한 설명으로 옳은 것은?

① 기업실체에 대한 자본의 크기와 그 변동에 관한 정보를 제공하는 재무보고서이다.
② 일정 시점 현재 기업실체가 보유하고 있는 경제적 자원인 자산과 경제적 의무인 부채, 그리고 자본에 대한 정보를 제공하는 재무보고서이다.
③ 일정 기간 동안 기업실체의 경영성과에 대한 정보를 제공하는 재무보고서이다.
④ 일정 기간 동안 기업실체에 대한 현금유입과 현금유출에 대한 정보를 제공하는 재무보고서이다.

03 2026년 1월 1일 1,500,000원을 출자하여 설립된 (주)한공의 2026년 12월 31일 재무상태표의 자산·부채 계정과목은 다음과 같다. 2026년 당기순이익은 얼마인가?(단, 당기순이익 이외의 자본변동은 없었다.)

• 현 금	500,000원
• 지급어음	200,000원
• 상 품	600,000원
• 외상매입금	300,000원
• 외상매출금	500,000원
• 기계장치	900,000원
• 임차보증금	200,000원
• 미지급금	420,000원

① 80,000원   ② 280,000원
③ 330,000원   ④ 420,000원

04 다음 중 소매업을 영위하는 (주)한공의 영업손익에 영향을 미치는 거래만 고른 것은?

가. 종업원 급여를 지급하다.
나. 불특정 다수인을 대상으로 제품 등 판매촉진 홍보물 제작비를 지출하다.
다. 불우이웃돕기단체에 성금을 납부하다.
라. 차입금에 대한 이자를 지급하다.

① 가, 나   ② 가, 라
③ 가, 나, 다   ④ 가, 나, 라

05 다음은 (주)한공의 결산일 매출채권 관련 자료이다. (주)한공의 결산일 회계처리로 옳은 것은?

• 매출채권 잔액   5,000,000원
• 결산 전 합계잔액시산표 상 대손충당금 계정잔액   10,000원
• 매출채권에 대하여 1% 대손을 예상

①	(차) 대손상각비	40,000원
	(대) 대손충당금	40,000원
②	(차) 대손상각비	50,000원
	(대) 대손충당금	50,000원
③	(차) 대손충당금	10,000원
	(대) 대손충당금환입	10,000원
④	(차) 대손충당금	40,000원
	(대) 대손충당금환입	40,000원

06 다음은 (주)한공의 특허권 취득 관련 자료이다. 2026년도 결산 시 무형자산상각비 계상액은 얼마인가?

- 특허권 취득일: 2026. 4. 1.
- 특허권 등록비 2,000,000원, 취득제비용 100,000원
- 상각방법은 정액법(내용연수: 5년), 월할계산

① 200,000원   ② 300,000원
③ 315,000원   ④ 420,000원

07 다음 자료를 토대로 2026년 결산시점 회계처리로 옳은 것은? (소모품의 2026년 기초재고는 없다고 가정한다.)

- 2026년 3월 1일
  소모품 400,000원을 현금구입하고, 전액을 비용으로 회계처리하였다.
- 2026년 12월 31일
  소모품 미사용액은 150,000원이었다.

①	(차) 소모품비	250,000원
	(대) 소모품	250,000원
②	(차) 소모품비	150,000원
	(대) 소모품	150,000원
③	(차) 소모품	250,000원
	(대) 소모품비	250,000원
④	(차) 소모품	150,000원
	(대) 소모품비	150,000원

08 다음 중 부가가치세법상 납세지와 사업장에 대한 설명으로 옳지 않은 것은?

① 부가가치세는 사업장마다 신고·납부하는 것이 원칙이다.
② 무인자동판매기를 통한 사업은 해당 판매기가 설치된 장소가 사업장이다.
③ 직매장은 사업장으로 보며 하치장은 사업장으로 보지 아니한다.
④ 제품의 포장만을 하거나 용기에 충전만을 하는 장소는 사업장으로 보지 아니한다.

09 다음 중 세금계산서를 발급할 수 있는 경우는?

① 목욕탕을 운영하는 사업자가 목욕용역을 공급하는 경우
② 컴퓨터 제조업자가 컴퓨터를 공급하는 경우
③ 미용업자가 미용용역을 공급하는 경우
④ 택시운송사업자가 택시운송용역을 공급하는 경우

10 다음은 제조업을 영위하는 일반과세자 (주)한공의 2026년 제1기 부가가치세 예정신고 자료이다. 예정신고 시 납부할 세액을 계산하면 얼마인가? 단, 필요한 세금계산서는 적법하게 수취하였다.

가. 공급가액: 550,000,000원
나. 매입세액: 21,000,000원(토지의 자본적 지출 관련 매입세액 1,000,000원과 접대 관련 매입세액 2,000,000원이 포함됨)

① 29,000,000원   ② 32,000,000원
③ 34,000,000원   ④ 37,000,000원

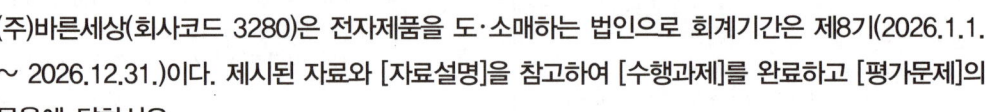

(주)바른세상(회사코드 3280)은 전자제품을 도·소매하는 법인으로 회계기간은 제8기(2026.1.1.
~ 2026.12.31.)이다. 제시된 자료와 [자료설명]을 참고하여 [수행과제]를 완료하고 [평가문제]의
물음에 답하시오.

실무수행 유의사항	1. 부가가치세 관련거래는 [매입매출전표입력]메뉴에 입력하고, 부가가치세 관련 없는 거래는 [일반전표입력]메뉴에 입력한다. 2. 타계정 대체액과 관련된 적요는 반드시 코드를 입력하여야 한다. 3. 채권·채무, 예금거래 등 관리대상 거래자료에 대하여는 반드시 거래처코드를 입력 한다. 4. 자금관리 등 추가 작업이 필요한 경우 문제의 요구에 따라 추가 작업하여야 한다. 5. 판매비와관리비는 800번대 계정코드를 사용한다. 6. 등록된 계정과목 중 가장 적절한 계정과목을 선택한다.

실무수행 ◎ 기초정보관리의 이해

회계관련 기초정보는 입력되어 있다. [자료설명]을 참고하여 [수행과제]를 수행하시오.

1 거래처별초기이월 등록 및 수정

미수금 명세서

코드	거래처명	금 액	비 고
05030	(주)우리모터스	1,300,000원	차량매각 대금
21010	(주)세계로	500,000원	재활용품 판매 대금
31112	삼성화재보험(주)	1,200,000원	자동차보험료 환급금
	합계	3,000,000원	

자료설명	(주)바른세상의 전기(제7기)분 재무제표는 이월 받아 등록되어 있다.
수행과제	거래처별 초기이월사항을 입력하시오.

2 전기분 재무제표의 입력수정

손 익 계 산 서

제7(당)기 2025년 1월 1일부터 2025년 12월 31일까지
제6(전)기 2024년 1월 1일부터 2024년 12월 31일까지

(주)바른세상   (단위: 원)

과 목	제7(당)기		제6(전)기	
	금 액		금 액	
Ⅰ.매　　출　　액		600,000,000		280,000,000
상 품 매 출	600,000,000		280,000,000	
Ⅱ.매　출　원　가		360,000,000		165,000,000
상 품 매 출 원 가		360,000,000		165,000,000
기 초 상 품 재 고 액	25,000,000		5,000,000	
당 기 상 품 매 입 액	425,000,000		185,000,000	
기 말 상 품 재 고 액	90,000,000		25,000,000	
Ⅲ.매　출　총　이　익		240,000,000		115,000,000
Ⅳ.판 매 비 와 관 리 비		91,980,000		58,230,000
급　　　　　여	52,300,000		30,800,000	
복 리 후 생 비	5,100,000		2,100,000	
여 비 교 통 비	3,500,000		1,500,000	
접대비(기업업무추진비)	5,200,000		2,400,000	
통　　신　　비	2,800,000		3,200,000	
세 금 과 공 과 금	2,300,000		2,800,000	
감 가 상 각 비	5,900,000		4,000,000	
보　　험　　료	1,840,000		700,000	
차 량 유 지 비	3,540,000		2,530,000	
운　　반　　비	4,900,000		5,400,000	
소 모 품 비	800,000		500,000	
광 고 선 전 비	3,800,000		2,300,000	
Ⅴ.영　업　이　익		148,020,000		56,770,000
Ⅵ.영 업 외 수 익		3,200,000		2,100,000
이 자 수 익	3,200,000		2,100,000	
Ⅶ.영 업 외 비 용		4,800,000		2,400,000
이 자 비 용	4,800,000		2,400,000	
Ⅷ.법 인 세 차 감 전 순 이 익		146,420,000		56,470,000
Ⅸ.법　인　세　등		5,000,000		2,000,000
법 인 세 등	5,000,000		2,000,000	
Ⅹ.당 기 순 이 익		141,420,000		54,470,000

자료설명	(주)바른세상의 전기(제7기)분 재무제표는 입력되어 있다.
수행과제	1. [전기분 손익계산서]의 입력이 누락되었거나 잘못된 부분을 찾아 수정하시오. 2. [전기분 이익잉여금처분계산서]의 처분 확정일(2026년 2월 28일)을 수정하시오.

실무수행 ◎ 거래자료 입력

실무프로세스 자료이다. [자료설명]을 참고하여 [수행과제]를 수행하시오.

---

1 **3만원 초과 거래자료에 대한 영수증수취명세서 작성**

주차 영수증			
			2026/03/25
상 호: 강남유료주차장			(T.02-667-8795)
성 명: 윤기호			
사업장: 서울특별시 강남구 역삼로 127			
사업자등록번호: 128-14-83868			
차량번호	시간	단가	금 액
153하 1752	8	5,000	40,000
		합계:	**40,000원**
			감사합니다.

자료설명

영업팀 업무용 차량의 주차비를 현금으로 지급하고 받은 영수증이다.
회사는 이 거래가 지출증명 서류 미수취가산세대상인지를 검토하려고 한다.

수행과제

1. 거래자료를 입력하시오.
   ('차량유지비'계정으로 회계처리할 것.)
2. 영수증수취명세서 (1)과 (2)서식을 작성하시오.

---

2 **통장사본에 의한 거래입력**

자료 1. 대출금(이자)계산서

대출금(이자)계산서

2026년 4월 30일

IBK기업은행

(주)바른세상 귀하
(고객님 팩스 NO: 02-2643-1235)
대출과목: IBK기업은행 중소기업 긴급경영안정자금 대출
계좌번호: 110-531133-64-6666
대 출 일: 2025-10-01
만 기 일: 2026-04-30

일 자	적 요	금 액	이자계산기간
2026.4.30.	원금상환	20,000,000원	
2026.4.30.	약정이자	177,600원	2026.4.1.~2026.4.30.
합 계		20,177,600원	

자료 2. 보통예금(국민은행) 거래내역

번호	거래일	내 용	찾으신금액	맡기신금액	잔 액	거래점
		계좌번호 096-24-0094-123 (주)바른세상				
1	2026-4-30	기업은행	20,177,600		***	***

자료설명	IBK기업은행의 중소기업 긴급경영안정자금 대출에 대한 원금과 이자를 국민은행 보통예금 계좌에서 이체하여 상환하였다.
수행과제	거래자료를 입력하시오.

3 매도가능증권 구입

자료 1. 매도가능증권 매입관련 자료

	취득목적	주식수	액면금액	1주당 취득단가	거래수수료
1	장기투자목적	500주	5,000원	24,000원	60,000원

자료 2. 보통예금(신한은행) 거래내역

번호	거래일	내용	찾으신금액	맡기신금액	잔액	거래점
		계좌번호 530215-71-225184 (주)바른세상				
1	2026-5-15	주식 구입대금	12,000,000		***	***
2	2026-5-15	주식 거래수수료	60,000		***	***

자료설명	1. 자료 1은 본사가 장기투자목적으로 매입한 주식내역이다. 2. 자료 2는 주식매입대금을 지급한 신한은행 보통예금거래 내역이다.
수행과제	주식매입과 관련한 거래자료를 입력하시오.

4 약속어음의 할인

자료 1.

전 자 어 음

(주)바른세상 귀하   00420260720123456789

금   이천만원정   **20,000,000원**

위의 금액을 귀하 또는 귀하의 지시인에게 지급하겠습니다.

지급기일	2026년 9월 20일	발행일	2026년 7월 20일
지 급 지	국민은행	발행지	
지급장소	목동지점	주 소	서울특별시 양천구 공항대로 530
		발행인	(주)경은전자

자료 2. 당좌예금(국민은행) 거래내역

		내 용	찾으신금액	맡기신금액	잔 액	거래점
번호	거래일	계좌번호 112-088-123123 (주)바른세상				
1	2026-8-20	어음할인		19,800,000	***	***

자료설명	[8월 20일] (주)경은전자에서 받아 보관 중인 전자어음을 국민은행 역삼지점에서 할인받고, 할인료를 차감한 잔액을 국민은행 당좌예금 계좌로 입금받았다.
수행과제	1. 거래자료를 입력하시오.(매각거래로 처리할 것.) 2. 자금관련 정보를 입력하여 받을어음현황에 반영하시오. (할인기관은 '국민은행(당좌)'으로 할 것.)

5 통장사본에 의한 거래입력

자료 1. 체크카드 영수증

케이에스넷

가맹점명, 주소가 실제와 다른 경우 신고안내
여신금융협회 TEL) 02-2011-0777
위장 가맹점 확장 시 포상금 10만원 지급

IC신용승인
상호: 제일서적
대표: 홍수환(112-02-34108)
서울특별시 서대문구 충정로7길 28

금 액   **70,000원**

합 계   **70,000원**

NH농협비씨체크   [일시불]

카드번호: 8844-22**-****-****(C)
거래일시: 2026/09/28 13:46:44
승인번호: **514000**   가맹: 741593501
매입: 비씨카드사   알림: EDC매출표
문의: TEL) 1544-4700   VER: 표준 2.07a

자료 2. 보통예금(농협은행) 거래내역

번호	거래일	내용	찾으신금액	맡기신금액	잔액	거래점
		계좌번호 351-06-909476 (주)바른세상				
1	2026-9-28	제일서적	70,000		***	***

자료설명	1. 자료 1은 대표이사가 업무와 관련하여 'ESG경영 이론과 실무'라는 도서를 구입하고 받은 체크카드 영수증이다. 2. 자료 2는 체크카드사용에 따른 농협은행 거래내역이다.
수행과제	거래자료를 입력하시오.

실무수행 ◎   부가가치세

부가가치세 신고 관련 자료이다. [자료설명]을 참고하여 [수행과제]를 수행하시오.

1 과세매출자료의 전자세금계산서 발급

거래명세서   (공급자 보관용)

공급자	등록번호	220-81-03217			공급받는자	등록번호	211-81-44121	
	상호	(주)바른세상	성명	홍종오		상호	(주)다온이앤티	성명	배장석
	사업장 주소	서울특별시 강남구 강남대로 238 (도곡동)				사업장 주소	서울특별시 강남구 논현로145길 18 (논현동)	
	업태	도소매업	종사업장번호			업태	제조업	종사업장번호
	종목	전자제품 외				종목	캠핑카	

거래일자	미수금액	공급가액	세액	총 합계금액
2026.10.6.		10,000,000	1,000,000	11,000,000

NO	월	일	품목명	규격	수량	단가	공급가액	세액	합계
1	10	6	인덕션		50	200,000	10,000,000	1,000,000	11,000,000

자료설명	1. 상품을 판매하고 발급한 거래명세서이다. 2. 10월 1일에 받은 계약금을 제외한 잔액은 이번 달 말일에 받기로 하였다.
수행과제	1. 거래명세서에 의해 매입매출자료를 입력하시오. 2. 전자세금계산서 발행 및 내역관리 를 통하여 발급 및 전송하시오. (전자세금계산서 발급 시 결제내역 및 전송일자는 고려하지 말 것.)

2 매입거래

신용카드매출전표

카드종류: 삼성카드
회원번호: 8888-5432-**88-7**2
거래일시: 2026.10.18. 14:05:16
거래유형: 신용승인
매　　출: 300,000원
부 가 세: 30,000원
합　　계: 330,000원
결제방법: 일시불
승인번호: 16482395

가맹점명: (주)제이씨엘 (206-81-17938)

-이 하 생 략-

자료설명 (주)제이씨엘에서 상품 (스마트워치)을 구입하고 발급받은 신용카드매출전표이다.

수행과제 매입매출자료를 입력하시오.

3 매입거래

2026년 10월 청구분　도시가스요금 지로영수증(고객용)

고객번호	3154892	납부마감일	2026.11.30.

지로번호 1 3 4 0 5 2 8

		미납금액	0 원
고지금액	164,120 원		0 원

주소/성명　서울특별시 강남구 강남대로 238 (도곡동) / (주)바른세상

사용기간	2026.10.1.~2026.10.31.	기 본 요 금	25,000 원
당월사용량 금월지침	8,416 m³	사 용 요 금	124,200 원
전월지침	6,104 m³	계량기교체비용	원
사용량	2,312 m³	공 급 가 액	149,200 원
사용량비교 전월	1,535 m³	부 가 세	14,920 원
전년동월	2,931 m³	가 산 금	원
계량기번호	CD011	정 산 금 액	원
검 침 원 명		고 지 금 액	164,120 원
		공급받는자 등록번호	220-81-03217
		공급자 등록번호	122-81-17950

작성일자　　2026 년 11 월 8 일
입금전용계좌

※ 본 영수증은 부가가치세법 시행령 53 조 3 항에 따라 발행하는 전자세금계산서입니다.

한국도시가스(주)

자료설명	1. 회사의 10월분 도시가스 요금명세서이다. 2. 작성일자를 기준으로 입력하고 납부마감일에 보통예금 통장에서 자동이체 되는 거래의 입력은 생략한다.
수행과제	매입매출자료를 입력하시오. (전자세금계산서의 발급 및 전송업무는 생략하고 '전자입력'으로 입력할 것.)

4 매출거래

전자세금계산서　　(공급자 보관용)　　승인번호

	등록번호		220-81-03217				등록번호		206-81-14829	
공급자	상호	(주)바른세상	성명 (대표자)	홍종오	공급받는자	상호	아울렛나라	성명 (대표자)	최재민
	사업장 주소	서울특별시 강남구 강남대로 238 (도곡동)				사업장 주소	서울특별시 서대문구 가좌로 19		
	업태	도소매업	종사업장번호			업태	도소매업	종사업장번호	
	종목	전자제품 외				종목	캠핑용품		
	E-Mail	barun@bill36524.com				E-Mail	camping@naver.com		

작성일자	2026.11.30.	공급가액	800,000	세 액	80,000

비고							

월	일	품목명	규격	수량	단가	공급가액	세액	비고
11	30	전시공간 임대료				800,000	80,000	

합계금액	현금	수표	어음	외상미수금	이 금액을	○ 영수 ● 청구	함
880,000				880,000			

자료설명	당사의 사업장 일부를 일시적으로 임대하고 발급한 전자세금계산서이며, 임대료는 다음달 10일에 받기로 하였다. (단, 임대업은 주업종이 아니므로 영업외수익으로 처리할 것.)
수행과제	매입매출자료를 입력하시오. (전자세금계산서의 발급 및 전송업무는 생략하고 '전자입력'으로 입력할 것.)

5 매입거래

전자세금계산서			(공급받는자 보관용)		승인번호		

<table>
<tr><td rowspan="6">공급자</td><td>등록번호</td><td colspan="3">211-81-10539</td><td rowspan="6">공급받는자</td><td>등록번호</td><td colspan="3">220-81-03217</td></tr>
<tr><td>상호</td><td>아주렌트카(주)</td><td>성명
(대표자)</td><td>김정배</td><td>상호</td><td>(주)바른세상</td><td>성명
(대표자)</td><td>홍종오</td></tr>
<tr><td>사업장
주소</td><td colspan="3">서울특별시 서대문구 독립문로8길
120</td><td>사업장
주소</td><td colspan="3">서울특별시 강남구 강남대로 238
(도곡동)</td></tr>
<tr><td>업태</td><td>자동차 임대업</td><td colspan="2">종사업장번호</td><td>업태</td><td>도소매업</td><td colspan="2">종사업장번호</td></tr>
<tr><td>종목</td><td colspan="3">렌트카</td><td>종목</td><td colspan="3">전자제품 외</td></tr>
<tr><td>E-Mail</td><td colspan="3">rentcar@bill36524.com</td><td>E-Mail</td><td colspan="3">barun@bill36524.com</td></tr>
</table>

작성일자	2026.12.20.	공급가액	1,500,000	세 액	150,000
비고					

월	일	품목명	규격	수량	단가	공급가액	세액	비고
12	20	제네시스 G80				1,500,000	150,000	

합계금액	현금	수표	어음	외상미수금	이 금액을	
1,650,000				1,650,000	○ 영수 ● 청구	함

자료설명	영업팀장이 업무용으로 사용 중인 제네시스 G80(2,497cc) 차량의 렌트료에 대한 전자세금계산서를 수취하고, 대금은 다음 달 10일에 자동이체 하기로 하였다.
수행과제	매입매출자료를 입력하시오.('임차료'로 처리하고, 전자세금계산서 거래는 '전자입력'으로 입력할 것.)

6 부가가치세신고서에 의한 회계처리

■ 보통예금(국민은행) 거래내역

번호	거래일	내 용	찾으신금액	맡기신금액	잔 액	거래점
		계좌번호 096-24-0094-123 (주)바른세상				
1	2026-8-22	역삼세무서		1,398,000	***	***

자료설명	제1기 부가가치세 확정신고와 관련된 부가가치세 환급세액이 국민은행 보통예금 계좌로 입금되었다.
수행과제	6월 30일에 입력된 일반전표를 참고하여 환급세액에 대한 회계처리를 하시오. (단, 거래처코드를 입력할 것.)

실무수행 ◎ 결산

[결산자료]를 참고하여 결산을 수행하시오.(단, 제시된 자료 이외의 자료는 없다고 가정함.)

1 수동결산 및 자동결산

자료설명	1. 장기대여금에 대한 미수이자 750,000원을 계상하다. 2. 기말상품재고액은 35,000,000원이다. 3. 이익잉여금처분계산서 처분 예정(확정)일 – 당기분: 2027년 2월 28일 – 전기분: 2026년 2월 28일
수행과제	1. 수동결산 또는 자동결산 메뉴를 이용하여 결산을 완료하시오. 2. 12월 31일을 기준으로 '손익계산서 ➔ 이익잉여금처분계산서 ➔ 재무상태표'를 순서대로 조회 작성하시오. (단, 이익잉여금처분계산서 조회 작성 시 '저장된 데이터 불러오기' ➔ '아니오' 선택 ➔ 상단부의 '전표추가'를 이용하여 '손익대체분개'를 수행할 것.)

평가문제 ◉ 실무수행평가 (62점)

입력자료 및 회계정보를 조회하여 [평가문제]의 답안을 입력하시오.

평가문제 답안입력 유의사항	❶ 답안은 지정된 단위의 숫자로만 입력해 주십시오. * 한글 등 문자 금지		
		정답	오답(예)
	(1) 금액은 원 단위로 숫자를 입력하되, 천 단위 콤마(,)는 생략 가능합니다.	1,245,000 1245000	1.245.000 1,245,000원 1,245,0000 12,45,000 1,245천원
	(1-1) 답이 0원인 경우 반드시 "0" 입력 (1-2) 답이 음수(-)인 경우 숫자 앞에 "-" 입력 (1-3) 답이 소수인 경우 반드시 "." 입력		
	(2) 질문에 대한 답안은 숫자로만 입력하세요.	4	04 4/건/매/명 04건/매/명
	(3) 거래처 코드번호는 5자리 숫자로 입력하세요.	00101	101 00101번

❷ 더존 프로그램에서 조회되는 자료를 복사하여 붙여넣기가 가능합니다.

❸ 수행과제를 올바르게 입력하지 않고 작성한 답과 모범답안이 다른 경우 오답처리됩니다.

번호	평가문제	배점
11	**평가문제 [일/월계표 조회]** 9월 한달 동안 발생한 '도서인쇄비' 금액은 얼마인가?	3
12	**평가문제 [일/월계표 조회]** 10월 한달 동안 발생한 '상품매출' 금액은 얼마인가?	3
13	**평가문제 [거래처원장 조회]** 1월 말 (주)우리모터스(코드: 05030)의 '120.미수금' 잔액은 얼마인가?	3
14	**평가문제 [거래처원장 조회]** 10월 말 '251.외상매입금'의 거래처별 잔액으로 옳지 않은 것은? ① 02005.(주)정성전자　6,600,000원　② 02600.조은전자(주)　31,900,000원 ③ 30011.(주)제이씨엘　20,000,000원　④ 99600.삼성카드　2,200,000원	3
15	**평가문제 [현금출납장 조회]** 3월 한달 동안 '현금'의 출금 금액(월계)은 얼마인가?	4
16	**평가문제 [매입매출장 조회]** 제2기 확정 신고기간의 매입유형 '카드과세(57.카과)' 분기누계 공급가액은 얼마인가?	3
17	**평가문제 [재무상태표 조회]** 12월 말 '받을어음'의 장부금액(받을어음 - 대손충당금)은 얼마인가?	4
18	**평가문제 [재무상태표 조회]** 12월 말 '미수금'의 잔액은 얼마인가?	3
19	**평가문제 [재무상태표 조회]** 12월 말 '투자자산'의 잔액은 얼마인가?	3
20	**평가문제 [재무상태표 조회]** 12월 말 '유동부채'의 계정별 잔액으로 옳은 것은? ① 미지급금　11,254,120원　② 예수금　6,767,130원 ③ 선수금　7,510,000원　④ 단기차입금　30,000,000원	3
21	**평가문제 [재무상태표 조회]** 12월 말 '이월이익잉여금(미처분이익잉여금)' 잔액은 얼마인가? ① 176,120,000원　② 377,550,990원 ③ 499,120,000원　④ 770,550,990원	1
22	**평가문제 [손익계산서 조회]** 당기에 발생한 '상품매출원가' 금액은 얼마인가?	3
23	**평가문제 [손익계산서 조회]** 당기에 발생한 비용의 계정별 금액으로 옳지 않은 것은? ① 복리후생비　9,706,020원　② 통신비　1,255,610원 ③ 수도광열비　5,884,520원　④ 차량유지비　6,231,100원	3

번호	평가문제	배점
24	**평가문제 [손익계산서 조회]** 당기에 발생한 '영업외수익' 금액은 얼마인가?	4
25	**평가문제 [영수증수취명세서 조회]** [영수증수취명세서(1)]에 작성된 '12.명세서제출 대상' 금액은 얼마인가?	3
26	**평가문제 [예적금현황 조회]** 12월 말 은행별 예금 잔액으로 옳지 않은 것은? 　① 농협은행(보통)　60,300,000원　　② 신한은행(보통)　　41,540,000원 　③ 하나은행(보통)　21,060,000원　　④ 국민은행(당좌)　470,185,000원	3
27	**평가문제 [부가가치세신고서 조회]** 제2기 확정 신고기간 부가가치세신고서의 '그밖의공제매입세액(15란)_신용매출전표수취/일반(44란)'의 세액은 얼마인가?	4
28	**평가문제 [부가가치세신고서 조회]** 제2기 확정 신고기간 부가가치세신고서의 '매입세액_공제받지못할매입세액(17란)'의 세액은 얼마인가?	3
29	**평가문제 [전자세금계산서 발행 및 내역관리 조회]** 제2기 확정 신고기간의 '국세청: 전송성공'한 전자세금계산서의 공급가액 합계는 얼마인가?	3
30	**평가문제 [받을어음현황 조회]** 만기일이 2026년에 도래하는 '받을어음' 미보유금액은 얼마인가?	3
총 점		**62**

합격 확신 문제풀이

평가문제 ◎ 회계정보분석 (8점)

회계정보를 조회하여 [회계정보분석] 답안을 입력하시오.

31. 재무상태표 조회 (4점)

당좌비율이란 유동부채에 대한 당좌자산의 비율로 재고자산을 제외시킴으로써 단기채무에 대한 기업의 지급능력을 파악하는데 유동비율 보다 더욱 정확한 지표로 사용되고 있다. 전기분 당좌 비율을 계산하면 얼마인가?(단, 소숫점 이하는 버림 할 것.)

$$당좌비율(\%) = \frac{당좌자산}{유동부채} \times 100$$

① 197% ② 242%
③ 307% ④ 427%

32. 손익계산서 조회 (4점)

매출액순이익률이란 매출액에 대한 당기순이익의 비율을 보여주는 지표이다. 전기 매출액순이 익률을 계산하면 얼마인가?(단, 소숫점 이하는 버림 할 것.)

$$매출액순이익률(\%) = \frac{당기순이익}{매출액} \times 100$$

① 18% ② 23%
③ 38% ④ 42%

최신 기출문제 제81회

실무이론평가

아래 문제에서 특별한 언급이 없으면 기업의 보고기간(회계기간)은 매년 1월 1일부터 12월 31일까지입니다. 또한 기업은 일반기업회계기준 및 관련세법을 계속적으로 적용하고 있다고 가정하고 물음에 가장 합당한 답을 고르시기 바랍니다.

01 다음 중 회계의 기본가정(전제조건)에 해당하지 않는 것은?

① 발생주의 회계 ② 기간별 보고의 가정
③ 계속기업의 가정 ④ 기업실체의 가정

02 다음 중 도매업을 영위하는 기업의 손익계산서상 영업이익에 영향을 미치지 않는 계정과목은?

① 영업부 업무용 컴퓨터의 감가상각비
② 상품매출에 대한 상품매출원가
③ 미수금에 대한 기타의 대손상각비
④ 거래처 직원 경조사비에 대한 기업업무추진비(접대비)

03 다음 중 재무제표에 대한 설명으로 옳지 않은 것은?

① 재무상태표는 일정 시점 현재 기업실체가 보유하고 있는 경제적 자원인 자산과 경제적 의무인 부채, 그리고 자본에 대한 정보를 제공하는 재무보고서이다.
② 손익계산서는 일정 시점 현재 기업실체의 경영성과에 대한 정보를 제공하는 재무보고서이다.
③ 자본변동표는 기업실체에 대한 자본의 크기와 그 변동에 관한 정보를 제공하는 재무보고서이다.
④ 현금흐름표는 일정 기간 동안 기업실체에 대한 현금유입과 현금유출에 대한 정보를 제공하는 재무보고서이다.

04 다음은 (주)한공의 2026년 3월 상품재고장이다. (주)한공이 재고자산평가 시 선입선출법을 적용할 경우에 3월말 재고자산은 얼마인가?

일자	구분	수량	단가
3월 1일	월초 재고	200개	1,100원
3월 11일	매입	400개	1,200원
3월 21일	매출	300개	2,000원
3월 29일	매입	100개	1,300원

① 130,000원 ② 360,000원
③ 490,000원 ④ 600,000원

05 다음 거래에 대한 올바른 회계처리는?

• (주)한공은 전기에 대손 처리한 외상매출금 250,000원을 당기에 보통예금으로 회수하였다.

① (차) 보통예금 250,000원
　 (대) 대손충당금 250,000원
② (차) 보통예금 250,000원
　 (대) 대손상각비 250,000원
③ (차) 외상매출금 250,000원
　 (대) 대손상각비 250,000원
④ (차) 대손상각비 250,000원
　 (대) 대손충당금 250,000원

06 다음 자료에 의한 회계처리 시 차변에 표시될 계정과목과 금액으로 옳은 것은?

• (주)한공은 유가증권시장에 상장되어 있는 (주)서울의 주식 600주를 1주당 11,000원(1주당 액면금액 10,000원)에 취득하고, 거래수수료 132,000원을 지급하였다.(시장성이 있으며, 단기간 매매차익을 목적으로 취득하였다.)

	계정과목	금액
①	단기매매증권	6,600,000원
②	매도가능증권	6,600,000원
③	단기매매증권	6,732,000원
④	만기보유증권	6,732,000원

07 다음은 김부장과 이대리의 대화이다. (가)의 내용으로 옳은 것은?

> 김부장: 본사 건물에 중앙집중식 냉난방장치를 300,000,000원에 설치하였는데, 이 설치를 위한 지출은 어떻게 처리해야 하나요?

> 이대리: 예, 본사 건물에 대한 중앙집중식 냉난방장치 설치비용은 <u>(가)</u>(으)로 처리합니다.

① 건물   ② 수선비
③ 소모품비   ④ 감가상각비

08 다음 중 세금계산서를 발급할 수 있는 경우는?

① 미용업자가 미용용역을 공급하는 경우
② 항공사가 항공기에 의한 외국항행용역을 공급하는 경우
③ 목욕탕을 운영하는 사업자가 목욕용역을 공급하는 경우
④ 가전제품 제조업자가 가전제품을 공급하는 경우

09 다음 중 부가가치세법상 영세율 적용대상에 해당하는 것은?

> 가. 국내 여객운송용역
> 나. 수출하는 재화
> 다. 토지의 공급
> 라. 해외 건설 공사

① 가, 나   ② 가, 라
③ 나, 라   ④ 다, 라

10 다음은 도매업을 영위하는 (주)한공의 2026년 제1기 확정 신고기간 관련 자료이다. 이 자료를 토대로 부가가치세 과세표준을 계산하면 얼마인가?(단, 주어진 자료의 금액은 부가가치세가 포함되어 있지 않은 금액이며, 세금계산서 등 필요한 증빙서류는 적법하게 발급하였다.)

가. 외상판매액	15,000,000원
나. 담보제공액	2,000,000원
다. 토지매각액	10,000,000원

① 15,000,000원   ② 17,000,000원
③ 25,000,000원   ④ 27,000,000원

실무수행평가

(주)캥거루(회사코드 3281)는 유모차를 도·소매하는 법인으로 회계기간은 제5기(2026.1.1. ~ 2026.12.31.)이다. 제시된 자료와 [자료설명]을 참고하여 [수행과제]를 완료하고 [평가문제]의 물음에 답하시오.

실무수행 유의사항	1. 부가가치세 관련거래는 [매입매출전표입력] 메뉴에 입력하고, 부가가치세 관련 없는 거래는 [일반전표입력] 메뉴에 입력한다. 2. 타계정 대체액과 관련된 적요는 반드시 코드를 입력하여야 한다. 3. 채권·채무, 예금거래 등 관리대상 거래자료에 대하여는 거래처코드를 반드시 입력한다. 4. 자금관리 등 추가 작업이 필요한 경우 문제의 요구에 따라 추가 작업하여야 한다. 5. 판매비와 관리비는 800번대 계정코드를 사용한다. 6. 등록된 계정과목 중 가장 적절한 계정과목을 선택한다.

실무수행 ◎ 기초정보관리의 이해

회계관련 기초정보는 입력되어 있다. [자료설명]을 참고하여 [수행과제]를 수행하시오.

1 거래처별 초기이월

지급어음 명세서

거래처명	적 요	금 액	비 고
(주)엘제이무역	상품대금 어음지급	6,000,000원	어음수령일: 2025.12.10. 어음종류: 전자어음 만 기 일: 2026.05.31. 발행일자: 2025.12.10. 어음번호: 00420251210123456789 금융기관: 국민은행(당좌)

자료설명	(주)캥거루의 전기분 재무제표는 이월 받아 등록되어 있다.
수행과제	지급어음에 대한 거래처별 초기이월사항을 입력하시오. (단, 등록된 어음을 사용할 것.)

2 전기분 손익계산서의 입력수정

손 익 계 산 서

제4(당)기 2025년 1월 1일부터 2025년 12월 31일까지
제3(전)기 2024년 1월 1일부터 2024년 12월 31일까지

(주)캥거루   (단위: 원)

과 목	제4(당)기		제3(전)기	
	금 액		금 액	
Ⅰ. 매 출 액		300,000,000		177,000,000
상 품 매 출	300,000,000		177,000,000	
Ⅱ. 매 출 원 가		160,000,000		107,740,000
상 품 매 출 원 가		160,000,000		107,740,000
기 초 상 품 재 고 액	10,000,000		19,920,000	
당 기 상 품 매 입 액	175,000,000		97,820,000	
기 말 상 품 재 고 액	25,000,000		10,000,000	
Ⅲ. 매 출 총 이 익		140,000,000		69,260,000
Ⅳ. 판 매 비 와 관 리 비		43,310,000		21,745,000
급 여	16,000,000		12,000,000	
복 리 후 생 비	2,100,000		950,000	
여 비 교 통 비	1,500,000		650,000	
접대비(기업업무추진비)	1,000,000		700,000	
통 신 비	3,600,000		450,000	
수 도 광 열 비	2,300,000		375,000	
세 금 과 공 과 금	4,100,000		120,000	
감 가 상 각 비	3,240,000		700,000	
보 험 료	1,000,000		1,200,000	
차 량 유 지 비	4,970,000		3,600,000	
운 반 비	1,300,000		500,000	
소 모 품 비	2,200,000		500,000	
Ⅴ. 영 업 이 익		96,690,000		47,515,000
Ⅵ. 영 업 외 수 익		4,100,000		2,100,000
이 자 수 익	4,100,000		2,100,000	
Ⅶ. 영 업 외 비 용		5,400,000		800,000
이 자 비 용	5,400,000		800,000	
Ⅷ. 법인세차감전순이익		95,390,000		48,815,000
Ⅸ. 법 인 세 등		2,800,000		750,000
법 인 세 등	2,800,000		750,000	
Ⅹ. 당 기 순 이 익		92,590,000		48,065,000

자료설명	(주)캥거루의 전기분 재무제표는 입력되어 있다.
수행과제	1. [전기분 손익계산서]의 입력이 누락되었거나 잘못된 부분을 찾아 수정하시오. 2. [전기분 이익잉여금처분계산서]의 처분 확정일(2026년 2월 28일)을 수정하시오.

실무수행 ◎ 거래자료 입력

실무프로세스 자료이다. [자료설명]을 참고하여 [수행과제]를 수행하시오.

1 기타 일반거래

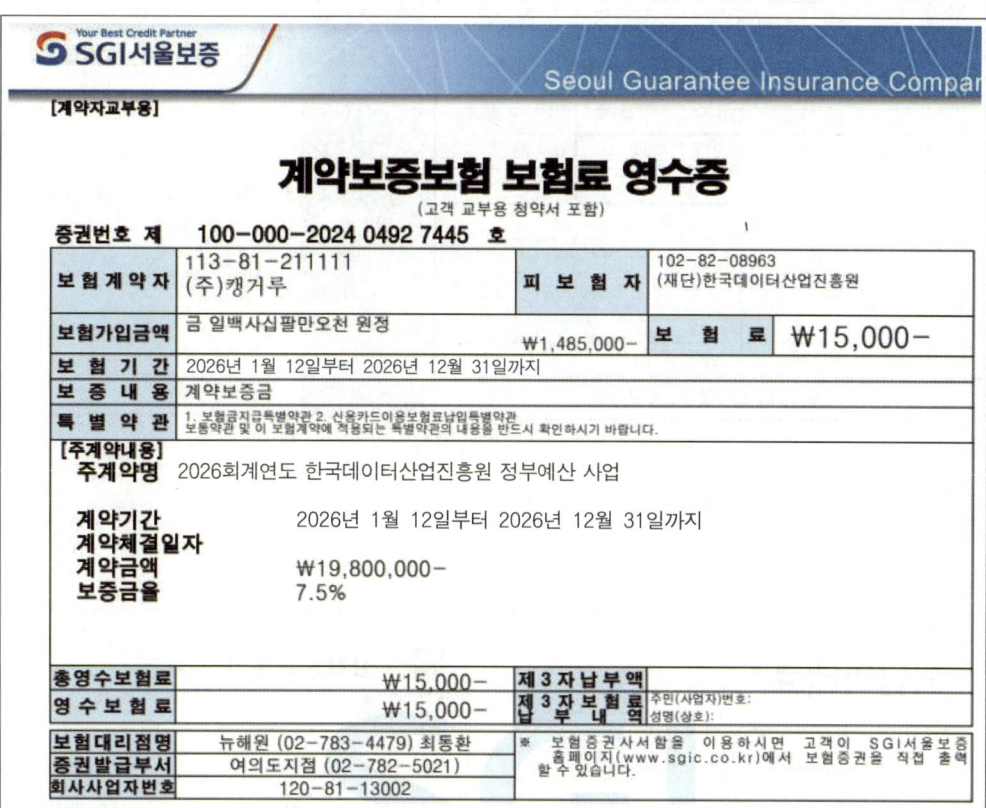

자료설명	[1월 12일] 계약보증보험에 가입하고 보험료 15,000원을 국민은행 보통예금 계좌에서 이체하여 지급하였다.
수행과제	거래자료를 입력하시오.(단, '비용'으로 처리할 것.)

2 3만원초과 거래에 대한 영수증수취명세서 작성

영 수 증 (공급받는자용)

NO		(주)캥거루		귀하

공급자	사업자 등록번호	120-34-11112		
	상 호	고고엑스	성명	김상민
	사업장 소재지	서울 은평구 서오릉로 29, 2층		
	업 태	서비스	종목	운송

작성일자	공급대가총액	비고
2026.2.15.	35,000	

공 급 내 역

월/일	품명	수량	단가	금액
2/15	퀵요금	1	35,000	35,000

합 계	₩35,000

위 금액을 **영수**(청구)함

자료설명

상품 판매시 퀵배달 요금을 현금으로 지급하였다.
회사는 이 거래가 지출증명서류 미수취가산세 대상인지를 검토하려고 한다.

수행과제

1. 거래자료를 입력하시오.
2. 영수증수취명세서 (2)와 (1)서식을 작성하시오.

3 증빙에 의한 전표입력

자료 1.

기납과태료   경찰청 교통민원24

차량번호	328보8442
무인번호	H0082202470000455
위반일시	2026-03-16 18:48:39
위반내역	어린이보호구역내 신호 또는 지시 위반
위반장소	서초구 청계산로9길 유일교회 건너편:스쿨존(언남초)(내곡동, 서초포레스타2단지 > 서초포레스타5단지

과태료 납부현황

납부금액	130,000원	납부은행명	지로(우리은행)	납부일자	2026-03-16

자료 2. 보통예금(우리은행) 거래내역

번호	거래일	내용	찾으신금액	맡기신금액	잔액	거래점
		계좌번호 542314-11-00027 (주)캥거루				
1	2026-03-16	과태료	130,000		***	***

자료설명	1. 자료 1은 법인 차량의 과태료 납부내역이다. 2. 자료 2는 과태료를 우리은행 보통예금 계좌에서 이체하여 지급한 내역이다.
수행과제	거래자료를 입력하시오.(단, '세금과공과금'으로 회계처리할 것.)

4 약속어음 배서양도

전 자 어 음

(주)캥거루 귀하   00420260120123456789

금   일천만원정   **10,000,000원**

위의 금액을 귀하 또는 귀하의 지시인에게 지급하겠습니다.

지급기일 2026년 3월 31일	발행일 2026년 1월 20일
지 급 지 국민은행	발행지
지급장소 서대문지점	주 소 서울특별시 서대문구 충정로7길 31
	발행인 (주)아이세상

자료설명	[3월 20일] (주)헬로우맘의 외상매입금 일부를 결제하기 위해 (주)아이세상에 상품을 매출하고 받은 전자어음을 배서양도 하였다.
수행과제	1. 거래자료를 입력하시오. 2. 자금관련정보를 입력하여 받을어음 현황에 반영하시오.

5 통장사본에 의한 거래입력

자료 1. 유가증권 매입관련 자료

취득일	종목	주식수	주당 액면금액	주당 취득금액	거래수수료
3월 29일	(주)삼성전자	300주	100원	52,000원	20,000원

자료 2. 보통예금(기업은행) 거래내역

번호	거래일	내 용	찾으신금액	맡기신금액	잔 액	거래점
		계좌번호 096-24-0094-123 (주)캥거루				
1	2026-3-29	주식 취득대금	15,600,000		***	***
2	2026-3-29	주식 거래수수료	20,000		***	***

자료설명	1. 자료 1은 장기투자목적으로 상장회사인 (주)삼성전자의 주식을 취득한 내역이다.
	2. 자료 2는 주식취득대금 15,600,000원과 거래수수료 20,000원을 기업은행 보통예금 계좌에서 이체한 내역이다.
수행과제	거래자료를 입력하시오.(단, '178.매도가능증권'으로 회계처리할 것.)

실무수행 ◎ 부가가치세

부가가치세 신고 관련 자료이다. [자료설명]을 참고하여 [수행과제]를 수행하시오.

1 과세매출자료의 전자세금계산서발행

거래명세서				(공급자 보관용)				

공급자	등록번호	113-81-21111			공급받는자	등록번호	314-81-17506		
	상호	(주)캥거루	성명	전현무		상호	(주)아이존	성명	박상진
	사업장 주소	서울특별시 서대문구 충정로7길 12 (충정로2가)				사업장 주소	인천 부평구 안남로402번길 80		
	업태	도소매업	종사업장번호			업태	도소매업	종사업장번호	
	종목	유모차외				종목	유모차외		

거래일자	미수금액	공급가액	세액	총 합계금액
2026.7.4.		12,000,000	1,200,000	13,200,000

NO	월	일	품목명	규격	수량	단가	공급가액	세액	합계
1	7	4	디럭스 유모차		20	600,000	12,000,000	1,200,000	

비 고	전미수액	당일거래총액	입금액	미수액	인수자
		13,200,000	2,000,000	11,200,000	

자료설명	1. 상품을 판매하고 발급한 거래명세서이다. 2. 대금 중 2,000,000원은 6월 20일 계약금으로 받았으며, 잔액은 외상으로 하였다.
수행과제	1. 거래명세서에 의해 매입매출자료를 입력하시오. 2. 전자세금계산서 발행 및 내역관리 를 통하여 발급 및 전송하시오. (전자세금계산서 발급 시 결제내역 및 전송일자는 고려하지 말 것.)

2 매입거래

전자세금계산서			(공급받는자 보관용)		승인번호		

공급자	등록번호	110-81-41568			
	상호	한국정보인증(주)	성명 (대표자)	조태욱	
	사업장 주소	경기도 성남시 수정구 금토로69, 6층			
	업태	서비스업	종사업장번호		
	종목	금융인증			
	E-Mail	webmaster@signgate.com			

공급받는자	등록번호	113-81-21111		
	상호	(주)캥거루	성명 (대표자)	전현무
	사업장 주소	서울특별시 서대문구 충정로7길 12 (충정로2기)		
	업태	도소매업	종사업장번호	
	종목	유모차외		
	E-Mail	kanggaroo@bill36524.com		

작성일자	2026.7.22.	공급가액	100,000	세 액	10,000

비고							

월	일	품목명	규격	수량	단가	공급가액	세액	비고
7	22	범용 공인인증서	·			100,000	10,000	

합계금액	현금	수표	어음	외상미수금	이 금액을	◉ 영수	함
110,000						○ 청구	

자료설명	1. 법인 공인인증서를 갱신 발급 후 수수료를 지급하고 발급 받은 전자세금계산서이다. 2. 인증서 수수료는 우리은행 보통예금 계좌에서 이체하여 지급하였다.
수행과제	매입매출전표를 입력하시오. (전자세금계산서 거래는 '전자입력'으로 입력할 것.)

3 매출거래

카드매출전표
카드종류: 우리카드
회원번호: 1561-2415-****-3**2
거래일시: 2026.7.31. 11:22:15
거래유형: 신용승인
매   출: 300,000원
부 가 세: 30,000원
합   계: 330,000원
결제방법: 일시불
가맹점번호: 414095907
가맹점명: (주)캥거루
- 이 하 생 략 -

자료설명	상품(휴대용 유모차)을 개인(장윤정)에게 판매하고 발급한 신용카드 매출전표이다.
수행과제	매입매출자료를 입력하시오. (단, '외상매출금' 계정으로 처리할 것.)

4 매입거래

coupang 신용카드 승인전표

결제정보

카드번호	8844-2211-****-49**
거래종류	신용거래
카드종류	농협카드
결제방법	할부(6개월)
거래일시	2026/09/10 09:42
승인번호	21495230

구매정보

공급가액	1,700,000원
부가세	170,000원
승인금액	1,870,000원
상품명	로보락 로봇청소기
모델명	S8 MaxV Ultra S82USV, 화이트

이용상점정보

판매자상호	쿠팡(주)
판매자사업자등록번호	120-88-00767

NH농협카드

자료설명	[9월 10일] 사무실에서 사용할 로봇청소기를 쿠팡에서 구입하고 받은 법인카드(농협카드) 매출전표이다.
수행과제	매입매출자료를 입력하시오. (단, 자산으로 처리하며 고정자산등록은 생략할 것.)

5 매입거래

전자세금계산서

(공급받는자 보관용)   승인번호

공급자	등록번호	268-88-00787			공급받는자	등록번호	113-81-21111		
	상호	(주)에이스건설	성명 (대표자)	이정건		상호	(주)캥거루	성명 (대표자)	전현무
	사업장 주소	경기도 용인시 기흥구 관곡로 92-1, 6층				사업장 주소	서울특별시 서대문구 충정로7길 12 (충정로2가)		
	업태	건설	종사업장번호			업태	도소매업	종사업장번호	
	종목	토목공사				종목	유모차외		
	E-Mail	ace@naver.com				E-Mail	kanggaroo@bill36524.com		

작성일자	2026.9.15.	공급가액	2,000,000	세 액	200,000
비고					

월	일	품목명	규격	수량	단가	공급가액	세액	비고
9	15	철거비용				2,000,000	200,000	

합계금액	현금	수표	어음	외상미수금	이 금액을	○ 영수 ● 청구	함
2,200,000				2,200,000			

자료설명	건물이 있는 토지를 취득하고 즉시 해당 건물은 철거하고 토지만 사용하고자 한다. 건물철거비용에 대하여 (주)에이스건설로부터 전자세금계산서를 발급받았다.
수행과제	매입매출자료를 입력하시오.(전자세금계산서 거래는 '전자입력'으로 입력할 것.)

6 부가가치세신고서에 의한 회계처리

■ 보통예금(우리은행) 거래내역

번호	거래일	내용	찾으신금액	맡기신금액	잔액	거래점
		계좌번호 542314-11-00027 (주)캥거루				
1	2026-08-08	서대문세무서		416,000	***	***

자료설명	제1기 부가가치세 확정신고와 관련된 부가가치세 환급세액이 우리은행 보통예금 통장에 입금되었음을 확인하였다.
수행과제	6월 30일에 입력된 일반전표를 참고하여 환급세액에 대한 회계처리를 하시오.(단, 저장된 부가가치세신고서를 이용하고 거래처 코드를 입력할 것.)

실무수행 ◉ 결산

[결산자료]를 참고하여 결산을 수행하시오.(단, 제시된 자료 이외의 자료는 없다고 가정함.)

1 수동결산 및 자동결산

자료설명	1. 기말 현재 장기차입금의 내역은 다음과 같다.

항목	금액	발생일	만기일	비고
케이뱅크(차입금)	30,000,000원	2023.09.01.	2027.05.31.	만기 일시상환
토스뱅크(차입금)	60,000,000원	2023.06.30.	2028.07.10.	만기 일시상환
계	90,000,000원			

	2. 기말 상품재고액은 15,000,000원이다. 3. 이익잉여금처분계산서 처분 확정(예정)일 - 당기분: 2027년 2월 28일 - 전기분: 2026년 2월 28일

수행과제	1. 수동결산 또는 자동결산 메뉴를 이용하여 결산을 완료하시오.
	2. 12월 31일을 기준으로 '손익계산서 ➜ 이익잉여금처분계산서 ➜ 재무상태표'를 순서대로 조회 작성하시오.
	  (단, 이익잉여금처분계산서 조회 작성 시 '저장된 데이터 불러오기' ➜ '아니오' 선택
	  ➜ 상단부의 '전표추가'를 이용하여 '손익대체분개'를 수행할 것.)

제4부 합격 확신 문제풀이

평가문제 ◎ 실무수행평가 (62점)

입력자료 및 회계정보를 조회하여 [평가문제]의 답안을 입력하시오.

평가문제 답안입력 유의사항	❶ 답안은 지정된 단위의 숫자로만 입력해 주십시오. * 한글 등 문자 금지		
		정답	오답(예)
	(1) 금액은 원 단위로 숫자를 입력하되, 천 단위 콤마(,)는 생략 가능합니다. (1-1) 답이 0원인 경우 반드시 "0" 입력 (1-2) 답이 음수(-)인 경우 숫자 앞에 " - " 입력 (1-3) 답이 소수인 경우 반드시 " . " 입력	1,245,000 1245000	1.245.000 1,245,000원 1,245,0000 12,45,000 1,245천원
	(2) 질문에 대한 답안은 숫자로만 입력하세요.	4	04 4/건/매/명 04건/매/명
	(3) 거래처 코드번호는 5자리 숫자로 입력하세요.	00101	101 00101번

❷ 더존 프로그램에서 조회되는 자료를 복사하여 붙여넣기가 가능합니다.
❸ 수행과제를 올바르게 입력하지 않고 작성한 답과 모범답안이 다른 경우 오답처리됩니다.

[실무수행평가]

(주)캥거루의 입력자료 및 회계정보를 조회하여 [평가문제]의 답안을 입력하시오.

번호	평가문제	배점
11	**평가문제 [일/월계표 조회]** 1/4분기(1월~3월) 발생한 '판매관리비' 금액은 얼마인가?	2
12	**평가문제 [일/월계표 조회]** 7월(7/1~7/31)한달 동안 '외상매출금' 증가액은 얼마인가?	3
13	**평가문제 [거래처원장 조회]** **12월 말 현재 각 계정과목의 거래처별 잔액으로 옳지 않은 것은?** ① 251.외상매입금 (00104.(주)헬로우맘) 15,300,000원 ② 253.미지급금 (00106.(주)유모차코리아) 7,000,000원 ③ 259.선수금 (05030.(주)아이존) 0원 ④ 261.미지급세금 (03100.서대문세무서) 2,283,000원	3
14	**평가문제 [현금출납장 조회]** **2월 말 현금 잔액은 얼마인가?** ① 20,268,000원 ② 29,850,000원 ③ 35,783,600원 ④ 40,206,000원	4
15	**평가문제 [계정별원장]** 7월(7/1 ~ 7/31) 한 달 동안 '수수료비용' 발생액이 가장 큰 거래처코드 5자리를 입력하시오.	3
16	**평가문제 [합계잔액시산표 조회]** 9월 말 현재 '선수금' 잔액은 얼마인가?	3
17	**평가문제 [손익계산서 조회]** 당기에 발생한 '상품매출원가' 금액은 얼마인가?	3
18	**평가문제 [손익계산서 조회]** 당기에 발생한 '세금과공과금' 금액은 얼마인가?	3
19	**평가문제 [재무상태표 조회]** 12월 말 현재 '미수금' 금액은 얼마인가?	3
20	**평가문제 [재무상태표 조회]** 12월 말 현재 '투자자산' 금액은 얼마인가?	3
21	**평가문제 [재무상태표 조회]** 12월 말 현재 '유형자산' 금액은 얼마인가?	3
22	**평가문제 [재무상태표 조회]** 12월 말 현재 '비유동부채' 금액은 얼마인가?	3

번호	평가문제	배점
23	**평가문제 [재무상태표 조회]** 12월 말 '이월이익잉여금(미처분이익잉여금)' 금액으로 옳은 것은? ① 454,147,200원 ② 456,128,100원 ③ 460,378,870원 ④ 465,123,500원	2
24	**평가문제 [영수증수취명세서 조회]** [영수증수취명세서(1)]에 작성된 3만원 초과 거래분 중 '12.명세서제출 대상' 금액은 얼마인가?	4
25	**평가문제 [부가가치세신고서 조회]** 제2기 예정 신고기간 부가가치세신고서의 '그밖의공제매입세액명세(15번란)_신용카드매출전표수취/고정(45번란)' 금액(공급가액)은 얼마인가?	4
26	**평가문제 [부가가치세신고서 조회]** 제2기 예정 신고기간 부가가치세신고서의 '공제받지못할매입세액(17번란)의 금액(공급가액)은 얼마인가?	3
27	**평가문제 [세금계산서합계표 조회]** 제2기 예정 신고기간의 전자매출세금계산서의 매수는 몇 매인가?	4
28	**평가문제 [예적금현황 조회]** 3월 말 현재 은행별 보통예금 잔액으로 옳지 않은 것은? ① 국민은행(당좌) 64,500,000원 ② 국민은행(보통) 258,235,000원 ③ 기업은행(보통) 44,900,000원 ④ 우리은행(보통) 52,470,000원	3
29	**평가문제 [받을어음현황 조회]** 만기일이 2026년 1월 1일~3월 31일에 해당하는 '받을어음'의 미보유 합계금액은 총 얼마인가?	3
30	**평가문제 [지급어음현황 조회]** 2026년 5월에 만기일이 도래하는 '지급어음'의 거래처 코드 5자리를 입력하시오.	3
총 점		**62**

평가문제 ◎ 회계정보분석 (8점)

회계정보를 조회하여 [회계정보분석]의 답안을 입력하시오.

31. 손익계산서 조회 (4점)

영업이익률은 기업경영활동 성과를 총괄적으로 보여주는 대표적인 지표이다. (주)캥거루의 전기 영업이익률을 계산하면 얼마인가?(단, 소숫점 이하는 버림 할 것.)

$$영업이익률(\%) = \frac{영업이익}{매출액} \times 100$$

① 15%   ② 28%
③ 32%   ④ 37%

32. 재무상태표 조회 (4점)

당좌비율이란 유동부채에 대한 당좌자산의 비율로 재고자산을 제외시킴으로써 단기채무에 대한 기업의 지급능력을 파악하는데 유동비율 보다 더욱 정확한 지표로 사용되고 있다. 전기 당좌비율을 계산하면 얼마인가?(단, 소숫점 이하는 버림 할 것.)

$$당좌비율(\%) = \frac{당좌자산}{유동부채} \times 100$$

① 15%   ② 21%
③ 464%   ④ 488%

최신 기출문제 제82회

실무이론평가

아래 문제에서 특별한 언급이 없으면 기업의 보고 기간(회계기간)은 매년 1월 1일부터 12월 31일까지 입니다. 또한 기업은 일반기업회계기준 및 관련 세법을 계속적으로 적용하고 있다고 가정하고 물음에 가장 합당한 답을 고르시기 바랍니다.

01 다음 결산정리사항 중 비용의 발생에 해당하는 거래는?

① 임대료 선수분을 계상하다.
② 보험료 선급분을 계상하다.
③ 이자수익 미수분을 계상하다.
④ 임차료 미지급분을 계상하다.

02 다음은 도소매업을 영위하는 (주)한공의 2026 년도 기말 재무제표 계정과목과 금액의 일부이 다. 이 자료를 토대로 손익계산서상 영업이익을 계산하면 얼마인가?

• 매출액	2,000,000원
• 퇴직급여	90,000원
• 기초상품재고액	800,000원
• 이자비용	30,000원
• 세금과공과	40,000원
• 당기상품매입액	500,000원
• 기부금	100,000원
• 기말상품재고액	250,000원

① 690,000원   ② 790,000원
③ 820,000원   ④ 1,050,000원

03 다음 자료를 토대로 (주)한공의 2026년 12월 31일 결산 시 회계 처리로 옳은 것은?

• 2026년 4월 1일
 소모품 1,500,000원을 구입하고 대금은 현금 으로 지급하였으며, 구입한 소모품은 전액 자산 처리하였다.
• 2026년 12월 31일
 소모품 미사용액은 300,000원이다.

① (차)	소모품	1,200,000원
	(대)	소모품비	1,200,000원
② (차)	소모품	300,000원
	(대)	소모품비	300,000원
③ (차)	소모품비	1,200,000원
	(대)	소모품	1,200,000원
④ (차)	소모품비	300,000원
	(대)	소모품	300,000원

04 다음 중 (주)한공의 재무상태표에 대한 설명으 로 옳지 않은 것은?

재무상태표

(주)한공	2026년 12월 31일 현재		(단위: 원)
현금및현금성자산	500,000	매 입 채 무	600,000
매 출 채 권	900,000	임 대 보 증 금	1,000,000
상 품	400,000	퇴직급여충당부채	300,000
토 지	200,000	자 본 금	100,000
건 물	400,000	이 익 잉 여 금	400,000
	2,400,000		2,400,000

① 유동자산은 1,800,000원이다.
② 유형자산은 600,000원이다.
③ 비유동부채는 1,600,000원이다.
④ 자본은 500,000원이다.

05 다음은 (주)한공의 김회계 사원이 출장 후 정산 한 지출 내역서이다. 회계처리로 옳은 것은?

〈 출장비 지출 내역서 〉

(단위: 원)

일자	출발지	도착지	KTX	숙박비	식대	계
2026. 5.11.	서울	부산	50,000	50,000	30,000	130,000
2026. 5.12.	부산	서울	50,000	–	20,000	70,000
합 계			100,000	50,000	50,000	200,000
가지급금						250,000
반납액 (현금)						50,000

가. (차) 여비교통비	200,000원	
(대) 가수금	200,000원	
나. (차) 여비교통비	250,000원	
(대) 현금	250,000원	
다. (차) 여비교통비	250,000원	
(대) 가지급금	200,000원	
현 금	50,000원	
라. (차) 여비교통비	200,000원	
현 금	50,000원	
(대) 가지급금	250,000원	

① 가   ② 나
③ 다   ④ 라

06 다음 자료를 토대로 기말상품재고액을 계산하면 얼마인가?

• 매출액	7,000,000원
• 기초상품재고액	1,000,000원
• 매입액	5,000,000원
• 매출총이익	2,100,000원

① 1,000,000원   ② 1,100,000원
③ 2,900,000원   ④ 4,900,000원

07 다음은 도매업을 영위하는 (주)한공의 계정과목에 관한 설명이다. (가)와 (나)에 해당하는 계정과목으로 옳은 것은?

- 외상매출금과 받을어음을 통합해서 (가)(으)로 표기하고 있으며,
- (가)의 대손에 대비하여 대손충당금을 설정할 때 반영하는 계정과목은 (나)이다.

	(가)	(나)
①	매출채권	대손상각비
②	매출채권	기타의대손상각비
③	매입채무	대손상각비
④	매입채무	기타의대손상각비

08 다음 중 부가가치세의 납부세액을 계산할 때 공제받을 수 있는 매입세액은?

① 업무와 관련이 없는 지출에 대한 매입세액
② 면세사업 관련 매입세액
③ 운수업의 영업용 차량 매입세액
④ 토지의 취득 관련 매입세액

09 다음 중 부가가치세법상 재화의 공급에 대하여 바르게 설명하고 있는 사람은?

① 장현   ② 정민
③ 준영   ④ 희진

10 다음은 제조업을 영위하는 과세사업자 (주)한공의 2026년 제1기 부가가치세 확정신고 자료이다. 확정신고 시 납부할 세액을 계산하면 얼마인가?(단, 세금계산서는 적법하게 발급 및 수취하였다.)

가.	국내매출액(공급가액)	100,000,000원
나.	하치장 반출액	10,000,000원
다.	매입세액	7,000,000원
	(기업업무추진비 관련 매입세액 2,000,000원 포함)	

① 3,000,000원 ② 4,000,000원

③ 5,000,000원 ④ 6,000,000원

실무수행평가 ⊞

(주)그린필터(회사코드 3282)는 정수기 필터 등을 도·소매하는 법인으로 회계기간은 제7기 (2026.1.1. ~ 2026.12.31.)이다. 제시된 자료와 [자료설명]을 참고하여 [수행과제]를 완료하고 [평가문제]의 물음에 답하시오.

실무수행 유의사항	1. 부가가치세 관련거래는 [매입매출전표입력]메뉴에 입력하고, 부가가치세 관련 없는 거래는 [일반전표입력]메뉴에 입력한다. 2. 타계정 대체액과 관련된 적요는 반드시 코드를 입력하여야 한다. 3. 채권·채무, 예금거래 등 관리대상 거래자료에 대하여는 반드시 거래처코드를 입력한다. 4. 자금관리 등 추가 작업이 필요한 경우 문제의 요구에 따라 추가 작업하여야 한다. 5. 판매비와관리비는 800번대 계정코드를 사용한다. 6. 등록된 계정과목 중 가장 적절한 계정과목을 선택한다.

실무수행 ◎ 기초정보관리의 이해

회계관련 기초정보는 입력되어 있다. [자료설명]을 참고하여 [수행과제]를 수행하시오.

1 사업자등록증에 의한 회사등록 수정

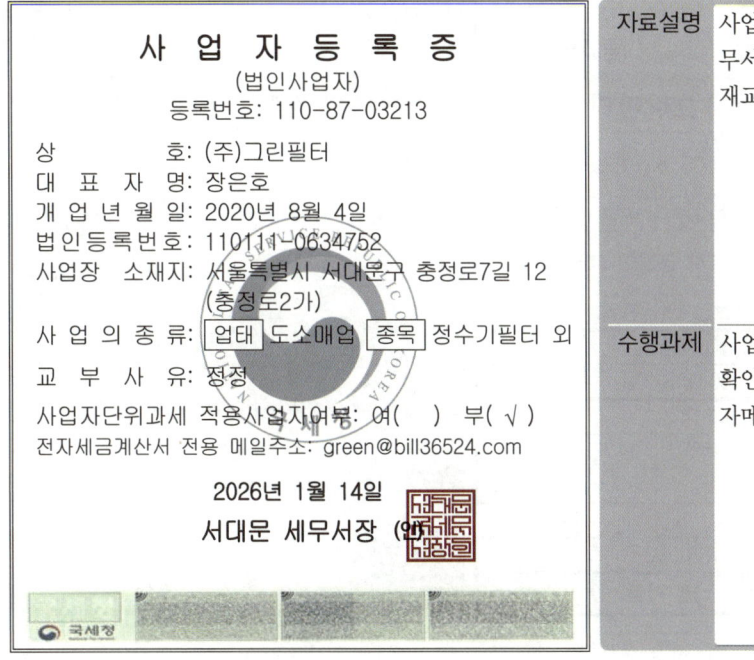

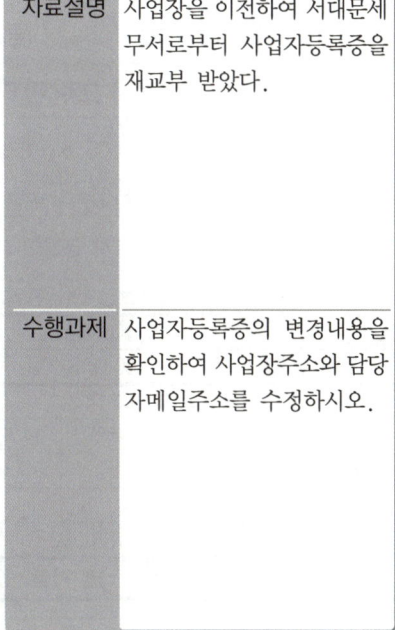

자료설명	사업장을 이전하여 서대문세무서로부터 사업자등록증을 재교부 받았다.
수행과제	사업자등록증의 변경내용을 확인하여 사업장주소와 담당자메일주소를 수정하시오.

2 거래처별초기이월 등록 및 수정

외상매입금 명세서

코드	거래처명	내용	금액	비고
00125	(주)세기환경	상품 구입대금	7,000,000원	
00133	(주)필터세상	상품 구입대금	10,000,000원	
00156	이솔전자(주)	상품 구입대금	12,000,000원	
00160	동화테크	상품 구입대금	5,000,000원	
	합 계		34,000,000원	

자료설명	전기분 재무제표는 이월 받아 등록되어 있다.
수행과제	외상매입금에 대한 거래처별 초기이월사항을 등록하시오.

실무수행 ◉ 거래자료 입력

실무프로세스 자료이다. [자료설명]을 참고하여 [수행과제]를 수행하시오.

1 3만원초과 거래자료 입력

영 수 증 (공급받는자용)

NO   **(주)그린필터** 귀하

공급자	사업자 등록번호	603-81-16391		
	상 호	모든수리	성명	한은정
	사업장 소재지	서울특별시 강남구 역삼로 111		
	업 태	서비스업	종목	종합수리

작성일자	공급대가총액	비고
2026.3.27.	80,000	

공 급 내 역				
월/일	품명	수량	단가	금액
3/27	출장수리비			80,000
합 계	₩80,000			

위 금액을 (영수)(청구)함

자료설명	사무실 냉난방기를 수리하고 대금은 현금으로 지급하였다. 회사는 이 거래가 지출증명서류미수취가산세 대상인지를 검토하려고 한다.
수행과제	1. 거래자료를 입력하시오. (단, '수익적지출'로 처리할 것.) 2. 영수증수취명세서(2)와 (1)서식을 작성하시오.

2 통장사본에 의한 거래입력

자료 1.

대출금(이자)계산서

2026년 3월 31일

KB국민은행

(주)그린필터 귀하
(고객님 팩스 NO: 02-3660-7212)

대출과목: KB국민은행 중소기업 힘내라! 자금대출

계좌번호: 110-531133-64-666

대 출 일: 2026-01-04

일 자	적 요	금 액	이자계산기간
2026.3.30.	원금상환	25,000,000원	
2026.3.30.	약정이자	162,000원	2026.1.1.~2026.3.30.
합 계		25,162,000원	

자료 2. 보통예금(국민은행) 거래내역

번호	거래일	내 용	찾으신금액	맡기신금액	잔 액	거래점
		계좌번호 764502-01-047720 (주)그린필터				
1	2026-3-30	KB국민은행	25,162,000		***	***

자료설명	KB국민은행의 단기차입금에 대한 원금과 약정이자를 국민은행 보통예금 계좌에서 이체하여 상환하였다.
수행과제	거래자료를 입력하시오.

3 증빙에 의한 전표입력

화재보험료 영수증

(주)그린필터 귀하

보 험 료:	825,000 원정			No. 42513876		

보험계약자 (피보험자)	상호 (성명)	(주)그린필터		납 세 번 호 (사업자등록번호)	110-87-03213	
	주소	서울특별시 서대문구 충정로7길 12 (충정로2가)				

품 명	수량	보험일	요율	보험가입금액 (감정가격)	보험료	공제일
물품보관창고	1	2026.5.25.00:00시~2027.5.25.24:00	0.0165	50,000,000	825,000	

위의 금액을 정히 영수 (납입) 하였기에 이를 증명합니다.

2026년 5월 23일

 한국손해보험(주)

회 장	김보험
주 민 등 록 번 호	590822-2320917
사 업 자 고 유 번 호	102-82-04254
전 화 번 호	02-229-6438

알 림	1. 이 영수증에는 회장직인 및 취급자인이 있어야 합니다. 2. 이 영수증에 영수일자가 없는 것, 컴퓨터로 기록되지 않은 것, 또는 기재사항을 고쳐쓴 것은 무효입니다. 3. 이 영수증 이외의 어떠한 형태의 사제 영수증은 무효입니다	취급자 최영한

자료설명	[5월 23일] 상품 보관용으로 사용 중인 창고건물을 화재보험에 가입하고 보험료는 현금으로 지급하였다.
수행과제	거래자료를 입력하시오.(단, '자산'으로 처리할 것.)

4 증빙에 의한 전표 입력

홍종오   010-45**-04**   갤럭시 s24_256G

언제나 함께 해주셔서 감사합니다. **항상 최선을 다하겠습니다.**

6월 이용요금
2026.05.01. ~ 2026.05.31.

| 사용상품 | 010-45**-014** 외 2개 서비스 |

89,500원

이동전화/SKT 요금을 확인하세요

| 통신서비스요금 | 89,500원 |

| 기기구입비 | 원 |

| 기타요금 | 원 |

Wavve 기본월정액 이용안내
고객님이 사용하시는 요금제에 따라 Wavve 기본월정액 무료혜택을 받고 있으신 경우 이용 상세내역에 할인 항목으로 별도 표기되지 않습니다.

2026년 06월 10일

SK 텔레콤 주식회사 사장

자료설명	[6월 10일] 영업팀 홍종오의 업무용 휴대전화 요금 전액을 현금으로 지급하였다.
수행과제	거래자료를 입력하시오.(단, '통신비'로 처리 할 것.)

5 약속어음의 할인

자료 1.

전 자 어 음

(주)그린필터 귀하   00420260720987654321

금 이천오백만원정   **25,000,000원**

위의 금액을 귀하 또는 귀하의 지시인에게 지급하겠습니다.

지급기일 2026년 9월 20일   **발행일** 2026년 7월 20일
지 급 지 국민은행   **발행지**
지급장소 양천지점   **주 소** 서울특별시 서대문구 충정로7길 31
                            발행인 (주)리치

자료 2. 당좌예금(국민은행) 거래내역

번호	거래일	내 용	찾으신금액	맡기신금액	잔 액	거래점
		계좌번호 112-088-123123 (주)그린필터				
1	2026-8-14	어음할인		24,700,000	***	***

자료설명	[8월 14일] (주)리치에서 받아 보관 중인 전자어음을 국민은행 서대문지점에서 할인받고, 할인료 300,000원을 차감한 잔액을 국민은행 당좌예금 계좌로 입금받았다.
수행과제	1. 거래자료를 입력하시오.(매각거래로 처리할 것.) 2. 자금관련 정보를 입력하여 받을어음현황에 반영하시오. (할인기관은 '국민은행(당좌)'로 할 것.)

실무수행 ◉ 부가가치세

부가가치세 신고 관련 자료이다. [자료설명]을 참고하여 [수행과제]를 수행하시오.

1 과세매출자료의 전자세금계산서 발행

<table>
<tr><td colspan="9" align="center">**거래명세서** (공급자 보관용)</td></tr>
<tr>
<td rowspan="5">공급자</td>
<td>등록번호</td>
<td colspan="3">110-87-03213</td>
<td rowspan="5">공급받는자</td>
<td>등록번호</td>
<td colspan="3">118-81-14949</td>
</tr>
<tr>
<td>상호</td>
<td>(주)그린필터</td>
<td>성명</td>
<td>장은호</td>
<td>상호</td>
<td>(주)엔바디아</td>
<td>성명</td>
<td>김성태</td>
</tr>
<tr>
<td>사업장
주소</td>
<td colspan="3">서울특별시 서대문구 충정로7길 12
(충정로2가)</td>
<td>사업장
주소</td>
<td colspan="3">서울특별시 강남구 강남대로 314
(역삼동, 서우빌딩)</td>
</tr>
<tr>
<td>업태</td>
<td>도소매업</td>
<td>종사업장번호</td>
<td></td>
<td>업태</td>
<td>도소매업</td>
<td>종사업장번호</td>
<td></td>
</tr>
<tr>
<td>종목</td>
<td colspan="3">정수기필터 외</td>
<td>종목</td>
<td colspan="3">산업용품 외</td>
</tr>
</table>

거래일자	미수금액	공급가액	세액	총 합계금액
2026.7.31.		5,000,000	500,000	5,500,000

NO	월	일	품목명	규격	수량	단가	공급가액	세액	합계
1	7	31	LG호환용 필터		500	10,000	5,000,000	500,000	5,500,000

자료설명	1. 상품을 판매하면서 발급한 거래명세서이다. 2. 외상매입금 500,000원을 상계처리 한 후 대금 전액은 하나은행 보통예금 계좌로 　입금받았다.
수행과제	1. 매입매출자료를 입력하시오. 2. **전자세금계산서 발행 및 내역관리**를 통하여 발급 및 전송하시오. 　(전자세금계산서 발급 시 결제내역 및 전송일자는 고려하지 말 것.)

2 매출거래

전자계산서				(공급자 보관용)					승인번호			
공급자	등록번호		110-87-03213				공급받는자	등록번호		142-36-15766		
	상호	(주)그린필터		성명(대표자)	장은호			상호	감동미술관		성명(대표자)	한강아
	사업장주소	서울특별시 서대문구 충정로7길 12 (충정로2기)						사업장주소	서울특별시 서대문구 독립문공원길 99 (현저동)			
	업태	도소매업		종사업장번호				업태	서비스업		종사업장번호	
	종목	정수기필터 외						종목	작품전시			
	E-Mail	green@bill36524.com						E-Mail	hankang@naver.com			

작성일자	2026.8.16.	공급가액	250,000	비 고

월	일	품목명	규격	수량	단가	공급가액	비고
8	16	천연 제습제		10	25,000	250,000	

합계금액	현금	수표	어음	외상미수금	이 금액을	◉ 영수 / ○ 청구	함
250,000							

자료설명	면세 상품(천연 제습제)을 판매하고 대금은 하나은행 보통예금 계좌로 입금 받았다.
수행과제	매입매출자료를 입력하시오. (전자계산서 거래는 '전자입력'으로 입력할 것.)

3 매출거래

전자세금계산서			(공급자 보관용)			승인번호		

<table>
<tr><td rowspan="7">공급자</td><td>등록번호</td><td colspan="3">110-87-03213</td><td rowspan="7">공급받는자</td><td>등록번호</td><td colspan="3">310-81-12004</td></tr>
<tr><td>상호</td><td>(주)그린필터</td><td>성명
(대표자)</td><td>장은호</td><td>상호</td><td>순환자원(주)</td><td>성명
(대표자)</td><td>구자욱</td></tr>
<tr><td>사업장
주소</td><td colspan="3">서울특별시 서대문구 충정로7길 12
(충정로2가)</td><td>사업장
주소</td><td colspan="3">서울특별시 마포구 마포대로 108
(공덕동)</td></tr>
<tr><td>업태</td><td>도소매업</td><td colspan="2">종사업장번호</td><td>업태</td><td>도소매업</td><td colspan="2">종사업장번호</td></tr>
<tr><td>종목</td><td colspan="3">정수기필터 외</td><td>종목</td><td colspan="3">재활용품 외</td></tr>
<tr><td>E-Mail</td><td colspan="3">green@bill36524.com</td><td>E-Mail</td><td colspan="3">cycle@naver.com</td></tr>
</table>

작성일자	2026.9.10.	공급가액	1,700,000	세 액	170,000
비고					

월	일	품목명	규격	수량	단가	공급가액	세액	비고
9	10	시스템에어컨		1	1,700,000	1,700,000	170,000	

합계금액	현금	수표	어음	외상미수금	이 금액을	● 영수	함
1,870,000						○ 청구	

자료설명	1. 사무실에서 사용 중인 시스템에어컨을 매각하고 발급한 전자세금계산서이며, 대금은 전액 우리은행 보통예금 계좌로 입금받았다. 2. 매각 직전의 장부내역은 다음과 같다.

계정과목	자산명	취득원가	감가상각누계액
비품	시스템에어컨	4,600,000원	2,800,000원

수행과제	매입매출자료를 입력하시오.(전자세금계산서 거래는 '전자입력'으로 입력할 것.)

4 매입거래

카드매출전표		

카드매출전표

- -

카드종류: 국민카드
회원번호: 5123-1234-****-65*2
거래일시: **2026.10.4. 18:50:36**
거래유형: 신용승인
매　　출: 180,000원
부 가 세:　18,000원
합　　계: 198,000원
결제방법: 일시불
승인번호: 4522555

- -

가맹점명: 노량진수산(112-08-51230)

- 이 하 생 략 -

자료설명	업무회의 후 임직원 회식비를 결제하고 받은 신용카드매출전표이다.
수행과제	매입매출자료를 입력하시오.

5 매입거래

전자세금계산서 (공급받자 보관용)　　승인번호

	등록번호	119-81-14210				등록번호	110-87-03213		
공급자	상호	(주)나래전자	성명(대표자)	박나래	공급받는자	상호	(주)그린필터	성명(대표자)	장은호
	사업장주소	서울특별시 관악구 관악로12길 104 (봉천동)				사업장주소	서울특별시 서대문구 충정로7길 12 (충정로2가)		
	업태	도소매업	종사업장번호			업태	도소매업	종사업장번호	
	종목	전자제품				종목	정수기필터 외		
	E-Mail	notebook@naver.com				E-Mail	green@bill36524.com		

작성일자	2026.11.15.	공급가액	1,400,000	세액	140,000
비고					

월	일	품목명	규격	수량	단가	공급가액	세액	비고
11	15	노트북		1	1,400,000	1,400,000	140,000	

합계금액	현금	수표	어음	외상미수금	이 금액을	○ 영수 / ● 청구	함
1,540,000				1,540,000			

자료설명	대표이사(장은호) 자녀의 AT자격시험 온라인강의 수강용으로 사용할 노트북을 외상으로 구입하였다.
수행과제	매입매출자료를 입력하시오. (전자세금계산서 거래는 '전자입력'으로 입력할 것.)

6 부가가치세신고서에 의한 회계처리

자료설명	제1기 예정 부가가치세 과세기간의 부가가치세 관련 거래자료는 입력되어 있다.
수행과제	제1기 예정 부가가치세신고서를 참고하여 3월 31일 부가가치세 납부세액(환급세액)에 대한 회계처리를 하시오.(단, 납부할 세액은 '미지급세금', 환급받을 세액은 '미수금'으로 회계처리하고, 거래처코드를 입력할 것.)

실무수행 ◉ 결산

[결산자료]를 참고하여 결산을 수행하시오.(단, 제시된 자료 이외의 자료는 없다고 가정함.)

1 수동결산 및 자동결산

자료설명	1. 장기차입금에 대한 기간경과분 이자 600,000원을 계상하다.
	2. 기말 상품재고액은 43,000,000원이다.
	3. 이익잉여금처분계산서 처분 예정(확정)일
	   – 당기분: 2027년 2월 28일
	   – 전기분: 2026년 2월 28일

수행과제	1. 수동결산 또는 자동결산 메뉴를 이용하여 결산을 완료하시오. 2. 12월 31일을 기준으로 '손익계산서 ➡ 이익잉여금처분계산서 ➡ 재무상태표'를 순서대로 조회 작성하시오.(단, 이익잉여금처분계산서 조회 작성 시 '저장된 데이터 불러오기' ➡ '아니오' 선택 ➡ '전표추가'를 이용하여 '손익대체분개'를 수행할 것.)

입력자료 및 회계정보를 조회하여 [평가문제]의 답안을 입력하시오.

		정답	오답(예)
평가문제 답안입력 유의사항	❶ 답안은 지정된 단위의 숫자로만 입력해 주십시오. 　* 한글 등 문자 금지		
	(1) 금액은 원 단위로 숫자를 입력하되, 천 단위 콤마(,)는 　생략 가능합니다.	1,245,000 1245000	1.245.000 1,245,000원 1,245,0000 12,45,000 1,245천원
	(1-1) 답이 0원인 경우 반드시 "0" 입력 (1-2) 답이 음수(-)인 경우 숫자 앞에 " - " 입력 (1-3) 답이 소수인 경우 반드시 " . " 입력		
	(2) 질문에 대한 답안은 숫자로만 입력하세요.	4	04 4/건/매/명 04건/매/명
	(3) 거래처 코드번호는 5자리 숫자로 입력하세요.	00101	101 00101번

❷ 더존 프로그램에서 조회되는 자료를 복사하여 붙여넣기가 가능합니다.

❸ 수행과제를 올바르게 입력하지 않고 작성한 답과 모범답안이 다른 경우 오답처리됩니다.

번호	평가문제	배점
11	**평가문제 [회사등록 조회]** **[회사등록] 관련 내용으로 옳지 않은 것은?** ① 사업장 주소는 '서울특별시 서대문구 충정로7길 12 (충정로2가)'이다. ② 대표자명은 '장은호'이다. ③ 국세환급금 계좌는 '국민은행 서대문지점'이다. ④ 담당자메일주소는 'black@hanmail.net'이다.	4
12	**평가문제 [거래처원장 조회]** **1월 말 '외상매입금' 계정의 거래처별 잔액이 옳지 않은 것은?** ① (주)세기환경 7,000,000원 　　② (주)필터세상 10,000,000원 ③ 이솔전자(주) 9,000,000원 　　④ 동화테크 　 15,000,000원	4
13	**평가문제 [거래처원장 조회]** **12월 말 '미지급금' 계정의 국민카드(99602) 잔액은 얼마인가?**	3
14	**평가문제 [현금출납장 조회]** **5월 말 '현금' 잔액은 얼마인가?**	3
15	**평가문제 [일/월계표 조회]** **12월(12/1~12/31)동안 발생한 영업외비용 중 '이자비용' 발생 금액은 얼마인가?**	4
16	**평가문제 [합계잔액시산표 조회]** **11월 말 '가지급금' 잔액은 얼마인가?**	3
17	**평가문제 [재무상태표]** **12월 말 '선급비용' 금액은 얼마인가?**	4
18	**평가문제 [재무상태표 조회]** **12월 말 '비품' 장부금액(취득원가 - 감가상각누계액)은 얼마인가?**	3
19	**평가문제 [재무상태표 조회]** **12월 말 '유동부채' 계정의 금액으로 옳지 않은 것은?** ① 지급어음 2,200,000원 　　② 예수금 　　712,600원 ③ 선수금 　5,275,000원 　　④ 미지급세금 932,000원	2
20	**평가문제 [재무상태표 조회]** **12월 말 '이월이익잉여금(미처분이익잉여금)' 금액은 얼마인가?** ① 200,321,990원 　　② 265,000,000원 ③ 333,911,990원 　　④ 598,911,990원	1
21	**평가문제 [손익계산서 조회]** **당기에 발생한 '상품매출원가' 금액은 얼마인가?**	3
22	**평가문제 [손익계산서 조회]** **당기에 발생한 '판매비와관리비'의 계정별 금액으로 옳지 않은 것은?** ① 복리후생비 14,665,780원 　　② 접대비(기업업무추진비) 7,350,500원 ③ 전력비 　6,800,000원 　　④ 보험료 　　7,491,000원	3

번호	평가문제	배점
23	**평가문제 [손익계산서 조회]** 당기에 발생한 '영업외비용' 금액은 얼마인가?	3
24	**평가문제 [영수증수취명세서 조회]** [영수증수취명세서(1)]에 작성된 3만원 초과 거래분 중 '12.명세서제출 대상' 금액은 얼마인가?	3
25	**평가문제 [부가가치세신고서 조회]** 제2기 확정 신고기간 부가가치세신고서의 '그밖의공제매입세액(15란)_신용카드매출전표수취/일반(44란)' 금액은 얼마인가?	4
26	**평가문제 [부가가치세신고서 조회]** 제2기 확정 신고기간 부가가치세신고서의 '공제받지못할매입세액(17란)'의 세액은 얼마인가?	3
27	**평가문제 [전자세금계산서발행 및 내역관리 조회]** 제2기 예정 신고기간의 국세청 '전송성공' 건수는 몇 건인가?	4
28	**평가문제 [세금계산서합계표 조회]** 제2기 확정 신고기간의 전자매입세금계산서의 매입처 수는 몇 곳인가?	3
29	**평가문제 [예적금현황 조회]** 12월 말 은행별(계좌명) 예금 잔액으로 옳은 것은? ① 국민은행(당좌) 77,400,000원　② 국민은행(보통) 202,994,400원 ③ 기업은행(보통) 48,000,000원　④ 하나은행(보통) 32,050,000원	3
30	**평가문제 [받을어음현황 조회]** 만기일이 2026년에 도래하는 '받을어음' 미보유금액 합계는 얼마인가?	2
총 점		**62**

평가문제 ◉ 회계정보분석 (8점)

회계정보를 조회하여 [회계정보분석] 답안을 입력하시오.

31. 재무상태표 조회 (4점)

유동비율이란 기업의 단기 지급능력을 평가하는 지표이다. 전기 유동비율은 얼마인가?(단, 소숫점 이하는 버림 할 것.)

$$유동비율(\%) = \frac{유동자산}{유동부채} \times 100$$

① 13%   ② 15%

③ 612%   ④ 659%

32. 손익계산서 조회 (4점)

이자보상비율은 기업의 채무상환능력을 나타내는 지표이다. 전기분 이자보상비율은 얼마인가? (단, 소숫점 이하는 버림 할 것.)

$$이자보상비율(\%) = \frac{영업이익}{이자비용} \times 100$$

① 1,007%   ② 1,584%

③ 2,210%   ④ 3,110%

실무이론평가

아래 문제에서 특별한 언급이 없으면 기업의 보고 기간(회계기간)은 매년 1월 1일부터 12월 31일까지입니다. 또한 기업은 일반기업회계기준 및 관련 세법을 계속적으로 적용하고 있다고 가정하고 물음에 가장 합당한 답을 고르시기 바랍니다.

01 다음 자료를 토대로 매출채권을 계산하면 얼마인가?

> (주)한공은 상품 3,000개를 개당 5,000원에 판매하였다. 판매대금으로 현금 5,000,000원과 전자어음 4,000,000원을 수령하고 나머지 잔액은 2개월 후에 받기로 하였다.

① 4,000,000원   ② 6,000,000원
③ 10,000,000원   ④ 15,000,000원

02 다음은 (주)한공의 2026년 말 재무상태표 중 부채 내역이다. 유동부채를 계산하면 얼마인가?

• 임대보증금	100,000원
• 매입채무	250,000원
• 장기차입금	200,000원
• 유동성장기부채	300,000원
• 퇴직급여충당부채	400,000원
• 미지급비용	500,000원

① 100,000원   ② 600,000원
③ 1,050,000원   ④ 1,450,000원

03 다음 중 재무제표에 대한 설명으로 옳지 않은 것은?

① 이익잉여금은 자본으로 분류한다.
② 유동자산은 당좌자산과 재고자산으로 분류한다.
③ 개발비는 손익계산서 항목이다.
④ 현금흐름표는 영업활동, 투자활동 및 재무활동으로 인한 현금흐름으로 구분하여 표시한다.

04 다음은 (주)한공의 특허권 취득 관련 자료이다. 2026년도 결산 시 무형자산상각비 계상액은 얼마인가?

> • 특허권 취득일: 2026년 1월 1일
> • 특허권 등록비: 3,000,000원
> • 상각방법: 정액법(내용연수: 5년)
> • 취득제비용: 500,000원

① 300,000원   ② 500,000원
③ 600,000원   ④ 700,000원

05 다음 중 영업외비용에 해당하는 것은?

① 주식할인발행차금   ② 대손상각비
③ 매출채권처분손실   ④ 교육훈련비

06 다음 회계처리 중 옳지 않은 것은?

① 본사 건물에 대한 재산세는 복리후생비로 회계처리한다.
② 직원 업무역량 강화를 위한 강사특강비는 교육훈련비로 회계처리한다.
③ 업무와 관련된 도서구입비용은 도서인쇄비로 회계처리한다.
④ 타인으로부터 채무를 면제 받은 경우 채무면제이익으로 회계처리한다.

07 다음은 (주)한공의 수정 전 잔액시산표와 결산 조정사항을 반영한 재무상태표의 일부이다. (가), (나)의 금액으로 옳은 것은?

〈 수정 전 잔액시산표 〉

(주)한공	2026년 12월 31일	(단위: 원)
차변	계정과목	대변
1,000,000	외상매출금	
	대손충당금	13,000
700,000	받 을 어 음	
	대손충당금	5,000
:	:	:

• 매출채권 잔액에 대하여 2%의 대손충당금을 설정하다.

〈 재무상태표 〉		
(주)한공 2026년 12월 31일		(단위: 원)
과목	제4(당)기	
:	:	:
매 출 채 권	(가)	
(−)대손충당금	((나))	XXX
:	:	:

	(가)	(나)
①	1,682,000원	18,000원
②	1,682,000원	34,000원
③	1,700,000원	18,000원
④	1,700,000원	34,000원

08 다음 중 부가가치세가 과세되지 아니하는 거래를 말한 사람은?

회사가 보유중인 주식을 거래처에 양도했어.

상진

우리 회사는 현물출자를 위해 회사 건물의 소유권을 이전했어.

선혜

우리 회사는 매입세액 공제를 받은 신상품을 거래처에 선물했지.

유라

우리 회사는 협력업체에 소프트웨어를 판매했어.

지완

① 상진   ② 선혜
③ 유라   ④ 지완

09 일반과세자 김한공 씨는 2026년 8월 3일에 부동산임대업을 폐업하였다. 김한공 씨의 2026년 7월 1일부터 2026년 8월 3일까지의 거래에 대한 부가가치세 확정신고기한으로 옳은 것은?

① 2026년 8월 25일   ② 2026년 9월 25일
③ 2026년 10월 25일   ④ 2027년 1월 25일

10 다음은 과세 제조업을 영위하는 (주)한공의 2026년 제2기 예정신고기간의 매입세액 내역이다. 공제 가능한 매입세액은 얼마인가? (단, 세금계산서는 적법하게 수취하였고, 매입세액을 공제받기 위한 절차를 모두 이행하였다.)

가. 원재료 구입 관련 매입세액	5,000,000원
나. 공장부지 조성을 위한 지출 관련 매입세액	500,000원
다. 거래처 접대용품 구입 관련 매입세액	300,000원
라. 회계부서용 컴퓨터 구입 관련 매입세액	400,000원

① 5,300,000원   ② 5,400,000원
③ 5,700,000원   ④ 5,900,000원

실무수행평가

(주)찬원마이크(회사코드 3283)는 마이크를 도·소매하는 법인으로 회계기간은 제6기(2026.1.1. ~ 2026.12.31.)이다. 제시된 자료와 [자료설명]을 참고하여 [수행과제]를 완료하고 [평가문제]의 물음에 답하시오.

실무수행 유의사항	1. 부가가치세 관련거래는 [매입매출전표입력]메뉴에 입력하고, 부가가치세 관련 없는 거래는 [일반전표입력]메뉴에 입력한다. 2. 타계정 대체액과 관련된 적요는 반드시 코드를 입력하여야 한다. 3. 채권·채무, 예금거래 등 관리대상 거래자료에 대하여는 거래처코드를 반드시 입력한다. 4. 자금관리 등 추가 작업이 필요한 경우 문제의 요구에 따라 추가 작업하여야 한다. 5. 판매비와 관리비는 800번대 계정코드를 사용한다. 6. 등록된 계정과목 중 가장 적절한 계정과목을 선택한다.

실무수행 ◎ 기초정보관리의 이해

회계관련 기초정보는 입력되어 있다. [자료설명]을 참고하여 [수행과제]를 수행하시오.

1 계정과목 추가 및 적요등록 수정

자료설명	(주)찬원마이크는 수출상품을 일반상품과 구분하여 관리하기 위해 재고자산 코드범위에 계정과목과 적요를 등록하려고 한다.
수행과제	1. '173.회사설정계정과목' 계정을 '173.수출상품' 계정으로 수정하시오. 2. '구분: 1.일반재고', '표준코드: 045.상품'으로 수정하시오. 3. 적요를 추가 등록하시오. 　– 현금적요 1. 수출상품 매입대금 현금 지급 　– 현금적요 2. 수출상품 제비용 현금 지급

2 전기분 손익계산서의 입력수정

손 익 계 산 서

제5(당)기 2025년 1월 1일부터 2025년 12월 31일까지
제4(전)기 2024년 1월 1일부터 2024년 12월 31일까지

(주)찬원마이크

(단위: 원)

과 목	제5(당)기 금 액		제4(전)기 금 액	
I. 매　　　출　　　액		560,000,000		280,000,000
상 품 매 출	560,000,000		280,000,000	
II. 매　　출　　원　　가		320,000,000		160,000,000
상 품 매 출 원 가		320,000,000		160,000,000
기 초 상 품 재 고 액	30,000,000		5,000,000	
당 기 상 품 매 입 액	380,000,000		185,000,000	
기 말 상 품 재 고 액	90,000,000		30,000,000	
III. 매　　출　　총　　이　　익		240,000,000		120,000,000
IV. 판 매 비 와 관 리 비		132,980,000		58,230,000
급　　　　　　　여	82,300,000		30,800,000	
복 리 후 생 비	10,100,000		2,100,000	
여 비 교 통 비	3,500,000		1,500,000	
접대비(기업업무추진비)	5,200,000		2,400,000	
통　　　신　　　비	2,800,000		3,200,000	
세 금 과 공 과 금	2,300,000		2,800,000	
감 가 상 각 비	5,900,000		4,000,000	
보　　　험　　　료	1,840,000		700,000	
차 량 유 지 비	8,540,000		2,530,000	
경 상 연 구 개 발 비	4,900,000		5,400,000	
포　　　장　　　비	800,000		2,300,000	
소 모 품 비	4,800,000		500,000	
V. 영　　업　　이　　익		107,020,000		61,770,000
VI. 영　업　외　수　익		3,200,000		2,100,000
이 자 수 익	3,200,000		2,100,000	
VII. 영　업　외　비　용		4,800,000		2,400,000
이 자 비 용	4,800,000		2,400,000	
VIII. 법 인 세 차 감 전 순 이 익		105,420,000		61,470,000
IX. 법　　인　　세　　등		5,000,000		2,000,000
법 인 세 등	5,000,000		2,000,000	
X. 당 기 순 이 익		100,420,000		59,470,000

자료설명	(주)찬원마이크의 전기(제5기)분 재무제표는 입력되어 있다.
수행과제	1. [전기분 손익계산서]의 입력이 누락되었거나 잘못된 부분을 찾아 수정하시오. 2. [전기분 이익잉여금처분계산서]의 처분 확정일(2026년 2월 23일)을 입력하시오.

> 실무수행 ◎ 거래자료 입력

실무프로세스 자료이다. [자료설명]을 참고하여 [수행과제]를 수행하시오.

1 증빙에 의한 전표입력

** 현금영수증 ** **(지출증빙용)** 사업자등록번호 : 156-12-31570 장유림 사업자명　　　　: 유림광고 단말기ID　　　　: 73453259(tel:02-345-4546) 가맹점주소　　　: 서울특별시 구로구 디지털로 217 현금영수증 회원번호 **220-81-03217　(주)찬원마이크** 승인번호　　　　: 83746302　　(PK) 거래일시　　　　: **2026년 2월 17일** - 공급금액　　　　　　　　　　　500,000원 부가세금액　　　　　　　　　　 50,000원 총합계　　　　　　　　　　　　550,000원 - 휴대전화, 카드번호 등록 http://현금영수증.kr 국세청문의(126) 38036925-GCA10106-3870-U490 　　<<<<<이용해 주셔서 감사합니다.>>>>>>	**자료설명**　영업팀에서 우수 매출 거래처에 　　　　　　　제공할 선물을 현금으로 구입하고 　　　　　　　수취한 현금영수증이다. **수행과제**　거래자료를 입력하시오.

2 기타 일반거래

자료 1. 건강보험료 영수증

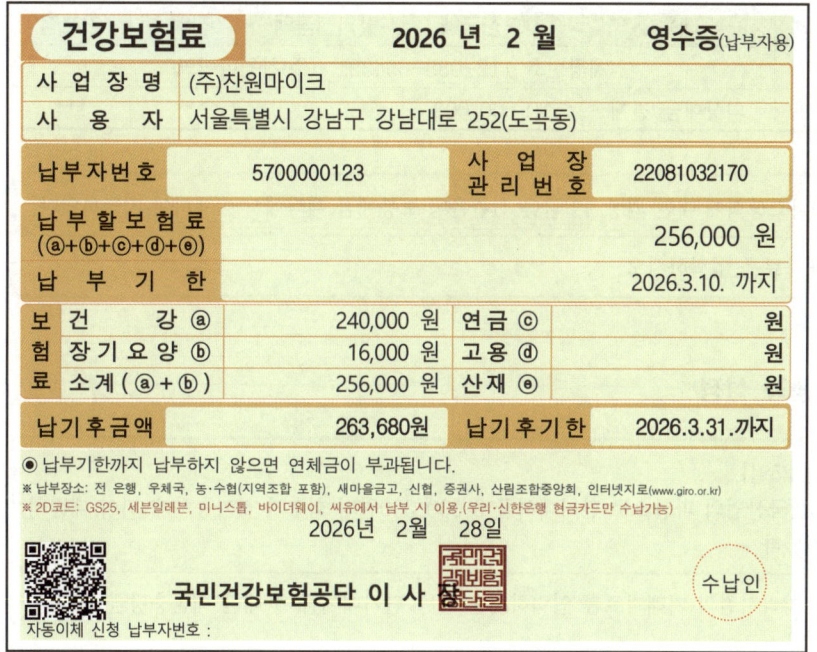

건강보험료　　　　**2026 년　2 월**　　　　**영수증**(납부자용)

사 업 장 명	(주)찬원마이크		
사 용 자	서울특별시 강남구 강남대로 252(도곡동)		
납부자번호	5700000123	사 업 장 관 리 번 호	22081032170
납 부 할 보 험 료 (ⓐ+ⓑ+ⓒ+ⓓ+ⓔ)			256,000 원
납 부 기 한			2026.3.10. 까지

보	건 강 ⓐ	240,000 원	연금 ⓒ	원
험	장 기 요 양 ⓑ	16,000 원	고 용 ⓓ	원
료	소 계 (ⓐ+ⓑ)	256,000 원	산 재 ⓔ	원

| 납기 후 금액 | 263,680원 | 납 기 후 기 한 | 2026.3.31.까지 |

◉ 납부기한까지 납부하지 않으면 연체금이 부과됩니다.
※ 납부장소: 전 은행, 우체국, 농·수협(지역조합 포함), 새마을금고, 신협, 증권사, 산림조합중앙회, 인터넷지로(www.giro.or.kr)
※ 2D코드: GS25, 세븐일레븐, 미니스톱, 바이더웨이, 씨유에서 납부 시 이용.(우리·신한은행 현금카드만 수납가능)

2026년　2월　28일

국민건강보험공단 이 사 장

수납인

자동이체 신청 납부자번호 :

자료 2. 보통예금(국민은행) 거래내역

		내용	찾으신금액	맡기신금액	잔액	거래점
번호	거래일	계좌번호 096-25-0096-751　(주)찬원마이크				
1	2026-3-10	건강보험료	256,000		***	***

자료설명	2월 급여 지급분에 대한 건강보험료(장기요양보험료 포함)를 납부기한일에 국민은행 보통예금 계좌에서 이체하여 납부하였다. 보험료의 50%는 급여 지급 시 원천징수한 금액이며, 나머지 50%는 회사부담분이다. 당사는 회사부담분을 '복리후생비'로 처리하고 있다.
수행과제	거래자료를 입력하시오.

제**4**부　합격 확신 문제풀이

3 통장사본에 의한 거래입력

■ 보통예금(신한은행) 거래내역

번호	거래일	내용	찾으신금액	맡기신금액	잔액	거래점
		계좌번호 112-088-654321　(주)찬원마이크				
1	2026-04-27	외상대금 결제	10,000,000		***	***

자료설명	(주)미소상회에 대한 외상매입금을 신한은행 보통예금 계좌에서 이체하여 지급하였다.
수행과제	거래자료를 입력하시오.

4 대손의 발생과 설정

자료설명	[5월 25일] (주)한국산업의 파산으로 단기대여금 9,000,000원의 회수가 불가능하게 되어 대손처리하였다.
수행과제	대손처리시점의 거래자료를 입력하시오.(단, '단기대여금'에 대한 대손충당금 잔액은 없다.)

5 기타 일반거래

자료 1. 주식발행 사항

이사회 의사록

회사의 유상증자와 관련하여 다음과 같이 주식발행을 결정함.

- 다　음 -

1. 주식의 종류와 수
   - 보통주식 5,000주(액면금액 주당 10,000원)
2. 주식의 발행금액
   - 1주의 금액 16,000원

자료 2. 보통예금(하나은행) 거래내역

번호	거래일	내용	찾으신금액	맡기신금액	잔액	거래점
		계좌번호 751-41-073757 (주)찬원마이크				
1	2026-6-17	주식납입금		80,000,000	***	***

자료설명	당사는 운전자금 조달을 위해 이사회에서 유상증자를 결의하였으며, 신주발행 대금은 하나은행 보통예금 계좌에 입금되었다.
수행과제	거래자료를 입력하시오.

실무수행 ◎ 부가가치세

부가가치세 신고 관련 자료이다. [자료설명]을 참고하여 [수행과제]를 수행하시오.

1 과세매출자료의 전자세금계산서 발행

거래명세서
(공급자 보관용)

	공급자				공급받는자			
등록번호	220-81-03217			등록번호	110-81-02129			
상호	(주)찬원마이크	성명	이찬원	상호	(주)행복유통	성명	박진형	
사업장주소	서울특별시 강남구 강남대로 252 (도곡동)			사업장주소	서울특별시 서대문구 성산로 500			
업태	도소매업	종사업장번호		업태	도소매업	종사업장번호		
종목	마이크			종목	생활용품			

거래일자	미수금액	공급가액	세액	총 합계금액
2026.7.21.		4,200,000	420,000	4,620,000

NO	월	일	품목명	규격	수량	단가	공급가액	세액	합계
1	7	21	블루투스 마이크		50	84,000	4,200,000	420,000	4,620,000

비 고	전미수액	당일거래총액	입금액	선수액	인수자
		4,620,000	4,200,000	420,000	박민규

■ 보통예금(농협은행) 거래내역

번호	거래일	내 용	찾으신금액	맡기신금액	잔 액	거래점
		계좌번호 204-24-0648-100 (주)찬원마이크				
7	2026-7-21	(주)행복유통		4,200,000	***	***

자료설명	1. 상품을 판매하고 전자세금계산서를 발급 및 전송하였다. 2. 상품매출 대금 중 420,000원은 7월 19일 계약금으로 받았으며, 잔액은 농협은행 보통예금계좌로 입금받았다.
수행과제	1. 거래명세서에 의해 매입매출자료를 입력하시오. 2. 전자세금계산서 발행 및 내역관리 를 통하여 발급 및 전송하시오. (전자세금계산서 발급 시 결제내역 및 전송일자는 고려하지 말 것.)

2 매입거래

전자계산서 (공급받는자 보관용)   승인번호

공급자	등록번호	211-75-24158			공급받는자	등록번호	220-81-03217		
	상호	한국학원	성명(대표자)	이수빈		상호	(주)찬원마이크	성명(대표자)	이찬원
	사업장주소	서울특별시 강남구 역삼로 541				사업장주소	서울특별시 강남구 강남대로 252 (도곡동)		
	업태	서비스업	종사업장번호			업태	도소매업	종사업장번호	
	종목	학원				종목	마이크		
	E-Mail	soo@hanmail.net				E-Mail	won@bill36524.com		

작성일자	2026.8.24.	공급가액	300,000	비고	

월	일	품목명	규격	수량	단가	공급가액	비고
8	24	AT 온라인 교육				300,000	

합계금액	현금	수표	어음	외상	이 금액을	● 영수 함 / ○ 청구
300,000	300,000					

자료설명	당사 회계팀의 AT 온라인교육을 위탁하고 전자계산서를 발급받았다.
수행과제	매입매출자료를 입력하시오. (전자계산서 거래는 '전자입력'으로 입력할 것.)

3 매입거래

카드매출전표
카드종류: 삼성카드
회원번호: 8449-2210-****-32**
거래일시: 2026.09.15. 19:42:36
거래유형: 신용승인
매   출: 90,000원
부 가 세: 9,000원
합   계: 99,000원
결제방법: 일시불
승인번호: 45457575
가맹점명: (주)다도해호텔
- 이 하 생 략 -

자료설명	영업부 직원이 신규 거래처 방문 후 출장지에서 법인(삼성)카드로 숙박비를 결제하고 받은 신용카드매출전표이다.
수행과제	매입매출자료를 입력하시오.

4 매출거래

수정전자세금계산서 (공급자 보관용)   승인번호

	등록번호	220-81-03217				등록번호	305-81-22359		
공급자	상호	(주)찬원마이크	성명(대표자)	이찬원	공급받는자	상호	(주)영우물류	성명(대표자)	김영우
	사업장주소	서울특별시 강남구 강남대로 252 (도곡동)				사업장주소	경기도 용인시 기흥구 강남동로 912		
	업태	도소매업	종사업장번호			업태	도소매업	종사업장번호	
	종목	마이크				종목	생활용품		
	E-Mail	won@bill36524.com				E-Mail	youngwoo@bill36524.com		

작성일자	2026.10.21.	공급가액	-300,000	세 액	-30,000
비고					

월	일	품목명	규격	수량	단가	공급가액	세액	비고
10	21	노래방 마이크		-3	100,000	-300,000	-30,000	

합계금액	현금	수표	어음	외상미수금	이 금액을	○ 영수	함
-330,000				-330,000		○ 청구	

자료설명	[10월 21일] 10월 17일 ㈜영우물류에 외상으로 판매한 상품 중 일부의 파손으로 반품되어 수정전 자세금계산서를 발급하였다. 대금은 외상매출금과 상계처리하기로 하였다.
수행과제	매입매출자료를 입력하시오. (전자세금계산서의 발급 및 전송업무는 생략하고 '전자입력'으로 입력할 것.)

5 매입거래

전자세금계산서 (공급받는자 보관용)   승인번호

공급자	등록번호	110-81-37123			공급받는자	등록번호	220-81-03217		
	상호	(주)한라렌트	성명 (대표자)	이유선		상호	㈜찬원마이크	성명 (대표자)	이찬원
	사업장 주소	서울특별시 서대문구 충정로7길 29-8(충정로3가)				사업장 주소	서울특별시 강남구 강남대로 252 (도곡동)		
	업태	임대업	종사업장번호			업태	도소매업	종사업장번호	
	종목	렌트카				종목	마이크		
	E-Mail	hanra@bill36524.com				E-Mail	won@bill36524.com		

작성일자	2026.11.7.	공급가액	500,000	세 액	50,000
비고					

월	일	품목명	규격	수량	단가	공급가액	세액	비고
11	7	11월 렌트비				500,000	50,000	

합계금액	현금	수표	어음	외상미수금	이 금액을	● 영수 ○ 청구	함
550,000	550,000						

자료설명	1. 영업부에서 사용할 업무용 승용차(5인승, 3,500CC)를 장기렌트(2026.11.~ 2028.10.) 하기로 계약을 체결하였다. 2. 11월분 렌트비용을 현금으로 지급하고 발급받은 전자세금계산서이다.
수행과제	매입매출자료를 입력하시오. (임차료 계정으로 처리하고, 전자세금계산서 거래는 '전자입력'으로 입력할 것.)

6 부가가치세신고서에 의한 회계처리

수행과제	제1기 확정신고기간의 부가가치세신고서를 조회하여, 6월 30일 부가가치세 납부세액 또는 환급세액에 대한 회계처리를 하시오.(단, 부가가치세신고서에 전자신고세액공제 10,000원은 반영되어 있으며, 납부할 세액은 '미지급세금', 환급받을 세액은 '미수금' 으로 회계처리 하고, 거래처 입력은 생략할 것.)

실무수행 ⊙ 결산

[결산자료]를 참고하여 결산을 수행하시오.(단, 제시된 자료 이외의 자료는 없다고 가정함.)

1 수동결산 및 자동결산

자료설명	1. 9월 1일 (주)서울화재보험에 본사 건물에 대한 화재보험을 가입하고 전액 비용으로 회계처리 하였다. 회사는 기말에 미경과분에 대하여 자산으로 계상(월할)하고자 한다. 2. 기말 상품재고액은 25,000,000원이다. 3. 이익잉여금처분계산서 처분 확정(예정)일 　- 당기분: 2027년 2월 23일 　- 전기분: 2026년 2월 23일
수행과제	1. 수동결산 또는 자동결산 메뉴를 이용하여 결산을 완료하시오. 2. 12월 31일을 기준으로 '손익계산서 ➡ 이익잉여금처분계산서 ➡ 재무상태표'를 순서대로 조회 작성하시오.(단, 이익잉여금처분계산서 조회 작성 시 '저장된 데이터 불러오기' ➡ '아니오' 선택 ➡ '전표추가'를 이용하여 '손익대체분개'를 수행할 것.)

평가문제 ◎ 실무수행평가 (62점)

입력자료 및 회계정보를 조회하여 [평가문제]의 답안을 입력하시오.

평가문제 답안입력 유의사항	❶ 답안은 지정된 단위의 숫자로만 입력해 주십시오. 　　* 한글 등 문자 금지

<table>
<tr><td rowspan="4">평가문제
답안입력
유의사항</td><td></td><td>정답</td><td>오답(예)</td></tr>
<tr><td>(1) 금액은 원 단위로 숫자를 입력하되, 천 단위 콤마(,)는 생략 가능합니다.

(1-1) 답이 0원인 경우 반드시 "0" 입력
(1-2) 답이 음수(-)인 경우 숫자 앞에 "-" 입력
(1-3) 답이 소수인 경우 반드시 "." 입력</td><td>1,245,000
1245000</td><td>1.245.000
1,245,000원
1,245,0000
12,45,000
1,245천원</td></tr>
<tr><td>(2) 질문에 대한 답안은 숫자로만 입력하세요.</td><td>4</td><td>04
4/건/매/명
04건/매/명</td></tr>
<tr><td>(3) 거래처 코드번호는 5자리 숫자로 입력하세요.</td><td>00101</td><td>101
00101번</td></tr>
</table>

❷ 더존 프로그램에서 조회되는 자료를 복사하여 붙여넣기가 가능합니다.

❸ 수행과제를 올바르게 입력하지 않고 작성한 답과 모범답안이 다른 경우 오답처리됩니다.

번호	평가문제	배점
11	**평가문제 [계정과목및적요등록 조회]** '173.수출상품' 계정과 관련된 내용으로 옳지 않은 것은? ① '수출상품'의 구분은 '일반재고'이다. ② 표준코드는 '055.저장품'이다. ③ '수출상품'의 현금적요는 2개를 사용하고 있다. ④ '수출상품'의 대체적요는 사용하지 않고 있다.	4
12	**평가문제 [일/월계표]** 2월(2/1~2/28)에 발생한 '813.접대비(기업업무추진비)' 금액은 얼마인가?	2
13	**평가문제 [거래처원장 조회]** 9월 말 삼성카드(코드: 99603)의 '미지급금' 잔액은 얼마인가?	2
14	**평가문제 [거래처원장 조회]** 11월 말 현재 '253.미지급금' 거래처 중 잔액이 옳지 않은 것은? ① 02007.(주)한라스포츠 44,000,000원 ② 05421.동네마트 3,300,000원 ③ 99602.우리카드 955,000원 ④ 99605.모두카드 7,700,000원	4
15	**평가문제 [합계잔액시산표 조회]** 4월 말 '유동부채' 잔액은 얼마인가?	3
16	**평가문제 [합계잔액시산표 조회]** 6월 말 '미지급세금' 잔액은 얼마인가?	4
17	**평가문제 [합계잔액시산표 조회]** 6월 말 '자본금' 잔액은 얼마인가?	3
18	**평가문제 [재무상태표 조회]** 12월 말 '단기대여금' 금액은 얼마인가?	3
19	**평가문제 [재무상태표 조회]** 12월 말 '선급비용' 금액은 얼마인가?	3
20	**평가문제 [재무상태표 조회]** 12월 말 '이월이익잉여금(미처분이익잉여금)' 잔액은 얼마인가? ① 450,127,500원 ② 550,127,506원 ③ 682,160,756원 ④ 865,721,156원	2
21	**평가문제 [손익계산서 조회]** 당기의 '판매비와관리비' 중 전기와 대비하여 그 내용이 옳지 않은 것은? ① 복리후생비 7,202,200원 증가 ② 여비교통비 2,075,400원 감소 ③ 보험료 2,366,000원 증가 ④ 경상연구개발비 4,900,000원 감소	3
22	**평가문제 [손익계산서 조회]** 당기에 발생한 '영업외비용'은 얼마인가?	2

번호	평가문제	배점
23	**평가문제 [손익계산서 조회]** 당기에 발생한 '상품매출원가'는 얼마인가?	3
24	**평가문제 [손익계산서 조회]** 전기와 대비하여 '영업외수익' 감소 금액은 얼마인가?	4
25	**평가문제 [부가가치세신고서 조회]** 제2기 예정신고기간 부가가치세신고서 '과세표준및매출세액_합계(9란)'의 과세표준 금액은 얼마인가?	4
26	**평가문제 [부가가치세신고서 조회]** 제2기 예정신고기간 부가가치세신고서의 '매입세액_합계(16란)'의 세액은 얼마인가?	3
27	**평가문제 [부가가치세신고서 조회]** 제2기 확정신고기간 부가가치세신고서의 '공제받지못할매입세액(17란)'의 세액은 얼마인가?	4
28	**평가문제 [세금계산서합계표 조회]** 제2기 확정신고기간의 전자매출세금계산서 중 '(주)영우물류'의 공급가액은 얼마인가?	2
29	**평가문제 [계산서합계표 조회]** 제2기 예정신고기간의 전자매입계산서의 공급가액은 얼마인가?	3
30	**평가문제 [예적금현황 조회]** 12월 말 은행별(계좌명) 보통예금 잔액으로 옳은 것은? ① 신한은행(보통) 526,903,000원 ② 농협은행(보통) 4,000,000원 ③ 국민은행(보통) 31,905,000원 ④ 하나은행(보통) 90,815,000원	4
총 점		62

평가문제 회계정보분석 (8점)

회계정보를 조회하여 [회계정보분석] 답안을 입력하시오.

31. 재무상태표 조회 (4점)

자기자본비율이란 자산 중에서 자본이 차지하는 비중을 나타내는 대표적인 자본구조 분석 지표이다. (주)찬원마이크의 전기 자기자본비율을 계산하면 얼마인가?(단, 소숫점 이하는 버림 할 것.)

$$자기자본비율(\%) = \frac{자기자본(자본)총계}{자산총계} \times 100$$

① 19%   ② 27%
③ 54%   ④ 65%

32. 재무상태표 조회 (4점)

당좌비율이란 유동부채에 대한 당좌자산의 비율로 재고자산을 제외시킴으로써 단기채무에 대한 기업의 지급능력을 파악하는데 유동비율 보다 더욱 정확한 지표로 사용되고 있다. (주)찬원마이크의 전기 당좌비율을 계산하면 얼마인가?(단, 소숫점 이하는 버림 할 것.)

$$당좌비율(\%) = \frac{당좌자산}{유동부채} \times 100$$

① 120%   ② 185%
③ 300%   ④ 403%

최신 기출문제 제84회

실무이론평가

아래 문제에서 특별한 언급이 없으면 기업의 보고 기간(회계기간)은 매년 1월 1일부터 12월 31일까 지입니다. 또한 기업은 일반기업회계기준 및 관련 세법을 계속적으로 적용하고 있다고 가정하고 물 음에 가장 합당한 답을 고르시기 바랍니다.

01 다음과 같은 결산 회계처리 누락이 2026년도 당기순이익에 미치는 영향으로 옳은 것은?

> (주)한공은 2026년 10월 1일에 가입한 1년 만기 정기예금 10,000,000원(연이율 2.5%, 월할계산) 에 대한 이자 경과분(미수분)을 계상하지 않았다.

① 당기순이익 62,500원 과소계상
② 당기순이익 62,500원 과대계상
③ 당기순이익 250,000원 과소계상
④ 당기순이익 250,000원 과대계상

02 다음 자료를 토대로 2026년 12월 31일에 필요 한 결산정리분개로 옳은 것은?
(월할계산할 것.)

> 사무실을 1년(2026년 9월 1일~2027년 8월 31일) 간 임대하고 임대료 4,500,000원을 미리 현금으 로 수령 후 다음과 같이 분개하였다.
> (차) 보통예금   4,500,000원
> (대) 임대료   4,500,000원

① (차) 임대료   1,500,000원
　 (대) 선수수익   1,500,000원
② (차) 임대료   3,000,000원
　 (대) 선수수익   3,000,000원
③ (차) 임대료   1,500,000원
　 (대) 선수금   1,500,000원
④ (차) 선수금   3,000,000원
　 (대) 임대료   3,000,000원

03 다음 자료를 토대로 비용총액을 계산하면 얼마 인가?(자본거래는 없는 것으로 가정한다.)

> • 기초자산   4,500,000원
> • 기초부채   3,000,000원
> • 기말자본   2,600,000원
> • 수익총액   1,800,000원

①   600,000원   ②   700,000원
③ 1,100,000원   ④ 1,500,000원

04 다음 자료를 토대로 회계처리할 경우 옳은 것 은?

> 상품 3,000,000원 매출 주문을 받고 주문 금액의 10%가 보통예금에 입금되었다.

① (차) 가지급금   300,000원
　 (대) 선수금   300,000원
② (차) 보통예금   300,000원
　 (대) 선수금   300,000원
③ (차) 선급금   300,000원
　 (대) 보통예금   300,000원
④ (차) 보통예금   300,000원
　 (대) 가수금   300,000원

05 다음 자료를 토대로 현금및현금성자산을 계산 하면 얼마인가?

> • 보통예금   300,000원
> • 타인발행수표   150,000원
> • 당좌예금   410,000원
> • 단기대여금   110,000원
> • 외상매출금   160,000원
> • 배당금통지표   100,000원

①   960,000원   ② 1,060,000원
③ 1,110,000원   ④ 1,210,000원

06 다음은 (주)한공의 기계장치 관리대장의 일부이 다. 이 자료를 토대로 계산한 2026년말 재무상 태표상의 기계장치의 장부가액은 얼마인가?

〈 기계장치 관리대장 〉

관리번호	K-01	관리책임	생산부장
취 득 일	2025년 1월 1일	처분금액	미처분
취득금액	10,000,000원	잔존가치	0원
내용연수	8년	상각방법	정률법 31% (월할상각)

① 2,500,000원 ② 4,761,000원
③ 5,239,000원 ④ 7,500,000원

07 다음 대화 내용에서 올바른 답변을 하는 사람은?

한 부장: 회사의 12월 31일 수정전 합계잔액시산표 상 소모품계정 차변 잔액이 500,000원입니다. 기말 실제 소모품 재고액이 310,000원인 경우, 손익계산서상의 소모품비는 얼마입니까?

강 대리: 소모품비는 500,000원입니다.

공 대리: 소모품비는 310,000원입니다.

박 대리: 소모품비는 190,000원입니다.

최 대리: 소모품비는 발생하지 않습니다.

① 강 대리 ② 공 대리
③ 박 대리 ④ 최 대리

08 다음 중 부가가치세가 면세되는 용역이 아닌 것은?

① 택시 운송 용역

② 주택 임대 용역

③ 주무관청의 허가를 받은 교육 용역

④ 도서 대여 용역

09 다음 중 부가가치세 신고에 관한 설명으로 옳은 것은?

① 폐업한 경우 폐업일이 속하는 달의 다음 달 말일까지 신고하여야 한다.
② 확정신고를 하는 경우 예정신고 시 신고한 과세표준도 포함하여 신고하여야 한다.
③ 신고기한까지 과세표준 및 세액을 신고하지 않는 경우 과소신고 가산세가 부과된다.
④ 주사업장 총괄납부 사업자는 납부와 환급만 주된 사업장에서 하므로 신고는 각 사업장별로 하여야 한다.

10 다음 자료를 토대로 부가가치세 납부세액을 계산하면 얼마인가?(단, 현금매출을 제외한 제시 금액에는 부가가치세가 포함되지 않았고 세금계산서를 적법하게 발급 또는 수취하였다.)

가. 현금매출(부가가치세 포함)	19,800,000원
나. 외상매출	20,000,000원
다. 상품 매입액	12,000,000원
라. 기업업무추진비 지출액	5,000,000원

① 800,000원   ② 1,500,000원

③ 2,100,000원   ④ 2,600,000원

실무수행평가

(주)퐁당퐁당(회사코드 3284)은 수상 스포츠용품을 도·소매하는 법인으로 회계기간은 제9기 (2026.1.1. ~ 2026.12.31.)이다. 제시된 자료와 [자료설명]을 참고하여 [수행과제]를 완료하고 [평가문제]의 물음에 답하시오.

실무수행 유의사항	1. 부가가치세 관련거래는 [매입매출전표입력]메뉴에 입력하고, 부가가치세 관련 없는 거래는 [일반전표입력]메뉴에 입력한다. 2. 타계정 대체액과 관련된 적요는 반드시 코드를 입력하여야 한다. 3. 채권·채무, 예금거래 등 관리대상 거래자료에 대하여는 거래처코드를 반드시 입력한다. 4. 자금관리 등 추가 작업이 필요한 경우 문제의 요구에 따라 추가 작업하여야 한다. 5. 판매비와 관리비는 800번대 계정코드를 사용한다. 6. 등록된 계정과목 중 가장 적절한 계정과목을 선택한다.

실무수행 ◎ 기초정보관리의 이해

회계관련 기초정보는 입력되어 있다. [자료설명]을 참고하여 [수행과제]를 수행하시오.

1 사업자등록증에 의한 거래처등록 수정

자료설명	거래처 (주)맥스포츠 (거래처코드 : 45678)의 대표자와 메일주소가 변경되어 변경된 사업자등록증 사본을 카톡으로 받았다.
수행과제	대표자명과 전자세금계산서 전용메일주소를 수정하시오.

2 계정과목및적요등록 수정

자료설명	회사는 자산(비품) 취득목적의 정부보조금을 수령하고 이를 자산차감계정으로 등록하여 사용하고자 한다.
수행과제	1. '219.회사설정계정과목' 계정을 '219.비품정부보조금' 계정으로 수정하시오. 2. '구분: 4.차감', '관계: 212'로 수정등록하시오.

 **거래자료 입력**

실무프로세스 자료이다. [자료설명]을 참고하여 [수행과제]를 수행하시오.

1 3만원초과 거래에 대한 영수증수취명세서 작성

크린토피아

크린토피아 서대문점
서울 서대문구 독립문로 14길
사업자등록번호: 130-81-55163
대표자명: 김수정

고객용 인수증

고 객 정 보	(주)퐁당퐁당
접 수 일 자	2026-04-10 09:56
세 탁 완 료 예 정 일	2026-04-15(공휴일 시 익일예정)

No	품명/서비스	금액
8-937	셔츠(일반)	43,000원
8-938	정장바지	35,000원
	합계	78,000원

접수금액   78,000원
총 결제금액(현금(포스)) 78,000원

자료설명	[4월 10일] 매장 직원들의 유니폼 세탁비를 현금으로 지급하였다. 회사는 이 거래가 지출증명서류미수취가산세 대상인지를 검토하려고 한다.

수행과제	1. 거래자료를 입력하시오.
	   (단, '복리후생비'로 처리할 것.)
	2. 영수증수취명세서 (2)와
	   (1)서식을 작성하시오.

2 기타 일반거래

자료 1. 급여대장

2026년 4월분 급여대장

(주)퐁당퐁당 관리부   [귀속: 2026년 4월]   [지급일: 2026년 4월 25일]

구분	급여합계	공제 및 차인지급액			
		소득세	지방소득세	국민연금	건강보험 (장기요양포함)
재무팀 (이선영)	4,500,000원	236,000원	23,600원	193,500원	171,950원
		고용보험	가불금	공제계	차인지급액
		38,700원	1,000,000원	1,663,750원	2,836,250원

자료 2. 보통예금(신한은행) 거래내역

번호	거래일	내용	찾으신 금액	맡기신 금액	잔액	거래점
		계좌번호 764502-01-047720 (주)퐁당퐁당				
1	2026-04-25	급여지급	2,836,250원		***	***

자료설명	[4월 25일] 재무팀 팀장 이선영의 4월분 급여를 신한은행 보통예금 계좌에서 이체하여 지급하였다.(공제계 1,663,750원 중 가불금 1,000,000원은 '137.주.임.종단기채권' 계정에 계상되어 있으며, 그 외 공제내역 663,750원은 통합하여 예수금으로 처리한다.)
수행과제	거래자료를 입력하시오.

3 기타 일반거래

출장비 정산서

소속	영업부	직위	차장	성명	이은종
출장내역	일 시	2026년 4월 24일 ~ 2026년 4월 26일			
	출 장 지	세종특별시			
	출장목적	신규거래처 발굴			
지출내역	숙 박 비	360,000원	교 통 비 120,000원	식대	90,000원
	합계	570,000원			

2026년 4월 26일

신청인   성명   이 은 종(인)

자료설명	[4월 26일] 출장을 마친 직원의 출장비 정산서를 받고 차액 30,000원은 현금으로 회수하였다.
수행과제	4월 24일 거래를 확인한 후 거래자료를 입력하시오.

4 기타 일반거래

자료. 보통예금(기업은행) 거래내역

번호	거래일	내용	찾으신 금액	맡기신 금액	잔액	거래점
		계좌번호 096-24-0094-123 (주)퐁당퐁당				
1	2026-05-31	주민세(종업원분)	20,000원		***	***

자료설명	[5월 31일] 위택스 사이트에서 5월분 주민세(종업원분)를 신고하고 당일 기업은행 보통예금 계좌에서 이체하여 납부하였다.
수행과제	거래자료를 입력하시오.(단, '세금과공과금'으로 처리할 것.)

5 전자어음의 만기결제

자료 1.

	전 자 어 음
	(주)하늘상사 귀하 00420260510123456789
금	이천이백만원정 22,000,000원
	위의 금액을 귀하 또는 귀하의 지시인에게 지급하겠습니다.
	지급기일 2026년 7월 10일 발행일 2026년 5월 10일
	지 급 지 국민은행 발행지 서울특별시 서대문구 충정로7길
	지급장소 서대문지점 주 소 29-8 (충정로3가)
	발행인 (주)퐁당퐁당

자료 2. 당좌예금(국민은행) 거래내역

번호	거래일	내용	찾으신금액	맡기신금액	잔액	거래점
		계좌번호 011202-04-012368 (주)퐁당퐁당				
1	2026-07-10	어음만기	22,000,000		***	***

자료설명	상품 구매대금으로 발행한 어음의 만기일이 도래하여 국민은행 당좌예금 계좌에서 인출되었다.
수행과제	1. 거래자료를 입력하시오. 2. 자금관련정보를 입력하여 지급어음현황에 반영하시오.

실무수행 ◎   **부가가치세**

부가가치세 신고 관련 자료이다. [자료설명]을 참고하여 [수행과제]를 수행하시오.

1   **과세매출자료의 전자세금계산서 발행**

거래명세서   (공급자 보관용)

<table>
<tr><td rowspan="5">공급자</td><td>등록번호</td><td colspan="3">110-86-10018</td><td rowspan="5">공급받는자</td><td>등록번호</td><td colspan="3">115-81-12317</td></tr>
<tr><td>상호</td><td colspan="2">(주)퐁당퐁당</td><td>성명</td><td>상호</td><td colspan="2">(주)황금스포츠</td><td>성명</td></tr>
<tr><td></td><td colspan="2"></td><td>이찬원</td><td></td><td colspan="2"></td><td>김종식</td></tr>
<tr><td>사업장주소</td><td colspan="3">서울특별시 서대문구 충정로7길 29-8(충정로3가)</td><td>사업장주소</td><td colspan="3">서울특별시 서대문구 충정로 30</td></tr>
<tr><td>업태</td><td colspan="2">도소매업</td><td>종사업장번호</td><td>업태</td><td colspan="2">도소매업</td><td>종사업장번호</td></tr>
<tr><td></td><td>종목</td><td colspan="2">스포츠용품</td><td></td><td></td><td>종목</td><td colspan="2">스포츠용품</td><td></td></tr>
</table>

거래일자	미수금액	공급가액	세액	총 합계금액
2026.7.12.		18,000,000	1,800,000	19,800,000

NO	월	일	품목명	규격	수량	단가	공급가액	세액	합계
1	7	12	남자 수영복		300	60,000	18,000,000	1,800,000	19,800,000

자료설명	1. 상품을 공급하고 발급한 거래명세서이다.
	2. 대금 중 3,000,000원은 7월 5일 계약금으로 받았으며, 잔액은 다음달 10일에 받기로 하였다.
수행과제	1 거래명세서에 의해 매입매출자료를 입력하시오.
	2. **전자세금계산서 발행 및 내역관리** 를 통하여 발급 및 전송하시오.
	(단, 전자세금계산서 발급 시 결제내역 및 전송일자는 고려하지 말 것.)

2 매출거래

신용카드 승인전표

카드번호	4124-5352-****-6**2
카드종류	우리카드
거래유형	국내일반
결제방법	일시불
거래일시	2026.07.26.16:04:12
취소일시	
승인번호	7154584

공급가액	300,000원
부가세	30,000원
봉사료	
승인금액	330,000원
가맹점명	(주)퐁당퐁당
과세구분	일반과세사업자
가맹점번호	12345678
전화번호	02-3149-0391
가맹점 주소	서울 서대문구 충정로7길 29-8
사업자번호	110-86-10018
대표자명	이찬원

우리카드

자료설명
[7월 26일]
상품(서핑보드)을 개인(박태환)에게 판매하고 발급한 신용카드 매출전표이다.

수행과제
매입매출자료를 입력하시오.
(단, '외상매출금' 계정으로 처리할 것.)

3 매입거래

전자세금계산서				(공급받는자 보관용)			승인번호		

공급자	등록번호	714-87-00624			공급받는자	등록번호	110-86-10018		
	상호	해움특허법인	성명 (대표자)	김웅		상호	(주)퐁당퐁당	성명	이찬원
	사업장 주소	서울특별시 강남구 논현로 752				사업장 주소	서울특별시 서대문구 충정로7길 29-8(충정로3가)		
	업태	서비스업	종사업장번호			업태	도소매업	종사업장번호	
	종목	변리사				종목	스포츠용품		
	E-Mail	haewoom@naver.com				E-Mail	pongdang@bill36524.com		

작성일자	2026.8.20.	공급가액	1,500,000	세 액	150,000
비고					

월	일	품목명	규격	수량	단가	공급가액	세액	비고
8	20	디자인권 등록				1,500,000	150,000	

합계금액	현금	수표	어음	외상미수금	이 금액을	○ 영수 ● 청구	함
1,650,000				1,650,000			

자료설명	디자인권을 등록하고 전자세금계산서를 수취하였으며, 대금은 전액 다음달 10일에 지급하기로 하였다.
수행과제	1. 매입매출자료를 입력하시오.(단, 무형자산 '디자인권'으로 처리할 것.) (전자세금계산서 거래는 '전자입력'으로 입력할 것.) 2. [고정자산등록]에 고정자산을 등록(계정과목: 디자인권, 코드: 1001, 자산명: 로고디자인권, 상각방법: 정액법, 내용연수 5년, 경비구분: 800번대)하시오.

4 매입거래

전자계산서				(공급받는자 보관용)		승인번호		

<table>
<tr><td rowspan="7">공급자</td><td>등록번호</td><td colspan="3">501-81-18905</td><td rowspan="7">공급받는자</td><td>등록번호</td><td colspan="2">110-86-10018</td></tr>
<tr><td>상호</td><td>우리캐피탈(주)</td><td>성명
(대표자)</td><td>임정태</td><td>상호</td><td>(주)퐁당퐁당</td><td>성명</td><td>이찬원</td></tr>
<tr><td>사업장
주소</td><td colspan="3">서울 광진구 구의동 546-4</td><td>사업장
주소</td><td colspan="2">서울특별시 서대문구 충정로7길
29-8(충정로3가)</td></tr>
<tr><td>업태</td><td>서비스</td><td>종사업장번호</td><td></td><td>업태</td><td>도소매업</td><td>종사업장번호</td></tr>
<tr><td>종목</td><td>금융</td><td></td><td></td><td>종목</td><td>스포츠용품</td><td></td></tr>
<tr><td>E-Mail</td><td colspan="3">wooricapital@naver.com</td><td>E-Mail</td><td colspan="2">pongdang@bill36524.com</td></tr>
</table>

작성일자	2026.8.22.	공급가액	1,230,000	비고	

월	일	품목명	규격	수량	단가	공급가액	비고
8	22	벤츠 리스료				1,230,000	

합계금액	현금	수표	어음	외상	이 금액을	◉ 영수 ○ 청구	함
1,230,000							

자료설명	영업부 차량 리스료를 신한은행 보통예금 계좌에서 이체지급하였다.
수행과제	매입매출자료를 입력하시오. (단, '임차료'계정으로 처리하며, 전자계산서 거래는 '전자입력'으로 입력할 것.)

5 매입거래

전자세금계산서 (공급받는자 보관용) 승인번호

공급자					공급받는자			
등록번호	211-81-75191				등록번호	110-86-10018		
상호	(주)명성자동차	성명(대표자)	김병찬		상호	(주)퐁당퐁당	성명	이찬원
사업장주소	서울특별시 중구 을지로 30				사업장주소	서울특별시 서대문구 충정로7길 29-8(충정로3가)		
업태	도소매업	종사업장번호			업태	도소매업	종사업장번호	
종목	중고차매매				종목	스포츠용품		
E-Mail	famouscar@bill36524.com				E-Mail	pongdang@bill36524.com		

작성일자	2026.9.15.	공급가액	8,000,000	세 액	800,000

비고							

월	일	품목명	규격	수량	단가	공급가액	세액	비고
09	15	경차(캐스퍼) 998cc				8,000,000	800,000	

합계금액	현금	수표	어음	외상미수금	이 금액을	○ 영수 ● 청구	함
8,800,000				8,800,000			

자료설명	대표이사 이찬원(거래처코드: 00124)의 자녀가 업무와 무관하게 개인용도로 사용할 중고차량을 구입하고, 발급받은 전자세금계산서이다.
수행과제	매입매출자료를 입력하시오.(단, 전자세금계산서 거래는 '전자입력'으로 입력할 것.)

6 부가가치세신고서에 의한 회계처리

■ 보통예금(국민은행) 거래내역

		내용	찾으신금액	맡기신금액	잔액	거래점
번호	거래일	계좌번호 781006-01-774301 (주)퐁당퐁당				
1	2026-07-25	부가세납부	5,713,500		***	***

자료설명	제1기 부가가치세 확정신고에 대한 납부세액을 국민은행 보통예금에서 이체하여 납부하였다.
수행과제	6월 30일 일반전표를 참고하여 납부세액에 대한 회계처리를 하시오. (단, 저장된 부가가치세신고서를 이용하고 거래처코드를 입력할 것.)

실무수행 ◉ 결산

[결산자료]를 참고하여 결산을 수행하시오.(단, 제시된 자료 이외의 자료는 없다고 가정함.)

1 수동결산 및 자동결산

자료설명	1. 결산일 현재 장기대여금에 대한 기간경과분 미수이자 590,000원을 계상하다.
	 2. 기말상품재고액은 29,000,000원이다.
	 3. 이익잉여금처분계산서 처분 예정(확정)일
	    – 당기분: 2027년 2월 28일
	    – 전기분: 2026년 2월 28일

수행과제	1. 수동결산 또는 자동결산 메뉴를 이용하여 결산을 완료하시오.
	 2. 12월 31일을 기준으로 '손익계산서 ➜ 이익잉여금처분계산서 ➜ 재무상태표'를 순서대로 조회 작성하시오.
	    (단, 이익잉여금처분계산서 조회 작성 시 '저장된 데이터 불러오기'와 '아니오' 선택
	    ➜ 상단부의 '전표추가'를 이용하여 '손익대체분개'를 수행할 것.)

평가문제 ◉ 실무수행평가 (62점)

입력자료 및 회계정보를 조회하여 [평가문제]의 답안을 입력하시오.

평가문제 답안입력 유의사항	❶ 답안은 지정된 단위의 숫자로만 입력해 주십시오. * 한글 등 문자 금지		
		정답	오답(예)
	(1) 금액은 원 단위로 숫자를 입력하되, 천 단위 콤마(,)는 생략 가능합니다.	1,245,000 1245000	1.245.000 1,245,000원 1,245,0000 12,45,000 1,245천원
	(1-1) 답이 0원인 경우 반드시 "0" 입력 (1-2) 답이 음수(-)인 경우 숫자 앞에 "-" 입력 (1-3) 답이 소수인 경우 반드시 "." 입력		
	(2) 질문에 대한 답안은 숫자로만 입력하세요.	4	04 4/건/매/명 04건/매/명
	(3) 거래처 코드번호는 5자리 숫자로 입력하세요.	00101	101 00101번
	❷ 더존 프로그램에서 조회되는 자료를 복사하여 붙여넣기가 가능합니다. ❸ 수행과제를 올바르게 입력하지 않고 작성한 답과 모범답안이 다른 경우 오답처리됩니다.		

번호	평가문제	배점
11	**평가문제 [거래처등록 조회]** (주)퐁당퐁당의 [거래처등록] 관련 내용으로 옳지 않은 것은? ① 카드거래처의 [구분: 매입] 관련 거래처는 7개이다. ② 일반거래처 '(주)맥스포츠'의 대표자는 '김연아'이다. ③ 일반거래처 '(주)맥스포츠'의 담당자메일주소는 macspo@bill36524.com이다. ④ 금융거래처 중 [3.예금종류]가 '차입금'인 거래처는 3개이다.	4
12	**평가문제 [계정과목및적요등록 조회]** '219.비품정부보조금' 계정과 관련된 내용으로 옳지 않은 것은? ① '비품정부보조금'의 구분은 '차감'이다. ② '비품정부보조금'의 관계는 '212'이다. ③ 표준코드를 사용하고 있다. ④ '비품정부보조금'은 비품 취득 시 비품의 차감계정으로 표시된다.	4
13	**평가문제 [일/월계표 조회]** 4월에 발생한 '판매비와관리비' 중 지출금액이 옳지 않은 것은? ① 급여　　　34,500,000원　　　② 복리후생비　　　1,374,500원 ③ 여비교통비　　744,000원　　　④ 접대비(기업업무추진비)　201,000원	3
14	**평가문제 [일/월계표 조회]** 5월에 발생한 '세금과공과금' 발생액은 얼마인가?	2
15	**평가문제 [일/월계표 조회]** 7월(7/1~7/31) 한 달 동안 '외상매출금' 증가액은 얼마인가?	3
16	**평가문제 [일/월계표 조회]** 3/4분기(7월~9월) 동안 발생한 '판매관리비' 금액은 얼마인가? ① 7,076,300원　　　② 96,303,180원 ③ 102,149,480원　　④ 103,379,480원	3
17	**평가문제 [합계잔액시산표 조회]** 9월 말 '가지급금'의 잔액은 얼마인가?	3
18	**평가문제 [합계잔액시산표 조회]** 9월 말 '미지급세금' 잔액으로 옳은 것은? ① 0원　　　② 2,273,000원 ③ 5,713,500원　　④ 7,986,500원	3
19	**평가문제 [거래처원장 조회]** 9월 말 미지급금 잔액으로 옳지 않은 것은? ① 00114.(주)다이나믹　1,100,000원　② 00121.해움특허법인　1,650,000원 ③ 05030.(주)대림스포츠　27,600,000원　④ 12001.(주)명성자동차　8,800,000원	3
20	**평가문제 [재무상태표 조회]** 12월 말 유동부채 계정별 잔액으로 옳지 않은 것은? ① 지급어음　11,100,000원　　② 미지급금　428,774,230원 ③ 예수금　2,410,880원　　　④ 선수금　4,450,000원	3

번호	평가문제	배점
21	**평가문제 [재무상태표 조회]** 12월 말 '이월이익잉여금(미처분이익잉여금)' 잔액은 얼마인가? ① 219,782,520원 ② 225,792,151원 ③ 237,589,530원 ④ 245,852,120원	2
22	**평가문제 [손익계산서 조회]** 당기에 발생한 '상품매출원가'는 얼마인가?	3
23	**평가문제 [손익계산서 조회]** 당기에 발생한 '영업외수익' 금액은 얼마인가?	4
24	**평가문제 [영수증수취명세서 조회]** [영수증수취명세서(1)]에 작성된 '12.명세서제출 대상' 금액은 얼마인가?	3
25	**평가문제 [예적금현황 조회]** 12월 말 은행별 예금 잔액으로 옳지 않은 것은? ① 국민은행(당좌) 29,600,000원 ② 국민은행(보통) 195,637,900원 ③ 기업은행(보통) 28,767,000원 ④ 신한은행(보통) 97,163,750원	3
26	**평가문제 [지급어음현황 조회]** 2026년에 만기가 도래하는 '지급어음'의 결제액은 얼마인가?	3
27	**평가문제 [부가가치세신고서 조회]** 제2기 예정 신고기간 부가가치세신고서의 '세금계산서수취분-고정자산매입(12란)'의 금액은 얼마인가?	3
28	**평가문제 [전자세금계산서 발행 및 내역관리]** 제2기 예정 신고기간의 [국세청: 전송성공] 전자세금계산서 공급가액의 합계는 얼마인가?	4
29	**평가문제 [계산서합계표 조회]** 제2기 예정 신고기간의 매입계산서 공급가액 합계는 얼마인가?	4
30	**평가문제 [고정자산등록 조회]** [계정과목:234.디자인권-자산명: 로고디자인]의 [19.당기상각범위액]은 얼마인가?	2
	총 점	62

평가문제 ◎ 회계정보분석 (8점)

회계정보를 조회하여 [회계정보분석]의 답안을 입력하시오.

31. 재무상태표 조회 (4점)

당좌비율이란 유동부채에 대한 당좌자산의 비율로 재고자산을 제외시킴으로써 단기채무에 대한 기업의 지급능력을 파악하는 데 유동비율 보다 더욱 정확한 지표로 사용되고 있다. 전기분 당좌비율을 계산하면 얼마인가?(단, 소숫점 이하는 버림 할 것.)

$$당좌비율(\%) = \frac{당좌자산}{유동부채} \times 100$$

① 15%   ② 18%
③ 537%   ④ 634%

32. 손익계산서 조회 (4점)

매출총이익률은 매출로부터 얼마의 이익을 얻느냐를 나타내는 비율로 높을수록 판매, 매입활동이 양호한 편이다. 전기분 매출총이익률은 얼마인가?(단, 소수점 이하는 버림할 것.)

$$매출총이익률(\%) = \frac{매출총이익}{매출액} \times 100$$

① 19%   ② 50%
③ 62%   ④ 268%

최신 기출문제 제85회

실무이론평가

아래 문제에서 특별한 언급이 없으면 기업의 보고 기간(회계기간)은 매년 1월 1일부터 12월 31일까지입니다. 또한 기업은 일반기업회계기준 및 관련 세법을 계속적으로 적용하고 있다고 가정하고 물음에 가장 합당한 답을 고르시기 바랍니다.

01 다음 중 재무제표 작성과 표시의 일반원칙으로 옳은 것은?

① 자산과 부채는 원칙적으로 상계하여 표시한다.
② 재무제표의 작성과 표시에 대한 책임은 경영진에게 있다.
③ 중요한 항목은 재무제표의 본문이나 주석에 통합하여 표시한다.
④ 수익과 비용은 각각 순액으로 보고하는 것을 원칙으로 한다.

02 다음 자료를 토대로 기말상품재고액을 계산하면 얼마인가?

• 매출액	5,000,000원
• 기초상품재고액	3,000,000원
• 매입액	2,000,000원
• 매출총이익	1,000,000원

① 1,000,000원 ② 2,000,000원
③ 3,000,000원 ④ 4,000,000원

03 다음 지출액 중 비용으로 처리할 금액은 얼마인가?(단, 상각은 고려하지 않는다.)

• 연구단계에서 지출한 금액은 4,000,000원이다.
• 제품 개발단계에서 지출한 금액은 20,000,000원이다. 이 중 5,000,000원은 자산인식요건을 충족시키지 못하였다.

① 2,000,000원 ② 4,000,000원
③ 9,000,000원 ④ 10,000,000원

04 다음 대화내용에 따른 거래를 회계처리할 경우 대변 계정과목으로 옳은 것은?

① 미수금 ② 선수금
③ 매출 ④ 선급금

05 다음 중 회계추정의 변경으로 볼 수 없는 경우는?

① 재고자산의 진부화에 대한 판단의 변경
② 재고자산평가방법의 변경
③ 감가상각자산의 내용연수 변경
④ 대손추정율의 변경

06 다음 자료를 토대로 도소매업을 영위하는 (주)한공의 판매비와관리비를 계산하면 얼마인가?

급여	3,000,000원	퇴직급여	500,000원
복리후생비	600,000원	대손상각비	300,000원
임차료	100,000원	이자비용	200,000원
기부금	400,000원	접대비 (기업업무추진비)	270,000원

① 4,770,000원 ② 4,970,000원
③ 5,170,000원 ④ 5,370,000원

07 (주)한공의 2026년 결산 정리사항 반영 전 당기순이익은 30,000,000원이다. 다음 결산정리사항을 반영한 후 당기순이익은 얼마인가?

- 당기발생분 이자수익 3,000,000원에 대한 미수수익을 인식하지 아니함.
- 12월 급여 미지급분 5,000,000원을 인식하지 아니함.

① 27,000,000원 ② 28,000,000원
③ 32,000,000원 ④ 38,000,000원

08 다음 중 부가가치세법상 납세의무자에 대한 설명으로 옳은 것은?

① 면세사업자는 부가가치세법 납세의무가 있다.
② 국가는 부가가치세법상 납세의무자가 될 수 없다.
③ 재화를 수입하는 자는 납세의무자가 될 수 없다.
④ 재화 수입의 경우 재화를 수입하는 자가 납세의무자가 된다.

09 다음 중 부가가치세법상 영세율 적용대상에 해당하지 않는 것은?

① 내국신용장에 의하여 공급하는 수출재화임가공용역
② 중계무역수출
③ 선박 또는 항공기에 의한 외국항행용역
④ 외국으로부터의 재화의 수입

10 다음은 (주)한공의 제2기 예정신고기간(2026. 7.1. ~ 2026.9.30.)의 거래 내역이다. 이를 토대로 부가가치세 과세표준을 계산하면 얼마인가?

가. 국내매출액 77,000,000원(부가가치세 포함)
나. 토지처분액 50,000,000원
다. 수출액   60,000,000원

① 70,000,000원 ② 77,000,000원
③ 120,000,000원 ④ 130,000,000원

실무수행평가

(주)범죄도시(회사코드 3285)는 호신용품을 도·소매하는 법인으로 회계기간은 제5기(2026.1.1. ~ 2026.12.31.)이다. 제시된 자료와 [자료설명]을 참고하여 [수행과제]를 완료하고 [평가문제]의 물음에 답하시오.

실무수행 유의사항	1. 부가가치세 관련거래는 [매입매출전표입력]메뉴에 입력하고, 부가가치세 관련 없는 거래는 [일반전표입력]메뉴에 입력한다. 2. 타계정 대체액과 관련된 적요는 반드시 코드를 입력하여야 한다. 3. 채권·채무, 예금거래 등 관리대상 거래자료에 대하여는 반드시 거래처코드를 입력한다. 4. 자금관리 등 추가 작업이 필요한 경우 문제의 요구에 따라 추가 작업하여야 한다. 5. 판매비와관리비는 800번대 계정코드를 사용한다. 6. 등록된 계정과목 중 가장 적절한 계정과목을 선택한다.

실무수행 ◎ 기초정보관리의 이해

회계관련 기초정보는 입력되어 있다. [자료설명]을 참고하여 [수행과제]를 수행하시오.

1 계정과목추가 및 적요등록 수정

자료설명	(주)범죄도시는 라이선스 계약에 따른 콘텐츠 사용권을 관리하기 위해 무형자산코드 범위에 계정과목과 적요를 등록하려고 한다.
수행과제	'237.광업권' 계정과목을 '237.라이선스'로 수정하고, 표준코드와 적요를 등록하시오. (계정구분: 3.일반) 　－ 표준코드: 189.기타무형자산 　－ 현금적요: 01.라이선스 대금 현금지급 　－ 대체적요: 01.라이선스 대금 보통예금지급

2 전기분 재무상태표의 입력수정

재 무 상 태 표

제4(당)기 2025.12.31. 현재
제3(전)기 2024.12.31. 현재

(주)범죄도시   (단위: 원)

과 목	제 4 기 (2025.12.31.)		제 3 기 (2024.12.31.)	
자 산				
Ⅰ. 유 동 자 산		704,476,800		429,340,000
(1) 당 좌 자 산		691,476,800		404,340,000
현 금		9,000,000		21,000,000
당 좌 예 금		119,700,000		201,000,000
보 통 예 금		393,611,800		21,640,000
정 기 예 적 금		15,000,000		14,000,000
단 기 매 매 증 권		3,000,000		1,000,000
외 상 매 출 금	135,000,000		130,000,000	
대 손 충 당 금	1,350,000	133,650,000	300,000	129,700,000
받 을 어 음		15,000,000		16,000,000
미 수 금		2,515,000		0
(2) 재 고 자 산		13,000,000		25,000,000
상 품		13,000,000		25,000,000
Ⅱ. 비 유 동 자 산		54,113,200		37,300,000
(1) 투 자 자 산		8,000,000		0
장 기 대 여 금		8,000,000		0
(2) 유 형 자 산		46,113,200		7,300,000
차 량 운 반 구	56,500,000		16,500,000	
감 가 상 각 누 계 액	21,018,000	35,482,000	12,300,000	4,200,000
비 품	19,400,000		9,400,000	
감 가 상 각 누 계 액	8,768,800	10,631,200	6,300,000	3,100,000
(3) 무 형 자 산		0		0
(4) 기 타 비 유 동 자 산		0		0
자 산 총 계		758,590,000		466,640,000
부 채				
Ⅰ. 유 동 부 채		90,000,000		81,061,266
외 상 매 입 금		37,670,000		31,061,266
지 급 어 음		26,900,000		30,000,000
미 지 급 금		22,500,000		20,000,000
예 수 금		2,930,000		0
Ⅱ. 비 유 동 부 채		80,000,000		0
장 기 차 입 금		50,000,000		0
퇴직급여충당부채		30,000,000		0
부 채 총 계		170,000,000		81,061,266
자 본				
Ⅰ. 자 본 금		540,000,000		350,000,000
자 본 금		540,000,000		350,000,000
Ⅱ. 자 본 잉 여 금		0		0
Ⅲ. 자 본 조 정		0		0
Ⅳ. 기타포괄손익누계액		0		0
Ⅴ. 이 익 잉 여 금		48,590,000		35,578,734
미처분이익잉여금		48,590,000		35,578,734
(당 기 순 이 익) (27,668,000원)				
자 본 총 계		588,590,000		385,578,734
부 채 와 자 본 총 계		758,590,000		466,640,000

자료설명	전기(제4기)분 재무제표는 입력되어 있으며, 재무제표 검토결과 입력오류를 발견하였다.
수행과제	입력이 누락되었거나 잘못된 부분을 찾아 수정하시오.

실무수행 ◎ 거래자료 입력

실무프로세스 자료이다. [자료설명]을 참고하여 [수행과제]를 수행하시오.

1 3만원 초과 거래자료에 대한 영수증수취명세서 작성

수리비명세서(영수증)

2026/01/15

상 호: 순돌이수리센터 (T.02-3220-0114)

성 명: 임현식

사업장: 서울특별시 서대문구 수색로6길 43

사업자등록번호: 119-15-50400

품목	구분	단가	금 액
전기누전 수리		42,000	42,000
		합계:	42,000원

감사합니다.

자료설명

[1월 15일]
사무실 정전사고로 긴급 복구 수리비를 현금으로 지급하고 받은 영수증이다. 회사는 이 거래가 지출증명서류미수취가산세대상인지를 검토하려고 한다.

수행과제

1. 거래자료를 입력하시오.
   (단, '수익적 지출'로 처리할 것.)
2. 영수증수취명세서 (2)와 (1)서식을 작성하시오.

2 약속어음 수취거래

전 자 어 음

(주)범죄도시 귀하   00420260215123456789

금 이천팔백만원정   **28,000,000원**

위의 금액을 귀하 또는 귀하의 지시인에게 지급하겠습니다.

지급기일 2026년 4월 15일   발행일 2026년 2월 15일
지 급 지 국민은행   발행지 서울특별시 서대문구 북아현로 1
지급장소 서대문지점   주 소
               발행인 (주)하얼빈

자료설명	[2월 15일] (주)하얼빈에 대한 상품 판매 외상대금을 전자어음으로 수취하였다.
수행과제	1. 거래자료를 입력하시오. 2. 자금관련정보를 입력하여 받을어음 현황에 반영하시오.

3 증빙에 의한 거래입력

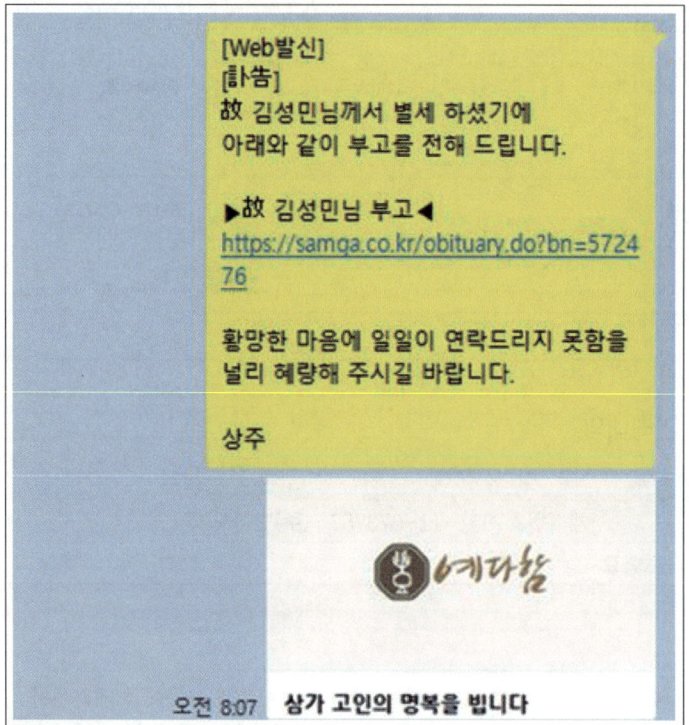

자료설명	[3월 20일] 거래처 대표자 부친의 부고 문자를 받고 조의금 200,000원을 당사 신한은행 보통예금 계좌에서 이체 송금하였다.
수행과제	거래자료를 입력하시오.

4 통장사본에 의한 거래입력

자료 1. 국민연금보험료 영수증

사회보험 납부영수증

납부의무자 (사업자명)	(주)범죄도시		
보험구분	국민연금		
통합납부자번호	57069052051	납부년월	2026.03 ~ 2026.03
납부일자	2026년 04월 10일	납부금액	600,660원
납부개월	1개월		
납부은행/카드	농협은행	납부계좌	851-11-073757

위 금액을 정히 영수합니다.

국민연금보험공단   2026.04.10

자료 2. 보통예금(농협은행) 거래내역

번호	거래일	내용	찾으신금액	맡기신금액	잔액	거래점
		계좌번호 851-11-073757 (주)범죄도시				
1	2026-04-10	국민연금보험료	600,660		***	***

자료설명	[4월 10일] 3월 급여지급분에 대한 국민연금보험료를 납부기한일에 농협은행 보통예금 계좌에서 이체하여 납부하였다. 보험료의 50%는 급여 지급 시 원천징수한 금액이며, 나머지 50%는 회사부담분이다.
수행과제	거래자료를 입력하시오.(회사부담분 국민연금보험료는 '세금과공과금'으로 처리할 것.)

5 기타거래

자료 1. 사무용가구(비품) 구매내역

자료 2. 보통예금(카카오뱅크) 거래내역

번호	거래일	내용	찾으신금액	맡기신금액	잔액	거래점
		계좌번호 0012102-1251-10 (주)범죄도시				
1	2026-05-10	사무용가구 구입	800,000		***	***

자료설명	[5월 10일] 1. 당근마켓에서 일반 개인에게 중고 사무용가구(비품)를 1,000,000원에 구입하였다. 2. 대금 1,000,000원 중 800,000원은 회사 보통예금(카카오뱅크)에서 송금하였으나, 잔액 부족으로 나머지 잔액 200,000원은 대표이사 개인명의 통장에서 지급하고 가수금 처리하기로 하였다.
수행과제	거래자료를 입력하시오.

실무수행 ◎ 부가가치세

부가가치세 신고 관련 자료이다. [자료설명]을 참고하여 [수행과제]를 수행하시오.

1 과세매출자료의 전자세금계산서발급

거래명세서

(공급자 보관용)

공급자	등록번호	110-87-01194			공급받는자	등록번호	211-88-27626		
	상호	(주)범죄도시	성명	마동석		상호	(주)남도스포츠	성명	김한상
	사업장주소	서울특별시 서대문구 충정로7길 12 (충정로2가)				사업장주소	서울특별시 금천구 독산로 324		
	업태	도소매업	종사업장번호			업태	도소매업	종사업장번호	
	종목	호신용품외				종목	스포츠용품외		

거래일자	미수금액	공급가액	세액	총 합계금액
2026.7.10.		1,200,000	120,000	1,320,000

NO	월	일	품목명	규격	수량	단가	공급가액	세액	합계
1	7	10	호신용스프레이		40	30,000	1,200,000	120,000	

비 고	전미수액	당일거래총액	입금액	미수액	인수자
		1,320,000		1,320,000	

자료설명	상품을 판매하고 발급한 거래명세서이며, 대금은 월말에 받기로 하였다.
수행과제	1. 거래명세서에 의해 매입매출자료를 입력하시오. 2. **전자세금계산서 발행 및 내역관리** 를 통하여 발급 및 전송하시오. (전자세금계산서 발급 시 결제내역 및 전송일자는 고려하지 말 것.)

2 매출거래

수정전자세금계산서 (공급자 보관용)					승인번호			

공급자	등록번호	110-87-01194			공급받는자	등록번호	113-81-32864	
	상호	(주)범죄도시	성명(대표자)	마동석		상호	(주)하얼빈	성명(대표자)	장첸
	사업장주소	서울특별시 서대문구 충정로7길 12 (충정로2가)				사업장주소	서울특별시 서대문구 북아현로 1	
	업태	도소매업	종사업장번호			업태	도소매업	종사업장번호
	종목	호신용품외				종목	스포츠용품외	
	E-Mail	crimecity@bill36524.com				E-Mail	china@bill36524.com	

작성일자	2026.7.28.	공급가액	-5,000,000	세 액	-500,000

비고	

월	일	품목명	규격	수량	단가	공급가액	세액	비고
7	28	호신용호루라기		-100	50,000	-5,000,000	-500,000	

합계금액	현금	수표	어음	외상미수금	이 금액을	○ 영수 ⦿ 청구	함
-5,500,000				-5,500,000			

자료설명	[7월 28일] 1. 7월 22일에 외상판매한 상품의 대금지급 지연문제로 계약이 해제되어 수정전자세금계산서를 발급하였다. 2. 거래대금은 전액 외상매출금과 상계처리하기로 하였다.
수행과제	매입매출자료를 입력하시오. (전자세금계산서의 발급 및 전송업무는 생략하고 '전자입력'으로 입력할 것.)

3 매입거래

삼성카드 승인전표	
카드번호	2425-5555-4780-5263
거래유형	국내일반
결제방법	일시불
거래일시	2026.08.13.08:37
취소일시	
승인번호	7154584

공급가액	**7,000**원
부가세	**700**원
승인금액	**7,700**원

가맹점명	쿠팡(주)
가맹점번호	169874254
가맹점 전화번호	02-1544-8667
가맹점 주소	서울시 송파구 송파대로 570
사업자등록번호	120-88-00767
대표자명	박대준

Samsung Card

자료설명	[8월 13일] 회사 물품 구입을 위해 이용하는 쿠팡 멤버십 월회비가 법인신용카드(삼성카드)로 자동 결제되었다.
수행과제	매입매출자료를 입력하시오.(단, '수수료비용'으로 처리할 것.)

4 매출거래

전자계산서		(공급자 보관용)			승인번호		

공급자	등록번호	110-87-01194			공급받는자	등록번호	211-86-08979	
	상호	(주)범죄도시	성명(대표자)	마동석		상호	(주)스포츠사랑	성명(대표자)	임지훈
	사업장주소	서울특별시 서대문구 충정로7길 12 (충정로2가)				사업장주소	서울특별시 강남구 강남대로 262		
	업태	도소매업	종사업장번호			업태	도소매업	종사업장번호	
	종목	호신용품외				종목	스포츠용품외		
	E-Mail	crimecity@bill36524.com				E-Mail	spolove@bill36524.com		

작성일자	2026.9.8.	공급가액	3,000,000	비 고	

월	일	품목명	규격	수량	단가	공급가액	비고
9	8	도서(생활 호신술)		300	10,000	3,000,000	

합계금액	현금	수표	어음	외상미수금	이 금액을	◉ 영수 함
3,000,000						○ 청구

자료설명	[9월 8일] 면세 상품을 판매하고 대금은 신한은행 보통예금 계좌로 입금 받았다. (단, 본 거래에 한하여 과세사업과 면세사업을 겸영한다고 가정할 것.)
수행과제	매입매출자료를 입력하시오.(전자계산서 거래는 '전자입력'으로 입력할 것.)

5 매입거래

전자세금계산서			(공급받는자 보관용)			승인번호		

<table>
<tr><td rowspan="6">공급자</td><td>등록번호</td><td colspan="4">460-82-11520</td><td rowspan="6">공급받는자</td><td>등록번호</td><td colspan="3">110-87-01194</td></tr>
<tr><td>상호</td><td colspan="2">삼일타워관리단</td><td>성명
(대표자)</td><td>김대수</td><td>상호</td><td colspan="2">(주)범죄도시</td><td>성명
(대표자)</td><td>마동석</td></tr>
<tr><td>사업장
주소</td><td colspan="4">서울특별시 서대문구 충정로7길 12
(충정로2가)</td><td>사업장
주소</td><td colspan="3">서울특별시 서대문구 충정로7길 12
(충정로2가)</td></tr>
<tr><td>업태</td><td colspan="2">서비스업</td><td>종사업장번호</td><td></td><td>업태</td><td colspan="2">도소매업</td><td>종사업장번호</td></tr>
<tr><td>종목</td><td colspan="2">건물관리</td><td></td><td></td><td>종목</td><td colspan="3">호신용품외</td></tr>
<tr><td>E-Mail</td><td colspan="4">samil@bill36524.com</td><td>E-Mail</td><td colspan="3">crimecity@bill36524.com</td></tr>
</table>

작성일자	2026.9.10.	공급가액	600,000	세 액	60,000
비고					

월	일	품목명	규격	수량	단가	공급가액	세액	비고
9	10	8월분 건물관리비				600,000	60,000	

합계금액	현금	수표	어음	외상미수금	이 금액을	○ 영수 ◉ 청구	함
660,000				660,000			

자료설명	[9월 10일] 8월분 건물관리비에 대한 전자세금계산서를 수취하였으며, 대금은 전액 9월 말 신한 은행 보통예금계좌에서 자동이체할 예정이다.
수행과제	매입매출자료를 입력하시오. (단, 전자세금계산서 거래는 '전자입력'으로 입력하고, '건물관리비'로 처리할 것.)

6 부가가치세신고서에 의한 회계처리

■ 보통예금(신한은행) 거래내역

번호	거래일	내용	찾으신금액	맡기신금액	잔액	거래점
				계좌번호 011202-04-012368　(주)범죄도시		
1	2026-07-31	서대문세무서	3,202,500		***	***

자료설명	[7월 31일] 제1기 부가가치세 확정신고 납부세액(미지급세금) 3,200,000원과 납부지연가산세 2,500원을 신한은행 보통예금 계좌에서 이체하여 납부하였다.
수행과제	6월 30일에 입력된 일반전표를 참고하여 납부세액에 대한 회계처리를 하시오. (납부지연가산세는 '영업외비용'으로 회계처리할 것.)

실무수행 ◎ 결산

[결산자료]를 참고하여 결산을 수행하시오.(단, 제시된 자료 이외의 자료는 없다고 가정함.)

1 수동결산 및 자동결산

자료설명	1. 기말 상품재고액은 18,000,000원이다. 2. [당기감가상각비 내역] | 구 분	계정과목	금 액
유형자산	차량운반구	5,250,000원
	비　품	3,120,000원
합　계		8,370,000원 | 3. 이익잉여금처분계산서 처분 확정(예정)일 　- 당기분: 2027년 3월 31일 　- 전기분: 2026년 3월 31일
----------	------
수행과제	1. 수동결산 또는 자동결산 메뉴를 이용하여 결산을 완료하시오. 2. 12월 31일을 기준으로 '손익계산서 ➡ 이익잉여금처분계산서 ➡ 재무상태표'를 순서대로 조회 작성하시오. 　(단, 이익잉여금처분계산서 조회 작성 시 '저장된 데이터 불러오기' ➡ '아니오' 선택 　➡ 상단부의 '전표추가'를 이용하여 '손익대체분개'를 수행할 것.)

평가문제 ◎ **실무수행평가 (62점)**

입력자료 및 회계정보를 조회하여 [평가문제]의 답안을 입력하시오.

<table>
<tr>
<td rowspan="6">평가문제
답안입력
유의사항</td>
<td colspan="3">❶ 답안은 지정된 단위의 숫자로만 입력해 주십시오.
　* 한글 등 문자 금지</td>
</tr>
<tr>
<td></td>
<td>정답</td>
<td>오답(예)</td>
</tr>
<tr>
<td>(1) 금액은 원 단위로 숫자를 입력하되, 천 단위 콤마(,)는
　생략 가능합니다.

(1-1) 답이 0원인 경우 반드시 "0" 입력
(1-2) 답이 음수(-)인 경우 숫자 앞에 "-" 입력
(1-3) 답이 소수인 경우 반드시 "." 입력</td>
<td>1,245,000
1245000</td>
<td>1.245.000
1,245,000원
1,245,0000
12,45,000
1,245천원</td>
</tr>
<tr>
<td>(2) 질문에 대한 답안은 숫자로만 입력하세요.</td>
<td>4</td>
<td>04
4/건/매/명
04건/매/명</td>
</tr>
<tr>
<td>(3) 거래처 코드번호는 5자리 숫자로 입력하세요.</td>
<td>00101</td>
<td>101
00101번</td>
</tr>
<tr>
<td colspan="3">❷ 더존 프로그램에서 조회되는 자료를 복사하여 붙여넣기가 가능합니다.
❸ 수행과제를 올바르게 입력하지 않고 작성한 답과 모범답안이 다른 경우 오답처리됩니다.</td>
</tr>
</table>

번호	평가문제	배점
11	**평가문제 [계정과목및적요등록 조회]** '237.라이선스' 계정과 관련된 내용으로 옳지 않은 것은? ① '비유동자산 중 무형자산'에 해당하는 계정이다. ② 표준재무제표항목은 '189.기타무형자산'이다. ③ 현금적요는 '01.라이선스 대금 현금지급'을 사용하고 있다. ④ '라이선스'의 대체적요는 사용하지 않고 있다.	4
12	**평가문제 [일/월계표 조회]** 상반기(1월~6월) 동안 발생한 판매관리비의 계정별 금액으로 옳지 않은 것은? ① 수선비 348,000원 ② 접대비(기업업무추진비) 1,589,000원 ③ 세금과공과금 294,000원 ④ 소모품비 2,500,000원	4
13	**평가문제 [일/월계표 조회]** 8월에 발생한 '수수료비용' 금액은 얼마인가?	3
14	**평가문제 [일/월계표 조회]** 3/4분기(7월~9월) 동안 발생한 '상품매출' 금액은 얼마인가?	2
15	**평가문제 [계정별원장 조회]** 9월 말 '108.외상매출금' 잔액으로 옳은 것은? ① 240,492,000원 ② 251,186,000원 ③ 261,771,000원 ④ 267,271,000원	3
16	**평가문제 [합계잔액시산표 조회]** 6월 말 '가수금' 잔액으로 옳은 것은? ① 0원 ② 200,000원 ③ 800,000원 ④ 1,200,000원	3
17	**평가문제 [합계잔액시산표 조회]** 7월 말 '미지급세금' 잔액으로 옳은 것은? ① 0원 ② 800,000원 ③ 3,200,000원 ④ 5,000,000원	3
18	**평가문제 [거래처원장 조회]** 9월 말 신한은행(거래처코드 98002)의 '103.보통예금' 잔액은 얼마인가? ① 74,831,500원 ② 77,631,500원 ③ 77,831,500원 ④ 78,034,000원	4
19	**평가문제 [거래처원장 조회]** 9월 말 삼성카드(거래처코드 99603)의 '253.미지급금' 잔액은 얼마인가? ① 88,000원 ② 4,078,500원 ③ 4,086,200원 ④ 7,700,000원	3

번호	평가문제	배점
20	**평가문제 [영수증수취명세서 조회]** [영수증수취명세서(1)]에 작성된 '12.명세서제출 대상' 금액은 얼마인가?	3
21	**평가문제 [매입매출장 조회]** 제2기 예정 신고기간의 매입 유형 '카드과세(57.카과)' 분기누계 공급가액은 얼마인가?	2
22	**평가문제 [합계잔액시산표 조회]** 1월 말 계정과목별 금액으로 옳지 않은 것은? ① 미수금　　　　2,515,000원　　② 장기대여금　　　　3,000,000원 ③ 장기차입금　60,000,000원　　④ 퇴직급여충당부채　30,000,000원	4
23	**평가문제 [재무상태표 조회]** 12월 말 '유형자산'의 장부금액(취득원가−감가상각누계액)은 얼마인가?	3
24	**평가문제 [재무상태표 조회]** 12월 말 '이월이익잉여금(미처분이익잉여금)' 금액은 얼마인가? ① 705,220,140원　　　　　　② 707,042,950원 ③ 709,120,590원　　　　　　④ 712,452,380원	2
25	**평가문제 [손익계산서 조회]** 당기에 발생한 '상품매출원가' 금액은 얼마인가?	2
26	**평가문제 [손익계산서 조회]** 전기대비 '건물관리비'의 증가액은 얼마인가?	4
27	**평가문제 [부가가치세신고서 조회]** 제2기 예정 신고기간 부가가치세신고서의 '세금계산서수취부분_일반매입(10란)'의 금액은 얼마인가?	4
28	**평가문제 [세금계산서합계표 조회]** 제2기 예정 신고기간의 전자매출세금계산서의 매수는 몇 매인가?	4
29	**평가문제 [예적금현황 조회]** 4월 말 은행별 예금 잔액으로 옳지 않은 것은? ① 국민은행(당좌)　41,000,000원　　② 농협은행(보통)　17,034,000원 ③ 수협은행(보통)　237,414,800원　　④ 기업은행(보통)　25,361,600원	3
30	**평가문제 [받을어음현황 조회]** '받을어음(조회구분: 1.일별, 1.만기일 2026.1.1. ~ 2026.12.31.)'의 보유금액 합계는 얼마인가?	2
	총 점	62

평가문제 ◉ **회계정보분석 (8점)**

회계정보를 조회하여 [회계정보분석] 답안을 입력하시오.

31. 재무상태표 조회 (4점)

유동비율이란 기업의 단기 지급능력을 평가하는 지표이다. (주)범죄도시의 전기 유동비율을 계산하면?(단, 소숫점 이하는 버림 할 것.)

$$유동비율(\%) = \frac{유동자산}{유동부채} \times 100$$

① 12% ② 572%
③ 782% ④ 824%

32. 손익계산서 조회 (4점)

주당순이익은 1주당 이익을 얼마나 창출하느냐를 나타내는 지표이다. 전기 주당순이익을 계산하면 얼마인가?

$$주당순이익 = \frac{당기순이익}{주식수}$$

※ 발행주식수 1,000주

① 25,450원 ② 26,470원
③ 27,520원 ④ 27,668원

최신 기출문제 제86회

실무이론평가

아래 문제에서 특별한 언급이 없으면 기업의 보고기간(회계기간)은 매년 1월 1일부터 12월 31일까지입니다. 또한 기업은 일반기업회계기준 및 관련 세법을 계속적으로 적용하고 있다고 가정하고 물음에 가장 합당한 답을 고르시기 바랍니다.

01 다음은 도매업을 영위하는 (주)한공의 손익에 대한 대화이다. (가)에 들어갈 수 있는 계정과목은?

영업이익이 전기보다 증가하였는데 당기순이익이 크게 감소한 원인이 무엇인가요?

네, 당기순이익의 감소는 **(가)**의 증가가 원인입니다.

① 매출원가　　　　② 임차료
③ 이자비용　　　　④ 유형자산처분이익

02 다음 중 재무상태표에 관한 설명으로 옳지 않은 것은?

① 유동자산 중 당좌자산에는 보통예금, 선급금, 미수금 등이 있다.
② 유형자산에는 토지, 건물, 건설중인자산 등이 있다.
③ 영업권은 유동자산으로 구분한다.
④ 자본은 자본금, 자본잉여금, 자본조정, 기타포괄손익누계액 및 이익잉여금(또는 결손금)으로 구분한다.

03 다음 자료를 토대로 (주)한공의 2026년 12월 31일 매출채권금액을 계산하면 얼마인가?

• 기초 매출채권	400,000원
• 2026년 중 매출채권회수액	1,200,000원
• 2026년 매출액	1,600,000원
	(현금매출액 200,000원 포함)

① 300,000원　　　② 400,000원
③ 500,000원　　　④ 600,000원

04 다음 중 매도가능증권에 대한 평가이익이 재무제표에 미치는 영향으로 옳은 것만 묶은 것은?

가. 자본의 증가
나. 영업이익의 증가
다. 당기순이익의 증가
라. 기타포괄손익누계액의 증가

① 가, 다　　　　② 가, 라
③ 나, 다　　　　④ 다, 라

05 다음은 (주)한공의 2026년 6월 상품수불부이다. 재고자산을 후입선출법으로 평가할 경우 6월 말 재고자산은 얼마인가?

일자	구분	수량	단위당 원가
6월 1일	월초재고	200개	1,200원
6월 15일	매입	300개	1,300원
6월 20일	매출	400개	

① 120,000원　　　② 130,000원
③ 150,000원　　　④ 160,000원

06 다음은 (주)한공의 기계장치 관련 자료이다. 2026년 6월 30일에 기록될 유형자산처분손익은 얼마인가?

- 2024년 1월 1일: 취득원가 10,000,000원
- 2025년 12월 31일:
  감가상각누계액은 4,000,000원이다.
- 2026년 6월 30일:
  5,700,000원에 현금으로 처분하였다.
- 정액법 상각
  (내용연수 5년, 잔존가치 없음, 월할상각)

① 유형자산처분손실 700,000원
② 유형자산처분손실 300,000원
③ 유형자산처분이익 700,000원
④ 유형자산처분이익 300,000원

07 다음 중 손익계산서에 반영되어야 할 항목에 해당하는 것은?

① 재고자산을 매입하면서 발생하는 부대비용
② 본사 사옥에 대한 감가상각비
③ 특허권을 취득하기 위해 지급한 금액
④ 매도가능증권의 평가손익

08 다음 중 부가가치세가 면세되는 용역이 아닌 것은?

① 택시 운송 용역

② 주택 임대 용역

③ 허가를 받은 교육 용역

④ 도서 대여 용역

09 다음 중 부가가치세법상 재화 또는 용역의 공급시기로 옳은 것은?

① 현금판매: 대금이 지급된 때
② 재화의 공급으로 보는 가공: 재화의 가공을 완료한 때
③ 장기할부조건부 용역의 공급: 대가의 각 부분을 받기로 한 때
④ 공급단위를 구획할 수 없는 용역의 계속적 공급: 용역의 공급을 완료한 때

10 다음 자료를 토대로 도매업을 영위하는 (주)한공의 공제받을 수 있는 매입세액을 계산하면 얼마인가?(단, 매입세액공제를 위한 모든 절차는 적법하게 이행하였다.)

- 상품 운반용 트럭 구입 관련 매입세액:
  6,000,000원
- 본사 건물의 자본적 지출과 관련된 매입세액:
  4,000,000원
- 거래처 접대와 관련된 매입세액: 3,000,000원

① 4,000,000원   ② 6,000,000원
③ 7,000,000원   ④ 10,000,000원

실무수행평가

(주)강남전자(회사코드 3286)은 전자제품을 도·소매하는 법인으로 회계기간은 제8기(2026.1.1. ~ 2026.12.31.)이다. 제시된 자료와 [자료설명]을 참고하여 [수행과제]를 완료하고 [평가문제]의 물음에 답하시오.

실무수행 유의사항	1. 부가가치세 관련거래는 [매입매출전표입력]메뉴에 입력하고, 부가가치세 관련 없는 거래는 [일반전표입력]메뉴에 입력한다. 2. 타계정 대체액과 관련된 적요는 반드시 코드를 입력하여야 한다. 3. 채권·채무, 예금거래 등 관리대상 거래자료에 대하여는 반드시 거래처코드를 입력한다. 4. 자금관리 등 추가 작업이 필요한 경우 문제의 요구에 따라 추가 작업하여야 한다. 5. 판매비와관리비는 800번대 계정코드를 사용한다. 6. 등록된 계정과목 중 가장 적절한 계정과목을 선택한다.

실무수행 ◉ 기초정보관리의 이해

회계관련 기초정보는 입력되어 있다. [자료설명]을 참고하여 [수행과제]를 수행하시오.

1 거래처별초기이월 등록 및 수정

미수금 명세서

코드	거래처명	금 액	비 고
00325	(주)광명산업	1,000,000원	차량매각 대금
31111	신라공업	300,000원	재활용품 판매 대금
31112	삼성화재보험(주)	1,700,000원	자동차보험료 환급금
	합 계	3,000,000원	

자료설명	(주)강남전자의 전기(제7기)분 재무제표는 이월 받아 등록되어 있다.
수행과제	거래처별 초기이월사항을 입력하시오.

2 전기분 재무제표의 입력수정

손 익 계 산 서

제7(당)기 2025년 1월 1일부터 2025년 12월 31일까지
제6(전)기 2024년 1월 1일부터 2024년 12월 31일까지

(주)강남전자 (단위: 원)

과 목	제7(당)기		제6(전)기	
	금 액		금 액	
I. 매 출 액		600,000,000		280,000,000
상 품 매 출	600,000,000		280,000,000	
II. 매 출 원 가		360,000,000		165,000,000
상 품 매 출 원 가		360,000,000		165,000,000
기 초 상 품 재 고 액	25,000,000		5,000,000	
당 기 상 품 매 입 액	425,000,000		185,000,000	
기 말 상 품 재 고 액	90,000,000		25,000,000	
III. 매 출 총 이 익		240,000,000		115,000,000
IV. 판 매 비 와 관 리 비		91,980,000		58,230,000
급 여	52,300,000		30,800,000	
복 리 후 생 비	5,100,000		2,100,000	
여 비 교 통 비	3,500,000		1,500,000	
접대비(기업업무추진비)	5,200,000		2,400,000	
통 신 비	2,800,000		3,200,000	
세 금 과 공 과 금	2,300,000		2,800,000	
감 가 상 각 비	5,900,000		4,000,000	
보 험 료	1,840,000		700,000	
차 량 유 지 비	3,540,000		2,530,000	
운 반 비	4,900,000		5,400,000	
소 모 품 비	800,000		500,000	
광 고 선 전 비	3,800,000		2,300,000	
V. 영 업 이 익		148,020,000		56,770,000
VI. 영 업 외 수 익		3,200,000		2,100,000
이 자 수 익	3,200,000		2,100,000	
VII. 영 업 외 비 용		4,800,000		2,400,000
기 부 금	4,800,000		2,400,000	
VIII. 법 인 세 차 감 전 순 이 익		146,420,000		56,470,000
IX. 법 인 세 등		5,000,000		2,000,000
법 인 세 등	5,000,000		2,000,000	
X. 당 기 순 이 익		141,420,000		54,470,000

자료설명	(주)강남전자의 전기(제7기)분 재무제표는 입력되어 있다.
수행과제	1. [전기분 손익계산서]의 입력이 누락되었거나 잘못된 부분을 찾아 수정하시오. 2. [전기분 이익잉여금처분계산서]의 처분 확정일(2026년 2월 28일)을 수정하시오.

실무수행 ◎ **거래자료 입력**

실무프로세스 자료이다. [자료설명]을 참고하여 [수행과제]를 수행하시오.

1 증빙에 의한 전표입력

자료 1.

자동차보험증권

증 권 번 호	2557466	계 약 일	2026년 3월 25일
보 험 기 간	**2026 년 3 월 25 일 00:00부터**	**2027 년 3 월 25 일 24:00까지**	
보 험 계 약 자	(주)강남전자	주민(사업자)번호	220-81-03217
피 보 험 자	(주)강남전자	주민(사업자)번호	220-81-03217

보험료 납입사항

총보험료	500,000원	납입보험료	500,000원	미납입 보험료	

자료 2. 보통예금(하나은행) 거래내역

번호	거래일	내용	찾으신금액	맡기신금액	잔액	거래점
		계좌번호 851-11-073757 (주)강남전자				
1	2026-3-25	자동차보험	500,000		***	***

자료설명	1. 자료 1은 영업부 업무용 승용차의 자동차보험증권이다. 2. 자료 2는 보험료를 하나은행 보통예금 계좌에서 이체하여 지급한 내역이다.
수행과제	거래자료를 입력하시오.(단, '비용'으로 회계처리할 것.)

2 통장사본에 의한 거래입력

자료 1. 입금전표

입 금 전 표

(주)강남전자 귀하	계좌번호: 351-06-909476	거래일자: 2026. 4. 30.
입금내역	• 예금 이자: 500,000원 • 법 인 세: 70,000원 • 법인지방소득세: 7,000원 • 차감지급액: 423,000원	

항상 저희은행을 찾아주셔서 감사합니다.
계좌번호 및 거래내역을 확인하시기 바랍니다.
농협은행 강남지점 (전화: 02-1575-1449)   취급자: 임영웅

자료 2. 보통예금(농협은행) 거래내역

		내용	찾으신금액	맡기신금액	잔액	거래점
번호	거래일	계좌번호 351-06-909476 (주)강남전자				
1	2026-4-30	이자입금액		423,000원	***	***

자료설명	1. 자료 1은 4월분 예금이자에 대한 입금전표이다. 2. 자료 2는 예금이자가 농협은행 보통예금계좌에 입금된 내역이다.
수행과제	거래자료를 입력하시오.(단, 원천징수세액은 '선납세금'으로 처리할 것.)

3 단기매매증권 구입

자료 1. 단기매매증권 매입관련 자료

	취득목적	주식수	액면금액	1주당 취득단가	거래수수료
1	단기투자목적	500주	5,000원	24,000원	60,000원

자료 2. 보통예금(신한은행) 거래내역

		내용	찾으신금액	맡기신금액	잔액	거래점
번호	거래일	계좌번호 530215-71-225184 (주)강남전자				
1	2026-5-15	주식 구입대금	12,000,000		***	***
2	2026-5-15	주식 거래수수료	60,000		***	***

자료설명	1. 자료 1은 본사가 단기투자목적으로 매입한 주식내역이다.
	2. 자료 2는 주식구입대금 및 거래수수료를 지급한 신한은행 보통예금거래 내역이다.
수행과제	주식매입과 관련한 거래자료를 입력하시오.

4 약속어음의 할인

자료 1.

전 자 어 음

(주)강남전자 귀하   00420260720123456789

금   이천만원정   **20,000,000원**

     위의 금액을 귀하 또는 귀하의 지시인에게 지급하겠습니다.

지급기일 2026년 9월 20일   발행일 2026년 7월 20일
지 급 지 국민은행   발행지
지급장소 목동지점   주 소 서울특별시 양천구 공항대로 530
                          발행인 (주)경은전자

자료 2. 당좌예금(국민은행) 거래내역

번호	거래일	내 용	찾으신금액	맡기신금액	잔 액	거래점
		계좌번호 112-088-123123 (주)강남전자				
1	2026-8-20	어음할인		19,700,000	***	***

자료설명	[8월 20일]
	(주)경은전자에서 받아 보관 중인 전자어음을 국민은행 역삼지점에서 할인받고, 할인료를 차감한 잔액을 국민은행 당좌예금 계좌로 입금받았다.
수행과제	1. 거래자료를 입력하시오.(매각거래로 처리할 것.)
	2. 자금관련 정보를 입력하여 받을어음현황에 반영하시오.
	(할인기관은 '국민은행(당좌)'으로 할 것.)

5 계약금 지급

■ 보통예금(국민은행) 거래내역

		내 용	찾으신금액	맡기신금액	잔 액	거래점
번호	거래일	계좌번호 096-24-0094-123 (주)강남전자				
1	2026-9-28	조은전자(주)	2,000,000		***	***

자료설명	조은전자(주)에서 상품을 매입하기로 하고, 계약금은 국민은행 보통예금 계좌에서 이체하여 지급하였다.
수행과제	거래자료를 입력하시오.

실무수행 ◎ 부가가치세

부가가치세 신고 관련 자료이다. [자료설명]을 참고하여 [수행과제]를 수행하시오.

1 과세매출자료의 전자세금계산서 발급

거래명세서 (공급자 보관용)

공급자	등록번호	220-81-03217			공급받는자	등록번호	211-81-44121		
	상호	(주)강남전자	성명	홍종오		상호	(주)다온이앤티	성명	배장석
	사업장주소	서울특별시 강남구 강남대로 238 (도곡동)				사업장주소	서울특별시 강남구 논현로145길 18 (논현동)		
	업태	도소매업	종사업장번호			업태	제조업	종사업장번호	
	종목	전자제품 외				종목	캠핑카		

거래일자	미수금액	공급가액	세액	총 합계금액
2026.10.6.		10,000,000	1,000,000	11,000,000

NO	월	일	품목명	규격	수량	단가	공급가액	세액	합계
1	10	6	인덕션		50	200,000	10,000,000	1,000,000	11,000,000

자료설명	1. 상품을 판매하고 발급한 거래명세서이다. 2. 10월 1일에 받은 계약금을 제외한 잔액은 이번 달 말일에 받기로 하였다.
수행과제	1. 거래명세서에 의해 매입매출자료를 입력하시오. 2. <mark>전자세금계산서 발행 및 내역관리</mark> 를 통하여 발급 및 전송하시오. (전자세금계산서 발급 시 결제내역 및 전송일자는 고려하지 말 것.)

2   매입거래

전자계산서			(공급받는자 보관용)		승인번호		

공급자	등록번호	112-02-34108			공급받는자	등록번호	220-81-03217	
	상호	제일서적	성명 (대표자)	홍수환		상호	(주)강남전자	성명 (대표자)	홍종오
	사업장 주소	서울특별시 서대문구 충정로7길 28				사업장 주소	서울특별시 강남구 강남대로 238 (도곡동)	
	업태	도소매업		종사업장번호		업태	도소매업	종사업장번호
	종목	서적				종목	전자제품외	
	E-Mail	hong@naver.com				E-Mail	barun@bill36524.com	

작성일자	2026.10.18.	공급가액	300,000	비고	

월	일	품목명	규격	수량	단가	공급가액	비고
10	18	연말정산 실무 도서		10	30,000	300,000	

합계금액	현금	수표	어음	외상미수금	이 금액을	◉ 영수 ○ 청구	함
300,000	300,000						

자료설명	회계팀 사원 연말정산 실무 도서를 구입하고 전자계산서를 발급받았다.
수행과제	매입매출자료를 입력하시오.(전자계산서 거래는 '전자입력'으로 입력할 것.)

3 매입거래

2026년 10월 청구분	**도시가스요금** 지로영수증(고객용)

고객번호	3154892							납부마감일	2026.11.30.

지로번호	1	3	4	0	5	2	8	미납 금액	0 원
고지금액	165,000 원								0 원

주소/성명 서울특별시 강남구 강남대로 238 (도곡동) / (주)강남전자

사용기간		2026.10.1.~2026.10.31.		기 본 요 금	25,000 원
당월 사용량	금월지침	8,416 m³		사 용 요 금	125,000 원
	전월지침	6,104 m³		계 량 기 교 체 비 용	원
	사용량	2,312 m³		**공 급 가 액**	**150,000 원**
사용량 비교	전월	1,535 m³		**부 가 세**	**15,000 원**
	전년동월	2,931 m³		가 산 금	원
계량기번호		CD011		정 산 금 액	원
검 침 원 명				고 지 금 액	165,000 원
				공급받는자 등록번호	220-81-03217
작성일자	**2026 년 11 월 8 일**			공 급 자 등 록 번 호	122-81-17950

입금전용계좌

※ 본 영수증은 부가가치세법 시행령 68 조 9 항에 따라 발행하는 전자세금계산서입니다.

한국도시가스(주)

자료설명	1. 회사의 10월분 도시가스 요금명세서이다. 2. 작성일자를 기준으로 입력하고 납부마감일에 보통예금 통장에서 자동이체 되는 거래의 입력은 생략한다.
수행과제	매입매출자료를 입력하시오. (전자세금계산서의 발급 및 전송업무는 생략하고 '전자입력'으로 입력할 것.)

합격 확신 문제풀이

4 매출거래

전자세금계산서		(공급자 보관용)				승인번호			

<table>
<tr><td rowspan="6">공급자</td><td>등록번호</td><td colspan="3">220-81-03217</td><td rowspan="6">공급받는자</td><td>등록번호</td><td colspan="3">206-81-14829</td></tr>
<tr><td>상호</td><td>(주)강남전자</td><td>성명
(대표자)</td><td>홍종오</td><td>상호</td><td>아울렛나라</td><td>성명
(대표자)</td><td>최재민</td></tr>
<tr><td>사업장
주소</td><td colspan="3">서울특별시 강남구 강남대로 238
(도곡동)</td><td>사업장
주소</td><td colspan="3">서울특별시 서대문구 가좌로 19</td></tr>
<tr><td>업태</td><td>도소매업</td><td>종사업장번호</td><td></td><td>업태</td><td>도소매업</td><td>종사업장번호</td><td></td></tr>
<tr><td>종목</td><td>전자제품 외</td><td></td><td></td><td>종목</td><td>캠핑용품</td><td></td><td></td></tr>
<tr><td>E-Mail</td><td colspan="3">barun@bill36524.com</td><td>E-Mail</td><td colspan="3">camping@naver.com</td></tr>
</table>

작성일자	2026.11.30.	공급가액	900,000	세 액	90,000
비고					

월	일	품목명	규격	수량	단가	공급가액	세액	비고
11	30	임대료				900,000	90,000	

합계금액	현금	수표	어음	외상미수금	이 금액을	○ 영수	함
990,000				990,000		● 청구	

자료설명	당사의 사업장 일부를 일시적으로 임대하고 발급한 전자세금계산서이며, 임대료는 다음달 10일에 받기로 하였다. (단, 임대업은 주업종이 아니므로 영업외수익으로 처리할 것.)
수행과제	매입매출자료를 입력하시오. (전자세금계산서의 발급 및 전송업무는 생략하고 '전자입력'으로 입력할 것.)

5 매입거래

전자세금계산서		(공급받는자 보관용)	승인번호	

<table>
<tr><td rowspan="6">공급자</td><td>등록번호</td><td colspan="3">111-81-15253</td></tr>
<tr><td>상호</td><td>(주)뉴아시아</td><td>성명
(대표자)</td><td>이가연</td></tr>
<tr><td>사업장
주소</td><td colspan="3">서울특별시 강남구 논현로34길 19</td></tr>
<tr><td>업태</td><td>제조업</td><td colspan="2">종사업장번호</td></tr>
<tr><td>종목</td><td colspan="3">전자제품</td></tr>
<tr><td>E-Mail</td><td colspan="3">gayeon@bill36524.com</td></tr>
</table>

<table>
<tr><td rowspan="6">공급받는자</td><td>등록번호</td><td colspan="3">220-81-03217</td></tr>
<tr><td>상호</td><td>(주)강남전자</td><td>성명
(대표자)</td><td>홍종오</td></tr>
<tr><td>사업장
주소</td><td colspan="3">서울특별시 강남구 강남대로 252
(도곡동)</td></tr>
<tr><td>업태</td><td>도소매업</td><td colspan="2">종사업장번호</td></tr>
<tr><td>종목</td><td colspan="3">전자제품 외</td></tr>
<tr><td>E-Mail</td><td colspan="3">barun@bill36524.com</td></tr>
</table>

작성일자	2026.12.20.	공급가액	2,000,000	세 액	200,000

비고							

월	일	품목명	규격	수량	단가	공급가액	세액	비고
12	20	노트북		1	2,000,000	2,000,000	200,000	

합계금액	현금	수표	어음	외상미수금	이 금액을	○ 영수 ● 청구	함
2,200,000				2,200,000			

자료설명	상품매출 거래처 확장이전 선물로 제공할 노트북을 외상으로 구입하였다.
수행과제	매입매출자료를 입력하시오. (전자세금계산서 거래는 '전자입력'으로 입력할 것.)

6 부가가치세신고서에 의한 회계처리

■ 보통예금(국민은행) 거래내역

번호	거래일	내 용	찾으신금액	맡기신금액	잔 액	거래점
		계좌번호 096-24-0094-123 (주)강남전자				
1	2026-8-22	역삼세무서		1,398,000	***	***

자료설명	제1기 부가가치세 확정신고와 관련된 부가가치세 환급세액이 국민은행 보통예금 계좌로 입금되었다.
수행과제	6월 30일에 입력된 일반전표를 참고하여 환급세액에 대한 회계처리를 하시오. (단, 거래처코드를 입력할 것.)

실무수행 ◎ 결산

[결산자료]를 참고하여 결산을 수행하시오.(단, 제시된 자료 이외의 자료는 없다고 가정함.)

1 수동결산 및 자동결산

자료설명	1. 단기차입금에 대한 기간경과분 미지급이자 1,000,000원을 계상하다.
	 2. 기말상품재고액은 30,000,000원이다.
	 3. 이익잉여금처분계산서 처분 예정(확정)일
	   – 당기분: 2027년 2월 28일
	   – 전기분: 2026년 2월 28일

수행과제	1. 수동결산 또는 자동결산 메뉴를 이용하여 결산을 완료하시오. 2. 12월 31일을 기준으로 '손익계산서 ➡ 이익잉여금처분계산서 ➡ 재무상태표'를 순서대로 조회 작성하시오. (단, 이익잉여금처분계산서 조회 작성 시 '저장된 데이터 불러오기' ➡ '아니오' 선택 ➡ 상단부의 '전표추가'를 이용하여 '손익대체분개'를 수행할 것.)

평가문제 **실무수행평가 (62점)**

입력자료 및 회계정보를 조회하여 [평가문제]의 답안을 입력하시오.

		정답	오답(예)
평가문제 답안입력 유의사항	❶ 답안은 지정된 단위의 숫자로만 입력해 주십시오. * 한글 등 문자 금지		
	(1) 금액은 원 단위로 숫자를 입력하되, 천 단위 콤마(,)는 생략 가능합니다.	1,245,000 1245000	1.245.000 1,245,000원 1,245,0000 12,45,000 1,245천원
	(1-1) 답이 0원인 경우 반드시 "0" 입력 (1-2) 답이 음수(-)인 경우 숫자 앞에 " - " 입력 (1-3) 답이 소수인 경우 반드시 " . " 입력		
	(2) 질문에 대한 답안은 숫자로만 입력하세요.	4	04 4/건/매/명 04건/매/명
	(3) 거래처 코드번호는 5자리 숫자로 입력하세요.	00101	101 00101번
	❷ 더존 프로그램에서 조회되는 자료를 복사하여 붙여넣기가 가능합니다. ❸ 수행과제를 올바르게 입력하지 않고 작성한 답과 모범답안이 다른 경우 오답처리됩니다.		

번호	평가문제	배점
11	**평가문제 [일/월계표 조회]** 하반기(7월 1일 ~ 12월 31일)에 발생한 '도서인쇄비' 금액은 얼마인가?	3
12	**평가문제 [일/월계표 조회]** 10월 한 달 동안 발생한 '상품매출' 금액은 얼마인가?	3
13	**평가문제 [거래처원장 조회]** 1월 말 삼성화재보험(주)(코드: 31112)의 '120.미수금' 잔액은 얼마인가?	3
14	**평가문제 [거래처원장 조회]** 9월 말 '131.선급금'의 거래처별 잔액으로 옳지 않은 것은? ① 00167.(주)하나로　　200,000원　　② 02600.조은전자(주)　2,000,000원 ③ 07002.모든전자　　1,500,000원　　④ 08707.(주)구영전자　2,200,000원	3
15	**평가문제 [합계잔액시산표 조회]** 4월 말 '선납세금' 잔액은 얼마인가?	4
16	**평가문제 [합계잔액시산표 조회]** 5월 말 '영업외비용' 잔액은 얼마인가?	3
17	**평가문제 [합계잔액시산표 조회]** 8월 말 '매출채권처분손실' 잔액은 얼마인가?	4
18	**평가문제 [재무상태표 조회]** 12월 말 '단기매매증권'의 잔액은 얼마인가?	3
19	**평가문제 [재무상태표 조회]** 12월 말 '미수금'의 잔액은 얼마인가?	3
20	**평가문제 [재무상태표 조회]** 12월 말 '유동부채'의 계정별 잔액으로 옳지 않은 것은? ① 미지급금　103,505,000원　　② 예수금　　　　6,917,130원 ③ 선수금　　　5,510,000원　　④ 미지급비용　10,000,000원	3
21	**평가문제 [재무상태표 조회]** 12월 말 '이월이익잉여금(미처분이익잉여금)' 잔액은 얼마인가? ① 176,120,000원　　　　　　② 370,477,790원 ③ 499,120,000원　　　　　　④ 770,550,990원	1
22	**평가문제 [손익계산서 조회]** 당기에 발생한 '상품매출원가' 금액은 얼마인가?	3
23	**평가문제 [손익계산서 조회]** 당기에 발생한 비용의 계정별 금액으로 옳지 않은 것은? ① 복리후생비　9,706,020원　　② 접대비(기업업무추진비)　9,309,500원 ③ 수도광열비　5,884,520원　　④ 보험료　　　　　　　　　2,646,000원	3

번호	평가문제	배점
24	**평가문제 [손익계산서 조회]** 당기에 발생한 '영업외수익' 금액은 얼마인가?	4
25	**평가문제 [손익계산서 조회]** 당기에 발생한 '이자비용' 금액은 얼마인가?	3
26	**평가문제 [예적금현황 조회]** 12월 말 은행별 예금 잔액으로 옳지 않은 것은? ① 농협은행(보통) 60,200,000원 ② 신한은행(보통) 41,540,000원 ③ 하나은행(보통) 20,560,000원 ④ 국민은행(당좌) 470,085,000원	3
27	**평가문제 [부가가치세신고서 조회]** 제2기 확정 신고기간 부가가치세신고서의 '매입세액_공제받지못할매입세액(17란)'의 세액은 얼마인가?	4
28	**평가문제 [전자세금계산서 발행 및 내역관리 조회]** 제2기 확정 신고기간의 '국세청: 전송성공'한 전자세금계산서의 공급가액 합계는 얼마인가?	3
29	**평가문제 [계산서합계표 조회]** 제2기 확정 신고기간의 전자매입계산서의 공급가액은 얼마인가?	3
30	**평가문제 [받을어음현황 조회]** 만기일이 2026년에 도래하는 '받을어음' 보유금액은 얼마인가?	3
총 점		62

회계정보를 조회하여 [회계정보분석] 답안을 입력하시오.

31. 재무상태표 조회 (4점)

부채비율은 타인자본의 의존도를 표시하며, 기업의 건전성 정도를 나타내는 지표이다. 전기분 부채비율은 얼마인가?(단, 소숫점 이하는 버림 할 것.)

$$\text{부채비율(\%)} = \frac{\text{부채총계}}{\text{자본총계}} \times 100$$

① 21%   ② 25%

③ 57%   ④ 66%

32. 재무상태표 조회 (4점)

당좌비율은 유동자산 중 현금화할 수 있는 당좌자산으로 단기채무를 충당할 수 있는 정도를 나타내는 비율이다. 전기말 당좌비율을 계산하면 얼마인가?(단, 소숫점 이하는 버림 할 것.)

$$\text{당좌비율(\%)} = \frac{\text{당좌자산}}{\text{유동부채}} \times 100$$

① 270%   ② 307%

③ 332%   ④ 402%

최신 기출문제 제87회

실무이론평가

아래 문제에서 특별한 언급이 없으면 기업의 보고
기간(회계기간)은 매년 1월 1일부터 12월 31일까지
입니다. 또한 기업은 일반기업회계기준 및 관련
세법을 계속적으로 적용하고 있다고 가정하고 물음에
가장 합당한 답을 고르시기 바랍니다.

01 다음 중 김대리의 답변에서 알 수 있는 거래 분
석으로 옳은 것은?

이부장: (주)공인의 받을어음 결제는
어떻게 되었습니까?

김대리: (주)공인의 받을어음이 만기 결제되어
국민은행 당좌예금계좌에 입금되었습니다.

① (차) 부채의 감소　　(대) 자산의 감소
② (차) 자산의 증가　　(대) 수익의 발생
③ (차) 부채의 감소　　(대) 부채의 증가
④ (차) 자산의 증가　　(대) 자산의 감소

02 다음 중 재무제표의 작성과 표시에 대한 설명으
로 옳지 않은 것은?

① 재무제표를 작성할 때 계속기업으로서의 존속가
능성을 평가해야 한다.
② 일반기업회계기준에 따라 적정하게 작성된 재무
제표는 공정하게 표시된 재무제표로 본다.

③ 재무제표는 경제적 사실과 거래의 실질을 반영하
여 공정하게 표시하여야 한다.
④ 재무제표의 작성과 표시에 대한 책임은 외부감사
인에게 있다.

03 다음 거래 종료 후 매출채권으로 계상되는 금액
은 얼마인가?

- (주)한공은 상품 2,000개를 개당 10,000원에
판매하고 이 중 판매대금 10,000,000원은 외
상으로 처리하였다.
- 6,000,000원은 자기앞수표로 받았으며,
4,000,000원은 전자어음으로 수령하였다.

① 10,000,000원　　② 14,000,000원
③ 16,000,000원　　④ 20,000,000원

04 다음 중 매출원가가 가장 작게 나오는 재고자산
평가방법은 무엇인가?(단, 물가가 계속 상승하
고 재고자산의 수량이 일정하게 유지된다고 가
정한다.)

① 후입선출법　　　② 이동평균법
③ 총평균법　　　　④ 선입선출법

05 다음은 (주)한공이 취득한 기계장치에 대한 자
료이다. 이를 토대로 한 기계장치의 취득원가를
계산하면 얼마인가?

• 기계장치 구입대금	20,000,000원
• 기계장치 설치비	500,000원
• 기계장치 운송비용	300,000원
• 기계장치 시운전비	200,000원
• 기계장치 설치 후 수선비	70,000원

① 20,500,000원　　② 20,800,000원
③ 21,000,000원　　④ 21,070,000원

06 다음 자료를 토대로 (주)한공이 보유하고 있는
매도가능증권의 취득원가를 계산하면 얼마인가?

가. 상장되어 있는 (주)공인의 주식 500주를 주당
12,000원(액면 10,000원)에 취득하였다.
나. 취득수수료는 600,000원이다.

① 5,000,000원　　② 5,600,000원
③ 6,000,000원　　④ 6,600,000원

07 다음의 회계처리 누락이 2026년도 손익계산서에 미치는 영향으로 옳은 것은?

> (주)한공은 2026년 10월 1일에 가입한 1년 만기 정기예금 20,000,000원(연이율 3%, 월할계산)에 대한 이자 경과분(미수분)을 계상하지 않았다.

① 당기순이익 150,000원 과대계상
② 당기순이익 150,000원 과소계상
③ 당기순이익 450,000원 과대계상
④ 당기순이익 450,000원 과소계상

08 다음 중 부가가치세법상 전자세금계산서에 대하여 잘못 설명하고 있는 사람은?

승희

전자세금계산서를 지연전송한 경우 가산세를 부담하여야 해.

지연

모든 개인사업자는 전자세금계산서를 발급하여야 해.

민수

작성연월일은 전자세금계산서의 필요적 기재사항이야.

준영

발급일의 다음 날까지 전자세금계산서 발급명세를 국세청장에게 전송하여야 해.

① 승희
② 지연
③ 민수
④ 준영

09 다음은 과세사업자인 한공상사(도매업)의 부가가치세 매입세액 내역이다. 이 중 매출세액에서 공제할 수 있는 매입세액은?(단, 세금계산서 수취 등의 적법한 절차를 이행하였다.)

① 업무와 관련이 없는 지출에 대한 매입세액
② 창고 건물 신축과 관련된 매입세액
③ 영업부에서 사용하기 위하여 구입한 소형승용차 (1,500cc)의 매입세액
④ 거래처 직원의 명절선물 매입세액

10 다음은 (주)한공(자동차 부품제조업)의 2026년 제2기 예정 신고기간(2026.7.1. ~2026.9.30.) 공급가액 내역이다. 이를 토대로 ㈜한공의 부가가치세 과세표준을 계산하면 얼마인가?(단, 부가가치세는 포함되지 아니하였다.)

> • 국외매출액(수출)   60,000,000원
> • 국내매출액   50,000,000원
> • 공장처분액   70,000,000원
>   (토지분 40,000,000원, 건물분 30,000,000원)

① 120,000,000원
② 130,000,000원
③ 140,000,000원
④ 150,000,000원

실무수행평가

(주)한국툴스(회사코드 3287)는 공기구를 도·소매하는 법인으로 회계기간은 제7기(2026.1.1. ~ 2026.12.31.)이다. 제시된 자료와 [자료설명]을 참고하여 [수행과제]를 완료하고 [평가문제]의 물음에 답하시오.

실무수행 유의사항	1. 부가가치세 관련거래는 [매입매출전표입력]메뉴에 입력하고, 부가가치세 관련 없는 거래는 [일반전표입력]메뉴에 입력한다. 2. 타계정 대체액과 관련된 적요는 반드시 코드를 입력하여야 한다. 3. 채권·채무, 예금거래 등 관리대상 거래자료에 대하여는 반드시 거래처코드를 입력한다. 4. 자금관리 등 추가 작업이 필요한 경우 문제의 요구에 따라 추가 작업하여야 한다. 5. 판매비와관리비는 800번대 계정코드를 사용한다. 6. 등록된 계정과목 중 가장 적절한 계정과목을 선택한다.

실무수행 ◉ 기초정보관리의 이해

회계관련 기초정보는 입력되어 있다. [자료설명]을 참고하여 [수행과제]를 수행하시오.

1 사업자등록증에 의한 회사등록 수정

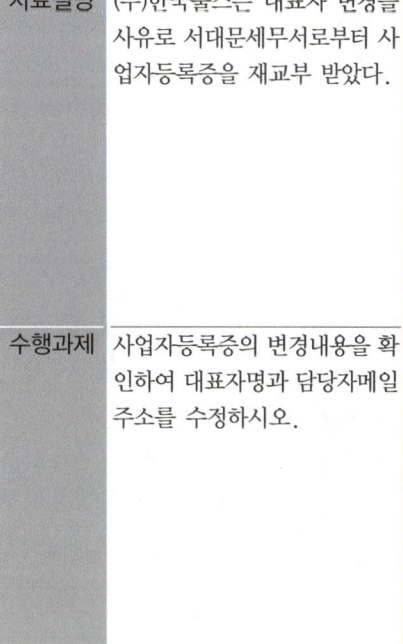

자료설명	(주)한국툴스는 대표자 변경을 사유로 서대문세무서로부터 사업자등록증을 재교부 받았다.
수행과제	사업자등록증의 변경내용을 확인하여 대표자명과 담당자메일 주소를 수정하시오.

483

2 계정과목 및 적요등록 수정

자료설명	(주)한국툴스는 공기구 디자인과 관련하여 무형자산 계정인 '디자인권'을 등록하여 회계처리 하려고 한다.

수행과제	1. '236.면허권' 계정을 '236.디자인권' 계정으로 수정하시오.
	2. 적요를 추가 등록하시오.
	  – 현금적요 1. 디자인 등록 시 등록비용 현금 지급
	  – 대체적요 1. 디자인 등록 시 등록비용 보통예금 지급

실무수행 ◎ 거래자료 입력

실무프로세스 자료이다. [자료설명]을 참고하여 [수행과제]를 수행하시오.

1 증빙에 의한 전표입력

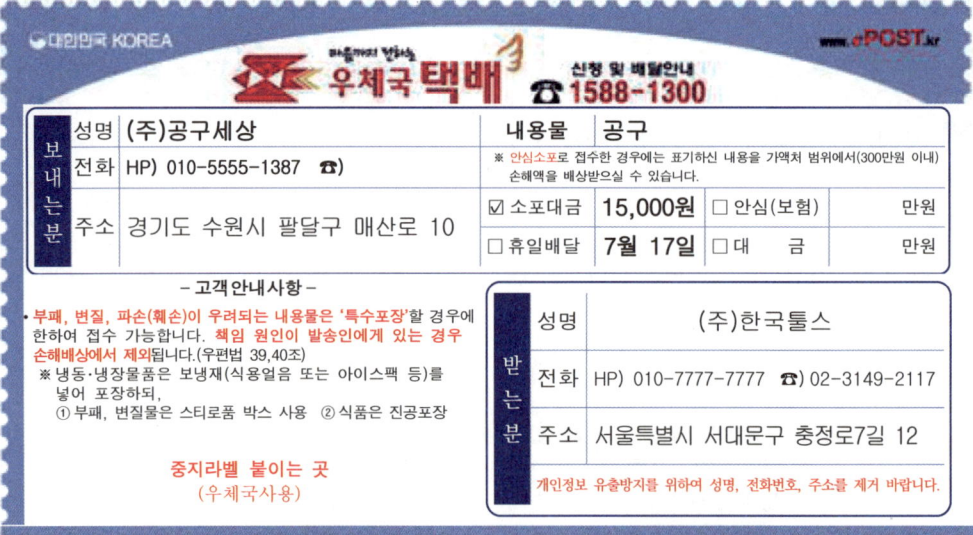

자료설명	[7월 17일] (주)공구세상에서 상품을 구매하면서 택배비용을 현금으로 지급하고 받은 영수증이다. 택배비는 착불로 당사가 부담하기로 하였다.
수행과제	거래자료를 입력하시오.

2 약속어음 배서양도

전 자 어 음

(주)한국툴스 귀하　　　　　　　　　　00420260720987654321

금　이천오백만원정　　　　　　　　　　**25,000,000원**

위의 금액을 귀하 또는 귀하의 지시인에게 지급하겠습니다.

지급기일 2026년 10월 31일		**발행일** 2026년 7월 20일	
지 급 지 국민은행		**발행지**	서울특별시 서대문구 충정로7길 31
지급장소 양천지점		**주 소**	
		발행인	(주)책임웰딩

자료설명	[8월 20일] (주)수민유통의 외상매입금을 일부 결제하기 위해 (주)책임웰딩에 상품을 매출하고 받은 전자어음을 배서양도 하였다.
수행과제	1. 거래자료를 입력하시오. 2. 자금관련정보를 입력하여 받을어음 현황에 반영하시오.

3 통장사본에 의한 거래입력

■ 보통예금(국민은행) 거래내역

		내 용	찾으신금액	맡기신금액	잔 액	거래점
번호	거래일	계좌번호 764502-01-047720　(주)한국툴스				
1	2026-9-24	임시완		1,000,000	***	***

자료설명	[9월 24일] 대표이사 임시완으로부터 내용을 알 수 없는 금액 1,000,000원이 국민은행 보통예금 계좌에 입금되었음을 확인하였다. 회계팀은 원인을 파악할 수 있을 때까지 임시계정으로 처리하기로 하였다.
수행과제	거래자료를 입력하시오.('가수금'의 거래처 입력할 것.)

4 증빙에 의한 전표입력

전자수입인지 판매 영수증

서울특별시 종로구 세검정로 258(신영동)

손해배상 등의 청구 시 영수증이 필요합니다.
문자메세지 및 상담문의 전화 : 1588-1300

판 매 일 자 : **2026-10-24** 12:44
판 매 자 : 창구 101 김대영
고유식별번호 : 180830145402877
구 매 자 : (주)한국툴스

고유식별번호	발급금액
판 매 금 액 :	20,000원

위의 금액을 정히 영수합니다.
　　　　　　　 2026-10-24 12:44
　　　　　　　 서울세검정우체국

자료설명	[10월 24일] 법원에 법인 등기변경관련 서류를 접수하기 위하여 수입인지를 구입하고 대금은 현금으로 지급하였다.
수행과제	거래자료를 입력하시오. (단, '세금과공과금' 계정으로 처리할 것.)

5 기타 일반거래

국 세 전 자 납 부 확 인 서
(홈택스 납부분)

상호(성명)	(주)한국툴스	주민등록번호 (사업자등록번호)	110-87-03***
주　　소	서울특별시 서대문구 충정로7길 12(충정로2가)		
세　　목	근로소득세	세목코드	202511-4-14-65820419
납 부 일 자	2026년 11월 10일	수납점포	국민(서대문금융센터)
납 부 금 액	180,000원	비　　고	–

귀하의 성실한 국세납부에 감사드리며 위와 같이 납부되었음을 통보합니다.

2026년 11월 10일

서대문 세무서장

자료설명	[11월 10일] 10월 급여 지급 시 원천징수한 근로소득세를 국민은행 보통예금 계좌에서 이체하여 납부하였다.
수행과제	거래자료를 입력하시오.

실무수행 ◉ **부가가치세**

부가가치세 신고 관련 자료이다. [자료설명]을 참고하여 [수행과제]를 수행하시오.

1 과세매출자료의 전자세금계산서 발행

거래명세서 (공급자 보관용)

공급자	등록번호	110-87-03213			공급받는자	등록번호	515-81-14586		
	상호	(주)한국툴스	성명	임시완		상호	(주)한국총판	성명	신지희
	사업장 주소	서울특별시 서대문구 충정로7길 12 (충정로2가)				사업장 주소	서울특별시 금천구 독산로 324 (독산동)		
	업태	도소매업	종사업장번호			업태	도소매업	종사업장번호	
	종목	공기구외				종목	인테리어용품		

거래일자	미수금액	공급가액	세액	총 합계금액
2026.7.31.		6,500,000	650,000	7,150,000

NO	월	일	품목명	규격	수량	단가	공급가액	세액	합계
1	7	31	페인트		5	400,000	2,000,000	200,000	
2	7	31	페인트스프레이건		6	750,000	4,500,000	450,000	

비 고	전미수액	당일거래총액	입금액	미수액	인수자
		7,150,000	715,000	6,435,000	

자료설명	1. 상품을 판매하고 발급한 거래명세서이다. 2. 대금 중 715,000원은 7월 28일 계약금으로 받았으며, 잔액은 외상으로 하였다.
수행과제	1. 거래명세서에 의해 매입매출자료를 입력하시오. (복수거래 키를 이용하여 입력하시오.) 2. 전자세금계산서 발행 및 내역관리 를 통하여 발급 및 전송하시오. (전자세금계산서 발급 시 결제내역 및 전송일자는 고려하지 말 것.)

2 매출거래

전자세금계산서		(공급자 보관용)			승인번호			

<table>
<tr><td rowspan="6">공급자</td><td>등록번호</td><td colspan="4">110-87-03213</td><td rowspan="6">공급받는자</td><td>등록번호</td><td colspan="3">310-81-12004</td></tr>
<tr><td>상호</td><td colspan="2">(주)한국툴스</td><td>성명</td><td>임시완</td><td>상호</td><td>순환자원(주)</td><td>성명
(대표자)</td><td>구자욱</td></tr>
<tr><td>사업장
주소</td><td colspan="4">서울특별시 서대문구 충정로7길 12
(충정로2가)</td><td>사업장
주소</td><td colspan="3">서울특별시 마포구 마포대로 108
(공덕동)</td></tr>
<tr><td>업태</td><td colspan="2">도소매업</td><td>종사업장번호</td><td></td><td>업태</td><td>도소매업</td><td>종사업장번호</td><td></td></tr>
<tr><td>종목</td><td colspan="2">공기구외</td><td></td><td></td><td>종목</td><td>재활용품 외</td><td></td><td></td></tr>
<tr><td>E-Mail</td><td colspan="4">hankook@bill36524.com</td><td>E-Mail</td><td colspan="3">cycle@naver.com</td></tr>
</table>

작성일자	2026.8.5.	공급가액	1,600,000	세 액	160,000

비고								

월	일	품목명	규격	수량	단가	공급가액	세액	비고
8	5	복합기		1	1,600,000	1,600,000	160,000	

합계금액	현금	수표	어음	외상미수금	이 금액을	○ 영수 ◉ 청구	함
1,760,000				1,760,000			

자료설명	1. 사무실에서 사용 중인 복합기를 매각하고 발급한 전자세금계산서이며, 대금은 전액 외상으로 하였다. 2. 매각 직전의 장부내역은 다음과 같다.

계정과목	자산명	취득원가	감가상각누계액
비품	복합기	2,700,000원	1,200,000

수행과제	매입매출자료를 입력하시오.(전자세금계산서 거래는 '전자입력'으로 입력할 것.)

3 매입거래

전자계산서 (공급받는자 보관용)				승인번호		

공급자	등록번호	108-91-31256			공급받는자	등록번호	110-87-03213		
	상호	노량진수산	성명 (대표자)	황우혁		상호	(주)한국툴스	성명 (대표자)	임시완
	사업장 주소	서울특별시 강남구 논현로 6				사업장 주소	서울특별시 서대문구 충정로7길 12 (충정로2가)		
	업태	도소매업	종사업장번호			업태	도소매업	종사업장번호	
	종목	농,수,임산물외				종목	공기구외		
	E-Mail	fish0701@naver.com				E-Mail	hankook@bill36524.com		

작성일자	2026.8.18.	공급가액	500,000	비고	

월	일	품목명	규격	수량	단가	공급가액	비고
8	18	전복세트		5	100,000	500,000	

합계금액	현금	수표	어음	외상	이 금액을	● 영수 함 ○ 청구
500,000	500,000					

자료설명	매출거래처에게 선물로 지급할 전복세트를 현금으로 구입하고 발급 받은 전자계산서 이다.
수행과제	매입매출자료를 입력하시오.(전자계산서 거래는 '전자입력'으로 입력할 것.)

4　신용카드 매출거래

카드매출전표

```
--------------------------------------
카드종류: 삼성카드
회원번호: 1561-2415-****-3**2
거래일시: 2026.9.15. 11:22:15
거래유형: 신용승인
매    출: 250,000원
부 가 세:  25,000원
합    계: 275,000원
결제방법: 일시불
가맹점번호: 888883000
--------------------------------------

가맹점명: (주)한국툴스

       - 이 하 생 략 -
```

자료설명	상품(타카)을 개인(엄정화)에게 판매하고 발급한 신용카드 매출전표이다.
수행과제	매입매출자료를 입력하시오. (단, '외상매출금' 계정으로 처리할 것.)

5　매입거래

전자세금계산서　　(공급받는자 보관용)　　승인번호

공급자	등록번호	211-81-75191			공급받는자	등록번호	110-87-03213		
	상호	(주)명성렌트	성명 (대표자)	이성림		상호	(주)한국툴스	성명 (대표자)	임시완
	사업장 주소	서울특별시 강남구 강남대로 227				사업장 주소	서울특별시 서대문구 충정로7길 12 (충정로2가)		
	업태	임대업	종사업장번호			업태	도소매업	종사업장번호	
	종목	렌트카				종목	공기구외		
	E-Mail	famouscar@bill36524.com				E-Mail	hankook@bill36524.com		

작성일자	2026.9.30.	공급가액	400,000	세 액	40,000
비고					

월	일	품목명	규격	수량	단가	공급가액	세액	비고
9	30	9월 렌트비				400,000	40,000	

합계금액	현금	수표	어음	외상미수금	이 금액을	● 영수 ○ 청구	함
440,000							

490

자료설명	1. 영업부에서 사용할 업무용 승용차(5인승, 3,000cc)를 장기렌트(2026.9.~2028.9.) 하기로 계약을 체결하였다.
	2. 9월분 렌트비용을 신한은행 보통예금 계좌에서 이체하여 지급하고 발급받은 전자 세금계산서이다.
수행과제	매입매출자료를 입력하시오.
	('임차료' 계정으로 처리하고, 전자세금계산서 거래는 '전자입력'으로 입력할 것.)

6 부가가치세신고서에 의한 회계처리

■ 보통예금(신한은행) 거래내역

번호	거래일	내용	찾으신금액	맡기신금액	잔액	거래점
		계좌번호 262-5083-5083 (주)한국툴스				
1	2026-7-25	서대문세무서	1,565,000		***	***

자료설명	제1기 부가가치세 확정신고와 관련된 부가가치세 납부세액이 신한은행 보통예금 통장에서 이체되었음을 확인하였다.
수행과제	6월 30일에 입력된 일반전표를 참고하여 납부세액에 대한 회계처리를 하시오.
	(단, 저장된 부가가치세신고서를 이용하고 거래처 코드를 입력할 것.)

실무수행 ◎ 결산

[결산자료]를 참고하여 결산을 수행하시오.(단, 제시된 자료 이외의 자료는 없다고 가정함.)

1 수동결산 및 자동결산

자료설명	1. 기말 현재 장기차입금의 내역은 다음과 같다.

항목	금액	발생일	만기일	비고
하나은행(차입금)	16,490,000원	2024.07.10.	2027.07.10.	만기 일시상환
국민은행(차입금)	30,000,000원	2025.09.01.	2028.09.01.	만기 일시상환
계	46,490,000원			

2. 기말 상품재고액은 17,000,000원이다.
3. 이익잉여금처분계산서 처분 확정(예정)일
   – 당기분: 2027년 2월 28일
   – 전기분: 2026년 2월 28일

수행과제	1. 수동결산 또는 자동결산 메뉴를 이용하여 결산을 완료하시오. 2. 12월 31일을 기준으로 '손익계산서 ➡ 이익잉여금처분계산서 ➡ 재무상태표'를 순서대로 조회 작성하시오. (단, 이익잉여금처분계산서 조회 작성 시 '저장된 데이터 불러오기' ➡ '아니오' 선택 ➡ 상단부의 '전표추가'를 이용하여 '손익대체분개'를 수행할 것.)

평가문제 ⊙ 실무수행평가 (62점)

입력자료 및 회계정보를 조회하여 [평가문제]의 답안을 입력하시오.

			정답	오답(예)
평가문제 답안입력 유의사항	❶ 답안은 지정된 단위의 숫자로만 입력해 주십시오. 　* 한글 등 문자 금지			
	(1) 금액은 원 단위로 숫자를 입력하되, 천 단위 콤마(,)는 생략 가능합니다.		1,245,000 1245000	1.245.000 1,245,000원 1,245,0000 12,45,000 1,245천원
	(1-1) 답이 0원인 경우 반드시 "0" 입력 (1-2) 답이 음수(-)인 경우 숫자 앞에 "-" 입력 (1-3) 답이 소수인 경우 반드시 "." 입력			
	(2) 질문에 대한 답안은 숫자로만 입력하세요.		4	04 4/건/매/명 04건/매/명
	(3) 거래처 코드번호는 5자리 숫자로 입력하세요.		00101	101 00101번

❷ 더존 프로그램에서 조회되는 자료를 복사하여 붙여넣기가 가능합니다.

❸ 수행과제를 올바르게 입력하지 않고 작성한 답과 모범답안이 다른 경우 오답처리됩니다.

번호	평가문제	배점
11	**평가문제 [회사등록 조회]** [회사등록] 관련 내용으로 옳지 않은 것은? ① 담당자메일주소는 'black@hanmail.net'이다. ② 사업장 주소는 '서울특별시 서대문구 충정로7길 12(충정로2가)'이다. ③ 대표자명은 '임시완'이다. ④ 국세환급금 계좌는 '국민은행 서대문지점'이다.	4
12	**평가문제 [계정과목및적요등록 조회]** '236.디자인권' 계정과 관련된 내용으로 옳지 않은 것은? ① '디자인권'의 구분은 '일반'이다. ② 표준코드는 '176.기타산업재산권'이다. ③ '디자인권'의 현금적요는 2개를 사용하고 있다. ④ '디자인권'의 대체적요는 1개를 사용하고 있다.	4
13	**평가문제 [일/월계표 조회]** 7월 한 달간 '상품' 매입액은 얼마인가?	3
14	**평가문제 [일/월계표 조회]** 8월 ~ 10월 발생한 '판매비와관리비'의 계정별 금액으로 옳지 않은 것은? ① 여비교통비　96,000원　　② 접대비(기업업무추진비)　485,000원 ③ 임차료　940,000원　　④ 세금과공과금　475,000원	3
15	**평가문제 [일/월계표 조회]** 7월 ~ 9월 '당좌자산' 증가액은 얼마인가?	3
16	**평가문제 [거래처원장 조회]** 8월 말 (주)수민유통(코드: 00106)의 '외상매입금' 잔액은 얼마인가?	3
17	**평가문제 [거래처원장 조회]** 10월 말 대표이사 임시완(코드: 00113)의 '가수금' 잔액은 얼마인가?	3
18	**평가문제 [현금출납장 조회]** 10월 말 '현금' 잔액은 얼마인가?	3
19	**평가문제 [매입매출장 조회]** 7월~9월(7/1~9/30) '매입(과세유형: 54.불공, 불공사유: 03.비영업용소')의 분기 누계 합계액은 얼마인가?	3
20	**평가문제 [합계잔액시산표 조회]** 10월 말 계정과목별 잔액으로 옳지 않은 것은? ① 미지급금　499,683,400원　　② 선수금　5,075,000원 ③ 단기차입금　420,000,000원　　④ 미지급세금　3,193,980원	3
21	**평가문제 [재무상태표 조회]** 12월 말 '비품' 장부금액(취득원가 - 감가상각누계액)은 얼마인가?	1

번호	평가문제	배점
22	**평가문제 [재무상태표 조회]** 12월 말 '유동부채' 계정의 금액으로 옳지 않은 것은? ① 지급어음　2,200,000원　　　② 미지급금　　503,973,400원 ③ 예수금　3,869,610원　　　　④ 유동성장기부채　5,000,000원	3
23	**평가문제 [재무상태표 조회]** 12월 말 '이월이익잉여금(미처분이익잉여금)' 잔액은 얼마인가? ① 134,140,000원　　　　　　② 149,571,900원 ③ 288,711,900원　　　　　　④ 548,711,900원	3
24	**평가문제 [손익계산서 조회]** 당기에 발생한 '상품매출원가' 금액은 얼마인가?	4
25	**평가문제 [손익계산서 조회]** 당기에 발생한 '유형자산처분이익' 금액은 얼마인가?	3
26	**평가문제 [부가가치세신고서 조회]** 제2기 예정 신고기간 부가가치세신고서 '과세표준및매출세액_과세_신용카드·현금영수증(3란)'의 금액은 얼마인가?	3
27	**평가문제 [계산서합계표 조회]** 제2기 예정 신고기간의 전자매입계산서의 '공급가액'은 얼마인가?	4
28	**평가문제 [전자세금계산서발행 및 내역관리 조회]** 제2기 예정 신고기간의 '국세청: 전송성공'한 전자세금계산서 발급 건수는 몇 건인가?	3
29	**평가문제 [예적금현황 조회]** 12월 말 은행별(계좌명) 예금 잔액으로 옳지 않은 것은? ① 98001.국민은행(보통)　　　219,937,240원 ② 98002.기업은행(보통)　　　 31,440,700원 ③ 98005.신한은행(보통)　　　 46,435,000원 ④ 98006.우리은행(보통)　　　 32,875,000원	3
30	**평가문제 [받을어음현황 조회]** 만기일이 2026년 1월 1일~12월 31일에 해당하는 받을어음의 '미보유' 합계금액은 얼마인가?	3
총 점		**62**

평가문제 ◎ 회계정보분석 (8점)

회계정보를 조회하여 [회계정보분석] 답안을 입력하시오.

31. 재무상태표 조회 (4점)

당좌비율이란 유동부채에 대한 당좌자산의 비율로 재고자산을 제외시킴으로써 단기채무에 대한 기업의 지급능력을 파악하는데 유동비율 보다 더욱 정확한 지표로 사용되고 있다. 전기 당좌비율을 계산하면 얼마인가?(단, 소숫점 이하는 버림 할 것.)

$$당좌비율(\%) = \frac{당좌자산}{유동부채} \times 100$$

① 333%
② 565%
③ 612%
④ 708%

32. 손익계산서 조회 (4점)

이자보상비율은 기업의 채무상환능력을 나타내는 지표이다. 전기분 이자보상비율은 얼마인가? (단, 소숫점 이하는 버림 할 것.)

$$이자보상비율(\%) = \frac{영업이익}{이자비용} \times 100$$

①　 866%
② 1,157%
③ 1,188%
④ 1,294%

제 3 장

출제예상
모의고사

■ 비대면 시험 새롭게 추가된
평가문제 완벽대비 기능

출제예상 모의고사 제1회

아래 문제에서 특별한 언급이 없으면 기업의 보고기간(회계기간)은 매년 1월 1일부터 12월 31일까지입니다. 또한 기업은 일반기업회계기준 및 관련 세법을 계속적으로 적용하고 있다고 가정하고 물음에 가장 합당한 답을 고르시기 바랍니다.

실무이론평가

01 다음은 (주)한공의 건물에 대한 감가상각 관련 정보이다. 2026년도 말 재무상태표에 표시되는 건물의 감가상각누계액은 얼마인가?

- 취득일: 2025년 1월 1일
- 취득원가: 10,000,000원
- 내용연수: 10년
- 잔존가치: 500,000원
- 감가상각방법: 정률법(상각률 28%)

① 1,000,000원　　　② 2,016,000원
③ 2,800,000원　　　④ 4,816,000원

02 다음 중 회계순환과정에 대한 설명으로 옳지 않은 것은?

① 회계등식에서 '자산 = 부채 + 자본'이다.
② 분개 및 전기의 정확성을 검증하기 위하여 시산표를 작성한다.
③ 수익과 비용계정 잔액은 회계기말에 집합손익계정에 대체시킨다.
④ 재무상태표에 보고되는 계정은 장부가 마감되는 잔액이 없어지는 계정으로 임시계정이라 한다.

03 (주)한공은 2025년초에 A사 주식 100주를 주당 20,000원에 취득하였다. 2025년 12월 31일 A사 주식의 시장가치가 주당 22,000원이고, 2026년 12월 31일 A사 주식의 시장가치가 주당 18,000원이다. (주)한공이 A사 주식을 단기매매증권으로 분류한 경우와 매도가능증권으로 분류한 경우에 각각 2026년의 당기손익에 미치는 영향으로 옳은 것은?

① 단기매매증권으로 분류시: 400,000원 감소,
　매도가능증권으로 분류시: 영향 없음
② 단기매매증권으로 분류시: 400,000원 감소,
　매도가능증권으로 분류시: 400,000원 감소
③ 단기매매증권으로 분류시: 200,000원 감소,
　매도가능증권으로 분류시: 영향 없음
④ 단기매매증권으로 분류시: 200,000원 감소,
　매도가능증권으로 분류시: 200,000원 감소

04 다음 자료를 이용하여 갑상품의 4월말 매출총이익을 계산하면 얼마인가?

- 4월의 매출액: 300개 × 250원 = 75,000원
- 재고자산평가방법: 선입선출법
- 4월의 상품재고장

날짜	적요	입고			출고
		수량(개)	단가(원)	금액(원)	수량(개)
4/ 1	전월이월	200	100	20,000	
4/12	매입	300	200	60,000	
4/26	매출				300

① 15,000원　　　② 35,000원
③ 40,000원　　　④ 55,000원

05 다음 각 거래의 회계처리시 차변에 나타날 계정과목으로 옳은 것은?

(가) (주)한공은 제품을 2,000,000원에 판매하기로 하고 계약금 200,000원을 현금으로 받았다.
(나) 직원이 퇴사하여 퇴직금 4,000,000원을 보통예금 계좌에서 지급하였다. 퇴사일 현재 퇴직급여충당부채 잔액은 5,000,000원 이었다.
(다) 거래처에 상품 5,000,000원을 외상으로 판매하였다.

① (가) 선수금   (나) 퇴직급여충당부채
   (다) 외상매출금
② (가) 현금   (나) 퇴직급여충당부채
   (다) 외상매출금
③ (가) 선수금   (나) 현금
   (다) 상품매출
④ (가) 현금   (나) 현금
   (다) 상품매출

06 다음 회계처리중 옳지 않은 것은?

① 직원의 가족동반 야유회비는 복리후생비로 회계처리 한다.
② 직원 업무역량 강화를 위한 영어학원 지원비는 교육훈련비로 회계처리 한다.
③ 거래처 직원의 결혼축의금은 접대비(기업업무추진비)로 회계처리 한다.
④ 회사부담분 건강보험료는 예수금으로 회계처리 한다.

07 다음과 같은 결산 회계처리 누락이 2026년도 손익계산서에 미치는 영향으로 옳은 것은?

> (주)한공은 2026년 11월 1일에 가입한 1년 만기 정기예금 20,000,000원(연이율 3%, 월할계산)에 대한 이자 경과분(미수분)을 계상하지 않았다.

① 당기순이익 100,000원 과소계상
② 당기순이익 100,000원 과대계상
③ 당기순이익 600,000원 과소계상
④ 당기순이익 600,000원 과대계상

08 다음 중 부가가치세를 신고할 의무가 없는 자는?

① 면세사업자
② 영세율이 적용되는 사업자
③ 간이과세자
④ 일반과세자

09 다음 중 부가가치세법상 재화 또는 용역의 공급 시기로 옳은 것은?

① 현금판매: 대금이 지급된 때
② 재화의 공급으로 보는 가공: 재화의 가공이 완료된 때
③ 장기할부조건부 용역의 공급: 대가의 각 부분을 받기로 한 때
④ 공급단위를 구획할 수 없는 용역의 계속적 공급: 용역의 공급을 완료한 때

10 다음은 의류제조업을 영위하는 (주)한공의 2026년 제2기 예정신고기간의 매입세액내역이다. 공제가능한 매입세액은 얼마인가?(단, 세금계산서는 적법하게 수취하였다.)

> • 11인승 승합차 구입 관련 매입세액
>   3,000,000원
> • 비영업용 승용차(개별소비세법 §1②3호) 구입, 유지, 임차 관련 매입   1,000,000원
> • 접대비(기업업무추진비) 관련 매입세액
>   300,000원
> • 사업과 관련 없는 지출에 대한 매입세액
>   1,500,000원

① 2,500,000원   ② 3,000,000원
③ 4,000,000원   ④ 4,300,000원

실무수행평가

(주)드림전자(회사코드 3501)는 전자제품 등을 도소매하는 법인으로 회계기간은 제8기
(2026.1.1.~2026.12.31.)이다. 제시된 자료와 [자료설명]을 참고하여 [수행과제]를 완료
하고 [평가문제]의 물음에 답하시오.

실무수행 유의사항	1. 부가가치세 관련거래는 [매입매출전표입력] 메뉴에 입력하고, 부가가치세 관련없는 거래는 [일반전표입력] 메뉴에 입력한다. 2. 타계정 대체액과 관련된 적요는 반드시 코드를 입력하여야 한다. 3. 채권·채무, 예금거래등 관리대상 거래자료에 대하여는 거래처코드를 반드시 입력한다. 4. 자금관리등 추가 작업이 필요한 경우 지문에 따라 추가 작업하여야 한다. 5. 판매비와관리비는 800번대 계정코드를 사용한다. 6. 등록된 계정과목 중 가장 적절한 계정과목을 선택한다.

실무수행 ◎ 기초정보관리의 이해

회계관련 기초정보는 입력되어 있다. [자료설명]을 참고하여 [수행과제]를 수행하시오.

1 계정과목 추가 및 적요등록 수정

자료설명	1. 당사는 수소차량 구입에 대하여 정부시책에 의한 정부보조금을 지원 받기로 하였다. 2. 103.보통예금에 대한 차감 계정으로 정부보조금을 등록하여 사용하려고 한다.
수행과제	104.정기예금 계정과목을 104.정부보조금(구분: 차감, 관계코드: 103) 계정과목으로 수정하여 등록하시오.

2 전기분 손익계산서의 입력수정

손 익 계 산 서

제7(당)기 2025년 1월 1일부터 2025년 12월 31일까지
제6(전)기 2024년 1월 1일부터 2024년 12월 31일까지

(주)드림전자   (단위: 원)

과 목	제7(당)기 금 액		제6(전)기 금 액	
Ⅰ.매　　출　　액		560,000,000		280,000,000
상 품 매 출	560,000,000		280,000,000	
Ⅱ.매　출　원　가		320,000,000		160,000,000
상 품 매 출 원 가		320,000,000		160,000,000
기 초 상 품 재 고 액	20,000,000		5,000,000	
당 기 상 품 매 입 액	370,000,000		175,000,000	
기 말 상 품 재 고 액	70,000,000		20,000,000	
Ⅲ.매 출 총 이 익		240,000,000		120,000,000
Ⅳ.판 매 비 와 관 리 비		132,980,000		58,230,000
급　　　　　여	82,300,000		30,800,000	
복 리 후 생 비	5,100,000		2,100,000	
여 비 교 통 비	3,500,000		1,500,000	
접대비(기업업무추진비)	5,200,000		2,400,000	
통　　신　　비	5,800,000		3,200,000	
수 도 광 열 비	4,800,000		2,800,000	
세 금 과 공 과 금	5,300,000		4,000,000	
감 가 상 각 비	2,900,000		700,000	
보　　험　　료	3,840,000		2,530,000	
차 량 유 지 비	8,540,000		5,400,000	
운　　반　　비	4,900,000		2,300,000	
소 모 품 비	800,000		500,000	
Ⅴ.영 업 이 익		107,020,000		61,770,000
Ⅵ.영 업 외 수 익		3,200,000		2,100,000
이 자 수 익	3,200,000		2,100,000	
Ⅶ.영 업 외 비 용		4,800,000		2,400,000
이 자 비 용	4,800,000		2,400,000	
Ⅷ.법인세차감전순이익		105,420,000		61,470,000
Ⅸ.법 인 세 등		7,500,000		2,000,000
Ⅹ.당 기 순 이 익		97,920,000		59,470,000

자료설명	(주)드림전자의 전기(제7기)분 재무제표는 입력되어 있다.
수행과제	1. [전기분 손익계산서]의 입력이 누락되었거나 잘못된 부분을 찾아 수정하시오. 2. [전기분 이익잉여금처분계산서]의 처분 확정일(2026년 2월 28일)을 입력하시오.

실무수행 ◉ 거래자료 입력

실무프로세스 관련 자료이다. [자료설명]을 참고하여 [수행과제]를 수행하시오.

1 3만원 초과 거래 자료입력

영 수 증 (공급받는자용)				
NO		(주)드림전자	귀하	
공급자	사업자 등록번호	120-34-11112		
	상 호	광고나라	성명	김상훈
	사업장 소재지	서울시 영등포구 여의도동 731-12		
	업 태	서비스업	종목	광고출판물
작성일자		공급대가총액		비고
2026.4.1.		200,000		
공 급 내 역				
월/일	품명	수량	단가	금액
4/1	마우스패드	100	2,000	200,000
합 계		200,000원		
위 금액을 **영수**(청구)함				

자료설명	상품 광고 및 홍보용으로 사용할 마우스패드를 제작하고 대금은 현금으로 지급하였다.
수행과제	1. 거래자료를 입력하시오. ('광고선전비' 계정을 사용할 것.) 2. 영수증수취명세서(1)과 (2) 서식을 작성하시오.

2 증빙에 의한 전표입력

행복생명						
Insurance		**자동차보험증권** 2026년 4월 3일		**자보업무팀에서** 작성하여 발행한 것임.		
계 약 번 호		2026-3224976		계 약 일	2026 년 4 월 3일	
기명피보험자	(주)드림전자			기명피보험자코드		
계 약 자	(주)드림전자			계 약 자 코 드		
보험 가입 자동차				보험료 납입사항		
차 량 번 호 (차 대 번 호)	12러 3481		(연식 : 2026)	납입하신 보 험 료	의무보험	원
차 명	승용차				임의보험	원
차 량 가 액	2,180 만원	부속품가액 50 만원		연 간 적 용 보 험 료		950,000 원
의 무 보 험	2026 년 4 월 3 일 24:00 부터 2027 년 4 월 3 일 24:00					
임의보험기간	2026 년 4 월 3 일 24:00 부터 2027 년 4 월 3 일 24:00					

자료설명	1. 영업부 업무용 승용차에 대하여 자동차보험에 가입하고 발급받은 자동차보험증권이다. 2. 보험료는 계약일에 현대카드로 결제하여 지급하였다.
수행과제	거래자료를 입력하시오.(자산으로 회계처리할 것.)

3 약속어음의 만기결제

자료 1. 전자어음

전 자 어 음

(주)서대문전자 귀하   00420260104123456789

금 이백이십만원정   2,200,000원

위의 금액을 귀하 또는 귀하의 지시인에게 지급하겠습니다.

지급기일 2026년 4월 4일	**발행일** 2026년 1월 4일
지 급 지 국민은행	**발행지** 서울특별시 강남구 강남대로 254
지급장소 역삼지점	**주 소** (도곡동, 용문빌딩)
	발행인 (주)드림전자

자료 2. 당좌예금(국민은행) 거래내역

번호	거래일	내용	찾으신금액	맡기신금액	잔액	거래점
		계좌번호 096-24-0094-789 (주)드림전자				
1	2026-4-4	(주)서대문전자	2,200,000		***	***

자료설명	(주)서대문전자에 지급한 어음이 만기가 되어 국민은행 당좌예금 계좌에서 결제되었다.
수행과제	1. 거래자료를 입력하시오. 2. 자금관련 정보를 입력하여 지급어음현황에 반영하시오.

4 통장사본에 의한 거래입력

■ 보통예금(국민은행) 거래내역

번호	거래일	내 용	찾으신금액	맡기신금액	잔 액	거래점
		계좌번호 096-24-0094-123 (주)드림전자				
1	2026-04-25	전화요금	88,000		***	
2	2026-04-25	인터넷요금	120,000		***	
3	2026-04-25	수도요금	100,000		***	

자료설명	4월분 전화요금과 인터넷요금 및 수도요금이 국민은행 보통예금 계좌에서 자동이체 되었다.(단, 당사는 보통예금 이체일에 비용으로 처리하고 있다.)
수행과제	거래자료를 입력하시오.

5 유/무형자산의 구입

자료 1. 거래명세서

			거래명세서		(공급받는자 보관용)				

거래명세서 (공급받는자 보관용)

공급자	등록번호	124-33-41794		공급받는자	등록번호	106-86-09792	
	상호	오성물류기계	성명 최우진		상호	(주)드림전자	성명 박드림
	사업장주소	경기도 수원시 팔당구 매산로 1 (매산로1가)			사업장주소	서울특별시 강남구 강남대로 254 (도곡동, 용문빌딩)	
	업태	서비스업	종사업장번호		업태	도소매업	종사업장번호
	종목	차량수리			종목	전자제품외	

거래일자	미수금액	공급가액	세액	총 합계금액
2026.4.29.		4,000,000		4,000,000

NO	월	일	품목명	규격	수량	단가	공급가액	세액	합계
1	4	29	오토미션 교체				3,800,000		3,800,000
2	4	29	브레이크 수리				200,000		200,000

자료 2. 보통예금(신한은행) 거래내역

번호	거래일	내용	찾으신금액	맡기신금액	잔액	거래점
		계좌번호 308-12-374123 (주)드림전자				
1	2026-4-29	오성물류기계	400,000		***	강남점

자료설명	1. 노후된 전동지게차를 수리하고 수취한 거래명세서이다. 2. 대금 중 일부는 신한은행 보통예금계좌에서 이체하여 지급하였으며, 잔액은 다음달 말일에 지급하기로 하였다. 3. 오토미션 교체는 자본적지출로, 브레이크 수리는 수익적지출로 처리하기로 하였다. 4. 부가가치세는 고려하지 않는다.
수행과제	거래자료를 입력하시오.(수익적지출은 '차량유지비' 계정으로 회계처리할 것.)

실무수행 ◉ 부가가치세

부가가치세 신고 관련 자료이다. [자료설명]을 참고하여 [수행과제]를 수행하시오.

1 과세매출자료의 전자세금계산서 발행

거래명세서 (공급자 보관용)

공급자	등록번호	106-86-09792			공급받는자	등록번호	115-81-12317		
	상호	(주)드림전자	성명	박드림		상호	(주)전자마트	성명	김전자
	사업장주소	서울특별시 강남구 강남대로 254 (도곡동, 용문빌딩)				사업장주소	서울특별시 서대문구 충정로 30		
	업태	도소매업	종사업장번호			업태	도소매업	종사업장번호	
	종목	전자제품외				종목	전자제품		

거래일자	미수금액	공급가액	세액	총 합계금액
2026.10.2.		11,000,000	1,100,000	12,100,000

NO	월	일	품목명	규격	수량	단가	공급가액	세액	합계
1	10	2	공기청정기		10	660,000	6,600,000	660,000	7,260,000
2	10	2	스타일러		2	2,200,000	4,400,000	440,000	4,840,000

자료설명	1. 상품을 판매하고 발급한 거래명세서이다. 2. 대금 중 1,100,000원은 (주)전자마트가 발행한 당좌수표로 수령하고, 잔액은 월말에 받기로 하였다.
수행과제	1. 거래명세서에 의해 매입매출자료를 입력하시오.(복수거래 키를 이용하여 입력할 것.) 2. 전자세금계산서 발행 및 내역관리 를 통하여 발급 및 전송하시오. (전자세금계산서 발급 시 결제내역 및 전송일자는 고려하지 말 것.)

2 매출거래

자료 1. 전자계산서

전자계산서 (공급자 보관용)

승인번호

공급자	등록번호	106-86-09792			공급받는자	등록번호	106-81-44120		
	상호	(주)드림전자	성명 (대표자)	박드림		상호	(주)세운유통	성명 (대표자)	위대한
	사업장 주소	서울특별시 강남구 강남대로 254 (도곡동, 용문빌딩)				사업장 주소	서울특별시 구로구 구로동로 22		
	업태	도소매업	종사업장번호			업태	도소매업	종사업장번호	
	종목	전자제품외				종목	전자제품		
	E-Mail	dream@bill36524.com				E-Mail	booklike@naver.com		

작성일자	2026.10.7.	공급가액	2,000,000	비 고	

월	일	품목명	규격	수량	단가	공급가액	비고
10	7	월간 드림전자 잡지		100	20,000	2,000,000	

합계금액	현금	수표	어음	외상미수금	이 금액을	○ 영수 ● 청구	함
2,000,000			1,000,000	1,000,000			

자료 2. 전자어음

전 자 어 음

(주)드림전자 귀하   02020261007123456789

금 일백만원정   **1,000,000원**

위의 금액을 귀하 또는 귀하의 지시인에게 지급하겠습니다.

지급기일	2027년 1월 7일	발행일	2026년 10월 7일
지 급 지	우리은행	발행지	서울시 구로구 구로동로 22
지급장소	구로지점	주 소	
		발행인	(주)세운유통

자료설명	1. 상품을 판매하고 전자계산서를 발급하였다. (단, 본 거래에 한하여 과세사업과 면세사업을 겸영한다고 가정함.) 2. 판매대금 중 1,000,000원은 외상으로 하고, 1,000,000원은 전자어음을 수취하였다.
수행과제	1. 거래자료를 입력하시오.(전자계산서 거래는 '전자입력'으로 입력할 것.) 2. 자금관련 정보를 입력하여 받을어음현황에 반영하시오.

3 매출거래

수정전자세금계산서 (공급자 보관용)   승인번호

공급자	등록번호	106-86-09792			공급받는자	등록번호	113-81-42154		
	상호	(주)드림전자	성명 (대표자)	박드림		상호	(주)수원전자	성명 (대표자)	강팔달
	사업장 주소	서울특별시 강남구 강남대로 254 (도곡동, 용문빌딩)				사업장 주소	경기도 수원시 팔달구 매산로 10 (매산로1가)		
	업태	도소매업	종사업장번호			업태	도소매업	종사업장번호	
	종목	전자제품외				종목	전자제품		
	E-Mail	dream@bill36524.com				E-Mail	suwon@naver.com		

작성일자	2026.10.15.	공급가액	-1,700,000	세 액	-170,000
비고	당초 세금계산서 작성일: 2026.10.10.				

월	일	품목명	규격	수량	단가	공급가액	세액	비고
10	15	드림세탁기		-2	850,000	-1,700,000	-170,000	

합계금액	현금	수표	어음	외상미수금	이 금액을	○ 영수 ● 청구	함
-1,870,000				-1,870,000			

자료설명	10월 10일에 (주)수원전자에 상품을 판매하였으나, 파손으로 인해 일부가 반품되어 수정전자세금계산서를 발급하였다. 대금은 외상매출금과 상계처리하기로 하였다.
수행과제	매입매출자료를 입력하시오. (전자세금계산서 거래는 '전자입력'으로 입력할 것.)

4 매입거래

전자계산서 (공급받는자 보관용) 승인번호

공급자	등록번호	211-90-12510			공급받는자	등록번호	106-86-09792		
	상호	제이티교육	성명 (대표자)	한정서		상호	(주)드림전자	성명 (대표자)	박드림
	사업장 주소	서울특별시 강남구 강남대로 252 (도곡동)				사업장 주소	서울특별시 강남구 강남대로 254 (도곡동, 용문빌딩)		
	업태	교육서비스업	종사업장번호			업태	도소매업	종사업장번호	
	종목	학원				종목	전자제품외		
	E-Mail	jtedu@gmail.com				E-Mail	dream@bill36524.com		

작성일자	2026.10.25.	공급가액	240,000	비 고	

월	일	품목명	규격	수량	단가	공급가액	비고
10	25	AT 교육		3	80,000	240,000	

합계금액	현금	수표	어음	외상미수금	이 금액을	○ 영수 ● 청구	함
240,000				240,000			

자료설명	회계부 사원들에게 업무능력 향상을 위하여 AT 위탁교육을 실시하고 전자계산서를 발급받았다.
수행과제	매입매출자료를 입력하시오.(전자계산서 거래는 '전자입력'으로 입력할 것.)

5 매입거래

자료 1. 전자세금계산서

전자세금계산서		(공급받는자 보관용)					승인번호			

공급자	등록번호	314-81-11803				공급받는자	등록번호	106-86-09792		
	상호	(주)포토포유	성명 (대표자)	이시준			상호	(주)드림전자	성명 (대표자)	박드림
	사업장 주소	대전 서구 둔산동 1340					사업장 주소	서울특별시 강남구 강남대로 254 (도곡동, 용문빌딩)		
	업태	도소매업		종사업장번호			업태	도소매업		종사업장번호
	종목	3D프린터기외					종목	전자제품외		
	E-Mail	you@naver.com					E-Mail	dream@bill36524.com		

작성일자	2026.10.30.	공급가액	1,500,000	세 액	150,000
비고					

월	일	품목명	규격	수량	단가	공급가액	세액	비고
10	30	3D 컬러 입체프린터				1,500,000	150,000	

합계금액	현금	수표	어음	외상미수금	이 금액을	● 영수 ○ 청구	함
1,650,000							

자료 2. 보통예금(국민은행) 거래내역

번호	거래일	내용	찾으신금액	맡기신금액	잔액	거래점
		계좌번호 096-24-0094-123 (주)드림전자				
1	2026-10-30	(주)포토포유	1,650,000		***	

자료설명	구청 주민센터에 기증할 목적으로 3D 컬러 입체프린터를 구입하고, 대금은 국민은행 보통예금계좌에서 이체하여 지급하였다.(기부금으로 처리할 것.)
수행과제	매입매출자료를 입력하시오. (전자세금계산서 거래는 '전자입력'으로 입력할 것.)

6 부가가치세 신고서에 의한 회계처리

자료설명	제2기 예정 부가가치세 과세기간의 부가가치세 관련 거래 자료는 입력되어 있다.
수행과제	제2기 예정 부가가치세신고서를 참고하여 9월 30일 부가가치세 납부세액(환급세액)에 대한 회계처리를 하시오.(단, 납부할 세액은 '미지급세금', 환급받을 세액은 '미수금'으로 회계처리 할 것.)

실무수행 ○ 결산

[결산자료]를 참고하여 결산을 수행하시오.(단, 제시된 자료 이외의 자료는 없다고 가정함.)

1 수동결산 및 자동결산

자료설명	1. 단기차입금에 대한 기간 경과분 이자 720,000원은 장부에 미계상되었다. 2. 재고자산 명세서에 의한 기말재고액은 다음과 같다.

계정과목	자산명	수량	단가	기말금액
상품	가습기	8	50,000원	400,000원
	공기청정기	15	220,000원	3,300,000원
	스타일러	3	2,200,000원	6,600,000원
	마우스	50	15,000원	750,000원
	합계			11,050,000원

3. 이익잉여금처분계산서 처분 확정(예정)일
   - 당기분: 2027년 2월 23일
   - 전기분: 2026년 2월 23일

수행과제	1. 수동결산 또는 자동결산 메뉴를 이용하여 결산을 완료하시오. 2. 12월 31일을 기준으로 '손익계산서 → 이익잉여금처분계산서 → 재무상태표'를 순서대로 조회 작성하시오. (단, 이익잉여금처분계산서 조회 작성 시 '저장된 데이터 불러오기' → '아니오' 선택 → '전표추가'를 이용하여 '손익대체분개'를 수행할 것.)

입력자료 및 회계정보를 조회하여 [평가문제]의 답안을 입력하시오.

❶ 답안은 지정된 단위의 숫자로만 입력해 주십시오.
  * 한글 등 문자 금지, 콤마(,) 외 기호 금지

평가문제 답안입력 유의사항		정답	오답(예)
	(1) 금액은 원 단위로 숫자를 입력하되, 천 단위 콤마(,)는 생략 가능합니다.	1,245,000 1245000	1.245.000 1,245,000원 1,245,0000 12,45,000 1,245천원
	(1-1) 답이 0원인 경우 반드시 "0" 입력 (1-2) 답이 음수(-)인 경우 숫자 앞에 "-" 입력		
	(2) 질문에 대한 답안은 숫자로만 입력하세요.	4	04 4/건/매/명 04건/매/명
	(3) 거래처 코드번호는 5자리로 입력하세요.	00101	101 00101번

❷ 더존 프로그램 입력방법과 다르게 평가문제의 답안 입력시 천단위(000) 숫자키패드 "+" 기능은 지원되지 않습니다.
❸ 더존 프로그램에서 조회되는 자료를 복사하여 붙여넣기가 가능합니다.
❹ 수행과제를 올바르게 입력하지 않고 답을 구한 결과가 모범답안과 다른 경우 오답처리 됩니다.

번호	평가문제	배점
11	**평가문제 [전기분 손익계산서 조회]** 전기분 손익계산서의 계정과목별 금액으로 옳지 않은 것은? ① 여비교통비 3,500,000원 ② 세금과공과금 5,000,000원 ③ 보험료 3,840,000원 ④ 법인세 등 7,500,000원	3
12	**평가문제 [월계표 조회]** 10월에 발생한 '영업외비용' 금액은 얼마인가?	3
13	**평가문제 [거래처원장 조회]** 12월 말 거래처별 잔액으로 옳지 않은 것은? ① 보통예금 – 신한은행 40,200,000원 ② 외상매출금 – (주)수원전자 7,480,000원 ③ 미지급금 – 하이마트상사 1,973,180원 ④ 미지급금 – 현대카드 950,000원	3

번호	평가문제	배점
14	**평가문제 [재무상태표 조회]** 4월 말 '선급비용' 잔액은 얼마인가?	3
15	**평가문제 [재무상태표 조회]** 6월 '지급어음' 잔액은 얼마인가?	3
16	**평가문제 [재무상태표 조회]** 9월 말 '미수금' 잔액은 얼마인가?	4
17	**평가문제 [재무상태표 조회]** 월별 '외상매출금' 및 '외상매입금' 잔액으로 옳지 않은 것은? ① 외상매출금 4월 162,728,000원　② 외상매출금 10월　283,600,000원 ③ 외상매입금 7월　34,635,000원　④ 외상매입금 11월　157,547,000원	3
18	**평가문제 [재무상태표 조회]** 12월 말 '미지급비용' 잔액은 얼마인가?	3
19	**평가문제 [재무상태표 조회]** 12월 말 '이월이익잉여금(미처분이익잉여금)' 잔액은 얼마인가? ① 250,127,500원　　② 270,491,270원 ③ 191,616,756원　　④ 466,046,270원	2
20	**평가문제 [손익계산서 조회]** 4월 손익계산서의 계정과목별 금액으로 옳은 것은? ① 수수료비용　400,000원　② 운반비　　　392,000원 ③ 통신비　　　600,000원　④ 복리후생비　5,275,000원	3
21	**평가문제 [손익계산서 조회]** 당기에 발생한 '상품매출'은 얼마인가?	3
22	**평가문제 [손익계산서 조회]** 당기에 발생한 '차량유지비'는 얼마인가?	3
23	**평가문제 [손익계산서 조회]** 당기에 발생한 '이자수익'은 얼마인가?	3
24	**평가문제 [영수증수취명세서 조회]** '영수증수취명세서(1)'의 3만원 초과 거래내역 중 '12.명세서제출 대상' 전체 금액은 얼마인가? ①　50,000원　　　　② 100,000원 ③ 150,000원　　　　④ 200,000원	3
25	**평가문제 [부가가치세신고서 조회]** 제2기 확정 신고기간 부가가치세신고서 '그밖의공제매입세액(15란)'의 세액은 얼마인가?	3
26	**평가문제 [세금계산서합계표 조회]** 제2기 확정 신고기간의 매출세금계산서(유형: '전자') 매수는?	3

번호	평가문제	배점
27	**평가문제 [세금계산서합계표 조회]** 제2기 확정 신고기간의 매입세금계산서(유형: '전자') 매수는?	3
28	**평가문제 [계산서합계표 조회]** 제2기 확정 신고기간의 매출계산서(유형: '전자') 거래처는 몇 곳인가?	3
29	**평가문제 [계산서합계표 조회]** 제2기 확정 신고기간의 매입계산서 공급가액 합계는 얼마인가?	4
30	**평가문제 [매입세액불공제내역 조회]** 제2기 확정 신고기간 '②사업과 직접관련 없는 지출'의 매입세액은 얼마인가?	4
총 점		**62**

평가문제 ◎ 회계정보분석(8점)

회계정보를 조회하여 [회계정보분석] 답안을 입력하시오.

31. 재무상태표, 손익계산서 조회

총자산수익률은 기업이 가지고 있는 총자산 대비 순이익을 나타내는 지표로, 기업이 얼마나 자산을 효율적으로 운용하는지 알 수 있다. 전기 총자산수익률을 계산하면 얼마인가?(단, 소수점 이하는 버림할 것.)

$$총자산수익률 = \frac{당기순이익}{자산총계} \times 100$$

① 10% ② 18%
③ 25% ④ 36%

32. 재무상태표 조회

부채비율은 타인자본의 의존도를 표시하며, 기업의 건전성 정도를 나타내는 지표이다. 전기 부채비율을 계산하면 얼마인가?(단, 소수점 이하는 버림할 것.)

$$부채비율 = \frac{부채총계}{자본총계} \times 100$$

① 16% ② 24%
③ 32% ④ 40%

출제예상 모의고사 제2회

아래 문제에서 특별한 언급이 없으면 기업의 보고기간(회계기간)은 매년 1월 1일부터 12월 31일까지입니다. 또한 기업은 일반기업회계기준 및 관련 세법을 계속적으로 적용하고 있다고 가정하고 물음에 가장 합당한 답을 고르시기 바랍니다.

실무이론평가

01 다음은 (주)한공이 2026년에 취득하여 보유중인 단기매매증권에 대한 자료이다. 2026년 손익계산서에 계상될 단기매매증권평가손익은 얼마인가?

• A사 주식 200주: 취득원가	6,000원
공정가치	6,500원
• B사 주식 300주: 취득원가	7,500원
공정가치	5,000원

① 단기매매증권평가이익 650,000원
② 단기매매증권평가이익 750,000원
③ 단기매매증권평가손실 100,000원
④ 단기매매증권평가손실 650,000원

02 다음은 회계정보의 질적 특성에 대한 설명이다. 이 중 옳은 것만 고른 것은?

가. 매출채권에 대손충당금을 설정하는 것은 목적 적합성을 고려한 것이다.
나. 재무제표 정보가 정보이용자의 의사결정에 차이를 가져올 수 있다면 그 정보는 목적적합한 정보이다.
다. 회계정보를 미래 재무정보 예측에 활용 하려면 신뢰성을 더욱 강조해야 한다.
라. 목적적합성이 높은 정보는 신뢰성도 항상 높다.

① 가, 나　　　② 나, 다
③ 다, 라　　　④ 나, 라

03 다음 합계잔액시산표를 보고 물음에 답하시오.

합계잔액시산표

(주)한공　　　　2026. 4. 1.　　　　(단위: 원)

차 변		계정과목	대 변	
잔 액	합 계		합 계	잔 액
500,000	1,500,000	매출채권	1,000,000	
		대손충당금	20,000	20,000
		…		

2026년 4월 1일에 매출채권 100,000원이 회수 불가능하게 된 경우의 분개로 옳은 것은?

㉮ (차) 매출채권	100,000원		
(대) 대손충당금환입		100,000원	
㉯ (차) 대손충당금	20,000원		
(대) 매출채권		20,000원	
㉰ (차) 대손충당금	20,000원		
대손상각비	80,000원		
(대) 매출채권		100,000원	
㉱ (차) 대손상각비	480,000원		
대손충당금환입	20,000원		
(대) 매출채권		500,000원	

① ㉮　　　　　　② ㉯
③ ㉰　　　　　　④ ㉱

04 다음은 도매업을 영위하고 있는 (주)한공의 2026년 4월 상품재고장이다. 4월말 재고자산금액은 얼마인가?(단, 상품은 단일 품목이고 계속기록법에 의한 선입선출법을 적용하고 있으며 월 결산을 수행한다.)

상품재고장

(주)한공　　　　　　　　　　　　(단위: 원)

날짜	적요	입고			출고	잔고
		수량	단가	금액	수량	수량
4/ 1	전월이월	100	200	20,000		100
4/10	매입	300	250	75,000		400
4/15	매출				350	50
4/20	매입	200	300	60,000		250
4/30	차월이월					250

① 85,000원　　　　② 82,500원
③ 72,500원　　　　④ 70,000원

05 다음은 (주)한공의 일자별 상품매입과정이다. (가)와(나)에 해당하는 계정과목으로 옳게 짝지어진 것은?

> **10월 1일**
> 상품을 주문하고 총매입 대금 1,000,000원 중 300,000원을 **(가)계약금**으로 미리 지급하였다.
>
> **10월 15일**
> 주문한 상품이 창고에 입고되어 매입대금 중 500,000원을 현금으로 지급하고 나머지 200,000원을 **(나)2월 만기 어음**으로 지급하다.

① (가) 선급금 　　(나) 매출채권
② (가) 선급금 　　(나) 매입채무
③ (가) 선수금 　　(나) 매출채권
④ (가) 선수금 　　(나) 매입채무

06 (주)한공의 손익계산서 일부와 추가자료이다. 추가자료를 이용하여 계산한 (가)의 금액으로 옳은 것은?

손익계산서

(주)한공　2026년 1월 1일~ 2026년 12월 31일 (단위: 원)

과 목		제5(당)기
매출액		7,000,000
매출원가		5,000,000
기초상품재고액	1,000,000	
당기상품매입액	6,000,000	
기말상품재고액	2,000,000	
매출총이익		×××
판매비와관리비		×××
급여	500,000	
영업이익		(가)

> **[추가 자료]**
> • 복리후생비 　　　　　50,000원
> • 광고선전비 　　　　　40,000원
> • 이자비용 　　　　　　20,000원
> • 접대비(기업업무추진비)　10,000원
> • 수도광열비 　　　　　15,000원
> • 기부금 　　　　　　　5,000원

① 1,360,000원　　② 1,385,000원
③ 1,410,000원　　④ 1,500,000원

07 다음 대화에서 질문에 대한 답변을 올바르게 한 사람으로 짝지어진 것은?

> **[선생님]**
> 임차료 미지급분에 대한 결산정리사항을 누락할 경우 재무제표에 어떤 영향을 미칠까요?
> **[영주]** 자산이 과소계상됩니다.
> **[보라]** 자산이 과대계상됩니다.
> **[범수]** 부채가 과소계상됩니다.
> **[민혁]** 비용이 과소계상됩니다.

① 범수, 민혁　　② 민혁, 영주
③ 민혁, 보라　　④ 범수, 보라

08 개인일반과세자 甲은 2026년 2월 10일에 부동산임대업을 폐업하였다. 甲이 2026년 1월 1일부터 2026년 2월 10일까지의 거래에 대한 부가가치세 확정신고기한으로 옳은 것은?

① 2026년 2월 25일　　② 2026년 3월 25일
③ 2026년 4월 25일　　④ 2026년 7월 25일

09 다음 중 부가가치세법상 영세율이 적용되지 않는 것은?

① 내국물품을 외국으로 반출하는 것
② 중계무역방식에 의한 수출
③ 국외에서 공급하는 용역
④ 외국인관광객에게 공급하는 음식용역

10 다음은 의류 제조업을 영위하는 (주)한공의 2026년 제2기 부가가치세 예정신고에 필요한 매입세액 자료이다. 이 중 공제받지 못하는 매입세액은 얼마인가?(단, 세금계산서는 적법하게 수취하였다.)

> 가. 사업과 관련 없는 지출의 매입세액:
> 　　　　　　　　　2,000,000원
> 나. 거래처 접대용 선물 구입의 매입세액:
> 　　　　　　　　　3,000,000원
> 다. 의류 제조용 원재료 구입의 매입세액:
> 　　　　　　　　　1,000,000원
> 라. 대표이사 업무용승용차(배기량 3,500cc)
> 　　구입의 매입세액: 　7,000,000원

① 5,000,000원　　② 6,000,000원
③ 9,000,000원　　④ 12,000,000원

실무수행평가 ⠿

(주)대한물류(회사코드 3502)는 의류를 도·소매하는 법인으로 회계기간은 제14기(2026.1.1.~2026.12.31.)이다. 제시된 자료와 [자료설명]을 참고하여 [수행과제]를 완료하고 [평가문제]의 물음에 답하시오.

실무수행 유의사항	1. 부가가치세 관련거래는 [매입매출전표입력] 메뉴에 입력하고, 부가가치세 관련 없는 거래는 [일반전표입력] 메뉴에 입력한다. 2. 타계정 대체액과 관련된 적요는 반드시 코드를 입력하여야 한다. 3. 채권·채무, 예금거래 등 관리대상 거래자료에 대하여는 거래처코드를 반드시 입력한다. 4. 자금관리 등 추가 작업이 필요한 경우 문제의 요구에 따라 추가 작업하여야 한다. 5. 판매비와 관리비는 800번대 계정코드를 사용한다. 6. 등록된 계정과목 중 가장 적절한 계정과목을 선택한다.

◎ 실무수행 **기초정보관리의 이해**

회계관련 기초정보는 입력되어 있다. [자료설명]을 참고하여 [수행과제]를 수행하시오.

1 사업자등록증에 의한 거래처 등록(수정)

사 업 자 등 록 증 (일반과세자) 등록번호: 113-86-35018 상 호: (주)나래패션 대 표 자 명: 박나래 개 업 년 월 일: 2020년 4월 1일 사업장 소재지: 서울특별시 서대문구 충정로7길 12 (충정로2가) 사 업 의 종 류: 업태 도소매업 종목 의류 교 부 사 유: 주소변경 사업자단위과세 적용사업자여부: 여( ) 부(√) 전자세금계산서 전용 메일주소: nana@naver.com 2026년 1월 2일 서대문 세무서장 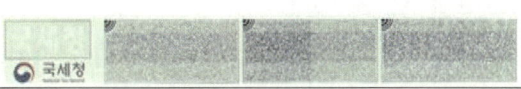 국세청	**자료설명** 거래처 (주)나래패션 사업자 등록증에 정정사항이 있어 변경된 사업자등록증 사본을 받았다. **수행과제** 1. 사업자등록증의 변경 내용을 확인하여 정정하시오. 2. 메일 주소를 등록하시오.

2 거래처별초기이월 등록 및 수정

▌단기대여금 명세서▐

코드	거래처명	적요	금액	비고
00103	민국유통(주)	6개월 대여금	5,000,000원	
00104	(주)만세물류	4개월 대여금	9,000,000원	
합 계			14,000,000원	

▌미수금 명세서▐

코드	거래처명	적요	금액	비고
00156	(주)오성상사	매각대금	7,000,000원	
00167	(주)현주전자	매각대금	600,000원	
합 계			7,600,000원	

자료설명	(주)대한물류의 거래처별 전기이월 자료이다.
수행과제	단기대여금, 미수금에 대한 거래처별 초기이월사항을 등록하시오.

실무수행 ◎ 거래자료입력

실무프로세스 자료이다. [자료설명]을 참고하여 [수행과제]를 수행하시오.

1 증빙에 의한 전표입력

신용카드매출전표

가 맹 점 명 (주)도자기마트 (02)512-4451
사업자번호 118-81-12975
대 표 자 명 이 호 진
주   소 서울 서대문구 간호대로 12-6

삼 성 카 드   신용승인
거 래 일 시   2026-08-06 19:08:04
카 드 번 호   5123-1234-****-65**
가맹점번호   45451124
매 입 사   삼성카드(전자서명전표)
품   명   머그잔 세트(4P)

공 급 가 액   40,000원
부 가 가 치 세   4,000원
합   계   44,000원

자료설명	매출거래처에 선물할 머그잔 세트를 구입하고 받은 신용카드매출 전표이다.
수행과제	거래자료를 입력하시오.

2 대손의 발생과 설정

자료설명	[8월 10일] (주)서울패션의 파산으로 단기대여금 9,000,000원이 회수불능하게 되어, 동 단기대여금을 대손처리하였다.
수행과제	대손처리시점의 대손충당금 잔액을 조회하여 거래자료를 입력하시오.

3 기타 일반거래

자료. 주식발행사항

이사회 의사록

회사의 유상증자와 관련하여 다음과 같이 주식발행 사항을 결정함.

– 다   음 –

1. 주식의 종류와 수
   – 보통주식 5,000주(액면금액 1주당 10,000원)
2. 주식의 발행금액
   – 1주의 금액 12,000원

2026년 09월 20일

■ 보통예금(국민은행) 거래내역

번호	거래일	내용	찾으신금액	맡기신금액	잔액	거래점
		계좌번호 764501-01-047720 (주)대한물류				
3	2026-09-30	주식납입금		58,000,000	***	***

자료설명	당사의 자금조달을 위해 이사회를 통해 유상증자를 결의하였으며, 이후 9월 30일에 당사 국민은행 계좌로 유상증자 대금이 입금되었다. 유상증자와 관련하여 2,000,000원의 수수료 등은 차감되어 입금되었다.
수행과제	거래자료를 입력하시오.

4 유/무형자산의 구입

■ 보통예금(국민은행) 거래내역

번호	거래일	내 용	찾으신금액	맡기신금액	잔 액	거래점
		계좌번호 764501-01-047720 (주)대한물류				
1	2026-10-25	든든한건설	20,000,000		******	

자료설명	창고건물의 신축공사가 완료되어 8월 5일 지급한 공사 착수대금을 제외한 공사잔금을 보통예금(국민은행) 통장에서 이체하였다.
수행과제	거래자료를 입력하시오.(단, 고정자산등록은 생략할 것.)

5 약속어음의 할인

자료 1. 전자어음

전 자 어 음

(주)대한물류 귀하   00420260904123456781

금 일천이백만원정   12,000,000원

위의 금액을 귀하 또는 귀하의 지시인에게 지급하겠습니다.

지급기일 2027년 1월 4일   발행일 2026년 9월 4일
지 급 지 국민은행   발행지
지급장소 강남지점   주 소 서울특별시 서대문구 연희로 50
                        발행인 (주)행복물류

자료 2. 보통예금(국민은행) 거래내역

번호	거래일	내용	찾으신금액	맡기신금액	잔액	거래점
		계좌번호 764501-01-047720 (주)대한물류				
1	2026-11-4	어음할인		11,840,000	***	

자료설명	(주)행복물류에서 받아서 보관하고 있던 전자어음 12,000,000원을 국민은행 강남지점에서 할인하고, 할인료가 차감된 잔액은 국민은행 보통예금 계좌로 입금 받았다.
수행과제	1. 거래자료를 입력하시오.(매각거래로 처리할 것.) 2. 자금관련 정보를 입력하여 받을어음현황에 반영하시오. (단, 등록된 어음번호 중에서 선택하고, 할인율 입력은 생략할 것.)

실무수행 ◉ 부가가치세

부가가치세 신고 관련 자료이다. [자료설명]을 참고하여 [수행과제]를 수행하시오.

1 전자세금계산서의 발행

거래명세서 (공급자 보관용)

공급자	등록번호	110-81-03526			공급받는자	등록번호	110-81-02129		
	상호	(주)대한물류	성명	차기분		상호	(주)걸즈데이	성명	김민정
	사업장주소	서울특별시 강남구 강남대로 252 (도곡동)				사업장주소	서울시 서대문구 성산로 500		
	업태	도소매업	종사업장번호			업태	도소매업	종사업장번호	
	종목	의류,가방				종목	의류		

거래일자	미수금액	공급가액	세액	총 합계금액
2026.11.10.		7,200,000	720,000	7,920,000

NO	월	일	품목명	규격	수량	단가	공급가액	세액	합계
1	11	10	원피스		60	120,000	7,200,000	720,000	7,920,000

비 고	전미수액	당일거래총액	입금액	선수액	인수자
		7,920,000	7,200,000	720,000	박건형

■ 보통예금(국민은행) 거래내역

번호	거래일	내 용	찾으신금액	맡기신금액	잔 액	거래점
		계좌번호 764501-01-047720 (주)대한물류				
7	2026-11-10	(주)걸즈데이		7,200,000	***	

자료설명	1. 상품을 공급하고 전자세금계산서를 발급 및 전송하였다. 2. 상품 매출 대금 중 720,000원은 10월 10일 계약금으로 받았으며, 잔액은 국민은행 보통예금계좌로 입금받았다.
수행과제	1. 거래명세서에 의해 매입매출자료를 입력하시오. 2. 전자세금계산서 발행 및 내역관리 를 통하여 발급 및 전송하시오. 　(전자세금계산서 발급 시 결제내역 및 전송일자는 고려하지 말 것.)

2 과세매출자료 입력

전자세금계산서 (공급자 보관용)

승인번호

공급자	등록번호	110-81-03526			공급받는자	등록번호	106-86-09792		
	상호	(주)대한물류	성명(대표자)	차기분		상호	(주)행복물류	성명(대표자)	이지혜
	사업장주소	서울특별시 강남구 강남대로 252 (도곡동)				사업장주소	서울특별시 서대문구 연희로 50		
	업태	도소매업	종사업장번호			업태	도소매업	종사업장번호	
	종목	의류,가방				종목	의류,지갑		
	E-Mail	korea@naver.com				E-Mail	happy@naver.com		

작성일자	2026.10.21.	공급가액	6,000,000	세 액	600,000
비고					

월	일	품목명	규격	수량	단가	공급가액	세액	비고
10	21	여성정장		20	300,000	6,000,000	600,000	

합계금액	현금	수표	어음	외상미수금	이 금액을	○ 영수 / ◉ 청구	함
6,600,000		2,000,000		4,600,000			

자료설명	(주)행복물류에 상품을 판매하고 발급한 전자세금계산서이다. 대금 중 2,000,000원은 동사발행 당좌수표를 받았으며, 잔액은 다음 달에 받기로 하였다.
수행과제	매입매출자료를 입력하시오. (전자세금계산서의 발급 및 전송업무는 생략하고 '전자입력'으로 입력할 것.)

3 매입거래(카드매입)

```
신 용 카 드 매 출 전 표

가 맹 점 명   화정한정식 (02)3412-4451
사 업 자 번 호   133-01-42888
대 표 자 명   노 승 환
주        소   서울 서대문구 충정로7길 39


국 민 카 드                        신용승인
거 래 일 시      2026-11-14  20:08:04
카 드 번 호      5123-1234-****-65**
가 맹 점 번 호            45451124
매   입   사      삼성카드(전자서명전표)
품        명            한정식 7인

공 급 가 액              210,000원
부 가 가 치 세            21,000원
합        계              231,000원
```

자료설명	영업부 직원의 회식 후 법인카드로 결제하고 수령한 신용카드 매출 전표이다.
수행과제	매입매출자료를 입력하시오.

4 매출거래 입력

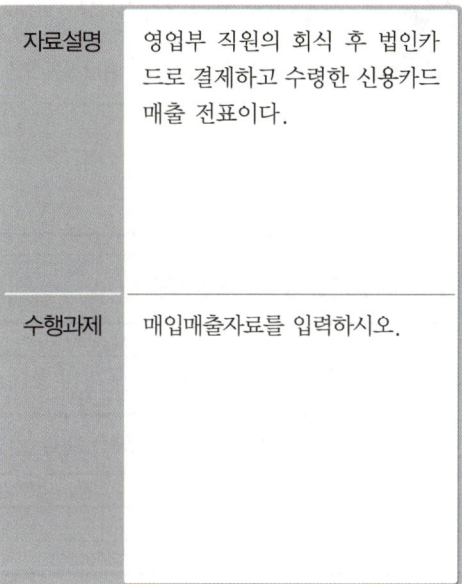

전자계산서 (공급지 보관용) 승인번호

공급자	등록번호	110-81-03526			공급받는자	등록번호	106-86-08702		
	상호	(주)대한물류	성명(대표자)	차기분		상호	(주)민주패션	성명(대표자)	김민주
	사업장주소	서울특별시 강남구 강남대로 252 (도곡동)				사업장주소	서울시 서대문구 통일로 224		
	업태	도소매업	종사업장번호			업태	도소매업	종사업장번호	
	종목	의류,가방				종목	의류		
	E-Mail	korea@naver.com				E-Mail	love@naver.com		

작성일자	2026.11.20.	공급가액	600,000	비 고	

월	일	품목명	규격	수량	단가	공급가액	비고
11	20	패션정보 책자		30	20,000	600,000	

합계금액	현금	수표	어음	외상미수금	이 금액을	○ 영수 함
600,000				600,000		● 청구

자료설명	패션정보책자(면세 상품)를 외상으로 판매하고 전자계산서를 발급하였다. (단, 본 거래에 한하여 과세사업과 면세사업을 겸업한다고 가정함.)
수행과제	매입매출자료를 입력하시오.

5 매입거래

<table>
<tr><td colspan="6">전자세금계산서   (공급받는자 보관용)</td><td colspan="2">승인번호</td></tr>
<tr>
<td rowspan="7">공급자</td>
<td colspan="2">등록번호</td><td colspan="3">110-85-13250</td>
<td rowspan="7">공급받는자</td>
<td>등록번호</td><td colspan="3">110-81-03526</td>
</tr>
<tr>
<td colspan="2">상호</td><td>죽동건설(주)</td><td>성명
(대표자)</td><td>장하준</td>
<td>상호</td><td>(주)대한물류</td><td>성명</td><td>차기분</td>
</tr>
<tr>
<td colspan="2">사업장
주소</td><td colspan="3">서울 서대문구 독립문로8길 120</td>
<td>사업장
주소</td><td colspan="3">서울특별시 강남구 강남대로 252
(도곡동)</td>
</tr>
<tr>
<td colspan="2">업태</td><td>건설업</td><td colspan="2">종사업장번호</td>
<td>업태</td><td>도소매업</td><td colspan="2">종사업장번호</td>
</tr>
<tr>
<td colspan="2">종목</td><td>포장공사외</td><td colspan="2"></td>
<td>종목</td><td>의류,가방</td><td colspan="2"></td>
</tr>
<tr>
<td colspan="2">E-Mail</td><td colspan="3">ok@bill36524.com</td>
<td>E-Mail</td><td colspan="3">korea@naver.com</td>
</tr>
</table>

작성일자	2026.12.12.	공급가액	900,000	세 액	90,000

비고							

월	일	품목명	규격	수량	단가	공급가액	세액	비고
12	12	토지정지비				900,000	90,000	

합계금액	현금	수표	어음	외상미수금	이 금액을	○ 영수 ◉ 청구	함
990,000				990,000			

자료설명	물품 창고로 사용하기 위해 취득한 토지의 정지작업을 실시하고, 관련 대금은 당월말에 지급하기로 하였다.(자본적지출처리)
수행과제	매입매출자료를 입력하시오. (전자세금계산서 거래는 '전자입력'으로 입력할 것.)

6 매입거래

전자세금계산서 (공급받는자 보관용)   승인번호

공급자						공급받는자				
	등록번호	220-81-12832					등록번호	110-81-03526		
	상호	(주)현주전자	성명(대표자)	전형규			상호	(주)대한물류	성명(대표자)	차기분
	사업장주소	서울특별시 구로구 오류로8길 6					사업장주소	서울특별시 강남구 강남대로252 (도곡동)		
	업태	도소매업		종사업장번호			업태	도소매업		종사업장번호
	종목	가전제품					종목	의류, 가방		
	E-Mail	lee8984@bill36524.com					E-Mail	korea@naver.com		

작성일자	2026.12.20.	공급가액	600,000	세 액	60,000
비고					

월	일	품목명	규격	수량	단가	공급가액	세액	비고
12	20	공기청정기		2	300,000	600,000	60,000	

합계금액	현금	수표	어음	외상미수금	이 금액을	○ 영수	함
660,000				660,000		● 청구	

자료설명	총무부 사무실에서 사용할 공기청정기를 외상으로 구입하였다.
수행과제	거래자료를 매입매출전표에 입력하시오.(자산으로 처리하고, 전자세금계산서 거래는 '전자입력'으로 입력할 것)

실무수행 ◎ 결산

[결산자료]를 참고하여 결산을 수행하시오.(단, 제시된 자료 이외의 자료는 없다고 가정함.)

1 수동결산 및 자동결산

자료설명	1. 기말 상품재고액은 32,000,000원이다. 2. 매출채권(외상매출금, 받을어음)에 대하여 2%의 대손충당금을 설정하고 있다. 3. 이익잉여금처분계산서 처분 확정(예정)일 - 당기분: 2027년 2월 23일 - 전기분: 2026년 2월 23일
수행과제	1. 수동결산 또는 자동결산 메뉴를 이용하여 결산을 완료하시오. 2. 12월 31일을 기준으로 '손익계산서 → 이익잉여금처분계산서 → 재무상태표'를 순서대로 조회 작성하시오. (단, 이익잉여금처분계산서 조회 작성 시 '저장된 데이터 불러오기' → '아니오' 선택 → '전표추가'를 이용하여 '손익대체분개'를 수행할 것.)

입력자료 및 회계정보를 조회하여 [평가문제]의 답안을 입력하시오.

평가문제 답안입력 유의사항	❶ 답안은 지정된 단위의 숫자로만 입력해 주십시오. * 한글 등 문자 금지, 콤마(,) 외 기호 금지		
		정답	오답(예)
	(1) 금액은 원 단위로 숫자를 입력하되, 천 단위 콤마(,)는 생략 가능합니다.	1,245,000 1245000	1.245.000 1,245,000원 1,245,0000 12,45,000 1,245천원
	(1-1) 답이 0원인 경우 반드시 "0" 입력 (1-2) 답이 음수(-)인 경우 숫자 앞에 "-" 입력		
	(2) 질문에 대한 답안은 숫자로만 입력하세요.	4	04 4/건/매/명 04건/매/명
	(3) 거래처 코드번호는 5자리로 입력하세요.	00101	101 00101번

❷ 더존 프로그램 입력방법과 다르게 평가문제의 답안 입력시 천단위(000) 숫자키패드 "+" 기능은 지원되지 않습니다.

❸ 더존 프로그램에서 조회되는 자료를 복사하여 붙여넣기가 가능합니다.

❹ 수행과제를 올바르게 입력하지 않고 답을 구한 결과가 모범답안과 다른 경우 오답처리 됩니다.

번호	평가문제	배점
11	**평가문제 [거래처등록 조회]** (주)대한물류의 '거래처등록' 관련 내용으로 옳지 않은 것은? ① 금융거래처에 차입관련 거래처는 2개이다. ② 카드거래처의 매입카드로 등록된 거래처는 5개이다. ③ 일반거래처의 (주)나래패션 사업장은 서대문구에 위치하고 있다. ④ (주)나래패션의 전자세금계산서 전용 메일주소는 nana@naver.com이다.	4
12	**평가문제 [월계표 조회]** 8월 한달 동안 발생한 '판매관리비' 계정 중 금액이 가장 적은 계정과목 코드를 기록하시오.	3
13	**평가문제 [월계표 조회]** 1월부터 10월까지 발생한 '영업외비용'의 금액은 얼마인가?	3
14	**평가문제 [월계표 조회]** 11월에 발생한 '매출채권처손실' 금액은 얼마인가?	3

번호	평가문제	배점
15	**평가문제 [월계표 조회]** 제2기 확정 신고기간의 '부가세대급금' 발생 금액은 얼마인가?	3
16	**평가문제 [거래처원장 조회]** 국민은행 보통예금의 월별 입금 금액으로 옳은 것은? ① 9월: 75,350,000원 ② 10월: 36,500,000원 ③ 11월: 19,040,000원 ④ 12월: 15,000,000원	3
17	**평가문제 [거래처원장 조회]** 12월 말 '미수금' 잔액이 가장 많은 거래처의 금액은 얼마인가?	3
18	**평가문제 [거래처원장 조회]** 12월 말 '단기대여금' 잔액이 있는 거래처 중 그 금액이 가장 적은 거래처 코드를 기록하시오.	3
19	**평가문제 [총계정원장 조회]** 12월 한달동안 '미지급금' 증가 금액은 얼마인가?	3
20	**평가문제 [총계정원장 조회]** 월별 상품매출 발생금액으로 옳지 않은 것은? ① 9월: 559,800,000원 ② 10월: 17,300,000원 ③ 11월: 59,300,000원 ④ 12월: 51,500,000원	3
21	**평가문제 [재무상태표 조회]** 12월 말 '현금' 잔액은 얼마인가?	3
22	**평가문제 [재무상태표 조회]** 12월 말 '유형자산'의 계정별 잔액으로 옳은 것은? ① 토지: 0원 ② 건물: 20,000,000원 ③ 비품: 8,700,000원 ④ 건설중인자산: 0원	4
23	**평가문제 [재무상태표 조회]** 12월 말 '자본잉여금' 잔액은 얼마인가?	3
24	**평가문제 [재무상태표 조회]** 12월 말 '이월이익잉여금(미처분이익잉여금)' 잔액은 얼마인가? ① 778,919,343원 ② 78,127,500원 ③ 792,606,756원 ④ 98,590,000원	2
25	**평가문제 [손익계산서 조회]** 당기에 발생한 판매비와관리비 계정과목별 금액으로 옳지 않은 것은? ① 복리후생비: 19,112,200원 ② 접대비(기업업무추진비): 25,251,900원 ③ 도서인쇄비: 330,000원 ④ 소모품비: 6,000,000원	3
26	**평가문제 [손익계산서 조회]** 당기에 발생한 '대손상각비' 금액은 얼마인가?	3

번호	평가문제	배점
27	**평가문제 [부가가치세신고서 조회]** 제2기 확정 신고기간 부가가치세신고서 '9번란 매출세액㉮'의 금액은 얼마인가? (단, 상단부 '새로불러오기'를 클릭할 것.)	4
28	**평가문제 [세금계산서합계표 조회]** 제2기 확정 신고기간의 '매입세금계산서'는 총 몇 매인가?	3
29	**평가문제 [전자세금계산서 발행 및 내역관리]** 11월 한달동안 Bill36524에서 발급한 전자세금계산서 공급가액 합계액은 얼마인가?	3
30	**평가문제 [받을어음현황 조회]** 받을어음현황의 '미보유금액' 합계는 얼마인가? (단, 만기일별 조회 2026.1.1.~ 2027.12.31.로 조회할 것.)	3
총 점		**62**

평가문제 ◎ 회계정보분석(8점)

회계정보를 조회하여 [회계정보분석] 답안을 입력하시오.

31. 재무상태표 조회 (4점)

유동비율이란 기업의 단기 지급능력을 평가하는 지표이다. 전기 유동비율을 계산하면?(단, 소수점 이하는 버림할 것.)

$$유동비율(\%) = \frac{유동자산}{유동부채} \times 100$$

① 116% ② 126%
③ 136% ④ 146%

32. 손익계산서, 재무상태표 조회 (4점)

총자산회전율은 총자산이 1년에 몇 번 회전하는지 나타내는 비율로 높을수록 자산을 효율적으로 이용하고 있다는 것이다. 전기 총자산회전율은 얼마인가?(단, 소수점 이하는 버림할 것.)

$$총자산회전율 = \frac{매출액}{총자산} \times 100$$

① 27% ② 30%
③ 32% ④ 35%

출제예상 모의고사 제3회

아래 문제에서 특별한 언급이 없으면 기업의 보고기간(회계기간)은 매년 1월 1일부터 12월 31일까지입니다. 또한 기업은 일반기업회계기준 및 관련 세법을 계속적으로 적용하고 있다고 가정하고 물음에 가장 합당한 답을 고르시기 바랍니다.

실무이론평가

01 (주)한공은 2026년 10월 1일 장기투자를 목적으로 (주)더존의 주식 100주를 주당 1,000원에 취득하였다. (주)더존의 주식은 한국거래소에 상장되어 있으며, 2026년 12월 31일 결산일의 공정가치는 주당 1,300원이다. 공정가치를 반영하기 위한 분개로 옳은 것은?

㉮ (차) 단기매매증권	30,000원	
	(대) 단기매매증권평가이익	30,000원
㉯ (차) 매도가능증권	30,000원	
	(대) 매도가능증권평가이익	30,000원
㉰ (차) 단기매매증권평가손실	30,000원	
	(대) 단기매매증권	30,000원
㉱ (차) 매도가능증권평가손실	30,000원	
	(대) 매도가능증권	30,000원

① ㉮   ② ㉯   ③ ㉰   ④ ㉱

02 다음에서 설명하고 있는 회계정보의 질적특성은 무엇인가?

회계정보는 그 정보가 나타내고자 하는 대상을 충실히 표현해야 하고, 객관적으로 검증가능 하여야 하며, 중립적이어야 한다.

① 목적적합성   ② 신뢰성
③ 비교가능성   ④ 효익과 비용의 균형

03 다음은 (주)한공에서 보관 중인 결산시점의 자산내역이다. 재무상태표의 현금 및현금성자산으로 반영되는 금액으로 옳은 것은?

• 지폐와 주화	400,000원
• 거래처발행 당좌수표	200,000원
• 양도성예금증서(2026.1.1. 취득. 2028.2.20. 만기)	300,000원
• 거래처에서 수취한 약속어음(만기 2개월)	500,000원
• 환매조건이 있는 채권(만기 2개월)	200,000원

① 600,000원   ② 800,000원
③ 1,100,000원   ④ 1,600,000원

04 다음은 도매업을 영위하고 있는 (주)한공의 4월 상품 관련 자료이다. 4월의 매출원가는 얼마인가?(선입선출법을 적용한다.)

• 월초 상품재고	1,000개(단위당 100원)
• 4월 5일 매입	2,000개(단위당 120원)
• 4월 25일 매출	2,500개
• 감모 손실	100개(모두 정상 감모이다.)

① 280,000원   ② 290,000원
③ 292,000원   ④ 300,000원

05 다음은 (주)한공의 차입금에 대한 자료이다. 옳지 않은 것은?(현재가치평가는 고려하지 않는다)

| • 차입금: 10,000,000원 |
| • 차입일: 2025년 3월 1일 |
| • 만기일: 2026년 8월 31일 |
| • 이자지급: 연 12%(만기시점에 후급, 월할계산) |

① 2025년 손익계산서상 이자비용을 1,000,000원이다.
② 차입금은 2025년말 재무상태표에 비유동부채로 표시된다.
③ 2026년 손익계산서상 이자비용은 800,000원이다.
④ 2026년말 재무상태표에 표시되는 차입금은 없다.

06 다음 자료에 의한 영업이익은 얼마인가?

매출액	4,000,000원	매출원가	1,000,000원
감가상각비	920,000원	종업원급여	580,000원
이자수익	50,000원	배당금수익	80,000원
기부금	80,000원	재해손실	50,000원

① 1,370,000원   ② 1,420,000원
③ 1,450,000원   ④ 1,500,000원

07 (주)한공은 결산일에 대여금에 대한 이자 미수액 20,000원과 사무실 임차료 미지급액 30,000원의 처리를 누락하였다. 재무제표에 미치는 영향으로 옳은 것은?

> 가. 20,000원 자산의 과소 계상
> 나. 30,000원 부채의 과대 계상
> 다. 20,000원 수익의 과소 계상
> 라. 30,000원 비용의 과대 계상

① 가, 나   ② 가, 다
③ 나, 라   ④ 다, 라

08 다음 중 부가가치세법상 과세기간과 납세지에 대한 설명으로 옳은 것은?

① 사업자가 사업장을 두지 아니하면 사업자의 주소 또는 거소를 사업장으로 한다.
② 일반과세자의 과세기간은 1월 1일부터 12월 31일까지이다.
③ 무인자동판매기를 통한 사업은 무인자동판매기가 설치된 장소가 사업장이다.
④ 간이과세자의 예정신고기간은 1월 1일부터 3월 31일까지이다.

09 다음 중 부가가치세 면세대상이 아닌 것은?

① 수집용 우표의 공급
② 시내버스의 운송용역의 공급
③ 토지의 공급
④ 소금의 공급

10 다음은 제조업을 영위하는 일반과세자 (주)한공의 2026년 제1기 부가가치세 예정신고 자료이다. 예정신고 시 납부할 세액을 계산하면 얼마인가?

> 가. 국내매출액(공급가액): 60,000,000원
> 나. 하치장 반출액: 10,000,000원
> 다. 매입세액: 5,000,000원
>   (접대비(기업업무추진비) 관련 매입세액 2,000,000원 포함)

① 1,000,000원   ② 2,000,000원
③ 3,000,000원   ④ 4,000,000원

실무수행평가

(주)진송가구(회사코드 3503)는 일반가구를 도·소매하는 법인으로 회계기간은 제14기 (2026.1.1.~2026.12.31.)이다. 제시된 자료와 [자료설명]을 참고하여 [수행과제]를 완료하고 [평가문제]의 물음에 답하시오.

실무수행 유의사항	1. 부가가치세 관련거래는 [매입매출전표입력] 메뉴에 입력하고, 부가가치세 관련 없는 　거래는 [일반전표입력] 메뉴에 입력한다. 2. 타계정 대체액과 관련된 적요는 반드시 코드를 입력하여야 한다. 3. 채권·채무, 예금거래 등 관리대상 거래자료에 대하여는 거래처코드를 반드시 입력한다. 4. 자금관리 등 추가 작업이 필요한 경우 문제의 요구에 따라 추가 작업하여야 한다. 5. 판매비와 관리비는 800번대 계정코드를 사용한다. 6. 등록된 계정과목 중 가장 적절한 계정과목을 선택한다.

실무수행 ◉ 기초정보관리의 이해

회계관련 기초정보는 입력되어 있다. [자료설명]을 참고하여 [수행과제]를 수행하시오.

1 사업자등록증에 의한 거래처 등록(수정)

사 업 자 등 록 증 (일반과세자) 등록번호: 113-86-35018 상　　　　호: (주)준기목재 대 표 자 명: 유준기 개 업 년 월 일: 2023년 1월 2일 사업장 소재지: 경기도 수원시 팔달구 매산로 10-7 　　　　　　　(매산로1가) 사 업 의 종 류: [업태] 제조업　[종목] 가구 교 부 사 유: 정정 사업자단위과세 적용사업자여부: 여( )　부(√) 전자세금계산서 전용 메일주소: jungi55@naver.com 2026년 1월 15일 수 원 세 무 서 장  국세청	**자료설명** (주)준기목재와 2026년 2월 1일 신규거래 계약을 체결하고 사업자등록증 사본을 받았다. **수행과제** (주)준기목재의 거래처 등록 (1007)을 수행하시오.(거래 시작일과 메일주소를 등록할 것.)

2 전기분 손익계산서의 입력수정

손 익 계 산 서

제13(당)기 2025년 1월 1일부터 2025년 12월 31일까지
제12(전)기 2024년 1월 1일부터 2024년 12월 31일까지

(주)진송가구 (단위: 원)

과 목	제13(당)기		제12(전)기	
	금 액		금 액	
I. 매 출 액		280,000,000		87,000,000
상 품 매 출	280,000,000		87,000,000	
II. 매 출 원 가		160,000,000		47,740,000
상 품 매 출 원 가		160,000,000		47,740,000
기 초 상 품 재 고 액	10,000,000		19,920,000	
당 기 상 품 매 입 액	185,000,000		37,820,000	
기 말 상 품 재 고 액	35,000,000		10,000,000	
III. 매 출 총 이 익		120,000,000		39,260,000
IV. 판 매 비 와 관 리 비		55,710,000		21,745,000
급 여	22,000,000		12,000,000	
복 리 후 생 비	2,100,000		950,000	
여 비 교 통 비	1,500,000		650,000	
접대비(기업업무추진비)	2,500,000		700,000	
통 신 비	5,600,000		450,000	
수 도 광 열 비	3,800,000		375,000	
전 력 비	4,200,000		120,000	
감 가 상 각 비	1,540,000		700,000	
수 선 비	3,570,000		1,200,000	
차 량 유 지 비	5,400,000		3,600,000	
운 반 비	2,300,000		500,000	
소 모 품 비	1,200,000		500,000	
V. 영 업 이 익		64,290,000		17,515,000
VI. 영 업 외 수 익		3,400,000		2,100,000
이 자 수 익	3,400,000		2,100,000	
VII. 영 업 외 비 용		2,500,000		600,000
이 자 비 용	2,500,000		600,000	
VIII. 법인세차감전순이익		65,190,000		19,015,000
IX. 법 인 세 등		2,000,000		150,000
X. 당 기 순 이 익		63,190,000		18,865,000

자료설명	(주)진송가구의 전기분 손익계산서는 입력되어 있다.
수행과제	1. [전기분 손익계산서]의 입력이 누락되었거나 잘못된 부분을 찾아 수정하시오. 2. [전기분 이익잉여금처분계산서]의 처분 확정일(2026년 2월 28일)을 수정하시오.

실무수행 ◉ 거래자료입력

실무프로세스 자료이다. [자료설명]을 참고하여 [수행과제]를 수행하시오.

1 3만원 초과 거래 자료입력

<table>
<tr><td colspan="2">NO.</td><td colspan="4" align="center">영 수 증 (공급받는자용)</td></tr>
<tr><td colspan="2"></td><td colspan="4" align="center">(주)진송가구   귀하</td></tr>
<tr><td rowspan="4">공급자</td><td>사업자
등록번호</td><td colspan="4" align="center">211-14-24517</td></tr>
<tr><td>상 호</td><td colspan="2" align="center">혜진마트</td><td>성명</td><td>김혜진</td></tr>
<tr><td>사업장
소재지</td><td colspan="4" align="center">인천 남동 정각로 1</td></tr>
<tr><td>업 태</td><td colspan="2" align="center">도소매업</td><td>종목</td><td>생필품</td></tr>
<tr><td colspan="2" align="center">작성일자</td><td colspan="2" align="center">공급대가총액</td><td colspan="2" align="center">비고</td></tr>
<tr><td colspan="2" align="center">2026.7.19.</td><td colspan="2" align="center">₩   160,000</td><td colspan="2"></td></tr>
<tr><td colspan="6" align="center">공 급 내 역</td></tr>
<tr><td align="center">월/일</td><td align="center">품명</td><td align="center">수량</td><td align="center">단가</td><td colspan="2" align="center">금액</td></tr>
<tr><td align="center">7/19</td><td align="center">간식</td><td></td><td></td><td colspan="2" align="center">100,000</td></tr>
<tr><td align="center">7/19</td><td align="center">음료</td><td></td><td></td><td colspan="2" align="center">60,000</td></tr>
<tr><td colspan="3" align="center">합 계</td><td colspan="3" align="center">₩ 160,000</td></tr>
<tr><td colspan="6" align="center">위 금액을 영수(청구)함</td></tr>
</table>

자료설명	혜진마트에서 직원 야유회에 필요한 간식과 음료를 구입하고 현금을 지급하였다. 회사는 이 거래가 지출증명서류미수취가산세 대상인지를 검토하려고 한다.
수행과제	1. 거래자료를 입력하시오. 2. 영수증수취명세서 (1)과 (2)서식을 작성하시오.

2 통장사본에 의한 거래입력

자료 1. 견적서

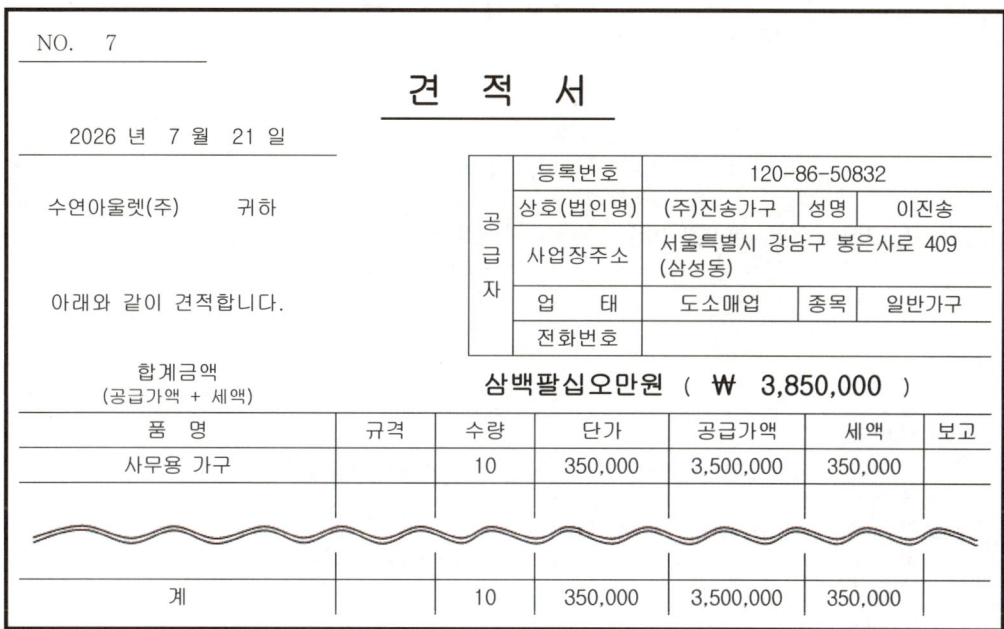

| NO. 7 | | | | | | |

견 적 서

2026 년 7 월 21 일

수연아울렛(주)　　귀하

아래와 같이 견적합니다.

	등록번호	120-86-50832		
공급자	상호(법인명)	(주)진송가구	성명	이진송
	사업장주소	서울특별시 강남구 봉은사로 409 (삼성동)		
	업 태	도소매업	종목	일반가구
	전화번호			

합계금액
(공급가액 + 세액)

삼백팔십오만원 (₩ 3,850,000)

품 명	규격	수량	단가	공급가액	세액	보고
사무용 가구		10	350,000	3,500,000	350,000	
계		10	350,000	3,500,000	350,000	

자료 2. 보통예금(하나은행) 거래내역

번호	거래일	내 용	찾으신금액	맡기신금액	잔 액	거래점
		계좌번호 552-21-1153-777　(주)진송가구				
1	2026-7-21	수연아울렛(주)		350,000	***	***

자료설명	1. 자료 1은 수연아울렛(주)에 상품을 판매하기로 하고 발급한 견적서이다.
	2. 자료 2는 공급가액의 10%(계약금)를 하나은행 보통예금 계좌로 입금 받은 내역이다.
수행과제	거래자료를 입력하시오.

3 전자어음 발행거래

전 자 어 음

(주)진아인테리어 귀하 　　　　　　　　　　　00420260731123433333

금　칠백만원정 　　　　　　　　　　　　　　　**7,000,000원**

위의 금액을 귀하 또는 귀하의 지시인에게 지급하겠습니다.

지급기일	2026년 9월 30일	**발행일**	2026년 7월 31일
지 급 지	국민은행	**발행지**	서울특별시 강남구 봉은사로 409
지급장소	삼성지점	**주 소**	(삼성동)
		발행인	(주)진송가구

자료설명	[7월 31일] (주)진아인테리어의 외상매입금을 전자어음을 발행하여 지급하였다.
수행과제	1. 거래자료를 입력하시오. 2. 자금관련정보를 입력하여 지급어음현황에 반영하시오. 　(등록된 어음을 선택하여 사용할 것.)

4 기타 일반거래

■ 보통예금(국민은행) 거래내역

번호	거래일	내용	찾으신금액	맡기신금액	잔액	거래점
		계좌번호 626-910004-9770　(주)진송가구				
1	2026-8-11	주식매각대금		3,030,000	***	***

자료설명	7월 5일 단기매매차익을 목적으로 매입하였던 한국정보통신(주)의 주식 전부를 매각하였고, 수수료 270,000원을 제외한 잔액이 보통예금(국민은행) 통장으로 입금되었다.
수행과제	거래자료를 입력하시오.

자료 1. 신용카드매출전표

매출전표

카드종류	거래일자				
삼성카드	2026.8.13.17:13:42				
카드번호(CARD NO)					
2112-3535-****-67**					
승인번호	금액	백	천		원
99076250	AMOUNT		8 0 0 0 0		
일반 / 할부	부가세 V.A.T				
일시불					
휘발유	봉사료 CASHBACK				
거래유형	합계 TOTAL		8 0 0 0 0		
가맹점명					
지웅주유소					
대표자명	사업자번호				
허지웅	211-13-34022				
전화번호	가맹점번호				
02-***-9846	152868484				
주소					
서울 강남구 강남대로 252					

상기의 거래 내역을 확인합니다. 서명 **(주)진송가구**

자료 2. 신용카드매출전표

신용카드매출전표

카드종류: 삼성카드

회원번호: 2112-3535-****-67**

거래일시: 2026.08.13. 13:05:16

거래유형: 신용승인

매   출: 85,000원

합   계: 85,000원

결제방법: 일시불

승인번호: 26785995

은행확인: 국민은행

가맹점명: 아현식당(316-01-17397)

- 이 하 생 략 -

자료설명	1. 자료 1은 회사법인 소유의 승용차(2,000CC)를 이용해 대전 출장을 다녀온 영업부 박현아 과장이 제출한 법인카드 매출전표이다.(여비교통비로 처리할 것) 2. 자료 2는 영업부 박현아 과장이 출장 중 거래처 직원과 식사를 한 후 결제한 법인카드 매출전표이다.
수행과제	거래자료를 각 건별로 입력하시오.

실무수행 ◎ 부가가치세

부가가치세 신고 관련 자료이다. [자료설명]을 참고하여 [수행과제]를 수행하시오.

1 과세매출자료의 전자세금계산서 발행

거 래 명 세 서 (공급자 보관용)

공급자	등록번호	120-86-50832			공급받는자	등록번호	121-81-66841		
	상호	(주)진송가구	성명	이진송		상호	가구나라(주)	성명	김용중
	사업장주소	서울특별시 강남구 봉은사로 409 (삼성동)				사업장주소	대전 동구 가양남로 12		
	업태	도소매업	종사업장번호			업태	도소매업	종사업장번호	
	종목	일반가구				종목	학생가구		

거래일자	미수금액	공급가액	세액	총 합계금액
2026.10.7.		6,000,000	600,000	6,600,000

NO	월	일	품목명	규격	수량	단가	공급가액	세액	합계
1	10	7	학생용 책상		100	60,000	6,000,000	600,000	6,600,000

자료설명	상품을 공급하고 발행한 거래명세서이며, 대금 전액은 자기앞수표로 받았다.
수행과제	1. 거래명세서에 의해 매입매출자료를 입력하시오. 2. 전자세금계산서 발행 및 내역관리를 통하여 발급 및 전송하시오.(전자세금계산서 발급 시 결제내역 및 전송일자는 고려하지 말 것.)

2 매출거래

```
                카드매출전표
- - - - - - - - - - - - - - - - - - - - - - - - - -
카 드 종 류 : 비씨카드
회 원 번 호 : 3424-3152-****-4**5
거 래 일 시 : 2026.10.10. 10:25:26
거 래 유 형 : 신용승인
매      출 :      960,000원
부 가 세 :       96,000원
합      계 :    1,056,000원
결 제 방 법 : 3개월 할부
승 인 번 호 : 2837379
- - - - - - - - - - - - - - - - - - - - - - - - - -
가 맹 점 명 : (주)진송가구
가맹점번호 : 31231234
              - 이 하 생 략 -
```

자료설명	상품(식탁세트)을 비사업자인 차유나에게 판매하고 신용카드매출전표를 발급하였다.
수행과제	매입매출자료를 입력하시오. (매출채권에 대하여 '외상매출금' 계정으로 처리할 것.)

3 매입거래

전자세금계산서 (공급받는자 보관용)　　승인번호

공급자	등록번호	110-81-37123			공급받는자	등록번호	120-86-50832		
	상호	(주)혜인렌트	성명(대표자)	신혜인		상호	(주)진송가구	성명(대표자)	이진송
	사업장주소	인천 미추홀구 석정로 104				사업장주소	서울특별시 강남구 봉은사로 409 (삼성동)		
	업태	임대업	종사업장번호			업태	도소매업	종사업장번호	
	종목	렌트카				종목	일반가구		
	E-Mail	haeinrent2004@bill36524.com				E-Mail	jinsong@naver.com		

작성일자	2026.11.1.	공급가액	750,000	세 액	75,000
비고					

월	일	품목명	규격	수량	단가	공급가액	세액	비고
11	1	제네시스				750,000	75,000	

합계금액	현금	수표	어음	외상미수금	이 금액을	⦿ 영수 함
825,000	825,000					○ 청구

자료설명	1. 대표이사가 사용할 업무용 승용차(5인승, 3,500CC)를 2026년 11월부터 36개월 장기 렌트하기로 계약을 체결하였다.
	2. 11월분 렌트비용을 현금으로 지급하고 발급받은 전자세금계산서이다.
수행과제	매입매출자료를 입력하시오.
	(전자세금계산서 거래는 '전자입력'으로 입력할 것.)

4 매입거래

전자세금계산서 (공급받는자 보관용)   승인번호

공급자	등록번호	220-28-12346			공급받는자	등록번호	120-86-50832		
	상호	코아특허	성명(대표자)	이돈현		상호	(주)진송가구	성명(대표자)	이진송
	사업장주소	서울 강남구 강남대로 654				사업장주소	서울특별시 강남구 봉은사로 409 (삼성동)		
	업태	서비스업	종사업장번호			업태	도소매업	종사업장번호	
	종목	법률대행				종목	일반가구		
	E-Mail	coa@bill36524.com				E-Mail	jinsong@naver.com		

작성일자	2026.11.15.	공급가액	4,400,000	세 액	440,000
비고					

월	일	품목명	규격	수량	단가	공급가액	세액	비고
11	15	특허출원 등록				4,400,000	440,000	

합계금액	현금	수표	어음	외상미수금	이 금액을	○ 영수 함
4,840,000				4,840,000		● 청구

자료설명	당사의 신제품 개발에 따른 특허출원 및 등록비용에 대한 전자세금계산서를 수취하였으며, 대금은 말일에 보통예금 통장에서 이체하여 지급하기로 하였다.
수행과제	매입매출자료를 입력하시오.
	(전자세금계산서 거래는 '전자입력'으로 입력할 것.)

5 매출거래

수정전자세금계산서 (공급자 보관용)　승인번호

공급자	등록번호	120-86-50832			공급받는자	등록번호	203-28-33123		
	상호	(주)진송가구	성명(대표자)	이진송		상호	현아유통	성명(대표자)	박현아
	사업장주소	서울특별시 강남구 봉은사로 409 (삼성동)				사업장주소	대전 대덕구 오정동 131		
	업태	도소매업	종사업장번호			업태	소매업	종사업장번호	
	종목	일반가구				종목	중고가구외		
	E-Mail	jinsong@naver.com				E-Mail	ha1000@bill36524.com		

작성일자	2026.11.20.	공급가액	-200,000	세 액	-20,000

비고	

월	일	품목명	규격	수량	단가	공급가액	세액	비고
11	20	고급의자		-2	100,000	-200,000	-20,000	

합계금액	현금	수표	어음	외상미수금	이 금액을	○ 영수 함
-220,000				-220,000		● 청구

자료설명	지난 11월 13일 현아유통에 외상으로 판매한 상품 중 일부가 파손으로 인해 반품되어 수정전자세금계산서를 발급하였다. 대금은 외상매출금과 상계처리하기로 하였다.
수행과제	매입매출자료를 입력하시오. (전자세금계산서의 발급 및 전송업무는 생략하고 '전자입력'으로 입력할 것.)

6 부가가치세 신고서에 의한 회계처리

수행과제	제1기 확정신고기간의 부가가치세신고서를 조회하여, 6월 30일 부가가치세 납부세액 또는 환급세액에 대한 회계처리를 하시오. (단, 전자신고세액공제 10,000원을 반영하고, 납부할 세액은 '미지급세금', 환급받을 세액은 '미수금'으로 회계처리 하며, 거래처 입력은 생략할 것.)

실무수행 ◎ 결산

[결산자료]를 참고하여 결산을 수행하시오.(단, 제시된 자료 이외의 자료는 없다고 가정함.)

1 수동결산 및 자동결산

자료설명	1. 기말 상품재고액은 50,000,000원이다.
	2. (주)진송가구의 결산시 당기계상액은 다음과 같다.
	  – 관리직 퇴직급여충당부채 당기 설정액 1,500,000원
	3. 이익잉여금처분계산서 처분 확정(예정)일
	  – 당기분: 2027년 2월 23일
	  – 전기분: 2026년 2월 23일

수행과제	1. 수동결산 또는 자동결산 메뉴를 이용하여 결산을 완료하시오.
	  (퇴직금 추계액 전액에 대하여 퇴직급여충당부채를 설정하고 있음.)
	2. 12월 31일을 기준으로 '손익계산서 → 이익잉여금처분계산서 → 재무상태표'를
	  순서대로 조회 작성하시오.
	  (단, 이익잉여금처분계산서 조회 작성 시 '저장된 데이터 불러오기' → '아니오'
	  선택 → '전표추가'를 이용하여 '손익대체분개'를 수행할 것.)

평가문제 ⊙ 실무수행평가(62점)

입력자료 및 회계정보를 조회하여 [평가문제]의 답안을 입력하시오.

평가문제 답안입력 유의사항

❶ 답안은 지정된 단위의 숫자로만 입력해 주십시오.
  * 한글 등 문자 금지, 콤마(,) 외 기호 금지

	정답	오답(예)
(1) 금액은 원 단위로 숫자를 입력하되, 천 단위 콤마(,)는 생략 가능합니다.	1,245,000 1245000	1.245.000 1,245,000원 1,245,0000 12,45,000 1,245천원
(1-1) 답이 0원인 경우 반드시 "0" 입력 (1-2) 답이 음수(-)인 경우 숫자 앞에 "-" 입력		
(2) 질문에 대한 답안은 숫자로만 입력하세요.	4	04 4/건/매/명 04건/매/명
(3) 거래처 코드번호는 5자리로 입력하세요.	00101	101 00101번

❷ 더존 프로그램 입력방법과 다르게 평가문제의 답안 입력시 천단위(000) 숫자키패드 "+" 기능은 지원되지 않습니다.
❸ 더존 프로그램에서 조회되는 자료를 복사하여 붙여넣기가 가능합니다.
❹ 수행과제를 올바르게 입력하지 않고 답을 구한 결과가 모범답안과 다른 경우 오답처리 됩니다.

번호	평가문제	배점
11	**평가문제 [거래처등록 조회]** 전자세금계산서를 발행하기 위한 거래처별 메일주소로 옳지 않은 것은? ① (주)만세가구 star@naver.com ② (주)리바트가구 engel@bill36524.com ③ (주)준기목재 jungi55@naver.com ④ (주)수정가구 teafirst@bill36524.com	3
12	**평가문제 [월계표 조회]** 8월에 발생한 '영업외수익' 금액은 얼마인가?	3
13	**평가문제 [월계표 조회]** 11월에 발생한 '상품매출' 금액은 얼마인가?	3
14	**평가문제 [거래처원장 조회]** 11월 말 거래처별 외상매출금 잔액으로 옳지 않은 것은? ① 테크노가구 19,030,000원 ② (주)스타가구 9,350,000원 ③ 현아유통 2,200,000원 ④ 비씨카드 4,730,000원	3

번호	평가문제	배점
15	**평가문제 [거래처원장 조회]** 12월 말 거래처별 잔액으로 옳지 않은 것은? ① 선수금 – 수연아울렛(주)　　　　 350,000원 ② 보통예금 – 하나은행(보통)　 240,378,400원 ③ 외상매입금 – (주)진아인테리어　 7,000,000원 ④ 미지급금 – 삼성카드　　　　　　 165,000원	3
16	**평가문제 [재무상태표 조회]** 8월 말 '당좌자산' 잔액은 얼마인가?	3
17	**평가문제 [재무상태표 조회]** 12월 말 '무형자산' 잔액은 얼마인가?	3
18	**평가문제 [재무상태표 조회]** 7월 말 '선수금' 잔액은 얼마인가?	3
19	**평가문제 [재무상태표 조회]** 6월 말 '미지급세금' 잔액은 얼마인가?	4
20	**평가문제 [재무상태표 조회]** 12월 말 '비유동부채' 잔액은 얼마인가?	3
21	**평가문제 [재무상태표 조회]** 12월 말 '이월이익잉여금(미처분이익잉여금)' 잔액은 얼마인가? ① 650,127,500원　　　　　　② 278,227,500원 ③ 791,616,700원　　　　　　④ 203,802,270원	2
22	**평가문제 [손익계산서 조회]** 당기에 발생한 '판매관리비' 계정의 금액으로 옳지 않은 것은? ① 복리후생비　　　　 12,112,200원　② 여비교통비 1,414,600원 ③ 접대비(기업업무추진비) 7,194,500원　④ 임차료　　 3,575,000원	3
23	**평가문제 [손익계산서 조회]** 전기분 손익계산서의 '영업이익' 금액은 얼마인가?	3
24	**평가문제 [영수증수취명세서　조회]** '영수증수취명세서(1)'의 3만원 초과 거래내역 중 '12.명세서제출 대상' 전체 금액은 얼마인가? ① 100,000원　　② 150,000원　　③ 410,000원　　④ 160,000원	3
25	**평가문제 [부가가치세신고서 조회]** 제2기 확정 신고기간 부가가치신고서 '과세_신용카드·현금영수증(3란)'의 세액은 얼마인가?	4
26	**평가문제 [부가가치세신고서 조회]** 제2기 확정 신고기간 부가가치신고서 '세금계산서수취부분_고정자산매입(12란)의' 세액은 얼마인가?	4

번호	평가문제	배점
27	**평가문제 [세금계산서합계표 조회]** 제2기 확정 신고기간 전자로 발행된 매출세금계산서 매수는 몇 매인가?	3
28	**평가문제 [매입세액불공제내역 조회]** 제2기 확정 신고기간 공제받지 못할 매입세액은 얼마인가?	3
29	**평가문제 [전자세금계산서 발행 및 내역관리]** 제2기 확정 신고기간 동안 Bill36524에서 발급한 전자세금계산서 공급가액 합계액은 얼마인가?	3
30	**평가문제 [지급어음현황 조회]** 2026년 9월에 만기가 도래하는 지급어음의 총금액은 얼마인가?	3
총 점		**62**

평가문제 📍 **회계정보분석(8점)**

회계정보를 조회하여 [회계정보분석] 답안을 입력하시오.

31. 재무상태표 조회 (4점)

부채비율은 타인자본의 의존도를 표시하며, 기업의 건전성 정도를 나타내는 지표이다. 전기 부채비율은 얼마인가?(단, 소수점 이하는 버림할 것.)

$$부채비율(\%) = (부채총계 \, / \, 자본총계) \times 100$$

① 16% ② 19%
③ 20% ④ 25%

32. 재무상태표 조회 (4점)

자기자본비율은 기업의 재무구조 건전성을 측정하는 비율로 높을수록 기업의 재무구조가 건전하다. 전기 자기자본비율은 얼마인가?(단, 소수점 이하는 버림할 것.)

$$자기자본비율 = \frac{자기자본(자본) \, 총계}{자산 \, 총계} \times 100$$

① 16% ② 35%
③ 60% ④ 83%

더존 Smart A (iPLUS) 실무교육프로그램 2026 활용

삼일아이닷컴 www.samili.com에서 유용한 정보 및 관련 백데이터,
정오표 등을 확인하세요.

- FAT 1급 실무이론과 실무수행 시험 준비를 한 권으로 끝내기
- 기출문제를 2026년으로 업데이트하여 자세한 해설 수록
- 최근 출제경향을 완벽히 분석한 유형별 연습문제와 해설 수록
- 실무수행 시험 데이터를 자료실에서 다운받아 실제 시험처럼 연습하기
  : 각 장별 수행내용 입력이 완성된 장별 백데이터 제공
- 저자들의 빠른 Q&A

I can!

더존 Smart A를 이용한

FAT

회계실무 1급

삼일피더블유씨솔루션 저

2026

정답 및 해설
모의고사 및 최신 기출문제

SAMIL | 삼일회계법인
삼일인포마인

제 **5** 부

부록 /
정답 및 해설

부록:
계정과목과
요점정리

01 재무상태표 계정과목

자산	유동자산	당좌자산	현금 및 현금성자산 (통합계정)	• **현금**: 통화, 타인발행수표, 우편환, 배당금통지표, 만기도래국공채 이자표
				• **당좌예금**: 은행과 당좌거래 약정을 맺고 당좌수표를 발행할 수 있는 예금 (**당좌차월**: 당좌예금의 잔액을 초과하여 수표를 발행한 금액으로 결산 시 단기차입금으로 분류)
				• **보통예금**: 만기가 없이 수시로 입출금이 자유로운 요구불예금
				• **현금성자산**: 큰 거래비용 없이 현금 전환이 용이하고, 이자율변동에 따른 가치의 변동의 위험이 중요하지 않은 금융상품으로 취득당시 만기(또는 상환일)가 3개월 이내인 단기금융상품
			단기투자자산 (통합계정)	• **단기금융상품**: 취득 시 만기가 3개월 초과 1년 이내에 도래하는 금융상품(정기예·적금 등 저축성예금) • **단기대여금**: 1년 이내의 상환조건으로 차용증을 받고 금전을 빌려준 경우 • **단기매매증권**: 단기간 내에 매매차익을 목적으로 취득한 유가증권
			매출채권 (통합계정)	• **외상매출금**: 일반적인 상거래(상품매출)에서 외상으로 판매한 경우 채권 • **받을어음**: 일반적인 상거래(상품매출)에서 외상으로 판매하고 받은 어음 (**대손충당금**: 외상매출금, 받을어음의 차감적 평가계정으로 결산시점에 대변에 추가로 설정하고, 대손확정시에는 차변으로 분개한다)
			미수금	일반적인 상거래 이외(상품매출 이외: 유형자산처분 등)에서 발생한 채권
			미수수익 (수익의 발생)	당기에 속하는 수익 중 약정기일이 도래하지 않아 아직 받지 못한 수익 (발생주의, 거래나 사건이 발생한 기간에 인식)
			선급금	상품의 구입조건으로 미리 지급하는 계약금
			선급비용 (비용의 이연)	당기에 지급한 비용 중 차기분에 해당하는 비용을 자산으로 처리하는 경우(발생주의, 거래나 사건이 발생한 기간에 인식)
			가지급금	금전은 지급되었으나 내용, 금액 등이 확정되지 않았을 때 처리하는 계정
			현금과부족	장부상 현금과 금고상 현금이 일치하지 않았을 경우 금고상 금액으로 일치시키는 임시계정 결산시까지 원인이 밝혀지지 않으면 잡손실, 잡이익으로 대체, 결산 당일의 현금시재불일치는 현금과부족을 사용하지 않고 바로 잡손실, 잡이익으로 대체

자산	유동자산	재고자산	상품	판매를 목적으로 외부에서 구입한 물품(도·소매업)
			소모품	소모품 구입 시 자산으로 처리한 경우(자산처리법)
	비유동자산	투자자산	장기투자자산 (통합계정)	• **장기금융상품**: 만기가 1년 이후에 도래하는 금융상품(정기예·적금 등 저축성예금)
				• **매도가능증권**: 단기매매증권, 만기보유증권으로 분류되지 아니하는 유가증권
				• **만기보유증권**: 만기가 확정된 채무증권으로 만기까지 보유할 적극적인 의도와 능력이 있는 것
			장기대여금	대여기간이 결산일로부터 1년 이상인 것
			투자부동산	영업활동에 사용하지 않는 투자 목적으로 구입한 토지, 건물 및 기타의 부동산
		유형자산	토지	영업활동에 사용하는 대지, 임야, 전, 답 등
			건물	영업활동에 사용하는 공장, 사무실, 창고 등으로 냉난방, 조명, 기타 건물 부속설비를 포함
			구축물	영업활동에 사용하는 교량, 저수지, 갱도, 상하수도, 터널, 전주, 지하도관, 신호장치, 정원 등
			기계장치	영업활동에 사용하는 기계장치, 생산설비 등 기타의 부속설비
			차량운반구	영업활동에 사용하는 승용차, 트럭, 오토바이, 지게차 등 차량과 운반구
			비품	영업활동에 사용하는 PC, 복사기, 프린트, 책상 등의 집기·비품
			건설중인자산	영업활동에 사용할 유형자산을 건설하기 위하여 지출한 금액으로 아직 건설이 완료되지 않은 것
			(감가상각누계액)	건물, 구축물, 기계장치, 차량운반구 등 유형자산의 차감적 평가계정(토지, 건설 중인 자산: 감가상각하지 않음)
		무형자산	영업권	사업결합의 경우 이전대가의 공정가치가 취득자산과 인수부채의 순액을 초과하는 금액(외부구입 영업권만 인정)
			산업재산권 (통합계정)	• **특허권**: 신규 발명품에 대한 특허를 등록하고 얻은 독점적 권리
				• **실용신안권**: 산업상 이용할 수 있는 물품의 형상, 구조, 조합에 관한 신규고안을 등록하고 얻은 권리
				• **디자인권**: 물품에 대한 새로운 디자인을 고안하여 등록하고 얻은 권리
				• **상표권**: 특정상표를 등록하여 독점적으로 이용하는 권리
			개발비	신기술 개발비용으로 미래 경제적 효익의 유입가능성이 매우 높고 취득원가를 신뢰성 있게 측정할 수 있는 경우
			소프트웨어	소프트웨어(회계프로그램, ERP프로그램, 한글프로그램, MS오피스 프로그램 등) 구입 금액

자 산	비유동 자산	기타 비유동 자산	임차보증금	임대차계약에 의하여 임차인이 임대인에게 지급하는 보증금으로 계약기간 만료되면 다시 상환 받음.
			장기매출채권	• **장기외상매출금**: 일반적인 상거래(상품매출)에서 외상으로 판매한 후 회수기간이 1년 이상인 채권 • **장기받을어음**: 일반적인 상거래(상품매출)에서 외상으로 판매하고 받은 어음으로 만기가 1년 이상인 어음
			장기미수금	일반적인 상거래 이외(상품매출 이외)에서 발생한 채권으로 회수기간이 1년 이상인 채권
			부도어음과수표	어음과 수표 대금에 대한 지급 청구 시 지급이 거절된 어음과 수표
부 채	유동 부채		매입채무 (통합계정)	• **외상매입금**: 일반적인 상거래(상품)에서 외상으로 매입한 경우의 채무
				• **지급어음**: 일반적인 상거래(상품)에서 외상으로 매입하고 지급한 어음
			미지급금	일반적인 상거래 이외(상품 이외: 유형자산매입 등)에서 발생한 채무
			미지급비용(비용의 발생)	당기에 속하는 비용 중 약정기일이 도래하지 않아 아직 지급하지 못한 비용(발생주의, 거래나 사건이 발생한 기간에 인식)
			예수금	소득세, 지방소득세, 4대 보험의 근로자부담금 등을 원천징수하여 일시적으로 보관하는 예수금액
			가수금	금전의 입금이 있으나 그 내용이나 금액이 확정되지 않았을 때 처리하는 계정
			선수금	상품매출 등을 약정하고 계약금 성격으로 미리 받은 대금
			선수수익(수익의 이연)	당기에 이미 받은 수익 중에서 차기분에 해당하는 수익을 부채로 처리하는 경우(발생주의, 거래나 사건이 발생한 기간에 인식)
			단기차입금	자금을 차입하고 그 상환기간이 1년 이내에 도래하는 차입금
			부가세예수금	상품, 제품, 비품 등 물품 판매 시에 거래징수한 부가가치세로서 매출세액
			유동성장기부채	장기차입금 중 기말결산일 현재 상환기일이 1년 이내 도래하는 채무
	비유동 부채		장기차입금	자금을 차입하고 그 상환기간이 1년 이후에 도래하는 차입금
			임대보증금	임대차계약에 의하여 임대인이 임차인에게 받은 보증금으로 계약기간 만료되면 다시 상환함.
			퇴직급여충당부채	직원이 퇴직할 때 지급해야 할 퇴직급여를 충당하기 위해 설정한 금액
			장기미지급금	일반적인 상거래 이외(상품 이외: 유형자산매입 등)발생한 채무로 1년 이후에 지급할 채무
자 본	자본금		자본금	주식회사가 발행한 주식의 액면금액(발행주식수 × 액면금액)
			인출금	개인기업의 기업주가 개인적인 이유로 자본금을 인출한 금액

02 손익계산서 계정과목

수익	영업수익	상품매출	상품을 판매하여 발생한 상품순매출액 **(상품순매출액 = 상품총매출액 - 매출에누리와 환입 - 매출할인)**
	영업외수익	이자수익	금융기관의 예금이나 대여금 등에 대하여 받은 이자
		배당금수익	주식(단기매매증권 등)의 투자에 대하여 받은 배당금
		단기매매증권평가이익	결산시 단기매매증권을 공정가치로 평가할 때 장부금액보다 공정가치가 높은 경우 그 차액
		단기매매증권처분이익	단기매매증권을 처분할 때 장부금액보다 처분금액이 높은 경우 그 차액
		외환차익	외화자산의 회수와 외화부채의 상환 시 환율 차이로 발생하는 이익
		외화환산이익	결산시 외화자산과 외화부채를 결산일 환율로 평가할 때 발생하는 이익
		수수료수익	용역(서비스)을 제공하고 그 대가를 받은 경우
		임대료	토지, 건물, 기계장치, 차량운반구 등을 임대하여 사용하게 하고 받은 대가
		유형자산처분이익	유형자산을 장부금액(취득원가 - 감가상각누계액)보다 높은 금액으로 처분하는 경우 그 차액
		자산수증이익	타인으로부터 자산을 무상으로 증여 받은 경우 인식하는 이익
		채무면제이익	타인으로부터 채무를 면제 받는 경우 인식하는 이익
		보험금수익	보험에 가입된 자산이 피해를 입었을 경우 보험회사로부터 수령하는 금액
		잡이익	영업활동 이외의 활동에서 금액이 적은 이익이나 빈번하지 않은 이익
비용	매출원가	상품매출원가	판매된 상품의 매입원가로 상품매출에 대응되는 원가 **(상품매출원가 = 기초재고액 + 당기순매입액 - 기말재고액)** **(당기순매입액 = 당기총매입액 - 매입에누리와 환출 - 매입할인)**
	판매비와 관리비	급여	직원에 대한 급여와 제수당
		퇴직급여	직원이 퇴직할 경우 발생하는 퇴직금이나 결산 시 퇴직급여충당부채를 설정할 경우의 퇴직금
		복리후생비	직원의 복리와 후생을 위해 지출한 비용으로 식대, 경조사비, 직장체육대회, 야유회비 등
		여비교통비	직원의 업무와 관련한 교통비와 출장 여비 등
		접대비(기업업무추진비)	업무와 관련하여 거래처를 접대한 성격의 비용
		통신비	업무와 관련하여 발생한 전화, 핸드폰, 팩스, 인터넷 등의 요금
		수도광열비	업무와 관련하여 발생한 가스, 수도, 난방 등의 요금
		전력비	업무와 관련하여 발생한 전기 요금

비용	판매비와 관리비	세금과공과금	업무와 관련하여 발생한 세금과공과금으로 재산세, 자동차세, 대한상공회의소회비, 협회비 등
		감가상각비	업무와 관련된 유형자산인 건물, 기계장치, 차량운반구, 비품 등의 감가상각 금액
		무형자산상각비	업무와 관련된 무형자산인 개발비, 영업권, 소프트웨어 등의 상각금액
		임차료	업무와 관련하여 발생한 토지, 건물, 기계장치, 차량운반구 등의 임차비용
		수선비	업무와 관련하여 발생한 건물, 기계장치 등의 현상유지를 위한 수리비용
		보험료	업무와 관련된 유형자산(건물, 기계장치 등)과 재고자산(상품, 제품 등) 등에 대한 보험료
		차량유지비	업무와 관련된 차량운반구의 유지와 수선을 위한 비용
		운반비	상품을 매출하고 지출한 운송료(cf.상품 매입시 운송료: 자산의 취득원가에 가산)
		도서인쇄비	업무와 관련된 도서구입비, 신문잡지구독료, 인쇄비 등
		소모품비	업무와 관련된 소모성물품 구입비(복사용지, 문구류, 소모공기구, 소모자재 등)
		수수료비용	업무와 관련된 용역을 제공받고 그에 대한 대가를 지불한 것(은행 송금수수료, 청소와 경비용역비 등)
		광고선전비	업무와 관련하여 광고목적으로 신문, 방송, 잡지 등에 지출한 광고비용
		대손상각비	상품매출과 관련하여 발생한 매출채권(외상매출금, 받을어음)이 회수불능되었을 때나 결산시 대손에 대비하여 대손충당금을 설정할 경우 (**대손충당금환입:** 결산시 대손충당금 잔액이 매출채권 잔액에 대한 대손충당금 총액보다 클 경우 그 차액으로 판매비와관리비의 차감계정)
	영업외 비용	이자비용	금융기관에 대한 차입금, 당좌차월 등 자금의 차입대가로 지불하는 이자
		기부금	무상으로 금전이나 물건 등을 기증하는 경우
		매출채권처분손실	받을어음을 만기가 되기 전에 은행에 할인하는 경우 그 할인료와 수수료
		단기매매증권평가손실	결산 시 단기매매증권을 공정가치로 평가할 때 장부금액보다 공정가치가 낮은 경우 그 차액
		단기매매증권처분손실	단기매매증권을 처분할 때 장부금액보다 처분금액이 낮은 경우 그 차액
		재해손실	천재지변이나 도난 등 예측치 못한 상황으로 발생한 손실
		유형자산처분손실	유형자산을 장부금액(취득원가-감가상각누계액)보다 낮은 금액으로 처분할 때 발생하는 손실
		투자자산처분손실	투자자산을 장부금액보다 낮은 금액으로 처분하는 경우 발생하는 손실
		잡손실	영업활동 이외의 활동에서 금액이 적은 비용이나 빈번하지 않은 지출

03 짝꿍 계정과목

자산	부채
단기대여금	단기차입금
외상매출금	외상매입금
받을어음	지급어음
미수금	미지급금
선급금	선수금
미수수익	선수수익
선급비용	미지급비용
가지급금	가수금
장기대여금	장기차입금
임차보증금	임대보증금

비용	수익
상품매출원가	상품매출
이자비용	이자수익
단기매매증권평가손실	단기매매증권평가이익
단기매매증권처분손실	단기매매증권처분이익
수수료비용	수수료수익
임차료	임대료
유형자산처분손실	유형자산처분이익
잡손실	잡이익

시험 당일 읽는 요점정리

1. 회계란 무엇인가?

- 의의: 회계정보이용자가 합리적 의사결정을 할 수 있도록 유용한 경제적 정보를 식별, 측정, 전달하는 과정
- 분류: 재무회계 − 외부정보이용자(주주, 채권자, 정부기관), 회계원칙에 따라 작성
  원가관리회계 − 내부정보이용자(경영자, 근로자), 일정한 원칙 없이 작성
- 회계단위: 기업 경영활동을 기록 계산하기 위한 장소적 범위(본점, 지점)
- 보고기간: 회계연도 또는 회계기간이라고도 하며 1년을 넘지 않는 범위 내에서 설정
- 기본가정: 기업실체의 가정, 계속기업의 가정, 기간별보고의 가정
- 발생주의: 현금수수에 관계없이 거래가 발생된 시점에 인식하는 기준
- 질적특성: 목적적합성(예측가치, 피드백가치, 적시성)
  신뢰성(표현의 충실성, 검증가능성, 중립성)

2. 재무제표

① 재무제표의 종류

- 재무상태표: 일정시점의 기업의 재무상태를 보여주는 보고서(자산＝부채＋자본)
  - 자산(총자산): 기업이 소유하고 있는 재화(상품, 건물 등), 채권(외상매출금 등)
  - 부채(타인자본, 타인지분): 기업이 미래의 시점에 지급해야 할 채무(외상매입금 등)
  - 자본(순자산, 자기자본, 자기지분, 소유주지분): 자산에서 부채를 차감한 금액
- 손익계산서: 일정기간의 기업의 경영성과를 보여주는 보고서
  (총수익−총비용＝당기순이익)
  - 수익: 경영활동의 결과 획득한 금액(상품매출, 수입수수료 등)
  - 비용: 경영활동에서 수익을 얻기 위해 지출한 금액(상품매출원가, 급여 등)

  주의 재무상태표: 일정시점의 재무상태, 손익계산서: 일정기간의 경영성과

② 재무제표 작성과 표시의 일반원칙

- 계속기업: 경영진이 기업을 청산하거나 중단할 의도가 없다면 계속기업 전제
- 재무제표의 작성책임과 공정한 표시: 작성과 표시의 책임은 경영진에게 있고 일반기업회계기준에 따라 적정하게 작성된 재무제표는 공정하다.

부록/정답 및 해설

- 재무제표 항목의 구분과 통합표시: 중요한 항목은 구분하여 표시하고 유사한 항목은 통합하여 표시할 수 있다.
- 비교재무제표작성: 기간별 비교가능성을 제고하기 위해 전기와 당기를 비교표시
- 재무제표 항목의 표시와 분류의 계속성: 기간별 비교가능성 제고를 위해 매기 동일
- 재무제표 보고양식: 기업명, 보고기간종료일(or 회계기간), 보고통화, 금액단위 기재

3. 회계의 순환과정

> 거래의 식별 → 분개(분개장) → 전기(총계정원장) → 결산예비절차(수정전시산표 작성, 결산정리분개) → 결산본절차(수정후시산표 작성, 총계정원장의 마감 → 결산보고서 작성(손익계산서, 재무상태표 등)

① 거래의 식별
- 거래: 자산, 부채, 자본, 수익, 비용의 증가와 감소 등의 변화를 가져오는 것
　　　　 회계상 거래인 것 – 상품의 도난, 파손, 화재 등
　　　　 회계상 거래가 아닌 것 – 상품의 매매 계약, 종업원 채용 계약, 임대차 계약,
　　　　　　　　　　　　　　　 담보 설정 등
- 거래의 8요소: (차변요소) 자산의 증가, 부채의 감소, 자본의 감소, 비용의 발생
　　　　　　　　 (대변요소) 자산의 감소, 부채의 증가, 자본의 증가, 수익의 발생

② 분개(분개장): 어떤 계정과목에 얼마의 금액을, 어느 쪽(차, 대)에 기록할 것인가?

③ 전기(총계정원장): 분개한 내용을 해당 총계정원장에 옮겨 적는 것

④ 결산예비절차
- 시산표: 분개를 총계정원장에 전기한 후 정확히 전기되었는지 검증하기 위해 작성

> * 시산표 등식: 기말자산 + 총비용 = 기말부채 + 기초자본 + 총수익
> 　　　　　　　　　　　　　　　　 ↳ **주의** 기말자본이 아니라 기초자본!

- 결산정리분개: 재고자산, 감가상각비, 대손상각비 등 결산정리분개를 한다.

⑤ 결산본 절차: 수익과 비용계정은 '손익' 대체분개를 한 후 마감한다.
　　　　　　　 자산, 부채, 자본계정은 '차기이월', '전기이월'로 마감한다.

⑥ 결산보고서 작성: 손익계산서와 재무상태표 등 결산보고서를 작성한다.

4. 자산 관련 계정과목

(1) 당좌자산

- 현금 및 현금성자산: 통화 및 통화대용증권(타인발행수표, 우편환증서 등), 당좌예금, 보통예금, 현금성자산

  [현금성자산] ① 큰 거래비용 없이 현금으로 전환이 용이하고

  　　　　　　② 이자율변동에 따른 가치변동 위험이 중요하지 않은 금융상품으로

  　　　　　　③ 취득당시 만기(또는 상환일)가 3개월 이내인 단기금융상품

  　　　　　　└ **주의** 취득당시○ 결산 보고일(12/31) ×

- 당좌예금: 우리 회사가 발행한 당좌수표

  　　　　→ 지급하면 (대변) 당좌예금, 수취하면 (차변) 당좌예금

  　　　　: 타인이 발행한 당좌수표

  　　　　→ 지급하면 (대변) 현금, 수취하면 (차변) 현금

- 현금과부족: 실제 현금부족 (기중) (차) 현금과부족　　(대) 현　　　금

  　　　　　　　　　　　　(기말) (차) 잡　손　실　　(대) 현금과부족

  　　　　　　실제 현금과잉 (기중) (차) 현　　　금　　(대) 현금과부족

  　　　　　　　　　　　　(기말) (차) 현금과부족　　(대) 잡　이　익

  주의 결산 당일에 현금이 안 맞는 경우 현금과부족이 아닌 잡손실, 잡이익으로 회계처리 함
  - 결산 당일 현금부족 (차) 잡　손　실　(대) 현　　　금
  - 결산 당일 현금과잉 (차) 현　　　금　(대) 잡　이　익

- 단기매매증권

  (취득시) 취득금액을 단기매매증권 처리, 매입수수료 등 수수료비용(영업외비용) 처리

  (결산시) 결산시 장부금액과 공정가치의 차액 단기매매증권평가손익(영업외손익) 처리

  (처분시) 처분시 장부금액과 처분금액의 차액 단기매매증권처분손익(영업외손익) 처리

- 매출채권(외상매출금, 받을어음)

  상품매출: 외상이나 카드－외상매출금, 어음－받을어음

  상품매출 이외의 경우: 외상이나 카드－미수금, 어음－미수금

- 어음거래

  (매출시) (차) 받을어음　　　　　(대) 상품매출

  (만기시) (차) 당좌예금　　　　　(대) 받을어음

  　　　　　　수수료비용(수수료 등)

  (배서시) (차) 외상매입금　　　　(대) 받을어음

(할인시)　(차) 당좌예금　　　　　　　　(대) 받을어음
　　　　　　　매출채권처분손실(할인료 등)

• 대손충당금:

① 기말 결산시

　　대손예상액 > 기 설정 대손충당금: (차) 대손상각비　(대) 대손충당금
　　대손예상액 < 기 설정 대손충당금: (차) 대손충당금　(대) <u>대손충당금환입</u>

　　　　　　　　　　　　　　　　　　　　　　　(판매비와관리비 차감항목)

> * 대손충당금추가설정액: 대손예상액(기말매출채권 × 설정률) − 기 설정 대손충당금

② 대손 확정시: 대손시점의 대손충당금 잔액과 상계처리, 부족시 대손상각비 처리
　　　　　　　　(차) 대손충당금 또는 대손상각비　(대) 외상매출금, 받을어음
③ 대손 확정 후 매출채권 회수시: (차) 현금　　　　(대) 대손충당금

(2) 재고자산

> * 매출액 − <u>매출원가</u> = 매출총이익
> 　　　↳상품매출원가 = 기초상품재고액 + <u>당기상품순매입액</u> − 기말상품재고액
> 　　　　　　　　　　　　　　　　　↳ <u>상품총매입액</u>−매입에누리와 환출−매입할인
> 　　　　　　　　　　　　　　　　　　↳상품매입금액+매입부대비용

• 기말재고자산의 평가: 수량 × 단가
　① 수량파악방법: 계속기록법, 실지재고조사법, 혼합법
　② 단가산정방법 : 개별법, 선입선출법, 후입선출법, 가중평균법(이동평균법, 총평균법)
• 물가가 상승하고 재고수준이 일정하게 유지된다는 가정하에 단가산정방법 비교
　① 기말재고액, 매출총이익: 선입선출법 > 이동평균법 ≥ 총평균법 > 후입선출법
　② 매출원가: 선입선출법 < 이동평균법 ≤ 총평균법 < 후입선출법
• 저가법: 장부금액과 시가를 비교하여 낮은 금액으로 표시하는 방법
• 재고자산평가손실: 매출원가에 가산한다.
• 재고자산감모손실: 정상적(원가성O) − 매출원가에 가산
　　　　　　　　　　비정상적(원가성×) − 영업외비용

(3) 투자자산

• 특정현금과예금: 당좌거래개설보증금에 대해 분개할 경우
• 투자부동산: 기업의 고유 영업활동과 관련 없는 부동산을 투자목적으로 보유
• 유가증권: 지분증권(주식)과 채무증권(국채, 공채, 사채)으로 구분된다.

－단기매매증권, 매도가능증권, 만기보유증권의 분류

보유목적	지분증권	채무증권
① 단기간 내의 매매차익	단기매매증권	단기매매증권
② 만기까지 보유할 적극적인 의도와 능력	－	만기보유증권
①, ② 외의 경우(매각 시기를 결정하지 않은 경우)	매도가능증권	매도가능증권

(4) 유형자산

· 취득원가: 구입대금에 구입부대비용(매입수수료, 운송비, 하역비, 설치비, 시운전비, 취득세, 토지정지비용 등) 가산

> 주의 구입시 지불하는 세금은 취득원가에 가산! 매년 지불하는 세금(자동차세, 재산세)은 세금과공과금!

· 취득 후 지출

① 자본적 지출(내용연수의 증가, 생산능력의 증대, 원가절감 등): 자산에 가산 분개

② 수익적 지출(원상회복, 능률유지, 수선유지 등): 당기비용(수선비)으로 분개

· 감가상각

① 감가상각 요소: 취득원가, 잔존가치, 내용연수

② 감가상각 방법에 따른 감가상각비

* 정 액 법: 감가상각대상금액(취득원가－잔존가치) $\times \dfrac{1}{내용연수}$

* 정 률 법: 미상각잔액(취득원가－감가상각누계액) $\times$ 정률

· 상각분개: (차) 감가상각비   (대) 감가상각누계액(유형자산의 차감계정)

· 처분 ① 유형자산처분이익: 장부금액(취득원가－감가상각누계액) < 처분금액

  ② 유형자산처분손실: 장부금액(취득원가－감가상각누계액) > 처분금액

(5) 무형자산

· 인식조건: ① 식별가능성, ② 기업이 통제, ③ 미래 경제적 효익

· 종류: 영업권, 산업재산권(특허권, 실용신안권, 디자인권, 상표권), 광업권, 개발비 등

· 상각분개: (차) 무형자산상각비   (대) 무형자산(영업권, 개발비 등)

(6) 기타비유동자산

· 비유동자산 중 투자자산, 유형자산, 무형자산에 속하지 아니하는 자산

· 종류: 임차보증금, 전세권, 장기외상매출금, 장기받을어음 등

부록/정답 및 해설

5. 부채 관련 계정과목

- 매입채무(외상매입금, 지급어음)

  상품매입: 외상이나 카드 - 외상매입금, 어음 - 지급어음

  상품매입 이외의 경우: 외상이나 카드 - 미지급금, 어음 - 미지급금

- 어음거래

(매입시)	(차) 상　　품	(대) 지급어음	
(만기시)	(차) 지급어음	(대) 당좌예금	
	수수료비용(추심 수수료)	현　　금	

- 선수금

(계약금 수취시)	(차) 현　　금	(대) 선　수　금	
(상품 인도시)	(차) 선　수　금	(대) 상품매출	
	외상매출금		

- 예수금: 급여지급시 소득세와 지방소득세, 사회보험의 근로자부담금을 일시적으로 보관
  하는 경우

(급여 지급시)	(차) 급　　여	(대) 예　수　금	
		보통예금	
(예수금 납부시)	(차) 예　수　금	(대) 현　　금	

- 퇴직급여충당부채

(설정시)	(차) 퇴직급여	(대) 퇴직급여충당부채	
(퇴직시)	(차) 퇴직급여충당부채	(대) 현　　금	

6. 자본 관련 계정과목

- 자본금: 기업주가 출자한 금액
- 인출금: 기업주가 인출한 금액

7. 수익 관련 계정과목

[영업수익]

- 상품(순)매출액 = 상품(총)매출액 - 매출에누리와 환입 - 매출할인

[영업외수익]

- 이자수익: 예금이나 대여금에 대한 이자를 받는 경우
- 단기매매증권평가이익: 결산 시 장부금액 < 결산 시 공정가치

- 단기매매증권처분이익: 처분 시 장부금액 < 처분 시 처분금액
- 유형자산처분이익: 유형자산 장부금액(취득원가-감가상각누계액) < 처분금액
- 투자자산처분이익: 투자자산 장부금액 < 처분금액
- 자산수증이익: 자산을 무상으로 증여받게 되는 경우
- 채무면제이익: 채무를 면제받게 되는 경우
- 잡이익: 영업활동 이외의 활동에서 적은 이익이나 빈번하지 않은 이익

8. 비용 관련 계정과목

[매출원가]

> * 상품매출원가=기초상품재고액+당기상품순매입액-기말상품재고액
> ↳ 상품총매입액-매입에누리와 환출-매입할인
> ↳ 상품매입금액+매입부대비용

[판매비와관리비]

- 급여: 종업원에 대한 급여와 제수당
- 퇴직급여: 퇴직금 지급시) (차) 퇴직급여충당부채 또는 퇴직급여   (대) 보통예금
- 복리후생비: 식대, 경조비, 직장체육대회비, 야유회비, 4대 보험 회사부담금 등
- 여비교통비: 출장에서 사용한 여비(식대, 숙박비, 교통비), 고속도로통행료 등
- 접대비(기업업무추진비): 거래처를 접대한 성격의 식대, 경조비, 선물대금 등
- 통신비: 전화, 핸드폰, 팩스, 인터넷 요금 등
- 수도광열비: 수도, 가스, 난방 요금 등
- 전력비: 전기 요금
- 세금과공과금: 재산세, 자동차세, 대한상공회의소회비, 협회비 등
- 감가상각비: 결산 시 유형자산의 감가상각 금액
- 임차료: 토지, 건물, 기계장치, 차량운반구 등의 임차비용
- 수선비: 업무와 관련하여 발행하는 수리비용
  > **주의** 차량운반구에 관련된 수리비용은 '차량유지비'
- 보험료: 업무와 관련된 보험료
- 차량유지비: 차량운반구의 수선비, 유류대, 엔진오일 교체비, 세차비 등
- 운반비: 상품 매출시 운반비
  > **주의** 상품 매입시 운반비는 '상품의 취득원가에 가산'
- 도서인쇄비: 도서구입비, 신문과 잡지구독료, 각종 인쇄비 등

- 소모품비: 복사용지, 문구류, 소모공구와 기구, 소모자재 등 소모성 물품비
  > **주의** 소모품 구입시 비용처리법은 '소모품비', 자산처리법은 '소모품'
- 수수료비용: 송금수수료, 어음 추심 수수료, 청소와 경비용역비 등
- 광고선전비: 광고 목적으로 신문, 방송, 잡지 등에 지출한 광고비용
  > **주의** 광고 목적 전단지 인쇄는 '광고선전비', 업무와 관련된 양식지 등의 인쇄는 '도서인쇄비'
- 대손상각비: (기중) 외상매출금과 받을어음의 회수불능(대손)이 확정된 경우 대손충당금
  　　　　　　 잔액을 초과하는 금액

  　　　　(차) 대손충당금, 대손상각비　　　　(대) 외상매출금, 받을어음

  　　　　(기말) 외상매출금과 받을어음 잔액에 대한 대손충당금의 설정

  　　　　(차) 대손상각비　　　　　　　　　(대) 대손충당금

[영업외비용]

- 이자비용: 차입금, 당좌차월 등에 대한 이자를 지불하는 경우
- 단기매매증권평가손실: 결산시 장부금액 ＞ 결산시 공정가치
- 단기매매증권처분손실: 처분시 장부금액 ＞ 처분시 처분금액
- 외환차손: 외화자산 회수시 장부금액 ＞ 회수금액

  　　　　　외화부채 상환시 장부금액 ＜ 상환금액
- 외화환산손실: 외화자산 결산시 장부금액 ＞ 평가금액

  　　　　　　　외화부채 결산시 장부금액 ＜ 평가금액
- 유형자산처분손실: 유형자산 장부금액(취득원가 − 감가상각누계액) ＞ 처분금액
- 투자자산처분손실: 투자자산 장부금액 ＞ 처분금액
- 매출채권처분손실: 받을어음을 만기가 되기 전에 할인할 경우 할인료
- 재해손실: 천재지변이나 도난 등의 예측치 못한 상황의 손실
- 잡손실: 영업활동 이외의 활동에서 적은 비용이나 빈번하지 않은 지출

9. 손익의 정리와 소모품의 정리

- 손익의 정리

  ① 수익의 발생: 당기에 속하는 수익이지만 결산일까지 수입되지 않은 수익

  　　　　　(차) 미수수익　×××　　　　　(대) 이자수익　　×××

  ② 비용의 발생: 당기에 속하는 비용이지만 결산일까지 지급하지 않은 비용

  　　　　　(차) 이자비용　×××　　　　　(대) 미지급비용　×××

③ 수익의 이연: 당기에 이미 받은 수익 중에서 차기에 해당되는 수익

　　　　　(차) 이자수익　　　　　×××　　　(대) 선수수익　×××

④ 비용의 이연: 당기에 이미 지급한 비용 중에서 차기에 해당되는 비용

　　　　　(차) 선급비용　　　　　×××　　　(대) 이자비용　×××

• 소모품의 정리

① 비용처리법 (구입 시)　(차) 소모품비　×××　　(대) 현　　금　×××

　　　　　(결산 시)　(차) 소 모 품　×××　　(대) 소모품비　×××

　　　　　↳ 미사용분을 자산으로 대체

② 자산처리법 (구입 시)　(차) 소 모 품　×××　　(대) 현　　금　×××

　　　　　(결산 시)　(차) 소모품비　×××　　(대) 소 모 품　×××

　　　　　↳ 사용분을 비용으로 대체

제 2 장

정답 및 해설

비대면 시험 출제예상 평가문제 정답 및 해설

출제예상 평가문제

01 기초정보관리의 회계정보시스템 운용

평가문제	1	2	3	4	5
정답	③	①	④	④	②

01 [회사등록] 국세환급금계좌는 신한은행이다.

02 [환경설정] 신용카드 기본계정설정의 카드채권은 108.외상매출금이다.

03 [거래처등록]-[카드] 신한카드 결제일은 25일이다.

04 [업무용승용차등록] 업무전용자동차보험에 2025. 12. 31. ~ 2026. 12. 31. 기간으로 가입한 상태이다.

05 ① 전기분 재무상태표의 자산총계는 199,952,000원이다.
③ 전기분 손익계산서의 기말상품재고액은 10,500,000원이다.
④ 전기분 손익계산서의 당기순이익은 27,188,000원이다.

02 전표관리

평가문제	1	2	3	4	5
정답	③	①	7,654,000	①	60,000

01 [전표출력] 1월 1일 ~ 1월 31일 조회하면 입금전표 거래처는 (주)코디나라이다.

02 [일반전표입력] 1월 14일 차변 접대비(기업업무추진비) 계정의 적요는 01.거래처 접대비(기업업무추진비)/신용카드(법인)이다.

03 [월계표] 2월 ~ 2월을 조회하면 판매관리비 발생 금액은 7,654,000원이다.

04 [계정별원장] 1월 1일 ~ 3월 31일, 254.예수금을 조회하면 잔액은 339,200원이다.

05 [영수증수취명세서] 영수증수취명세서(1)의 12.명세서제출 대상 금액은 60,000원이다.

03 자금관리

평가문제	1	2	3	4	5
정답	②	③	④	①	29,132,050

01 [현금출납장] [총계정원장] 1월 1일 ~ 4월 30일 확인하면 2월말 현금 잔액은 11,838,000원이다.

02 [월계표] 1월 ~ 6월 조회하여 차변 현금란이 가장 큰 판매관리비는 접대비(기업업무추진비) 100,000원이다.

03 [지급어음현황] 만기일 2026년 1월 1일 ~ 2026년 12월 31일 만기 도래 어음 금액은 10,000,000원이다.

04 [일일자금명세(경리일보)] 외상매입금 10,000,000원이 감소하였다.

05 [예적금현황] 6월 30일 신한은행 보통예금 잔액은 29,132,050원이다.

04 부가가치세 신고

평가문제	1	2	3	4	5
정답	110,000,000	1	(1) 25,000,000 (2)　　350,000	0	5,535,000

01 [세금계산서합계표] 7월 ~ 9월 조회하면 매출 전자세금계산서 공급가액의 합계 금액은 110,000,000원이다.

02 [계산서합계표] 7월 ~ 9월 조회하면 매출 전자계산서는 1매이다.

03 [매입매출장] 7월 ~ 9월, 구분 '2.매입', 과세유형 '54:불공'을 조회하여 불공사유별로 금액을 확인한다.

04 [계정별원장] 1월 1일 ~ 9월 30일 조회하면 부가세대급금 잔액은 0원이다.

05 [거래처원장] 1월 1일 ~ 9월 30일 조회하면 미지급세금 잔액은 5,535,000원이다.

05 결산처리

평가문제	1	2	3	4	5
정답	28,700,000	161,792,100	67,050,000	63,096,715	97,743,285

01 [고정자산관리대장] '신규취득및증가'란의 총계 금액은 28,700,000원이다.

02 [재무상태표]-[제출용] 12월 조회하면 현금및현금성자산(통합계정) 161,792,100원이다.

03 [손익계산서] 12월 조회하면 매출총이익은 67,050,000원이다.

04 [계정별원장] 1월 1일 ~ 12월 31일 '400.손익' 계정을 조회하면 비용에서 대체된 금액은 63,096,715원이다.

05 [재무상태표] 12월 조회하면 미처분이익잉여금 금액은 97,743,285원이다.

06 회계정보시스템 운용

평가문제	1	2	3	4	5
정답	①	(1) 01002 (2) 45,000,000	③	④	②

01 [총계정원장] 1월 ~ 12월 보통예금을 조회하면 가장 많이 감소한 월은 2월 6,161,750원이다.

02 [거래처원장] 1월 ~ 12월 외상매입금을 조회하면 잔액이 가장 큰 거래처는 (주)데일리룩 45,000,000원이다.

03 [재무상태표] 12월 조회하여 전기분 당좌자산, 유동부채를 확인한다.
　　　　(110,870,000원 / 94,662,000원) × 100 = 117%

04 [재무상태표][손익계산서] 12월 조회하여 전기분 총자산과 매출액을 확인한다.
　　　　(500,516,000원 / 199,952,000원) × 100 = 250%

05 [손익계산서] 12월 조회하여 당기분 영업이익과 매출액을 확인한다.
　　　　(50,453,285원 / 110,550,000원) × 100 = 45%

유형별 연습문제 정답 및 해설

실무이론평가

제 1 절 재무회계

01 재무회계 기본개념

01 ②
(차) 외상매입금(부채의 감소)　　　　　×××
(대) 보통예금(자산의 감소)　　　　　×××

02 ④
• 일정 기간 동안 기업의 경영성과에 대한 정보를 제공하는 재무보고서로 미래현금흐름과 수익창출능력의 예측에도 유용한 정보를 제공하는 재무제표는 손익계산서이다.

03 ④
• 주석은 재무제표의 중요한 부분으로서, 중요한 회계방침이나 자산 및 부채 측정치에 대한 설명 등 재무제표가 제공하는 정보를 이해하는 데 필수적인 요소이다.

04 ②
• 재무제표의 작성과 표시에 대한 책임은 경영진에게 있다.

05 ④
• ① 자산과 부채는 원칙적으로 상계하여 표시하지 않는다.
② 재무제표의 작성과 표시에 대한 책임은 경영진에게 있다.
③ 중요한 항목은 재무제표의 본문이나 주석에 그 내용을 잘 나타낼 수 있도록 구분하여 표시한다.

06 ②
• 회계의 목적은 기업의 다양한 이해관계자의 의사결정에 유용하고 적정한 정보를 제공하는 것이다. 즉, 회계는 기업 외부의 다양한 이해관계자의 경제적 의사결정을 위해 기업의 재무상태, 경영성과, 현금흐름, 자본변동 등에 관한 재무정보를 제공하는 것을 목적으로 한다.

07 ②
• 재무회계에는 상품별 원가 정보가 제공되지 않으며, 이는 관리회계(원가회계)를 통해 기업 내부이해관계자에게 제공된다.

08 ③
• 재무제표는 특정 기업실체에 관한 정보를 제공하며, 산업 또는 경제 전반에 관한 정보를 제공하지는 않는다.

09 ②
• 계속기업의 가정이다.

10 ①
• 기업실체의 가정이다.

11 ②
• 목적적합성 있는 정보는 정보이용자가 기업실체의 과거, 현재 또는 미래 사건의 결과에 대한 예측을 하는 데 도움이 되거나 또는 그 사건의 결과에 대한 정보이용자의 당초 기대치(예측치)를 확인 또는 수정할 수 있게 함으로써 의사결정에 차이를 가져올 수 있는 정보를 말한다.

12 ①
• 목적적합성의 하위 질적특성으로는 예측가치, 피드백가치, 적시성이 있다.

13 ③
• 목적적합성의 하부개념은 예측가치, 피드백 가치, 적시성이며, 신뢰성의 하부개념은 검증가능성, 중립성, 표현의 충실성이다.

02 재무제표

01 ③
• 영업외비용은 기업의 주된 활동이 아닌 활동으로부터 발생한 비용과 차손이나, 법인세비용은 포함되지 않는다.

02 ③
• 매출원가는 매출액에 대응하는 원가로서, 매출원가의 산출과정은 재무상태가 아닌 손익계산서 본문에 표시하거나 주석으로 기재한다.

03 ④
• 매출총이익은 매출액에서 매출원가를 차감한 금액으로서, 판매비와관리비는 차감하지 않는다.

04 ②
• 영업이익은 매출총이익에서 판매비와관리비를 차감하여 계산한다. 감가상각비, 복리후생비, 접대비(기업업무추진비)는 모두 판매비와관리비로서 영업이익에 영향을 미치나 단기대여금에 대한 기타의 대손상각비는 영업외비용으로서 영업이익에 영향을 미치지 않는다.

05 ②
- 건물의 임대차계약을 체결한 것은 회계상 거래가 아니므로 수익이 실현된 것으로 볼 수 없다.

06 ④
- 영업이익이 증가하였음에도 당기순이익이 감소하기 위해서는 영업외수익이 감소하거나 영업외비용이 증가하여야 한다.
- 유형자산처분손실이 영업외비용이다.

07 ②
- ①, ③, ④는 재무상태표에 반영할 내용이다.

08 ④
- 수익과 비용은 각각 총액으로 보고하는 것을 원칙으로 한다.

09 ④
- 단기차입금 및 유동성장기차입금 등은 보고기간종료일부터 1년 이내에 결제되어야 하므로 영업주기와 관계없이 유동부채로 분류한다.

10 ②
- 자산과 부채의 상계표시는 원칙적으로 허용되지 않는다.
- 자본거래에서 발생한 자본잉여금과 손익거래에서 발생한 이익잉여금은 구분하여 표시한다.
- 가지급금 또는 가수금 등의 미결산항목은 그 내용을 나타내는 적절한 항목으로 표시해야만 한다.

11 ③
- 비유동자산은 투자자산, 유형자산, 무형자산 및 기타비유동자산으로 분류된다.

12 ②
- 자본잉여금은 주식발행초과금과 기타자본잉여금으로 구분하여 표시한다.

13 ④
- 자산과 부채는 원칙적으로 상계하여 표시하지 않는다.

14 ③
- 자산과 부채는 유동성이 큰 항목부터 배열하는 것을 원칙으로 한다.

15 ①
- 토지를 장부금액으로 처분하면 토지(자산)가 감소하고, 같은 금액의 미수금(자산)이 증가한다.

16 ②
- 자산과 부채는 총액으로 표시하는 것이 원칙이다.

17 ④
- 기업이 채권과 채무를 상계할 수 있는 법적 구속력 있는 권리를 가지고 있고, 채권과 채무를 순액기준으로 결제하거나 채권과 채무를 동시에 결제할 의도가 있다면 상계하여 표시한다.

18 ③
- 매출채권은 유동자산, 매도가능증권평가손실은 기타포괄손익누계액, 개발비는 무형자산으로 재무상태표 계정과목이다. 유형자산처분손실은 비용으로 손익계산서 계정과목이다.

19 ①
- 보고기간 종료일로부터 1년 초과의 사용제한이 있는 현금및현금성자산은 비유동자산으로 분류된다.

20 ①
- 기타포괄손익누계액은 재무상태표 항목이다.

21 ②
- ① 자본변동표에 대한 설명이다.
  ③ 손익계산서에 대한 설명이다.
  ④ 현금흐름표에 대한 설명이다.

22 ④
- 잉여금은 주주와의 거래에서 발생한 자본잉여금과 영업활동에서 발생한 이익잉여금으로 구분한다.

23 ②
- 손익계산서는 발생주의 원칙에 의거 작성되며 일정기간 동안의 경영성과를 나타내는 표이다.

03 당좌자산

01 ④

외상매출금			
전기이월	1,000,000원	대손상각	100,000원
매출액	3,000,000원	당기회수액	2,300,000원
		차기이월	1,600,000원
	4,000,000원		4,000,000원

02 ②
- 미수금 = 기초 미수금 + 당기발생 미수금
  = 300,000원 + 100,000원 = 400,000원
  정수기 외상판매액은 매출채권 계정으로 처리한다.

03 ②
- 매출원가 + 매출총이익 = 매출액,
  1,000,000원 + 400,000원 = 1,400,000원
- 당기매출액 − 현금매출액 = 외상매출액,
  1,400,000원 − 300,000원 = 1,100,000원
- 당기외상매출액 + 기초매출채권 − 당기매출채권회수액
  = 기말매출채권
  1,100,000원 + 600,000원 − 1,300,000원 = 400,000원

04 ②

(차) 현금   500,000원 (대) 상품매출 5,000,000원
　　받을어음   2,000,000원
　　외상매출금 2,500,000원

• 매출채권 금액 = 받을어음(2,000,000원) + 외상매출금
　　　　　　　　　(2,500,000원)

05 ②

• 본 문제는 자산항목을 물어보는 것이다. 선수수익은 부
채, 임차료는 비용, 매출액은 수익에 해당된다.

06 ③

• 가구제조회사가 공장용 건물을 외상으로 매각하는 경우
일반적인 상거래가 아니므로 미수금계정으로 계상한다.

07 ④

• 자금을 대여하는 과정에서 어음을 수령하는 경우에 어
음상의 채권은 매출채권이 아니라 단기대여금으로 기록
하여야 한다.

08 ②

• 상거래에서 발생한 매출채권에 대한 대손상각비는 판매
비와관리비로 처리하고, 기타채권에 대한 기타의대손상
각비는 영업외비용으로 처리한다.
• 단기대여금에 대한 기타의대손상각비
　= 2,000,000원 – 800,000원 = 1,200,000원

09 ①

• 대손이 발생하면 대손충당금과 우선 상계하고 대손충당
금이 부족하면 대손상각비로 당기 비용 처리한다.

10 ①

(차) 대손충당금 600,000원 (대) 매출채권 1,000,000원
　　대손상각비 400,000원

11 ③

• 전기에 대손 처리한 외상매출금 100,000원을 당기에
현금으로 회수하였으므로 차변에 현금 100,000원, 대
변에 대손충당금 100,000원으로 회계처리한다.

12 ②

• 매출채권의 대손에 대비하여 대손충당금을 설정할 때
반영하는 비용 계정과목은 '대손상각비'이다.
• 단기대여금의 대손에 대비하여 대손충당금을 설정할 때
반영하는 비용 계정과목은 '기타의대손상각비'이다.

13 ①

• 비용과 수익의 이연과 관련된 계정과목은 선급비용과 선수
수익이므로 선급보험료와 선수수수료가 이에 해당한다.

14 ①

• 매출 전에 수취한 계약금은 선수금으로 처리한다.
(차) 가수금   100,000원 (대) 선수금   100,000원

15 ③

• 단기매매증권의 평가손익은 손익계산서상의 당기손익으로
처리하고, 매도가능증권의 평가손익은 자본 중 기타포괄
손익누계액으로 처리한다.

16 ①

• 단기매매증권은 시장성이 있고, 단기 매매차익 실현을
목적으로 취득해야 한다.

17 ④

• 현금및현금성자산의 범위는 다음과 같다.
　1) 통화: 지폐, 주화
　2) 통화대용증권: 타인발행수표, 송금수표 및 우편환
　　　증서 등
　3) 요구불예금: 보통예금, 당좌예금
　4) 현금전환이 용이하고, 가치변동 위험이 중요하지 않으며,
　　　취득당시 만기가 3개월 이내인 금융상품

18 ③

• ① 단기매매증권은 유동자산에 해당한다.
　② 단기매매증권의 취득 시 발생한 부대비용은 영업외
　　　비용(수수료비용)으로 처리한다.
　④ 만기까지 보유할 적극적인 의도와 능력이 있는 경우에
　　　만기보유증권으로 분류한다.

04 재고자산

01 ①

• 물가가 계속 상승하고 재고자산의 수량이 일정하게 유
지된다는 가정 하에서 매출원가의 크기는 다음과 같다.
선입선출법 〈 이동평균법 ≦ 총평균법 〈 후입선출법

02 ③

• 상품단가 = (월초상품재고액 + 당월매입액) ÷
　(월초상품수량 + 당월매입수량)
　= (30,000원 + 100,000원 + 80,000원) ÷ (300개
　　+ 500개 + 200개) = 210원
• 10월 말 상품재고액 = 월말상품수량 × 총평균단가
　= (1,000개 – 400개) × 210원 = 126,000원

03 ②

• 총평균법 단가 = (기초상품매입원가 + 당기상품매입원가)
　÷ (기초재고수량 + 당기매입수량)
　= (500,000원 + 600,000원 + 200,000원) ÷ (500개
　+ 400개 + 100개) = 1,300원
• 총평균법 매출원가 = 매출수량 × 단가
　　　　　　　　　= 300개 × 1,300원 = 390,000원

04 ②
- 기말재고 = 200개 × 1,400원 + 200개 × 1,300원
  = 540,000원

05 ①
- 감모수량은 20개(장부수량 − 실제수량)이며 기말재고자산 단위당 원가가 개당 100원이므로 재고자산감모손실액은 2,000원이다. 감모된 재고자산은 모두 정상적인 감모에 해당하므로 매출원가에 가산한다.

06 ③
- 재고자산감모손실 = 장부상 재고자산 − 실제 재고자산
  = 100개 × 200원 − 90개 × 200원 = 2,000원
- 정상적으로 발생한 감모손실은 매출원가에 가산하고, 비정상적으로 발생한 감모손실은 영업외비용으로 분류한다.

07 ③
- 장부상 재고자산과 실제 재고자산의 수량차이가 재고자산 감소손실이므로 6,000원(= 60,000원 − 54,000원)이다.

08 ④
- 재고자산의 비정상적 원인으로 발생한 재고자산감모손실은 영업외비용으로 분류한다.

09 ③
- 매입할인은 재고자산의 취득원가에서 차감하는 항목이다.

10 ④
- 재고자산의 시가가 취득원가보다 하락한 경우에는 저가법을 사용하여 재고자산의 장부금액을 결정하지만, 시가가 취득원가보다 상승하더라도 재고자산평가이익을 계상하지는 않는다.

11 ①
- 도착지 인도기준으로 매입하여 기말현재 아직 운송중인 상품은 기말재고자산에 포함하지 아니한다.

12 ②
- 선적지인도조건인 경우에는 상품이 선적된 시점에 소유권이 매입자에게 이전되기 때문에 미착상품은 매입자의 재고자산에 포함된다.

13 ②
- 재고자산의 취득원가는 취득금액에 매입운임, 하역료 및 보험료 등 부대원가를 가산한 금액이다.

14 ④
- 컴퓨터를 판매하는 회사가 제조사로부터 판매용 컴퓨터를 매입하는 경우에는 차변에 상품 계정을 사용하며, 업무용 가구를 외상으로 구입하는 경우에는 대변에 미지급금 계정을 사용한다.

05 투자자산

01 ③
- 단기투자차익을 목적으로 주식을 취득하면 당좌자산인 단기매매증권으로 분류한다.

02 ②
- 투자자산은 비유동자산으로 분류되고, 단기매매증권은 유동자산에 해당한다.

03 ②
- 유동자산 = 현금및현금성자산(50,000원) + 매출채권(700,000원) + 상품(400,000원) = 1,150,000원

06 유형·무형·기타 비유동자산

01 ①
- 유동자산은 1,150,000원(현금및현금성자산 50,000원 + 매출채권 700,000원 + 상품 400,000원)이다.

02 ④
- 동일한 자산이라 하더라도 보유목적에 따라 판매목적인 경우에는 재고자산, 장기간 사용할 목적인 경우에는 유형자산으로 분류한다.

03 ④
- 무형자산: 특허권, 영업권, 산업재산권
- 유형자산: 기계장치
- 당좌자산: 매출채권
- 투자자산: 장기대여금

04 ④
- 무형자산의 합리적인 상각방법을 정할 수 없는 경우에는 정액법을 사용한다.

05 ③
- 무형자산의 상각방법은 합리적인 상각방법으로 하되, 합리적인 상각방법을 정할 수 없는 경우에는 정액법을 사용한다.

06 ③
- 무형자산은 내용연수 동안 합리적으로 배분하기 위해 다양한 방법(정액법, 정률법, 연수합계법 등)을 사용할 수 있다. 다만, 합리적인 상각방법을 정할 수 없는 경우에는 정액법을 사용한다.

07 ③
- 연구비 500,000원 + 경상개발비 100,000원
  = 600,000원

08 ④
- 매도가능증권평가손익은 재무상태표상의 기타포괄손익누 계액으로 계상하고, 기존 잔액이 있을 경우 가감하여 표 시한다.
- 2025년 8월

(차) 매도가능증권　　10,000,000원　(대) 현금　　10,000,000원

- 2025년 말

(차) 매도가능증권평가손실 1,200,000원 (대) 매도가능증권 1,200,000원

- 2026년 말

(차) 매도가능증권　3,200,000원 (대) 매도가능증권평가손실 1,200,000원
　　　　　　　　　　　　　　　매도가능증권평가이익　2,000,000원

09 ②
- 유형자산의 취득 또는 완성 후의 지출이 미래의 경제적효익 (예 : 생산능력 증대, 내용연수 연장, 상당한 원가 절감, 품질향 상을 가져오는 경우)을 증가시키는 경우에는 자본적지출로 처 리한다.

10 ④
- 감가상각자산은 영업활동에 사용하는 유형 또는 무형자 산을 말한다. 따라서 투자목적으로 취득하여 보유 중인 건물은 감가상각 대상자산이 아니다.

11 ②
- 건설회사가 분양목적으로 아파트를 건설하기 위해 보유 하고 있는 토지는 재고자산이다.

12 ②
- 유형자산 취득과 관련된 제비용(기계장치 시운전비, 건 물취득세 및 중개인수수료, 토지 정리비용)은 원가에 포 함하여야 한다.
- 기계장치 수선유지비는 수익적지출에 해당한다.

13 ④
- 감가상각은 자산의 평가과정이 아니라 취득원가를 역사적 원가주의에 따라 사용기간 동안 수익에 대응시켜 비용화 하는 취득원가의 분배과정이다.

14 ②
- 재고자산과 건설중인자산은 감가상각대상자산이 아니 며, 도착지인도조건으로 배송 중에 있는 판매용 가구는 재고자산에 해당한다.

15 ④
- 감가상각비는 판매비와관리비로 분류되고 유형자산처분손 익은 영업외손익으로 분류되므로, 처분 연도에 감가상각비 를 계상하지 않으면 영업이익이 과대계상된다.

16 ③
- 내용연수에 걸쳐 비용으로 인식되는 총금액은 감가상각 방법과 상관없이 동일하다.

17 ①
- 유형자산의 취득 후 지출이 발생하였을 때 내용연수가 연장되거나 가치가 증대되었다면 자본적지출로 보아 해 당자산의 계정과목으로 처리한다.

18 ①
- 유형자산처분손실=400,000원-440,000원=(-)40,000원
  * 2026년 9월 30일 장부금액:
    650,000원(취득원가)-210,000원(감가상각누계액)=440,000원
  * 2026년 9월 30일 감가상각누계액:
    120,000원+90,000원=210,000원
  * 2025년 감가상각비:
    (650,000원-50,000원)/5년=120,000원
  * 2026년 감가상각비:
    (650,000원-50,000원)/5년×(9월/12월)=90,000원

19 ④
- 수익적 지출을 자본적 지출로 잘못 처리하면 비용이 과소 계상되어 이익과 자본은 과대계상되고, 자산이 과대계상 된다.

20 ②
- 엘리베이터 설치를 위한 지출은 자본적 지출이고, 건물 외벽 도색비용은 수익적 지출이다.
  건물의 자본적 지출은 건물로 회계처리하고, 수익적 지출은 수선비로 회계처리한다.

21 ①
- 2,000,000원 + 1,000,000원 + 3,000,000원
  = 6,000,000원

22 ③
- 엘리베이터 설치비와 냉·난방장치 설치와 관련된 비용 은 자본적지출이므로 취득원가에 가산하고, 파손된 유리 교체비용은 수익적지출이므로 당기비용으로 처리한다.

23 ①
- 수익적 지출(비용)을 자본적 지출(자산)로 처리할 경우 비용이 누락되어 당기의 순이익은 과대계상되고, 자산이 과대계상되어 다음 회계기간의 감가상각비가 과대계상되며 차기의 순이익은 과소계상된다.

24 ④
- 본사건물의 엘리베이터 설치로 내용연수가 연장된 경우 에는 자본적지출로 처리한다.

25 ③

지출연도	2024년	2025년	2026년
지출내역	본사건물을 신축하기 위해 공사계약금 2억을 현금으로 지급하다.	본사건물이 완공되어 공사잔금 3억을 현금으로 지급하다.	본사건물 수선 유지를 위해 외벽을 페인트로 도색하고 3천만원을 현금으로 지급하다.
계정과목	건설중인자산	건물	수선비

26 ④
- 유형자산인 토지에 대한 수익적지출을 자본적지출로 잘못 회계처리한 경우 순이익의 과대계상, 자산의 과대계상, 비용의 과소계상이 발생하며, 부채와는 무관하다.

27 ①
- 수익적지출을 자본적지출로 처리하면 비용을 감소시켜 해당 회계연도의 순이익이 과대계상된다.

28 ③
- 2026년 감가상각비 = 1,000,000원/10년 = 100,000원
- 2026년 12월 31일 건물장부가액 = 취득가액 − 감가상각누계액 = 1,000,000원 − 400,000원 = 600,000원
- 유형자산처분이익 = 800,000원 − 600,000원 = 200,000원

29 ③
- 2025년 감가상각비: 20,000,000원 × 40% = 8,000,000원
- 2026년 감가상각비: (20,000,000원 − 8,000,000원) × 40% = 4,800,000원
- 2026년 말 건물 장부금액: 20,000,000원 − 8,000,000원 − 4,800,000원 = 7,200,000원
- 처분시

(차) 미수금	5,000,000원	(대) 건물	20,000,000원
감가상각누계액	12,800,000원		
유형자산처분손실	2,200,000원		

30 ②
- 2025년 감가상각비: (4,000,000원 − 0원) / 5년 = 800,000원
- 2026년 감가상각비: (4,000,000원 − 0원) / 5년 × 6개월/12개월 = 400,000원
- 유형자산처분손익 = 처분금액 − 처분일 현재 장부금액 = 1,500,000원 − (4,000,000원 − 800,000원 − 400,000원) = (−)1,300,000원

31 ④
- [기계장치 처분 분개]:

(차) 현금	3,500,000원	(대)기계장치	5,000,000원
감가상각누계액	2,000,000원	유형자산처분이익	500,000원

32 ①
- 토지의 처분으로 현금이 유입되어 자산이 증가하고 자본(토지처분이익)이 증가한다.

33 ①
- 유형자산처분손익 = 50,000,000원 − 100,000,000 − 100,000,000원/10년 × (2년 + 6월/12월) = (−)25,000,000원 (손실)

34 ③
- 건물의 2024년도 감가상각액 = 6,000,000원 ÷ 10년 = 600,000원(1년분)
  2025년도 감가상각액 = 6,000,000원 ÷ 10년 = 600,000원(1년분)
  2026년도 1월분 감가상각액 = 6,000,000원 ÷ 10년 ÷ 12개월 = 50,000원(1개월분)
- 건물의 2026년 2월 1일 현재 처분손익 = 2026년 2월 1일 현재 처분금액 − 장부금액 = 5,800,000원 − (6,000,000원 − 1,250,000원) = 1,050,000원(유형자산처분이익)

35 ②
- 2025년 12월 31일:

(차) 감가상각비*	720,000원	(대) 감가상각누계액	720,000원

  * 연간 감가상각비 = (4,000,000원 − 4,000,000원 × 10%) × 1/5 = 720,000원
- 2026년 6월 30일:

(차) 감가상각비	360,000원	(대) 감가상각누계액	360,000원
(차) 현금	3,200,000원	(대)기계장치	4,000,000원
감가상각누계액 1,080,000원		유형자산처분이익*	280,000원

  * 처분손익 = 처분금액 (3,200,000원) − 장부금액 (4,000,000원 − 1,080,000원) = 280,000원(이익)

36 ①
- 2026년 감가상각비: (500,000원 × 1년/5년) × 6개월/12개월 = 50,000원
- 유형자산처분손익: 230,000원 − (500,000원 − 200,000원 − 50,000원) = −20,000원(손실)

37 ④
- 보유사용중인 유형자산에 대하여 발생하는 보험료, 세금, 공과금 등은 당기비용으로 처리한다.

38 ③
- 토지의 취득원가 = 구입대금 + 철거비용 = 15,000,000원 + 700,000원 = 15,700,000원

39 ④
- 기계장치의 취득원가 = 5,000,000원 + 100,000원 + 20,000원 + 50,000원 + 30,000원 = 5,200,000원

40 ②
- 임차보증금에 대한 설명이다.

41 ④
- 장기대여금은 비유동자산이다.

07 부채와 자본

01 ④
- 비유동부채: 장기차입금 + 사채 = 200,000원 + 300,000원 = 500,000원
- 미지급비용과 매입채무는 유동부채이다.

02 ③
- 2027년 중 상환될 금액(2,000,000원)을 제외한 금액을 비유동부채로 분류한다.
  비유동부채 합계액 = 장기차입금 4,000,000원 + 퇴직급여충당부채 34,000,000원 = 38,000,000원

03 ③
- 유동성장기부채, 부가세예수금 → 유동부채
- 퇴직급여충당부채, 사채 → 비유동부채

04 ④
- 퇴직급여충당부채는 비유동부채로 분류한다.

05 ④
- 당좌차월은 부채 계정으로 재무상태표에 단기차입금으로 표시한다.

06 ③
- 5월 18일 거래는 실제 퇴직하는 종업원에게 퇴직급여를 현금으로 지급하는 내용이다.
  (차) 퇴직급여충당부채 3,000,000원 (대) 현금 3,000,000원

07 ①
- 사채는 회사가 장기자금을 조달하기 위해서 사채권을 발행하고 자금을 차입하는 비유동부채이다.

08 ④
- 퇴직급여충당부채에 대한 설명이다. 퇴직급여충당부채는 비유동부채이다.
- ① 단기차입금, ② 선수금, ③ 매입채무

09 ①
- ① (차)급여(비용)   30,000원 (대)예수금(유동부채)   30,000원
- ② (차)선급금(유동자산)   50,000원 (대)현금(유동자산)   50,000원
- ③ (차)외상매출금(유동자산) 100,000원 (대)상품매출(수익)   100,000원
- ④ (차)퇴직급여(비용)   300,000원 (대)퇴직급여충당부채(비유동부채) 300,000원

10 ④
- 퇴직급여충당부채는 비유동부채이다.

11 ②
- 유동성장기부채는 유동부채이다.

12 ③
- 유동성장기부채와 부가세예수금은 유동부채, 퇴직급여충당부채와 사채는 비유동부채임.

13 ③
- 기업실체가 현재의 의무를 미래에 이행할 때 경제적 효익이 유출될 가능성이 매우 높고 그 금액을 신뢰성 있게 측정할 수 있다면 이러한 의무는 부채로 인식한다.

14 ②
  (차) 선급금(유동자산) XXX   (대) 현금(유동자산) XXX

15 ④
- 자기주식은 취득원가를 자본조정으로 회계처리한다.

16 ②
- 이익준비금에 대한 설명이다.

17 ③
- 기타포괄손익누계액: 매도가능증권평가이익
- 영업외수익: 단기매매증권처분이익, 외환차익, 자산수증이익

18 ④
- (가)는 자본잉여금이다. 주식발행초과금은 자본잉여금 항목이다.
- ① 이익준비금: 이익잉여금
  ② 주식할인발행차금: 자본조정
  ③ 매도가능증권평가이익: 기타포괄손익누계액

19 ④
- 주식발행초과금, 자기주식처분이익: 자본잉여금
- 주식할인발행차금: 자본조정

20 ②
- 주식을 액면금액 이상으로 발행할 경우 액면금액을 초과하는 금액은 자본잉여금으로 표시한다.

21 ①
- 이익준비금에 대한 설명이다.

22 ③
- 미지급배당금은 부채 항목이다.

23 ①
  (차) 현금(자산의 증가) 700,000원 (대) 자본금   500,000원
                                    주식발행초과금 200,000원
                                    (자본의 증가)

24 ④
- 액면금액을 초과하여 발행한 금액은 주식발행초과금으로 처리한다. 단, 주식할인발행차금 잔액이 있는 경우에는 먼저 상계처리한 후 잔액을 주식발행초과금으로 처리한다.

25 ②
- ① 자본(자본금 - 주식할인발행차금)은 400,000원 증가한다.

② (차) 주식할인발행차금   100,000원 (대) 자본금 500,000원
　　　현금및현금성자산   400,000원
　　　(자산의 증가)

• ③, ④ 수익과 비용의 변동은 없다.

26 ③
• 신주발행비는 주식발행초과금에서 차감한다.

(차) 현금   1,400,000원   (대) 자본금   1,000,000원
　　　　　　　　　　　　　　　　주식발행초과금   400,000원

27 ③
• 주식의 발행금액이 액면금액보다 큰 경우 그 차액을 자본잉여금의 주식발행초과금으로 회계 처리한다.

28 ①
• 퇴직금을 보통예금계좌에서 지급할 때, 퇴직급여충당부채와 보통예금에서 차감한다.

08 수익과 비용

01 ③
• 매출원가 = 기초상품재고액 + 순매입액
  − 기말상품재고액 = 40,000원 + (200,000원
  − 10,000원) − 50,000원 = 180,000원

02 ③
• 상품매출 = 100개 × 200원 = 20,000원
• 상품매출원가 = (150개 × 100원 + 3,000원) ×
  100개/150개 = 12,000원
• 매출총이익 = 매출액 − 상품매출원가 = 20,000원
  − 12,000원 = 8,000원

03 ②
• 당기매입액: 판매가능 상품총액 − 기초 재고액
  = 9,000원 − 1,000원 = 8,000원
• 매출원가: 판매가능 상품총액 − 기말 재고액 = 9,000원
  − 1,500원 = 7,500원

04 ①
• 상품매출원가 = 300,000원 − 50,000원 = 250,000원
• 기말상품재고액 = 100,000원 + 200,000원
  − 250,000원 = 50,000원

05 ③
• 당기매입액 = 매입액 + 매입운임 − 매입에누리 − 매입
  할인 = 100,000원 + 2,000원 − 1,000원 − 1,200원
  = 99,800원
• 매출원가 = 기초상품재고액 + 당기매입액
  − 기말상품재고액 = 5,000원 + 99,800원 − 3,000원
  = 101,800원

06 ③
• 기말재고자산 = 150,000원 + 90,000원 + 60,000원
  = 300,000원
• 기말 재고자산 실사액은 아니나 기말재고자산에 포함해야 할 금액
  − 선적지인도조건으로 매입한 상품으로 기말 현재 운송 중인 미착상품 90,000원
  − 고객이 매입의사를 표시하지 않은 시송품 재고액 60,000원(90,000원 − 30,000원)

07 ③

매출액	150,000원
매출원가	(50,000원)
매출총이익	100,000원
판매비와관리비	(40,000원)
영업이익	60,000원
영업외수익	10,000원
영업외비용	(20,000원)
법인세비용차감전순이익	50,000원
법인세비용	(20,000원)
당기순이익	30,000원

08 ④
• 매출원가 = 기초상품재고액 + 당기순매입액 − 기말상품재고액(원가) + 재고자산평가손실*
  = 100,000원 + 550,000원 − 40,000원 + 20,000원*
  = 630,000원
  * 재고자산평가손실 = 상품의 기말수량 × (단위당 원가 − 단위당 순실현가능가치) = 40개 × (1,000원 − 500원)
  = 20,000원

09 ③
• 매출원가 = 100,000원(기초 재고자산) + 400,000원(당기매입액) − 200,000원(기말재고자산) + 50,000원(평가손실) + 10,000원(정상적 감모손실) = 360,000원
• 비정상적 감모손실은 영업외비용이다.

10 ③
• 매출원가 = (기초재고 + 당기순매입액*) − 기말재고
  = (50,000원 + 685,000원) − 170,000원 = 565,000원
  * 당기순매입액 = 750,000원 − 70,000원 − 15,000원
  + 20,000원 = 685,000원

11 ④
• 순매입액=총매입액 − 매입에누리와환출 − 매입할인
  = 465,000원
• 매출원가 = 기초상품재고액+당기순매입액
  − 기말상품재고액 = 545,000원
• 매출총이익 = 순매출액 − 매출원가 = 285,000원

12 ②
- 매출총이익 = 매출액 − 매출원가 = 5,000,000원
  − 3,280,000원 = 1,720,000원
- 매출원가 = 기초상품재고액 + 당기매입액
  − 기말상품재고액
  3,280,000원 = 1,500,000원 + 3,780,000원
  − 2,000,000원
- 당기매입액 = 당기총매입액 − 매입에누리 − 매입할인
  3,780,000원 = 4,000,000원 − 120,000원 − 100,000원

13 ④
- 매출원가 = 2,000,000원 − (2,000,000원 × 0.4)
  = 1,200,000원
  당기순매입액 = 매출원가 + 기말상품재고액 − 기초상품
  재고액 = 1,200,000원 + 240,000원 − 800,000원 =
  640,000원

14 ②
- 매출원가 = 기초상품재고액+ 당기순매입액 − 기말상품
  재고액 = 100,000원 + 400,000원 − 50,000원
  = 450,000원
- 매출액 = 매출원가/(1 − 매출총이익률) = 450,000원/
  (1 − 0.2) = 562,500원
- 매출총이익 = (매출액 − 매출원가) 또는 (매출액 ×
  매출총이익률) = 112,500원

15 ②
- 순매출액(5,000,000원) − 매출총이익(800,000원)
  = 매출원가(4,200,000원)
  기초상품재고액(500,000원) + 순매입액(4,000,000원)
  − 매출원가(4,200,000원) = 기말상품재고액(300,000원)

16 ④
- 영업이익 = 매출액 − 매출원가 − 복리후생비 − 퇴직급여
  = 1,300,000원 − 800,000원 − 100,000원 − 80,000원
  = 320,000원

17 ②
- 이자비용: 1,000,000원 × 12% × 1/12 = 10,000원

18 ②
- 현금지급 이자비용 = 기초미지급 이자비용 + 당기 이
  자비용 − 기말미지급 이자비용
  = 50,000원 + 300,000원 − 100,000원 = 250,000원

19 ③
- 급여에 대한 근로소득세를 원천징수한 경우 "예수금"으로
  회계처리하여야 한다.

20 ①
- 개발비는 무형자산으로 재무상태표에 표시되는 계정과
  목이다.

21 ③
- 매도가능증권평가이익은 자본 중 기타포괄손익누계액
  항목으로 분류되는 계정으로 재무상태표에 반영된다.

22 ①
- 자기주식처분이익은 재무상태표에 나타난다.

23 ③
- 문구점의 사무용품 판매액, 금융기관이 대여한 대여금에
  대한 이자 수입액, 전자제품 도매상의 공기청정기 판매
  액의 세가지 사례는 해당 기업의 주된 영업활동에 의해
  발생한 영업수익이다.

24 ③
- 매도가능증권평가손익은 재무상태표의 자본항목 중 기
  타포괄손익누계액에 해당한다.

25 ④
- 매입에누리는 매입한 상품에 하자나 파손이 있는 경우 가격을
  할인 받는 것이고, 매입할인은 상품의 구매자가 판매대금을
  조기에 지급하는 경우 약정에 의해 할인 받는 것이다.

26 ④
- 주식발행초과금: 자본잉여금
- 매도가능증권평가손실: 기타포괄손익누계액

27 ④
- 이자비용은 영업외비용이다.

28 ③
- 정상적 감모손실: 매출원가
  비정상적 감모손실: 영업외비용

29 ②
- 운임, 숙박비: 여비교통비
- 직원 회식대: 복리후생비
- 매출거래처 선물대: 접대비(기업업무추진비)

30 ③
(차) 여비교통비 201,000원 (대) 가지급금 250,000원
   현금   49,000원

31 ②
- (가) 기부금, (나) 복리후생비

32 ④
- 광고비, 사무실 인터넷사용료, 교육비는 판매비와관리
  비의 항목으로 영업손익에 영향을 미친다.
- 이자비용은 영업외비용이다.

33 ①
- 직원 업무용 해당 분은 소모품비로 계상하여야 한다.
- 마케팅용품 구입 시 회계처리
  (차) 광고선전비 900,000원 (대) 현금 등 900,000원
- 직원사용분에 대한 수정 분개
  (차) 소모품비 450,000원 (대) 광고선전비 450,000원

34 ③
- 배당금수익은 영업외수익으로 분류하고, 창고 임차료는 판매비와관리비로 분류한다.

35 ②
- (가) 기부금, (나) 복리후생비

36 ①
- 2,000,000원 + 300,000원 + 280,000원 + 100,000원 = 2,680,000원

37 ③
- 잡손실은 영업외비용에 해당한다.

38 ④
- (가) 내용은 유형자산처분이익의 발생이므로 영업외수익에 해당한다.
- (나) 내용은 통신비의 발생으로 판매비와관리비에 해당한다.

39 ①
- 이자비용과 기부금은 영업외비용이다.
- 판매비와관리비 = 2,000,000원 + 500,000원 + 600,000원 + 300,000원 + 100,000원 + 270,000원 = 3,770,000원

40 ②
- 판매비와관리비 = 급여(800,000원) + 접대비(기업업무추진비)(200,000원) + 수도광열비(60,000원) + 세금과공과(90,000원) = 1,150,000원

09 결산의 절차

01 ①
- 결산시점에서 수정분개
  (차)선급보험료　200,000원　(대)보험료　200,000원

02 ④
- 가. (차) 이자수익　　XXX (대) 선수수익　　XXX: 이익감소
- 나. (차) 소모품　　　XXX (대) 소모품비　　XXX: 이익증가
- 다. (차) 임차료　　　XXX (대) 미지급임차료　XXX: 이익감소
- 라. (차) 선급보험료　XXX (대) 보험료　　　XXX: 이익증가

03 ①
- 선급보험료 중 60,000원을 보험료로 대체하는 수정분개를 하지 않았기 때문에 보험료(비용)가 과소 계상되어 당기순이익이 과대 계상되고, 선급보험료(자산)가 과대 계상된다.

04 ③
- [보험료 선급분 정리 분개]
  (차) 선급비용　120,000원(자산 증가)
  　(대) 보험료　　120,000원(비용 감소)
- 위 결산 정리 분개 누락 시: 자산 과소 계상, 비용 과대 계상

05 ①
- 확정기여제도를 설정한 경우에는 당해 회계기간에 대하여 기업이 납부하여야 할 부담금(기여금)을 퇴직급여(비용)로 인식하고, 이미 납부한 기여금을 차감한 후 부채(미지급금)로 인식한다. 이 제도하에서는 외부에 납부하는 부담금을 퇴직연금운영자산 등으로 인식하지 않는다.
- (차) 퇴직급여(당기비용)　　xxx
  　(대) 현금　　　　　　　　　xxx
  　　　미지급금　　　　　　　xxx

06 ②
- (차) 단기매매증권평가손실　　500,000원
  　(대) 단기매매증권　　　　　　500,000원
- (차) 매도가능증권　　　　300,000원
  　(대) 매도가능증권평가이익(기타포괄손익누계액) 300,000원
- 단기매매증권평가손실은 영업외비용이고 매도가능증권 평가이익은 자본항목이므로, 결산분개가 영업이익에 미치는 영향은 없다.

07 ①
- 경과분 임대료 1개월분은 240,000원 × 1/6 = 40,000원이다. 따라서 차변의 미수수익 40,000원과 대변의 임대료수익 40,000원의 기록 누락으로 수익 40,000원이 과소 계상되어 당기순이익 40,000원이 과소 계상된다.

08 ④
- 누락된 결산정리 사항:
  (차) 무형자산상각비　xxx　(대) 특허권　　　xxx
- 판매비와관리비(무형자산상각비)가 과소계상되고, 무형자산(비유동자산-특허권)이 과대계상되며, 당기순이익이 과대계상된다.

09 ③
- 결산조정 후 당기순이익 = 결산조정 전 당기순이익 + (선급비용) − (미지급비용)
  = 10,000,000원 + 1,000,000원 − 2,000,000원 = 9,000,000원

10 ④

수정 전 당기순이익	5,000,000원
미경과 보험료	(+) 800,000원
미지급 이자비용	(−) 500,000원
수정 후 당기순이익	5,300,000원

11 ③
- 2,500,000원 + 300,000원 − 100,000원 = 2,700,000원
- 기말상품재고액의 과소 계상을 수정하면 매출원가가 감소하고 영업이익(300,000원)이 증가한다.
- 임차료 미지급분을 계상하면 판매비와관리비가 증가하고 영업이익(100,000원)이 감소한다.

12 ③
- 결산조정 전 당기순이익　　1,000,000원
　임차료 선급분　　　　　　(+) 500,000원
　이자비용 미지급분　　　　(−) 200,000원
　결산조정 후 당기순이익　　1,300,000원

13 ③
- 이자비용(영업외비용) 50,000원이 감소하였으므로 법인세비용차감전순이익이 50,000원 증가하고, 영업이익과는 무관하다.

14 ④
- ① 2026년 감가상각비 = 1,000,000원 × 1년/10년
　= 100,000원
- ② 2026년 감가상각누계액 = 기초 감가상각누계액
　+ 2026년 감가상각비 = 50,000원 + 100,000원
　= 150,000원
　당기말 건물의 장부금액 = 1,000,000원
　− 150,000원 = 850,000원
- ③ 건물의 감가상각비는 판매비와관리비로 처리한다.

15 ③
결산조정사항 반영 전 당기순이익	5,000,000원
(+)미경과 자동차보험료	800,000원
(−)미지급 이자비용	500,000원
결산조정사항 반영 후 당기순이익	5,300,000원

16 ③
- 재고자산평가손실을 계상하면 매출원가 금액이 증가하며 당기순이익이 감소한다.

17 ①
- 법인세차감전순이익에 미치는 영향은 급여, 이자비용, 단기매매증권평가이익 항목이므로 200,000원 증가
　영업이익에 미치는 영향은 급여항목만 해당되므로 300,000원 감소

18 ①
- 소모품 사용액 결산정리 분개: (차) 소모품비 20,000원
　(대) 소모품 20,000원
- 대손 발생 분개:
　(차) 대손충당금　　　　10,000원
　　　대손상각비　　　　20,000원
　　　(대) 매출채권　　　　30,000원
- 결산후 당기순이익 = 800,000원 − 20,000원
　− 20,000원 = 760,000원

19 ①
- 정기예금이자수익 = 2,000,000원 × 5% × 3개월/12개월 = 25,000원
　임대료수익 = 300,000원 × 1개월/12개월 = 25,000원
　법인세차감전순이익 = 3,000,000원 + 25,000원
　+ 25,000원 = 3,050,000원

20 ②
- ① (차) 선급보험료　　xxx
　　　(대) 보험료　　　　xxx (당기순이익 증가)
- ② (차) 이자수익　　　xxx
　　　(대) 선수수익　　　xxx (당기순이익 감소)
- ③ (차) 미수수익　　　xxx
　　　(대) 임대료수익　　xxx (당기순이익 증가)
- ④ (차) 소모품　　　　xxx
　　　(대) 소모품비　　　xxx (당기순이익 증가)

21 ②
- 수정 후 당기순이익: 100,000원 + 10,000원 − 30,000원
　= 80,000원

22 ②
- 대손충당금 추가설정액 = 기말대손충당금 − 결산분개 전 대손충당금 = 3,000,000원 × 1% − 7,000원
　= 23,000원

23 ③
- 2026년 12월 31일 대손충당금: 100,000,000원
　× 10% = 10,000,000원
- 2026년 대손상각비: 10,000,000원 − 5,000,000원
　= 5,000,000원

24 ②

2026. 3. 9.	(차) 대손충당금	100,000원
	대손상각비	20,000원
	(대) 매출채권	120,000원
2026. 9. 9.	(차) 현금	70,000원
	(대) 대손충당금	70,000원
2026.12.31.	(차) 대손상각비	30,000원
	(대) 대손충당금	30,000원

- 2026년도 대손상각비: 20,000원 + 30,000원
　= 50,000원

25 ②
- 대손설정액 = 17,000,000원 × 1% − 50,000원
　= 120,000원

26 ②
- 7. 1. 전기회수불능채권 회수에 대한 회계처리
　(차) 현금 1,000,000원 (대) 대손충당금 1,000,000원
- 12.31. 대손충당금 잔액 2,400,000원
　대손설정액 = 200,000,000원 × 1% = 2,000,000원
　(차) 대손충당금 400,000원
　　　(대) 대손충당금환입 400,000원
- 대손충당금환입은 판매비와관리비에서 차감한다.

27 ④
- 회계처리
  3월 25일
  (차) 대손충당금　　　150,000원
  　　　(대) 매출채권　　　　150,000원
  10월 13일
  (차) 현금　　　　　　50,000원
  　　　(대) 대손충당금　　　　50,000원
  12월 31일
  (차) 대손상각비　　　170,000원
  　　　(대) 대손충당금　　　　170,000원

28 ①

대손충당금			
5/10 매출채권	2,000원	1/ 1 기초	5,000원
12/31 차기이월	4,000원[*1]	12/31 대손상각비	1,000원[*2]

　*1 200,000원 × 2% = 4,000원
　*2 4,000원 − (5,000원 − 2,000원) = 1,000원

29 ④
- 2026년 7월 31일
  (차) 대손충당금 100,000원 (대) 매출채권 100,000원
  *1 기말 대손충당금 설정전 대손충당금 잔액
  　 = 100,000원 − 100,000원 = 0원
- 2026년 12월 31일
  (차) 대손상각비　500,000원 (대) 대손충당금 500,000원
  *2 당기 대손충당금 설정액 = 5,000,000원
  　 − 4,500,000원 = 500,000원

30 ②
- 결산조정 전 대손충당금 = 100,000원 + 200,000원
  = 300,000원
- 대손상각비 = 기말대손충당금 − 결산조정 전 대손충당금
  = 500,000원 − 300,000원 = 200,000원

31 ③
- 대손충당금 = 매출채권(1,000,000원) × 대손율(2%)
  = 20,000원
- 대손상각비 = 20,000원 − 8,000원 = 12,000원

32 ②
- 기말대손충당금 잔액 = 매출채권장부금액 − 매출채권의
  회수가능가액
  18,000원 = 180,000원 − 162,000원

33 ④
- 2026년 기말 대손충당금 잔액 = 100,000원 × 1%
  + 200,000원 × 2% + 150,000원 × 10% = 20,000원
- 결산 전 대손충당금 잔액 = 3,000원 + 10,000원
  = 13,000원
- 2026년 대손상각비 = 20,000원 − 13,000원
  = 7,000원

34 ③
- 기말 대손추정액 = 연령별 채권잔액에 각 대손율을 곱한
  대손추정액의 합계
  = 4,500원 + 17,000원 + 30,000원 + 25,000원
  = 76,500원
- 대손상각비 = 76,500원 − 50,000원 = 26,500원

35 ④
- 대손예상액 = 600,000원 × 0.05 + 300,000원 × 0.1
  + 200,000원 × 0.4 = 140,000원

36 ①
- 2026년 대손충당금 기초잔액: 4,000,000원 × 1%
  = 40,000원이다.
- 2026년 4월 10일자 대손상각비: 대손금액 − 대손충당금
  기초잔액 = 60,000원 − 40,000원 = 20,000원

37 ④
- 1월　1일: 대변 130,000원은 대손충당금 전기이월액이다.
  7월 6일: 차변 30,000원은 당기 실제 대손발생액에
  대한 회계처리 금액이다.
  12월 31일: 차변 200,000원은 당기 매출채권 잔액에
  대한 대손추정액이다.
  12월 31일: 대변 100,000원은 기말 대손충당금 추가
  설정 금액이다.

38 ③
- 무형자산상각비 = (2,000,000원/10년 × 6개월/12개월)
  = 100,000원

39 ②
- 무형자산상각비(정액법): 취득원가 ÷ 내용연수
  ⇒ 1,100,000원(취득제비용 포함) ÷ 5년 = 220,000원

40 ②
- 미수이자에 대한 회계처리를 한다.
  4개월(2026년 9월 ~ 12월) ⇒ 2,000,000원 × 12%
  × 4/12 = 80,000원

41 ②
- 7,000,000원 × 6% × 3개월/12개월 = 105,000원

42 ①
- 미수이자: 10,000,000원 × 12% × 1/12 = 100,000원
  당기 결산 시 차변에 미수수익 100,000원 대변에 이자수익
  100,000원을 기록하여야 한다. 나머지 1,100,000원의
  이자수익은 다음연도의 이자수익으로 인식한다.

43 ①
- 보험료 차기이월액에 대한 회계처리를 한다.
  당기 귀속분: 9개월(2024년 4월 ~ 12월) → 1,200,000원
  × 9/12 = 900,000원(보험료)
  차기 이월분: 3개월(2025년 1월 ~ 3월) → 1,200,000원
  × 3/12 = 300,000원(선급비용)

44 ①
- 1년분 임차료를 전액 선급비용으로 처리하였으므로, 2026년 귀속분(5개월)은 당기비용으로 수정하여야 한다.
- 2026년 귀속 임차료: 5,000,000원(12,000,000원 × 5개월/12개월)

45 ①
- 2027년 귀속 보험료는 선급비용으로 처리하고 보험료를 감소시킨다.
- 선급비용 = 2,400,000원 × 2개월/12개월 = 400,000원

46 ③
- 1년분 보험료 전액을 비용으로 인식하였으므로, 2027년 해당분 600,000원을 선급보험료로 계상하여야 한다.

47 ③
- 결산시점에서 임차기간은 8개월밖에 지나지 않기 때문에, 1년분 임차료 중에서 4개월분의 임차료에 대한 결산정리분개를 하여야 한다.
- 2026년 12월 31일 회계처리
  (차) 선급비용 80,000원   (대) 임차료 80,000원
  * 선급비용: 240,000원 × 4개월/12개월 = 80,000원

48 ③
- 2026년 12월 31일 회계처리
  (차) 선급비용 90,000원   (대) 보험료 90,000원
  * 선급비용 = 120,000원 × 9개월/12개월 = 90,000원

49 ③
- 기말 결산정리사항을 올바르게 반영한 후, 재무상태표에 보고할 선수임대료는 기간 미경과분에 해당하는 900,000원이다.
  1,200,000원 × 9월/12월 = 900,000원

50 ④
- 10월 1일부터 12월 31일까지 발생한 임대료는 연 120,000원 × 3개월/12개월 = 30,000원이고, 선수 임대료 잔액은 90,000원이다.

임대료			
12/31	90,000원	10/1	120,000원

선수임대료			
		12/31	90,000원

51 ③
- 기초선수임대료 + 현금수령액 = 당기임대료 + 기말선수임대료
- 현금수령액 = 기말선수임대료 + 당기임대료 - 기초선수임대료 = 26,000원 + 60,000원 - 33,000원 = 53,000원

52 ②
- 2026년 3월 1일
  (차) 소모품비 200,000원   (대) 현금 200,000원

- 2026년 12월 31일
  (차) 소모품 100,000원   (대) 소모품비 100,000원

53 ①
- 김대리: 기말 수정분개에서 (차) 소모품비 200,000원 (대) 소모품 200,000원으로 회계처리 하므로 비용이 200,000원 증가하고, 자산이 200,000원 감소한다.

54 ①
- 소모품비 처리액 1,000,000원 - 사용액 800,000원 = 미사용액 200,000원
  따라서 (차) 소모품 200,000원 (대) 소모품비 200,000원이다.

55 ①
- 선급비용과 미수수익은 유동자산으로, 선수수익과 미지급비용은 유동부채로 분류된다.

56 ②
- 선수금 계정은 수익과 비용의 이연과 무관하다.

57 ③
- ① 비용의 이연, ② 수익의 계상, ③ 수익의 이연, ④ 비용의 계상

58 ③
- 단기투자목적의 주식은 단기매매증권으로 분류한다.
- 단기매매증권평가손실 = 기말평가액 - 취득원가
  = (17,000원 × 100주) - (20,000원 × 100주)
  = 300,000원
- 단기매매증권의 주식거래수수료는 당기비용 처리한다.

59 ③
- 매도가능증권평가손익은 자본의 구성 항목 중 기타포괄손익누계액으로 분류되는 계정으로 매도가능증권평가이익이 발생하면 자본과 기타포괄손익누계액이 증가한다.

60 ③
- 매도가능증권평가손익은 기타포괄손익으로 보고된다.

61 ①
- 12월 15일 100주 매각: 단기매매증권처분이익 200,000원 발생 = 100주 × 10,000원 - 100주 × 8,000원 = 200,000원
- 12월 31일 100주 평가: 단기매매증권평가손실 100,000원 발생 = 100주 × 7,000원 - 100주 × 8,000원 = -100,000원

62 ④
- ① 취득원가: 30,000원(100주 × 300원, 취득수수료는 비용처리)
  ② 2025년 말 단기매매증권 장부금액은 35,000원 (100주 × 350원)
  ③ 2025년 단기매매증권평가이익 = (350원 - 300원) × 100주 = 5,000원

④ 2026년 단기매매증권처분이익 = (370원 − 350원)
　　× 100주 = 2,000원

63 ③
- (3,000,000원-500,000원) × (1/5) = 500,000원

64 ②
- 2026년 12월 31일 건물감가상각누계액
　= 100,000,000원 × 2년/5년 = 40,000,000원

65 ④
- 취득원가: 취득금액 10,000,000원 + 취득제비용
　1,000,000원 = 11,000,000원
- 2025년 7월 1일 ~ 2026년 12월 31일까지의
　감가상각누계액
　11,000,000원 × 1/10 × (6/12 + 1) = 1,650,000원

66 ②
- 정률법 감가상각비 = 미상각잔액 × 상각률
　(2025년) 10,000,000원 × 0.2 = 2,000,000원
　(2026년) 8,000,000원 × 0.2 = 1,600,000원

67 ④
- 당기말 차량운반구의 장부금액은 2,100,000원이다.

68 ④

수정 전 당기순이익		4,000,000원
임차료	(−)	300,000원
단기매매증권평가손실	(−)	200,000원
감가상각비	(+)	400,000원
수정후 당기순이익		3,900,000원

69 ②
- 감가상각누계액:(4,000,000원 − 0원) × 1년/5년 × 18
　개월/12개월 = 1,200,000원
- 순장부금액: 취득금액 − 감가상각누계액 = 4,000,000원
　− 1,200,000원 = 2,800,000원

70 ①
- 2026년 감가상각비: 500,000원 × 100개/1,000개
　= 50,000원

71 ①
- 2025년 감가상각비 = 500,000원 × 0.4 = 200,000원
- 2026년 감가상각비 = (500,000원 − 200,000원)
　× 0.4 = 120,000원
- 2026년 감가상각누계액 = 200,000원 + 120,000원 =
　320,000원

72 ①
- 2026년 7월 1일에 처분하였으므로 6개월(2026년 1월
　1일부터 6월 30일까지)만 상각한다.
　2,000,000원 × 1년/4년 × 6개월/12개월 = 250,000원

73 ④
- 2025년 말 감가상각비: 1,000,000원 × 0.45
　= 450,000원
　2026년 말 감가상각비: (1,000,000원 − 450,000원)
　× 0.45 = 247,500원

⑩ 내부통제제도와 내부회계관리제도

01 ②
- 내부통제제도의 구성요소는 통제환경, 위험평가, 통제활동,
　정보 및 의사소통, 모니터링이다.

02 ①
- 내부통제제도의 설계가 잘 되었어도 운영하는 과정에서
　발생하는 위험은 피할 수 없다.

03 ①
- 정보시스템으로부터 산출되는 정보가 효과적으로 내부회
　계관리제도를 지원하기 위해서는 정보가 관련 의사결정목
　적에 부합하여야 하고, 적시에 사용가능하여야 한다. 그러나
　정보가 반드시 공식적일 필요는 없고 일부 임원에게만 접근
　가능하여야 하는 것은 아니다.

04 ③
- 내부통제제도는 조직 내 모든 구성원들에 의해 운영된다.

05 ②
- 내부회계관리제도의 설계 및 운영에 대한 최종책임은 대
　표이사에게 있으므로 외부 회계감사인과는 무관하다.

06 ③
- 내부통제제도의 운영은 기업 내 구성원에 의해 운영되는
　것이지 외부 회계감사인에 의해 운영되는 것은 아니다.

07 ①
- 내부통제제도가 잘 구성되어 있더라도 제도를 운영하는
　경영진의 실제적인 업무능력을 합리적으로 측정할 수는
　없다.

08 ①
- 내부통제제도의 구성요소 중 통제환경에 관한 설명이다.

09 ③
- 회사의 거래는 승인기능, 자산의 보관기능, 회계기록의 유
　지기능 등 최소한 세 가지 기능을 동일인이 중복하여 담
　당하지 않도록 업무분장을 해야 한다.

10 ③
- 내부통제제도가 기업의 경영성과 목표를 달성하게 하는
　것은 아니다.

11 ③
- 경제적 의사결정에 유용한 정보를 제공할 의무는 경영자
　에게 있다. 주주는 외부정보이용자이다.

12 ②
- 내부통제제도의 한계: 아무리 잘 설계된 내부통제제도라고 할지라도 제도를 운영하는 과정에서 발생하는 집행위험은 피할 수 없다. 즉, 최상의 자질과 경험을 지닌 사람도 부주의, 피로, 판단착오 등에 노출될 수 있으며, 내부통제제도도 이러한 사람들에 의해 운영되므로 내부통제제도가 모든 위험을 완벽하게 통제할 수는 없다.

13 ④
- 내부통제제도의 구성요소는 통제환경, 위험평가, 통제활동, 정보 및 의사소통, 모니터링이다.

14 ④
- 내부통제제도의 목적은 기업의 효율성 및 효과성 확보, 재무정보의 신뢰성 확보, 관련법규 및 정책의 준수이다.

15 ③
- 내부통제제도는 재무보고목적, 법규준수목적, 운영목적을 달성하기 위해 운영된다.

제 2 절 부가가치세

01 부가가치세 기본이론

01 ④
- 수출하는 상품에 대하여 소비지국에서 과세권을 행사하는 소비지국 과세원칙을 채택하고 있다.

02 ④
- 우리나라의 부가가치세법은 전단계세액공제법, 소비지국과세원칙을 채택하고 있고, 간접세이다. 소비형 부가가치세는 옳은 설명이다.

03 ②
- 부가가치세는 납세의무자와 담세자가 일치하지 않는 간접세이다.

04 ④
- 하치장은 재화를 보관하고 관리할 수 있는 시설만 갖춘 장소이므로 거래의 전부 또는 일부를 수행하는 장소가 아니다. 따라서 하치장은 사업장으로 보지 아니한다.

05 ②
- 사업자등록증은 사업자등록 신청일부터 2일 이내에 발급해야 한다.

06 ③
- ① 신규로 사업을 시작하려는 자는 사업개시일 이전이라도 사업자 등록을 신청할 수 있음.

- ② 사업자는 사업자등록의 신청을 사업장 관할 세무서장이 아닌 다른 세무서장에게도 할 수 있다.
- ④ 전화번호가 변경되는 경우는 사업자등록 정정사유가 아니다.

07 ①
- 부가가치세는 사업장별로 신고·납부하는 것이 원칙이며, 주사업장 총괄납부를 신청한 경우는 주된 사업장에서 총괄하여 납부할 수 있다.

08 ①
- 국가와 지방자치단체는 부가가치세법상 사업자에 해당될 수 있다.

09 ①
- 국가나 지방자치단체도 납세의무자가 될 수 있다.

10 ①
- 영세율을 적용받는 사업자는 부가가치세법상 사업자에 해당한다.

11 ②
- 간이과세자는 1월 1일부터 12월 31일까지를 과세기간으로 한다.

12 ④
- 제조업의 최초 과세기간은 재화의 제조를 개시하는 날부터 그 날이 속하는 과세기간 종료일까지이다.

13 ④
- ① 폐업의 경우 폐업일이 속하는 날의 다음 달 25일까지 신고하여야 한다.
- ② 확정신고를 하는 경우 예정신고시 신고한 과세표준은 제외하고 신고한다.
- ③ 신고기한까지 과세표준 및 세액을 신고하지 않는 경우 무신고 가산세가 부과된다.

14 ④
- 폐업의 경우 폐업일이 속한 달의 다음 달 25일 이내에 신고 납부하여야 한다.

02 과세대상

01 ①
- 건설용역의 무상공급, 고용관계에 의한 근로제공, 용역의 수입은 부가가치세 과세대상이 아니다.

02 ①
- 상품의 할부판매는 과세거래이다.

03 ③
- 교환계약에 따라 재화를 인도하거나 양도하는 것은 부가가치세 과세대상이다

• 「국세징수법」에 따른 공매에 따라 재화를 인도하거나 양도하는 것, 「도시 및 주거환경비법」에 따른 수용절차에 따라 수용대상 재화의 소유자가 수용된 재화의 대가를 받는 것과 건설용역의 무상공급은 부가가치세 과세대상이 아니다.

04 ①
• 고용관계에 따라 근로를 제공하는 것은 부가가치세 과세거래가 아니다.

05 ②
• 사업자가 자기의 사업과 관련하여 실비변상적이거나 복지후생적인 목적으로 사용인에게 무상으로 제공하는 작업복은 재화의 공급으로 보지 아니한다.

06 ①
• ② 사업의 양도는 재화의 공급으로 보지 아니한다.
  ③ 담보제공은 재화의 공급으로 보지 아니한다.
  ④ 용역의 공급으로 본다.

07 ③
• 가. 법률에 따라 조세를 물납하는 것은 재화의 공급으로 보지 아니한다.
  다. 담보의 제공은 재화의 공급으로 보지 아니한다.

08 ④
• 상품권의 양도는 과세대상 거래에 해당하지 않는다.

09 ③
• 완성도기준지급 용역의 경우 대가의 각 부분을 받기로 한 때를 공급시기로 본다.

10 ④
• 외상판매의 공급시기는 재화가 인도되거나 이용가능하게 되는 때이다.

11 ③
• 완성도기준지급조건부 공급의 공급시기는 대가의 각 부분을 받기로 한 때이다.

12 ③
• ① 외상판매의 경우: 재화를 인도하는 때
  ② 재화의 공급으로 보는 가공의 경우: 가공된 재화를 인도하는 때
  ④ 장기할부판매: 대가의 각 부분을 받기로 한 때

13 ③
• 폐업시 잔존재화: 폐업일

14 ③
• 타인에게 용역을 무상으로 공급하는 것은 용역의 공급으로 보지 않는다.(특수관계인에게 사업용 부동산의 임대용역을 무상으로 공급하는 것은 제외)

03 영세율과 면세

01 ③
• 복권과 공중전화는 면세 재화 및 용역에 해당한다.

02 ③
• 수출하는 재화와 해외건설 공사는 영세율 적용대상이나, 국내 여객운송용역과 토지의 공급은 면세이다.

03 ④
• 재화의 수입은 영세율 대상이 아니다.

04 ④
• 부가가치세의 역진성을 완화하기 위한 제도는 면세이다.

05 ④
• ① 비거주자 또는 외국법인은 상호주의에 따라 영세율 적용여부를 판단한다.
  ② 내국신용장에 의하여 재화를 공급하는 경우에는 세금계산서 발급의무가 있다.
  ③ 외국법인의 국내사업장에 공급하는 재화는 영세율 적용대상이 아니다.
  ④ 면세사업자는 면세포기신고를 해야 영세율을 적용하므로 옳은 설명이다.

06 ④
• 국내선 항공기 운항 용역은 영세율 적용 대상에 해당하지 않는다.

07 ④
• 영세율 적용대상 사업자는 부가가치 신고·납부의무가 있다.

08 ①
• ② 완전면세제도이다.
  ③ 매입 시 부담한 매입세액을 환급받을 수 있다.
  ④ 영세율 적용대상거래는 명문화되어 있으며, 포기제도는 없다.

09 ④
• ① 간이과세자는 영세율을 적용받을 수 있다.
  ② 비거주자와 외국법인에 대하여는 상호면세주의에 의하여 영세율을 적용한다.
  ③ 과세기간 종료 후 25일 이내 내국신용장을 개설한 경우에 영세율을 적용한다.

10 ④
• 여객운송용역 중 택시운송용역은 부가가치세 면세대상에서 제외된다.

11 ①
• 생수의 공급은 부가가치세 과세대상이다.

12 ②
• 장의업자의 장의용역과 무연탄은 면세이며, 택시 운송용역과 자동차 운전학원의 교육용역은 과세이다.

13 ②
- 신문과 당근은 면세대상이나, 식빵과 인형은 과세대상이다.

14 ②
- ① 수돗물은 면세이나, 생수는 과세이다.
  ② 수의사의 가축에 대한 진료용역은 면세이다.
  ③ 주류는 과세이다.
  ④ 고속철도에 의한 여객운송 용역은 과세이다.

15 ②
- 연탄의 판매와 사과의 판매는 면세대상이나, 항공기 여객운송용역과 신문광고용역의 공급은 과세대상이다.

16 ③
- 과세사업자가 승용차를 공급한 경우에는 거래상대방이나 매입세액불공제 여부에 관계없이 부가가치세를 과세한다.

17 ④
- 시내버스와 지하철은 부가가치세가 면세되는 여객운송용역이다.

18 ③
- 유연탄, 우등버스에 의한 여객운송용역, 수집용 우표는 과세대상이다.

19 ④
- 면세포기는 영세율 적용 대상이 되는 등 일정한 경우에 한하여 면세를 포기할 수 있다.

20 ④
- 토지의 공급 및 장의업자가 제공하는 장의용역은 부가가치세가 면세된다.

04 과세표준과 세액계산

01 ④
- 대가의 일부로 받은 운송비는 부가가치세 과세표준에 포함된다.

02 ④
- 공급에 대한 대가의 지급이 지연되었음을 이유로 받는 연체이자, 매출할인, 공급받는 자에게 도달하기 전에 파손된 재화의 가액은 부가가치세의 과세표준(또는 공급가액)에 포함되지 않으나, 할부판매의 경우 이자상당액은 과세표준(또는 공급가액)에 포함된다.

03 ①
- 개별소비세, 주세 및 교통·에너지·환경세가 부과되는 재화 또는 용역에 대하여는 해당 개별소비세, 주세, 교육세, 농어촌특별세 및 교통·에너지·환경세 상당액을 합계한 금액을 공급가액으로 한다.

04 ③
- 반환조건부 용기 포장비용은 과세표준에 포함되지 않는다.

05 ①
- 할부판매의 이자상당액은 과세표준에 포함한다.

06 ③
- 55,000,000원 × 100/110 + 60,000,000원
  = 110,000,000원
- 토지의 현물출자는 면세이다.

07 ②
- 과세표준 = 15,000,000원 - 1,000,000원 + 2,000,000
  = 16,000,000원
  매출할인은 매출액에서 차감하고 상품증정액은 시가를 공급가액으로 한다. 광고선전용으로 무상 제공한 견본품은 과세대상이 아니다.

08 ③
- 20,000,000원(외상매출액) + 2,000,000원(사업상증여, 시가) = 22,000,000원

09 ③
- 토지는 면세 대상이며, 다른 항목은 과세매출(수출재화는 영세율과세대상)이다.
  20,000,000원 + 50,000,000원 + 30,000,000원
  = 100,000,000원

10 ④
- 5,000,000원 + 2,000,000원 = 7,000,000원

11 ①
  상가의 임대(10,000,000원) + 제품의 공급(11,000,000원)
  = 21,000,000원
- 조세의 물납, 담보의 제공은 과세거래에 해당하지 아니한다.

12 ④
- 1,000,000원(사업상 증여 시가) + 500,000원(일시적 공급)
  = 1,500,000원
  공급에 대한 대가의 지급이 지체되었음을 이유로 받는 연체이자는 과세표준에 포함하지 아니한다.

13 ③
- 외상판매액(수출액 2,000,000원 포함) 10,000,000원 +
  할부판매액 4,300,000원 = 14,300,000원
- 토지매각은 면세에 해당되고, 담보제공은 재화의 공급이 아니다.

14 ③
- 1,000,000원 + 2,500,000원 + 4,500,000원
  = 8,000,000원
- 재화 또는 용역의 공급과 직접 관련되지 아니하는 국고보조금은 과세표준에 포함하지 않는다.

15 ③
- 매출세액 = (7,000,000원 + 2,000,000원) × 10% + 3,000,000원 × 0% = 900,000원

16 ④
- 면세사업, 토지조성, 기업업무추진비 관련 매입세액은 매출세액에서 공제하지 아니한다. 의제매입세액은 매입세액으로 공제가능하다.

17 ②
- ①은 업무와 관련이 없는 지출, ③은 승용차 관련, ④는 기업업무추진비 관련 매입세액이므로 불공제대상이나, ②는 매입세액공제대상이다.

18 ③
- 기업업무추진비 관련 매입세액, 면세사업 관련 매입세액, 토지의 취득 관련 매입세액은 매입세액 불공제에 해당한다.

19 ④
- 금전등록기계산서를 수취하는 경우 매입세액을 공제받을 수 없다.

20 ①
- 9인승 승용차의 구입과 관련된 매입세액은 공제대상이다.

21 ②
- 매입세액 공제액: 1,000,000원 + 2,000,000원 = 3,000,000원
- 원재료와 기계장치의 구입과 관련한 매입세액은 공제받을 수 있다.

22 ③
- 6,000,000원 + 4,000,000원 = 10,000,000원
- 토지조성공사비에 대한 매입세액과 업무용승용차(1,988cc, 5인승)에 대한 매입세액은 매출세액에서 공제되지 않으나, 포장용 기계의 수리비에 대한 매입세액은 공제된다.

23 ③
- 1,000,000원 + 500,000원 = 1,500,000원
- 거래처 접대용품 구입비는 기업업무추진비이므로 그 매입세액은 공제되지 아니하며, 대표이사 승용차의 수리비는 사업과 직접 관련 없는 지출이므로 해당 매입세액은 공제대상이 아니다.

24 ②
- 토지는 면세대상 재화이며, 기업업무추진비 관련 매입세액은 공제대상 매입세액에 해당하지 않는다.

25 ③
- 기업업무추진비 관련 매입세액은 공제 대상 매입세액이 아니며, 세금계산서 상 공급하는 자의 주소는 필요적 기재사항이 아닌 바, 발급받은 세금계산서에 필요적 기재사항의 일부가 기재되지 아니한 경우에 해당하지 않음

1,500,000원 + 3,000,000원 + 2,000,000원 = 6,500,000원

26 ①
- (50,000,000원 + 1,000,000원) × 10/100 = 5,100,000원

27 ③
- 공장부지 조성 관련지출 400,000원 + 대표이사 업무용 5인승 승용차 구입 2,000,000원 = 2,400,000원
- 원재료 매입은 매입세액 공제받을 수 있다.

28 ④
- 4,000,000원 + 7,500,000원 + 100,000원 = 11,600,000원
  공장부지 구입관련 매입세액, 대표이사 업무용승용차 구입관련 매입세액(3,000cc), 거래처 접대용 선물구입 관련 매입세액은 공제받지 못한다.

29 ③
- 90,000,000원 × 10% - 4,000,000원 = 5,000,000원
  수출액은 영세율을 적용한다. 비영업용 승용차(개별소비세법 §1②3호) 구입, 유지, 임차 관련 매입세액은 불공제한다.

30 ④
- 상품 운반용 트럭 구입 관련 매입세액 + 본사 건물의 자본적 지출과 관련된 매입세액 = 5,000,000원 + 4,000,000원 = 9,000,000원
- 거래처 접대와 관련된 매입세액은 불공제 대상이다.

31 ③
- 10,000,000원(원단 매입세액) + 3,000,000원(업무용 승합차 매입세액) = 13,000,000원
- 토지의 자본적 지출에 해당하는 매입세액과 기업업무추진비 관련 매입세액은 매입세액 공제를 받지 못한다.

32 ②
- 5,000,000원 × 10% - 1,200,000원 × 10% = 380,000원.
  대표이사 업무용 승용차 수리비에 대한 매입세액은 공제되지 아니한다.

33 ②
- (30,000,000원 × 10/100) - (2,000,000원 - 100,000원 - 200,000원) = 1,300,000원
- 판매장려금 지급액은 과세표준에서 공제되지 않으며 기업업무추진비와 개별소비세 과세대상 자동차 구입 관련 매입세액은 매출세액에서 공제되지 않는다.

34 ③
- (450,000,000원 × 10% + 100,000,000원 × 0%) - (21,000,000원 - 1,000,000원 - 2,000,000원) = 27,000,000원

35 ④
- 매출세액: (10,000,000원 + 20,000,000원) × 10%
= 3,000,000원
매입세액: 8,000,000원 × 10% = 800,000원
납부세액: 2,200,000원

36 ④
- 토지의 자본적 지출 관련 매입세액과 기업업무추진비 지출 관련 매입세액은 불공제대상 매입세액이다.
(550,000,000원 × 10/100) − (21,000,000원
− 1,000,000원 − 2,000,000원) = 37,000,000원

37 ③
- (11,000,000원 × 10/110) − (700,000원 − 200,000원)
= 500,000원

38 ④
- 무인자동판매기, 노점, 택시운송 사업자의 재화나 용역 공급은 세금계산서를 발급할 수 없으나, 내국신용장에 의한 재화 공급은 세금계산서를 발급하여야 한다.

39 ④
- 공급 연월일은 임의적 기재사항이다.

40 ②
- 영세율 적용대상은 매출세액이 없으나 세금계산서 발급 면제 규정이 없는 한 세금계산서를 발급해야 한다.

41 ②
- 컴퓨터 제조업자가 컴퓨터를 공급하는 경우에는 세금계산서를 발급할 수 있다.

42 ③
- 면세사업자는 세금계산서를 발급할 수 없다.

43 ③
- ① 발급일의 다음 날까지 전자세금계산서 발급명세를 국세청장에게 전송하여야 한다.
② 전자세금계산서를 지연전송한 경우 가산세를 부과한다.
④ 법인사업자는 공급가액에 상관없이 전자세금계산서를 의무발행해야 한다.

44 ②
- 내국신용장에 의해 공급하는 재화는 영세율세금계산서 발급대상이다.

45 ②
- 사업장별 재화 및 용역의 공급가액의 합계액(면세공급 가격 포함)이 일정금액(8천만원) 이상인 개인사업자도 전자세금계산서 의무발급 대상자이다.

46 ②
- 내국신용장에 의해 수출업자에게 재화를 공급하는 것은 영세율 적용대상이지만 국내 거래에 해당하므로 세금계산서를 교부해야 한다.

제**5**부　부록 / 정답 및 해설

실무수행평가

01　기초정보관리의 이해

1　회사등록 수정
　대표자명: 박상준, 대표자주민번호: 610617-1042426으로 수정
　국세환급금계좌 추가 입력 은행명: 하나은행, 지점명: 서대문, 계좌번호: 524-66658-222

2　계정과목 수정
　'235.디자인권'을 Ctrl+F1 을 이용하여 '235.의장권' 계정과목으로 수정

3　거래처별 초기이월
　252.지급어음 계정: 거래처 코드별 금액 입력
　253.미지급금 계정: 거래처 코드별 금액 입력

4　전기분 손익계산서
　① [전기분 재무상태표] 146.상품 30,000,000원을 20,000,000원으로 수정하여 [전기분 손익계산서]의 상품매출원가에 반영
　② 998.법인세등 650,000원을 추가 입력
　③ [전기분 이익잉여금처분계산서] 처분확정일 2026년 2월 28일 입력

02　거래자료 입력

1　어음 거래

01 [일반전표입력] 08월 01일
　(차) 251.외상매입금((주)부산상사)　　5,000,000원　　(대) 252.지급어음((주)부산상사)　　5,000,000원

[어음등록]

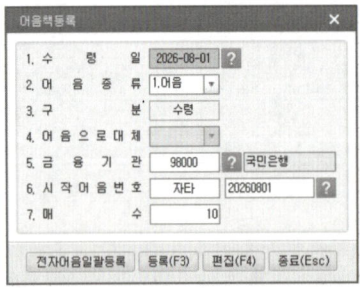

[지급어음 관리]

어음상태	2 발행	어음번호	자타20260801		어음종류	1 어음	발행일	2026-08-01
만 기 일	2027-01-02	지급은행	98000	국민은행	지　점			

02 [일반전표입력] 08월 02일
　(차) 252.지급어음(전주상사)　　3,000,000원　　(대) 102.당좌예금(국민은행)　　3,000,000원

[지급어음 관리]

어음상태	3 결제	어음번호	00420260702123456789		어음종류	4 전자	발행일	2026-07-02
만 기 일	2026-08-02	지급은행	98000	국민은행	지　점			

03 [일반전표입력] 08월 03일

(차) 110.받을어음(안동상사)　　　　2,500,000원　　　(대) 108.외상매출금(안동상사)　　　2,500,000원

[받을어음 관리]

어음상태	1 보관	어음종류	6 전자		어음번호	01120260803123456789			수취구분	1 자수
발행인	00102	안동상사		발행일	2026-08-03		만기일	2027-01-03	배서인	
지급은행	500	농협	지점 서초		할인기관			지점		할인율(%)	
지급거래처					※수령된 어음을 타거래처에 지급하는 경우에 입력합니다.					

04 [일반전표입력] 08월 04일

(차) 102.당좌예금(국민은행)　　　　6,000,000원　　　(대) 110.받을어음(강릉상사)　　　　6,000,000원

[받을어음 관리]

어음상태	4 만기		어음번호	00420260704123456789	수취구분	1 자수	발행일	2026-07-04	만기일	2026-08-04
발행인	08707	강릉상사			지급은행	100 국민은행		지점		
배서인			할인기관		지점		할인율(%)		어음종류	6 전자
지급거래처					※수령된 어음을 타거래처에 지급하는 경우에 입력합니다.					

05 [일반전표입력] 08월 05일

(차) 102.당좌예금(국민은행)　　　　6,950,000원　　　(대) 110.받을어음((주)충주상사)　　7,000,000원
　　　936.매출채권처분손실　　　　　50,000원

[받을어음 관리]

어음상태	2 할인(전액)		어음번호	00420260705123456789	수취구분	1 자수	발행일	2026-07-05	만기일	2026-09-15
발행인	00120	(주)충주상사			지급은행	100 국민은행		지점 삼성		
배서인			할인기관	98000 국민은행	지점		할인율(%)		어음종류	6 전자
지급거래처					※수령된 어음을 타거래처에 지급하는 경우에 입력합니다.					

06 [일반전표입력] 08월 06일

(차) 251.외상매입금((주)드림)　　　4,000,000원　　　(대) 110.받을어음(경기상사)　　　　4,000,000원

[받을어음 관리]

어음상태	3 배서		어음번호	00420260706123456789	수취구분	1 자수	발행일	2026-07-06	만기일	2026-11-30
발행인	00131	경기상사			지급은행	100 국민은행		지점 삼성		
배서인			할인기관		지점		할인율(%)		어음종류	6 전자
지급거래처	00566	(주)드림			※수령된 어음을 타거래처에 지급하는 경우에 입력합니다.					

2 판매비와관리비 거래

01 [일반전표입력] 09월 01일

(차) 801.급여　　　　　　　　　　1,500,000원　　　(대) 103.보통예금(서울은행)　　　1,288,000원
　　　　　　　　　　　　　　　　　　　　　　　　　　254.예수금　　　　　　　　　212,000원

02 [일반전표입력] 09월 02일

(차) 811.복리후생비　　　　　　　210,000원　　　(대) 253.미지급금(삼성카드)　　　210,000원

03 [일반전표입력] 09월 03일

(차) 821.보험료　　　　　　　　　120,000원　　　(대) 101.현금　　　　　　　　　120,000원

04 [일반전표입력] 09월 04일

(차) 254.예수금　　　　　　　　　250,000원　　　(대) 103.보통예금(서울은행)　　　500,000원
　　　811.복리후생비　　　　　　250,000원

05 [일반전표입력] 09월 05일

(차) 812.여비교통비　　　　　　　1,200,000원　　　(대) 253.미지급금(삼성카드)　　　1,200,000원

06 [일반전표입력] 09월 06일

(차) 813.접대비(기업업무추진비)　　50,000원　　　(대) 101.현금　　　　　　　　　50,000원

07 [일반전표입력] 09월 07일
　　(차) 813.접대비(기업업무추진비)　　80,000원　　(대) 101.현금　　80,000원

08 [일반전표입력] 09월 08일
　　(차) 813.접대비(기업업무추진비)　　45,000원　　(대) 253.미지급금(삼성카드)　　45,000원

09 [일반전표입력] 09월 09일
　　(차) 814.통신비　　88,000원　　(대) 103.보통예금(서울은행)　　88,000원

10 [일반전표입력] 09월 10일
　　(차) 814.통신비　　4,000원　　(대) 101.현금　　4,000원

11 [일반전표입력] 09월 11일
　　(차) 815.수도광열비　　30,000원　　(대) 103.보통예금(서울은행)　　30,000원

12 [일반전표입력] 09월 12일
　　(차) 815.수도광열비　　200,000원　　(대) 101.현금　　200,000원

13 [일반전표입력] 09월 13일
　　(차) 816.전력비　　230,000원　　(대) 103.보통예금(서울은행)　　230,000원

14 [일반전표입력] 09월 14일
　　(차) 817.세금과공과금　　80,000원　　(대) 101.현금　　80,000원

15 [일반전표입력] 09월 15일
　　(차) 817.세금과공과금　　100,000원　　(대) 101.현금　　100,000원

16 [일반전표입력] 09월 16일
　　(차) 817.세금과공과금　　18,000원　　(대) 101.현금　　18,000원

17 [일반전표입력] 09월 17일
　　(차) 817.세금과공과금　　800,000원　　(대) 101.현금　　800,000원

18 [일반전표입력] 09월 18일
　　(차) 817.세금과공과금　　50,000원　　(대) 101.현금　　50,000원

19 [일반전표입력] 09월 19일
　　(차) 817.세금과공과금　　100,000원　　(대) 101.현금　　100,000원

20 [일반전표입력] 09월 20일
　　(차) 254.예수금　　230,000원　　(대) 101.현금　　460,000원
　　　　817.세금과공과금　　230,000원

21 [일반전표입력] 09월 21일
　　(차) 819.임차료　　1,000,000원　　(대) 101.현금　　700,000원
　　　　　　　　　　　　　　　　　　　　253.미지급금(강남빌딩)　　300,000원

22 [일반전표입력] 09월 22일
　　(차) 820.수선비　　90,000원　　(대) 101.현금　　90,000원

23 [일반전표입력] 09월 23일
　　(차) 821.보험료　　1,200,000원　　(대) 101.현금　　1,200,000원

24 [일반전표입력] 09월 24일
　　(차) 822.차량유지비　　40,000원　　(대) 101.현금　　40,000원

25 [일반전표입력] 09월 25일
　　(차) 824.운반비　　20,000원　　(대) 101.현금　　20,000원

26 [일반전표입력] 09월 26일

| (차) 825.교육훈련비 | 300,000원 | (대) 101.현금 | 300,000원 |

27 [일반전표입력] 09월 27일

| (차) 826.도서인쇄비 | 15,000원 | (대) 101.현금 | 15,000원 |

28 [일반전표입력] 09월 28일

| (차) 830.소모품비 | 100,000원 | (대) 101.현금 | 100,000원 |

29 [일반전표입력] 09월 29일

| (차) 831.수수료비용 | 500,000원 | (대) 103.보통예금(서울은행) | 500,000원 |

30 [일반전표입력] 09월 30일

| (차) 833.광고선전비 | 150,000원 | (대) 101.현금 | 150,000원 |

3 기타거래

01 [일반전표입력] 10월 01일

| (차) 107.단기매매증권 | 6,000,000원 | (대) 103.보통예금(서울은행) | 6,008,000원 |
| 945.수수료비용(영업외비용) | 8,000원 | | |

> **주의** 단기매매증권 취득 시 발생한 비용은 비용으로 처리(일반적인 상거래에 해당하지 않으므로 영업외비용의 수수료비용으로 처리)

02 [일반전표입력] 10월 02일

| (차) 103.보통예금(서울은행) | 1,770,000원 | (대) 107.단기매매증권 | 2,000,000원 |
| 938.단기매매증권처분손실 | 230,000원 | | |

> **주의** 단기매매증권 처분 시 발생한 비용은 단기매매증권처분손익에 가감한다.

03 [일반전표입력] 10월 03일

| (차) 103.보통예금(서울은행) | 1,280,000원 | (대) 107.단기매매증권 | 1,000,000원 |
| | | 906.단기매매증권처분익 | 280,000원 |

> **주의** 단기매매증권 처분 시 발생한 비용은 단기매매증권처분손익에 가감한다.

04 [일반전표입력] 10월 04일

| (차) 131.선급금((주)맘모스) | 200,000원 | (대) 101.현금 | 200,000원 |

05 [일반전표입력] 10월 05일

| (차) 101.현금 | 500,000원 | (대) 259.선수금(경기상사) | 500,000원 |

06 [일반전표입력] 10월 06일

| (차) 114.단기대여금(금나라) | 2,000,000원 | (대) 101.현금 | 2,000,000원 |

07 [일반전표입력] 10월 07일

| (차) 103.보통예금(서울은행) | 20,000,000원 | (대) 260.단기차입금(농협) | 20,000,000원 |

08 [일반전표입력] 10월 08일

| (차) 134.가지급금(김영숙) | 500,000원 | (대) 101.현금 | 500,000원 |

09 [일반전표입력] 10월 09일

| (차) 812.여비교통비 | 490,000원 | (대) 134.가지급금(김영숙) | 500,000원 |
| 101.현금 | 10,000원 | | |

10 [일반전표입력] 10월 10일

| (차) 812.여비교통비 | 470,000원 | (대) 134.가지급금(김상진) | 400,000원 |
| | | 101.현금 | 70,000원 |

11 [일반전표입력] 10월 11일
(차) 141.현금과부족   50,000원   (대) 101.현금   50,000원

12 [일반전표입력] 10월 12일
(차) 811.복리후생비   50,000원   (대) 141.현금과부족   50,000원

13 [일반전표입력] 10월 13일
(차) 101.현금   30,000원   (대) 141.현금과부족   30,000원

14 [일반전표입력] 10월 14일
(차) 254.예수금   22,000원   (대) 103.보통예금(서울은행)   22,000원

15 [일반전표입력] 10월 15일
(차) 962.임차보증금(강남빌딩)   10,000,000원   (대) 103.보통예금(서울은행)   10,000,000원

16 [일반전표입력] 10월 16일
(차) 103.보통예금(서울은행)   2,000,000원   (대) 257.가수금   2,000,000원

17 [일반전표입력] 10월 17일
(차) 257.가수금   2,000,000원   (대) 108.외상매출금(안동상사)   1,800,000원
       259.선수금(안동상사)   200,000원

18 [일반전표입력] 10월 18일
(차) 253.미지급금(삼성카드)   1,500,000원   (대) 103.보통예금(서울은행)   1,500,000원

19 [일반전표입력] 10월 19일
(차) 212.비품   3,000,000원   (대) 253.미지급금(삼성카드)   3,000,000원

20 [일반전표입력] 10월 20일
(차) 208.차량운반구   350,000원   (대) 101.현금   350,000원

21 [일반전표입력] 10월 21일
(차) 240.소프트웨어   4,000,000원   (대) 103.보통예금(서울은행)   4,000,000원

22 [일반전표입력] 10월 22일
(차) 201.토지   31,100,000원   (대) 102.당좌예금(국민은행)   30,000,000원
       101.현금   1,100,000원

23 [일반전표입력] 10월 23일
(차) 109.대손충당금   500,000원   (대) 108.외상매출금(나약상사)   2,000,000원
       835.대손상각비   1,500,000원

24 [일반전표입력] 10월 24일
(차) 934.기타의대손상각비   5,000,000원   (대) 114.단기대여금(부실상사)   5,000,000원

25 [일반전표입력] 10월 25일
(차) 101.현금   250,000원   (대) 904.임대료   250,000원

26 [일반전표입력] 10월 26일
(차) 933.기부금   1,000,000원   (대) 146.상품   1,000,000원
       (적요8.타계정으로 대체)

27 [일반전표입력] 10월 27일
(차) 931.이자비용   120,000원   (대) 103.보통예금(서울은행)   100,000원
       254.예수금   20,000원

28 [일반전표입력] 10월 28일
(차) 103.보통예금(서울은행)   5,250,000원   (대) 114.단기대여금(안동상사)   5,000,000원
       901.이자수익   250,000원

29 [일반전표입력] 10월 29일

(차) 103.보통예금(서울은행)	10,253,800원	(대) 901.이자수익	300,000원
136.선납세금	46,200원	104.정기예금(서울은행(정기예금))	10,000,000원

30 [일반전표입력] 10월 30일

(차) 133.선급비용	1,500,000원	(대)101.현금	1,500,000원

31 [일반전표입력] 10월 31일

(차) 202.건물	30,000,000원	(대) 214.건설중인자산	10,000,000원
		103.보통예금(서울은행)	20,000,000원

32 [일반전표입력] 10월 31일

(차) 107.단기매매증권	260,000원	(대) 101.현금	300,000원
202.건물	40,000원		

33 [일반전표입력] 10월 31일

(차) 103.보통예금(서울은행)	58,000,000원	(대) 331.자본금	50,000,000원
		341.주식발행초과금	8,000,000원

⑬ 부가가치세

1 전자세금계산서 발급

01 [매입매출전표입력] 11월 01일

거래유형	품명	공급가액	부가세	거래처	전자세금
11.과세	정장구두	1,700,000원	170,000원	(주)미림	전자발행
분개유형	(차) 101.현금	1,870,000원		(대) 401.상품매출	1,700,000원
1.현금				255.부가세예수금	170,000원

02 [매입매출전표입력] 11월 02일 (복수거래 입력)

거래유형	품명	공급가액	부가세	거래처	전자세금
11.과세	등산화외	2,000,000원	200,000원	(주)그리운	전자발행
분개유형	(차) 108.외상매출금	2,000,000원		(대) 401.상품매출	2,000,000원
3. 혼합	259.선수금	200,000원		255.부가세예수금	200,000원

[전자세금계산서 발행 및 내역관리]
① 미전송된 내역이 조회되면, 미전송내역을 체크한 후 전자발행을 클릭하여 표시되는 로그인 화면에서
  확인(Tab) 클릭
② '전자세금계산서 발행'화면이 조회되면 발행(F3) 버튼을 클릭한 다음 확인클릭
③ 국세청란에 '발행대상'으로 표시되면 ACADEMY 전자세금계산서 를 클릭
④ [Bill36524 교육용전자세금계산서] 화면에서 [로그인]을 클릭
⑤ 좌측화면: [세금계산서 리스트]에서 [미전송]으로 체크후 [매출조회]를 클릭
  우측화면: [전자세금계산서]에서 [발행]을 클릭
⑥ [발행완료되었습니다.] 메시지가 표시되면 확인(Tab) 클릭

2 매출세금계산서(매출과세)

01 [매입매출전표입력] 11월 03일

거래유형	품명	공급가액	부가세	거래처	전자세금
11. 과세	상품	3,000,000원	300,000원	(주)우리상사	전자입력
분개유형	(차) 108.외상매출금	3,300,000원	(대) 401.상품매출		3,000,000원
2.외상			255.부가세예수금		300,000원

02 [매입매출전표입력] 11월 04일

거래유형	품명	공급가액	부가세	거래처	전자세금
11. 과세	상품	5,000,000원	500,000원	(주)동신사	전자입력
분개유형	(차) 101.현금	500,000원	(대) 401.상품매출		5,000,000원
3.혼합	108.외상매출금	5,000,000원	255.부가세예수금		500,000원

03 [매입매출전표입력] 11월 05일

거래유형	품명	공급가액	부가세	거래처	전자세금
11. 과세	상품	−500,000원	−50,000원	(주)우리상사	전자입력
분개유형	(차) 108.외상매출금	−550,000원	(대) 401.상품매출		−500,000원
2.외상			255.부가세예수금		−50,000원

04 [매입매출전표입력] 11월 06일

거래유형	품명	공급가액	부가세	거래처	전자세금
11. 과세	승용차 매각	6,000,000원	600,000원	(주)한국상사	전자입력
분개유형	(차) 120.미수금	6,600,000원	(대) 208.차량운반구		18,000,000원
3.혼합	209.감가상각누계액	14,000,000원	255.부가세예수금		600,000원
			914.유형자산처분이익		2,000,000원

05 [매입매출전표입력] 11월 07일

거래유형	품명	공급가액	부가세	거래처	전자세금
11. 과세	특허권 매각	2,500,000원	250,000원	(주)스마일	전자입력
분개유형	(차) 101.현금	2,750,000원	(대) 232.특허권		3,000,000원
3.혼합	952.무형자산처분손실	500,000원	255.부가세예수금		250,000원

3 매출계산서(매출면세)

01 [매입매출전표입력] 11월 08일

거래유형	품명	공급가액	부가세	거래처	전자세금
13.면세	면세상품	2,000,000원		(주)신한상사	전자입력
분개유형	(차) 103.보통예금	2,000,000원	(대) 401.상품매출		2,000,000원
3.혼합	(98001.서울은행)				

4 매출신용카드영수증(매출카드과세)

01 [매입매출전표입력] 11월 09일

거래유형	품명	공급가액	부가세	거래처	전자세금
17.카과	상품	200,000원	20,000원	김영철	
분개유형	(차) 108.외상매출금	220,000원	(대) 401.상품매출		200,000원
4.카드	(99602.우리카드사)		255.부가세예수금		20,000원

5 매입세금계산서(매입과세)

01 [매입매출전표입력] 11월 10일

거래유형	품명	공급가액	부가세	거래처	전자세금
51.과세	상품	2,500,000원	250,000원	(주)맘모스	전자입력
분개유형	(차) 146.상품	2,500,000원	(대) 131.선급금		200,000원
3.혼합	135.부가세대급금	250,000원	251.외상매입금		2,550,000원

02 [매입매출전표입력] 11월 11일

거래유형	품명	공급가액	부가세	거래처	전자세금
51.과세	상품	-200,000원	-20,000원	(주)맘모스	전자입력
분개유형	(차) 146.상품	-200,000원	(대) 251.외상매입금		-220,000원
2.외상	135.부가세대급금	-20,000원			

03 [매입매출전표입력] 11월 12일

거래유형	품명	공급가액	부가세	거래처	전자세금
51.과세	차량수리비	500,000원	50,000원	삼일공업사	전자입력
분개유형	(차) 822.차량유지비	500,000원	(대) 253.미지급금		550,000원
3.혼합	135.부가세대급금	50,000원			

> **주의** 1,000cc 이하의 경차는 매입세액공제 가능함.

04 [매입매출전표입력] 11월 13일

거래유형	품명	공급가액	부가세	거래처	전자세금
51.과세	10월 전화요금	155,400원	15,540원	(주)케이티	전자입력
분개유형	(차) 135.부가세대급금	15,540원	(대) 253.미지급금		170,940원
3.혼합	814.통신비	155,400원			

6 매입계산서(매입면세)

01 [매입매출전표입력] 11월 14일

거래유형	품명	공급가액	부가세	거래처	전자세금
53.면세	교육비	800,000원		한국회계학원	전자입력
분개유형	(차) 825.교육훈련비	800,000원	(대) 101.현금		800,000원
1.현금					

02 [매입매출전표입력] 11월 15일

거래유형	품명	공급가액	부가세	거래처	전자세금
53.면세	화분	100,000원		해피농원	전자입력
분개유형	(차) 813.접대비(기업업무추진비) 100,000원		(대) 101.현금		100,000원
1.현금					

03 [매입매출전표입력] 11월 16일

거래유형	품명	공급가액	부가세	거래처	전자세금
53.면세	동양화	300,000원		도규갤러리	
분개유형	(차) 813.접대비(기업업무추진비) 300,000원		(대) 253.미지급금		300,000원
3.혼합					

7 매입세액불공제 세금계산서(매입불공)

01 [매입매출전표입력] 11월 17일

거래유형	품명	공급가액	부가세	거래처	전자세금
54.불공	선물세트	500,000원	50,000원	(주)진로마트	전자입력
불공제사유	9.접대비 관련 매입세액				
분개유형	(차) 813.접대비(기업업무추진비) 550,000원		(대) 253.미지급금		550,000원
3.혼합					

02 [매입매출전표입력] 11월 18일

거래유형	품명	공급가액	부가세	거래처	전자세금
54.불공	승용차(SM5)	30,000,000원	3,000,000원	삼성자동차(주)	전자입력
불공제사유	3.비영업용 승용차(개별소비세법 §1②3호) 구입, 유지, 임차 관련 매입				
분개유형	(차) 208.차량운반구 33,000,000원		(대) 253.미지급금		33,000,000원
3.혼합					

03 [매입매출전표입력] 11월 19일

거래유형	품명	공급가액	부가세	거래처	전자세금
54.불공	차량수리비	300,000원	30,000원	삼일공업사	전자입력
불공제사유	3.비영업용 승용차(개별소비세법 §1②3호) 구입, 유지, 임차 관련 매입				
분개유형	(차) 822.차량유지비 330,000원		(대) 253.미지급금		330,000원
3.혼합			(99601.삼성카드)		

04 [매입매출전표입력] 11월 20일

거래유형	품명	공급가액	부가세	거래처	전자세금
54.불공	승용차 렌트	500,000원	50,000원	(주)한국렌트	전자입력
불공제사유	3.비영업용 승용차(개별소비세법 §1②3호) 구입, 유지, 임차 관련 매입				
분개유형	(차) 819.임차료 550,000원		(대) 101.현금		550,000원
1.현금					

05 [매입매출전표입력] 11월 21일

거래유형	품명	공급가액	부가세	거래처	전자세금
54.불공	골프장비	3,000,000원	300,000원	모든골프	
불공제사유	2.사업과 관련 없는 지출				
분개유형	(차) 134.가지급금	3,300,000원	(대) 253.미지급금		3,300,000원
3.혼합	(05001.박상준)				

06 [매입매출전표입력] 11월 22일

거래유형	품명	공급가액	부가세	거래처	전자세금
54.불공	3D 컬러 입체프린터	2,000,000원	200,000원	(주)포토전자	전자입력
불공제사유	2.사업과 관련 없는 지출				
분개유형	(차) 933.기부금	2,200,000원	(대) 103.보통예금		2,200,000원
3.혼합			(98001.서울은행)		

07 [매입매출전표입력] 11월 23일

거래유형	품명	공급가액	부가세	거래처	전자세금
54.불공	문구용품	100,000원	10,000원	행복문구	
불공제사유	4.면세사업과 관련된 분				
분개유형	(차) 830.소모품비	110,000원	(대) 101.현금		110,000원
1.현금					

08 [매입매출전표입력] 11월 24일

거래유형	품명	공급가액	부가세	거래처	전자세금
54.불공	법률자문	1,000,000원	100,000원	대한법무법인	전자입력
불공제사유	0.토지의 자본적 지출관련				
분개유형	(차) 201.토지	1,100,000원	(대) 101.현금		1,100,000원
1.현금					

8 **매입신용카드영수증(매입카드과세)**

01 [매입매출전표입력] 11월 25일

거래유형	품명	공급가액	부가세	거래처	전자세금
57.카과	숙박비	150,000원	15,000원	(주)조선호텔	
분개유형	(차) 812.여비교통비	150,000원	(대) 253.미지급금		165,000원
4.카드	135.부가세대급금	15,000원	(99601.삼성카드)		

02 [매입매출전표입력] 11월 26일

거래유형	품명	공급가액	부가세	거래처	전자세금
57.카과	공기청정기	1,000,000원	100,000원	(주)포토전자	
분개유형	(차) 212.비품	1,000,000원	(대) 253.미지급금		1,100,000원
4.카드	135.부가세대급금	100,000원	(99601.삼성카드)		

9 부가가치세 회계처리

01 [일반전표입력] 6월 30일
[부가가치세신고서 4.1. ~ 6.30. 조회]
부가세예수금 11,081,000원, 부가세대급금 2,500,000원 확인

(차) 255.부가세예수금	11,081,000원	(대) 135.부가세대급금	2,500,000원
		930.잡이익	10,000원
		261.미지급세금	8,571,000원
		(31112.서대문세무서)	

02 [일반전표입력] 7월 25일

(차) 261.미지급세금	8,571,000원	(대) 103.보통예금	8,571,000원
(31112.서대문세무서)		(98001.서울은행)	

04 결산

1 수동결산

01 [일반전표입력] 12월 31일: (차) 133.선급비용 450,000원 (대) 821.보험료 450,000원
주의 선급비용: 600,000원 × 9개월/12개월 = 450,000원

02 [일반전표입력] 12월 31일: (차) 931.이자비용 300,000원 (대) 262.미지급비용 300,000원

03 [일반전표입력] 12월 31일: (차) 116.미수수익 25,000원 (대) 901.이자수익 25,000원

04 [일반전표입력] 12월 31일: (차) 901.이자수익 50,000원 (대) 263.선수수익 50,000원

05 [일반전표입력] 12월 31일: (차) 172.소모품 100,000원 (대) 830.소모품비 100,000원

06 [일반전표입력] 12월 31일: (차) 141.현금과부족 30,000원 (대) 930.잡이익 30,000원

07 [일반전표입력] 12월 31일: (차) 293.장기차입금 30,000,000원 (대) 264.유동성장기부채 30,000,000원
(98400.우리은행) (98400.우리은행)
주의 2027년 6월 30일에 상환되어야 하는 차입금만 유동성대체 대상이다.

08 [일반전표입력] 12월 31일: (차) 937.단기매매증권평가손 700,000원 (대) 107.단기매매증권 700,000원
주의 – A회사: 장부 1,200,000원(1,000주 × 1,200원) – 기말 1,000,000원(1,000주 × 1,000원) = 평가손실 200,000원
– B회사: 장부 6,000,000원(1,000주 × 6,000원) – 기말 5,500,000원(1,000주 × 5,500원) = 평가손실 500,000원

2 결산자료입력에 의한 자동결산

방법 1 [결산자료입력] 메뉴
[일반전표입력] 12월 31일
(차) 998.법인세 등 46,200원 (대) 136.선납세금 46,200원
(10) 기말상품재고액란에 8,000,000원 입력, 4) 감가상각비 '건물'란에 6,000,000원, '비품' 1,200,000원 입력, (6) 무형고정자산상각 '영업권'란에 1,500,000원 입력, 5) 대손상각의 '외상매출금' 6,431,760원, '받을어음' 113,000원 입력, 2) 퇴직급여(전입액)란에 5,000,000원 입력, 2) 법인세 계상란에 1,553,800원 입력 후 상단부 [전표추개]를 클릭하면 일반전표입력 메뉴에 분개가 생성된다.
 • 대손상각비 추가 계상액 계산
 외상매출금 643,176,000원 × 1% = 6,431,760원
 받을어음 16,300,000원 × 1% – 50,000원 = 113,000원
 • 퇴직급여충당부채 추가 계상액 계산
 퇴직급여충당부채 15,000,000원 – 10,000,000원 = 5,000,000원

방법 2 [일반전표입력] 12월 31일

(차) 451.상품매출원가	99,950,000원	(대) 146.상품	99,950,000원
(차) 818.감가상각비	7,200,000원	(대) 203.감가상각누계액	6,000,000원
		(대) 213.감가상각누계액	1,200,000원
(차) 840.무형고정자산상각비	1,500,000원	(대) 231.영업권	1,500,000원
(차) 835.대손상각비	6,544,760원	(대) 109.대손충당금	6,431,760원
		111.대손충당금	113,000원
(차) 806.퇴직급여	5,000,000원	(대) 295.퇴직급여충당부채	5,000,000원
(차) 998.법인세등	1,600,000원	(대) 136.선납세금	46,200원
		261.미지급세금	1,553,800원

3 [재무제표 등 작성]

- 손익계산서 → 이익잉여금처분계산서(처분일 입력 후 '전표추가' 클릭) → 재무상태표를 조회 작성한다.

05 자료조회

1 일계표 조회
01 811

2 월계표 조회
01 801
02 49,690,950원

3 계정별원장 조회
01 3,450,000원(대변 조회)
02 2,420,000원(대변 조회)

4 거래처원장 조회
01 65,000,000원
02 00566 (주)드림 194,000,000원

5 총계정원장 조회
01 1월
02 3월

6 현금출납장 조회
01 250,850,000원
02 21,330,400원

7 일일자금명세 조회
01 ③ 수도광열비
02 ② 보통예금잔액 369,393,000원

8 예적금현황 조회
01 ③ 대한은행 79,700,000원

9 받을어음현황 조회(거래처별 조회)
01 ④ 강릉상사 0원

10 지급어음현황 조회
01 ① (주)드림

11 어음집계표 조회
01 18매

12 합계잔액시산표 또는 재무상태표 조회
01 96,030,000원
02 591,516,910원(제출용 조회)
03 441,095,000원(제출용 조회)
04 35,330,000원 − 15,000,000원 = 20,330,000원
05 1,083,565,000원 ÷ 463,267,000원 × 100 ≒ 233%
06 553,267,000원 ÷ 615,628,000원 × 100 ≒ 89%
07 615,628,000원 ÷ 1,168,895,000원 × 100 ≒ 52%

13 손익계산서 조회
01 당기 1,656,010원 − 전기 1,000,000원 = 656,010원
02 12,620,400원 ÷ 6개월 = 2,103,400원
03 154,000,000원 ÷ 750,000,000원 × 100 ≒ 20%
04 109,450,000원 ÷ 750,000,000원 × 100 ≒ 14%
05 110,000,000원 ÷ 10,000주 = 11,000원

14 매입매출장 조회

01 매출 17.카과: 4,300,000원

02 매입 53.면세: 100,000원

15 세금계산서합계표 조회

01 매출: 13매, 110,210,000원

02 매출: 1매, 1,815,000원(공급가액 1,650,000원
　　+ 세액 165,000원 = 1,815,000원)

03 매입: 5곳

04 매입: 1매

05 매출: 36,300,000원

16 부가가치세신고서 조회

01 1란 110,210,000원

02 3란 600,000원 + 60,000원 = 660,000원

03 9란 11,081,000원

04 9란 110,810,000원

05 12란 700,000원

06 44란 700,000원(15란에서 더블클릭하여 확인)

07 17란 50,000원

08 18란 2,500,000원

09 30란 8,571,000원

최신 기출문제 정답 및 해설

최신 기출문제 제79회

[실무이론평가]

1	2	3	4	5	6	7	8	9	10
②	①	①	②	③	①	③	②	③	②

01 ②
- 재고자산감모손실과 이자비용은 영업외비용이다.
- 판매비와관리비 = 5,000,000원 + 500,000원 + 500,000원 + 400,000원
  = 6,400,000원

02 ①
- 기초자본 = 15,000,000원 − 9,000,000원 = 6,000,000원
- 기말자본 = 19,000,000원 − 11,000,000원 = 8,000,000원
- 당기순이익 = 기말자본 − 기초자본 − 추가출자금액
  = 8,000,000원 − 6,000,000원 − 500,000원 = 1,500,000원

03 ①
- 단기매매증권처분손익   596,000원 − 800,000원 = (−)204,000원이다.
  (차) 보통예금   596,000원   (대) 단기매매증권   800,000원
      단기매매증권처분손실   204,000원

04 ②
- 주식할인발행차금: 자본조정
- 경상개발비, 교육훈련비: 판매비와관리비

05 ③
- 1월 1일: 대변 160,000원은 대손충당금 전기이월액이다.
    7월 6일: 차변 50,000원은 당기 실제 대손발생액에 대한 회계처리 금액이다.
  12월 31일: 차변 130,000원은 당기 외상매출금 기말잔액에 대한 대손추정액이다.
  12월 31일: 대변 20,000원은 기말 대손충당금 추가설정 금액이다.

06 ①
- 미수이자에 대한 회계처리를 한다.
  4개월(2026년 9월 ~ 12월) ➡ 3,000,000원 × 10% × 4/12 = 100,000원

07 ③
- 보험료 차기이월액에 대한 회계처리를 한다.
  차기 이월분: 1,200,000원 × 9/12 = 900,000원(선급비용)

08 ②
- ① 신규로 사업을 시작하려는 자는 사업 개시일 이전이라도 사업자등록을 신청할 수 있다.
  ③ 사업자는 사업장 관할 세무서장이 아닌 다른 세무서장에게도 사업자등록의 신청을 할 수 있다.
  ④ 면세사업자는 소득세법 또는 법인세법에 의한 사업자등록을 하여야 한다.

09 ③

- ① 현금판매: 재화가 인도되거나 이용가능하게 된 때
  ② 재화의 공급으로 보는 가공: 가공된 재화를 인도하는 때
  ④ 공급단위를 구획할 수 없는 용역의 계속적 공급: 대가의 각 부분을 받기로 한 때

10 ②

- 9인승 승합차 구입관련 매입세액은 공제대상에 해당한다. 그러나, 비영업용 소형승용차 구입 관련 매입세액, 접대 관련 매입세액, 사업과 관련 없는 지출에 대한 매입세액은 공제대상에 포함되지 않는다.

[실무수행평가]

문제 1 기초정보관리의 이해

1 사업자등록증에 의한 거래처등록 수정

[거래처등록] 일반 탭
- 대표자성명: '최진경'을 '신유빈'으로 수정
- 메일주소: 'choi@bill36524.com'에서 'korea@bill36524.com'으로 수정

2 계정과목및적요등록 수정

[계정과목및적요등록]
- 850.회사설정계정과목을 '850.판매촉진비'로 수정
- 구분을 '4.경비'로 입력
- 표준코드를 '091.광고선전비(판매촉진비 포함)'로 입력

문제 2 거래자료 입력

1 [일반전표입력] 1월 9일

(차) 812.여비교통비	100,000원	(대) 101.현금	100,000원
또는 (출) 812.여비교통비	100,000원		

[영수증수취명세서] 작성

	거래일자	상호	성명	사업장	사업자등록번호	거래금액	구분	계정코드	계정과목	적요
□	2026-01-11	(주)백두유통	명동건	서울특별시 금천구 가산로	119-81-02126	110,000		830	소모품비	소모품 구입
□	2026-04-01	충무아트상사	김민회	서울특별시 서대문구 충정	303-11-05517	210,000		813	접대비(기업업무추진비)	거래처 선물 구입
□	2026-06-05	신희선				230,000	18	811	복리후생비	직원 선물 구입
□	2026-01-09	나라한정식	정득남	광주광역시 동구 필문대로	133-01-42888	100,000		812	여비교통비	한정식 세트

영수증수취명세서(1) / 해당없음

1. 세금계산서, 계산서, 신용카드 등 미사용내역

9. 구분	3만원 초과 거래분		
	10. 총계	11. 명세서제출 제외대상	12. 명세서제출 대상(10-11)
13. 건수	4	1	3
14. 금액	650,000	230,000	420,000

2 [일반전표입력] 2월 13일

(차) 136.선납세금	77,000원	(대) 901.이자수익	500,000원
103.보통예금(98006.농협은행(보통))	423,000원		

3 [일반전표입력] 3월 25일

(차) 103.보통예금(98005.국민은행(보통))	30,000,000원	(대) 962.임차보증금(00107.(주)현대빌딩)	30,000,000원

4 [일반전표입력] 4월 7일

(차) 251.외상매입금(00105.(주)현서문구)	11,000,000원	(대) 110.받을어음(00160.(주)초록마트)	11,000,000원

[받을어음관리]

어음상태	3	배서	어음번호	00420260206123456789		수취구분	1	자수	발행일	2026-02-06	만기일	2026-05-10
발행인	00160	(주)초록마트				지급은행	100	국민은행			지점	구로
배서인			할인기관			지점			할인율(%)		어음종류	6 전자
지급거래처	00105	(주)현서문구						＊ 수령된 어음을 타거래처에 지급하는 경우에 입력합니다.				

5 [일반전표입력] 5월 10일

(차) 107.단기매매증권	400,000원	(대) 101.현금	500,000원
208.차량운반구	100,000원		

문제 3 부가가치세

1 [매입매출전표입력] 7월 12일

거래유형	품명	공급가액	부가세	거래처	전자세금
11.과세	다목적 문구함	15,000,000	1,500,000	00115.(주)제일유통	전자발행
분개유형	(차) 108.외상매출금	16,500,000원	(대)	401.상품매출	15,000,000원
2.외상				255.부가세예수금	1,500,000원

[전자세금계산서 발행 및 내역관리]

① 미전송된 내역이 조회되면, 미전송내역을 체크한 후 전자발행을 클릭하여 표시되는 로그인 화면에서 확인(Tab) 클릭
② '전자세금계산서 발행' 화면이 조회되면 발행(F3) 버튼을 클릭한 다음 확인클릭
③ 국세청란에 '발행대상'으로 표시되면 ACADEMY 전자세금계산서 를 클릭
④ [Bill36524 교육용전자세금계산서] 화면에서 [로그인]을 클릭
⑤ 좌측화면: [세금계산서 리스트]에서 [미전송]으로 체크 후 [매출조회]를 클릭
　 우측화면: [전자세금계산서]에서 [발행]을 클릭
⑥ [발행완료되었습니다.] 메시지가 표시되면 확인(Tab) 클릭

2 [매입매출전표입력] 7월 20일

거래유형	품명	공급가액	부가세	거래처	전자세금
57.카과	텀블러	300,000	30,000	00250.(주)최고유통	
분개유형	(차) 811.복리후생비	300,000원	(대) 253.미지급금		330,000원
4.카드 또는 3.혼합	135.부가세대급금	30,000원	(99601.국민카드)		

3 [매입매출전표입력] 9월 3일

거래유형	품명	공급가액	부가세	거래처	전자세금
54.불공	노트북	2,000,000	200,000	00111.(주)대한전자	전자입력
불공제사유	9.접대비 관련 매입세액				
분개유형	(차) 813.접대비 2,200,000원			(대) 253.미지급금	2,200,000원
3.혼합	(기업업무추진비)				

4 [매입매출전표입력] 11월 1일

거래유형	품명	공급가액	부가세	거래처	전자세금
53.면세	마케팅 교육	500,000		00130.시대교육	전자입력
분개유형	(차) 825.교육훈련비 500,000원			(대) 253.미지급금	500,000원
3.혼합					

5 [매입매출전표입력] 12월 1일

거래유형	품명	공급가액	부가세	거래처	전자세금
11.과세	제습기	1,500,000	150,000	01405.(주)중고나라	전자입력
분개유형	(차) 103.보통예금 1,650,000원			(대) 212.비품	2,000,000원
	(98009.하나은행(보통))			255.부가세예수금	150,000원
3.혼합	213.감가상각누계액 400,000원				
	950.유형자산처분손실 100,000원				

6 [일반전표입력] 6월 30일

(차) 255.부가세예수금   16,766,000원   (대) 135.부가세대급금   7,465,000원
261.미지급세금(05900.역삼세무서) 9,291,000원
930.잡이익   10,000원

문제 **4** 결산

1 수동결산 및 자동결산

1. 수동결산 및 자동결산

[일반전표입력] 12월 31일
(차) 178.매도가능증권   3,000,000원   (대) 981.매도가능증권평가익   3,000,000원
[(주)더존비즈온: 300주 × (65,000원 − 55,000원) = 평가이익 3,000,000원]

[결산자료입력] 1월 ~ 12월
- 기말상품재고액 35,000,000원을 입력한다.
- 상단부 [전표추가(F3)]를 클릭하면 [일반전표입력] 메뉴에 분개가 생성된다.
(차) 451.상품매출원가   223,809,727원   (대) 146.상품   223,809,727원
[기초재고액 90,000,000원 + 당기매입액 168,809,727원 − 기말재고액 35,000,000원 = 상품매출원가 223,809,727원]

2. [재무제표 등 작성]
- 손익계산서 → 이익잉여금처분계산서(처분일 입력 후 '전표추가' 클릭 → 재무상태표를 조회 작성한다.

실무수행평가

11	12	13	14	15	16	17
④	091	00115	①	44,100,000	③	400,000
18	19	20	21	22	23	24
120,369,140	3,000,000	51,800,000	④	1,050,000	901	420,000
25	26	27	28	29	30	
300,000	1,000,000	15	1,350,000	④	30,000,000	

문제 5 회계정보분석

31. 재무상태표 조회

④ (334,325,000원 / 81,318,000원) × 100 ≒ 411%

32. 손익계산서 조회

① (114,340,000원 / 560,000,000원) × 100 ≒ 20%

최신 기출문제 제80회

[실무이론평가]

1	2	3	4	5	6	7	8	9	10
①	①	②	①	①	③	④	②	②	④

01 ①
- 신뢰성에 대한 설명이다.

02 ①
- ② 재무상태표에 대한 설명이다.
- ③ 손익계산서에 대한 설명이다.
- ④ 현금흐름표에 대한 설명이다.

03 ②
- (1) 기말자산 = 현금(500,000원) + 상품(600,000원) + 외상매출금(500,000원) + 기계장치(900,000원) + 임차보증금 (200,000원) = 2,700,000원
- (2) 기말부채 = 지급어음(200,000원) + 외상매입금(300,000원) + 미지급금(420,000원) = 920,000원
- (3) 기말자본 = 2,700,000원 − 920,000원 = 1,780,000원
- (4) 당기순이익 = 기말자본(1,780,000원) − 기초자본(1,500,000원) = 280,000원

04 ①
- 가. 급여: 판매비와관리비
  나. 광고선전비: 판매비와관리비
  다. 기부금: 영업외비용

　　라. 이자비용: 영업외비용
　　　　: 영업손익에 영향을 미치는 항목은 판매비와관리비 항목이다.

05 ①
- 대손충당금 추가설정액 = 기말대손충당금 - 결산분개 전 대손충당금
  = 5,000,000원 × 1% - 10,000원 = 40,000원

(차) 대손상각비　　　　　　　　　　　　40,000원　　(대) 대손충당금　　　　　　　　　　40,000원

06 ③
- 무형자산상각비(정액법): 취득원가 ÷ 내용연수
  2,100,000원(취득제비용 포함) ÷ 5년 × 9개월/12개월
  = 315,000원

07 ④
- 2026년　3월　1일　(차) 소모품비　　　400,000원　　(대) 현금　　　　　　　　400,000원
  2026년 12월 31일　(차) 소모품　　　150,000원　　(대) 소모품비　　　　　　150,000원
  : 구입시 비용처리하면 결산시 미사용액이 분개 대상 금액이 된다.

08 ②
- 무인자동판매기를 통한 사업은 그 사업에 관한 업무를 총괄하는 장소가 사업장이다.

09 ②
- 컴퓨터 제조업자가 컴퓨터를 공급하는 경우에는 세금계산서를 발급할 수 있다.

10 ④
- 토지의 자본적 지출 관련 매입세액과 접대비 지출 관련 매입세액은 불공제대상 매입세액이다.
  (550,000,000원 × 10/100) - (21,000,000원 - 1,000,000원 - 2,000,000원) = 37,000,000원

[실무수행평가]

문제 1　기초정보관리의 이해

1 거래처별초기이월 등록 및 수정
　　[거래처별초기이월]
　　- 120.미수금 계정: 거래처별 금액 입력

2 전기분 재무제표의 입력수정
　　1. [전기분 재무상태표]
　　- 146.상품 80,000,000원 ➜ 90,000,000원으로 수정 입력

　　2. [전기분 손익계산서]
　　- 451.상품매출원가에 기말상품재고액 90,000,000원 반영
　　- 931.이자비용 4,800,000원 추가 입력
　　- 당기순이익 141,420,000원 확인

　　3. [전기분 이익잉여금처분계산서]
　　- 처분 확정 일자 2026년 2월 28일로 수정 입력

문제 2 거래자료 입력

1 [일반전표입력] 3월 25일

(차) 822.차량유지비 40,000원 (대) 101.현금 40,000원
또는 (출) 822.차량유지비 40,000원

[영수증수취명세서 작성]

	거래일자	상호	성명	사업장	사업자등록번호	거래금액	구분	계정코드	계정과목	적요
☐	2026-02-15	삼성화재보험	임영재	서울특별시 강남구 테헤란	201-81-45593	1,240,000	16	821	보험료	화재보험료 납부
☐	2026-03-10	노량진수산	정도일	서울특별시 송파구 마천로	209-81-14323	80,000		811	복리후생비	수산물 구입
☐	2026-03-25	강남유료주차	윤기호	서울특별시 강남구 역삼로	128-14-83868	40,000		822	차량유지비	주차비 지급

1. 세금계산서, 계산서, 신용카드 등 미사용내역

9. 구분	3만원 초과 거래분		
	10. 총계	11. 명세서제출 제외대상	12. 명세서제출 대상(10-11)
13. 건수	3	1	2
14. 금액	1,360,000	1,240,000	120,000

2 [일반전표입력] 4월 30일

(차) 260.단기차입금(98007.IBK기업은행(차입금)) 20,000,000원 (대) 103.보통예금(98002.국민은행(보통)) 20,177,600원
931.이자비용 177,600원

3 [일반전표입력] 5월 15일

(차) 178.매도가능증권 12,060,000원 (대) 103.보통예금(98005.신한은행(보통)) 12,060,000원

4 [일반전표입력] 8월 20일

(차) 102.당좌예금(98010.국민은행(당좌)) 19,800,000원 (대) 110.받을어음(00102.(주)경은전자) 20,000,000원
936.매출채권처분손실 200,000원

[받을어음관리]

어음상태	2 할인(전액)	어음번호	00420260720123456789	수취구분	1 자수	발행일	2026-07-20	만기일	2026-09-20
발행인	00102	(주)경은전자		지급은행	100 국민은행			지점	목동
배서인		할인기관	98010 국민은행(당좌)	지점	역삼	할인율 (%)		어음종류	6 전자
지급거래처				* 수령된 어음을 타거래처에 지급하는 경우에 입력합니다.					

5 [일반전표입력] 9월 28일

(차) 826.도서인쇄비 70,000원 (대) 103.보통예금(98003.농협은행(보통)) 70,000원

문제 **3** 부가가치세

1 [매입매출전표입력] 10월 6일

거래유형	품명	공급가액	부가세	거래처	전자세금
11.과세	인덕션	10,000,000	1,000,000	01121.(주)다온이앤티	전자발행
분개유형	(차) 108.외상매출금		10,000,000원	(대) 401.상품매출	10,000,000원
3.혼합	259.선수금		1,000,000원	255.부가세예수금	1,000,000원

[전자세금계산서 발행 및 내역관리]
① 미전송된 내역이 조회되면, 미전송내역을 체크한 후 전자발행 ▾ 을 클릭하여 표시되는 로그인 화면에서 확인(Tab) 클릭
② '전자세금계산서 발행' 화면이 조회되면 발행(F3) 버튼을 클릭한 다음 확인(Tab) 클릭
③ 국세청란에 '발행대상'으로 표시되면 ACADEMY 전자세금계산서 를 클릭
④ [Bill36524 교육용전자세금계산서] 화면에서 [로그인]을 클릭
⑤ 좌측화면: [세금계산서 리스트]에서 [미전송]으로 체크 후 [매출조회]를 클릭
  우측화면: [전자세금계산서]에서 [발행]을 클릭
⑥ [발행완료되었습니다.] 메시지가 표시되면 확인(Tab) 클릭

2 [매입매출전표입력] 10월 18일

거래유형	품명	공급가액	부가세	거래처	전자세금
57.카과	스마트워치	300,000	30,000	30011.(주)제이씨엘	
분개유형	(차) 146.상품		300,000원	(대) 251.외상매입금	330,000원
3.혼합 또는 외상	135.부가세대급금		30,000원	(99600.삼성카드)	

3 [매입매출전표입력] 11월 8일

거래유형	품명	공급가액	부가세	거래처	전자세금
51.과세	도시가스요금	149,200	14,920	30121.한국도시가스(주)	전자입력
분개유형	(차) 815.수도광열비		149,200원	(대) 253.미지급금	164,120원
3.혼합	135.부가세대급금		14,920원		

4 [매입매출전표입력] 11월 30일

거래유형	품명	공급가액	부가세	거래처	전자세금
11.과세	임대료	800,000	80,000	00106.아울렛나라	전자입력
분개유형	(차) 120.미수금		880,000원	(대) 904.임대료수익	800,000원
3.혼합				255.부가세예수금	80,000원

5 [매입매출전표입력] 12월 20일

거래유형	품명	공급가액	부가세	거래처	전자세금
54.불공	제네시스 G80	1,500,000	150,000	33000.아주렌트카(주)	전자입력
불공제 사유	3.비영업용 승용차(개별소비세법 §1②3호) 구입, 유지, 임차 관련 매입				
분개유형	(차) 819.임차료	1,650,000원	(대) 253.미지급금		1,650,000원
3.혼합					

6 [일반전표입력] 8월 22일

  (차) 103.보통예금(98002.국민은행(보통))   1,398,000원   (대) 120.미수금(05900.역삼세무서)   1,398,000원

[일반전표입력] 6월 30일 조회

  (차) 255.부가세예수금   9,510,000원   (대) 135.부가세대급금   10,898,000원
     120.미수금(05900.역삼세무서)   1,398,000원   930.잡이익   10,000원

문제 4 결산

1 수동결산 및 자동결산

1. 수동결산 및 자동결산
[일반전표입력] 12월 31일
  (차) 116.미수수익   750,000원   (대) 901.이자수익   750,000원

[결산자료입력] 1월 ~ 12월
 - 기말상품재고액 35,000,000원을 입력한다.
 - 상단부 전표추가(F3) 를 클릭하면 [일반전표입력] 메뉴에 분개가 생성된다.
  (차) 451.상품매출원가   378,200,000원   (대) 146.상품   378,200,000원
  [기초재고액 90,000,000원 + 당기매입액 323,200,000원 − 기말재고액 35,000,000원 = 상품매출원가 378,200,000원]

2. [재무제표 등 작성]
 - 손익계산서 ➡ 이익잉여금처분계산서(처분일 입력 후 '전표추가' 클릭) ➡ 재무상태표를 조회 작성한다.

실무수행평가

11	12	13	14	15	16	17
1,080,000	48,050,000	1,300,000	④	5,523,940	5,600,000	113,500,000
18	19	20	21	22	23	24
3,880,000	15,060,000	④	②	378,200,000	③	1,560,000
25	26	27	28	29	30	
120,000	①	560,000	450,000	11,500,000	20,000,000	

문제 5 회계정보분석

31. 재무상태표 조회
③ (387,450,000원 / 126,130,000원) × 100 ≒ 307%

32. 손익계산서 조회
② (141,420,000원 / 600,000,000원) × 100 ≒ 23%

최신 기출문제 제81회

[실무이론평가]

1	2	3	4	5	6	7	8	9	10
①	③	②	③	①	①	①	④	③	①

01 ①
- 발생주의는 현금의 수수에 관계없이 거래가 발생된 시점에서 인식하는 기준을 말하며, 회계의 기본가정에는 해당하지 않는다.

02 ③
- 상품매출액에서 상품매출원가와 판매비와관리비를 차감하여 영업이익을 계산한다.
  상품매출원가, 감가상각비, 기업업무추진비(접대비)는 영업이익에 영향을 미치나 미수금에 대한 기타의 대손상각비는 영업외비용으로서 영업이익에 영향을 미치지 않는다.

03 ②
- 손익계산서는 일정 기간 동안 기업실체의 경영성과에 대한 정보를 제공하는 재무보고서이다.

04 ③
- 기말재고 = (100개 × 1,300원) + (300개 × 1,200원) = 130,000원 + 360,000원
  = 490,000원

05 ①
- 전기에 대손 처리한 외상매출금 250,000원을 당기에 보통예금으로 회수하였으므로 차변에 보통예금 250,000원, 대변에 대손충당금 250,000원으로 회계처리한다.

06 ①
- 주식을 단기매매증권으로 분류하기 위해서는 시장성과 단기 매매차익 실현 목적이라는 두 가지 조건을 모두 충족하여야 한다. 단기매매증권의 거래수수료는 당기비용으로 처리한다.
- (차) 단기매매증권　　　　　　　　　　6,600,000원　　(대) 현금　　　　　　　　　　　　　　6,732,000원
  　　수수료비용　　　　　　　　　　　132,000원

07 ①
- 본사 건물의 중앙집중식 냉난방장치 설치는 건물의 자본적지출이므로 건물로 처리한다

08 ④
- 가전제품 제조업자가 가전제품을 공급하는 경우에는 세금계산서를 발급할 수 있다.

09 ③
- 수출하는 재화와 해외 건설 공사는 영세율 적용대상이다.
  국내 여객운송용역은 영세율 적용대상이 아니고, 토지의 공급은 면세이다.

10 ①
- 외상판매액(15,000,000원)만 과세표준에 해당한다.
  담보의 제공은 재화의 공급이 아니고, 토지매각은 면세에 해당된다.

[실무수행평가]

문제 1 기초정보관리의 이해

1 거래처별 초기이월

[거래처별초기이월]
- 지급어음 정보 입력

코드	거래처명	만기일자	어음번호	금액
30126	(주)월드이무역	2026-05-31	00420251210123456789	6,000,000

지급어음 상세등록
1. 지급은행 98000 ? 국민은행(당좌)
   역삼   지점
2. 발행일자 2025-12-10 ?
3. 어음종류 4.전자

2 전기분 손익계산서의 입력수정

1. [전기분 손익계산서]
- 451.상품매출원가 클릭후 '기초상품재고액'을 10,000,000원으로 수정
- 813.접대비(기업업무추진비) 1,000,000원 추가 입력
- 당기순이익 92,590,000원 확인

2. [전기분 이익잉여금처분계산서]
- 처분확정일 2026년 2월 28일 수정 입력

문제 2 거래자료 입력

1 [일반전표입력] 1월 12일

(차) 821.보험료 15,000원 (대) 103.보통예금(98001.국민은행(보통)) 15,000원

2 [일반전표입력] 2월 15일

(차) 824.운반비 35,000원 (대) 101.현금 35,000원
또는 (출) 824.운반비 35,000원

[영수증수취명세서] 작성

	거래일자	상호	성명	사업장	사업자등록번호	거래금액	구분	계정코드	계정과목	적요
	2026-01-25	화영마트	김화영	서울특별시 서대문구 충정	119-92-10506	200,000		830	소모품비	
	2026-03-22	과자세상	이세상	서울특별시 서대문구 충정	104-81-17480	500,000		813	접대비(기업업무추진:	
	2026-05-17	이성천	이성천		770219-1785415	150,000	18	811	복리후생비	
	2026-02-15	고고엑스	김상민	서울 은평구 서오릉로 29,	120-34-11112	35,000		824	운반비	

	영수증수취명세서(2)	영수증수취명세서(1)	해당없음	

1. 세금계산서, 계산서, 신용카드 등 미사용내역				
9. 구분		3만원 초과 거래분		
		10. 총계	11. 명세서제출 제외대상	12. 명세서제출 대상(10-11)
13. 건수		4	1	3
14. 금액		885,000	150,000	735,000

3 [일반전표입력] 3월 16일

(차) 817.세금과공과금　　　　　　　130,000원　　(대) 103.보통예금(98005.우리은행(보통))　130,000원

4 [일반전표입력] 3월 20일

(차) 251.외상매입금(00104.(주)헬로우맘)　10,000,000원　(대) 110.받을어음(04520.(주)아이세상)　10,000,000원

[받을어음 관리]

어음상태	3	배서		어음번호	00420260120123456789	수취구분	1	자수	발행일	2026-01-20	만기일	2026-03-31
발행인	04520	(주)아이세상				지급은행	100	국민은행			지　점	서대문
배서인				할인기관		지　점			할인율 (%)		어음종류	6	전자
지급거래처	00104	(주)헬로우맘				* 수령된 어음을 타거래처에 지급하는 경우에 입력합니다.						

5 [일반전표입력] 3월 29일

(차) 178.매도가능증권　　　　　　　15,620,000원　(대) 103.보통예금(98002.기업은행(보통))　15,620,000원

문제 3 부가가치세

1 [매입매출전표입력] 7월 4일

거래유형	품명	공급가액	부가세	거래처	전자세금
11.과세	디럭스 유모차	12,000,000	1,200,000	05030.(주)아이존	전자발행
분개유형	(차)　259.선수금	2,000,000원	(대) 401.상품매출		12,000,000원
3.혼합	108.외상매출금	11,200,000원	255.부가세예수금		1,200,000원

[전자세금계산서 발행 및 내역관리]
① 미전송된 내역이 조회되면, 미전송내역을 체크한 후 전자발행 ▾을 클릭하여 표시되는 로그인 화면에서 확인(Tab) 클릭
② '전자세금계산서 발행' 화면이 조회되면 발행(F3) 버튼을 클릭한 다음 확인(Tab) 클릭
③ 국세청란에 '발행대상'으로 표시되면 ACADEMY 전자세금계산서 를 클릭
④ [Bill36524 교육용전자세금계산서] 화면에서 [로그인]을 클릭
⑤ 좌측화면: [세금계산서 리스트]에서 [미전송]으로 체크 후 [매출조회]를 클릭
　 우측화면: [전자세금계산서]에서 [발행]을 클릭
⑥ [발행완료되었습니다.] 메시지가 표시되면 확인(Tab) 클릭

2 [매입매출전표입력] 7월 22일

거래유형	품명	공급가액	부가세	거래처	전자세금
51.과세	범용 공인인증서	100,000	10,000	00101.한국정보인증(주)	전자입력
분개유형	(차)　831.수수료비용	100,000원	(대) 103.보통예금		110,000원
3.혼합	135.부가세대급금	10,000원	(98005.우리은행(보통))		

3 [매입매출전표입력] 7월 31일

거래유형	품명	공급가액	부가세	거래처	전자세금
17.카과	휴대용 유모차	300,000	30,000	30123.장윤정	
분개유형	(차) 108.외상매출금 330,000원			(대) 401.상품매출	300,000원
4.카드 또는 2.외상	(99700.우리카드)			255.부가세예수금	30,000원

4 [매입매출전표입력] 9월 10일

거래유형	품명	공급가액	부가세	거래처	전자세금
57.카과	로봇청소기	1,700,000	170,000	05115.쿠팡(주)	
분개유형	(차) 212.비품 1,700,000원			(대) 253.미지급금	1,870,000원
4.카드 또는 3.혼합	135.부가세대급금 170,000원			(99605.농협카드)	

5 [매입매출전표입력] 9월 15일

거래유형	품명	공급가액	부가세	거래처	전자세금
54.불공	철거비용	2,000,000	200,000	30125.(주)에이스건설	전자입력
불공제사유	0.토지의 자본적 지출관련				
분개유형	(차) 201.토지 2,200,000원			(대) 253.미지급금	2,200,000원
3.혼합					

6 [일반전표입력] 8월 8일

(차) 103.보통예금(98005.우리은행(보통))　416,000원　(대) 120.미수금(03100.서대문세무서)　416,000원

－ 6월 30일 조회

(차) 255.부가세예수금　　　　　　　　5,578,000원　(대) 135.부가세대급금　　　　　5,984,000원
　　 120.미수금(03100.서대문세무서)　416,000원　　　 930.잡이익　　　　　　　　　10,000원

문제 4 결산

1 수동결산 및 자동결산

1. 수동결산 및 자동결산

[일반전표입력] 12월 31일

(차) 293.장기차입금(98500.케이뱅크(차입금))　　30,000,000원　(대) 264.유동성장기부채(98500.케이뱅크(차입금)) 30,000,000원

[결산자료입력] 1월 ~ 12월

- 기말상품재고액 15,000,000원을 입력한다.
- 상단부 전표추가(F3) 를 클릭하면 [일반전표입력] 메뉴에 분개가 생성된다.

(차) 451.상품매출원가　　　　229,310,000원　(대) 146.상품　　　　　　　229,310,000원

[기초재고액 25,000,000원 + 당기매입액 219,310,000원 − 기말재고액 15,000,000원 = 상품매출원가 229,310,000원]

2. [재무제표 등 작성]

- 손익계산서 ➡ 이익잉여금처분계산서(처분일 입력 후 '전표추가' 클릭 ➡ 재무상태표를 조회 작성한다.

실무수행평가

11	12	13	14	15	16	17
111,320,000	30,230,000	①	④	00101	2,850,000	229,310,000
18	19	20	21	22	23	24
3,220,000	5,000,000	25,620,000	526,000,000	60,000,000	③	735,000
25	26	27	28	29	30	
1,700,000	4,500,000	11	③	21,000,000	30126	

문제 5 회계정보분석

31. 손익계산서 조회
③ (96,690,000원 / 300,000,000원) × 100 ≒ 32%

32. 재무상태표 조회
③ (494,830,000원 / 106,430,000원) × 100 ≒ 464%

최신 기출문제 제82회

[실무이론평가]

1	2	3	4	5	6	7	8	9	10
④	③	③	③	④	②	①	③	④	③

01 ④
- ① 수익의 이연   ② 비용의 이연   ③ 수익의 발생   ④ 비용의 발생

02 ③
- 매출액-(기초상품재고액+당기상품매입액-기말상품재고액)-세금과공과-퇴직급여 = 영업이익
  = 2,000,000원 - (800,000원 + 500,000원 - 250,000원) - 40,000원 - 90,000원 = 820,000원

03 ③
- 자산처리 시 소모품 사용금액이 분개대상금액이 된다.
  소모품 처리액 1,500,000원 - 미사용액 300,000원 = 사용액 1,200,000원
  따라서 (차) 소모품비 1,200,000원   (대) 소모품 1,200,000원이다.

04 ③
- 비유동부채
  = 임대보증금 1,000,000원 + 퇴직급여충당부채 300,000원 = 1,300,000원

05 ④
- (차) 여비교통비   200,000원   (대) 가지급금   250,000원
     현금   50,000원

06 ②
- 매출액(7,000,000원) − 매출총이익(2,100,000원) = 매출원가(4,900,000원)
  기초상품재고액(1,000,000원) + 매입액(5,000,000원) − 매출원가(4,900,000원)
  = 기말상품재고액(1,100,000원)

07 ①
- 외상매출금과 받을어음을 통합해서 매출채권으로 표기하며,
- 매출채권의 대손에 대비하여 대손충당금을 설정할 때 반영하는 계정과목은 대손상각비이다.

08 ③
- 운수업의 영업용 차량 매입세액은 공제받을 수 있는 매입세액에 해당한다.

09 ④
- 상품권의 양도, 조세의 물납, 주식의 양도는 재화의 공급에 해당하지 않는다.

10 ③
- 납부세액 = 매출세액 − 매입세액
  = (100,000,000원 × 10%) − (7,000,000원 − 2,000,000원)
  = 5,000,000원

[실무수행평가]

문제 1 기초정보관리의 이해

1 사업자등록증에 의한 회사등록 수정

[회사등록]
- 사업장 주소
  '서울특별시 서대문구 충정로7길 29-8 (충정로3가)'에서
  '서울특별시 서대문구 충정로7길 12 (충정로2가)'로 수정
- 담당자 메일 주소: 'black@hanmail.net'에서 'green@bill36524.com'으로 수정

2 거래처별초기이월 등록 및 수정

[거래처별초기이월]
- 251.외상매입금
  00125.(주)세기환경 7,000,000원으로 수정 입력
  00133.(주)필터세상 10,000,000원 입력
  00156.이솔전자(주) 12,000,000원 입력

문제 2 거래자료 입력

1 [일반전표입력] 3월 27일

(차) 820.수선비	80,000원	(대) 101.현금	80,000원
또는 (출) 820.수선비	80,000원		

[영수증수취명세서 작성]

	거래일자	상 호	성 명	사업장	사업자등록번호	거래금액	구분	계정코드	계정과목	적요
☐	2026-02-11	대한인쇄	신봉규	서울특별시 강남구 강남대	112-33-16517	65,000		826	도서인쇄비	안내 표지판 인쇄
☐	2026-03-27	모든수리	한은정	서울특별시 강남구 역삼로	603-81-16391	80,000		820	수선비	출장수리비

(영수증수취명세서(2) / 영수증수취명세서(1) / 해당없음 / 입력순)

		영수증수취명세서(2)	영수증수취명세서(1)	해당없음	

1. 세금계산서, 계산서, 신용카드 등 미사용내역				
9. 구분		3만원 초과 거래분		
		10. 총계	11. 명세서제출 제외대상	12. 명세서제출 대상(10-11)
13. 건수		2		2
14. 금액		145,000		145,000

2 **[일반전표입력] 3월 30일**

(차) 260.단기차입금(98500.국민은행(차입금)) 25,000,000원   (대) 103.보통예금(98001.국민은행(보통)) 25,162,000원
     931.이자비용   162,000원

3 **[일반전표입력] 5월 23일**

(차) 133.선급비용   825,000원   (대) 101. 현금   825,000원
또는 (출) 133.선급비용   825,000원

4 **[일반전표입력] 6월 10일**

(차) 814.통신비   89,500원   (대) 101.현금   89,500원
또는 (출) 814.통신비   89,500원

5 **[일반전표입력] 8월 14일**

(차) 102.당좌예금(98000.국민은행(당좌)) 24,700,000원   (대) 110.받을어음(21010.(주)리치)   25,000,000원
     936.매출채권처분손실   300,000원

[받을어음관리]

어음상태	2 할인(전액)	어음번호	00420260720987654321	수 취 구 분	1 자수	발 행 일	2026-07-20	만 기 일	2026-09-20
발 행 인	21010 (주)리치			지 급 은 행	100 국민은행			지 점	양천
배 서 인		할 인 기 관	98000 국민은행(당좌)	지 점	서대문	할 인 율 (%)		어 음 종 류	6 전자
지급거래처									

         * 수령된 어음을 타거래처에 지급하는 경우에 입력합니다.

문제 3   부가가치세

1 **[매입매출전표입력] 7월 31일**

거래유형	품명	공급가액	부가세	거래처	전자세금
11.과세	LG호환용 필터	5,000,000	500,000	00107.(주)엔바디아	전자발행
분개유형	(차) 103.보통예금		5,000,000원	(대) 401.상품매출	5,000,000원
3. 혼합	(98600.하나은행(보통))			255.부가세예수금	500,000원
	251.외상매입금		500,000원		

[전자세금계산서 발행 및 내역관리]

① 미전송된 내역이 조회되면, 미전송내역을 체크한 후 전자발행▼을 클릭하여 표시되는 로그인 화면에서 확인(Tab) 클릭
② '전자세금계산서 발행' 화면이 조회되면 발행(F3) 버튼을 클릭한 다음 확인(Tab) 클릭
③ 국세청란에 '발행대상'으로 표시되면 ACADEMY 전자세금계산서 를 클릭
④ [Bill36524 교육용전자세금계산서] 화면에서 [로그인]을 클릭
⑤ 좌측화면: [세금계산서 리스트]에서 [미전송]으로 체크 후 [매출조회]를 클릭
    우측화면: [전자세금계산서]에서 [발행]을 클릭
⑥ [발행완료되었습니다.] 메시지가 표시되면 확인(Tab) 클릭

2 [매입매출전표입력] 8월 16일

거래유형	품명	공급가액	부가세	거래처	전자세금
13.면세	천연 제습제	250,000		04010.감동미술관	전자입력
분개유형	(차) 103.보통예금	250,000원	(대)	401.상품매출	250,000원
3.혼합	(98600.하나은행(보통))				

3 [매입매출전표입력] 9월 10일

거래유형	품명	공급가액	부가세	거래처	전자세금
11.과세	시스템에어컨	1,700,000	170,000	00101.순환자원(주)	전자입력
분개유형	(차) 103.보통예금	1,870,000원	(대)	212.비품	4,600,000원
	(98006.우리은행(보통))			255.부가세예수금	170,000원
3.혼합	213.감가상각누계액	2,800,000원			
	950.유형자산처분손실	100,000원			

4 [매입매출전표입력] 10월 4일

거래유형	품명	공급가액	부가세	거래처	전자세금
57.카과	회식대	180,000	18,000	00110.노량진수산	
분개유형	(차) 811.복리후생비	180,000원	(대)	253.미지급금	198,000원
3.혼합	135.부가세대급금	18,000원		(99602.국민카드)	
또는 4.카드					

5 [매입매출전표입력] 11월 15일

거래유형	품명	공급가액	부가세	거래처	전자세금
54.불공	노트북	1,400,000	140,000	00102.(주)나래전자	전자입력
불공제사유	2.사업과 관련 없는 지출				
분개유형	(차) 134.가지급금	1,540,000원	(대)	253.미지급금	1,540,000원
3.혼합	(00188.장은호)				

6 [일반전표입력] 3월 31일

(차) 255.부가세예수금   35,568,000원   (대) 135.부가세대급금   34,935,000원

                                           261.미지급세금(03100.서대문세무서) 633,000원

문제 4 결산

1 수동결산 및 자동결산

1. 수동결산 및 자동결산

[일반전표입력] 12월 31일

(차) 931.이자비용   600,000원   (대) 262.미지급비용   600,000원

[결산자료입력] 1월 ~ 12월

- 기말상품재고액 43,000,000원을 입력한다.
- 상단부 전표추가(F3) 를 클릭하면 [일반전표입력] 메뉴에 분개가 생성된다.

(차) 451.상품매출원가 370,070,000원 (대) 146.상품 370,070,000원
[기초상품재고액 35,000,000원 + 당기상품매입액 378,070,000원 − 기말상품재고액 43,000,000원 = 상품매출원가 370,070,000원]

2. [재무제표 등 작성]
- 손익계산서 ➜ 이익잉여금처분계산서(처분일 입력 후 전표추가(F3) 클릭) ➜ 재무상태표를 조회 작성한다.

실무수행평가

11	12	13	14	15	16	17
④	③	2,171,180	22,053,910	600,000	1,640,000	2,265,000
18	19	20	21	22	23	24
2,600,000	④	③	370,070,000	①	2,312,000	145,000
25	26	27	28	29	30	
630,000	493,000	2	7	①	37,100,000	

문제 5 회계정보분석

31. 재무상태표 조회
③ (453,330,000원 / 74,000,000원) × 100 ≒ 612%

32. 손익계산서 조회
② (39,600,000원 / 2,500,000원) × 100 = 1,584%

최신 기출문제 제83회

[실무이론평가]

1	2	3	4	5	6	7	8	9	10
③	③	③	④	③	①	④	①	②	②

01 ③
- (차) 현금 5,000,000원 (대) 상품매출 15,000,000원
  받을어음 4,000,000원
  외상매출금 6,000,000원
- 매출채권 금액 = 받을어음(4,000,000원) + 외상매출금(6,000,000원) = 10,000,000원

02 ③
- 유동부채: 매입채무 + 유동성장기부채 + 미지급비용
  = 250,000원 + 300,000원 + 500,000원 = 1,050,000원
- 임대보증금, 장기차입금, 퇴직급여충당부채는 비유동부채이다.

03 ③
- 개발비는 재무상태표의 무형자산으로 분류한다.

04 ④
- 무형자산상각비(정액법): 취득원가 ÷ 내용연수
  = 3,500,000원(특허권 등록비 + 취득제비용) ÷ 5년 = 700,000원

05 ③
- 주식할인발행차금: 자본조정
- 대손상각비, 교육훈련비: 판매비와관리비

06 ①
- 본사 건물에 대한 재산세는 세금과공과로 회계처리한다.

07 ④
- 매출채권: 외상매출금 + 받을어음 = 1,000,000원 + 700,000원 = 1,700,000원
- 대손충당금: 매출채권 잔액(1,700,000원) × 대손율(2%) = 34,000원

08 ①
- 주식은 재화의 범위에서 제외되므로 주식의 양도는 부가가치세가 과세되는 거래가 아니다.

09 ②
- 사업자가 폐업을 하는 경우에는 폐업일이 속하는 달의 다음 달 25일까지 확정신고를 해야 한다. 사업을 폐업한 날이 2026년 8월 3일이므로 2026년 9월 25일까지 확정신고를 히여야 한다.

10 ②
- 5,000,000원(원재료 구입 관련 매입세액) + 400,000원(회계부서용 컴퓨터 구입 관련 매입세액) = 5,400,000원

[실무수행평가]

문제 1 기초정보관리의 이해

1 계정과목및적요등록 수정

[계정과목및적요등록]
- '173.회사설정계정과목'을 '173.수출상품'으로 수정
- 구분을 '1.일반재고'로 입력
- 표준코드를 '045.상품'으로 입력
- 현금적요 '1. 수출상품 매입대금 현금 지급, 2. 수출상품 제비용 현금 지급' 입력

2 전기분 손익계산서의 입력 수정

1. [전기분 손익계산서]
- 401.상품매출 566,000,000원을 560,000,000원으로 수정 입력
- 823.경상연구개발비 4,900,000원 추가 입력
- 998.법인세등 500,000원을 5,000,000원으로 수정 입력
- 당기순이익 100,420,000원 확인

2. [전기분 이익잉여금처분계산서]
- 처분확정일 2026년 2월 23일 입력

문제 2 거래자료 입력

1 [일반전표입력] 2월 17일

(차) 813.접대비(기업업무추진비)	550,000원	(대) 101.현금	550,000원
또는 (출) 813.접대비(기업업무추진비)	550,000원		

2 [일반전표입력] 3월 10일

(차) 811.복리후생비	128,000원	(대) 103.보통예금(98005.국민은행(보통))	256,000원
254.예수금	128,000원		

3 [일반전표입력] 4월 27일

(차) 251.외상매입금(05007.㈜미소상회)	10,000,000원	(대) 103.보통예금(98001.신한은행(보통))	10,000,000원

4 [일반전표입력] 5월 25일

(차) 934.기타의대손상각비	9,000,000원	(대) 114.단기대여금(00189.㈜한국산업)	9,000,000원

5 [일반전표입력] 6월 17일

(차) 103.보통예금(98009.하나은행(보통))	80,000,000원	(대) 331.자본금	50,000,000원
		341.주식발행초과금	30,000,000원

문제 3 부가가치세

1 [매입매출전표입력] 7월 21일

거래유형	품명	공급가액	부가세	거래처	전자세금
11.과세	블루투스 마이크	4,200,000	420,000	30011.㈜행복유통	전자발행
분개유형	(차) 259.선수금		420,000원	(대) 401.상품매출	4,200,000원
3.혼합	103.보통예금 (98006.농협은행(보통))		4,200,000원	255.부가세예수금	420,000원

[전자세금계산서 발행 및 내역관리]

① 미전송된 내역이 조회되면, 미전송내역을 체크한 후 전자발행을 클릭하여 표시되는 로그인 화면에서 확인(Tab) 클릭
② '전자세금계산서 발행' 화면이 조회되면 발행(F3) 버튼을 클릭한 다음 확인클릭
③ 국세청란에 '발행대상'으로 표시되면 ACADEMY 전자세금계산서 를 클릭
④ [Bill36524 교육용전자세금계산서] 화면에서 [로그인]을 클릭
⑤ 좌측화면: [세금계산서 리스트]에서 [미전송]으로 체크 후 [매출조회]를 클릭
　　우측화면: [전자세금계산서]에서 [발행]을 클릭
⑥ [발행완료되었습니다.] 메시지가 표시되면 확인(Tab) 클릭

2 [매입매출전표입력] 8월 24일

거래유형	품명	공급가액	부가세	거래처	전자세금
53.면세	AT 온라인 교육	300,000		00130.한국학원	전자입력
분개유형	(차) 825.교육훈련비		300,000원	(대) 101.현금	300,000원
1.현금					

3 [매입매출전표입력] 9월 15일

거래유형	품명	공급가액	부가세	거래처	전자세금
57.카과	숙박비	90,000	9,000	06001.(주)다도해호텔	
분개유형	(차) 812.여비교통비	90,000원	(대) 253.미지급금		99,000원
3.혼합 또는 4.카드	135.부가세대급금	9,000원	(99603.삼성카드)		

4 [매입매출전표입력] 10월 21일

거래유형	품명	공급가액	부가세	거래처	전자세금
11.과세	노래방 마이크	-300,000	-30,000	03177.(주)영우물류	전자입력
분개유형	(차) 108.외상매출금	-330,000원	(대) 401.상품매출		-300,000원
2.외상			255.부가세예수금		-30,000원

5 [매입매출전표입력] 11월 7일

거래유형	품명	공급가액	부가세	거래처	전자세금
54.불공	11월 렌트비	500,000	50,000	00321.(주)한라렌트	전자입력
불공제 사유	3.비영업용 승용차(개별소비세법 §1①③호) 구입, 유지, 임차 관련 매입				
분개유형	(차) 819.임차료	550,000원	(대) 101.현금		550,000원
3.혼합					

6 [일반전표입력] 6월 30일

(차) 255.부가세예수금   10,766,000원   (대) 135.부가세대급금   7,465,000원
                                                   261.미지급세금   3,291,000원
                                                   930.잡이익   10,000원

문제 4 결산

1 수동결산 및 자동결산

1. 수동결산 및 자동결산

[일반전표입력] 12월 31일
(차) 133.선급비용   1,600,000원   (대) 821.보험료   1,600,000원
* 미경과분 보험료: 2,400,000원 × 8개월/12개월 = 1,600,000원

[결산자료입력] 1월 ~ 12월
- 기말상품재고액 25,000,000원을 입력한다.
- 상단부 <u>전표추가(F3)</u> 를 클릭하면 [일반전표입력] 메뉴에 분개가 생성된다.
(차) 451.상품매출원가   253,809,727원   (대) 146.상품   253,809,727원
[기초재고액 90,000,000원 + 당기매입액 188,809,727원 - 기말재고액 25,000,000원 = 상품매출원가 253,809,727원]

2. [재무제표 등 작성]
- 손익계산서 → 이익잉여금처분계산서(처분일 입력 후 '전표추가' 클릭 → 재무상태표를 조회 작성한다.

실무수행평가

11	12	13	14	15	16	17
②	550,000	1,677,500	③	226,649,640	3,291,000	223,467,000
18	19	20	21	22	23	24
34,000,000	5,560,000	③	①	18,661,000	253,809,727	3,190,000
25	26	27	28	29	30	
771,220,000	4,631,273	350,000	1,700,000	800,000	①	

문제 5 회계정보분석

31. 재무상태표 조회
  ④ (272,807,000원 / 416,125,000원) × 100 ≒ 65%

32. 손익계산서 조회
  ③ (244,325,000원 / 81,318,000원) × 100 ≒ 300%

최신 기출문제 제84회

[실무이론평가]

1	2	3	4	5	6	7	8	9	10
①	②	②	②	①	②	③	①	④	④

01 ①
  • 결산분개: (차) 미수수익   62,500원   (대) 이자수익   62,500원
    * 경과분 이자: 10,000,000원 × 2.5% × 3개월/12개월 = 62,500원
  • 이자수익 62,500원이 과소계상되어 당기순이익 62,500원이 과소계상된다.

02 ②
  • 결산분개: (차) 임대료   3,000,000원   (대) 선수수익   3,000,000원
    * 미경과분 임대료: 4,500,000원 × 8개월/12개월 = 3,000,000원

03 ②
  • 기초자본: 4,500,000원(기초자산) − 3,000,000원(기초부채) = 1,500,000원
  • 당기순이익: 2,600,000원(기말자본) − 1,500,000원(기초자본) = 1,100,000원
  • 비용총액: 1,800,000원(수익총액) − 1,100,000원(당기순이익) = 700,000원

04 ②
  • 매출 전에 수취한 계약금은 선수금으로 처리한다.
  • (차) 보통예금   300,000원   (대) 선수금   300,000원

05 ①
- 보통예금 300,000원 + 타인발행수표 150,000원 + 당좌예금 410,000원 + 배당금통지표 100,000원
  = 960,000원

06 ②
- 2025년 감가상각비 = (10,000,000원 - 0원) × 0.31 = 3,100,000원
- 2026년 감가상각비 = (10,000,000원 - 3,100,000원) × 0.31 = 2,139,000원
- 2026년말 장부가액 = 10,000,000원 - 5,239,000원 = 4,761,000원

07 ③
- 구입 시 자산처리하게 되면, 결산일까지의 사용금액이 분개대상금액이 된다.
  기말 수정분개: (차) 소모품비　　　　　190,000원　　(대) 소모품　　　　　　　　190,000원

08 ①
- 택시 운송 용역은 과세대상 용역이다.

09 ④
- ① 폐업의 경우 폐업일이 속하는 달의 다음 달 25일까지 신고하여야 한다.
- ② 확정신고를 하는 경우 예정신고 시 신고한 과세표준은 제외하고 신고한다.
- ③ 신고기한까지 과세표준 및 세액을 신고하지 않는 경우 무신고 가산세가 부과된다.

10 ④
- 매출세액: (19,800,000원 / 1.1 + 20,000,000원) × 10% = 3,800,000원
- 매입세액: 12,000,000원 × 10% = 1,200,000원
- 납부세액: 3,800,000원 - 1,200,000원 = 2,600,000원

[실무수행평가]

문제 1　기초정보관리의 이해

1 사업자등록증에 의한 거래처등록 수정

[거래처등록]
- 대표자 성명: '손흥민'으로 수정
- 메일주소: macspo@bill36524.com'으로 수정

2 계정과목및적요등록 수정

[계정과목및적요등록]
- '219.회사설정계정과목'을 '219.비품정부보조금'으로 수정
- 구분을 '4.차감', 관계코드 '212'로 입력

문제 2　거래자료 입력

1 [일반전표입력] 4월 10일

(차) 811.복리후생비　　　　　78,000원　　(대) 101.현금　　　　　　　78,000원
또는 (출) 811.복리후생비　　　78,000원

[영수증수취명세서 작성]

	거래일자	상 호	성 명	사업장	사업자등록번호	거래금액	구분	계정코드	계정과목	적요
☐	2026-02-11	(주)한강마트	김육현	서울특별시 서대문구 경기	125-81-15607	70,000		811	복리후생비	직원 간식 구입
☐	2026-03-07	금화한식(주	기예원	대전광역시 동구 가양남돌	110-81-17530	88,000		813	접대비(기업업무추진ㅂ	매출거래처 직원 식ㅅ
☐	2026-08-11	김영농		경주시 외동읍 외동로 123ㄷ		60,000	18	811	복리후생비	직원 간식 구입
☐	2026-04-10	크린토피아	김수정	서울 서대문구 독립문로 1ㄷ		78,000		811	복리후생비	유니폼 세탁

9. 구분	3만원 초과 거래분		
	10. 총계	11. 명세서제출 제외대상	12. 명세서제출 대상(10-11)
13. 건수	4	1	3
14. 금액	296,000	60,000	236,000

2 **[일반전표입력] 4월 25일**

(차) 801.급여   4,500,000원   (대) 254.예수금   663,750원
137.주.임.종단기채권(00101.이선영) 1,000,000원
103.보통예금(98005.신한은행(보통)) 2,836,250원

3 **[일반전표입력] 4월 26일**

(차) 812.여비교통비   570,000원   (대) 134.가지급금 (00112.이은종)   600,000원
101.현금   30,000원

4 **[일반전표입력] 5월 31일**

(차) 817. 세금과공과금   20,000원   (대) 103.보통예금(98002.기업은행(보통))   20,000원

5 **[일반전표입력] 7월 10일**

(차) 252.지급어음(00321.(주)하늘상사)   22,000,000원   (대) 102.당좌예금(98000.국민은행(당좌)) 22,000,000원

[지급어음관리]

어음상태	3	결제	어음번호	00420260510123456789	어음종류	4	전자	발행일	2026-05-10
만기일		2026-07-10	지급은행	98000 국민은행(당좌)	지점		서대문		

문제 3   부가가치세

1 **[매입매출전표입력] 7월 12일**

거래유형	품명	공급가액	부가세	거래처	전자세금
11.과세	남자 수영복	18,000,000	1,800,000	01121.(주)황금스포츠	전자발행
분개유형	(차) 108.외상매출금	16,800,000원	(대)	401.상품매출	18,000,000원
3.혼합	259.선수금	3,000,000원		255.부가세예수금	1,800,000원

[전자세금계산서 발행 및 내역관리]
① 미전송된 내역이 조회되면, 미전송내역을 체크한 후 전자발행▼을 클릭하여 표시되는 로그인 화면에서 확인(Tab) 클릭
② '전자세금계산서 발행'화면이 조회되면 발행(F3) 버튼을 클릭한 다음 확인(Tab) 클릭

③ 국세청란에 '발행대상'으로 표시되면 ACADEMY 전자세금계산서 를 클릭
④ [Bill36524 교육용전자세금계산서] 화면에서 [로그인]을 클릭
⑤ 좌측화면: [세금계산서 리스트]에서 [미전송]으로 체크 후 [매출조회]를 클릭
   우측화면: [전자세금계산서]에서 [발행]을 클릭
⑥ [발행완료되었습니다.] 메시지가 표시되면 확인(Tab) 클릭

2 [매입매출전표입력] 7월 26일

거래유형	품명	공급가액	부가세	거래처	전자세금
17.카과	서핑보드	300,000	30,000	00119.박태환	
분개유형	(차) 108.외상매출금	330,000원		(대) 401.상품매출	300,000원
4.카드 또는 외상	(99601.우리카드)			255.부가세예수금	30,000원

3 [매입매출전표입력] 8월 20일

거래유형	품명	공급가액	부가세	거래처	전자세금
51.과세	디다인권 등록	1,500,000	150,000	00121.해움특허법인	전자입력
분개유형	(차) 234.디자인권	1,500,000원		(대) 253.미지급금	1,650,000원
3.혼합	135.부가세대급금	150,000원			

[고정자산등록]

4 [매입매출전표입력] 8월 22일

거래유형	품명	공급가액	부가세	거래처	전자세금
53.면세	벤츠 리스료	1,230,000		00122.우리캐피탈(주)	전자입력
분개유형	(차) 819.임차료	1,230,000원		(대) 103.보통예금	1,230,000원
3.혼합				(98005.신한은행(보통))	

5 [매입매출전표입력] 9월 15일

거래유형	품명	공급가액	부가세	거래처	전자세금
54.불공	경차(캐스퍼) 998cc	8,000,000	800,000	12001.(주)명성자동차	전자입력
불공제 사유	2.사업과 관련 없는 지출				
분개유형	(차) 134.가지급금 (00124.이찬원)	8,800,000원	(대) 253.미지급금		8,800,000원
3.혼합					

6 [일반전표입력] 7월 25일

(차) 261.미지급세금(03100.서대문세무서)   5,713,500원   (대) 103.보통예금(98001.국민은행(보통)) 5,713,500원

[일반전표입력] 6월 30일 조회

(차) 255.부가세예수금   12,642,350원   (대) 135.부가세대급금   6,918,850원
                                                930.잡이익   10,000원
                                                261.미지급세금(03100.서대문세무서) 5,713,500원

문제 4 결산

1 수동결산 및 자동결산

1. 수동결산 및 자동결산

[일반전표입력] 12월 31일
(차) 116.미수수익   590,000원   (대) 901.이자수익   590,000원

[결산자료입력] 1월 ~ 12월
- 기말상품재고액 29,000,000원을 입력한다.
- 상단부 전표추가(F3) 를 클릭하면 [일반전표입력] 메뉴에 분개가 생성된다.
(차) 451.상품매출원가   572,120,000원   (대) 146.상품   572,120,000원
[기초재고액 70,000,000원 + 당기매입액 531,120,000원 - 기말재고액 29,000,000원 = 상품매출원가 572,120,000원]

2. [재무제표 등 작성]

- 손익계산서 ➡ 이익잉여금처분계산서(처분일 입력 후 '전표추가' 클릭) ➡ 재무상태표를 조회 작성한다.

실무수행평가

11	12	13	14	15	16	17
②	③	②	120,000원	151,330,000	④	9,200,000

18	19	20	21	22	23	24
①	②	③	③	572,120,000	6,140,000	236,000

25	26	27	28	29	30	
④	24,200,000	3,500,000	28,000,000	1,480,000	125,000	

문제 5 회계정보분석

31. 재무상태표 조회
③ (386,780,000원 / 72,000,000원) × 100 ≒ 537%

32. 손익계산서 조회,
② (129,800,000원 / 254,800,000원) × 100 ≒ 50%

최신 기출문제 제85회

[실무이론평가]

1	2	3	4	5	6	7	8	9	10
②	①	③	②	②	①	②	④	④	④

01 ②
- ① 자산과 부채는 원칙적으로 상계하여 표시하지 않는다.
- ③ 중요한 항목은 재무제표의 본문이나 주석에 그 내용을 잘 나타낼 수 있도록 구분하여 표시한다.
- ④ 수익과 비용은 각각 총액으로 보고하는 것을 원칙으로 한다.

02 ①
- 매출액(5,000,000원) − 매출총이익(1,000,000원) = 매출원가(4,000,000원)
- 기말상품재고액 = 기초상품재고액(3,000,000원) + 매입액(2,000,000원) − 매출원가(4,000,000원)
  = 1,000,000원

03 ③
- 연구비 4,000,000원 + 경상개발비 5,000,000원 = 9,000,000원

04 ②
- 상품판매 계약을 체결하고 미리 받은 대금은 선수금으로 처리한다.

05 ②
- 재고자산평가방법의 변경은 회계정책의 변경이다.

06 ①
- 이자비용과 기부금은 영업외비용이다.
- 판매비와관리비 = 3,000,000원 + 500,000원 + 600,000원 + 300,000원 + 100,000원 + 270,000원
  = 4,770,000원

07 ②
- 수정 후 당기순이익: 30,000,000원 + 3,000,000원 − 5,000,000원 = 28,000,000원

08 ④
- ① 면세사업자는 부가가치세법 납세의무가 없다.
- ② 국가도 부가가치세법상 납세의무자가 될 수 있다.
- ③ 재화를 수입하는 자는 납세의무자에 해당한다.

09 ④
- 재화의 수입은 영세율 적용 대상이 아니다.

10 ④
- 77,000,000원 × 100/110 + 60,000,000원 = 130,000,000원
- 토지처분은 면세이다. 수출액은 영세율 과세표준에 포함된다.

[실무수행평가]

문제 1 기초정보관리의 이해

1 계정과목및적요등록 수정

[계정과목및적요등록]
- Ctrl + F1을 클릭한 후 '237.광업권'을 '237.라이선스'로 수정
- 구분을 '3.일반'으로 입력
- 표준코드를 '189.기타무형자산'으로 입력
- 현금적요 '01.라이선스 대금 현금지급', 대체적요 '01.라이선스 대금 보통예금지급' 입력

2 전기분 재무상태표의 입력수정

[전기분 재무상태표]
- 179.장기대여금 8,000,000원 추가 입력
- 295. 퇴직급여충당부채 3,000,000원 → 30,000,000원으로 수정

문제 2 거래자료 입력

1 [일반전표입력] 1월 15일

(차) 820.수선비	42,000원	(대) 101.현금	42,000원
또는 (출) 820.수선비	42,000원		

[영수증수취명세서 작성]

	거래일자	상 호	성 명	사업장	사업자등록번호	거래금액	구분	계정코드	계정과목	적요
☐	2026-01-13	대한자동차	윤우리	서울특별시 서대문구 통일	110-37-12342	200,000		822	차량유지비	차량수리비
☐	2026-01-31	하나은행	이종남	서울특별시 서대문구 수색	514-81-35782	120,000	16	931	이자비용	이자지급
☐	2026-01-15	순물이수리센	임현석	서울특별시 서대문구 수색	119-15-50400	42,000		820	수선비	전기누전 수리

9. 구분	3만원 초과 거래분		
	10. 총계	11. 명세서제출 제외대상	12. 명세서제출 대상(10-11)
13. 건수	3	1	2
14. 금액	362,000	120,000	242,000

1. 세금계산서, 계산서, 신용카드 등 미사용내역

2 [일반전표입력] 2월 15일

(차) 110.받을어음(00102.(주)하얼빈)	28,000,000원	(대) 108.외상매출금(00102.(주)하얼빈)	28,000,000원

[받을어음 관리]

어음상태	1 보관	어음종류	6 전자	어음번호	00420260215123456789	수 취 구 분	1 자수
발 행 인	00102 (주)하얼빈		발 행 일	2026-02-15	만 기 일	2026-04-15	배 서 인
지 급 은 행	100 국민은행	지 점 서대문	할 인 기 관		지 점	할 인 율 (%)	
지급거래처					* 수령된 어음을 타거래처에 지급하는 경우에 입력합니다.		

3 [일반전표입력] 3월 20일

   (차) 813.접대비(기업업무추진비)   200,000원   (대) 103.보통예금(98002.신한은행(보통)) 200,000원

4 [일반전표입력] 4월 10일

   (차) 817.세금과공과금   300,330원   (대) 103.보통예금(98001.농협은행(보통)) 600,660원
      254.예수금   300,330원

5 [일반전표입력] 5월 10일

   (차) 212.비품   1,000,000원   (대) 103.보통예금(98008.카카오뱅크(보통)) 800,000원
                         257.가수금(00116.대표이사) 200,000원

문제 3 부가가치세

1 [매입매출전표입력] 7월 10일

거래유형	품명	공급가액	부가세	거래처	전자세금
11.과세	호신용스프레이	1,200,000	120,000	00105.(주)남도스포츠	전자발행
분개유형	(차) 108.외상매출금	1,320,000원	(대)	401.상품매출	1,200,000원
2.외상				255.부가세예수금	120,000원

[전자세금계산서 발행 및 내역관리]

① 미전송된 내역이 조회되면, 미전송내역을 체크 후 전자발행▼을 클릭하여 표시되는 로그인 화면에서 확인(Tab) 클릭
② '전자세금계산서 발행'화면이 조회되면 발행(F3) 버튼을 클릭한 다음 확인(Tab) 클릭
③ 국세청란에 '발행대상'으로 표시되면 ACADEMY 전자세금계산서 를 클릭
④ [Bill36524 교육용전자세금계산서] 화면에서 [로그인]을 클릭
⑤ 좌측화면: [세금계산서 리스트]에서 [미전송]으로 체크 후 [매출조회]를 클릭
   우측화면: [전자세금계산서]에서 [발행]을 클릭
⑥ [발행완료되었습니다.] 메시지가 표시되면 확인(Tab) 클릭

2 [매입매출전표입력] 7월 28일

거래유형	품명	공급가액	부가세	거래처	전자세금
11.과세	호신용호루라기	-5,000,000	-500,000	00102.(주)하얼빈	전자입력
분개유형	(차) 108.외상매출금	-5,500,000원	(대)	401.상품매출	-5,000,000원
2.외상				255.부가세예수금	-500,000원

3 [매입매출전표입력] 8월 13일

거래유형	품명	공급가액	부가세	거래처	전자세금
57.카과	멤버십월회비	7,000	700	00112.쿠팡(주)	
분개유형	(차) 831.수수료비용	7,000원	(대)	253.미지급금	7,700원
4.카드	135.부가세대급금	700원		(99603.삼성카드)	
또는 3.혼합					

4 [매입매출전표입력] 9월 8일

거래유형	품명	공급가액	부가세	거래처	전자세금
13.면세	도서(생활 호신술)	3,000,000		01002.(주)스포츠사랑	전자입력
분개유형	(차) 103.보통예금	3,000,000원	(대) 401.상품매출		3,000,000원
3.혼합	(98002.신한은행(보통))				

5 [매입매출전표입력] 9월 10일

거래유형	품명	공급가액	부가세	거래처	전자세금
51.과세	8월분 건물관리비	600,000	60,000	00117.삼일타워관리단	전자입력
분개유형	(차) 837.건물관리비	600,000원	(대) 253.미지급금		660,000원
3.혼합	135.부가세대급금	60,000원			

6 [일반전표입력] 7월 31일

(차) 261.미지급세금(00600.서대문세무서)   3,200,000원   (대) 103.보통예금(98002.신한은행(보통)) 3,202,500원
 960.잡손실   2,500원

[일반전표입력] 6월 30일 조회
(차) 255.부가세예수금   11,352,000원   (대) 135.부가세대급금   8,142,000원
                                    930.잡이익   10,000원
                                    261.미지급세금(00600.서대문세무서) 3,200,000원

문제 4 결산

1 수동결산 및 자동결산

1. 수동결산 및 자동결산
[결산자료입력] 1월 ~ 12월
- 기말상품재고액 18,000,000원, 감가상각비 차량운반구 5,250,000원, 비품 3,120,000원을 입력한다.
- 상단부 전표추가(F3) 를 클릭하면 [일반전표입력] 메뉴에 분개가 생성된다.
(차) 451.상품매출원가   189,100,000원   (대) 146.상품   189,100,000원
[기초재고액 13,000,000원 + 당기매입액 194,100,000원 − 기말재고액 18,000,000원 = 상품매출원가 189,100,000원]

2. [재무제표 등 작성]
- 손익계산서 → 이익잉여금처분계산서(처분일 입력 후 '전표추가' 클릭 → 재무상태표를 조회 작성한다.

《 실무수행평가 》

11	12	13	14	15	16	17
④	③	207,000	720,860,000	①	④	①
18	19	20	21	22	23	24
②	③	242,000	1,507,000	②	89,543,200	②
25	26	27	28	29	30	
189,100,000	1,200,000	29,930,000	13	②	29,500,000	

문제 5 회계정보분석

31. 재무상태표 조회
③ (704,476,800원 / 90,000,000원) × 100 ≒ 782%

32. 손익계산서 조회
④ 27,668,000원 ÷ 1,000주 = 27,668원

최신 기출문제 제86회

[실무이론평가]

1	2	3	4	5	6	7	8	9	10
③	③	④	②	①	③	②	①	③	④

01 ③
- 영업이익이 증가하였음에도 당기순이익이 감소하기 위해서는 영업외수익이 감소하거나 영업외비용이 증가하여야 한다.

02 ③
- 영업권은 비유동자산이다.

03 ④
- 당기매출액(1,600,000원) − 현금매출액(200,000원) = 당기외상매출액(1,400,000원)
- 당기외상매출액(1,400,000원) + 기초매출채권(400,000원) − 당기매출채권회수액(1,200,000원)
  = 기말매출채권(600,000원)

04 ②
- 매도가능증권평가손익은 자본의 구성 항목 중 기타포괄손익누계액으로 분류되는 계정으로 매도가능증권평가이익이 발생하면 자본과 기타포괄손익누계액이 증가한다.

05 ①
- 기말재고 = 100개 × 1,200원 = 120,000원

06 ③
- 2026년 6월 30일 감가상각비: (10,000,000원 × 1년/5년) × 6개월/12개월 = 1,000,000원
- 2026년 6월 30일 기계장치 처분 시 분개

(차) 현금	5,700,000원	(대) 기계장치	10,000,000원
감가상각누계액	5,000,000원	유형자산처분이익	700,000원

07 ②
- ①, ③, ④는 재무상태표에 반영할 내용이다.

08 ①
- 택시 운송 용역은 과세대상 용역이다.

09 ③
- ① 현금판매: 재화가 인도되거나 이용가능하게 된 때
- ② 재화의 공급으로 보는 가공: 가공된 재화를 인도하는 때
- ④ 공급단위를 구획할 수 없는 용역의 계속적 공급: 대가의 각 부분을 받기로 한 때

10 ④

- 상품 운반용 트럭 구입 관련 매입세액 + 본사 건물의 자본적 지출과 관련된 매입세액
  = 6,000,000원 + 4,000,000원 = 10,000,000원
- 거래처 접대와 관련된 매입세액은 불공제 대상이다.

[실무수행평가]

문제 1 기초정보관리의 이해

1 거래처별초기이월 등록 및 수정

[거래처별초기이월]

- 120.미수금
  00325.(주)광명산업 1,000,000원 입력
  31111.신라공업 300,000원 입력
  31112.삼성화재보험(주) 1,700,000원 입력

2 전기분 재무제표의 입력 수정

1. [전기분 재무상태표]
- 146.상품 80,000,000원 → 90,000,000원으로 수정 입력

2. [전기분 손익계산서]
- 451.상품매출원가에 기말상품재고액 90,000,000원 반영
- 933.기부금 4,800,000원 추가 입력
- 당기순이익 141,420,000원 확인

3. [전기분 이익잉여금처분계산서]
- 처분확정일 2026년 2월 28일 입력

문제 2 거래자료 입력

1 [일반전표입력] 3월 25일

(차) 821.보험료	500,000원	(대) 103.보통예금(98009.하나은행(보통))	500,000원

2 [일반전표입력] 4월 30일

(차) 136.선납세금	77,000원	(대) 901.이자수익	500,000원
103.보통예금(98003.농협은행(보통))	423,000원		

3 [일반전표입력] 5월 15일

(차) 107.단기매매증권	12,000,000원	(대) 103.보통예금(98005.신한은행(보통))	12,060,000원
945.수수료비용	60,000원		

4 [일반전표입력] 8월 20일

(차) 102.당좌예금(98010.국민은행(당좌))	19,700,000원	(대) 110.받을어음(00102.(주)경은전자)	20,000,000원
936.매출채권처분손실	300,000원		

[받을어음 관리]

어음상태	2 할인(전액)	어음번호	00420260720123456789	수취구분	1 자수	발행일	2026-07-20	만기일	2025-09-20
발행인	00102	(주)경은전자		지급은행	100 국민은행			지점	목동
배서인		할인기관	98010 국민은행(당좌)	지점	역삼	할인율(%)		어음종류	6 전자
지급거래처						* 수령된 어음을 타거래처에 지급하는 경우에 입력합니다.			

5 [일반전표입력] 9월 28일

(차)131.선급금(02600.조은전자(주))　　　　2,000,000원　　　(대) 103.보통예금(98002.국민은행(보통)) 2,000,000원

문제 3 부가가치세

1 [매입매출전표입력] 10월 6일

거래유형	품명	공급가액	부가세	거래처	전자세금
11.과세	인덕션	10,000,000	1,000,000	01121.(주)다온이앤티	전자발행
분개유형	(차) 108.외상매출금	10,000,000원	(대)	401.상품매출	10,000,000원
3. 혼합	259.선수금	1,000,000원		255.부가세예수금	1,000,000원

[전자세금계산서 발행 및 내역관리]

① 미진송된 내역이 조회되면, 미전송내역을 체크한 후 전자발행 을 클릭히여 표시되는 로그인 화면에서 확인(Tab) 클릭
② '전자세금계산서 발행'화면이 조회되면 발행(F3) 버튼을 클릭한 다음 확인(Tab) 클릭
③ 국세청란에 '발행대상'으로 표시되면 ACADEMY 전자세금계산서 를 클릭
④ [Bill36524 교육용전자세금계산서] 화면에서 [로그인]을 클릭
⑤ 좌측화면: [세금계산서 리스트]에서 [미전송]으로 체크 후 [매출조회]를 클릭
　　우측화면: [전자세금계산서]에서 [발행]을 클릭
⑥ [발행완료되었습니다.] 메시지가 표시되면 확인(Tab) 클릭

2 [매입매출전표입력] 10월 18일

거래유형	품명	공급가액	부가세	거래처	전자세금
53.면세	연말정산 실무 도서	300,000		05116.제일서적	전자입력
분개유형	(차) 826.도서인쇄비	300,000원	(대)	101.현금	300,000원
1.현금					

3 [매입매출전표입력] 11월 8일

거래유형	품명	공급가액	부가세	거래처	전자세금
51.과세	도시가스요금	150,000	15,000	30121.한국도시가스(주)	전자입력
분개유형	(차) 815.수도광열비	150,000원	(대)	253.미지급금	165,000원
3.혼합	135.부가세대급금	15,000원			

4 [매입매출전표입력] 11월 30일

거래유형	품명	공급가액	부가세	거래처	전자세금
11.과세	임대료	900,000	90,000	00106.아울렛나라	전자입력
분개유형	(차) 120.미수금		990,000원	(대) 904.임대료수익	900,000원
3.혼합				255.부가세예수금	90,000원

5 [매입매출전표입력] 12월 20일

거래유형	품명	공급가액	부가세	거래처	전자세금
54.불공	노트북	2,000,000	200,000	00111.(주)뉴아시아	전자입력
불공제사유	9.접대비 관련 매입세액				
분개유형	(차) 813.접대비		2,200,000원	(대) 253.미지급금	2,200,000원
3.혼합	(기업업무추진비)				

6 [일반전표입력] 8월 22일

(차) 103.보통예금(98002.국민은행(보통))   1,398,000원   (대) 120.미수금(05900.역삼세무서)   1,398,000원

[일반전표입력] 6월 30일 조회

(차) 255.부가세예수금   9,510,000원   (대) 135.부가세대급금   10,898,000원
     120.미수금(05900.역삼세무서)   1,398,000원   930.잡이익   10,000원

문제 4 결산

1 수동결산 및 자동결산

1. 수동결산 및 자동결산

[일반전표입력] 12월 31일

(차) 931.이자비용   1,000,000원   (대) 262.미지급비용   1,000,000원

[결산자료입력] 1월 ~ 12월

- 기말상품재고액 30,000,000원을 입력한다.
- 상단부 전표추가(F3) 를 클릭하면 [일반전표입력] 메뉴에 분개가 생성된다.

(차) 451.상품매출원가   382,900,000원   (대) 146.상품   382,900,000원

[기초상품재고액 90,000,000원 + 당기상품매입액 322,900,000원 − 기말상품재고액 30,000,000원 = 상품매출원가 382,900,000원]

2. [재무제표 등 작성]

- 손익계산서 → 이익잉여금처분계산서(처분일 입력 후 전표추가(F3) 클릭) → 재무상태표를 조회 작성한다.

> **실무수행평가**

11	12	13	14	15	16	17
1,470,000	48,050,000	1,700,000	④	377,000	1,230,800	300,000
18	19	20	21	22	23	24
26,930,000	3,990,000	④	②	382,900,000	④	1,410,000
25	26	27	28	29	30	
3,193,800	①	500,000	11,500,000	300,000	42,000,000	

문제 5 회계정보분석

31. 재무상태표 조회
② (126,130,000원 / 499,120,000원) × 100 ≒ 25%

32. 손익계산서 조회
② (387,450,000원 / 126,130,000원) × 100 ≒ 307%

> **최신 기출문제 제87회**

[실무이론평가]

1	2	3	4	5	6	7	8	9	10
④	④	②	④	③	④	②	②	②	③

01 ④
- (차) 당좌예금(자산의 증가)　　　　　　　　XXX　　(대) 받을어음(자산의 감소)　　　　　　　XXX

02 ④
- 재무제표의 작성과 표시에 대한 책임은 경영진에게 있다.

03 ②
- (차) 현금　　　　　　　　　　6,000,000원　　(대) 상품매출　　　　　　　20,000,000원
　　받을어음　　　　　　　　4,000,000원
　　외상매출금　　　　　　　10,000,000원
- 매출채권 금액 = 받을어음(4,000,000원) + 외상매출금(10,000,000원) = 14,000,000원

04 ④
- 물가가 계속 상승하고 재고자산의 수량이 일정하게 유지된다는 가정하에서 매출원가의 크기는 다음과 같다.
　선입선출법 〈 이동평균법 ≤ 총평균법 〈 후입선출법

05 ③
- 기계장치의 취득원가 = 20,000,000원 + 500,000원 + 300,000원 + 200,000원
　　　　　　　　　　= 21,000,000원

06 ④
- 매도가능증권의 취득원가는 취득금액과 취득수수료의 합계이다. 액면금액은 취득원가와 관련이 없다.
  매도가능증권의 취득원가 = (500주 × 12,000원) + 600,000원 = 6,600,000원

07 ②
- 결산분개: (차) 미수수익   150,000원   (대) 이자수익   150,000원
- * 경과분 이자: 20,000,000원 × 3% × 3개월/12개월 = 150,000원
  따라서, 이자수익 150,000원이 과소 계상되어 당기순이익 150,000원이 과소 계상된다.

08 ②
- 직전 연도의 사업장별 재화 및 용역의 공급가액의 합계액이 8천만원 이상인 개인사업자는 전자세금계산서를 발급하
  여야 한다.

09 ②
- ①은 업무와 관련이 없는 지출, ③은 승용차 관련, ④는 접대 관련 매입세액이므로 불공제대상이나, ②는 매입세액공
  제대상이다.

10 ③
- 토지는 면세 대상이며, 다른 항목은 과세매출(수출재화는 영세율과세대상)이다.
  60,000,000원 + 50,000,000원 + 30,000,000원 = 140,000,000원

[실무수행평가]

문제 1 기초정보관리의 이해

1 사업자등록증에 의한 회사등록 수정
- 대표자: '양세찬'에서 '임시완'으로 수정
- 담당자 메일 주소: 'black@hanmail.net'에서 'hankook@bill36524.com'으로 수정

2 계정과목 및 적요등록 수정
[계정과목및적요등록]
- Ctrl + F1을 클릭하여 '236.면허권'을 '236.디자인권'으로 수정
- 현금적요 추가 입력
- 대체적요 추가 입력

문제 2 거래자료 입력

1 [일반전표입력] 7월 17일
(차) 146.상품   15,000원   (대) 101.현금   15,000원
또는 (출) 146.상품   15,000원

2 [일반전표입력] 8월 20일
(차) 251.외상매입금(00106.(주)수민유통)   25,000,000원   (대) 110.받을어음(21010.(주)책임웰딩) 25,000,000원

[받을어음관리]

어음상태	3	배서	어음번호	00420260720987654321	수취구분	1	자수	발행일	2026-07-20	만기일	2026-10-31
발행인	21010	(주)책임웰딩			지급은행	100	국민은행			지 점	양편
배서인			할인기관		지 점			할인율 (%)		어음종류	6 전자
지급거래처	00106	(주)수민유통					* 수령된 어음을 타거래처에 지급하는 경우에 입력합니다.				

3 [일반전표입력] 9월 24일

(차) 103.보통예금(98001.국민은행(보통)) 1,000,000원 (대) 257.가수금(00113.임시완) 1,000,000원

4 [일반전표입력] 10월 24일

(차) 817.세금과공과금 20,000원 (대) 101. 현금 20,000원
또는 (출) 817.세금과공과금 20,000원

※ 인지와 증지의 차이
인지: 인지세법에 근거한 국세 납부 수단으로 '세금과공과금'으로 처리
증지: 행정기관이 제공하는 수수료 납부용 종이 증표로 '수수료비용' 및 자산의 취득원가에 가산하여 처리

5 [일반전표입력] 11월 10일

(차) 254.예수금(98001.국민은행(보통)) 180,000원 (대) 103.보통예금 180,000원

문제 3 부가가치세

1 [매입매출전표입력] 7월 31일

거래유형	품명	공급가액	부가세	거래처	전자세금
11.과세	페인트외	6,500,000	650,000	00105.(주)한국총판	전자발행
분개유형	(차) 259.선수금	715,000원	(대) 401.상품매출		6,500,000원
3.혼합	108.외상매출금	6,435,000원	255.부가세예수금		650,000원

[전자세금계산서 발행 및 내역관리]
① 미전송된 내역이 조회되면, 미전송내역을 체크한 후 전자발행을 클릭하여 표시되는 로그인 화면에서 확인(Tab) 클릭
② '전자세금계산서 발행' 화면이 조회되면 발행(F3) 버튼을 클릭한 다음 확인클릭
③ 국세청란에 '발행대상'으로 표시되면 ACADEMY 전자세금계산서 를 클릭
④ [Bill36524 교육용전자세금계산서] 화면에서 [로그인]을 클릭
⑤ 좌측화면: [세금계산서 리스트]에서 [미전송]으로 체크 후 [매출조회]를 클릭
우측화면: [전자세금계산서]에서 [발행]을 클릭
⑥ [발행완료되었습니다.] 메시지가 표시되면 확인(Tab) 클릭

2 [매입매출전표입력] 8월 5일

거래유형	품명	공급가액	부가세	거래처	전자세금
11.과세	복합기	1,600,000	160,000	00101.순환자원(주)	전자입력
분개유형	(차) 120.미수금	1,760,000원	(대) 212.비품		2,700,000원
3.혼합	213.감가상각누계액	1,200,000원	255.부가세예수금		160,000원
			914.유형자산처분이익		100,000원

3 [매입매출전표입력] 8월 18일

거래유형	품명	공급가액	부가세	거래처	전자세금
53.면세	전복세트	500,000		00110.노량진수산	전자입력
분개유형	(차) 813.접대비	500,000원	(대) 101.현금		500,000원
1.현금	(기업업무추진비)				

4 [매입매출전표입력] 9월 15일

거래유형	품명	공급가액	부가세	거래처	전자세금
17.카과	타카	250,000	25,000	07001.엄정화	
분개유형	(차) 108.외상매출금 275,000원			(대) 401.상품매출 250,000원	
4.카드 또는 2.외상	(99600.삼성카드)			255.부가세예수금 25,000원	

5 [매입매출전표입력] 9월 30일

거래유형	품명	공급가액	부가세	거래처	전자세금
54.불공	9월 렌트비	400,000	40,000	12001.(주)명성렌트	전자입력
불공제 사유	3.비영업용 승용차(개별소비세법 §1②3호) 구입, 유지, 임차 관련 매입				
분개유형	(차) 819.임차료 440,000원			(대) 103.보통예금 440,000원	
3.혼합				(98005.신한은행(보통))	

6 [일반전표입력] 7월 25일

(차) 261.미지급세금(03100.서대문세무서)   1,565,000원   (대) 103.보통예금(98005.신한은행(보통)) 1,565,000원

- 6월 30일 조회

(차) 255.부가세예수금   13,810,000원   (대) 135.부가세대급금   12,245,000원
261.미지급세금(03100.서대문세무서) 1,565,000원

문제 **4**   결산

1 수동결산 및 자동결산

1. 수동결산 및 자동결산

[일반전표입력] 12월 31일

(차) 293.장기차입금   16,490,000원   (대) 264.유동성장기부채   16,490,000원
(98600.하나은행(차입금))   (98600.하나은행(차입금))

[결산자료입력] 1월 ~ 12월

- 기말상품재고액 17,000,000원을 입력한다.
- 상단부 전표추가(F3) 를 클릭하면 [일반전표입력] 메뉴에 분개가 생성된다.

(차) 451.상품매출원가   396,085,000원   (대) 146.상품   396,085,000원

[기초재고액 35,000,000원 + 당기매입액 378,085,000원 − 기말재고액 17,000,000원 = 상품매출원가 396,085,000원]

2. [재무제표 등 작성]

- 손익계산서 ➡ 이익잉여금처분계산서(처분일 입력 후 '전표추가' 클릭) ➡ 재무상태표를 조회 작성한다.

《 **실무수행평가** 》

11	12	13	14	15	16	17
①	③	50,365,000	②	209,206,020	8,000,000	750,000
18	19	20	21	22	23	24
58,278,270	902,000	④	2,900,000	④	③	396,085,000
25	26	27	28	29	30	
100,000	950,000	1,500,000	2	③	37,100,000	

문제 5 회계정보분석

31. 재무상태표 조회
  ② (418,330,000원 / 74,000,000원) × 100 ≒ 565%

32. 손익계산서 조회
  ③ (41,600,000원 / 3,500,000원) × 100 = 1,100%

출제예상 모의고사 정답 및 해설

출제예상 모의고사 제1회

[실무이론평가]

1	2	3	4	5	6	7	8	9	10
④	④	①	②	②	④	①	①	③	②

01 ④
- 2025년 감가상각비: 10,000,000원 × 28% = 2,800,000원
- 2026년 감가상각비: (10,000,000원 − 2,800,000원) × 28% = 2,016,000원
- 2026년도 말 재무상태표의 감가상각누계액: 2,800,000원 + 2,016,000원 = 4,816,000원

02 ④
- 재무상태표에 보고되는 계정은 다음 기로 잔액이 이월되는 계정으로 영구계정이라 하고, 손익계산서 보고되는 계정은 장부가 마감되면서 사라지는 계정으로 임시계정이라 한다.

03 ①
- 단기매매증권으로 분류한 경우: 100주 × (22,000원 − 18,000원) = 400,000원(단기매매증권평가손실)
- 매도가능증권으로 분류한 경우: 매도가능증권평가손익은 기타포괄손익누계액이므로 당기손익에 미치는 영향은 없다.

04 ②
- 매출총이익 = 매출액 − 매출원가
  = 75,000원 − 40,000원* = 35,000원
  * 매출원가 = (200개 × 100원) + (100개 × 200원) = 40,000원

05 ②

(가)	(차) 현금	200,000원	(대) 선수금	200,000원
(나)	(차) 퇴직급여충당부채	4,000,000원	(대) 보통예금	4,000,000원
(다)	(차) 외상매출금	5,000,000원	(대) 상품매출	5,000,000원

06 ④
- 회사부담분 건강보험료는 복리후생비로 회계처리한다.

07 ①
- 결산분개: (차) 미수수익　　　　100,000원　　　(대) 이자수익　　　　100,000원
  * 경과분 이자: 20,000,000원 × 3% × 2개월/12개월 = 100,000원
- 따라서, 수익 100,000원이 과소 계상되어 당기순이익 100,000원이 과소 계상된다.

08 ①
- 면세사업자는 부가가치세의 납세의무자가 아니나, 영세율이 적용되는 사업자, 간이과세자, 일반과세자는 부가가치세의 납세의무자이다.

09 ③
- ① 현금판매: 재화가 인도되거나 이용가능하게 된 때
  ② 재화의 공급으로 보는 가공: 가공된 재화를 인도하는 때
  ④ 공급단위를 구획할 수 없는 용역의 계속적 공급: 대가의 각 부분을 받기로 한 때

10 ②
- 11인승 승합차 구입관련 매입세액은 공제대상에 해당한다. 그러나 비영업용 승용차(개별소비세법 §1②3호) 구입, 유지, 임차 관련 매입세액, 접대(기업업무추진) 관련 매입세액, 사업과 관련 없는 지출에 대한 매입세액은 공제대상에 포함되지 않는다.

[실무수행과제]

문제 1 기초정보관리의 이해

1 계정과목 추가 및 적요등록 수정

[계정과목및적요등록]
104.정부보조금, 구분: 차감, 관계: 103으로 계정과목 수정

2 전기분 손익계산서의 입력수정

[전기분 재무상태표]
- 146.상품 60,000,000원을 70,000,000원으로 수정

[전기분 손익계산서]
- 451.상품매출원가의 기말상품재고액 70,000,000원 반영
- 812.여비교통비　2,700,000원을 3,500,000원으로 수정
- 817.세금과공과금 5,000,000원을 5,300,000원으로 수정
- 998.법인세등　7,500,000원 추가 입력
- 당기순이익　97,920,000원 확인

[전기분 이익잉여금처분계산서]
- 처분확정일 2026년 2월 28일 입력

문제 2 거래자료 입력

1 [일반전표입력] 4월 1일

(차) 833.광고선전비　　　　　　200,000원　　(대) 101.현금　　　　　　200,000원

[영수증수취명세서]

영수증수취명세서(2)	영수증수취명세서(1)	해당없음							입력순
□	거래일자	상 호	성 명	사업장	사업자등록번호	거래금액	구분	계정코드	계정과목	적요
□	2026-04-01	광고나라	김상훈	서울시 영등포구 여의도동	120-34-11112	200,000		833	광고선전비	마우스패드

영수증수취명세서(2)	영수증수취명세서(1)	해당없음		
1. 세금계산서, 계산서, 신용카드 등 미사용내역				
9. 구분		3만원 초과 거래분		
	10. 총계	11. 명세서제출 제외대상	12. 명세서제출 대상(10-11)	
13. 건수	1		1	
14. 금액	200,000		200,000	

2 [일반전표입력] 4월 3일

(차) 133.선급비용　　　　　　950,000원　　(대) 253.미지급금(99600.현대카드)　　950,000원

3 [일반전표입력] 4월 4일

(차) 252.지급어음(05025.(주)서대문전자) 2,200,000원　　(대) 102.당좌예금(98000.국민은행(당좌))　　2,200,000원

[지급어음관리]

어음상태	3	결제	어음번호	00420260104123456789				어음종류	4	전자		발 행 일	2026-01-04
만 기 일		2026-04-04	지급은행	98000	국민은행(당좌)				지 점		역삼			

4 **[일반전표입력] 4월 25일**

(차) 814.통신비	208,000원	(대) 103.보통예금(98001.국민은행(보통))	308,000원
815.수도광열비	100,000원		

5 **[일반전표입력] 4월 29일**

(차) 208.차량운반구	3,800,000원	(대) 103.보통예금(98002.신한은행)	400,000원
822.차량유지비	200,000원	253.미지급금(02012.오성물류기계)	3,600,000원

문제 **3**   부가가치세

1 **[매입매출전표입력] 10월 2일**

거래유형	품명	공급가액	부가세	거래처	전자세금
11.과세	공기청정기외	11,000,000	1,100,000	01121.(주)전자마트	전자발행
분개유형	(차) 108.외상매출금	11,000,000원	(대) 401.상품매출		11,000,000원
3. 혼합	101.현금	1,100,000원	255.부가세예수금		1,100,000원

[전자세금계산서 발행 및 내역관리]
미전송된 내역이 조회되면, 미전송내역을 체크한 후 전자세금계산서 발행 및 국세청 전송

2 **[매입매출전표입력] 10월 7일**

거래유형	품명	공급가액	부가세	거래처	전자세금
13.면세	월간 드림전자 잡지	2,000,000		01025.(주)세운유통	전자입력
분개유형	(차) 108.외상매출금	1,000,000원	(대) 401.상품매출		2,000,000원
3.혼합	110.받을어음	1,000,000원			

[받을어음 관리]

어음상태	1	보관	어음종류	6	전자		어음번호	02020261007123456789		수취구분	1	자수
발 행 인	01025	(주)세운유통			발 행 일		2026-10-07	만 기 일	2027-01-07	배 서 인		
지 급 은 행	600	우리은행	지 점	구로	할 인 기 관				지 점	할 인 율 (%)		
지급거래처							* 수령된 어음을 타거래처에 지급하는 경우에 입력합니다.					

3 **[매입매출전표입력] 10월 15일**

거래유형	품명	공급가액	부가세	거래처	전자세금
11.과세	드림세탁기	-1,700,000	-170,000	00133.(주)수원전자	전자입력
분개유형	(차) 108.외상매출금	-1,870,000원	(대) 401.상품매출		-1,700,000원
2.외상			255.부가세예수금		-170,000원

4 **[매입매출전표입력] 10월 25일**

거래유형	품명	공급가액	부가세	거래처	전자세금
53.면세	AT 교육	240,000		00501.제이티교육	전자입력
분개유형	(차) 825.교육훈련비	240,000원	(대) 253.미지급금		240,000원
3.혼합					

5 [매입매출전표입력] 10월 30일

거래유형	품명	공급가액	부가세	거래처	전자세금
54.불공	3D 컬러 입체프린터	1,500,000	150,000	00220.(주)포토포유	전자입력
불공제사유	2.사업과 관련 없는 지출				
분개유형	(차) 933.기부금	1,650,000원	(대) 103.보통예금		1,650,000원
3.혼합			(98001.국민은행(보통))		

6 부가가치세신고서에 의한 회계처리

[부가가치세신고서 조회]
· 기간: 7.1.~9.30.
· 매출세액(부가세예수금) 8,002,000원, 매입세액(부가세대급금) 9,125,000원, 환급받을 세액 1,123,000원

[일반전표입력] 9월 30일
(차) 255.부가세예수금　　　　8,002,000원　　　(대) 135.부가세대급금　　　　9,125,000원
　　 120.미수금　　　　　　　1,123,000원

문제 4 결산

1 수동결산 및 자동결산

[일반전표입력] 12월 31일
(차) 931.이자비용　　　　720,000원　　　(대) 262.미지급비용　　　　720,000원

[결산자료입력] 1월 ~ 12월
· 기말상품재고액 11,050,000원을 입력한다.
· 입력 완료 후 상단 툴바의 전표추가(F3) 를 클릭하여 결산분개를 생성한다.
(차) 451.상품매출원가　　　213,637,000원　　　(대) 146.상품　　　　213,637,000원

[재무제표 등 작성]
· 손익계산서 → 이익잉여금처분계산서(처분일 입력 후 '전표추가' 클릭) → 재무상태표를 조회 작성한다.
※ [기초정보관리]에서 전기분손익계산서를 수정하였으므로 전기분이익잉여금처분계산서를 조회한 후 당기분 재무제표 등을 작성한다.

실무수행평가

11	12	13	14	15
②	10,150,000	①	950,000	2,800,000
16	17	18	19	20
4,123,000	③	720,000	②	③
21	22	23	24	25
515,300,000	6,451,100	5,635,860	④	45,000
26	27	28	29	30
17	12	1	240,000	150,000
31			32	
② $\frac{97,920,000}{524,336,000} \times 100 = 18\%$			③ $\frac{128,430,000}{395,906,000} \times 100 = 32\%$	

제5부 부록 / 정답 및 해설

출제예상 모의고사 제2회

[실무이론평가]

1	2	3	4	5	6	7	8	9	10
④	①	③	③	②	②	①	②	④	④

01 ④
- A사 주식: 200주 × (6,500원 − 6,000원) = 100,000원
- B사 주식: 300주 × (5,000원 − 7,500원) = (−)750,000원
- 단기매매증권평가손익 = 100,000원 + (−)750,000원 = (−)650,000원 평가손실

02 ①
- 미래 재무정보를 예측하는데 활용되고, 이용자의 의사결정에 차이를 가져오는 회계정보의 질적 특성은 목적적합성이고, 목적적합성과 신뢰성은 서로 상충될 수 있다.

03 ③
- 매출채권이 회수불능이면 대손충당금으로 충당하고, 잔액은 대손상각비로 처리한다.

04 ③
- 기말재고 = 50개 × 250원 + 200개 × 300원 = 72,500원

05 ②
- 상품 매입을 위하여 선급한 금액은 선급금으로, 어음으로 지급한 금액은 매입채무로 계상한다.

06 ②
- 매출총이익 = 매출액 − 매출원가 = 7,000,000원 − 5,000,000원 = 2,000,000원
- 영업이익 = 매출총이익 − 판매비와관리비 = 2,000,000원 − (급여 500,000원 + 복리후생비 50,000원 + 광고선전비 40,000원 + 접대비(기업업무추진비) 10,000원 + 수도광열비 15,000원) = 1,385,000원
- 이자비용과 기부금은 영업외비용이다.

07 ①
- 누락된 결산정리 사항:　　(차) 임차료　　×××　　　　(대) 미지급비용　　　　　×××
- 재무제표에 비용의 발생 및 부채의 증가 내용이 반영되지 않았으므로, 비용이 과소 계상되고 부채가 과소 계상된다.

08 ②
- 사업자가 폐업을 하는 경우에는 폐업일이 속하는 달의 다음 달 25일까지 확정신고를 해야 한다. 사업을 폐업한 날이 2026년 2월 10일이므로 3월 25일까지 확정신고를 하여야 한다.

09 ④
- 외국인관광객에게 공급하는 음식용역은 영세율 적용대상이 아니다.

10 ④
- 2,000,000원 + 3,000,000원 + 7,000,000원 = 12,000,000원
- 사업과 관련 없는 지출과 접대비(기업업무추진비) 관련 매입세액, 그리고 「개별소비세법」 제1조제2항제3호에 따른 자동차(비영업용 소형승용차) 구입(1000cc 이하 제외)에 대한 매입세액은 공제 받지 못하는 매입세액이다.

[실무수행과제]

문제 1 기초정보관리의 이해

1 사업자등록증에 의한 거래처 등록(수정)

[거래처등록]
① [기본사항] 사업장 주소: 서울특별시 서대문구 충정로7길 12(충정로2가)로 수정 입력
② [추가사항] 메일주소: nana@naver.com으로 추가 입력

2 거래처별초기이월 등록 및 수정

· 114.단기대여금: 거래처 코드, 금액 각각 입력
· 120.미수금: 거래처 코드, 금액 각각 입력

문제 2 거래자료입력

1 [일반전표입력] 8월 6일

(차) 813.접대비(기업업무추진비)	44,000원	(대) 253.미지급금(99801.삼성카드)	44,000원

2 [일반전표입력] 8월 10일

(차) 934.기타의대손상각비	9,000,000원	(대) 114.단기대여금(00189.(주)서울패션)	9,000,000원

3 [일반전표입력] 9월 30일

(차) 103.보통예금(98001.국민은행(보통))	58,000,000원	(대) 331.자본금	50,000,000원
		341.주식발행초과금	8,000,000원

4 [일반전표입력] 10월 25일

(차) 202.건물	30,000,000원	(대) 214.건설중인자산	10,000,000원
		103.보통예금(98001.국민은행(보통))	20,000,000원

5 [일반전표입력] 11월 4일

(차) 103.보통예금(98001.국민은행(보통))	11,840,000원	(대) 110.받을어음(08707.(주)행복물류)	12,000,000원
936.매출채권처분손실	160,000원		

[받을어음 관리]

어음상태	2 할인(전액)	어음번호	00420260904123456781	수취구분	1 자수	발행일	2026-09-04	만기일	2027-01-04
발행인	08707	(주)행복물류		지급은행	100 국민은행			지 점	강남
배서인		할인기관	98001 국민은행(보통)	지 점	강남		할인율 (%)	어음종류	6 전자
지급거래처					* 수령된 어음을 타거래처에 지급하는 경우에 입력합니다.				

문제 3 부가가치세

1 [매입매출전표입력] 11월 10일

거래유형	품명	공급가액	부가세	거래처	전자세금
11.과세	원피스	7,200,000	720,000	30011.(주)걸즈데이	전자발행
분개유형	(차) 259.선수금		720,000원	(대) 401.상품매출	7,200,000원
3. 혼합	103.보통예금 (98001.국민은행(보통))		7,200,000원	255.부가세예수금	720,000원

[전자세금계산서 발행 및 내역관리]
미전송된 내역이 조회되면, 미전송내역을 체크한 후 전자세금계산서 발행 및 국세청 전송

2 [매입매출전표입력] 10월 21일

거래유형	품명	공급가액	부가세	거래처	전자세금
11.과세	여성정장	6,000,000원	600,000원	08707.(주)행복물류	전자입력
분개유형	(차) 108.외상매출금	4,600,000원	(대) 401.상품매출		6,000,000원
3.혼합	101.현금	2,000,000원	255.부가세예수금		600,000원

3 [매입매출전표입력] 11월 14일

거래유형	품명	공급가액	부가세	거래처	전자세금
57.카과	영업부 직원회식	210,000	21,000	01165.화정한정식	
분개유형	(차) 811.복리후생비	210,000원	(대) 253.미지급금		231,000원
4.카드 또는 3.혼합	135.부가세대급금	21,000원	(99801.삼성카드)		

4 [매입매출전표입력] 11월 20일

거래유형	품명	공급가액	부가세	거래처	전자세금
13.면세	패션정보 책자	600,000		00115.(주)민주패션	전자입력
분개유형	(차) 108.외상매출금	600,000원	(대) 401.상품매출		600,000원
2.외상					

5 [매입매출전표입력] 12월 12일

거래유형	품명	공급가액	부가세	거래처	전자세금
54.불공	토지정지비	900,000	90,000	00200.죽동건설(주)	전자입력
불공제사유	0.토지의 자본적 지출관련				
분개유형	(차) 201.토지	990,000원	(대) 253.미지급금		990,000원
3.혼합					

6 [매입매출전표입력] 12월 20일

거래유형	품명	공급가액	부가세	거래처	전자세금
51.과세	공기청정기	600,000	60,000	00167.(주)현주전자	전자입력
분개유형	(차) 212.비품	600,000원	(대) 253.미지급금		660,000원
3.혼합	135.부가세대급금	60,000원			

문제 4 결산

1 수동결산 및 자동결산

[결산자료입력] 1월 ~ 12월
· 기말상품재고액 32,000,000원을 입력한다.
· 대손상각비의 '외상매출금'란에 3,606,640원, '받을어음'란에 850,000원을 입력한다.

* 외상매출금 대손충당금: (220,332,000원 × 2%) − 800,000원 = 3,606,640원
* 받을어음 대손충당금:　 (50,000,000원 × 2%) − 150,000원 ＝ 850,000원

・입력 완료 후 상단 툴바의 전표추가(F3) 를 클릭하여 결산분개를 생성한다.

(차) 451.상품매출원가	130,154,500원	(대) 146.상품		130,154,500원
(차) 835.대손상각비	4,456,640원	(대) 109.대손충당금		3,606,640원
		111.대손충당금		850,000원

[재무제표 등 작성]
・손익계산서 → 이익잉여금처분계산서(처분일 입력 후 '전표추가' 클릭) → 재무상태표를 조회 작성한다.

실무수행평가

11	12	13	14	15
②	813	18,399,000	160,000	4,978,000
16	17	18	19	20
③	7,000,000	00103	5,940,000	②
21	22	23	24	25
98,425,360	④	8,000,000	①	①
26	27	28	29	30
4,456,640	13,350,000	11	8,700,000	12,050,000
31		32		
④ (592,400,000원 / 404,805,000원) × 100 ≒ 146%		① (197,500,000원 / 715,380,000원) × 100 ≒ 27%		

출제예상 모의고사 제3회

[실무이론평가]

1	2	3	4	5	6	7	8	9	10
②	②	②	③	②	④	②	①	①	③

01 ②
・장기투자목적의 유가증권은 매도가능증권으로 분류한다.
・매도가능증권평가이익(손실) = 기말공정가치 − 취득원가 = (100주 × 1,300원) − (100주 × 1,000원) = 30,000원

02 ②
・회계정보의 신뢰성은 다음의 요소로 구성된다. 첫째, 회계정보는 그 정보가 나타내고자 하는 대상을 충실히 표현하고 있어야 한다. 둘째, 객관적으로 검증가능 하여야 한다. 셋째, 중립적이어야 한다.

03 ②
・현금 및 현금성자산: 지폐와 주화 + 거래처발행 당좌수표 + 환매조건부 채권
　400,000원 + 200,000원 + 200,000원 = 800,000원

04 ③
- 정상적으로 발생한 감모손실은 매출원가에 가산한다.
- 매출원가: 판매원가 + 정상 감모 손실 = (1,000개 × 100원 + 1,500개 × 120원) + (100개 × 120원) = 292,000원

05 ②
- 보고기간종료일로부터 1년 이내 상환되는 부채는 유동부채로 분류한다.

06 ④
- 영업이익 = 매출액 − 매출원가 − 판매비와관리비 = 4,000,000원 − 1,000,000원 − (감가상각비 920,000원 + 종업원급여 580,000원) = 1,500,000원

07 ②
- 누락된 결산정리 사항
- 이자 미수분: (차) 미수수익 20,000원(자산의 과소 계상)   (대) 이자수익   20,000원(수익의 과소 계상)
- 임차료 미지급분: (차) 임차료   30,000원(비용의 과소 계상)   (대) 미지급비용 30,000원(부채의 과소 계상)

08 ①
- ② 일반과세자의 과세기간은 제1기는 1월1일부터 6월 30일까지, 제2기는 7월 1일부터 12월 31일까지이다.
- ③ 무인자동판매기를 통한 사업은 사업에 관한 업무를 총괄하는 장소가 사업장이다.
- ④ 간이과세자는 예정신고의무가 없다.

09 ①
- 수집용 우표의 공급은 부가가치세 과세대상이다.

10 ③
- 납부세액 = 매출세액 − 매입세액
    = (60,000,000원 × 10%) − (5,000,000원 − 2,000,000원)
    = 3,000,000원

[실무수행과제]

문제 1 기초정보관리의 이해

1 사업자등록증에 의한 거래처 등록(수정)

[거래처등록]
① [일반거래처] 1007.(주)준기목재의 [기본사항]에 자료입력
② [추가사항]의 담당자메일주소: 'jungi55@naver.com' 입력

2 전기분 손익계산서의 입력수정

[전기분 손익계산서]
- 814.통신비 5,000,000원 → 5,600,000원으로 수정,
- 820.수선비 3,750,000원 → 3,570,000원으로 수정,
- 998.법인세등 2,000,000원 → 추가 입력
- 당기순이익 63,190,000원 확인

[전기분 이익잉여금처분계산서]
- 처분확정일 2026년 2월 28일 입력

문제 2 거래자료 입력

1 [일반전표입력] 7월 19일

(차) 811.복리후생비	160,000원	(대) 101.현금	160,000원

	거래일자	상호	성명	사업장	사업자등록번호	거래금액	구분	계정코드	계정과목	적요
영수증수취명세서(2)	영수증수취명세서(1)		해당없음							입력순
☐	2026-05-02	서울퀵서비스	임형태	서울 강남구 강남대로 246	211-14-24517	100,000		824	운반비	
☐	2026-06-20	연희네한식	김민중	세종특별자치시 한누리대로	221-14-24514	150,000		811	복리후생비	
☐	2026-07-19	혜진마트	김혜진	인천 남동 정각로 1	211-14-24517	160,000		811	복리후생비	

영수증수취명세서(2) | **영수증수취명세서(1)** | 해당없음

1. 세금계산서, 계산서, 신용카드 등 미사용내역			
9. 구분	3만원 초과 거래분		
	10. 총계	11. 명세서제출 제외대상	12. 명세서제출 대상(10-11)
13. 건수	3		3
14. 금액	410,000		410,000

2 [일반전표입력] 7월 21일

(차) 103.보통예금(98001.하나은행(보통)) 350,000원   (대) 259.선수금(03001.수연아울렛(주)) 350,000원

3 [일반전표입력] 7월 31일

(차) 251.외상매입금 7,000,000원   (대) 252.지급어음 7,000,000원
　　(05002.(주)진아인테리어)　　　　　　　　　(05002.(주)진아인테리어)

[지급어음관리]

어음상태	2 발행	어음번호	00420260731123433333	어음종류	4 전자	발행일	2026-07-31
만기일	2026-09-30	지급은행	98000 국민은행(당좌)	지점	삼성		

4 [일반전표입력] 8월 11일

(차) 103.보통예금 3,030,000원   (대) 107.단기매매증권 2,500,000원
　　(98002.국민은행(보통))　　　　　　　　　　906.단기매매증권처분이익 530,000원

5 [일반전표입력] 8월 13일

(차) 812.여비교통비 80,000원   (대) 253.미지급금(99602.삼성카드) 80,000원
　　813.접대비(기업업무추진비) 85,000원   (대) 253.미지급금(99602.삼성카드) 85,000원

문제 **3** 부가가치세

1 [매입매출전표입력] 10월 7일

거래유형	품명	공급가액	부가세	거래처	전자세금
11.과세	학생용 책상	6,000,000	600,000	21010.가구나라(주)	전자발행
분개유형	(차) 101.현금	6,600,000원	(대) 401.상품매출		6,000,000원
1.현금			255.부가세예수금		600,000원

[전자세금계산서 발행 및 내역관리]
미전송된 내역이 조회되면, 미전송내역을 체크한 후 전자세금계산서 발행 및 국세청 전송

2 [매입매출전표입력] 10월 10일

거래유형	품명	공급가액	부가세	거래처	전자세금
17.카과	식탁세트	960,000원	96,000원	07001.차유나	
분개유형	(차) 108.외상매출금	1,056,000원	(대) 401.상품매출		960,000원
4.카드 또는 2.외상 또는 3.혼합	(99601.비씨카드)		255.부가세예수금		96,000원

3 [매입매출전표입력] 11월 1일

거래유형	품명	공급가액	부가세	거래처	전자세금
54.불공	제네시스	750,000	75,000	04010.(주)혜인렌트	전자입력
불공제사유	3.비영업용 승용차(개별소비세법 §1②3호) 구입, 유지, 임차 관련 매입				
분개유형	(차) 819.임차료	825,000원	(대) 101.현금		825,000원
1.현금					

4 [매입매출전표입력] 11월 15일

거래유형	품명	공급가액	부가세	거래처	전자세금
51.과세	특허출원 등록	4,400,000	440,000	08909.코아특허	전자입력
분개유형	(차) 232.특허권	4,400,000원	(대) 253.미지급금		4,840,000원
3.혼합	135.부가세대급금	440,000원			

5 [매입매출전표입력] 11월 20일

거래유형	품명	공급가액	부가세	거래처	전자세금
11.과세	고급의자	-200,000	-20,000	02111.현아유통	전자입력
분개유형	(차) 108.외상매출금	-220,000원	(대) 401.상품매출		-200,000원
2.외상			255.부가세예수금		-20,000원

6 부가가치세신고서에 의한 회계처리

[부가가치세신고서 조회]
기간 4/1 ~ 6/30, 매출세액 9,510,000원, 매입세액 2,305,000원 확인
전자신고세액공제 10,000원, 차가감 납부할세액 7,195,000원

[일반전표입력] 6월 30일
(차) 255.부가세예수금   9,510,000원   (대) 135.부가세대급금   2,305,000원
                                           930.잡이익   10,000원
                                           261.미지급세금   7,195,000원

문제 **4** 결산

1 수동결산 및 자동결산
[결산자료입력 메뉴] 1월~12월
· 기말상품재고액 50,000,000원을 입력한다.

- 퇴직급여(전입액) 1,500,000원을 입력한다.
- 상단부 전표추가(F3) 를 클릭하면 [일반전표입력] 메뉴에 분개가 생성된다.

(차) 451.상품매출원가   170,087,000원   (대) 146.상품   170,087,000원
(차) 806.퇴직급여   1,500,000원   (대) 295.퇴직급여충당부채   1,500,000원

[재무제표 등 작성]

- 손익계산서 → 이익잉여금처분계산서(처분일 입력 후 '전표추가' 클릭) → 재무상태표를 조회 작성한다.
- ※ [기초정보관리]에서 전기분손익계산서를 수정하였으므로 전기분이익잉여금처분계산서를 조회한 후 당기분 재무제표 등을 작성한다.

실무수행평가

11	12	13	14	15
④	530,000	203,500,000	④	③
16	17	18	19	20
924,206,190	29,400,000	650,000	7,195,000	401,500,000
21	22	23	24	25
④	①	64,290,000	③	96,000
26	27	28	29	30
440,000	19	75,000	7,500,000	9,200,000
31		32		
② (128,430,000 / 660,906,000) × 100 ≒ 19%		④ (660,906,000원 / 789,336,000원) × 100 ≒ 83%		

I CAN FAT 회계실무 1급

발　　　행	2014년 1월 10일 초판
	2026년 1월 26일 개정 13판
저　　　자	삼일피더블유씨솔루션
발　행　인	오 연 관
발　행　처	**삼일피더블유씨솔루션**
주　　　소	서울특별시 한강대로 273 용산빌딩 4층
등　　　록	1995. 6. 26 제3-633호
전　　　화	(02) 3489-3100
팩　　　스	(02) 3489-3141
정　　　가	26,000원
I S B N	979-11-6784-469-9 13320

저자와의
협의하에
인지생략